全国教育科学“十一五”规划重点课题研究成果

ZHONGGUO JICHUJIAOYU XUEKENIANJIAN

中国基础教育学科年鉴

地理卷

DILIJUAN

2010

北京师范大学出版集团
BEIJING NORMAL UNIVERSITY PUBLISHING GROUP
北京师范大学出版社

图书在版编目(CIP)数据

中国基础教育学科年鉴. 地理卷. 2010 / 仇奔波主编. —北京：北京师范大学出版社，2011. 1
ISBN 978-7-303-11621-8

Ⅰ. ①中… Ⅱ. ①仇… Ⅲ. ①基础教育—中国—2010—年鉴②地理课—教学研究—中小学 Ⅳ. ①G639.2-54②G633.552

中国版本图书馆 CIP 数据核字（2010）第 263030 号

出版发行：北京师范大学出版社 www.bnup.com.cn
北京新街口外大街 19 号
邮政编码：100875
印　　刷：江苏凤凰盐城印刷有限公司
经　　销：全国新华书店
开　　本：140 mm × 260 mm
印　　张：33.5
字　　数：470 千字
版　　次：2011 年 3 月第 1 版
印　　次：2011 年 3 月第 1 次印刷
定　　价：116.00 元

责任编辑：刘秀兰　吴艳玲　　装帧设计：揽胜视觉
责任校对：张春燕　　责任印制：马鸿麟

全国教育科学“十一五”规划

重点课题

课题负责人	曹志祥　夏锦文　刘　军
专家组组长	夏锦文
专家组副组长	张连红　刘　坚　郭宁生
年鉴总主编	刘　军
核心组成员	李水平　严华银　马　复
	王晓英　钱再见　吴小晴
	仇奔波　吴　伟　陆　真
	汪　忠　韩中健　周　兵
	姚　红　李　艺　朱家雄

学科年鉴编写委员会

总　序

21世纪初启动的基础教育课程改革，从实验到推广，已经走过十年的历程了。十年改革，促进了先进教育理念的广泛传播，推动了教育教学实践的深刻变革，对我国基础教育的改革与发展、教育现代化水平的提高产生了重大而深远的影响。

伴随着课程改革的不断推进，我国基础教育课程资源的开发与建设工作受到了前所未有的重视，得到了前所未有的发展。十年来，经国家审查通过的基础教育教材已经覆盖义务教育22个学科、普通高中16个学科，共330余种，彻底改变了计划经济时代一纲一本的局面。不仅资源的数量种类空前丰富，而且质量和水平明显提升；现代信息技术推广使用，呈现方式和传输方式发生巨大变化；开发主体多元，社会参与资源开发的积极性日渐提高；国家和地方的基础教育资源中心相继成立。一大批具有中国特色、富有时代特点、体现素质教育要求的课程资源得到开发与应用，受到广大师生的喜爱，得到社会的好评，为培养青少年的创新精神和实践能力，为亿万学生的德、智、体、美全面发展，作出了重要贡献。课程资源开发、建设与应用的丰硕成果，既是课程改革成就的生动体现，也是课程改革得以健康、顺利开展的有力支撑。

当前，我国基础教育已经发展到一个新阶段。为了坚持教育的公益性和普惠性，保障人民群众享有接受良好教育的机会，最近颁布的《国家中长期教育改革和发展规划纲要（2010～2020年）》提出了努力办好每一所学校、教好每一个学生的奋斗目标。提高质量是基础教育改革发展的核心任务，促进公平是国家坚持的基本教育政策。面对基础教育改革发展的新形势、新任务，基础教育课程改革也进入总结经验、完善制度、突破难点、深入推进的新阶段。要在总结经验的基础上，清醒地分析课程改革面临的困难和问题，着力加强课程改革保障机制建设，深化基础教育课程改革。

对于与课程改革紧密相连的基础教育课程资源的开发、建设与应用，在充分肯定成绩的同时，也要客观地分析面临的困难和问题。比如，从总体上看，新开发的资源水平参差不齐，优质教育资源缺乏；资源的开发与深刻变革的教学模式不相适应，能为教学提供有效服务的资源不足；资源开发与应用缺乏规范的管理，资源分散，难以集中共享；即使是基于网络的资源，也由于缺乏协调机制，共享不充分；对于面广量大的学科资源，缺乏必要的汇总、分类、整理，更缺乏深入系统的研究，大大影响了资源的保护和综合开发应用。对这些问题，全国教育科学“十一五”规划重点课题“基础教育学科资源保护开发与应用研究”给予了关注。课题组的专家团队通过调查取样，对课程改革以来我国基础教育课程资源，主要是学科资源开发建设工作现状作了深入分析，并开展了实验研究和比较研究，总结课程改革以来我国基础教育课程资源开发与应用的成绩、经验，分析问题与不足，为我们全面把握和衡量基础教育学科资源开发与应用的状况与发展动态提供了富有价值的研究成果。尤为可贵的是课题组的专家们研究的步伐并未止于对现状的分析与总结，而是针对基础教育课程资源分散、难以为广大教师及专业工作者有效利用的突出问题，提出了编纂《中国基础教育学科年鉴》的对策性构想，并且直接参与编纂工作。这个课题从立项至今，两年有余，课题成果除了有关基础教育学科资源保护开发与应用的研究报告外，还包括语文、数学、英语、政治、历史、地理、物理、化学、生物、音乐、美术、体育与健康、信息技术、通用技术和学前教育煌煌十数卷的《中国基础教育学科年鉴》（以下简称《年鉴》），可喜可贺。

《年鉴》对我国基础教育课程改革与建设中产生的浩如烟海的资源与信息进行了分类与整理，对优秀资源和重要信息进行了汇总和推介。同时，拓宽视野，放眼世界，介绍了国外基础教育课程资源开发与应用的动态。提供的信息量大，覆盖面广，时效性强。《年鉴》对信息与资源不仅进行了汇总，同时也进行了梳理、分析、比较、鉴别。《年鉴》的编写不仅是资源收集聚合的过程，也是总结研究的过程。

《年鉴》的编纂和出版，是一项开创性的工作。《年鉴》不仅可作为从事课程资源开发的专业工作者的参考材料，而且将为教育行政管理者、教研人员和科研工作者的管理、决策和教研、科研工作提供资料和依据，对广大中小学教师从事教育和研修，也是有益的帮手。关注中国教育改革的国外同行和专家，也会把《年鉴》作为了解中国基础教育的一个重要窗口，开展交流的一个重要平台。

正因为《年鉴》的编纂是一项开创性的工作，它富有探索性，必定会留下不少需要完善和提高的空间。我想，走进这个平台，利用这个载体和工具的专业工作者和教育工作者，也一定会像关心基础教育课程资源开发和应用一样，关心《年鉴》，促进它的提高与成长。

王湛

2010 年 9 月 30 日

王湛，教育部原副部长，现任教育部总督学顾问、国家基础教育课程教材专家工作委员会主任.

总 前 言

课程改革以来，我国基础教育领域发生了巨大的变革，语文、数学、英语、政治、历史、地理、物理、化学、生物、音乐、美术、体育与健康、信息技术、通用技术和学前教育等学科在课程与教学方面都有了重大发展，涌现出一大批优秀的成果。对这些成果进行分类、整理与总结是十分必要的。为此，“基础教育学科资源保护开发与应用研究”课题应运而生，并且被列为全国教育科学“十一五”规划重点课题。

《中国基础教育学科年鉴》是该课题的重要成果之一，通过对我国基础教育学科资源进行搜集、整理、归纳，从而实现资源的综合应用、开发和保护。依据我国课程的设置，《中国基础教育学科年鉴》设置语文、数学、英语、政治、历史、地理、物理、化学、生物、音乐、美术、体育与健康、信息技术、学前教育等学科分卷，自 2008 年始，每学科每年出一卷，主要内容包括专家视野、政策文件、概况与摘要、学科动态、研究机构、学术团体、名校名师、大事记、著作及论文索引等。2008 年之前的学科资源将以回顾版的形式进行整理保护。

《中国基础教育学科年鉴》的出版弥补了我国基础教育各学科一直以来没有年鉴的缺憾，意义重大。

1. 收集基础教育学科资料，总结基础教育课程改革过程中的经验

各级教育行政部门为指导课程改革下发了系列规范性文件，各级教研部门做出了许多有创意的举措，课程专家研究出了众多的理论成果，一线教师积极探索、勇于实践，积累了宝贵的经验。科学、全面、系统地总结经验，认定和推广优秀成果，推进国家基础教育发展，是一项重大历史使命。《中国基础教育学科年鉴》对浩如烟海的各学科信息资源进行分类、整理和总结，为基础教育课程改革提供翔实的资料，为各级行政管理者及教研人员提供有效的信息，为学校之间加强交流搭建平台，促使教育工作者及时总结基础教育课程改革过程中的经验。

2. 促进基础教育学科教学的发展

基础教育课程改革要求教师成为研究型的教师。要成为一名

研究型的教师，就必须做一个终身学习者。《中国基础教育学科年鉴》有利于我国基础教育教师及时了解国内各地以及国外基础教育动态，开阔视野，完善自己的知识体系，提高自身的教学和科研能力，同时也为学生自主学习提供了丰富的素材，有利于提高学生的自主学习能力。

3. 有利于推进中外教育文化交流

胡锦涛总书记在党的十七大报告中明确提出“加强对外文化交流”“增强中华文化国际影响力”的要求。《中国基础教育学科年鉴》总结我国基础教育学科教学发展状况，同时借鉴国外基础教育学科教学经验，加强中外文化教育特别是基础教育领域的交流与合作，向世界传播中华文明。

《中国基础教育学科年鉴》的编写是一个规模宏大、涵盖我国基础教育各个学科的工程，由南京红色历程文化教育有限公司策划，得到了教育界诸多专家、学者和一线教师的热情支持，特别是得到教育部基础教育课程教材发展中心和南京师范大学、北京师范大学等高校以及各省市教育部门的支持与帮助。参加编写的人员包括教授、副教授、研究员、副研究员，中学特级教师、高级教师和一级教师数百人。北京师范大学出版集团北京师范大学出版社担负了繁重的出版工作，付出了大量人力、财力和辛勤劳动。在此，向关心和支持这项工作的单位和个人，向工作在第一线的所有同志表示衷心感谢！

《中国基础教育学科年鉴》涉及我国基础教育学科资源的搜集、整理、总结，所以书中有大量已发表论文的摘要。因涉及范围太广，故无法一一通知原作者。如有稿费问题，请作者与教育部基础教育课程教材发展中心基础教育学科资源保护开发与应用研究课题办公室①联系，稿费将按国家标准支付。

尽管我们已经付出了极大的努力，但疏漏和谬误在所难免，敬请专家和广大教师指正。

《中国基础教育学科年鉴》编写委员会

2010年12月14日

① 江苏省南京市宁海路122号南京师范大学专家东楼一楼．联系电话：025-83200848.

前　言

人类进入 21 世纪以来，全球的社会、经济、文化和科技水平已取得突飞猛进的发展和进步。这种催人奋进的形势在无形中对我国基础地理教育提出了与时俱进的要求，并产生了相应的影响。

“地理在各个不同级别的教育中都可以成为有活力、有作用和有兴趣的科目，并有助于终身欣赏和认识这个世界。”《地理教育国际宪章》中的这段话道出了现代地理教育的价值所在，同时也对基础地理教育要注重知识创新、立足学科前沿、更新教学内容、改革教学方法等方面提出新的要求。

一、社会发展拓宽了基础地理教育视野

我国改革开放 30 年来，社会的物质文明和精神文明产生了质的飞跃，现代化改变了人们的生产和生活方式，也导致了传统观念的变革，我们正在步入全面开放和高效率的信息社会，这就对基础地理教育的内容设置和传授方式提出了变革更新的要求。社会发展要求基础地理教育从全新的角度、广阔的视野去看待社会、经济和生态环境问题，去重新审视我们赖以生存的自然环境，对人地关系和可持续发展作出综合性和前瞻性的思考。我们应该加强综合分析的力度，加大理解问题的深度，侧重自然地理与人文地理的结合、部门地理与区域地理的结合，拓展学生的知识视野，培养学生敏锐的观察力和创造性思维能力。基础地理教育应关注我国社会建设的一系列重大举措，全面反映我国社会经济发展空间格局的演变态势，深入阐述倾斜与均衡、效益与公平、沿海与内地、近期与长远等一系列重大发展关系，要求学生理解改革开放对于我国社会经济发展所造成的深远影响，以及国家一系列重大开发举措的总体思路和内在联系。

人类进入 21 世纪以来，世界的政治地理和经济地理又发生了新的变化。东西方关系的巨变、南北矛盾的尖锐，贫困问题、难民问题、宗教问题，在世界热点地区更加突出。我们的基础地理教育应加强“冷战”后世界新格局的重新评价及对于世界形势的影响；对于第三世界中经济迅速崛起国家和地区的重新认识；高科技和知识经济对于世界新格局的影响；世界热点地区和热点问题的深度分析和再认识；我国的综合国力、竞争力、国际地位和未来影响，城市化进程中导致人口和产业在空间上的集聚，并使一个地区的社会发展产生质的飞跃，如何正确理解城市化的正效应和负效应等问题，基础地理教育也应开展专题研究和探讨。

当今世界，全球气候异常、自然灾害频繁、臭氧层空洞扩大、海平面上升、生物多样性减少，人类社会正面临一系列的环境生态问题，基础地理教育应在环境的演变与保护方面产生更加积极的影响。特别在2009年，我国南方冬季罕见的冰雪冷冻天气、“5·12”四川汶川特大地震灾害、北方秋冬连旱，这些防灾减灾的课题，要从地理原因上予以深刻剖析，使学生产生危机感和使命感。基础地理教育更要旗帜鲜明地反对各种急功近利、竭泽而渔、不计后果的短期行为，倡导城乡发展中的文化品位、地区特色和与自然生态环境的和谐，努力造就既朝气蓬勃又舒适宜人的美好环境。

人口问题和人地关系是当今社会的重大问题，基础地理教育应强调新形势下人口发展的重要性，协调人地关系的深远意义，注重培养学生的社会责任心和公民素质。社会发展使我们对于地理环境和人地关系的认识更为深刻，视野更加开阔，要求教材更新滞后的地理观念，要求学生考虑更多的环境问题，培养更好的环保习惯；对地理课程的内容提出新的更高的要求，强调学生应树立环境道德观和良好的社会责任心，养成可持续发展的道德观念。

二、经济发展加快了基础地理教育步伐

一方面，经济发展中出现的新现象、新理论、新趋势，如知识经济、新经济理论、经济全球化、世界经济一体化等极大丰富了我国地理课程内容；另一方面，经济发展中出现的种种现实问题，如资源耗竭、环境污染、人口爆炸、城乡差距、贫富矛盾等，对地理教育的深化与社会经济实际相结合提出新挑战；再者，经济发展中新理论、新技术、新方法的运用，使地理教育中经济、环境、区位、行为决策等分析方法更为科学、全面，既可为地理课程增加更多生动有趣的辅助学习资料，又有利于学生分析问题、解决问题能力的培养和独立思考、创新意识的建立。

基础地理教育必须顺应经济全球化的发展趋势，必须增加有关世界经济全球化、一体化的内容，向学生系统介绍经济全球化、一体化的基本概念、形成原因、现状特征和发展趋势，使学生认识到现代世界是一个开放的系统，国与国、区域与区域之间时刻都在进行物资、技术、人员、信息的传输交换，任何国家或地区都只是全球经济和市场主体中的组成部分，都必须参与全球范围的竞争。

基础地理教育应当引导学生正确分析全球经济形势和国际市场行情的变化，掌握世界经济的变化趋势；地理课程还应增加知识经济和新经济的内容。自20世纪70年代以来，科技进步逐步成为经济发展的决定性因素，邓小平同志提出的“科学技术是第一生产力”已成为现实。人类社会正在步入一个以智力资源的占有、配置，知识的生产、分配、使用（消费）为最重要因素的时代——知识经济时代。当今世界，谁不重视知识，不尊重人才，不注重科技创新，谁都将被知识的洪流所淘汰。所谓新经济，即由新技术革命所推动的经济发展与增长。新经济之所以新，主要是因为当前推动经济增长和发展的信息技术革命，具有产业链长的特点，其相关产品的生产可分解出许多更细的、独立的新行业，且这些新行业不必占用较多的稀缺资源，再加上计算机、互联网的方便、快捷和应用性极广的特点，推动一大批高新技术中小企业迅猛崛起，从而出现了一个技术创新的高潮时期。对于新经济时代地理现象的认识，可以采用各种灵活、生动、形象的方式来达到。例如，可以为学生提供一系列对比强烈、鲜明的数据、表格图画、数码照片等，来分析或表现传统经济与新经济时代的区别特征。

基础地理教育要适应经济发展多元化、复杂化和开放化的要求。在经济全球化的大趋势下，由于各国各地区的经济发展水平存在着巨大差异，经济发展也呈现出多元化、复杂化和开放化的特征。每一个国家或地区都有自身的特点，其经济基础、资源状况、投资环境、技术进步、人力、智力、教育资源的条件各不相同，因而其经济特征各异，所走的经济发展道路亦千差万别。尊重各国、各地区根据自身的条件和国际市场状况以及投资、技术的来源等确定自身的发展道路。

基础地理教育必须贯彻社会经济可持续发展的战略思想。知识经济与新经济应是促进人类社会与自然环境协调、可持续发展的经济。所谓可持续发展，是指既满足当代人的需要，又不损害后代人的发展利益。其核心思想是：健康的经济发展应建立在生态可持续能力、社会公正和人民积极参与自身发展决策的基础上，不单纯用国民生产总值指标，而是用社会、经济、文化及环境等多项指标来全面衡量的综合发展。比如，从某一种地方资源的开发生产到国际性的大宗贸易，从手工作坊的设立到高新技术开发区的建设，都要能从资源、环境、人类自身发展的角度来分析其社会、经济、环境效益。

三、文化发展繁荣了基础地理教育内涵

文化包含着精神、物质和制度等不同层面，而且文化在本质上不是一个既定的事物，而是一个不断发展的过程，即文化发展。地理学主要是从区域性综合性的角度研究文化现象乃至文化内涵。文化发展对于地理课程的影响，主要反映在区域文化景观的变化和差异方面，进而体现了国家和地区的文化内涵与精神文明。

物质文化对于基础地理教育的影响往往表现为直接性和动态性的内容。社会经济发展导致物质文化的高层次和多样化。建筑文化、交通文化、居住文化、饮食文化和服饰文化等随着社会经济的发展进步都发生很大变化。随着社会经济的发展，世界各地的文化景观发生了巨大变化，并深刻影响着人们的生活方式和居住环境。现代化的交通运输大大缩短了国家间、地区间和城市间的相对距离，高效率的信息通信手段广泛沟通了各地的思想与文化联系，这在很大程度上改变了人们传统的文化观念，使之能够及时了解外界变化，更深刻地思考和更科学地处理一些重大现实问题。

制度文化反映的是个人与他人、个体与群体之间的关系。制度一旦形成便成为人们社会行为的依据，并具备强制性和权威性，并且对物质文化和精神文化产生重要影响和制约作用。基础地理教育应从此角度出发，培养学生形成良好的公民素质和积极的社会态度。社会经济在飞速发展，人类文明也在不断更新。为了确保人类与环境的协调发展，应制定一系列规章制度作为人地关系协调发展的行为准则。制度文化体现了一个地区、一个国家乃至全球的主流文化方向。

精神文化主要指文化心理、社会意识和价值观念等，它是人们认识地理环境、改造自然界，逐步实现人地关系协调发展的行为准则。基础地理教育应从此角度强调认识世界、改造世界的科学性和客观性，并把环境教育和可持续发展作为地理教育的核心内容；要注意培养学生的爱国情感，强调人的全面和谐发展和良好精神素养；引导学生在对待有关自然环境和社会环境的事物时，具有积极主动的参与态度和宽容、理智、负责的行为倾向。

基础地理美学教育的核心应立足于人类与环境的协调美，即人与自然的高层次的和谐统一，追求古人提倡的“天人合一”的高尚境界。此外，地理学本身的发展也对基础地理教育产生很大的影响。如自然地理学、人文地理学和3S技术的发展等，在这里就略谈了。

四、教师发展是基础地理教育的关键

首先，地理教师在学校的地理教育过程中应扮演好各种角色。例如，地理知识、原理、技巧的传授者——这一角色的完成不仅有赖于地理专业知识，还涉及传统的策略、方法、技能、技巧等；地理校本课程的开发者——今后是衡量地理教师专业化水平以及工作实绩的重要标志，地理教师要逐步胜任地理课程的开发，包括课程开发前的调查、课程目标、内容、实施、评价等的确定，必要教材的编写等；培养地理智能的辅导者——地理智能的培养是渗透在教学过程中的内向性、隐蔽性与潜在性的教学行为，不像知识传授那么具体，但教师让学生观察一幅地图、感知一种景观、记忆一个地名、理解一条原理、分析一张表格、解决一个问题，往往都是在进行智能培养；地理教学中的思想教育者——教学过程是师生共度的人生片断，教师和学生进行的不仅仅是知识的对话，还是感情的对话、思想的对话、人生的对话；课堂秩序的管理者——教师要在改进教学上寻找出路，教师在学生心目中产生一种胜任感和成功感，就能把和谐愉悦感染全班，“亲其师才能信其道”；学生人格的示范者——教师的仪表、风度、教态、语言都会对学生起感染作用，教师对地理教学治学严谨、一丝不苟、高屋建瓴、游刃有余，对学生满腔热情、谆谆教导等都会对学生产生深刻的影响。除了以上几种“角色”以外，地理教师还实际上扮演了教具的制作者与保管员、收集地理信息的资料员、课外活动的指导者、地理教学论与教育心理学的专家等角色。“多面手”不是天生的，而是在教学实践中磨炼出来的；在众多角色中“传授者”仍然是中心角色。

其次，地理教师应具备良好的综合素质，才能更好地培养学生的各种品质。例如：广泛的兴趣爱好——地理学科涉及面极其广泛，要生动地、联系实际地讲解地理知识，没有广泛的知识面是难以做到的。敏锐的观察力——地理教师的观察力主要表现在两大方面，一是对自然与社会活动中的种种地理事物的观察，弥补课堂内容之不足；二是对学生学习过程的观察，探索地理学习心理特点和规律。清晰的记忆力——主要表现在对教材内容、教材以外信息、学生情况等方面的熟悉程度；丰富的空间想象力——是一个地理教师的良好的心理素养，是引导学生认识地理现象、掌握地理概念的前提，是研究地理问题、发展地理思维的基础。综合型的思维能力——地理教师只有具备良好的综合能力，才能引导学生正确认识地理环境，把握要素联系，培养他们良好的综合思维品质。坚强的意志力——教到老、学到老，地理教师平时钻研教学规律，深入教改探索、长期观察实验、进行野外考察等，没有锲而不舍、坚忍不拔的意志力是不行的。强烈的感染力——教师的情操、情调、情绪、激情、心境、理智感、道德感、美感都会自然而然地影响学生。地理教师只有具有良好的情感态度和价值观，在教学过程中才能激发学生热爱自然、热爱生活、热爱祖国、热爱知识的情感态度和价值观，增强对学生的感染力。

再次，许多地理教师都有渴望成功的心理，在这支队伍中，存在一批在教学生涯中辛勤耕耘、渴望成功的探索者。他们往往被有些人看成“瞎起劲”，而这正是他们的可爱之处，这种“瞎起劲”正是一种可贵的自信心理，是不断超越自我的精神状态。其主要表现如下：

1. 喜欢亲自探索自然界的奥秘，而不被书本局限，并敢于修正与补充其不足。

2. 对传统的教学方法与手段的改进与创新，殚精竭虑地运用创新教学手段，并对现代教育技术的运用情有独钟，往往成为多媒体课件制作的能手和基于网络技术的地理教学高手。

3. 重视指导学生的研究性学习与各类地理竞赛活动，以期学生获得优秀成绩与荣誉。

4. 注意经验总结与理论研究，善于从各个侧面选题，如“地理教学的风格刍议”“地理有效教学的方法把握研究”“地理教学中的美育发现问题研究”“研究性学习中动手实验的设计问题研究”等。

5. 经常研究教学中的问题和地理教学学术刊物，勤于笔耕，所撰稿件经常被采用。

6. 著书立说是他们的追求，他们的地理著作，对广大地理教师和学生都产生了积极影响。

7. 结合乡土地理教学和乡土教材编制，不仅培养了学生的综合分析能力，而且体现了教师为地方发展献计献策的自身价值，有的地理教师还被邀请担任地方国土整治和地区发展规划的参谋。

总而言之，这些地理教师敢于破除“神秘感”和“守旧”思想，具有强烈的探索、求异、创新、竞争精神，有着自我价值实现得到社会认可的良好心理状态。我国的基础地理教育事业应培养发展出一大批这样的先进代表人物，让中国的基础地理教育事业呈现出更加美好的灿烂前景！

在编写《中国基础教育学科年鉴·地理卷 2010》的过程中。

全体编写人员自我加压，不辞辛苦，严谨编写，历时近一年时间，终于将本书付梓。由于水平所限，不当不全、疏漏错误之处敬请读者批评指正。

本书在编写过程中，承蒙北京大学教授、博士生导师周一星先生和华中师范大学教授、博士生导师李家清先生等著名专家学者赐稿；参考、引用和摘编了各种专业性刊物以及国内外作者的大量文献著作，在此一并表示衷心的感谢！

编 者

2011 年 1 月 15 日

目　录

专家视野

政策文件

概况与摘要

学科动态

中学名校

大事记

著作、论文索引

专 家 视 野

中国城镇化进程的昨天、今天和明天

周一星[①]

一、引言

城镇化是工业革命以来人类文明的一大趋势，是任何国家从农业社会向现代化社会转变的必由之路。城镇化内涵丰富，是一种复杂的社会经济现象。尽管不同的学科对城镇化有不同的理解，城镇化是一个过程却是人们的共识。

世界各国和国际组织都把城镇人口占总人口的比重作为跟踪、衡量一个国家城镇化过程的数量指标。尽管这一指标忽视了城镇化的质量，但目前还没有被公认的更好的指标来代替它。

城镇人口比重上升的过程，就是乡村人口转变为城镇人口的过程，这种转变可以有迁移转变和就地转变两种形式。迁移转变的基本动力是城乡收入差的存在，就地转变的机制是新农村建设、小城镇建设和原有城市的发展对周围乡村的融合。中央一再强调在中国要把这个过程称为“城镇化”，我的理解就是告诫我们，不要把城镇化问题单纯理解为城市发展问题或城市建设问题，它首先是经济结构调整和经济增长方式转变的问题，同时也是解决“三农”问题、建设小城镇、建设社会主义新农村的问题，是解决城乡二元体制、缩小城乡差别的问题。既包含人们看得见的实体的变化过程，也包含文化、生活方式、价值观念等较为抽象的精神上的变化过程。

本文希望通过总结过去、认识今天、展望将来，以提高我们认识和遵循城镇化发展规律的自觉性，走出一条具有中国特色的城镇化道路。

二、中国城镇化进程的回顾

新中国成立以来，中国的城镇化发展经历了不同时期(图 1)，

---

① 周一星，著名城市地理学家。北京大学教授，博士生导师。本文原载《中国城市发展报告》(北京：中国城市出版社，2006)，可看做作者对中国城市化认识的个人总结，文中不少新观点，给年青一代中学教师朋友们提供了一些有益的信息。

有经验有教训，值得总结。

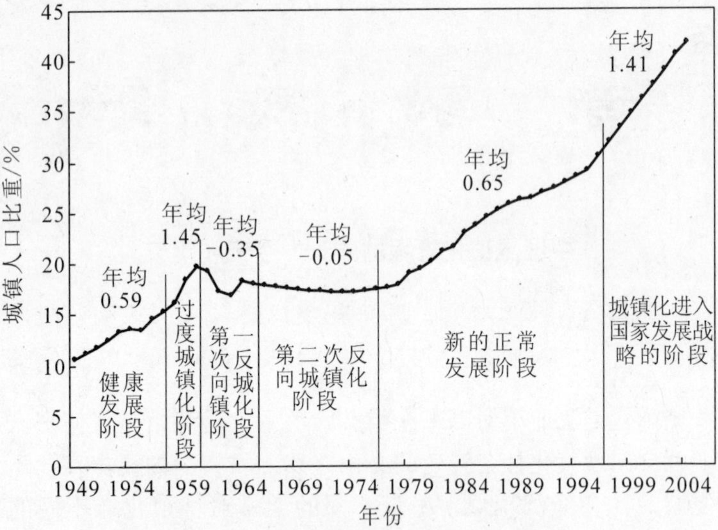

图1　中国城镇化进程曲线（1949～2004）

注：用国家统计局数据绘制；年均增长速度的单位是：百分比。

（一）1949～1957年是新中国成立初短暂的城镇化正常发展时期

新中国成立以后，经过3年恢复时期医治战争的创伤，国民经济得到初步恢复，1953～1957年进入了“一五”计划时期大规模的工业化建设和城市建设。围绕着694项重点建设项目，当时执行的“重点建设，稳步前进”的城市发展方针总体上是成功的。这一时期城镇化呈现出“城乡通开，流而不滞”的良性循环体制，促进了我国经济社会的健康发展。8年间城镇化水平由10.64%提高到15.39%，年均增长0.59个百分点，高于世界平均速度。平均每年增加城镇人口523万，其中机械增长占56%。新建了6个城市，大规模扩建了20个城市，一般扩建了74个城市。由于重视按科学规律办事，各项比例关系比较协调，取得了较好的经济效果。

这一时期为中国的工业化和城镇化发展奠定了良好的基础，其主流值得充分肯定。但另一方面，急于求成、盲目冒进、忽视所谓的非生产性建设开始露头，对原来东部沿海地区较发达城市的改造和利用没有给予更多的重视。“一五”期间非农行业劳动力的结构变动中，增长最快的是建筑业和运输业，工业发展以重工业占绝对优势，相对忽视能够吸收更多劳动力的轻工业和第三产业，开始埋下经济结构失衡的种子。

(二) 1958～1978 年是城镇化大起大落的时期

长达 20 年之久的城镇化大起大落的时期可以细分为三段。

1. “大跃进”期间短暂的过度城镇化

在“一五”计划提前一年完成以后，决策层内出现了“冒进”和“反冒进”的争论。事实上，1957 年中国城镇人口比重上升了 0.77 个百分点，一年中增加城镇人口 770 万（其中城镇非农业人口 650 万），而人均收入没有丝毫增加，城镇化已经发出了不正常的信号。然而这场争论以一场“反右倾”斗争而结束，冒进派的观点占了上风，再加上 1959 年“反右倾”斗争的推波助澜，全国轰轰烈烈地进行了 3 年“大跃进”。这 3 年重工业产值以年均增长 49％、轻工业以年均增长 14％的高速度上升。全国职工猛增至2 860万人，农村人口涌入城市严重失控，城镇人口平均每年增加1 000万（其中城镇非农业人口每年增加 833 万），年均增长率高达 9.5％，城镇化水平从 1957 年的 15.39％猛增到 1960 年的 19.75％，每年平均上升 1.45 个百分点。在工业产值高增长的表象下，国民经济比例失调、工业发展遍地开花，效益极差，人均国民收入增长极微，有的年份还有所下降。城镇人口的剧增，不是中国当时经济发展水平所能承受的。国外学者称之为“假城镇化”。

2. 困难时期的第一次反向城镇化

城镇劳动力的不正常过速增长，使劳动生产率下降，购买力增加与商品供应失衡，造成市场物资供应极度短缺。再加上一些地方自然灾害、工作中的缺点错误和中苏关系的恶化等因素，1960 年后国民经济进入了困难时期。为了保证城镇居民的基本生活，不得不精减职工，动员 1958 年 1 月以来从农村进城的新职工及其家属约2 600万城镇人口回乡，形成中国城镇人口第一次大规模倒流。1964 年又调整了市镇建制，缩小城市郊区范围、撤销了 39 个城市建制，收缩了城镇人口的统计口径。这一系列措施使城镇化水平从 19.75％的高峰跌到 1965 年的 17.98％。在当时的历史条件下，采取这样果断的、有计划的调整措施是完全必要的，对于加强农业生产，减少工资开支和城镇粮食销量，缓和城市各项设施的压力，争取财政经济状况的好转，起了很大作用。但是客观地说，这一次有计划的调整却起因于无计划或计划失误的“跃进”。在调整阶段中逐渐形成起来的户口管制、限制农民流动、知识青年上山下乡、以分散为特征的三线建设、取消城市规划等政策措施影响深远，为后来很长一段时间的城镇化奠定了基调。

3. “文化大革命”时期的第二次反向城镇化

经过5年调整，正当国民经济开始全面好转的时刻，接踵而至的却是“文化大革命”的十年动乱。对城镇化进程影响较大的事件有：在1968年12月“我们也有两只手，不在城里吃闲饭”的鼓动下，数千万知识青年响应毛泽东的号召“上山下乡”，“接受贫下中农再教育”；1969年紧急备战的“林彪一号战令”导致大批知识分子和干部下放农村劳动；1970～1972年还出现过一面城市知青大量下乡，一面又向农村大量招工的相向流动；出于对国际形势的严峻估计，大小“三线建设”进入高峰期，工厂进山、入洞、不建城市；“控制大城市规模、发展小城镇”的思想作为真理被广为推行，因当时小城镇发展缺乏必要的政策，农民被禁锢在耕地上，小城镇发展实际缺乏动力；城镇建制的工作基本停顿，新设市极少，十年间平均一年增加不到2个，建制镇减少；城市建设投资的比例比困难时期还低，城市问题逐渐积重难返。但是具有积极意义的另外一个方面是，城市中的计划生育工作已经初见成效，出生率开始大幅度下降；乡镇企业在江浙等发达地区已经悄悄兴起。

十年“文化大革命”城镇非农业人口在波动中略有增长，年均增长率只有1.3%，还远远低于全国人口的自然增长率(2.32%)，所以说总体上是又一个反向城镇化阶段。城镇化水平从1965年的17.98%不断缓慢下降，1971年达到最低点17.13%，之后多年徘徊在17%～18%之间，到1978年为17.92%。

从1958年到1978年，包括“大跃进”期间农村人口的进城高峰和后来两次城镇人口的离城高峰，总的结果是城镇人口以出为主，合起来可以看作是中国长达20年之久的城镇化大进、大出、倒退、停滞的不正常发展阶段。

（三）改革开放后的城镇化稳步增长时期

1. 城镇化走出低谷恢复正常发展

1978年党的十一届三中全会以后，全国工作的重点从阶级斗争转移到社会主义现代化建设上来，国内外政治经济环境的各个方面都发生了根本变化，城镇化也在改革和开放的大背景下重新走上了正轨，出现了许多新动力、新现象[1]。

（1）首先是城镇化终于走出倒退和停滞的低谷，城镇人口比重连续保持增长。我国的城镇化水平从1978年年底的17.92%一路上升，到2000年全国第五次人口普查时达到了36.09%的水平，24年间城镇化的速度年均提高0.91个百分点，城镇人口年均增长4.39%，小的波动虽然也有过，但总趋势是快速的、正常的。

（2）城镇化的推动主体由一元向多元转变。城镇化的推动主体可分为组织主体和投资主体。改革开放前，我国的城镇化是一元化的“自上型”城镇化。改革开放以后乡镇企业成为推动中国经济发展的一支重要力量。由基层社区筹集乡、镇、村等集体和个体的资金，发展地方小型工业，推动乡村地区非农化和城镇化的“自下型”城镇化一度与“自上型”城镇化并行不悖，我国城镇化的机制由一元变成了二元[2]。20 世纪 80 年代中后期，城镇化的组织主体仍然是“自上型”和“自下型”两种，而投资主体除了“自上型”的政府投资和“自下型”的乡村基层社区集体和个体投资外，吸引外资和吸引内资对推动各地的城镇化发挥了越来越大的作用，前者可以叫做“外联型”城镇化，后者可以叫做“内联型”城镇化。现在国家投资比重已经不到 10%。二元城镇化也已经不足以概括我国当前城镇化的多元机制（图 2）。多元的城镇化动力机制为各种城市的发展提供了多种机遇，突破了以往全靠国家投资项目推动地方城镇化发展的旧模式。

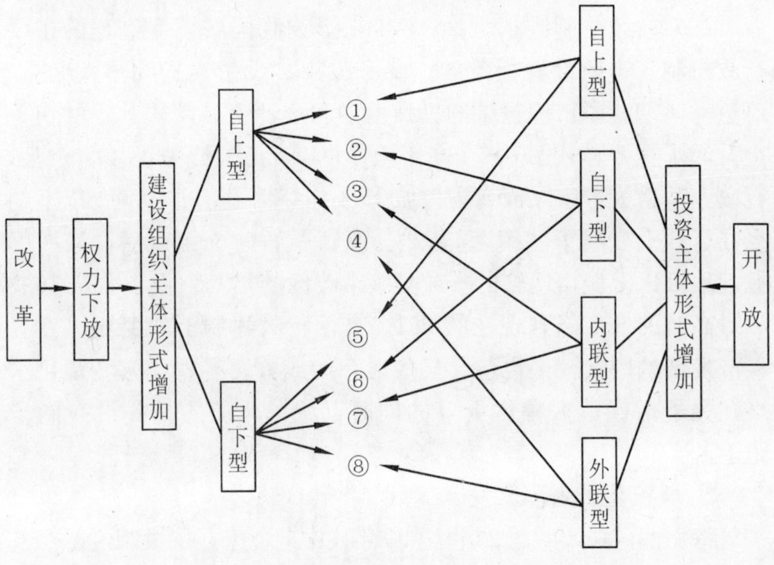

图 2　改革开放条件下的城镇化多元动力机制

（3）国家区域发展战略重点向沿海的转移确立了我国城镇化发展“东部快于中西部，南方快于北方”的新趋势。新中国成立以后的前 30 年，中西部地区是国家经济建设和城市发展的重点所在。虽然客观上为内地培育了一批中心城市，一定程度上带动了内地的经济发展，但整体经济效率很低，制约了国家综合实力的增长。改革开放以后，在经济全球化的推动下，结合我国自然、经济地理的特点，东部地区作为开发、开放的重点得到了迅速发展，长三角、珠三角、京津冀等几个沿海城镇密集地区，成为加速国家现代化进程、缩小我国与发达国家经济技术水平差距的重点区域，实现了我国经济长达20多年的持续快速增长，中心城市的经济规模和辐射能力进一步增强。三大城镇密集地区以不足3%的国土面积，聚集了全国14%的人口，实际利用外资占全国79%，创造了全国42%的GDP。

（4）计划经济下一系列城乡二元结构制度向市场化体制的转变加速了我国的城镇化进程。20世纪80年代以前，我国的城镇化是城乡二元社会结构渗透在各个领域的计划体制下的城镇化。户籍制度是维护这种二元结构的关键，通过阻止乡村劳动力向城市流动，导致我国长期的低度城镇化。改革开放以后，户籍制度已经有所松动，从1984年开始，农民可以自理口粮到小城镇落户，务工经商。现在在城市打工的农民大军超过1亿人，进城务工农民的所得收入占农民纯收入的40%左右，促进了农民增收和农村发展。

（5）行政体制改革是20多年来影响我国城镇化进程的主要行政机制。市镇设置标准的下降和设市、设镇模式的重大变化，对这一时期我国市镇数量的迅猛增加和统计上城镇化水平的快速上升起了重要作用。从1980年至2004年我国消失了495个县，行政上升格为“市”或变为大城市的“区”，还有10 000个以上的乡在行政上变成了“镇”。在“县改市”暂时冻结以后，又一度掀起地级以上城市所辖的县或县级市改区的热潮。设市数从1997年最高时的668降到现在的661。市镇行政建制上的变化虽然有经济发展的因素，但也包含某些虚夸的成分。有些地方城镇化水平在数量指标上大幅度上升的同时，城镇化的质量并没有同步跟上。

2. 城镇化进入国家发展战略

特别值得强调的是20世纪90年代中期以来，中央制定了一系列推进城镇化的方针政策，开始把城镇化发展作为解决“三农”问题的重要途径，在“十五”计划中首次把“积极稳妥地推进城镇化”作为国家重点发展战略，党的“十六大”又进一步提出“全面繁荣农村经济，加快城镇化进程”，“坚持大、中、小城市和小城镇协调发展，走中国特色的城镇化道路”。直至最近党和国家采取减免农业税、普及农村免费义务教育、建设社会主义新农村等一系列“工业反哺农业、城市支持农村”的实际措施。我国对城镇化问题的认识从最初30年不认识其意义，到后来20年城镇化自发、补偿性的发展，今天已经上升到主动认识其规律和精髓的层次，可以把它看做是我国城镇化进程一个划时代的变化。

在这一阶段城镇化成为国家解决经济增长、“三农”问题的交汇点，科学发展观的“五个统筹”无一不和城镇化联系在一起，城镇化成为社会的真正“热点”。但是，事情总有两面性。城镇化受到各级领导的重视、城镇化进程加速了，是问题的主流。另一方面，城镇化成为各级政府的一项政绩指标，投资热和重复建设、圈地热和剥夺农民土地、开发区热和占地过大过滥、旧城改造热和大面积拆迁、行政改制热和城镇化在统计上的虚高等问题也越来越突出。粮食产量从 1998 年后一度连年下降，各地批出去的开发区面积曾达到 3.4 万平方千米，远远超过现有城市全部建成区面积的总和。如果我们不能未雨绸缪，而是任其发展，将可能葬送大好形势，造成不必要的大起大落。

三、我国主要城镇化政策的评析

城镇化是不以个人意志为转移的过程，但是政府的政策可以自觉不自觉地促进或者延缓城镇化的进程。这里就先后几个对城镇化进程影响较大的政策，作简单的评析，希望从中获得启发以利于今后的发展。

（一）有重点的城镇化政策

新中国刚刚成立，国家百业待兴。“一五”计划时，国家的基本任务是集中力量进行以苏联援助的 156 个建设项目为中心的、由限额以上的 694 个建设单位组成的工业建设，以建立社会主义工业化的初步基础。城市发展面临着改造旧基础，建设新项目的双重任务。但是国力有限，不能全面铺开。中央及时提出城市建设要采取与工业建设相适应的“重点建设、稳步前进”的方针。强调城市建设必须集中力量，确保重点工业项目所在的重点工业城市的建设，在重点工业城市内，也要集中力量于工业区及其主要的配套工程上面，才不会分散国家的有限资金与延误工业建设的期限[3]。

按照这样的方针，对全国的城市进行了分类排队，分成有重要工业建设的新工业城市、扩建城市、局部扩建城市、一般中小城市，对不同的城市分别采取重点建设、利用旧市区作必要扩建、局部改扩建和维护调整为主等不同的对策。那些重点建设城市，都经过认真的多部门联合选厂、编制了城市总体规划和详细规划，城市建设投资在基本建设投资中保持了适当比例，城市建设能按科学的程序进行，这些城市经受住了历史的检验，效果是好的[3]。

虽然当时还没有推进“城镇化”一说，但“重点建设，稳步前进”的思想在今天快速城镇化的时代仍然有重要参考价值。在一个国家或一个区域，城市发展要有重点，要有时序。中国的城市体系就像一个金字塔结构，塔尖是作为国家骨干城市的少数超大城市，塔身是区域性大中城市，塔基是数量众多、星罗棋布的小城市和小城镇。要发挥各自特点，相互间功能互补，内源发展、协调发展，不可能统统“做大”“做强”。具体到每个城市，发展也要有重点，不能东进、西拓、南推、北扩，四面开花；要体现城市的核心优势，准确定位，不可能个个都是金融业中心、高科技产业中心，并不是都必须发展工业，更不必强调发展门类齐全的工业。

（二）限制农民进城和让城市居民下乡的政策

“一五”时期的大规模工业建设，需要大量的新增劳动力，大量农民开始向城市迁移。1958 年 1 月，国家颁布了《中华人民共和国户口登记条例》，开始实施城乡严格的户籍管理。

最开始确立户籍制度，是为了“一五”期间指导人口的有序流动，“大跃进”期间户籍制度也并没有发挥阻拦农民进城的作用。限制农民流动的户籍制度真正起作用是在进入困难时期以后。

从 1961 年到 1963 年 6 月，“大跃进”期间从农村进城的新职工和家属以及一部分原先的城市职工和居民，约2 600万人返回了农村。在 1961 年和 1962 年召开的党的八届九中、十中全会都强调阶级斗争，导致“文化大革命”开始后的 1966 年冬季，有数百万所谓企图破坏社会主义经济建设和走资本主义道路的“坏人”从城市扫地出门，遣返原籍。后来，“文化大革命”中数千万知识青年“上山下乡”和大批知识分子及干部下放农村劳动“接受贫下中农再教育”，进一步扩大了城镇人口回流乡村的洪流。

1964 年 8 月，国务院批转了《公安部关于处理户口迁移的规定（草案）》，提出户口迁移的两个“严加限制”，即对从农村迁往城市、集镇的要严加限制；对从集镇迁往城市的要严加限制。此规定堵住了农村人口迁往城镇的大门。

直到 1977 年 11 月，国务院批转《公安部关于处理户口迁移的规定》，还提出“严格控制市、镇人口，是党在社会主义时期的一项重要政策”。该规定进一步强调要严格控制农村人口进入城镇，第一次正式提出严格控制“农转非”。稍后，公安部在《关于认真贯彻〈国务院批转“公安部关于处理户口迁移的规定”的通知〉的意见》中，具体规定了“农转非”的内部控制指标，即每年从农村迁入市镇的“农转非”人数不得超过现有非农业人口的 1.5%。

长期推行不让农村剩余劳动力流动，同时把城镇人口推向农村的政策，其结果是城乡之间、农业非农业之间的相互关系演化成一种恶性循环：农村劳动力日益过剩→过剩劳动力没有正常的流动渠道→过剩劳动力的积累导致农业劳动力的边际效率下降→并不丰富的农产品大部分满足农村低水平自耗后，只有很低的商品率→农业的低商品率限制了非农业经济特别是轻工业的发展→导致城镇经济缺乏活力，城镇就业岗位不足→进一步严格限制乡村人口向城市转移→被束缚在耕地上的贫困农民企图以低成本的劳动力再生产来增加收入，导致高出生率→农村劳动力更加过剩→……[4]。我国今天富余农村劳动力转移的严峻形势，在很大程度上是 20 世纪 50～70 年代大量的农村劳动力滞留在农村不能流动的直接结果，城镇人口的回流又加重了农村的困境。总结历史、面对现实，不让农村富余劳动力流动，限制他们进入城市，是所有对策中的下策，这可以说是一条真理。

（三）倡导非城市化的工业化政策

“非城市化的工业化道路”并不是我们国家正式的红头文件上说的，而是出自 1978 年日本年轻博士生越泽明的文章，这篇文章的中文本在当时流传颇广。但是从一系列当时的政策来看，用这样的概括来表达改革开放以前的我国城镇化可以说非常到位。这些政策除了包括前面所说的限制农民迁移的户籍政策，城市知识青年上山下乡的政策外，还包括：（1）从“一五”时期就开始确立的“农村粮食、油料统购统销”和“城市粮油计划供应”政策；（2）从 1955 年中央“关于厉行节约的决定”以后，过分的降低城市住宅和市政公用设施的建设标准，然后演变成长时期“骨头”与“肉”的比例关系严重失调的政策；（3）从 1959 年在大庆建设中提出“先生产，后生活”，“不建集中的城市”开始，到演变成 1964 年“工农结合，城乡结合，有利生产，方便生活”城市建设方针的提出并在全国的推广；（4）“三线建设”中提出“大分散，小集中”的思想和工业企业“分散、靠山、隐蔽”和“靠山、分散、进洞”的建设原则。这些方针政策的影响都遍及全国。

由于我国一度采取低价农产品、低价工业原料和低劳动力成本以形成超额工业利润的原始积累模式，为了保证由工农产品价格的剪刀差从农村转入城市的隐蔽投入不为自由流入城市的人口所分享，极力限制人口从乡村到城市的流动，一方面在经济上完成了我国从农业社会向工业社会的过渡，基本打下了以重工业为主的全国工业体系的基础；但另一方面又铸成了我国城镇化长期严重滞后于工业化的局面。

（四）控制大城市规模和偏爱小城镇的政策

我国控制大城市规模、偏爱小城镇的政策早在20世纪五六十年代就开始了，当时毛泽东是出于对国际形势的严峻估计，在“备战备荒”的特殊时代背景下提出的。让人困惑的是，“文化大革命”以后“控制大城市规模和发展小城镇”的方针几乎原封不动地被沿袭下来。

1978年全国第三次城市工作会议把“控制大城市规模，多搞小城镇”正式确立为国家的城市建设方针。1980年全国城市规划工作会议补充了对中等城市的对策，把“控制大城市规模，合理发展中等城市，积极发展小城市”作为国家的城市发展总方针。并定义市区非农业人口超过50万的城市为大城市，20万～50万的为中等城市，不到20万的为小城市。

在“实践是检验真理的唯一标准”大讨论的带动下，20世纪80年代城市发展方针在城市学界也引起了热烈的讨论。大城市派的异军突起，与支持“方针”的小城市派展开了针锋相对的争论。学术界的激烈争论，没有产生任何效果，1986年12月全国城市建设工作会议重申1980年确定的城市发展方针以及城市规模等级划分标准都维持不变。

随后，由建设部主持起草的《城市规划法草案》把城市发展方针的表述修改为“控制大城市规模，合理发展中等城市和小城市”。1989年12月底，该法律草案提交人大常委会审议时，又把草案中的“控制大城市规模”的调子提高到“严格控制大城市规模”。据有关部门解释，作这种变动的原因是“大城市规模仍未得到完全有效的控制”，因此要“严格控制”，而“小城市发展很快，需要有计划地加以引导，使其纳入合理发展的轨道。”[5]因此1990年正式公布的城市规划法上确定的中国的城市发展方针是“严格控制大城市规模，合理发展中等城市和小城市”。

当“方针”用法律形式固定下来以后，争论在表面上降温了，而问题的实质并没有得到解决。

偏爱小城镇论者的理论依据是马克思主义的“城乡关系理论”，认为“缩小以至消灭城乡差别是社会主义的重要任务”，“大工业在全国的尽可能平衡的分配，是消灭城市和乡村的分裂的条件”。在他们眼里，大城市姓“资”不姓“社”。他们没有注意到经典著作中也有很多可以用来否定这种观点的论述，例如斯大林的“苏联社会主义经济问题”[6]。

小城市重点论者出于对巨量的农村剩余劳动力涌入大城市的担心，接过了费孝通“小城镇大问题”[7]的题目，提出“剩余劳动力就地消化”，“离土不离乡，进厂不进城”，“发展小城镇是我国城市化发展的唯一道路”等，这些观点成为一时的主潮流，认为这正是建设具有中国特色的社会主义的一个重要特征[8]。与这些观点相配合，1984 年我国降低了设置市、镇的标准，大力推行“乡改镇”、“县改市”。建制镇和小城市的数量从此一路激增。

“离土不离乡，进厂不进城”出于高层，影响尤其深远，助长了“走了一村又一村，村村像城镇，走了一镇又一镇，镇镇像农村”的局面，没有适时把乡镇企业集聚的问题提到政府的议事日程。有人认为这一模式是一个农民长期占用两份土地和生产资料，而都没有做到用心经营。在我国土地紧缺、生产资料紧张的情况下，这种模式不利于经济发展，也不利于我国城镇化[9]。显然，这是一条以分散为特征的城镇化道路。小城镇和乡镇工业的分散布局，带来了经济上的低效益，宝贵耕地的过量占用，环境污染的面状扩散，丧失了大量第三产业的就业岗位。从根本上讲，“离土不离乡，进厂不进城”并不会降低城镇化的成本[10]。

认真分析一下偏爱小城镇论者对我国大城市发展的批评，例如“中国大城市发展过快说”“中国城市规模结构头重脚轻说”“大城市带来城市病说”“大城市增长的资本主义说”等，显然都缺乏基本的事实根据和理论根据，但这些观点却产生过巨大的社会影响。

无论是在计划体制下还是在市场体制下的实践都不能有效地检验控制大城市规模和偏爱小城镇政策的正确性。分析证明城市规模与城市经济效益之间是一种“弱正相关”的关系，两者之间没有明确的必然联系。所以由城市规模来决定城市要不要“发展”或要不要“控制”的“规模政策”无论在理论上或者在实践上都具有很大的片面性[11]。

随着时间的流逝，规模政策的局限性正在被越来越多的人所认识。我们注意到我国“六五”计划、“七五”计划、“八五”计划都无一例外地要强调贯彻严格控制大城市规模的城市发展方针，“十五”计划、“十六大”报告、2004 年的政府工作报告、“十一五”规划等一系列中央正式文件对城市发展的指导原则已经发生了变化，不再提严格控制大城市规模。但是社会上又有一种新的潮流，就是不论大小城市都在追求不切合实际的“做大”规模，这是从一个极端走向另一个极端的新的规模政策思潮，其背后的根源是通过城市规划上的“做大”来扩大城市用地，通过圈地出让来增加GDP和财政收入，显然这不符合科学发展观的要求。

（五）有限度的鼓励农民进城的政策

1984年10月，国务院发布《关于农民进入集镇落户问题的通知》，规定凡在集镇务工、经商、办服务业的农民和家属，在集镇有固定住所，有经营能力，或在乡镇企事业单位长期务工，准落常住户口，口粮自理。这标志了有限度的鼓励农民进城政策的开始。说它是“有限度的”，是因为允许农民进城落户的口子仅仅开放到建制镇一级的城镇。

这一政策推行以后的最初几年，全国有几百万农民自理口粮进镇落户，后来总数就逐渐停滞甚至下降，有些省回流得很厉害，以后国家就不再公布这项数据了。这一政策对于吸引农民进入小城镇没有起到太大的作用。

有限度的鼓励农民进城的政策，总的来说“限度”是在不断放宽的。1985年7月，公安部对流动人口实行《暂住证》、《寄住证》制度，允许暂住人口在城镇居留。1992年8月，公安部又决定在小城镇、经济特区、经济开发区、高新技术产业开发区实行当地有效城镇户口制度，以解决要求进入城镇落户的农民过多与全国统一的计划进城指标过少之间的矛盾。1986年，安徽滁州市天水县秦栏镇实行“绿卡户籍制”。1992年，浙江温州推行“绿卡制”。1993年和1995年，上海和深圳先后推行“蓝印户口制”。以此为代表，部分城市实行投资入户、购房入户，以吸引人才和资金。1998年8月，国务院批转公安部《关于当前户籍管理中几个突出问题的意见》，开始实行婴儿落户随父随母自愿，放宽解决夫妻分居问题的户口，投靠子女的老人可以在城市落户，在城市投资、兴办实业、购买商品房的公民及其共同居住的直系亲属，符合一定条件可以落户等一系列的政策。2001年3月30日，国务院批转公安部《关于推进小城镇户籍管理制度改革的意见》，小城镇户籍制度改革全面推进。

应该说，自1992年全国取消粮票制度以后，农民流入城镇已经没有什么障碍。现在我国城镇化面对的问题反而是如何让农民在城镇稳定落户，定居下来。在城市近郊区的农民，因为土地收益较好，并不情愿变为非农业的城镇户口，“城中村”现象成为城市发展中普遍存在的难题；有些城市，甚至是特大城市（例如石家庄）即使户口放开，也并没有出现想象中农村人口“蜂拥而至”的景象，相反有些冷清。问题的关键还是农民进城定居的门槛太高，城乡的土地制度没有理顺，农民把“土地”作为他们最后的退路具有普遍性。土地制度的背后是农民的社会保障制度，农民如何通过土地流转获得进入城市的经济成本还是一个没有解决的问题。

（六）积极慎重全方位推进城镇化的政策

我国在“八五”计划报告里虽然第一次提到了“城市化”，但那是在“坚持实行严格控制大城市规模、合理发展中等城市和小城市方针”的前提下提及的，和“六五”计划、“七五”计划报告的精神没有什么区别。“九五”计划报告发生了悄悄的变化，没有再提城市发展方针。转折发生在“十五”计划报告。《中共中央关于制订国民经济和社会发展第十个五年计划的建议》中，在讲到城镇化的时候，没有重申过去的城市发展方针，而是强调了走一条符合我国国情、大中小城市和小城镇协调发展的城镇化道路。在 2000 年“十五”计划的正式报告里以“实施城镇化战略，促进城乡共同进步”为题列专章加以阐述，认为“提高城镇化水平，转移农村人口，有利于农民增收致富，可以为经济发展提供广阔的市场和持久的动力，是优化城乡经济结构，促进国民经济良性循环和社会协调发展的重大措施。随着农业生产力水平的提高和工业化进程的加快，我国推进城镇化的条件已渐成熟，要不失时机地实施城镇化战略”。在这一章里重点讲了“形成合理的城镇体系”、“有重点地发展小城镇”和“消除城镇化的体制和政策障碍”三个问题。整个“十五”计划报告一共有 16 处提到“城镇化”！其中包含了许多正确的思想，例如，“推进城镇化要遵循客观规律”，要“与经济发展水平和市场发育程度相适应”，要“循序渐进”，要“防止盲目扩大城市规模”，要“打破城乡分割体制，逐步建立市场经济体制下的新型城乡关系”，要“科学制定设市、设镇标准，尽快形成符合市场经济体制和城镇化要求的行政管理体制”等。近几年，政府的思路和社会舆论在同一个方向上又朝着“工业反哺农业、城市支援农村”，加大对“三农”支持力度，建设社会主义新农村、发展“资源节约型”、“环境友好型”城市等亲民、务实方向采取或准备采取许多实际步骤，这些变化集中体现在 2006 年的政府工作报告和“十一五”规划之中。

导致这一转变的主要原因是改革开放后我国综合经济实力迅速上升，我国已经成为世界第六大经济体①，2005 年国家财政收

① 转眼之间中国 2010 年可望成为世界第二大经济体。——作者注

入已突破 3 万亿元。在胜利实现了现代化建设前两步战略目标，国家总体上达到了小康水平的背景下，已经有可能用更多的财力来解决社会公平问题。而在长期经济快速增长的同时，城乡差距、区域差距、社会阶层之间的差距不断扩大，社会矛盾有所激化，城市和经济发展领域出现不少无序的、不可持续的现象，也到了需要解决这些问题的时候。在“可能”和“需要”兼备的情况下，中国共产党新一代领导集体的新的执政思想成为转折的关键。

四、中国城镇化已经处在中期加速阶段

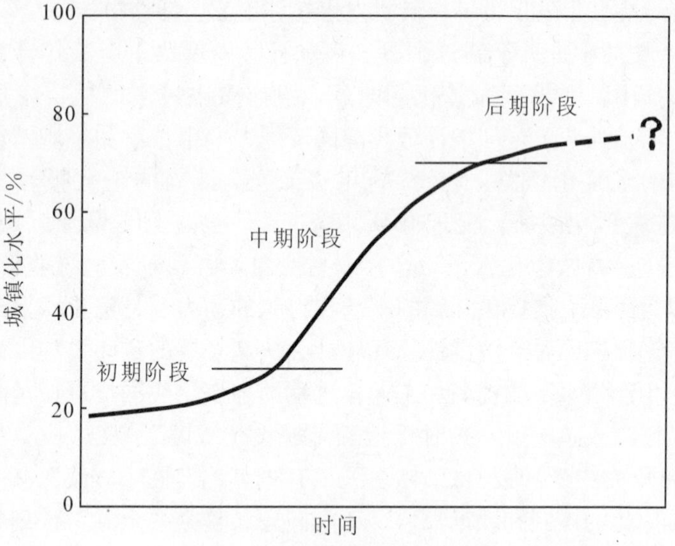

图 3　城镇化过程的 S 形曲线

在正常发展情况下，一个国家或一个大的区域，城镇化的发展会遵循所谓的 S 形曲线（图 3），这一趋势是被世界公认的，联合国的有关机构就用这一原理来预测世界各国的城镇化水平。

但这一经验性的理论模型介绍到中国以后，在两个方面被误导了：一是把 30％和 70％当做转折点而被绝对化。似乎城镇化水平一到 30％就会自动加速，一到 70％就会自动放慢。实际上并没有规定的特征点，城镇化的发展阶段还是要从机制和进程的实际变化来判断。二是把 S 形曲线任意套用在很小的地域空间，甚至城市地域。对一个已经基本实现了城镇化的城市地域来说，城镇人口比重上升几个百分点已经无关紧要，提高城镇化水平的层次应该更加关注城镇化质量，应该用各项城市现代化指标来衡量。

中国的城镇化过程从鸦片战争以后开始，在新中国成立前经历了长期的战乱，在新中国成立后经历了长期大起大落的不稳定发展，因此我国城镇化的前期阶段显得比较漫长。从改革开放以后我国城镇化机制和速度发生了重大变化，我们判断在 20 世纪 80 年代中期城镇化水平在达到 25%上下后就进入了中期加速阶段。而且只要政治、经济的发展没有大的波动，在正常情况下较快的速度会延续一段时间。

可以和美国作一个简单比较。美国 1840 年的城镇化水平为 10%，到 1880 年为 25%，花费了 40 年。新中国成立时的 1949 年城镇化水平为 10.64%，也就是说我们的起步比美国大约晚了 100 年，到 1986 年为 25.5%，花了 37 年，也差不多是 40 年。但是美国从 25%到 50%，花了 45 年。根据我国 20 世纪 80 年代中期以来的进程进行理论预测，中国从 25%到 50%，大约只需 28 年。从 50%再提高 10 个百分点，美国用了 35 年，中国在理论上大约只要 10 年。

当然，即使同样是城镇化的中期阶段，中国和美国的内涵是不能完全类比的。城镇化水平同样提高一个百分点，在美国意味着增加一二百万城镇人口，在中国则意味着增加1 000多万城镇人口。中国城镇化水平提高 20 个百分点。从乡村转移到城镇的人口就相当于美国的总人口。

再者，中国在 20 世纪 80 年代进入城镇化中期阶段后的内容和特征与美国在 19 世纪 80 年代也是完全不同的。例如我国进入城镇化中期阶段后，乡村人口向城市的迁移集聚正处在高潮，同时又叠加了大城市内部人口和工业向郊区离心迁移的郊区化过程。我国大城市 1985 年开始郊区化的时候，（人均 GDP 不到 300 美元，）城镇化水平只有 24%，而美国 1941 年第二次世界大战期间郊区化兴起时（人均 GNP 已经接近1 000美元），城镇化水平已经是 57%，人口向城市集中的高潮已经过去。

再例如我国在城镇化中期阶段，国家总体上仍处于工业化的中期阶段，制造业仍有较大的就业空间，但是具体到一些工业专门化程度较高、工业结构偏重的城市，制造业比重已经到了从顶峰向下滑落的阶段，再赶上国有企业在体制转型的改革中分离出来较多的职工，因此就出现了城市工人大量下岗的情况。这与西方发达国家第二产业职工不断向第三产业转移的情况也有所不同。

我国在 20 世纪 90 年代人口的自然增长率已经降到 10%，我国城镇化的中期阶段过早地就遇到了人口老龄化的问题。相似的人口自然增长率在发达国家出现在 20 世纪 50 年代和 60 年代，那时候它们的经济基础比我们要好。

由此，中国城镇化的中期阶段有不少特有的问题需要解决。

五、中国的城镇化水平与经济发展水平已基本适应

从城镇化的实际进程与经济发展的关系来考察，可以存在三种城镇化的状态：适度城镇化、过度城镇化和低度城镇化。适度城镇化表现为城镇化进程与经济发展基本同步协调，互相促进。过度城镇化表现为过量的乡村人口盲目向城市特别是大城市迁移，超过了国家经济所能承受的能力，从而影响经济发展，一系列城市病也随之产生。过度城镇化是西方学者针对某些发展中国家城镇化速度超越经济发展时提出来的。低度城镇化是指城镇化发展的实际水平远远滞后于经济发展水平，有大量的过剩农村劳动力没有出路，带来整个经济的低效率和一系列的农村病，它和过度城镇化一样也是病态的。这一概念是美国学者在 1989 年主要针对中国的情况而提出来的。

那么中国的城镇化究竟是超前还是滞后？学术界在 20 世纪 90 年代有过大量的讨论。直到改革开放以前，中国的城镇化肯定是滞后于经济发展的，除了“大跃进”的几年外，基本上属于低度城镇化，国内外学者的看法几乎完全一致。主要原因是新中国成立后的前 30 年我们有意抑止农村人口流动，无力大量投资城市建设，执行的是以重工业为主导的经济发展道路，即前面所说的“非城镇化的工业化道路”。但是经历了改革开放，城镇化得到持续的快速发展后，应该如何判断？有两种不同观点。

相当多的学者仍然主张中国是低度城镇化，其依据是：(1) 我国劳动力的非农化水平在 20 世纪 90 年代末已经达到 50%，而城镇人口比重却要低 10 个以上百分点；有人用第二产业的产值比重与其就业比重严重背离的情况依然存在，认为我国城镇化水平依然严重滞后于工业化进程[12]。(2) 中国 1997 年人均 GDP 为 860 美元，第一次进入下中等收入国家行列，而当年中国的城镇化水平仅相当于中下等收入国家 1980 年的水平，比同组国家的平均水平 42%低 10 个百分点；用购买力平价来衡量我国的人均 GDP，则城镇化水平滞后更加厉害。(3) 用多个世界城镇化水平与经济发展水平的数学模型来验算[13]，我国的城镇化水平都偏低。

少数持另一种观点的人认为：(1) 我国城镇化进程与经济发展水平是基本相适应的，仅稍显滞后，并没有太多地偏离所谓“世界平均模式”[14]。(2) 有人利用联合国《世界城镇化展望 (1990)》的统计，认为中国的经济发展水平与印度、印尼、巴基斯坦、泰国相似，我国的城镇化率与这些国家并没有多少差距，

基本相符，并没有滞后[15]。（3）有人主张把在乡镇企业就业的乡村人口乘上一个抚养系数作为“隐形城市人口”计入城镇化水平，认为中国非但不滞后，反而是“隐形超城镇化”[16]。

直到2000年我还是“滞后论者”[17]，理由是改革开放前长达20年的大起大落阶段，由于两次反向城镇化，总体上城镇人口以出为主，城镇化呈低度状态。改革开放以后，一方面由于过去长期低度城镇化留下的影响不能很快弥补；另一方面又一度推行“离土不离乡、进厂不进城”的政策，丧失了相当一部分城镇化发展的机会，和我国经济的高速增长相比，这一阶段我国的城镇化仍然带有低度城镇化的特点。因此从总体上说，我国在当时整体上仍然处于低度城镇化状态。当然这样讲并不否定我国在局部地域或部分城市的城镇化是适度的或过度的，这要具体情况具体分析。

近年来实际情况的发展改变了我的看法。我认为：（1）城镇化进程与经济发展水平之间确实具有非常紧密的关系，但是城镇化水平与经济发展水平之间的数量模型只是基于截面数据的一种宏观变化趋势，本身就是有合理偏差幅度的统计规律，不是一个定数规律。基于截面数据的模型参数是不可以不加分析地移植和套用到任何时间或任何地域的。（2）近些年我国经济增长和城镇化增长的实际速度都比较快，根据国家公布的2004年的城镇化水平为41.8%，已经接近下中等收入国家组的平均水平43%[18]，我国2004年的人均GDP为1 272美元，也已经接近下中等收入国家组的平均水平1 390美元[19]（按照最近经济普查后修正的数据提高到了1 486美元）。城镇化滞后已经不成为突出的矛盾。（3）第五次人口普查以后国家公布的城镇化速度偏快，1996～2003年连续8年每年增长1.43/1.44个百分点，城镇化水平数据偏高，在不加纠正的情况下，不能再“火上加油”。（4）当城镇化成为国家战略以后，城镇化水平也成了各级政府的政绩指标之一，在舆论宣传上偏热，地方攀比比较严重，不要再“火上加油”。

“滞后论”和“超前论”到今天应该已经互相靠拢，中国的城镇化水平在总体上已经并不滞后，在继续推进城镇化进程时，应该更多地关注城镇化的质量。

城镇化质量低下体现在很多方面：大量进城农民不能在城镇定居，不能享受市民待遇；城乡差距仍在不断扩大；城乡二元结构尚未解决，又可能产生城市内部的二元结构[20]；资源浪费、环境污染问题仍然突出；小城镇发展缺乏活力，等等。这些正是政府在“十一五”规划中最关注的问题。

六、对中国未来城镇化进程的展望

(一) 建立预测的合理基础

要正确预测我国未来城镇化的进程，首先要建立一个反映实际的预测基础。根据国家统计局公布的资料，1996 年至 2003 年我国已经连续 8 年每年的城镇化水平提高 1.43/1.44 个百分点。这是非常高的速度。分析这些数据的来源，是由于把第五次和第四次人口普查中城镇人口新老口径在 2000 年出现的 4.7 个百分点的差值，消化在 1996～2000 年短短 5 年内的结果，导致了连续 5 年的 1.43/1.44 个百分点的高速增长，其中 66%即每年 0.94 个百分点为口径调整的因素。然后又把这种速度简单延续到了 21 世纪，造成我国城镇化连续 8 年以 1.43/1.44 个百分点高速增长的假象[21]。城镇人口数、城镇化水平数和城镇化年增速度数在修补前后的变化可见表 1。

表 1　第五次人口普查以后我国城镇化水平修补前后的数据比较

时间(年末)	《中国统计年鉴 2001》的数据（修补前）			《中国统计年鉴 2002》及以后的数据		
	城镇总人口（万人）	%	年增速度（百分点）	城镇总人口（万人）	%	年增速度（百分点）
1978	17 245	17.92		17 245	17.92	
1980	19 140	19.39		19 140	19.39	
1985	25 094	23.71		25 094	23.71	
1990	30 195	26.41	+0.20	30 195	26.41	+0.20
1991	30 543	26.37	−0.04	31 203	26.94	+0.53
1992	32 372	27.63	+1.26	32 175	27.46	+0.52
1993	33 351	28.14	+0.51	33 173	27.99	+0.53
1994	34 301	28.62	+0.48	34 169	28.51	+0.52
1995	35 174	29.04	+0.42	35 174	29.04	+0.53
1996	35 950	29.37	+0.33	37 304	30.48	+1.44
1997	36 989	29.92	+0.55	39 449	31.91	+1.43
1998	37 942	30.40	+0.48	41 608	33.35	+1.44
1999	38 892	30.89	+0.49	43 748	34.78	+1.43
2000	45 844	36.22		45 906	36.22	+1.44
2001				48 064	37.66	+1.44
2002				50 212	39.09	+1.43
2003				52 376	40.53	+1.44
2004				54 283	41.76	+1.23

注：年增速度是笔者根据国家统计局的数据计算的。

有关单位虽然没有公布修补的理论和方法，笔者猜测它们是取1995年29.04%和1990年26.41%差值的算术平均值(29.04－26.41）/5＝0.526赋值给1991年、1992年、1993年、1994年(0.53和0.52交叉赋值)；取2000年36.22%和1995年29.04%差值的算术平均值（36.22－29.04）/5＝1.436赋值给1996年、1997年、1998年、1999年（1.44和1.43交叉赋值)。然后用全国总人口乘以修补后的城镇人口比重得到城镇人口数，再得到乡村人口数。然后用同样的城镇化速度赋予2001年、2002年、2003年，得到相应年份的城镇化水平值和城镇人口数、乡村人口数。这样的做法显得相当粗糙。

由于城镇人口统计口径变化需要对过去的数据进行修补是完全必要的。问题在于这次修补改变了1990年以来城镇化历史数据的走向，形成了突然加速的超高速城镇化，这可能对未来我国的城镇化和“三农”问题的解决产生误导。2004年我国城镇人口统计公布的速度虽然略有下降，增长了1.23个百分点，但仍然不低，城镇人口比重达到了41.76%。

我们可以粗略地计算，按照现在公布的21世纪头三年的城镇人口和城镇化速度的数据，表明每年平均增加2 157万城镇人口，扣掉原有城镇人口的自然增长（假设为4%，即平均每年192万)，即意味着平均每年有近2 000万乡村人口转化为城镇人口，5年就是1亿。这三年全国城镇平均新增就业岗位827万，即使全部用来满足乡村人口在城镇的就业，也远不能支持带眷系数很低的新增城镇人口。这种过高、过快的估计是确实存在的。如果在这样的城镇化速度的基础上来预测我国未来的进程就可能脱离实际，缺乏可信度。

我们借用联合国法的基本原理把4.7个百分点的口径差值消化在17年里，修补到1982年[22]。联合国法是联合国用来预测世界各国的城镇化水平时常用的一种方法。它的关键是根据已知的两个代表年份的城镇人口和乡村人口比重，求取城乡人口增长率差。假设城乡人口增长率差在预测期保持不变，则向外推可求得预测期末的城镇人口比重。联合国法的优点是它符合正常城市化过程的S形曲线的原理[23]。具体计算方法如下：

首先用（1）式求两个代表年份间的城乡人口增长率差：

$$URGD=\ln\frac{PU(2)/[1-PU(2)]}{PU(1)/[1-PU(1)]}/n \qquad (1)$$

$URGD$为城乡人口增长率差，PU（1）为前一个代表年的城镇人口比重，PU（2）为后一个代表年的城镇人口比重，n为两个代表年份间的年数。

然后用（2）式来预测未来某年的城镇人口比重：

$$\frac{PU\ (t)}{1-PU\ (t)}=\frac{PU\ (1)}{1-PU\ (1)}\times e^{URGD\times t} \qquad (2)$$

$PU\ (t)$ 为 t 年的城镇人口比重，t 为距离前一个代表年的年数。

我们的创新之处是利用联合国法的原理向内推来估测代表年份之间需要修补的各年城镇人口比重的理论修正值，然后根据已有资料的实际趋势对理论修正值进行再修正。详细步骤见表 2。经这样的调整，1982～2000 年间的平均速度为 0.835 个百分点。这是改革开放以来我国比较符合实际的城镇化速度的基本数量级。该修正方案的优点是保持了 1982 年以后统计口径的统一性，它完整地反映了改革开放以后我国的城镇化进程，调整后历年之间的变化趋势与原来已经公布的 18 年数据的变化趋势基本一致。图 4 表示笔者的修补与原来的数据拟合度较高。

表 2　以 1982 年为起始年的城镇化水平的修正

时间	A	B	C	D	E
	已公布的城镇人口比重值（%）	联合国法修正的理论值（%）	联合国法计算的四普口径下的理论值(%)	修正系数（$D=A/C$）	建议修正值（%）（$E=B\times D$）
1982 年 7.1	(20.60)	(20.60)	(20.60)	空	(20.60)
1982 年末	21.13	20.95	20.86	1.012943432	21.22
1983 年末	21.62	21.66	21.37	1.011698643	21.91
1984 年末	23.01	22.39	21.90	1.050684932	23.52
1985 年末	23.71	23.13	22.44	1.056595365	24.44
1986 年末	24.52	23.90	22.98	1.067014795	25.50
1987 年末	25.32	24.68	23.54	1.075615973	26.55
1988 年末	25.81	25.47	24.10	1.070954357	27.28
1989 年末	26.21	26.29	24.67	1.062423997	27.93
1990 年末	26.41	27.12	25.26	1.045526524	28.35
1991 年末	26.37	27.97	25.85	1.020116054	28.53
1992 年末	27.63	28.83	26.45	1.044612476	30.12
1993 年末	28.14	29.71	27.06	1.039911308	30.90
1994 年末	28.62	30.60	27.67	1.034333213	31.65
1995 年末	29.04	31.51	28.30	1.026148410	32.33
1996 年末	29.37	32.43	28.94	1.014858328	32.91

续表

时间	A 已公布的城镇人口比重值（%）	B 联合国法修正的理论值（%）	C 联合国法计算的四普口径下的理论值(%)	D 修正系数（$D=A/C$）	E 建议修正值（%）（$E=B\times D$）
1997 年末	29.92	33.37	29.58	1.011494253	33.75
1998 年末	30.40	34.32	30.23	1.005623553	34.51
1999 年末	30.89	35.28	(30.89)	空	35.28
2000 年 11.1	(36.09)	(36.09)	空	空	(36.09)
2000 年末	空	36.25	空	空	36.25

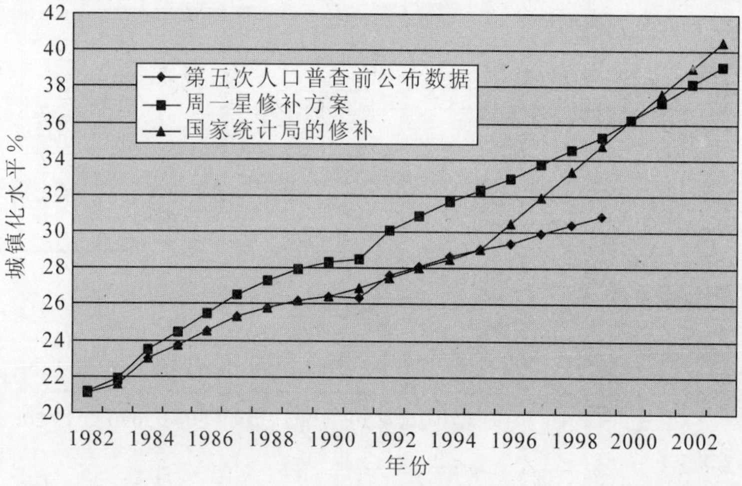

图 4　第五次人口普查以后两个不同的城镇化水平修补方案的比较

（二）以合理的修补为基础，预测我国的城镇化水平

1. 城镇化水平理论值的预测

在合理修补的基础上，我们仍以联合国法来预测未来我国城镇化水平的理论值。即以 1982 年 7 月 1 日第三次人口普查数据 20.60%和 2000 年 11 月 1 日第五次人口普查数据 36.09%作为前后两个代表年。求得 $URGD=0.0424226$，取 $t=18.5$（2000 年年底）开始，计算以后每一年城镇化水平的理论值，详细数据从略。摘取主要结果如下：

2010 年预计我国城镇人口比重为 46.50%左右，2014 年会超过 50%；预计 2020 年的城镇人口比重为 57.05%左右，2023 年可能超过 60%。2025 年前我国城镇化的年均增长速度会达到或略超过 1 个百分点，2025 年以后会逐渐放慢，低于 1 个百分点。

初步的预测表明，我国今后要应付长达 20 年的城镇人口比重年均一个百分点的增长是很艰巨的任务。

需要说明的是利用联合国法模型进行预测，得到的是基于 1982～2000 年间城乡人口增长率差（*URGD*＝0.042 422 6）条件下的未来的理论值，而且预测的时段越长其精度就越低。应该在今后每一次新的人口普查后，进行新的预测，以便根据实际情况加以调整。

如果以年均 1.44 个百分点增长，我国的城镇化水平将在 2010 年、2017 年分别超过 50％和 60％。

中国城镇化水平按联合国法及 1.44、1.0、0.8、0.6 个百分点增长的趋势见图 5，可以看出联合国法理论值的预测和以年均 1.0 个百分点速度增长的城镇化水平比较接近。

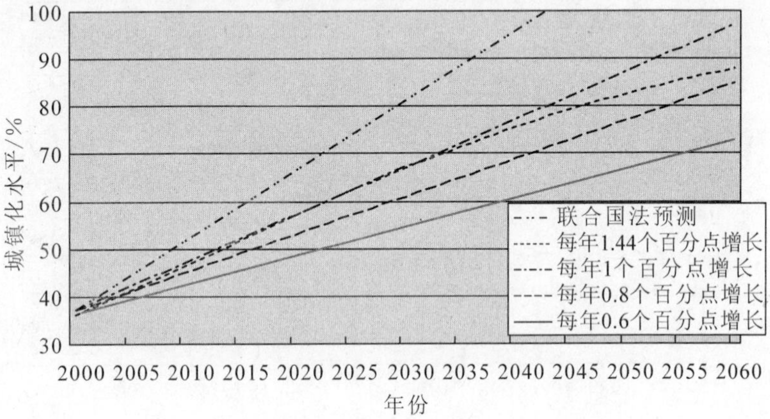

图 5　不同城镇化速度的城镇化水平变化趋势

有了城镇化水平增长的预测，加上我国人口增长预测的因素就可以转化为城镇人口增长的预测。从能够找到的 7 个我国人口预测方案中，根据人口最高峰年的人口总量选取国家人口与计划生育委员会方案（总和生育率 *TFR*＝1.8，2034 年为人口高峰年，总人口为 14.86 亿）作为低方案（方案一）；以中国人口与发展研究中心方案（2040 年为人口高峰年，总人口 15.44 亿）作为高方案（方案二）；以田雪原方案（第一次高峰 2030 年，14.99 亿；第二次高峰 2057 年，15.22 亿）作为中方案（方案三）（图 6），就可以分别预测出三个方案逐年可能增加的城镇人口数的理论值，扣除掉原有城镇人口自然增长的部分（假设未来城镇人口自然增长率为 4％），就可以预测逐年从乡村人口需要转化为城镇人口的数量。

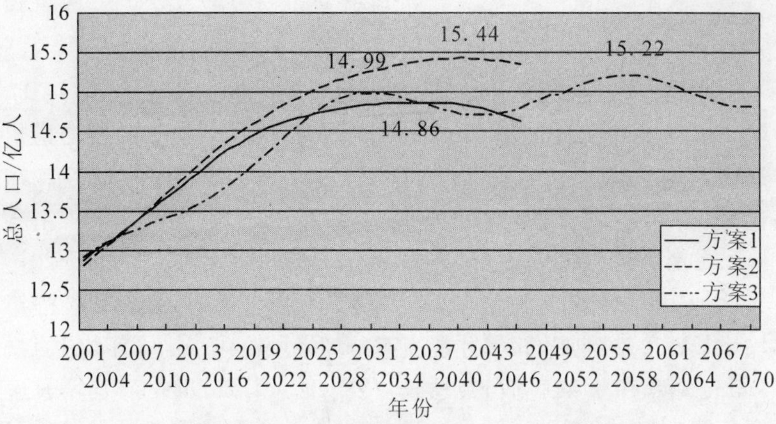

图 6　中国人口增长高、中、低三方案比较

每个人口增长方案下除了首先以联合国法预测的城镇化水平值来推算城镇人口的增长外，还分别以城镇化水平每年增长 1.44、1.00、0.8 和 0.6 个百分点的速度来计算相应增长的城镇人口数，以便和联合国法的理论值作比较。详细数据从略。我们把三个方案的有关数据加起来求其平均作为预测的结论：按联合国法的理论值到 2010 年我国的城镇人口约 63 380 万，一年需要转移的乡村人口约 1 522 万（按 1.44、1.00 和 0.8 个百分点增长一年需要转移的乡村人口分别为 2 062 万、1 463 万和 1 191 万）；到 2015 年城镇人口约 72 917 万，一年需要转移的乡村人口约 1 632万（按 1.44、1.00 和 0.8 个百分点增长一年需要转移的乡村人口分别为 2 174 万、1 547 万和 1 262 万）；到 2020 年的城镇人口约 82 704 万，一年需要转移的乡村人口约 1 642 万（按 1.44、1.00 和 0.8 个百分点增长一年需要转移的乡村人口分别为 2 217 万、1 569 万和 1 275 万）。2020 年以后每年需要转移的乡村人口三个方案都开始下降。三个方案的人口高峰年相差很大，城镇人口数不能简单比较。

2. 对城镇化水平理论值的验证

理论值只是一种理论上的可能性，是否具有现实的可能性呢？我们可以就城镇化水平增长与经济增长、就业岗位增长和建设用地增长的关系对理论预测进行验证。

一国的城镇化发展速度是由多种因素决定的，而在所有因素中，经济增长速度对城镇化发展速度的影响无疑是最大的。就我国城镇化水平和经济发展水平之间的规律性而言，利用中国改革开放以来（1982～2000 年）我们修补的城镇化水平和国家公布的人均 GDP 的数据（按照可比价，为经济普查前的数据），做回归分析，得到了下面的回归方程：

$$Y=22.433\log_{10}X-39.519 \tag{1}$$

该方程的 $R^2=0.994\,225$，可以通过 95%置信度检验。

据这个模型，把不同增长方案的城镇化水平值代入（1）式，可以求得不同年份的人均 GDP，从而得到人均 GDP 的年均增长速度，用这个速度可以帮助判断合适的城镇化增长速度。结论是：

参考方程（1），按照联合国法预测的城镇化水平，我国 2010 年达到 46.50%的理论值，要求 2003～2010 年的人均 GDP 的年均增长速度达到 11.14%才能支撑；如果城镇化水平按年均 1.44、1.00、0.8 和 0.6 个百分点增长，要求的人均 GDP 的年均增长速度分别为 15.93%、10.81%、8.56%和 6.35%。显然，城镇化水平年均 1 个百分点的增长，有一定难度，1.44 个百分点的增长没有可能。单就城镇化水平与经济发展水平之间的规律性而言，城镇化速度选择年均增长 0.6～0.8 个百分点比较适当。

城镇化与经济发展的关系，在很大程度上表现为城镇化与就业岗位之间的关系。因为乡村人口向城镇的转移，最终要有就业岗位的保证。没有就业的城镇化就是不健康的过度城镇化。根据 1978～2002 年我国城镇人口与城镇就业人口的数据，可以得到以下回归方程：

$$Y=0.4731*X+948.3545,\ R^2=0.980\,539 \tag{2}$$

式（2）中：X 代表城镇人口数，Y 代表城镇就业人口。

假设新增城镇人口的就业率保守地确定为 50%，再配合城镇人口与城镇就业人口之间的统计关系来验证城镇化水平的理论预测，目前一年创造八九百万个城镇新增就业岗位可以基本满足当前按年均 1 个百分点的速度增长的需求，但到 2014 年大约需要 900 万～1 000万个城镇新增就业岗位。以 1.44 个百分点增长，就业形势会十分严峻。考虑到上述分析是以新增城镇人口的就业率为 50%计算的，实际上现在我国快速城镇化过程中新增的城镇人口以户籍在乡村的外来人口为主，大多数是不带家眷的，外来人口在城镇的就业率要远远高于 50%。再考虑到我国人口增长的变数（我们用的是人口增长低方案），城镇自身还有大约 4%的失业率的特点，城镇人口比重的增长速度以低于 1 个百分点比较稳妥。

城市是集约利用土地的一种组织形式。随着城镇化的推进和乡村人口向城镇转移，城乡居民点对土地的人均占用量在理论上是应该趋于减少的。乡村居民点占地的减少应该足以弥补城镇建设用地的扩大。实践能不能做到这一点取决于我国二元化城乡土地制度的改革。不管怎么说在快速城镇化的过程中，城镇在节约用地、合理用地的前提下，城镇建设用地是必然要扩大的。

假设新增城镇人口按人均用地 $100m^2$ 计，用以往的用地状况来加以验证。1991～2000 年平均的城镇用地增长水平为 1 022 km^2,2001 年新增用地是 20 世纪 90 年代平均用地量的 2 倍多（2 079 km^2），2002 年是 2.5 倍多（2 640 km^2），分别呈无序和严重无序的状态[24]。城镇化若以年均一个百分点的速度增长，城镇年均用地量约需 1 700 多 km^2，已经远高于 90 年代平均的用地增长水平，但低于 2001 年和 2002 年无序状态下的用地增长水平。城镇化以 0.8 或 0.6 个百分点增长的用地水平（1 412km^2 和 1 114 km^2）虽然高于 90 年代的平均状况，但均远低于 2001 年的用地增长速度，这种速度比较合适。

综合起来的结论是：我国的城镇化水平在 2000 年的基础上仍会以较快速度推进，一年提高 0.6～0.8 个百分点是比较正常的，有把握实现的，超过 0.8 个百分点就是高速度的，个别年份达到 1 个百分点是有可能的，连续多年超过 1 个百分点是超高速的、有风险的，连续多年的 1.44 个百分点是有水分的，是不可能的。在正式场合笔者给国家的建议是以 0.8 个百分点增长比较适当，“十一五”规划公布我国到 2010 年城镇化水平的目标是 47%，和我们预测的理论速度相当。

3. 讨论

韩国城镇化水平从 1960 年的 28%上升到 1975 年的 48%，年均增长 1.3 个百分点，从 1975 的 48%到 1995 年的 78%，年均递增 1.5 个百分点，创造了国家城镇化速度的奇迹。日本从 1950 年以后也有大致 30 年的类似过程，但速度比韩国稍低。有人以此为例，认为中国的城镇化速度还有很大的增长空间，也应该达到 1.5 个百分点。这种判断值得商榷。“空间尺度”对于地理比较是非常重要的。中、日、韩三国的人口规模不在一个档次上，不能简单类比。日、韩在城镇化高速增长时期，东京、名古屋和首尔、釜山等少数几个大都市区就容纳了全国大部分的转移人口。在中国这么大的国家就不现实。根据我们用五普标准对各省区 1982～2000 年城镇化水平值数据的修补可以知道[25]，1982～2000 年 18 年来，广东城镇化的年均增长速度超过 2 个百分点，浙江、江苏、上海的年均增长速度分别在 1.3、1.4、1.5 个百分点以上。韩国 10 km^2，4 800 万人，广东 18 万 km^2，8 600 万人；日本 38 万 km^2，13 000 万人；沪、苏、浙 21 万 km^2，14 000 万人。它们两两之间具有一定的可比性。因此在一定程度上可以说韩国和日本的城镇化奇迹正在我国以珠三角和长三角为核心的部分省区重现，但是要求全国在总体上都达到这种速度显然是脱离实际的。

中国城镇化进程未来的转折点在何处值得提出来研究，这涉及我国城镇化的终极目标。我国人口预测的诸多方案大体高峰人口在14.86亿到15.44亿之间。高峰年出现在2034年到2057年之间。我们人口规模这样大的国家，城镇化是不是也会按照规模小得多的西方发达国家的进程60%、70%、80%那样发展？有没有可能在城镇化水平较低的时段，例如在60%左右便进入后期缓慢增长阶段？

王铮曾经在2000年撰文提出“合意城市化率”的概念，即“消除社会不公平并在保持经济系统均衡、农业规模不下降的前提下吸收转移掉农业剩余劳动力，实现经济持续发展的城市化水平”，他利用1987～1994年《中国统计年鉴》和《中国工业统计年鉴》的资料，基于柯比－道格拉斯生产函数的多元回归方法，认为中国的合意城市化率为63%左右[26]。

固然我们看到了城镇人口比乡村人口有更高的产出和消费需求，但也要看到城镇人口比乡村人口有更高的对各种资源、能源的消耗。随着城镇化和工业化水平的提高，城乡之间对资源、能源消耗的差距还会扩大。后起中国的快速发展已经引起世界不少国家的“刮目相看”，我们已经不可能像西方发达国家当年那样轻易从国际上获得所需的资源，更何况我们需要的数量是那样巨大。从粮食安全、能源资源的安全、生态安全的角度看，应该根据中国的国情来确定我国城镇化的长远目标，明确城镇化速度不是越快越好、城镇化水平不是越高越好的观念，也许更有利于国家的长远发展。

七、结语：中国特色城镇化道路刍议

中国要遵循世界城镇化的一些普遍规律，这是毫无疑问的。但是，世界上并没有一个城镇化的统一模式，各国有自己的国情，城镇化的时代背景、规模、速度、机制、效果会有所不同。什么是中国特色的城镇化道路？首先要从中国的城镇化有哪些区别于其他国家的特点来破题。我有一些不成熟的思考，提出来供讨论。

（一）农业、农村、农民支撑了我国的城镇化，工业反哺农业、城市支持农村是中国城镇化的必然选择

这是说我国城乡关系的特殊性。

中国是社会主义的农业大国，我们不可能像西方发达国家那

样依靠对殖民地和不发达国家的资源掠夺，获得工业化和城镇化的原始积累。革命胜利后我国只能是首先通过农业支援工业、农村支援城市建立国家的工业化基础。在城乡二元化体制下，工农业产品价格的剪刀差过去支撑着我国的工业化和城镇化，今天城乡劳动力价格的剪刀差和城乡土地价格的剪刀差继续支撑着我国的现代化和城镇化。农业和农民为中国的社会主义建设，为中国的城镇化作出了巨大的贡献和巨大的付出。当我们胜利实现了现代化建设的前两步战略目标，人民生活总体上达到了小康水平，进入城镇化中期阶段后，已经到了工业反哺农业，城市支持农村的时候了。在城乡经济差距仍在小幅攀升的趋势下（图 7），我们必须统筹城乡发展，妥善解决好“三农”问题，着力于反哺农业和农村，实现城乡居民共同富裕，城乡经济共同繁荣，这是由我们的社会主义国家性质决定的，也是城镇化继续健康发展的核心问题。中央已经高度关注这个问题，采取了减免农业税等有力措施。但是在乡村层面和城市层面各地都还有许多事情要做。

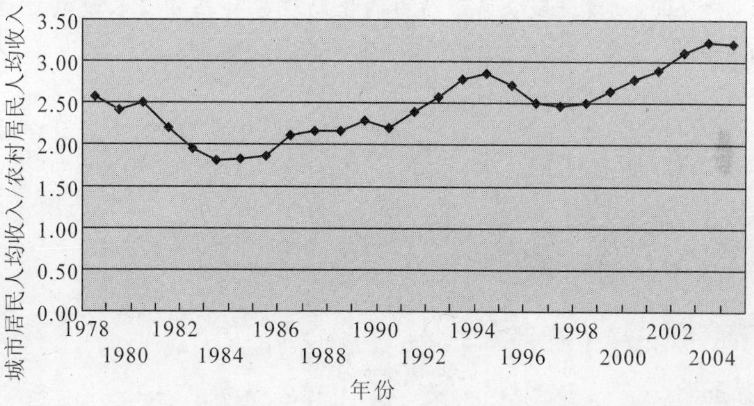

图 7 1978～2004 年我国城乡居民人均收入差距变化

（二）近于无穷大的农村富余劳动力与有限的城镇吸纳力是中国城镇化的基本矛盾

这是说我国城镇化的空前规模和空前难度的特点。

由于长期以来我国采取限制农村人口向城市流动的政策，几十年里集聚起来的农村富余劳动力（加上两次反向城镇化添加给农村的劳动力）释放出来，城市一时难以承受。中国城镇化要解决的基本问题是农村对富余劳动力的强大推力与城镇有限的吸纳力之间的矛盾。有学者认为，我国农村富余劳动力有 3 亿人。大家比较认可的是，需要转移的农村剩余劳动力为 1.5 亿～2 亿人。解决如此庞大的农村劳动力的出路是世界各国历史上没有经历过的。要通过长期系统化的综合措施才能解决，它至少包括：第一，在农村继续推行计划生育政策，减缓人口增长速度，以取得未来调控城镇化过程的主动权；第二，农业在广度和深度上的不断开拓是中国城镇化稳定、健康发展的基础。应探讨运用现代科学技术，建立符合国情的劳动密集型的现代化农业，加强对农业的资金、技术投入，建立为农业服务的市场体系，逐步缩小城乡收入差，使农业和农村尽可能地容纳农村劳动力；第三，继续调整城镇的企业所有制结构、产业结构、企业规模结构和技术结构。争取以有限的投资取得更大的产出效益，又同时能吸纳更多的有效劳动力。第四，继续鼓励乡镇企业向小城镇和工业小区集聚，把离土不离乡、进厂不进城的分散非农化纳入城镇化的洪流。减小乡村人口的数量，让农村劳动力进入城镇是中国城镇化的主要途径，但又不是唯一的途径。乡村人口向城镇迁移的根本动力在于城乡的收入差距，因此解决中国城镇化的基本矛盾，既要从城市来着手，也要从农村来着手，既要从工业、第三产业来着手，也要从农业来着手。

（三）大量进城农村劳动力的流动现象会在相当长时期里存在下去，但最终要完成由农民到市民的身份转换

这指的是我国城镇化特殊的流动现象。

建立和谐城乡关系的一个重要问题是如何正确对待流动在城乡之间的农民工。

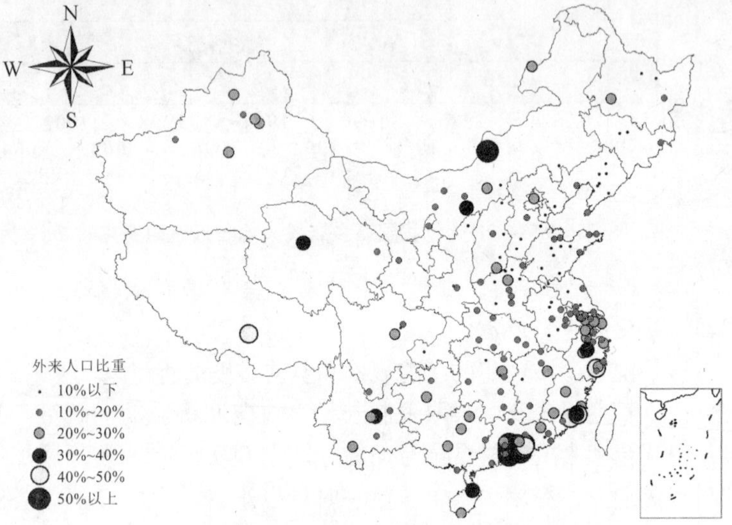

图 8　2000 年我国不同城市外来人口比重的分布状况

（第五次人口普查资料）

在计划体制下的进城农民因为有固定的工作和“单位”，所以可以定居在城市。而现在流入城市的 1 亿以上的外来人口，他们大部分集中在沿海地区（图 8），由于在市场体制下，进城农民的收入是由市场决定的，在劳动力几乎无穷供给的情况下工资不可能很高，以他们现在的收入水平绝大多数人买不起城市哪怕最便宜的经济适用房，只能居住在农民出租房、地下室、工棚等处，当然也就不可能携家带口。其他原因还有，农民工的就业岗位不稳定，不得不把他们在农村的宅基地和承包田作为最后的社会保障。进城打工已经成为农民扩大就业、增加收入的主渠道。在农民保留农村承包地和宅基地的前提下，农民工的出现和发展以及农民工流动，是一种具有中国特色的“社会稳定器”，积极作用不可置疑，可见这是由我国城镇化的基本矛盾和我国城镇化的阶段性决定的，进城务工的农村劳动力的流动性将会在相当长时期里存在。

但这毕竟不是一种理想状态。其弊端，一是城乡两边占地；二是夫妻长期分居生活不正常，或年幼子女随父母进城得不到良好教育，或子女在户籍所在地缺乏父爱、母爱，对第二代的成长影响深远；三是流动性既影响经济效率，也降低了城镇化质量，如果处理不当，可能城乡二元结构还没有完全解决，又形成了城市内部的新的二元结构。特别是有一点文化的新生代农民工，他们对土地的感情和依赖不同于上一辈农民，他们对城市生活的期待值较高，不以回乡盖房、娶妻为目标，即使失业也不回农村，在有生活压力的情况下，常常不惜采取过激措施。某城市“城中村”租户的调查反映出来的问题有相当的典型性：租户中“有资本”的个体户大约占 5%，“白领”大约占 10%，“蓝领”为主，大约占 60%，“粉领”和“黑领”大约各占 5%。国家明文禁止的非法经营活动，如色情交易、毒品、赌场、地下钱庄等在这些下层或底层群体中十分猖獗。以农民为主体的大量流动人口长期游离于城市政府社会管理和公共服务的范围之外，不利于社会的安定团结。

建立良性互动的城乡关系，使农民在就业和居住上最终实现由乡村到城镇的空间转移，完成由农民到市民的身份转换，将会有一个较长的过程，这种转化主要依靠市场的力量，政府也可以为这种转化有所作为。

在农村层面，减免农业税；适度提高农产品价格；加大对农村基础设施和公共设施的投资力度；大力发展农村教育；建设社会主义新农村；培育农业产业化市场体系；有重点地发展小城镇。把发展农业、活跃农村经济、富裕农民、提高农民的系列化政策措施纳入反哺“三农”的行动纲领。

在城市层面，要承认他们在城市创造了大量就业岗位的贡献；努力降低农民进城定居的门槛，至少不要再设置更高的门槛；保障他们在城市的合法权益，完善外来人口的管理制度，尊重他们选择就业和居住的自由权；要慎重处理“城中村”问题，“一拆了之”只会把农民工推向离城更远的村庄聚居，增加困难；帮助解决外来打工子女的教育问题。把逐步给予外来人口“市民权”待遇的系列化政策措施纳入反哺“三农”的行动纲领。

从长远来看，要研究允许农民转让农村宅基地及农村土地经营承包权以获取一定资金而进入城镇的可能性；在进城农民购买或者租赁城镇住房上给予一定的政策支持；对在城市有稳定收入、有固定住所的流动人口给予市民身份。这实际上体现了城市对农村、发达地区对落后地区的财政转移支付，有利于缓解中西部地区的人口压力和环境可持续发展，更重要的是，体现了“国民待遇”，有利于社会的长治久安。

（四）中国在特殊的时代背景下进入城镇化的中期阶段

这是指我国城镇化的速度相对较快，同时又面临经济全球化、信息化和资源环境压力并存的特殊背景。

我们判断，我国是在20世纪80年代中期，城镇化水平在达到25%上下后就进入了中期加速阶段。中国快速城镇化的特殊时代背景，特殊就特殊在：(1) 中国的城镇化是背负着长期大起大落不正常发展中积蓄的大量问题进入改革开放阶段的。这些问题的严重性和解决这些问题的迫切性凡是五十岁以上的过来人，一定有深刻的体会。(2) 在邓小平的领导下，改革开放、体制转型、经济起飞、经济全球化几乎是同时在中国展开，同时发挥作用。特别是我们充分利用了全球化背景下的国际资本和国际市场。城镇化的多元机制导致了持续的快速增长。

即使这样，由于我国的人口基数过于庞大，对城镇化过程的艰巨性要有充分的估计，城镇化进程并不是越快越好，要与经济增长、新增就业岗位、资源、环境、生态保持协调和可持续的关系，不要过快地透支土地、透支资源、透支环境。

特殊的时代背景既使得我国的城镇化能在充分利用国际资本和市场的有利条件下迅速发展，又面临在新兴工业化的较高层次上展开的有利机遇。但同时，国际竞争日趋激烈，对科学技术和劳动力素质的要求更高，而我们在这些方面的优势和主动权不多。加上在全球对资源的竞争日趋激烈的情况下，我国人均资源量不足与消耗量快速增长的矛盾越来越突出，实现人口、资源、环境的协调发展对我国的经济社会发展提出了更高的要求。新中国成立以来，我国 GDP 增长了 10 多倍，但矿产资源消耗增长了 40 多倍。2003 年，我国 GDP 约占全世界 GDP 的 4%，为此消耗原油、原煤、铁矿石、钢材、氧化铝、水泥分别占世界消费量的 7.4%、31%、30%、27%、25%、40%，与世界先进水平相比，我国单位产出的能耗和资源消费水平明显偏高。

我国城镇化发展的特殊时代背景使得我国与当年老牌的西方发达国家和后来的新兴工业化国家的发展条件都大为不同。我国的社会主义属性更不允许我们走掠夺他国财富和资源之路。国情决定我们必须走资源节约型、环境友好型的城镇化道路，走主要依靠自己的发展之路。如果我们利用后发优势少走弯路，完全有可能利用国际国内各种有利的发展机遇，加快我们的城镇化进程。

（五）因地制宜是我国城镇化的永恒主题

这是指我国区域差异巨大的特殊性。

我国地理环境的空间差异是我国社会、经济、文化等各方面差异的自然基础。我国人多、地大、耕地少、人均资源不足、一面靠海、区域差异大的特殊国情，世界上没有一个大国兼备。

地理条件、资源禀赋的差异以及历史发展基础的不同，导致了我国客观上存在经济社会发展、城镇化发展和对外经济交往程度的差异。2004 年，东部的城镇化水平为 51.76%，中部为 37.79%，西部为 32.36%，东西部地区城镇化水平相差 19.16 个百分点。2004 年我国东、中、西部地区人均 GDP 分别为19 775元、9 656元、7 720元，外商投资分别为 521 亿美元、67 亿美元、17 亿美元。不仅如此，在同一省区内发展不平衡的现象也普遍存在。

深植于自然条件和长期历史发展积累下来的巨大的区域差异，难以在短期内消除。新中国成立以后，经济建设和城市发展的重点首先放在中西部，改革开放后才转向东部沿海，“八五”计划又强调加快中西部的对外开放，“九五”计划明确把地区间协调发展作为指导方针；近几年相继提出“开发西部”、“振兴东北地区等老工业基地”、“中部崛起”等战略措施。由此看来，中国始终在寻找区域均衡战略和区域倾斜战略的平衡点，在寻找效率与公平的平衡点。

综合考虑经济全球化趋势和我国的自然、经济地理特点，在全方位开放的条件下，东部沿海作为开发、开放的重点加快发展是符合国家整体利益的，是符合市场经济规律的。应该针对我国“一面靠海”的特点从南到北首先建立起以珠三角、长三角、京津冀为龙头的东中西互动、优势互补、相互促进、共同发展的区域新格局（图 9）。

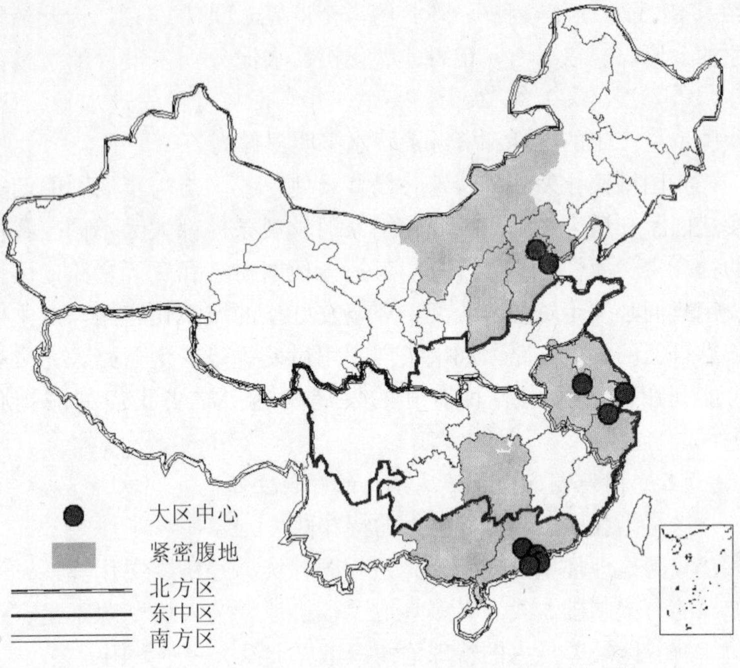

图 9　开放条件下我国三个一级城市经济区[27]

深圳特区、浦东开发都起到了促进珠三角、长三角崛起的作用，中央决策开发天津滨海新区将会起到类似于浦东开发的作用，促进京津冀的崛起。辽中南、山东半岛、福建沿海等城镇密集地区也具有优越的发展条件，可以成为带动东北地区、黄河中下游地区和闽赣地区的发展龙头，应该伺机而发。另外要鼓励沿边内陆省区通过向非太平洋方向的经济联系来发展自己。在我们这样的国家，经济增长和城镇化不可能齐头并进。只有通过长期的不同时期区域战略重点的转移，最后才能实现全国的相对均衡发展。

我国空间差异大，发展不平衡的特点使我国城镇化重点的转移有较大的空间回旋余地，也使我国对多种城镇化的发展模式有更多的包容而具多样化的特点。随着沿海发达地区经济和城镇化的发展，土地价格上涨，劳动力成本提高，由投资重点转移带来的经济和城市发展的浪潮从南向北、从东向西的扩展是可以期待的。但是，这种扩展在大方向上是从环境容量较大的地区向环境容量较小的地区的转移，形象一点说是从“下游”向“上游”、“下风”向“上风”地区的转移。如何既缩小区域差异，又考虑到我国环境结构的特点，因地制宜地推进城镇化非常关键。

为了使区域差异保持在可以接受的程度，关键的关键是在龙头与腹地之间，在东、中、西之间建立起有效的区域协调机制，建立起符合市场经济规律的利益分配原则。这样才能因地制宜、发挥各地优势，避免过度竞争。难点在于我国缺乏不同行政区域之间的一体化协调的传统。“泛珠三角”不失为一种尝试。“长三角”内部的协调也有所进展。但区域协调在我国还有很长的路要走。

在很长时间里，人们围绕着城市发展方针，一直在争论中国的城镇化道路应该以发展大城市为主，还是应该以发展小城镇为主。如前所述，中国的城市规模与城市的经济效益呈明显的“弱正相关”关系，虽然总体上城市规模与经济效益是正相关的，但是关系很不明显。国际上也没有找到最佳城市规模。像我们这样一个大国的城镇体系，永远是由大、中、小城市和小城镇一起组成的。它们的关系是互补的，即各自都有特定的、不可替代的作用；又是互相联系的，即小城市的发展就包含了成为中等城市的因素，中等城市的发展也包含了成为大城市的因素，大城市的发展也会带动中小城市的发展。我国各省区城镇的等级规模结构也存在着巨大的地域差异，没有一种城市发展的规模政策能够适用于全国各省区。显然，在大中小城市和小城镇都面临着发展的机遇时，城市该不该发展和怎样发展的决定因素不应该是城市规模，而是要根据条件，因地制宜。

（六）我国城镇化带有浓厚的政治和政策调控的色彩

这是指我国体制的特殊性。

这种特殊性表现在半个多世纪的中国城镇化过程，影响全局变化的根本因素还是政治和政策的因素。在我国政治、经济稳定的年代，城镇化的水平和经济发展水平是同步上升的，在20世纪50年代后期到70年代后期国家政治和政策出现偏差的很长时段，两者的关系完全脱离了常态。

另一个典型例子是各地过多地使用行政建制的办法来提高城镇化的水平。80年代市镇行政建制的变革都朝着扩大行政管辖范围的方向发展，不仅模糊城乡界线，造成城镇统计的混乱，更重要的是造成了我国“政区城镇化”远远快于“土地城镇化”，“土地城镇化”又远远快于“实体城镇化”和“人口城镇化”的局面。

历史的经验启示我们，政治稳定，避免城镇化大起大落的绝对重要性，城镇化未来的健康发展要坚决贯彻“科学发展观”，树立正确的政绩观，要依靠体制创新和正确的政策引导。

以上特点不能以对或错、好与坏来简单地评论，它们的存在都有着深刻的内在原因。我们要从中国国情出发，汲取国外城镇化的经验教训，探索自己的方向。我们要走出一条城乡关系良性互动的，速度和规模适度的，多样化因地制宜的，资源节约、环境友好的，市场经济与政府调控相结合的中国特色的城镇化道路。

参考文献

[1] 周一星，曹广忠．改革开放20年来的中国城市化进程［J］．城市规划，1999，23（12）：8～13.

[2] 崔功豪，马润潮．中国自上而下城市化的发展及其机制［J］．地理学报，1999，54（2）：106～114.

[3] 曹洪涛，储传亨．当代中国的城市建设［M］．北京：中国社会科学出版社，1990：42～43，43～44，82～83.

[4] 周一星．城市地理学［M］．北京：商务印书馆，1995：130.

[5] 建设部城市规划司，中华人民共和国城市规划法解说［M］，北京：群众出版社，1990.

[6] 斯大林．苏联社会主义经济问题．斯大林选集［M］．北京：人民出版社，1980：557～559.

[7] 费孝通．小城镇，大问题［J］．江海学刊，1984（1）：6～26.

[8] 中国城市科学研究会等．关于大城市人口问题和对策讨论会的报告［R］. 1984年成都会议文件．

[9] 陈传康．区域综合开发的理论与案例［M］，北京：科学出版社，2000：183.

[10] 周一星．中国城市发展方针［M］//刘国光．21世纪中国城市发展. 北京：红旗出版社，2000：250～261.

[11] 周一星．中国城市工业产出水平与城市规模的关系［J］．经济研究，1988（5）：74～79；周一星，杨齐．中国城市经济效益的多因素分析［J］．经济地理，1990，10（1）：43～50.

[12] 刘勇，谢扬．“十一五”时期城镇化若干战略问题［M］．中国中长期发展的重要问题，2006～2020. 北京：中国发展出版社，2005：246～262.

[13] 陈迪平．我国城市化滞后的原因与主要对策［J］．天津商学院学报，2000，20（1）：19～23；周一星．城镇化与国民生产总值关系的规律性探讨［J］．人口与经济，1982（1）：28～33；辜胜阻．非农化与城镇化研究［M］．杭州：浙江人民出版社，1994；俞德鹏．中外城镇化进程的定量比较［J］．人口研究，1991，15（2）：30～36.

[14] 刘勇．我国城镇化回顾与展望［N］．中国经济时报，1999-04-14（8）．

[15] 刘连银．中国城镇化的道路选择［J］．中南民族学院学报：哲学社会科学版，1997（1）：21～26.

[16] 邓宇鹏．中国的隐性超城市化［J］．当代财经，1999（6）：20～23.

[17] 周一星，王玉华．中国是不是低度城镇化？［J］．中国人口科学，2001

(6)：39～45.

[18] 世界银行.2000/2001年世界发展报告［M］.北京：中国财政经济出版社，2001：281.

[19] 世界银行.2004年世界发展报告［M］.北京：中国财政经济出版社，2004：253.

[20] 杨重光.警惕城乡二元结构演化为城市二元结构［J］.城市评论，2005（6）：1～3.

[21] Zhou Yixing and Ma LJC. China's Urban Population Statistics：A Critical Evaluation［J］. Eurasian Geography and Economics，2005，46（4）：272～289.

[22] Zhou Yixing，Ma LJC. China's Urbanization Levels：Reconstructing Comparable Time-Series Data Based on the Fifth Population Census［J］. China Quarterly，2003（173）：184～204.

[23] United Nations. Patterns of Urban and Rural Population Growth［M］. New York：United Nations，1980：9～13.

[24] 李兵弟.关于城乡统筹发展方面的认识与思考［J］.城市规划，2004，28（6）：9～19.

[25] 周一星，于海波，田帅.中国城镇化水平的修补和城市规模分布研究［M］.国务院人口普查办公室、国家统计局人口和社会科技统计司编.转型期的中国人口：2000年人口普查国家级重点课题.北京：中国统计出版社，2005：467～492.

[26] 王铮，王露.中国合意城市化率研究［J］.中国管理科学，2000（2）：56～64.

[27] 周一星，张莉.改革开放条件下的中国城市经济区［J］.地理学报，2003，58（2）：271～284.

回顾与前瞻：中国基础教育地理学科发展30年报告

李家清① 李文田②

［论文摘要］1978年中国实施改革开放政策。改革开放30年，中国基础教育改革不断深入，地理学科经历了3次较大的改革历程，它们分别是1978～1985年、1986～2000年和2001年至今的地理新课程改革。

中学地理课程改革30年：通过更新地理教学大纲和制定地理课程标准（实验），提升地理教育理念、调整地理课程结构、改革地理课程内容、创新地理课程评价、关注地理课程实施。其重要启示是：地理课程改革要有理性秩序、地理课程改革要注重

① 李家清 华中师范大学城市与环境科学学院教授、博士生导师；教育部普通高中地理课程标准（实验）编制组核心成员。

② 李文田 华中师范大学城市与环境科学学院博士生。

理论联系实际，地理课程改革要重视地理课程实施。

中学地理教材改革发展30年：教材编写体制由国定制向审定制转化、教材结构由学科体系为主向淡化学科体系转化、教材内容逻辑主线日益明确，知识比重日趋合理、教材表达方式由单一化向多样化转化。其重要启示是：教材改革要体现学科性，突出人地关系；教材改革应体现社会性，注重社会需求；教材改革要以学生为本，促进学生发展和教材改革应体现教学性，利于地理教学。

中学地理教学改革发展30年：教学理念，从注重双基到强调建构；教学方法，从注重讲授到倡导探究；教学过程，从注重预设到动态生成；教学媒体，从传统单一到现代多样。其重要启示是：地理教学改革是一个渐进的过程；教学理念的革新是中学地理教学改革的先导；应正确处理中学地理教学改革中的一些问题。

［关键词］中国　基础教育　地理学科　发展　30年　报告

1978年中国实施改革开放政策。改革开放30年，中国基础教育改革不断深入，地理学科经历了3次较大的改革历程，它们分别是1978～1985年、1986～2000年和2001年至今的地理新课程改革。

改革促进了中国基础教育地理学科的发展：建立了理念先进，结构合理的地理学科课程体系；开发了版本多样、异彩纷呈的地理学科教材；呈现出模式多样、各具特色的地理教学方法，推进了地理学科的教育实践。中国基础教育地理学科的教育质量在不断提高，在“培养公民必备的地理素养”、在实现“深信地理教育为今日和未来世界培养活跃而又负责任的公民所必需”宏大愿景的进程中取得了长足的进步。

回顾30年来中国基础教育地理学科的改革发展历程，能为推进中国正在进行的地理新课程改革提供重要的借鉴和启示，能为前瞻中国基础教育地理学科发展路向提供科学依据。

一、基础教育地理课程改革30年

（一）30年基础教育地理课程改革历程

1. 1978～1985年的地理课程改革

1978年1月，教育部颁发《全日制十年制学校教学计划（试行草案）》，中国教育战线正式开始了课程领域内的拨乱反正。同年，教育部颁布了《全日制十年制中学地理教学大刚（试行草案）》。这是“文化大革命”后中国颁布的第一部地理教学大纲，在教学内容上注重地理基础知识的选择，突出表现为区域取向。进入20世纪80年代后，根据形势的发展对中学课程作出了新的调整。1986年颁布了《全日制小学地理教学大纲》和《全日制中学地理教学大纲》。这两部大纲完整地规定了小学、初中、高中阶段地理课程教学的目的与任务、教学要求、教学内容要点和教学中应注意的问题等内容。至此，中国中小学地理课程在经历了“文化大革命”的曲折道路后得到恢复和发展，实现了中学地理教育的回归。

2. 1986～2000年的地理课程改革

经过1978～1985年的地理课程改革与实践，中国基础地理教育取得了显著成就，但在普及义务教育、课程的适应性、灵活性、选择性等方面仍存在许多问题。1986年《中华人民共和国义务教育法（草案）》的颁布，标志着中国普及义务教育制度的确立，基础教育发展进入一个新的发展阶段。1988年颁布的《九年制义务教育全日制初级中学地理教学大纲》，又一次拉开了中国中学地理课程改革的序幕。本次改革调整了地理学科课程结构和地理学科课时比例，增加了地理课程的灵活性和多样性。进入20世纪90年代，为了配合实行新工时制，国家教委调整了地理课时的安排。1996年国家教委颁布了同义务教育相衔接的《全日制普通高级中学地理教学大纲（供试验用）》，到2000年又颁布了《九年制义务教育全日制初级中学地理教学大纲（供试用修订版）》和《全日制普通高级中学地理教学大纲（供试用修订版）》。这一时期的中学地理课程改革主要是试图改变前一时期地理课程知识深、难、重的偏向，适当减少了知识的容量，如区域地理减少了层次；高中地理降低了知识难度，如自然地理部分；强调要求学生在获得比较系统的地理基础知识的同时，培养学生的地理基本技能，发展学生的地理思维能力，形成科学的人口观、资源观、环境观。

3. 2001年至今的地理新课程改革

1999年和2001年国务院先后颁布了《关于深化教育改革全面推进素质教育的决定》和《关于基础教育改革与发展的决定》，并批准了教育部《基础教育课程改革纲要（试行）》。这些政策的出台，为21世纪中国基础教育改革又一次指明了方向，标志着中国新一轮基础教育课程改革的全面启动。2001年教育部颁布《义务教育地理课程标准（实验稿）》，2003年教育部颁布《普通高中地理课程标准（实验）》。本次地理新课程改革的宗旨是全面推进素质教育，建立以全面提高学生素质为核心的地理新课程体系；改变课程内容过分强调学科体系、脱离社会发展以及学生实际的状况；面向生活，培养未来公民必备的地理素养；突出地理课程的有用性、基础性、时代性、均衡性和选择性。

（二）基础教育地理课程改革 30 年特点评析

1. 更新地理教学大纲与制定地理课程标准（实验）

1978 年的《全日制十年制学校中学地理教学大纲》基本上是以知识作为架构，以区域地理知识为基本内容，以自然地理知识为重点，很少涉及地理学基本原理；对能力要求很低；思想教育方面的要求受当时政治形势的影响较大，内容空泛。1986 年《全日制中学地理教学大纲》对 1978 年大纲作了修改与完善。1990 年对这部大纲又作了修订。1996 年又颁布了《全日制普通高级中学地理教学大纲》。这部大纲打破了地理学科的系统，而以人地关系为主线，以可持续发展为指导思想，以培养合格的公民为基本目标；不仅强调对学生进行思想教育，而且注重学生价值观念的培养和良好行为的形成；强调地理教学要理论联系实际。2000 年又进行了修订，对部分知识结构进行了调整和修改；删减了一些过难、过时和意义不大的内容，增添了具有时代性的新内容；增加了高中地理研究性课题。进入 21 世纪，地理新课程改革蓬勃进行，2001 年和 2003 年分别颁布了《全日制义务教育地理课程标准（实验稿）》和《普通高中地理课程标准（实验）》，这标志着中国地理课程改革在不断的探索中进入了新的发展阶段。实践证明，地理课程标准与地理教学大纲相比提法更科学、结构更合理、内涵更丰富、指导性更强。

2. 调整地理课程结构

1978～1990 年间，中国地理课程结构单一，必修课程一统学校地理课程设置。1990 年开始增加地理课程选修课；1996 年首次把高中作为独立学段制订地理课程计划，并明确提出普通高中地理课程的培养目标，建立以学科类课程为主、活动类课程为辅的课程结构，打破了多年来学科课程一统学校的局面，以优化必修课、规范选修课、加强限定选修课的原则构建学科课程体系。按照高中课程计划，高一年级开设地理必修课，高二、高三年级开设限定性选修课；2000 年大纲修订版在高一必修课时不变的情况下，又将选修课时作了调整。2003 年普通高中地理新课程更是加大了选修课程的力度，并建议学生在设置的 7 个选修模块当中修满 4 学分。地理课程结构的变化，是中国地理课程改革中一个显著特点。

3. 改革地理课程内容

地理课程内容的改革历来是地理课程改革的核心。改革开放之初，地理课程在内容选择上强调以政治思想为指导，重自然地理轻人文地理、重区域地理轻系统地理。1986 年首次提出：以人地关系为主线；贯彻“三个面向”精神；根据地理学科的性质、特点，学生的年龄特征，精选教材内容。1988 年强调课程内容的选择应从培养社会主义公民的需要出发和以环境、自然资源、人类活动为线索，正确阐明人地关系。1996 年提出在内容的选择上要求使学生获得比较系统的自然地理知识和人文地理基础知识，高一地理必修课程内容为地理环境的基础知识和人地关系；高二和高三年级地理选修课程内容为人文地理基础知识和中国地理区域研究。2000 年修订地理教学大纲进一步强调，在课程内容的选择上要注重从整体出发，加强自然地理与人文地理的相互渗透，课程内容要体现基础性、综合性与实践性。2003 年高中地理课程标准指出：高中地理课程内容的设计以可持续发展为指导思想，以人地关系为主线，以当前人类面临的人口、资源、环境、发展问题为重点，以现代科学技术方法为支撑，以培养国民现代文明素质为宗旨。

4. 创新地理课程评价

自改革开放之初至 20 世纪 90 年代末，地理教学大纲均强调要发挥地理课程评价的功能，但在评价内容上主要是学生地理知识的掌握与地理能力的发展，对学生情感态度与价值观等地理素养没有给予应有的重视。评价方法和评价目标单一化。在评价的重心上，主要侧重于结果评价，忽略过程评价。进入 21 世纪，地理新课程改革对课程评价提出了新的要求。义务教育地理课程标准提出：建立学习结果与学习过程并重的评价机制。地理学习评价，既要关注学习结果，也要关注学习过程，以及情感、态度、行为的变化。实现评价目标多元化、评价手段多样化、形成性评价和总结性评价并举、定性评价与定量评价相结合，创设一种“发现闪光点”、“鼓励自信心”的激励性评价机制。高中地理课程标准规定：注重学习过程和学习结果评价的结合。重视反映学生发展状况的过程性评价，实现评价目标多元化、评价手段多样化，强调形成性评价与总结性评价相结合、定性评价与定量评价相结合、反思性评价与鼓励性评价相结合。

5. 关注地理课程实施

随着课程改革的不断深入，课程实施问题越来越受到重视。30 年来，中国地理课程实施思想经历了较为明显的“忠实取向”、“适应取向”和“创生取向”的转化。

1978 年地理教学大纲规定：在教学中，教师要始终注意指导学生，包括指导学生开展课外活动等。1988 年和 1992 年教学大纲规定：要充分发挥教师的主导作用，通过课内外多种教学活动形式，培养学生学习地理的兴趣。这些规定无疑体现了对教学规律和师生关系的合理理解。但遗憾的是，忽视了学生地理学习的主动性，学生的“主体性”被嵌入到教师的“主导”作用之中，影响了学生主体性的发挥以及创新精神、实践能力的发展。

新课程改革在地理课程实施思想上进行了重大改革，要求根据学生的心理发展规律，联系实际安排教学内容，引导学生从现实的经历与体验出发，激发学生对地理问题的兴趣，培养学生地理学习能力，鼓励积极探究，使学生了解地理知识的功能与价值，形成主动学习的态度。在地理课程实施中要求重视对地理问题的探究。倡导自主学习、合作学习和探究学习，开展地理观测、地理考察、地理实验、地理调查和地理专题研究等实践活动。

（三）基础教育地理课程改革 30 年的启示

1. 地理课程改革要有理性秩序

30 年来，中国三次地理课程改革经历了恢复、调整、创新的阶段，在内容上一次比一次更为深入、全面、具体，但每一次地理课程改革的具体实施过程中，也总会出现这样或那样的不足与疑问。诸如：“怎样理解课程改革中创新的精神实质”、“地理课程综合化的目的究竟是什么”、“如何看待地理教师在课程改革中的地位及作用”等问题。造成这些问题的原因固然很多，但最根本的一条可能是缺乏对地理课程改革理性与系统的思考与分析。这就需要我们正视地理课程改革应是一个继承与创新并举的过程，从理性上去思考地理课程改革的秩序，系统地分析影响地理课程改革的各种制约因素，使“课改”朝着理性秩序的方向健康持续地发展。

2. 地理课程改革要注重理论联系实际

地理课程改革实践是滋养地理课程改革理论发展的沃土，能为地理课程改革理论提供研究平台和实践支撑，地理课程改革理论研究则为地理课程改革实践提供理论上的指导，为地理课程决策提供科学依据，二者相辅相成。从这一角度出发，地理课程理论工作者应该走进地理课改现场，去发现和研究地理课程改革的实际问题，从而使自己的地理课程改革思想真正能对地理课程改革实践具有指导意义。我们应充分利用地理新课程改革这次契机，组成地理教师—地理课程研究者—地理教育专家研究共同体，构建现代化的地理课程改革理论，促进地理课程改革理论认识与地理课程实践行动的统一。

3. 地理课程改革要重视地理课程实施

地理课程实施是将设计好地理教学活动付诸地理课程实践的过程。地理课程实施的成功与否是地理课程改革的关键。地理课程实施归根到底是地理课程教学的实践问题，其核心是师生关系问题。如果地理教师对地理课程理念理解不深，地理课程意识淡薄，往往会抵制地理课程改革。这就要求地理课程改革理论研究者应加强对地理教学过程中师生关系的研究，尤其是对地理教师实施地理课程的过程研究，提出策略指导，使地理教师能够在地理课程实施中得到良好的发展，使地理课程在地理教师专业发展中得到有效实施。

二、基础教育地理教材改革30年

（一）30年基础教育地理教材发展

1978年教育部颁发了《全日制十年制学校中学地理教学大纲(试行草案)》，依据此大纲，教育部组织专家编写出版了初中地理教材《中国地理》上、下册和《世界地理》上、下册；1980年人民教育出版社地理编辑室对这套教材作了必要修改，1981年对这套教材进行了改编。1982年为适应中学学制恢复为6年及高中地理课程的设置，人民教育出版社出版了陈尔寿先生主编的《高中地理》教材试用本，1983年和1984年对试用本进行了修订，其后一直沿用到20世纪90年代。1986年，教育部颁发《全日制中学地理教学大纲》。这个大纲较完整地规定了初中、高中阶段地理教学的目的和任务、教学要求、教学内容要点和教学中应注意的问题。依据该大纲要求，对当时试行的中学地理教材进行了修订。

1986年《中华人民共和国义务教育法（草案)》的颁布，标志着中学地理教育发展进入到一个新的时期。1988年，国家教委颁发《九年制义务教育初中地理教学大纲（送审稿)》，并组织编写教材，1990年秋该教材在全国少数学校实验。1992年，经全国中小学教材审查委员会审查通过后颁发了试用版，在全国实施。1994年由于地理课时减少，大纲和教材作了相应修订和调整。与此同时，1990年国家教委对1986年颁布的中学地理教学大纲进行修订，适当降低要求，部分内容改为选学，高中地理增设选修课。1996年，国家教委制订同义务教育相衔接的《全日制普通高级中学地理教学大纲（供试验用)》，同时组织编写同义务教育地理教材相衔接的高中地理教材，1997年秋在山西、江西、天津两省一市开始试验，并根据实验进行修改，至2002年秋在全国推广。

2001 年，《全日制义务教育初中地理课程标准（实验稿）》颁布，实验教材于同年 9 月在一些实验区开始实验，之后实验范围逐年扩大，2005 年 9 月，在推广全国使用。2003 年 3 月，《普通高中地理课程标准（实验）》颁布，实验教材于同年在广东、海南、山东和宁夏实验区实验，之后实验范围逐年扩大。

（二）基础教育地理教材改革发展的主要变化

1. 教材编写体制由国定制向审定制转化

中国中学地理教材改革是一个逐步深入的过程。在地理教材编写制度方面，1986 年前，中国实行国定制，教材编写编审合一，由教育部地理教材编写组统一编写中学地理教材。1986 年后，中国实行审定制制度，教材编写与编审分离，教材编写后统一由教育部中小学教材审定委员会审查通过。审定制的实施，促进了“一纲一本”教材编写模式逐渐向“一纲多本”教材多样化编写模式转化。1988 年《九年义务教育全日制初级中学地理教学大纲（初审稿）》颁布后，为了满足各地不同的需要，国家教委鼓励各地根据大纲编写教材。1993 年全国试用的初中地理教材有人教版（全国大部分地区使用）、上海版（上海市使用）、广东版（主要在广东、福建少数地区使用）、北师大版（在山东少数地区使用）和四川版（在四川少数地区用）等版本。地理新课程改革开始后，由“一纲一本”演变为“一标多本”。截至 2006 年，中国出版的经教育部中小学教材审定委员会审查通过的课程标准实验教材，义务教育初中地理实验教材有人教版、湘教版、中图版、粤教版、商务版、山西版、大象出版社 7 个版本；普通高中地理实验教材有人教版、湘教版、中图版和鲁教版 4 个版本。初步实现了中国地理教材的多样化。

2. 教材结构由学科体系为主向淡化学科体系转化

1978 年中学地理教材结构体系受 20 世纪中期学科结构理论影响，教材结构体系因循地理学的学科逻辑体系，讲求知识的系统性、结构的严密性。在编排体例上，中国地理和世界地理均遵循总—分—总的原则，地理学的一些基本原理分散在区域地理之中。随着地理科学的发展，尤其是人文地理学的发展，地理科学体系日益丰富，使得中学地理教材需要增补的内容越来越多，而中国中学地理课程课时较少，中学地理教材结构体系与地理学科结构体系如何兼顾成为教材编写的难题。自 20 世纪 80 年代中期以后，中国中学地理教材在结构体系上进行了积极的探索和改革。1987 年人民教育出版社地理编辑室在编写义务教育初中地理教材时，一改之前世界地理部分的体系结构，没有采用“大洲—地区—国家”的传统方式，而是按照自然地理、人文地理等综合特征将世界直接划分为 13 个地区进行讲述，突出区域地理的基本知识组成和要素，有重点地选讲一两个国家。1997 年进一步加大了高中地理教材结构体系的改革力度，设计了同以前地理教材大不一样的框架结构。例如高中地理必修以系统地理知识为主要内容进行结构体系的设计，将高中地理分为地理环境、人类活动和人地关系三篇，以地理性、基础性和实用性为取材原则，并结合社会发展需求和地理科学进展更新了高中地理内容。

2001 年义务教育地理课程标准实验教材和 2003 年普通高中地理课程标准实验教材在结构体系方面做到了跨越式的发展。如人教社义务教育课程标准实验教材以区域地理为主体框架，内容由区域地理、自然地理、人文地理三大板块构成。结构体系上表现为重建体系结构，淡化学科体系，突出基础中的重点，设计主题性单元知识模块，允许学生有选择地进行学习；既有预设性的“学习内容”，开放性的“资料集锦”，还有指导性的“问题探究”“实践活动”等。这样的编写体系已经完全超越了传统意义世界区域地理的知识结构。高中地理课程标准实验教材对教材结构也做出了创新设计。教材结构由各个模块构成，既注重模块的知识结构和教育功能，又根据模块内容确定相应的编写体例，以更好地体现每一模块相对独立的教育价值。同时为了兼顾教材的系统完整，各模块教材，尤其是选修模块，较好地处理了各模块间既相对独立又紧密联系的逻辑关系。

3. 教材内容逻辑主线日益明确，知识比重日趋合理

人地关系是地理学研究的核心内容，也是中学地理教材内容选择的主线。1978 年中学地理教材以区域地理为内容、以自然地理为重点，人文地理知识偏少，人地关系不突出。1986 年中学地理教学大纲开始强调阐明正确的人地关系，在内容选择上首次提出：“以人地关系为主线，培养学生树立正确的人口观、资源观、环境观。”1988 年教材内容选择注意突出以环境、资源、人类活动，正确阐明人地关系。中学地理教材内容开始确立比较明确的逻辑主线，但教材知识堆积的现象还客观存在。1996 年《全日制普通高级中学地理教学大纲（试验）》提出高中地理教材内容的选择是使学生获得比较系统的自然地理知识和人文地理基础知识。2000 年义务教育初中地理教学大纲进一步要求教材内容选择应以人地关系观点和可持续发展观点为核心，以人类活动与环境、资源和发展的协调为主线。2003 年普通高中地理课程标准指

出高中地理课程内容的设计以培养国民现代文明素质为宗旨，以可持续发展为指导思想，以人地关系为主线，以当前人类面临的人口、资源、环境、发展问题为重点，以现代科学技术方法为支撑。至此，中学地理教材内容的逻辑主线完整确立。

减少知识容量、降低知识难度、合理配置地理知识的比重是地理教材内容变化的另一特点。改革开放初到20世纪80年代中期，地理教材内容比较注重知识体系的完整性，罗列地理要素，分区地理强调面面俱到，地理教材表现为“物产＋地名”的“列国志”或“地方志”。如1980年初中世界地理教材讲述国家多达50几个。20世纪80年代中期以后，地理教材改革注意贯彻减轻学习负担，降低知识难度的要求精神。如1992年初中世界地理教材将需要学习的国家减少到20个，1996年以后地理教材内容的选择强调以现代化为出发点，以人地关系为主线，精选教材内容。2001年义务教育地理课程标准在课程设计思路中更是明确提出地理要素采用单独列出和区域地理结合两种方式，无论中国地理还是世界地理，均大幅减少部门地理的内容，重点突出能够说明地理问题和实现区域地理教学目标的内容；世界地理和中国地理的分区部分，只列出区域的基本地理要素和学习区域地理必须掌握的基础知识与基本技能。

地理教材在自然地理、人文地理和区域地理的比重配置上也日趋合理。长期以来初中地理教材以区域地理为主，高中地理教材以自然地理为主，而人文地理偏少的状况不断改变。如1978年中学地理教材以区域地理为基本内容，以自然地理为知识重点。20世纪80年代中期以后，地理教材内容组成普遍加重了人文地理的比重。20世纪90年代以后的地理教材体现了现代地理学以自然地理方法为研究手段，以人文地理为研究目的的发展方向。经过不断变革，地理教材自然地理、人文地理、区域地理组成地理学科的三大板块所占比重已经比较合理。进入21世纪以后义务教育和普通高中实验地理教材在三大内容的处理上，注意了综合与统一。

4. 教材表达方式由单一化向多样化转化

地理教材在表达方式上的变化是中国地理教材改革发展中的一个亮点。20世纪80年代中期以后，教材内容呈现形式开始突破之前的“课文系统、图像系统、练习系统”三分格局，趋于三个系统融合为一个有机整体。如1993年义务教育初中地理教材基于初中学生好奇、好动、求知欲强、爱好广泛的身心特点，教材内容和文字生动有趣，表达形式活泼，引入大量地图、漫画、景观图、示意图和生动的地理事实材料，安排了“读一读”“想一想”“做一做”等小栏目，使学生在手、脑并用的积极参与中完成从感性到理性的认知过程。这种思想在 2001 年初中地理课程标准实验教材和 2003 年高中地理课程标准实验教材中得到了进一步发展。在这两套多个版本的教材中，课文、图像、练习之间已无明确的界线，课文分为叙述式课文和活动式课文两种形式。无论哪种形式的课文，都以文字叙述、图像展示、资料链接等多种方式呈现。具体的地理内容表现形式也是多种多样。如通过在图像中开“天窗”的形式呈现地理概念、地理分布、地理特征；通过学生对话的方式呈现地理问题的说明、地理问题的解答；通过活动引出思考性较强的地理问题；通过概念图、过程图示表述某些地理问题的演变等。多样化、灵活化的教材表达方式，有利于激发学生的地理学习兴趣，培养学生地理学习的热情；有利于教学互动，为地理课堂教学改革提供了实践平台和必要基础。

（三）基础教育地理教材改革发展的思考

1. 教材改革要体现学科性，突出人地关系

地理学是研究地理环境以及人类活动与地理环境相互关系的科学，是中学课程中唯一能以人地关系为核心内容的学科。30 年来，中国地理教材改革发展中所形成的以人地关系为内容的逻辑主线，对于体现地理学科特性，反映地理教育的育人价值、社会价值和环境价值发挥了重要作用。

随着地理教材改革的深入，地理教材在如何体现学科性，突出人地关系方面仍有许多问题需要探索。现代自然地理知识、人文地理知识和区域地理知识的发展，都与资源、生态、环境、城市等方面的知识密切联系。这些知识在社会生产、生活中使用频率高、价值大，能很好地说明地理知识在协调人地关系中的不可替代性。地理教材改革不仅要在地理知识的选择与组合上把人地关系置于重要地位，而且要通过展示宏观、中观、微观不同空间尺度人地关系相互作用正反方面的范例、案例，让学生能更好地认识地理学科在协调人地关系中的多重价值，建立起以可持续发展为核心的价值体系，做到指导自身的行为方式，体现地理学科在协调人地关系方面的实践功能。

2. 教材改革应体现社会性，注重社会需求

社会发展是教材生成的基础，是教材改革与发展的动力。30 年来，中国地理教材改革在注重联系社会实践，反映地理教育的社会功能、进行积极的地理社会实践方面都作出了有益探索。

地理教材改革的任务不仅是让学生学会怎样学习地理，用于解决实际问题的地理知识和技能和如何适应社会生产、生活，而且还要能够发挥其促进社会发展的功能，能让学生对未来社会的发展形成一些前瞻性的认识，渗透引领社会发展需要的能力素养，通过地理学习推进社会沿着正确的方向发展。

3. 教材改革要以学生为本，促进学生发展

教材是课程的基本载体，是学生学习的重要资源。30 年来，中国地理教材改革在结构体系、内容选择、知识比重、活动交流、理论与实践等方面，力求符合学生生理和心理发展等方面有了一些突破性的进展。

地理教材改革在提高学生地理人文素养、培养人文精神；增强教材的感染力，体现教材的心理化，激发学生学习兴趣；引导掌握学习方法，培养学习实践能力；合理匹配地理理论知识和地理实践知识比重，引导学生主动参与；培养创新精神和问题解决能力，树立高度社会责任感等方面还需要不断深化。

4. 教材改革应体现教学性，利于地理教学

教材是教学的软件，是供给师生的教学材料，其重要目的是为了便于教学活动的开展，并能对教学改革起到指导作用。30 年来，中国地理教材改革在体现“利教乐学”方面有了明显进步。

地理教学过程是一个复杂的动态过程，具有多样性、丰富性、创造性和生成性等特点。地理教材的改革还要进一步提升教材的教学性。如自然地理知识、人文地理知识和区域地理知识既是具有不同特性的知识，又是具有联系的知识，地理教材要注意避免编写体例、表达方式的趋同性，增加多样性；地理活动的设计应以培养学生的创新意识和实践能力为重点，重视过程与方法；活动方式的设计要有指导性、可操作性，活动频次要有适度性，处理好理论学习和实践学习的关系；地理案例的选择要注意多样性、梯度性、差异性，甚至博弈性，为满足学生不同的地理学习需要提供条件；地理教材的编写除了要注意落实地理课程标准的基本要求外，还要特别注意促进学生改变地理学习方式，把学生推到地理教学的主体地位，真正将一些问题的分析过程留给教学处理等，为地理教学改革提供广阔的空间。

三、基础教育地理教学改革 30 年

（一）30 年基础教育地理教学改革之基本历程

以教育部颁布的教学计划、课程计划或课程方案为指导编制的地理教学大纲或地理课程标准是地理教学的基本依据，也是中国地理教学改革的重要标志。以此为据，30 年来中国中学地理教

学改革大体可以分为三个发展阶段，其基本历程如下表 1 所示：

1978 年教育部颁布了《全日制十年制中学地理教学大纲（试行草案）》。该《大纲》提出：中学地理教学的目的在知识内容方面要求“使学生掌握中国、世界各大洲、大洋和主要国家的地理基础知识，使学生初步掌握运用地图的基本本领”。为了使学生掌握较为扎实的地理基础知识，获得基本的地理技能，这一时期中学地理教学的突出特征是注重“双基”，即地理基础知识的教学和地理基本技能的训练。

表 1　教育部教学计划、课程计划与中学地理教学改革基本情况表（1978～2009 年）

时间	第一次 1978～1985 年	第二次 1986～2000 年	第三次 2001 年至今
主要标志性文件	《全日制十年制中小学教学计划（试行草案）》（1978） 《全日制十年制学校中学地理教学大纲（试行草案）》（1978） 《全日制六年制重点中学教学计划（试行草案）》（1981）	《九年义务教育全日制小学、初级中学课程计划》（1992） 《九年义务教育全日制初级中学地理教学大纲（试用）》（1992） 《全日制普通高中课程计划（试验稿）》（1996） 《全日制普通高级中学地理教学大纲（供试验用）》（1996）	《基础教育课程改革纲要（试行）》（2001） 《普通高中课程方案（实验）》（2001） 《义务教育地理课程标准（实验稿）》（2001） 《普通高中地理课程标准（实验）》（2003）
基本要求的变化	1. 努力提高教育质量，使学生在德、智、体诸方面切实打好基础 2. 在学生打好基础，掌握基础知识和基本技能的同时，培养学生能力，发展学生智力 3. 中学地理教学目的是使学生掌握……地理基础知识	1. 目标上，掌握基础知识与基本技能，发展能力与个性，初步具有科学态度 2. 中学地理教学目的，是使学生获得地理基础知识和基本技能，发展学生的地理思维能力和智力，培养学习地理的兴趣 3. 施行教科书审定制和一纲多本	1. 目标上，提出知识与技能、过程与方法、情感态度价值观三维目标 2. 教学内容上，加强与学生生活、经验、兴趣和现代社会科技发展的联系 3. 教学上，注重学生的参与、合作与探究

20 世纪 80 年代后期至 90 年代，义务教育的实施和素质教育

思想的提出，以关注学生素质全面发展成为教学改革的主要目标。1986 年《全日制中学地理教学大纲》规定：中学地理的教学目的，是在小学教学的基础上，使学生获得比较系统的地理基础知识和基本技能，并积极发展学生的地理思维能力和智力，培养他们学习地理的兴趣、爱好和独立吸收地理新知识的能力。1996 年《全日制普通高级中学地理教学大纲（供试验用）》提出：普通高中地理教学目的，是使学生获得比较系统的自然地理和人文地理基础知识，了解当代中国区域研究所面临的重要课题；培养学生的地理基本技能，发展学生的地理思维能力，以及独立学习地理知识的能力，能够运用地理科学观念、知识和技能对人类与环境之间的问题做出正确的判断和评价。这一时期，中学地理教学的主要特征是在加强基础知识和基本技能教学的同时，注重发展学生的智力和能力，开始重视培养学生地理学习的兴趣、动机、情绪等非智力因素。

进入 21 世纪，以新一轮基础教育课程改革为标志，特别是 2001 年《全日制义务教育地理课程标准（实验稿）》和 2003 年《普通高中地理课程标准（实验）》的颁布，对中学地理教育教学的指导思想和教学目标产生了深刻的影响。在这次改革中，原有的知识目标、能力目标、思想教育目标为知识与技能、过程与方法、情感态度价值观所取代。这不仅仅是名称的改变，而是对“中学地理教学改革的指导思想及教学目标如何适应时代、社会及学生发展需求”这一基本问题的阐释发生了根本性的变化，即由传统的注重双基的“客观反映论”向三维一体的“主体建构论”的转变。这一阶段的地理教学改革在思想和目标上延续了对“双基”、能力培养、发展个性的要求，同时，又纳入了创新教育、地理科学素养、重视过程与方法等内容，形成了三维一体的中学地理教学目标，要求学习对生活有用的地理，对终身发展有用的地理，培养现代公民必备的地理素养。

（二）30 年基础教育地理教学改革之主要特点

1. 教学理念：从注重双基到强调建构

现代教学发展的一个重要特征，就是以教学理念创新为先导，再在教学实践上引起巨大的变革。教学理念是人们在教学实践过程中形成的对教学发展指向性的理性认识。一定的教学理念支配着一定的教学行为。

改革开放初期，中学地理教学处于“文化大革命”后的恢复时期，地理教学突出表现为道德本位的目的观、学科本位的教学内容、知识授受的教学过程、语言为主的教学方法，“注重双基”，向学生传授地理基础知识和基本技能被视为中学地理教学活动的中心任务。

20世纪80年代中后期至90年代，随着义务教育的普及和素质教育理念的提出与实施，在推进现代教育，反对应试教育、倡导素质教育的过程中，中学地理教学理念也在不断发展，中学地理教学目的由道德本位向关注学生个性转变，教学过程日益关注学生主体性的发挥，教学内容向重视生活性、实用性转变，教学方法日益丰富多样，地理教学活动的核心也由“注重双基”向“加强基础，发展智能，培养非智力因素”转变，中学地理教学日益体现出现代教学理念的影响和作用。

进入21世纪，中国在建立社会主义市场经济体制的过程中，把人的创新精神和实践能力的培养提到了一个前所未有的高度。创新教育理念，发展学生的地理创新精神和地理实践能力成为新时期中学地理教学的核心任务。新一轮地理教学改革正随着地理新课程改革的开展而进入到了一个新的时期。地理教学强调以学生发展为本，从生活中取材，在交流中感悟，在反思中提升，在活动中建构。“以学生发展为本，重视学生的自主建构，重过程、重体验、重探究”成为新时期中学地理教学理念的重要体现和反映。

2. 教学方法：从注重讲授到倡导探究

改革开放初期，为了落实“双基”，地理教师在地理教学方法的选择上，往往以讲授法为主。这一阶段的地理教学，教师力图对知识与技能的讲授要准确、要详细；教学评价重视学生对地理知识的理解和地理基本技能的掌握。虽然这期间也进行了一些较具影响的地理教学改革实验，如南京师范大学周靖馨倡导的“综合程序教学法”、上海育才中学段力佩提倡的“八字教学法”（读读、议议、练练、讲讲）、从国外引进并经改造的“纲要信号教学法”以及“问题教学法”等教学方法的实践讨论，但均未能改变“讲授法”独大的局面。

义务教育的普及和素质教育的实施，人们逐渐认识到，在地理教学活动中，学生的学习其实是一个智力因素与非智力因素相互作用、统一发展的过程。发展智力与陶冶情操同等重要。地理教学活动不仅要使学生学会学习，同样要使学生乐于学习。中学地理教学要“加强基础，发展智能，培养非智力因素”；要实现地理认知上的“会学”与地理情感上“乐学”的统一。这一时期具有代表性的中学地理教学方法改革实验主要有情景教学、愉快教学、兴趣教学、讨论教学、发现教学等。

新课程改革要求改变地理学习方式，重视对地理问题的探究。中学地理教学在“改变过于注重传授知识”的同时，积极探索自主学习、合作学习与探究学习方式，重视学生地理学习过程中对地理知识的自主建构，重视学生在地理学习过程中的体验与感悟。

3. 教学过程：从注重预设到动态生成

改革开放初期的中学地理教学改革，一定程度上是地理教学秩序的重建，让先前的田间地头大课堂回归到学校课堂教学情境中。地理教学注重对教学过程的预设，重视环环相扣的教学步骤，相对固定的教学结构，成为这一时期地理教学的主要特征。在教学过程的设计上，大多基于“引入—新授—巩固—小结—作业”五环节模式进行，整个教学过程设计由浅入深、由简到繁。探究其原因，这种对地理教学过程预设的追求，一定程度上反映了赫尔巴特教学法、凯洛夫教学法，甚至以反赫尔巴特姿态出现的杜威教学法的影响。

素质教育的全面实施和现代教育理论的影响，使中学地理教学的上述状况自20世纪90年代开始发生重大变化，非预设性的地理教学过程开始出现并蓬勃发展。受奥苏伯尔教学理论的影响，中学地理教学加强了对学生地理学习兴趣的研究，关注学生非智力因素的培养；受加涅认知教学理论的影响，注重了对学生地理学习方法的指导等；地理教学过程的情景化、个性化、多样化日益增多。在新课程改革的推动下，“动态生成”成为地理教学普遍接受的术语；把握预设与生成之间的关系也日益成为地理教学的主要关注点；合理运用教学过程中即时生成的各种教学资源，激活地理教学系统各种要素成为地理教学要解决的主要问题。随着由封闭教学走向开放教学，由以教师为中心走向以学生为中心，由被动接受知识为主走向自主建构，让学生学会学习、学会思维、学会运用、学会合作、学会创新，正在成为地理教学过程的生动形态。

4. 教学媒体：从传统单一到现代多样

教学媒体是地理教学过程中一个必不可少的组成要素。它包括各种用以开展地理教学活动的教具、措施和设备等。中国中学地理教学媒体大体上可以分为两大类：一类是传统地理教学媒体，主要包括教科书、地图册等纸质媒体，地球仪、立体模型、岩石和矿物标本等教具媒体等；另一类是现代地理教学媒体，主要包括录音机、电视机、幻灯机、投影仪、计算机以及地理教学用多媒体设备和网络等。

改革开放30年来，中国中学地理教学实践中所运用的教学媒体基本上实现了从传统教学媒体向现代化教学媒体的转变。传统地理教学媒体从地理课开设之初就是实现地理教学的重要工具。但在最近30年的时间里，随着国家经济发展和科技进步，一方面，传统教学媒体的使用频率明显减少，许多功能正在为现代教学媒体所取代，如地理教学挂图和地理图片的展示功能正逐步被电子地图和计算机多媒体所替代；另一方面，一些传统地理教学媒体随着科技的发展而变化，表现在种类上更加丰富，在操作上更加简便，在功能上更加多样。如多功能电子地球仪、电动三球仪等。对于现代教学媒体的使用，改革开放30年来，也发生了巨大的变化，1978年恢复地理课后的10多年时间里，不同时间的地理教学大纲都曾指出：教学时应该尽可能利用电影、幻灯、图片、模型等教具；1992年颁布的地理教学大纲则要求“运用投影、幻灯、录像等电化教学和计算机等现代化教学手段”。地理新课程实践更是对计算机、多媒体、网络等现代教学媒体的使用提出了新的要求。

（三）30年基础教育地理教学改革之启示

1. 地理教学改革是一个渐进的过程

本文对30年的中学地理教学改革提出了三个基本时段的划分，但在实践过程当中显然并非那样界限分明，而是表现为一个连续的、渐变的过程。例如，20世纪80年代初期，在中学地理教学强调“注重双基”的同时，有周靖馨的“综合程序教学法”、段力佩的“八字教学法”等，在培养学生地理学习能力方面同样做出了有益的探索。正是这些对传统教学方法的改进，才使得中学地理教学改革一步一步走向前进。实践表明，新课程改革中，传统的教学理论与方法在一定条件和范围内仍有其继承与发展的必要性。在中学地理教学改革注重培养学生的创新能力和实践能力，注重学生地理知识自主建构，大力提倡自主学习、合作学习、探究学习的潮流下，也仍有一些地理教师停留在“加强基础，发展智能，培养非智力因素”阶段，甚至“注重双基”地理教学的层次上，然而这部分地理教师目前的生存状况也还不算差。这既反映了地理教学实践工作者个体之间存在着很大的差异，同时也说明了中学地理教学改革不是一朝一夕能得以解决的，不可能一蹴而就，必须承认它是一个持续的、渐进的过程。倘若不顾现实、采取急功近利的做法将是非常有害的。

中学地理教学改革是一个新旧交替、更迭融合的过程，是一个持续发展、渐进扬弃的过程。只有对教学改革中出现的理论与方法进行辩证的分析、理智的择取，勤于实践、不断探索、勇于创新，才有可能取得教学改革的理想结果。

2. 教学理念的革新是中学地理教学改革的先导

教学改革是一项实验性很强的系统工程。在中学地理教学改革实践过程中，理念的指导与影响作用是不言而喻的。改革开放30年，中国中学地理教学所处的社会环境发生了巨大的变化，其中最为深刻的表现为工业社会向知识社会的转变、计划经济向市场经济的转变以及精英教育向大众教育的转变。这些转变极大地改变了社会对人才培养目标的要求。社会需要的已经不再是记颂大量知识的人，而是能够应用知识、创新知识的人。这就迫切要求中学地理教学改革必须适应社会发展的需求，建立起新的人才培养教学理念。正是在这种社会背景发生巨变的背景下，素质教育理念、创新教育理念、以学生发展为本的教育理念才得以出现和发展。

中国新课程改革实践中，如何将教学新理念转换成教学实践尚存在一定的问题和困惑。其主要原因在于，近代以来，中国教学改革的理论研究一直滞后于一些西方国家。在不同的改革时期，我们引入了许多不同的教学理论，如行为主义教学理论之斯金纳的程序教学理论、认知教学理论之布鲁纳认知结构教学理论、情感教学理论之罗杰斯的非指导性教学理论、建构主义教学理论，以及赞科夫的发展性教学理论、巴班斯基的教学最优化理论、苏霍姆林斯基的学生全面和谐发展理论等。诚然，借他山之石不失为明智之举，然而，对于众多的教育理论和教学理念如何借鉴却是值得深思。仅从国情和文化传承角度看，就有理由相信，对待国外的教育教学理念我们需要有一个认识、改造和到本土化的适应过程。若不能很好地解决“洋为中用”的问题，肯定会导致很多应然的东西因为失去根基和生存的土壤而难以转化成实然的状态。20世纪80年代初期，“发现法”教学为什么难以在中国中学地理教学改革中推广，而直到20世纪90年代才逐渐被较多的地理教师接受，这就有一个理念的接受和消化适应的问题。当下地理新课程的一些理念一时不能为一些中学地理教师所接受，其实也是教学理念接受与革新的问题。怎样解决这些问题，显然是中国中学地理教学改革中的重要课题。

3. 正确处理中学地理教学改革中的一些问题

坚持与发扬中学地理教学改革的优点。改革开放30年，中国中学地理教学逐步走上改革发展的道路。从“注重双基”到“加强基础，发展智能，培养非智力因素”观点的形成，再到更为广阔的“培养创新精神，突出实践能力，注重自主建构”的能力观；从重视地理教学的知识价值、科学价值，发展到关注地理教学的应用价值、生活价值和文化价值；从关注地理教师的“教”发展到关注学生的“学”；从强调听讲、练习的接受学习发展到提倡自主、合作、探究学习等。经过30年的发展，中国中学地理教学改革形成了自己的鲜明特色：教学中注重打好基础、培养能力、关心学生主体能动性的发挥等。正是这些优点，使得中国学生的地理基础知识和基本技能比较扎实，这也正是我们在以后的中学地理教学改革中应当坚持的。

在坚持和发扬优点的同时，我们也应当正视中学地理教学改革中存在的不足与问题。例如，正确认识地理教学媒体在地理教学中的作用和使用问题。不同的地理教学媒体具有不同的教学功能和价值。传统的地理景观图片，固然在用于集体教学时多有不足，但它具有不受设备限制、传递灵活、可反复观看的优势，借助这一优势可以在自主学习或合作学习中发挥投影设备乃至多媒体设备无法实现的作用。我们不应该让现代地理教学媒体在改善了传统地理教学媒体某些功能的同时，却使传统地理教学媒体的优势功能在地理课堂上消失。又如，情景教学一度成为地理教学改革中的重点和热点，使地理教学改革取得了积极的效果，但也出现了负面问题，一些教师过分追求问题情境的外化效果，盲目引进生活生产实际中的场景、图片、动画等，每节课必有情境，造成情境滥化。事实上，并非所有情景都与教学内容密切联系，有些情境非但不能激发学生思维，反而分散学生的注意力。还如，地理教学过程中有关“活动”的创设，也存在类似的现象，由于一些教师的误解，导致追求形式化活动的存在，一些被实践证明效果良好的传统活动方式（如启发性讲授等）被轻易抛弃。新的活动方式也出现异化现象：自主被异化为放任自流，合作被模式化，探究被绝对化，生搬硬套，甚至把探究合作当作一种时髦，使其流于形式，等等。地理教学改革中这些问题必须得到正确的认识与处理。只有正视与改进这些问题，才能使中学地理教学改革获得更大的发展。

正确处理地理教学过程中预设与生成的关系，也是十分重要的问题。预设是地理教师在课前根据课程标准、教学内容以及学生情况，设定地理教学目标，确定教学重点，设计教学环节的过程；是地理教师与地理文本的对话，体现了教师对教学内容的理解；是教师教学经验与智慧的结晶。好的预设，可以使地理教学步骤更清晰，方法更灵活，效果更明显，更好地为完成教学任务服务。生成是在地理教学过程中，作为学习主体的学生，在与教材对话、与教师交流中产生的教师课前预设中所没有预料到的问题和想法。课前预设强调的是教师的指导，教学中生成强调的则是学生的自主。二者共同揭示了教与学的辩证关系，即“学生自主”离不开“教师指导”，“教师指导”着眼于“学生自主”。在中学地理教学过程中，我们应该全面理解预设与生成的关系，切不可过分强调地理教学过程中的生成，而忽视了预设在教学过程中所起的作用。

参考文献

[1] 课程教材研究所．20 世纪中国中小学课程标准·教学大纲汇编　地理卷［M］．北京：人民教育出版社，2001.

[2] 中华人民共和国教育部．普通高中地理课程标准（实验）［M］．北京：人民教育出版社，2003.

[3] 中华人民共和国教育部．全日制义务教育地理课程标准（实验稿）［M］. 北京：北京师范大学出版社，2001.

[4] 褚亚平．中学地理教学法（第一版）［M］．北京：人民教育出版社，1981.

[5] 曹琦．中学地理教学法［M］．北京：高等教育出版社，1989.

[6] 袁书琪．地理教育学［M］．福州：福建教育出版社，1995.

[7] 陈澄．地理教学论［M］．上海：上海教育出版社，1999.

[8] 陈澄．新编地理教学论［M］．上海：华东师范大学出版社，2007.

[9] 李家清．新理念地理教学论［M］．北京：北京大学出版社，2009.

[10] 李家清．新理念地理教学技能训练［M］．北京：北京大学出版社，2010.

[11] 李家清，李文田．中学地理课程改革发展 30 年回顾与启示［J］．中学地理教学参考，2009（1）；2009（2）．

[12] 李家清，李文田．中学地理教材改革发展 30 年回顾与启示［J］．中学地理教学参考，2009（3）．

[13] 李家清，李文田．中学地理教学改革发展 30 年回顾与启示［J］．中学地理教学参考，2009（4）．

2009 年中国基础教育地理学科发展报告

《中国基础教育地理学科年鉴》编辑部①

［论文摘要］从中国传统文化角度看，2009 年在中国是一个特殊的年份，是新中国成立 60 周年。全社会一方面沉浸在对过去岁月的反思；一方面又在谋划未来发展的方向。对于教育界，

① 本年度报告由合肥师范学院讲师、安徽师范大学在读博士生王传兵执笔。

2009年度，出现一些对我国未来教育发展产生重大影响的事件。首先，年初《国家中长期教育改革和发展规划纲要》向全社会征求意见，就我国教育发展献计献策。其次，在教师节前夕，温家宝总理在切身感受基础教育的过程中，对我国教育，特别是教师的工作给予了充分的肯定，并对进一步发展我国基础教育提出了中肯的意见。再次，全社会对于高中文理分科进行了深刻而广泛的讨论，实质上是就教育教学评价问题倾听民意，说明我国教育民主化程度不断加强，办人民满意的教育逐渐由理论走向实践。最后，总结60年来我国教育取得的成就和经验，确定未来教育发展的方向。

[关键词]《国家中长期教育改革和发展规划纲要》　文理分科　60年　回顾与反思

2009年是中华人民共和国成立60周年。在此国运昌盛、人民安居乐业的时代，我国各行各业都出现了翻天覆地的变化。教育界，人们在认真回顾、总结和反思60年来新中国教育发展走过的路程，展望未来发展。地理作为基础教育中的一门学科，在60年的历程中，走过了一条极其艰难、曲折的道路，几度冷落，几度奋起。值得庆幸的是，随着新世纪基础教育课程教学改革与发展的不断深化，地理教育得到了前所未有的重视，并步入健康发展轨道。

一、百年大计　教育为本

2009年1月7日，《国家中长期教育改革和发展规划纲要》工作小组办公室发布公告，向全社会征求意见。两日以前，国务院总理温家宝发表题为《百年大计　教育为本》的文章，文章认为：研究制定《国家中长期教育改革和发展规划纲要》，是本届政府必须着力做好的一件大事。教育是国家发展的基石，事关民族兴旺、人民福祉和国家未来。教育事业涉及千家万户，关乎群众切身利益，是人民的需要，也是经济社会发展的要求。

党中央、国务院历来十分重视教育事业发展。1985年《关于教育体制改革的决定》，提出普及九年义务教育的目标。1993年发布《中国教育改革和发展纲要》。1995年，提出实施科教兴国战略。党的十六大以来，中央始终把教育放在优先发展的战略地位，提出实施人才强国战略，并采取了一系列重大举措。党的十七大对优先发展教育，建设人力资源强国提出了新任务新要求。现在，根据中央的总体部署，结合当前教育事业发展的实际，有必要制定教育中长期改革和发展规划。这是进入21世纪以来我国第一个教育规划，制定一个让人民群众满意、符合中国国情和时代特点的规划，对我国教育事业的发展乃至整个现代化事业具有重大意义。

根据中国特色社会主义理论和党的教育方针，规划必须：第一，要坚持面向未来、面向世界、面向现代化。第二，要坚持改革创新精神。第三，要坚持教育优先发展的战略。第四，要坚持以人为本的核心要求。第五，要坚持立足基本国情。

在制定规划中需要研究的重大问题不少，如关于教学改革问题、教师培养问题，等等。只有把这些重大问题研究透彻，找准问题所在，提出解决的思路和办法，规划才能看得远，同时又有针对性，有现实感，真正成为管用的规划。

制定教育规划是一项涉及面很广的社会系统工程，难度大、任务重，必须切实加强领导，充分调动各方面的力量共同完成。体现规划制定工作的科学性和民主性。教育是重大民生问题，全社会都很关心。要使规划的编制过程，成为发扬民主、集思广益的过程，成为统一思想、凝聚共识的过程。这样，规划才能得到大家的认同，在历史上站得住。

《国家中长期教育改革和发展规划纲要》的任务包括制定新时期教育发展的指导方针和战略目标；提出提高教育质量、推进素质教育的重大战略和政策措施；确定各级各类教育的发展思路和重大措施；确定教育改革的总体思路和重点领域；完善保证教育优先发展的政策环境和保障机制。

教育观念的革新，教学方法和手段的改善，是完善教育教学重要途径。在未来的十二年，《国家中长期教育改革和发展规划纲要》是指导我国教育发展的重要文件，其中提倡的教育理念将会对我国整个教育界产生深远的影响。在基础教育界，如何推动素质教育，实现以人为本的教育理念，将会在纲要中有明确的体现。十年树木，百年树人。先进的教育理念必须落实到具体的教育实践中，才能转化为社会发展的动力。让每一个学生都得到发展是我们这个时代教育发展的理念。对于地理学科而言，提倡学习对终身发展有用的地理，学习对生活有用的地理，培养现代公民必备的地理素养，等等。这些教学理念将会改变现有的地理教学状况，个性化教学、素质教育将逐渐成为基础教育的主旋律。

二、教育大计　教师为本

2009年9月4日，教师节前夕，国务院总理温家宝到北京市第三十五中学看望师生，在初二（5）班连续听了数学、语文、研究性学习、地理和音乐课，并作了详细笔记，同北京市部分中小学教师进行了座谈，对五节课作了点评。其中，地理教师纽方萍讲授的内容是“中国区域的差异”。有深厚地学专业背景的温家宝总理作出这样的评述：“老师用提问的方法，问学生暑假到过哪些地方。我真没想到学生到过那么多地方，不仅是国内，而且到过国外。我仔细翻了课本。这门课把我们过去的地理与自然地理合并了，甚至扩展到把地理、地质、气象、人文结合起来，是一本综合教材，可能现在学地理的时间要比过去少了。但是讲华北一下子我就听糊涂了，因为课本讲的既不是自然分界，又不是经济分区，也不是行政分区，华北怎么把陕西、甘肃和宁夏包括进去了？课本对中国区域划分的依据不足，无论是自然的、经济的还是历史沿革的划分都没能讲清楚，有的是错误的。此外，课本关于中国的区域差异一章就讲了中国的五大区域，即华北、青藏、沿海、港澳和台湾，这就更不全面了。我赞成把地理、地质和气候结合起来，这就如同把人与自然、环境结合起来一样。过去大学的地质地理系就包含这三个方面。已故的刘东生院士之所以在研究黄土高原方面取得很大成就，获得国家最高科技奖，主要是两方面原因：一是因为中国有世界上最厚、面积最大的黄土层，这给他提供了有利的研究条件；另一个原因是他对地理、地貌、地质和气候的关系，特别是黄土的成因以及黄土形成与气候变化的关系研究得很深。我赞成编写教材时把这几方面结合起来，但要把基本概念讲清楚。现在孩子们见识很广，他们到过很多地方，老师讲得也很好。课本要保持严谨规范和学术的百家争鸣，使学生从本质上理解地理学真正的科学内涵。”

之后，总理向北京市教师代表作了题为《教育大计　教师为本》的发言。发言中谈道：当前，我国教育改革和发展正处在关键时期。应该肯定，新中国成立 60 年来我国教育事业有了很大发展，无论是在学生的就学率还是在教育质量上，都取得了巨大成绩，这些成绩是不可磨灭的。但是，应该清醒地看到，我们的教育还不适应经济社会发展的要求，不适应国家对人才培养的要求。

老师们都很辛苦，特别是从事基础教育的老师。老师们承担着教育的重任。百年大计，教育为本。如果说教育是国家发展的基石，教师就是基石的奠基者。

教育的根本任务是培养人才，特别是要培养德、智、体、美全面发展的高素质人才。但是为什么成效还不够明显？我觉得要培养全面发展的优秀人才，必须树立先进的教育理念，敢于冲破传统观念的束缚，在办学体制、教学内容、教育方法、评价方式等方面大胆地进行探索和改革。

温总理提出了四点要求：第一，教育要符合自身发展规律的要求。第二，教育要符合时代发展的要求。第三，教育要符合建设中国特色社会主义对人才的要求。第四，教育要符合以人为本的要求。

最后对老师提出：一要充满爱心，忠诚事业。要关爱每一名学生，关心每一名学生的成长进步，努力成为学生的良师益友，成为学生健康成长的指导者和引路人。二要努力钻研、学为人师。教师只有学而不厌，才能做到诲人不倦。要积极投身教学改革，把最先进的方法、最现代的理念、最宝贵的知识传授给学生。要给教师创造培训的条件，建立包括脱岗轮训、带薪培训的制度，当然要讲求实效，把好事真正办好。三要以身作则，行为世范。我们不仅要注重教书，更要注重育人；不仅要注重言传，更要注重身教。

中小学教师非常重要，要大力宣传教育战线的先进事迹，特别是终身从事中小学教育事业的典型，营造良好的舆论氛围，让尊师重教蔚然成风，让教师成为全社会最受人尊敬、最值得羡慕的职业。

从温总理的发言中，我们看到国家对教育事业的重视，对教师的殷切期望。地理学科是基础教育中一门重要学科，对培养学生正确的资源观、环境观、人生观具有独特的优势。所以地理课程建设必须符合学生学习的需要、社会发展的需要，保证地理知识、原理和规律的科学性、准确性。长期以来由于受应试教育的束缚，中小学地理课程与教学，特别是在义务教育阶段，基本处于受冷落地位。今后，地理课程发展、教材建设、教师专业素养提升等各项工作，仍然任重而道远。随着教育理念的改变，我们追求的是“人的全面发展”的教育目标，各门学科对于人才培养都具有相互无法替代的功用，而教师是保证课程顺利实施的关键。因此，提高教师职业素养、业务水平是发展教育的基础，社会也在积极创造条件为各学科教师专业化发展提供财力、物力和人力，自新课程实施以来，国家和地方政府每年都举办形式多样的教师培训、教师进修就是一个明显的例证。

三、文理分合　事关千家万户

在《国家中长期教育改革和发展规划纲要》向社会广泛征求意见时，有个问题立即引起人们讨论——高中文理分合问题。这个问题关系万千学子，关系千家万户，关系高考改革，关系国家教育发展，关系国民整体素质提升，关系国家教育方针的贯彻落实。

新中国成立后，“自1952年建立统一高考制度以来，从来都是文理分科考试的。1953～1954年，报考理工医农类考生，考试科目为语文、政治常识、数学、物理、化学、生物、外语7门课程，报考文科、政法、财经、体育、艺术类考生，考试科目为语文、政治常识、历史、地理、外语5门课程。这种文理分科考试一直持续到“文化大革命”前夕。1977年后，恢复高考，也是采用文理分科考试，只是考试科目发生变化。2000年后，全国高考方式一度发生重大变化，出现了‘3＋大综合＋1’的方案和‘3＋文综/理综’方案，其中在‘3＋大综合＋1’方案中的大综合包含政治、历史、地理、物理、化学、生物6个科目，实质是文理不分，学生学习负担加重，最后被迫取消，目前多采用后一种方案，即‘3＋文综/理综’方案”[1]。

对于高中文理分合争论由来已久，谁优谁劣，仁者见仁，智者见智，双方也很难有充足的理由说服对方，对此姑且不论。这种分合对地理学科而言，往往影响巨大。地理学科具有文、理学科双重性质，自然地理内容部分侧重理科，人文地理内容部分体现文科性质。在1977～1994年期间，高中阶段是文科学生学习地理，而高校地理专业却招收理科学生，出现了基础教育和高等教育在地理学科学习过程中相互脱节的局面，这种局面无非是为了文理科之间在高考科目之间的平衡，否则，理科学生学习的科目太多。之后，为了减轻学生负担，在文科考试中取消地理学科，理科考试中取消生物学科，一度使得中学地理教育处于瘫痪状态。2000年后，全国主要实行“3＋文综/理综”方案，地理又作为文科学生高考的科目，高等院校与地理相关专业出现文、理考生兼收的局面。由此看出，地理学科在高考文理分合过程中，波动最大，也进一步说明该学科在基础教育阶段受考试“指挥棒”作用影响明显。另一方面，现代地理科学以人类环境、人地关系和空间相互作用为主要研究对象，已成为一门包容自然科学、人文社会科学和工程技术科学的综合性学科，现已建立了相当完整而独特的学科体系。已故中国科学院、工程院“双院士”，国家杰出贡献科学家，“两弹一星”功勋奖章获得者钱学森，早在1987年就正式提出关于发展地理科学的建议，并将地理科学列为现代科学技术十大部门之一，和自然科学、社会科学等处于同等地位，钱学森院士认为：“地理科学是自然科学通向社会科学的桥梁。”随着中学地理教育改革的进一步深化，在高考中合理地“植入”地理学科内容，或许是化解目前考生过于偏科的一种有效方略。

高考分合的争论、考试科目的调整，其实反映的是我国对基础教育本质认识上的模糊。目前，我们较多地从管理者角度认识教育，实质是在简化，甚至歪曲教育规律，特别是关于教育评价，而对教育究竟“培养什么样的人才”的终极目标却搁置一边，导致我国基础教育受政策影响大，教育过程不连贯，波动大，一定程度上违背了教育教学规律。

2009 年，教育部推出两项新政：一是大学自主招生。自主招生就是高校自主录取一部分自己看好的优秀生，这些学生品学兼优，最好有特长，而不是各方面都很强而没有缺点的学生。二是高中校长实名推荐制。校长实名推荐制是北京大学从 2010 年起推行的一种自主招生政策，目的为进一步推进自主招生改革，探索多样化人才培养新模式，为不同类型优秀学生的脱颖而出创造条件。这些措施可在一定程度上为个性化、多样化教学创造条件。

四、60 年回顾、反思、展望

新中国教育发展 60 年，是不断探索、不断开拓、不断创新的 60 年。原教育部部长周济在谈到新中国成立 60 年来教育事业发展成就和经验时说道：我国教育取得辉煌成就，培养了一代又一代社会主义建设者和接班人；实现了“两个跨越”“一个重大突破”“一个重大步伐”“一个确立”。我国教育已经进入到全面提高教育质量的新阶段，进入让孩子们上好学的新阶段，进入到建设人力资源强国的新阶段。教育发展虽然取得了巨大成就，但还不适应经济社会发展的新形势，不适应国家对人才培养的新要求，不适应人民群众的新期待，办好人民满意的教育仍然任重而道远[2]。

课程目标是一定历史阶段社会和国家对教育的要求，是学科课程对学生在知识与技能、过程与方法、情感态度与价值观等方面的培养上期望达到的程度[3]。60 年来，我国基础教育课程目标经历了从“知识就是力量”到“方法比知识更重要”，再到课程目标的多元化，即现在新课程提倡的知识与技能、过程与方法、情感态度与价值观的三维目标。这种课程目标的变化，实质反映了我国基础教育逐渐回归人性化教育，把学生看做是一个有个性差异的个体，而不是知识的容器。

学者李涛认为，新中国历次课程改革中，“双基”理论在中国教育实践中内涵不断丰富、外延逐渐扩展，形成具有中国特色的课程理论，出现了“三基”和“四基”。在课程教材编写实践中充分考虑基础教育的性质、任务和目标，努力适应社会主义现代化建设，突出面向全体学生的特点[4]。从注重知识传授，到学生能力培养，再到学生身心和谐发展这条路径，经过了我国教育工作者不断的探索，使得教育逐渐向人性化回归。

地理课程与教学论专家李家清教授等，从改革开放30年来中学地理课程改革入手，回顾我国地理课程发生的主要变化，经历了恢复、调整和创新几个阶段，认为地理课程改革要有理性秩序、注重理论联系实际、重视地理课程实施。其中关于地理教材方面的变化主要体现在编写由国定制向审定制转化；教材结构由学科体系为主向淡化学科体系转化；内容逻辑主线日益明确，知识比重日趋合理；表达方式由单一化向多样化转化。提出未来地理教材建设应突出人地关系；体现社会性，满足社会需求；利于学生发展和地理教学[5,6]。中学地理教育的演变是我国基础教育的一个缩影，在新形势下，如何充分发挥各学科在人才塑造方面的作用，应该从系统论角度研究，实现学科之间的融合和结构优化，防止学科间各自为政，故步自封。

教师是课程实施的主要动力，教师职业素养和业务能力对课程有效实施至关重要。60年来，我国教师教育一直处在积极探索和锐意创新过程中，教育模式不断推陈出新，满足教师可持续发展需要，走过了“自学—进修—骨干培训—校本培训”的路径。特别是新课程实施以来，基本实现教师教育的常态化、制度化，保证了课程改革的顺利进行。基于现实，有学者认为未来我国教师教育政策的制定必须坚持教师的基点和实践的起点，构建一种“始于实践，在实践中，为了实践”的校本型教师教育系统[7]。随着国家在教育方面投入的增多，教师自身对业务能力要求的提高，我国基础教育界，教师教育将会出现更多形式和途径。

新世纪即将走过10个年头，新课程改革也经历了近10年。俗语云：十年磨一剑。面对新形势，我们要冷静而认真地思考课程改革的新趋势和地理学科发展、社会发展、学生个性发展与综合素质的全面发展，对基础教育阶段地理课程所提出的新要求，与时俱进，筹划未来，积极应对地理学科与教学发展过程中凸现的新情况、新问题、新挑战。

参考文献

[1] 刘海峰．评论：高中文理分科，存在即合理［N］．中国教育报，2009-03-09.

[2] 教育部．新中国成立60年来教育事业发展成就和经验［J］．课程·教材·教法，2009（10）．

［3］陈澄、樊杰主编．全日制义务教育地理课程标准（实验稿）解读［M］．武汉：湖北教育出版社．2002.77.

［4］李涛．新中国历次课程改革中的“双基”理论与实践探索［J］．课程·教材·教法，2009（12）：77—86.

［5］李家清，李文田．中学地理课程改革30年回顾与启示［J］．中学地理教学参考，2009（1/2）：4—6.

［6］李文田，李家清．中学地理教材改革发展30年：回顾与思考［J］．中学地理教学参考，2009（3）：4—6.

［7］孟引变．历史的演进与现实的走向——论改革开放三十年来我国教师教育的发展与趋势［J］．课程·教材·教法，2009（3）：71—75.

政策文件

安徽省2009年普通高等学校统一招生考试改革方案

皖教基［2008］16号

为了进一步推进普通高中新课程实验，更好地选拔人才，根据《教育部关于普通高中新课程省份深化高校招生考试改革的指导意见》、《教育部关于积极推进中小学评价与考试制度改革的通知》等文件要求，特制定本方案。

一、指导思想

以科学发展观为指导，结合安徽省经济、社会和教育发展的实际，全面贯彻国家教育方针，实施素质教育，提高教育教学质量和学生综合素质；逐步扩大高校招生自主权，择优选拔人才；循序渐进地推进高考改革，确保公平、公正，维护社会稳定。

二、基本目标

建立和完善对普通高中学生的综合评价制度，并逐步纳入高校招生选拔评价体系。加快建设在国家指导下全省统一组织实施的普通高中学业水平测试和学生综合素质评价制度，切实做到可信可用，逐步发挥其对普通高中教育教学质量进行管理和监控，对高中学生学业水平和综合素质进行全面、客观评价，以及为高校招生选拔提供参考依据的作用。

进一步深化统一考试内容改革。考试内容实现与高中新课程内容的衔接，进一步贴近时代、贴近社会、贴近考生实际，注重对考生运用所学知识分析问题、解决问题能力的考查。

进一步推进高等学校选拔录取模式和方式改革。逐步建立和完善在国家统一考试录取基础上的全面、综合、多元化的考试评价制度和高等学校多样化的选拔录取制度。

三、项目设置

2009年统一招生考试模式为：3＋文科综合/理科综合＋学业水平测试＋综合素质评价。

（一）统考科目

统考科目为：3＋文科综合/理科综合。“3”指语文、数学和外语三个科目，其中数学分为文科数学和理科数学；“文科综合”

包括思想政治、历史和地理等学科；“理科综合”包括物理、化学和生物等学科。

统考科目考查该科目必修与选修Ⅰ的内容，其中选修课程的总分值原则上不低于10%，均设为必做题。

文科倾向考生统考科目组合为：语文、文科数学、外语和文科综合；理科倾向考生统考科目组合为：语文、理科数学、外语和理科综合；艺术、体育类考生可选择文科倾向的科目组合，也可选择理科倾向的科目组合，再加考相关学科。

（二）学业水平测试

学业水平测试设语文、数学、外语、人文与社会基础、科学基础和技术素养等六个科目。应届考生必须参加所有科目的测试。

语文、数学和外语测试范围为该科目必修学分所规定的学习内容。

“人文与社会基础”测试范围为思想政治、历史和地理等学科必修学分所规定的学习内容。

“科学基础”测试范围为物理、化学和生物等学科必修学分所规定的学习内容。

“技术素养”测试范围为信息技术、通用技术等学科必修学分所规定的学习内容，其中信息技术实行上机测试。

从2010年开始，将选修内容纳入学业水平测试的范围。

（三）综合素质评价

学生综合素质评价从公民道德素养、学习态度与能力、实践与创新、交流与合作、运动与健康、审美与表现等六个方面分学年进行。评价以学生主要行为表现的实证材料为依据，按照各方面的评价标准，由学生本人、同班同学、任课教师共同完成。学生自评权重为20%，学生互评权重为40%，教师评价权重为40%。每个方面的评定结果以等级方式呈现，其中“公民道德素养”分为优秀、合格、不合格三个等级，其他五个方面均分为A、B、C、D四个等级。

学校在高三第二学期根据学生三年的表现情况进行综合评价并上报评价结果。综合评价结果及其实证材料进入考生档案。

四、考试及成绩呈现

（一）统考科目考试

科　目	考试时间（分钟）	分　值（分）
语　文	150	150
数　学	120	150

续表

科 目	考试时间（分钟）	分 值（分）
外 语	120	150
文科综合/理科综合	150	300
总分值	750 分	

（二）学业水平测试

学业水平测试在应届学生高二年级第二学期进行，开考全部科目。测试成绩以等级方式呈现，分 A、B、C、D 四个等级，由各市或县区按本地全体考生成绩划分。本地前 25%（含 25%）的为 A 等级，前 25%～60%（含 60%）的为 B 等级，前 60%～95%（含 95%）的为 C 等级，余下的为 D 等级。成绩为 D 等级的考生可参加补测，补测在应届学生高三年级第一学期进行，补测成绩分合格、不合格两个等级，合格标准为上次测试 C 等级成绩。

五、命题工作

2009 年我省严格依据国家新课程《考试大纲》精神制定安徽省相关科目的《考试说明》，试行自主命题。

命题坚持科学性、公平性和创新性的原则。

（一）科学性。统考科目依据各学科课程标准和考试大纲及考试说明的要求命题；学业水平测试依据各学科课程标准和测试纲要的要求命题。试题设计与课程评价目标相一致，分别体现统考科目考试和学业水平测试的功能和特点。

（二）公平性。命题充分考虑全省各地教学条件的不同以及城乡的差异，试题素材和解答要求尽可能适应所有考生，避免出现需要特殊背景知识和特殊解答方式的题目。

（三）创新性。试题设计尽量采用新情境、新材料，力求联系学生生活经验和社会实际，注重考查学生终身学习必备的基础知识与技能，以及综合运用知识分析解决问题的能力。

六、招生录取

（一）学校招生章程

各高等学校按规定制定招生章程，经其主管部门审核后，在考生填报志愿前向社会公布。学校可在招生章程中，提出对考生学业水平测试、综合素质评价的要求。有面试要求的高校，招生章程中明确考核范围和规则等。

（二）划线和投档

招生部门依据各高等学校招生计划数和考生志愿，按照统考科目成绩、学业水平测试等级和综合素质评价结果，按一定比例投档。艺术、体育类划线和投档原则另定。

（三）录取办法

录取工作坚持公开、公平、公正的原则，依据统考科目成绩，参照学业水平测试等级和综合素质评价结果，统一标准，择优录取。

1. 应届考生的学业水平测试每科目都达到C级或合格以上、综合素质评价每个方面都达到C级或合格以上，方可被普通文理科本科第二批次以上院校录取；2008届及以前的普通高中毕业生，其学业水平测试要求参考原高中毕业会考成绩；社会考生仍参照原有录取办法，过渡期为3年，鼓励社会考生在过渡期内参加学业水平测试。艺术、体育类及特殊类型招生的应届考生必须参加综合素质评价和学业水平测试，但录取时学业水平测试可以不设置等级要求。

2. 在同等条件下，在已投档的考生中，高等学校可以优先录取学业水平测试、综合素质评价等级层次高的考生。

3. 经批准实行自主招生试点的高等学校，可依据统考科目成绩、学业水平测试成绩、综合素质评价结果和学校测试成绩，自主录取。

4. 经批准的高等职业院校，可试行以学业水平测试成绩、综合素质评价结果作为录取主要依据的录取模式，也可将考生的学业水平测试成绩与学校组织的测试成绩相结合作为录取依据。

七、保障机制

各级政府、教育行政部门、招生部门和各高等学校、普通高中应加强配合，齐心协力，做好此方案的实施工作。

（一）各级政府要采取切实有力的措施，全面贯彻国家的教育方针，取消单纯以高考升学率评价学校的做法，努力营造实施课程改革、推进素质教育的良好氛围。

（二）各级教育行政部门要加强学业水平测试与综合素质评价工作的管理，建立严格的规章制度和诚信机制，确保各个环节的公平、公正。

（三）招生考试部门和各高等学校要适应高考改革的要求，加强报名、考试、评卷、录取等各个环节的管理，确保各项工作的质量和安全，逐步完善高考招生制度。

（四）各普通高中要进一步推进普通高中新课程实验，重视学生综合素质、创新精神和实践能力的培养，按照目标多元、方式多样、注重过程的原则，努力探索建立新的评价体系，激励和促进学生全面、协调地发展。

2009年普通高等学校招生全国统一考试大纲（文科综合）

一、考试性质

普通高等学校招生全国统一考试是由合格的高中毕业生和具有同等学力的考生参加的选拔性考试。高等学校根据考生的成绩，按已确定的招生计划，德、智、体全面衡量，择优录取。因此，高考应有较高的信度、效度，必要的区分度和适当的难度。

二、考试内容

（一）考核目标与要求

文科综合能力测试强调对历史、地理、政治各学科知识的整体、综合把握。测试既反映学科和学科间的联系，又注重多层次、多角度分析、解决问题的思维能力。据此，本大纲拟订了“文科综合能力测试”的考核目标与要求。其中“考核目标”即综合测试的能力目标，“要求”是分别对每一考核目标不同层次和水平的界定。

目标/要求	Ⅰ	Ⅱ	Ⅲ
获取和解读信息	获取试题提供的信息，理解试题要求以及考查意图	提炼信息的有效内容和价值，并对其进行分析与整合	组织和应用相关学科的信息，形成综合性的信息解读
调动和运用知识	将所学知识与试题的形式和内容建立正确的联系	准确地运用相关知识和相关信息，认识和说明问题	体现学科渗透，运用相关学科的知识原理分析问题
描述和阐释事物	正确表述事物的现象，准确描述和解释事物的特征	把握事物的本质和规律，并作出正确的阐释	辩证地、历史地考察事物，对事物进行学科的和跨学科的描述与阐释，意义完整
论证和探讨问题	运用判断、归纳、演绎、比较、概括等方法论证问题	在论证中观点明确、表述清晰、逻辑严谨	综合运用相关学科的原理和方法论证和探讨问题，体现创新性思维

（二）考试范围

地理

第一部分　自然地理和地图

1. 宇宙中的地球

（1）地球是宇宙中的一个天体

地球的宇宙环境。

地球是太阳系中一颗既普通又特殊的行星。

(2) 日地关系

太阳系概况。

地球在太阳系中的位置。

太阳能量的来源。

太阳活动及其对地球的影响。

(3) 地球

地球的形状和大小。

地轴。两极。经线。本初子午线。经度。赤道。纬线。纬度。经纬网及其地理意义。

东、西半球的划分。南、北半球的划分。高、中、低纬的划分。南、北回归线。南、北极圈。

时区的划分。日界线。国际标准时间。北京时间。区时的应用。

地球自转的方向、速度和周期。地球自转的地理意义。

地球公转的方向、轨道、速度和周期、黄赤交角。地球公转的地理意义。

(4) 宇宙探测

宇宙探测的意义。

宇宙探测的现状。

2. 大气

(1) 大气的组成和垂直分层

大气的组成。

大气垂直分层及各层对人类活动的影响。

(2) 对流层大气的热状况和大气的运动

大气的受热过程。

气温的日变化和年变化。气温分布的一般规律。大气垂直运动和水平运动的成因。三圈环流与气压带、风带的形成。大气环流与水热输送的关系。

(3) 大气降水

降水的时间变化。

世界年降水量的分布。

(4) 天气、气候与人类

锋面、低压、高压、锋面气旋等天气系统的特点。

主要气候类型及分布。

影响气候的主要因素。

光、热、水、风等气候资源及其利用。

寒潮、台风、暴雨、大风等气象灾害的危害及防御。

地球温室效应、臭氧层破坏、酸雨等现象产生的原因及危害。

（5）气压、气温、降水等值线图、柱状图等图形语言的解读和应用。

3. 海洋

（1）海水的性质和运动

海洋表层平均盐度、温度的分布和变化规律；洋流。

洋流的分布规律。洋流对地理环境的影响。

（2）海洋开发

海洋资源的主要类型及其开发利用现状与前景。

海洋空间的重要性、开发利用现状与前景。

中国邻近海域，主要渔场和海洋水产，主要盐场。

（3）海洋环境保护

主要的海洋环境问题。

保护海洋环境的主要措施。

4. 陆地

（1）陆地的组成要素及其运动

主要造岩矿物。

三大类岩石。地壳物质循环的组成、过程及其对地表的影响。

板块构造学说的主要内容。板块运动对地表的影响。

陆地水体类型及其相互关系。自然界的水循环及其意义。

生物在陆地环境形成过程中的作用。

土壤的形成及其在陆地环境中的作用。

（2）地理环境的整体性和地域分异规律

地理环境的整体性。

地域分异规律。

（3）陆地资源和地质灾害

陆地自然资源的特点。陆地自然资源对人类活动的影响。人类对陆地自然资源的开发利用与保护。

中国主要陆地自然资源的特点。

主要地质灾害及其防御。

5. 地图

地图上的方向和比例尺。

常用图例、注记。

海拔（绝对高度）和相对高度。等高（深）线和地形图。地形剖面图。

第二部分　人文地理

1. 人类的生产活动与地理环境

(1) 农业

农业区位因素

主要的农业地域类型及其特点。

中国主要农作物的分布。中国的畜牧业和水产业。

(2) 工业

工业区位因素。

工业发展与区位的关系。

不同类型工业区的特点。

中国主要工业基地和工业中心的分布、特点和形成条件。

2. 人口与环境

(1) 人口的再生产

影响人口增长和分布的主要因素。

世界人口的增长。世界人口的分布。

中国人口的增长和分布。中国的人口政策。

(2) 人口数量与环境

人口数量与环境的关系。

不同地区的人口增长状况。

环境承载力。合理容量。控制人口数量的意义。

(3) 人口素质与环境

影响人口身体素质的主要环境因素。

人口的文化素质对环境的影响。

(4) 人口迁移与环境

影响人口迁移的因素。

我国人口迁移的现状和原因。

3. 人类的居住地——聚落

(1) 聚落的形成

乡村、城市的起源及发展。

(2) 城市的区位

自然、经济、社会等因素对城市发展的影响。

(3) 城市化

城市化及其进程。

城市化过程中产生的问题以及解决途径。

(4) 城市地域结构

城市地域功能分区。不同城市地域结构的特点。

城市的合理规划。

4. 人类活动的地域联系

(1) 人类活动地域联系的主要方式及作用

人类活动地域联系的主要方式（交通运输、通信、商业、服务业等）及作用。

(2) 交通运输和通信

主要运输方式及其特点。

交通运输线、站的区位因素。交通运输网的形成与发展。

中国主要交通运输线、铁路枢纽和港口。

城市的道路交通网络。

现代通信手段和通信网络的作用。

(3) 商业贸易

商业中心的区位因素。商业网点的布局。

中国主要商业中心，主要进出口商品，主要贸易国家和地区。

当代金融、贸易的国际联系及特点。

5. 文化景观

(1) 文化景观

文化景观的形成。文化景观与环境的关系。

(2) 文化源地与文化传播

文化源地。文化传播、文化扩散的主要途径。

6. 旅游活动与环境

(1) 旅游活动及其作用

旅游活动的特点。旅游活动的作用。

(2) 地理环境与旅游

旅游资源及其特性。旅游资源的价值。

中国的旅游资源。

旅游景观欣赏的基本要求。

(3) 旅游活动与地理环境的协调发展

旅游活动中的环境问题。

旅游活动的规模应与环境承载力相适应。

7. 世界政治经济地理格局

(1) 世界政治地理格局

世界政治多极化的趋势。国际政治的地缘合作与冲突。

(2) 世界经济地理格局

世界经济全球化的趋势。经济全球化对区域发展的影响。

国际经济的区域合作与竞争。

(3) 综合国力

综合国力的影响因素。提高综合国力的途径。

8. 人类面临的环境问题与可持续发展

(1) 环境问题

环境问题的产生。

环境问题的防治。

中国的环境问题与环境保护。

(2) 可持续发展

人地关系的演变。

可持续发展的概念和原则。

中国的可持续发展战略。

第三部分 世界地理

1. 世界地理概况

(1) 世界的陆地和海洋

世界海陆分布。海底地形。陆地地形。

(2) 世界的居民和国家

世界主要人种的分布。

世界的国家和地区。

2. 世界地理分区

东亚，东南亚，南亚，中亚，西亚，北非，撒哈拉以南的非洲，欧洲西部，欧洲东部和北亚，北美，拉丁美洲，大洋洲，南极洲。

各区的位置、范围；主要国家及主要城市；主要区域特征。

3. 世界主要国家的地理特征

日本，印度，埃及，德国，俄罗斯，美国，巴西，澳大利亚。

第四部分 中国地理

1. 中国的疆域和行政区划

地理位置。国土构成。行政区划。

2. 中国的民族

统一的多民族国家。中国民族分布特点及主要少数民族的地区分布。

3. 中国的地形

地形的总体特征。各类地形的特征和分布。

地形对中国自然环境和经济发展的影响。

中国地震带和火山的分布。

4. 中国的气候

冬、夏季气温分布特点及其成因。

年降水量的分布特点及其成因。季风活动对降水的影响。季风区和非季风区。

气候的主要特征。

主要气象灾害及其对生产、生活的影响。

5. 中国的河流和湖泊

外流区和内流区。主要河流及其水文特征。湖泊的分布。主要湖泊。

长江、黄河、珠江的概况；水系及水文特征；经济意义；开发利用和治理。

京杭运河概况。

6. 中国的区域差异

中国三大自然区的空间位置和基本特征。

东部季风区内部的差异。

中国自然区域差异对人类活动的影响。

7. 北方地区

地理位置和范围。

气候、地形特征及其与农业生产、灾害防治的关系。

重工业基地和能源工业基地。

主要城市。

8. 南方地区

地理位置和范围。

气候、地形特征及其与农业生产、灾害防治的关系。

轻纺工业和有色金属工业。

主要城市。

9. 西北地区

地理位置和范围。

气候、地形特征。农、牧业生产特点。保护草原，治理沙漠。

主要矿产地。

主要城市。

10. 青藏地区

地理位置和范围。

高寒气候。农牧业生产特点。

能源和矿产资源。

主要城市。

11. 香港特别行政区、澳门特别行政区和台湾省

地理位置和范围。

经济发展的特点。

台湾省的地形、自然资源和主要城市。

12. 中国国土的整治与开发

水土流失发生的原因、危害及治理。

荒漠化产生的原因、危害及防治。

大型水利工程建设及流域综合治理。

资源的跨区域调配。

山区开发面临的问题及综合开发途径。

农业低产区存在的原因及综合治理。

商品农业发展的条件、问题及发展趋势。

交通建设对区域发展的意义。重大交通工程建设面临的困难及解决措施。

海岛、海域开发的意义、面临的问题及环境保护。

城市发展面临的问题，城市新区发展的模式。

三、命题指导思想

以能力测试为主导，考查考生所学相关课程基础知识、基本技能的掌握程度和综合运用所学知识分析、解决实际问题的能力。

四、考试形式与试卷结构

1. 答卷方式：闭卷、笔试。

2. 考试时间：考试时间为 150 分钟。试卷满分为 300 分。

3. 题型

试卷一般包括选择题和综合题等题型。

4. 内容比例

三科的内容比例与中学阶段课程计划规定的三个学科的总课时数比例大体相当。

5. 试题难度

试卷包括容易题、中等难度题和难题，以中等难度题为主。

6. 组卷

试题按题型、内容等进行排列，选择题在前，综合题在后，同一题型中同一学科的试题相对集中，同一题型中的不同题目尽量按由易到难的顺序排列。

2009年普通高等学校招生全国统一考试地理科考试大纲的说明（广东卷）

一、命题指导思想

符合选拔性考试的规律与要求，体现普通高中新课程的理念，反映地理学科课程标准的整体要求。考查考生初步的科学与人文素养及创新意识，注重能力和素质考查，注重时代性和实践性，促进素质教育的实施。

试题以能力立意为主导，注重考查考生的地理学习能力和学科素养，即考生对所学相关课程基础知识、基本技能的掌握程度和综合运用所学知识分析、解决问题的能力。

命题以《2009年普通高等学校招生全国统一考试地理科考试大纲（课程标准实验版）》和《2009年普通高等学校招生全国统一考试地理科考试大纲的说明（广东卷）》为依据，适应使用经全国中小学教材审定委员会初审通过的各版本普通高中课程标准实验教科书的考生。

二、考试内容

（一）考核目标与要求

1. 获取和解读地理信息

能够从题目的文字表述中获取地理信息，包括读取题目的要求和各种有关地理事物定性、定量的信息。

能够快速、全面、准确地获取图形语言形式的地理信息，包括阅读和分析各种地理图表所承载的信息。

能够准确和完整地理解所获取的地理信息。

2. 调动和运用地理知识、基本技能

能够调动和运用基本的地理数据、地理概念、地理事物的主要特征及分布、地理原理与规律等知识，对题目要求作答。

能够调动和运用自主学习过程中获得的相关地理信息。

能够选择和运用中学其他学科的基本技能解决地理问题。

能够运用地理基本技能，如地理坐标的判断和识别，不同类型地理数据之间的转换，不同类型地理图表的填绘，地理数据和地理图表之间的转换，基本的地理观测、地理试验等。

3. 描述和阐释地理事物、地理基本原理与规律

能够用简洁的文字语言、图形语言或其他表达方式描述地理概念、地理事物的特征、地理事物的分布和发展变化，地理基本原理与规律的要点。

能够运用所学的地理知识和相关学科的知识，通过比较、判

断、分析，阐释地理基本原理与规律。

4. 论证和探讨地理问题

能够发现或提出科学的、具有创新意识的地理问题。

能够提出必要的论据，论证和解决地理问题。

能够用科学的语言、正确的逻辑关系，表达出论证和解决问题的过程与结果。

能够运用正确的地理观念，探讨、评价现实中的地理问题。

（二）考试范围

考试内容主要包括下列的必考内容、选考内容，以及与必考内容相关的《全日制义务教育地理课程标准（实验稿）》有关内容。

对所列考试内容的考查程度不超过课程标准规定的要求。

1. 必考内容

自然地理

（1）宇宙中的地球

①地球所处的宇宙环境。地球是太阳系中一颗既普通又特殊的行星。

②太阳对地球的影响。

③地球运动的意义。

④地球的圈层结构及各圈层的主要特点。

（2）自然环境中的物质运动和能量交换

①地壳物质循环。

②地表形态变化的内、外力因素。

③大气受热过程。

④全球气压带、风带的分布、移动规律及其对气候的影响。

⑤锋面、低压、高压等天气系统的特点。

⑥水循环的过程和主要环节，水循环的地理意义。

⑦世界洋流分布规律，洋流对地理环境的影响。

（3）自然地理环境的整体性和差异性

①自然地理要素在地理环境形成和演变中的作用。

②地理环境各要素的相互作用，地理环境的整体性。

③地理环境的地域分异规律。

（4）自然环境对人类活动的影响

①地表形态对聚落及交通线路分布的影响。

②全球气候变化对人类活动的影响。

③自然资源对人类生存与发展的意义。

④自然灾害发生的主要原因及危害。

人文地理

（1）人口与城市

①不同人口增长模式的主要特点及地区分布。

②人口迁移的主要原因。

③环境承载力与人口合理容量的区别。

④城市的空间结构及其形成原因。

⑤不同规模城市服务功能的差异。

⑥城市化的过程和特点，城市化对地理环境的影响。

⑦地域文化对人口或城市的影响。

（2）生产活动与地域联系

①农业区位因素，主要农业地域类型的特点及其形成条件。

②工业区位因素，工业地域的形成条件与发展特点。

③农业或工业生产活动对地理环境的影响。

④生产活动中地域联系的重要性和主要方式。

⑤交通运输方式和布局的变化对聚落空间形态和商业网点布局的影响。

（3）人类与地理环境的协调发展

①人地关系思想的历史演进。

②人类所面临的主要环境问题。

③可持续发展的基本内涵，协调人地关系的主要途径。

④走可持续发展之路。

区域可持续发展

（1）区域地理环境与人类活动

①区域的含义。

②不同区域自然环境、人类活动的差异。

③不同发展阶段地理环境对人类生产和生活方式的影响。

（2）区域可持续发展

①产业转移和资源跨区域调配对区域地理环境的影响。

②区域存在的环境与发展问题、危害以及有关的治理保护措施。

③流域开发的地理条件，开发建设的基本内容，综合治理的对策措施。

④区域农业生产的条件、布局特点、问题，农业持续发展的方法与途径。

⑤区域能源、矿产资源的开发与区域可持续发展的关系。

⑥区域工业化和城市化的推进过程，产生的主要问题及解决措施。

(3) 地理信息技术的应用

①遥感(RS)在资源普查、环境和灾害监测中的应用。

②全球定位系统(GPS)在定位导航中的应用。

③地理信息系统(GIS)在城市管理中的功能。

④数字地球的含义。

2. 选考内容

旅游地理

(1) 旅游资源的类型与分布

①旅游资源的概念和内涵。

②常见的旅游资源类型,旅游资源的多样性。

③自然旅游资源与人文旅游资源的共同性与差异性。

(2) 旅游资源的综合评价

①旅游景观的观赏方法。

②中外主要的著名旅游景区的景观特点。

③从地理角度分析某些典型景区景观特点的形成原因。

④旅游资源开发条件评价的主要内容。

⑤评价某区域旅游资源的开发条件。

(3) 旅游规划与旅游活动设计

①旅游景区基本要素及其相互影响。

②根据某区域的地理资料、对该区域旅游景区的景点、交通和服务设施进行规划设计。

③结合旅游资源信息,选择、选定合理的旅游路线。

④分析影响旅游安全的因素,并提出相应的安全防范措施。

(4) 旅游区域发展

①旅游业对社会、经济、文化发展的作用。

②旅游活动和景区建设对环境的主要影响。

③旅游开发过程中的环境保护措施。

环境保护

(1) 环境与环境问题

①环境及环境问题的概念。

②人类与环境的关系。

③环境问题成因及危害。

④当前人类面临的主要环境问题。

(2) 资源问题与资源的利用、保护

①自然资源的概念和主要类型。

②主要的资源问题及其产生的原因。

③非可再生资源尤其是矿产资源的利用现状及其耗竭对人类

活动的影响，人类的应对措施。

④非可再生资源尤其是矿产资源的开发对环境的影响，人类的环保措施。

⑤可再生资源的不合理利用所产生的问题、合理利用的成功经验。

(3) 生态环境问题与生态环境保护

①主要生态环境问题及其产生的原因和形成过程。

②生态环境问题与周围环境的相互关系。

③我国不同区域的主要生态环境问题。

④不同区域生态环境保护的主要措施及作用。

(4) 环境污染与防治

①主要的环境污染问题。

②主要的环境污染问题形成的原因、过程及危害。

③环境污染问题的解决方法和预防措施。

(5) 环境管理

①环境管理的概念、基本内容和手段。

②当前全球环境问题的管理和全球合作行动。

③个人在环境保护中应有的态度、担负的责任和应采取的行动。

三、考试形式

答卷方式：闭卷、笔答。考试时间：120 分钟。分值：满分 150 分。

四、试卷结构和题型

全卷分为单项选择题、双项选择题和综合题三大题，共 37 小题，其中设有 2 道选做题，每位考生作答 36 小题。

选择题分值约占 50%：包括 20 道单项选择题和 10 道双项选择题；

综合题（包括填绘简图、计算、读图分析、案例分析、综合论述等）分值约占 50%，共 7 道小题（每位考生只作答 6 小题）。

试卷分为必做题和选做题。

选做题为综合题，题序是 36、37 小题，旅游地理、环境保护各一小题，考生任选一题。

五、内容比例

自然地理占 30%左右；

人文地理占 30%左右；

区域可持续发展占 33%～34%；

选考内容（旅游地理或环境保护）占 6%～7%。

六、试题难易比例

全卷以中等难度题为主。

2009年普通高等学校招生全国统一考试地理科考试大纲的说明（江苏卷）

一、命题指导思想

2009年江苏省普通高等学校招生全国统一考试地理科（江苏卷）的命题以有利于推进中学地理课程改革，提高地理教学质量；有利于减轻中学生过重的学业负担，促进学生全面协调地发展；有利于高等学校更加科学自主地择优选拔合格新生的思想为指导，充分体现普通高中地理新课程的基本理念，切实反映普通高中地理课程标准的整体要求。

实行江苏省新高考方案中设置的选修科目学业水平测试，既加强了对普通高中的课程管理和质量监控，又为高等学校招生提供了更多有效的考生信息。因此，选修科目学业水平测试具有较高的信度、效度，必要的区分度和适当的难度。

地理科考试的命题坚持以能力立意为主导，旨在考查考生的地理学习能力和地理素养，即考生对所学地理课程的基本知识、基本原理、基本技能的掌握程度，以及综合运用所学知识、技能与基本观念分析地理问题，解决地理问题的能力。

地理科考试的命题力求稳中有变、稳中出新，试题设计应在科学性、基础性、公平性、时代性和创新性等方面达到和谐统一，贴近考生实际，不出偏题和怪题。

二、考试内容及要求

根据普通高等学校对新生文化素质和能力的要求，依据教育部颁布的《普通高中地理课程标准（实验）》和教育部考试中心制订的《普通高等学校招生全国统一考试地理考试大纲（课程标准实验版）》，参照江苏省教育厅颁布的《江苏省普通高中地理课程标准教学要求》和《江苏省普通高中新课程选修Ⅰ模块开设指导意见》，并结合江苏省高中地理教学的实际，确定地理科考试的内容及要求。

（一）考核目标与要求

1. 获取和解读地理信息

能够快速、全面、准确地从题目的文字表述和地理图表中获取有关地理信息。

能够正确理解所获取的地理信息。

2. 掌握和运用地理基本知识与地理基本技能

能够掌握和运用基本的地理数据、地理概念、地理事物的主要特征及分布、地理基本原理与规律等知识。

能够掌握和运用地理基本技能，如判读、填绘地理图表，完成地理计算，进行地理观测和地理实验等。

3. 描述和阐释地理事物、地理基本原理与规律

能够用准确简洁的文字和图表等表达方式描述地理概念，地理事物的主要特征、分布和发展变化，地理基本原理与规律的要点。

能够运用所学的地理知识和相关学科的知识，通过比较、判断、分析，阐释地理基本原理与规律。

4. 发现和探究地理问题

能够从学习和生活中发现地理问题。

能够运用正确的地理观念，探究、评价现实中的地理问题，并提出解决问题的对策。

（二）考试范围与要求

考试范围包括必考内容与选考内容两部分。必考内容由共同必修课程“地理1”“地理2”和“地理3”三个模块组成。选考内容由选修课程中的“海洋地理”“旅游地理”“城乡规划”和“环境保护”四个模块组成，考生可根据本人的选修情况，在选考的内容中，选择其中两个模块的题目，对题目要求作答。

对所列考试内容的考查程度不超过《普通高中地理课程标准（实验）》规定的要求。

第一部分　必考内容

地理1

考试要点		具体考试内容要求
宇宙中的地球	（1）地球所处的宇宙环境	天体系统 太阳系概况 地球在太阳系中的位置 地球是太阳系中一颗既普通又特殊的行星
	（2）太阳对地球的影响	太阳辐射对地球的影响 太阳活动及其对地球的影响
	（3）地球运动的地理意义	地球自转的方向、速度和周期 地球公转的方向、轨道、速度和周期 黄赤交角的地理意义 地球自转和公转的地理意义
	（4）地球的圈层结构	地球的圈层结构及各圈层的主要特点

续表

考试要点		具体考试内容要求
自然环境中的物质运动和能量交换	(1) 地壳内部物质循环	三大类岩石 地壳内部物质循环的过程
	(2) 地表形态变化的内外力因素	褶皱、断层的特点、成因及其地表形态 流水、风力、冰川等外力作用对地表形态的塑造
	(3) 大气受热过程	大气的受热过程 大气保温作用的基本原理 大气热力环流的形成过程
	(4) 气压带与风带	全球气压带、风带的分布及移动规律 全球气压带、风带的分布及移动规律对气候的影响 主要气候类型的特征、成因及分布 季风环流
	(5) 天气系统	锋面、低压、高压等天气系统的特点
	(6) 水循环	水循环的过程和主要环节 自然界水循环的地理意义
	(7) 洋流	世界洋流及其分布规律 洋流对地理环境的影响
自然环境的整体性和差异性	(1) 自然地理要素与地理环境	自然地理环境的组成要素 自然地理要素在地理环境形成和演变中的作用
	(2) 地理环境的整体性	地理环境各要素的相互作用 地理环境的整体性及其对人类活动的意义
	(3) 地理环境的地域分异规律	地域分异规律 地理环境的差异性及其对人类活动的意义
自然环境对人类活动的影响	(1) 地表形态与聚落及交通线路	地表形态对聚落分布的影响 地表形态对交通线路分布的影响
	(2) 全球气候变化与人类活动	全球气候变暖的趋势及其影响
	(3) 自然资源与人类活动	在不同生产力条件下，自然资源的数量、质量对人类生存与发展的意义
	(4) 自然灾害	自然灾害的含义 主要自然灾害发生的主要原因及危害

地理 2

考试要点		具体考试内容要求
人口与城市	（1）人口增长模式	不同人口增长模式的主要特点及地区分布
	（2）人口迁移	影响人口迁移的主要因素
	（3）人口数量与环境	环境承载力与人口合理容量的区别
	（4）城市的空间结构	城市的空间结构及其形成原因
	（5）城市服务功能	不同规模城市服务功能的差异
	（6）城市化	城市化的过程和特点 城市化对地理环境的影响
	（7）地域文化	地域文化对人口或城市的影响
生产活动与地域联系	（1）农业区位与农业地域类型	影响农业区位的主要因素 主要农业地域类型的特点及其形成条件
	（2）工业区位与工业地域	影响工业区位的主要因素 工业地域的形成条件与发展特点
	（3）生产活动对地理环境的影响	农业生产活动对地理环境的影响 工业生产活动对地理环境的影响
	（4）生产活动中的地域联系	生产活动中地域联系的重要性 生产活动中地域联系的主要方式
	（5）交通与聚落、商业网点	交通运输方式和布局的变化对聚落空间形态的影响 交通运输方式和布局的变化对商业网点布局的影响
人类与地理环境的协调发展	（1）人地关系思想的历史演变	人地关系思想在不同历史阶段的特点
	（2）环境问题	人类所面临的主要环境问题 环境问题产生的主要原因
	（3）可持续发展	可持续发展的基本内涵 协调人地关系的主要途径 走可持续发展之路是人类的必然选择

地理 3

考试要点		具体考试内容要求
区域地理环境与人类活动	（1）区域地理环境对人类生产和生活方式的影响	区域的含义 中国的省级行政区划分 不同区域自然环境及人类活动的差异 不同发展阶段地理环境对人类生产和生活方式的影响
	（2）产业转移和资源跨区域调配对区域地理环境的影响	产业转移对区域地理环境的影响 资源跨区域调配对区域地理环境的影响
区域可持续发展	（1）区域环境与发展	区域存在的环境与发展问题，造成的危害，综合治理与保护措施
	（2）流域开发	流域开发的地理条件，开发建设的基本内容，综合治理的对策措施
	（3）区域农业生产与农业持续发展	区域农业生产的条件、布局特点和存在的问题 区域农业持续发展的方法与途径
	（4）区域能源和矿产资源的开发与区域可持续发展	区域能源和矿产资源的合理开发与区域可持续发展的关系
	（5）区域工业化和城市化	区域工业化和城市化的推进过程，产生的主要问题，以及解决这些问题的对策措施
地理信息技术的应用	（1）遥感（RS）	遥感在资源普查、环境和灾害监测中的应用
	（2）全球定位系统（GPS）	全球定位系统在定位导航中的应用
	（3）地理信息系统（GIS）	地理信息系统在城市管理中的功能
	（4）数字地球	数字地球的含义

第二部分 选考内容

海洋地理

考试要点		具体考试内容要求
海洋和海岸带	（1）海底地形	海底主要地貌类型 海底扩张学说、板块构造学说的主要观点 海底地形的形成和分布规律
	（2）海水温度与盐度	海洋表层温度的分布规律 不同海区海水温度随水深的变化规律 海洋表层盐度的分布规律
	（3）海—气相互作用	海—气的相互作用及其对全球水、热平衡的影响 厄尔尼诺、拉尼娜现象及其对全球气候的影响
	（4）海水运动	波浪、潮汐、洋流等海水运动形式的主要成因及其作用
	（5）海岸与海岸带	海岸类型及其特点 海岸带开发利用的主要方式
	（6）海平面变化	海平面变化对海岸带自然环境以及社会经济、社会发展的重大影响 应对海平面上升的主要措施
海洋开发	（1）海水资源	海水资源开发利用的特点和现状
	（2）海洋化学资源	海洋化学资源开发利用的特点和现状
	（3）海底矿产资源	海底矿产资源开发利用的特点和现状 海洋油气资源。锰结核
	（4）海洋能	潮汐能、波浪能的特点以及开发利用的前景
	（5）海洋生物资源	海洋生物资源的主要类型 海洋生物资源开发利用中存在的问题及对策
	（6）海洋空间	开发利用海洋空间资源的重要性及其主要方式
	（7）海洋旅游	海洋旅游业的现状及发展前景
海洋环境问题与保护	（1）海洋自然灾害	风暴潮、海啸的成因、危害及应对措施
	（2）海洋污染与环境保护	海洋主要污染源的来源及其对海洋环境产生的危害 保护海洋生态环境的主要对策
海洋权益	（1）海域的划分	内海、领海、毗连区、大陆架、专属经济区和公海等概念
	（2）我国海洋国情	我国海洋国情的基本特点 维护我国海洋权益的重要意义
	（3）国际海洋秩序	建立和维护国际海洋秩序的重要性 《联合国海洋法公约》的意义

旅游地理

考试要点		具体考试内容要求
旅游资源的类型与分布	（1）旅游资源的分类	旅游资源的内涵 旅游资源的多样性 自然旅游资源与人文旅游资源的区别
	（2）我国的世界遗产	我国的“世界文化与自然遗产”的分布及其重要价值
旅游资源的综合评价	（1）旅游景观的观赏	旅游景观的观赏方法 旅游区的景观特点及成因 中国著名旅游景区的分布
	（2）旅游资源的评价	旅游资源开发条件评价的基本内容
旅游规划与活动设计	（1）旅游景区规划	旅游景区的基本要素 旅游景点、交通和服务设施的规划设计
	（2）旅游活动设计	旅游信息的收集 旅游景点的确定 旅游路线的选择
	（3）旅游安全	地形、气候、水文等与旅游安全 旅游安全防范措施
旅游与区域发展	（1）旅游业	旅游业的发展对社会、经济、文化的作用
	（2）旅游与环境	旅游与景区建设对地理环境的影响 旅游开发过程中的环境保护措施

城乡规划

考试要点		具体考试内容要求
城乡发展与城市化	（1）城市的形成和发展	城市聚落和乡村聚落的形成 城市在不同发展阶段的主要特征
	（2）城市化过程	发达国家和发展中国家城市化过程的特征 中国城市化过程的特征 城市化与经济发展的相互关系，城市化的意义
	（3）城市环境问题	城市环境问题的主要表现 城市环境问题的主要成因与相应的治理对策
	（4）乡村聚落与集市	不同地理环境对乡村聚落分布的影响 乡村聚落的分布特点及其成因 乡村集市的分布特点及其成因

续表

考试要点		具体考试内容要求
城乡分布	(1) 现代城市或村镇	现代城市或村镇的空间形态、景观特色及其变化趋势
	(2) 城镇布局	实现城镇的合理布局和协调发展的主要途径
	(3) 城乡特色景观和传统文化的保护	城乡特色景观和传统文化的价值 保护城乡特色景观和传统文化的对策措施
城乡规划	(1) 城乡规划的意义	城乡规划的主要内容 城乡规划对于城乡可持续发展的意义
	(2) 城乡规划的主要原则和基本方法	城乡规划中土地利用、项目选址、功能分区的主要原则和基本方法
	(3) 在城乡规划中，主要部门的一般布局原则	在城乡规划中，工业、农业、交通运输业、商业、文化等部门的一般布局原则
城乡建设与生活环境	(1) 城乡人居环境的评价	城乡人居环境的基本评价内容 房地产开发的地理区位因素 居住小区的环境特点和结构功能
	(2) 商业布局与生活	商业布局与人们生活的关系 不同商业部门布局的特点与功能评价
	(3) 城市交通网络	不同类型的城市交通网络的特点
	(4) 文化设施布局与生活	城乡的基本文化设施类型及其主要功能 文化设施布局与人们生活的关系。

环境保护

考试要点		具体考试内容要求
环境与环境问题	(1) 人类与环境	环境的概念和分类 人类与环境的相互关系
	(2) 环境问题	环境问题产生的主要原因及危害 当前人类所面临的主要环境问题
资源问题与资源的利用、保护	(1) 资源问题	自然资源的概念及分类 主要的资源问题及其产生的原因
	(2) 非可再生资源	非可再生资源耗竭对人类活动的影响 合理开发、利用非可再生资源的主要措施 非可再生资源开发过程中应采取的环境保护措施
	(3) 可再生资源	人类对可再生资源不合理利用所造成的问题 人类对可再生资源保护、合理利用的成功经验

续表

考试要点		具体考试内容要求
生态环境问题与生态环境保护	（1）生态环境问题	主要的生态环境问题及其产生的原因 生态环境问题形成的一般过程 某一区域的生态环境问题对其他区域的影响 我国不同区域的主要生态环境问题
	（2）生态环境保护	生态环境保护的重要意义 生态环境保护的主要措施及其作用
环境污染与防治	（1）环境污染问题	主要的环境污染问题 环境污染形成的原因、过程及危害 我国环境污染的现状
	（2）环境污染的防治	防治环境污染的主要措施
环境管理	（1）环境管理的内容和手段	环境管理的基本内容 环境管理的主要手段
	（2）环境管理与国际行动	当前全球环境问题的管理与国际行动
	（3）环境管理与公众参与	公众参与在环境保护中的作用 个人在环境保护中应具备的态度、责任和行为准则

三、考试形式与试卷结构

（一）答卷方式

闭卷、笔试。

（二）考试时间与试卷分值

考试时间为100分钟。满分为120分。

（三）内容比例

自然地理：约40%～60%　　人文地理：约40%～60%

必考内容：约85%　　选考内容：约15%

（四）题型及分值比例

试卷包括选择题和综合题等。

选择题分为18道单项选择题和8道双项选择题，均为必做题，满分60分。

综合题共60分，其中必做题满分40分，选做题满分20分（选做题共4道，每位考生只需选做2道）。

（五）试题难易度比例

容易题、中等难度题、难题三者的比例大致为3∶5∶2。

四、典型题示例

（一）单项选择题：在下列每小题给出的四个选项中，只有一项符合题目的要求。

我国某企业在伊斯兰堡（33.7°N，73.1°E）、利雅得（24.6°N，46.7°E）、东京（35.7°N，139.8°E）、悉尼（33.9°S，151.2°E）、底特律（42.4°N，83.0°W）和圣保罗（23.95°S，46.64°W）等城市设有分支机构。据此完成第1题。

1. 假定总部和各海外分支机构的办公时间均为当地时间9时至17时，并计划召开1小时电话会议。为了保证总部和至少4个海外分支机构的人员能在办公时间参加会议，会议的时间应为北京时间（　　）

A. 8～9时　B. 14～15时　C. 15～16时　D. 20～21时

【答案】B

【解析】本题与现实生活联系紧密，对考生时区划分与时差计算能力的要求较高。首先要根据经度判断各地所属时区，再根据时区的分布位置计算时差。

2. 图1是“四幅等高线地形示意图”，能体现“深山藏古寺”意境的是（　　）

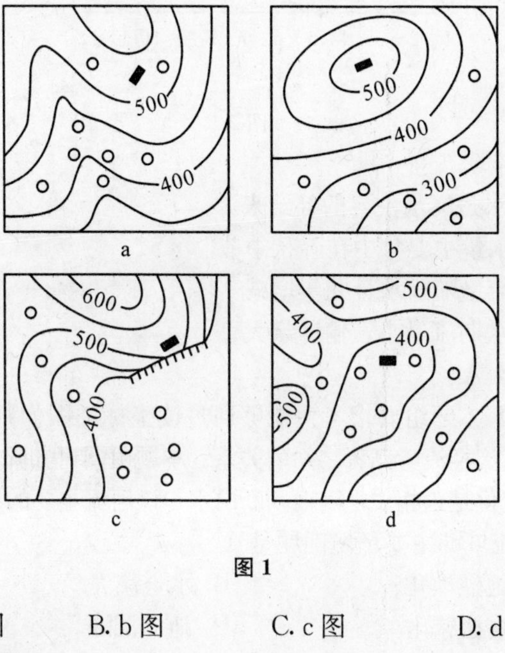

图1

A. a图　B. b图　C. c图　D. d图

【答案】D

【解析】本题对考生的等高线判读能力和推理判断能力的要求较高。首先必须知道能够“藏古寺”的地形条件应为山坳；然后根据等高线的变化特征、高程数据标注加以综合分析，判断各幅图片中古寺所处的地形特征。

3. 在沙漠中迷路时，可用哪种方式获知自己所处的具体位置

信息（　　）

A. 指南针　B. GPS 设备　C. 遥感图像　D. 地形图

【答案】B

【解析】本题要求考生区别常用的地理工具的主要功能，充分体现了学以致用的理念。图中四个选项均有帮助确定地理位置的作用，但能提供准确、具体的位置信息的工具，只有现代化的 GPS 设备。

图 2 为“我国某河流中游水文观测站多年月平均降水量、径流量、输沙量变化图”。读图回答 4～6 题。

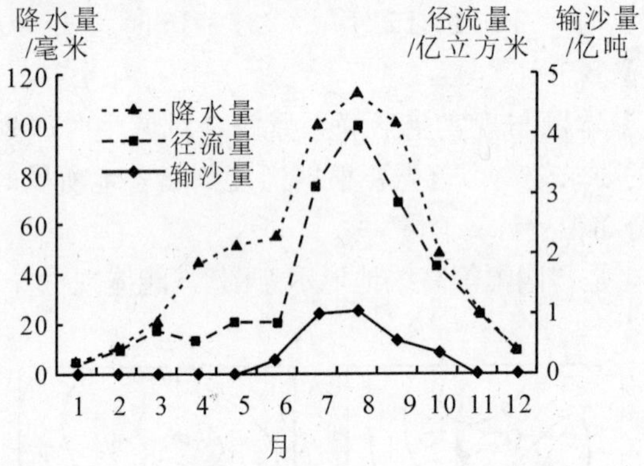

图 2

4. 该流域（　　）

A. 雨水是河水主要的补给来源

B. 降水量主要集中在春秋季节

C. 径流量随降水量同步增减

D. 枯水期流量小，输沙量大

【答案】A

【解析】本题组要求考生能够通过读坐标类图像判断降水量、输沙量、河流径流量三者之间的关系。本题由图可知降水量和径流量的时间变化是正相关，因而判断雨水是该河流主要的补给来源。

5. 该流域的主要环境问题是（　　）

A. 土地沙漠化　　B. 水土流失

C. 土壤盐碱化　　D. 地面沉降

【答案】B

【解析】本题主要考查考生能否在地理要素较多的坐标类图像中分析降水量、输沙量之间的关系，分析出河流输沙量大的季节也是降水量大的季节，从而判断该地区有十分明显的水土流失现象。

6. 该环境问题易导致下游（　　）

A. 径流量减少，不易决堤泛滥

B. 径流量增多，季节变化减小

C. 输沙量大，水库淤积严重

D. 流速减慢，利于内河航运

【答案】C

【解析】本题与上面的题目有一定的连带性，要求考生在上一题判断正确的基础上分析出当河流输沙量大时会导致水库淤积严重的结果。

图3为“我国1990～2007年某城市各区人口密度变化示意图”。读图回答7～8题。

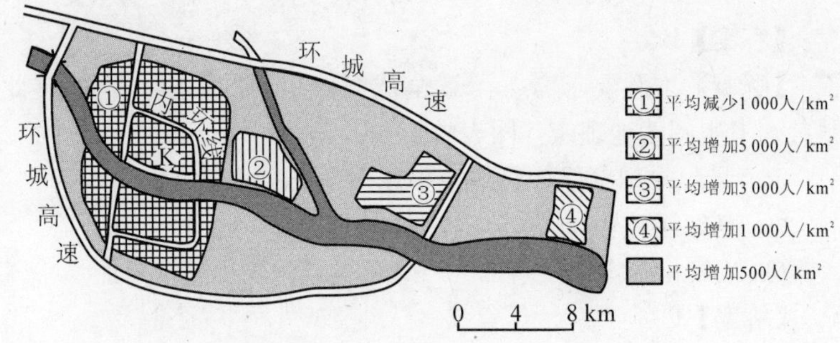

图3

7. ④区土地利用类型应为（　　）

A. 商业用地　　　　B. 工业用地

C. 政府机关用地　　D. 居住用地

【答案】B

【解析】本题对考生审题和读图分析能力要求较高。考生要从题干中年代的提示和图例中人口密度增加的数量、以及图3中功能区分布的位置进行综合分析，作出正确判断。

8. 关于该城市发展的叙述，正确的是（　　）

A. 该城市总人口明显减少

B. ③区商业服务等级最高、种类最多

C. K滨河带适宜建开放式公园

D. 高新技术产业区应建在①区

【答案】C

【解析】本题对学生有一定的学以致用的要求。要求考生能综合河流、环城高速、城市内部空间结构等因素对城市用地进行合理规划。

据专家预测，因全球气候变暖世界海平面到2100年将升高40～50厘米。图4为“我国某地区海陆过渡地带示意图”。读图完成9～10题。

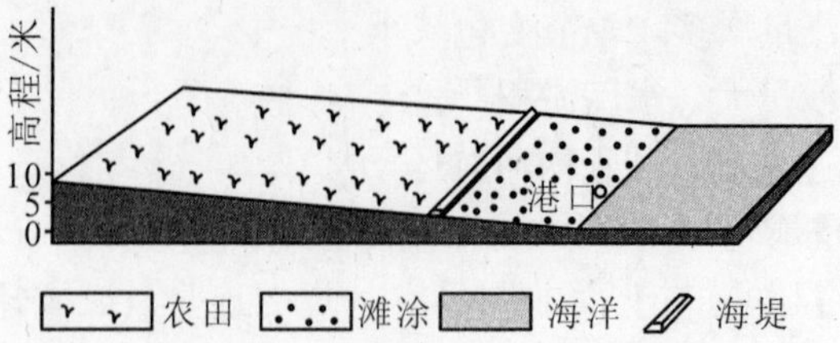

图 4

9. 海平面上升对该地带的影响是（　　）

A. 减缓土壤盐碱化程度　　B. 滩涂面积减少

C. 淹没部分耕地　　D. 利于港口基础设施建设

【答案】B

【解析】本题要求考生了解全球气候变暖的影响，并通过此题考查考生阅读地理统计图表的能力。

10. 导致全球气候变暖的主要原因是（　　）

A. 臭氧层破坏　　B. 固体废弃物增多

C. 二氧化碳排放量增加　　D. 二氧化硫排放量增加

【答案】C

【解析】本题涉及全球气候变暖这一热点问题，要求考生分析气候变暖的原因，属于基础知识。

（二）双项选择题：在下列每小题给出的四个选项中，有两项符合题目的要求。（请将正确选项的代号在答题卡上涂黑；选错、少选或不选均不得分。）

图 5 为“我国某地地面气压分布状况示意图”。读图完成 11～12 题。

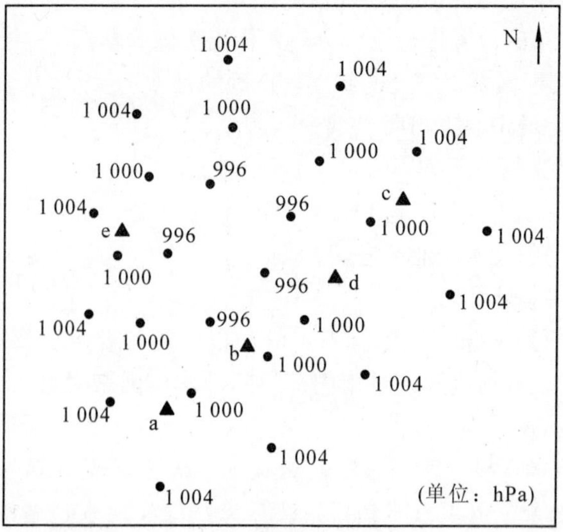

图 5

11. 在图中所示的天气系统中（　　）

A. a 地的气压比 b 地低　　　B. c 地附近有冷锋活动

C. d 地的风力比 e 地小　　　D. e 地的风向为偏北风

【答案】CD

【解析】本题主要考查天气系统的有关知识，以及判读、填绘等值线图的能力。此题尽管没有直接要求考生绘制地图，但解题的思路首先是根据图片提供的数据绘制等压线分布图，从而判断出该地区正受锋面气旋的影响。然后进一步读出等压线的走势及疏密情况，判断出冷锋、暖锋的位置，分析 a、b、c、d、e 各点在气压场中所受的影响，最后运用所学的相关知识，对题中四个选项逐一进行判断。

12. a、c、d、e 四地中，可能出现降水天气的是（　　）

A. a　　B. e　　C. d　　D. c

【答案】AD

【解析】本题承接上题，在正确绘制、判读等压线图的基础上，考查学生对锋面雨分布特征的掌握情况。考生首先要知道冷锋降水主要集中在锋后，暖锋降水主要集中在锋前，然后根据图片信息判断冷锋、暖锋的前后位置。

我国东部地区的主要锋面雨带，通常位于西太平洋副热带高压脊线以北 5～8 个纬度距离处，并随西太平洋副热带高压的北进南退而移动。图 9 为“西太平洋副热带高压脊线位置示意图”。读图 6 回答 13～14 题。

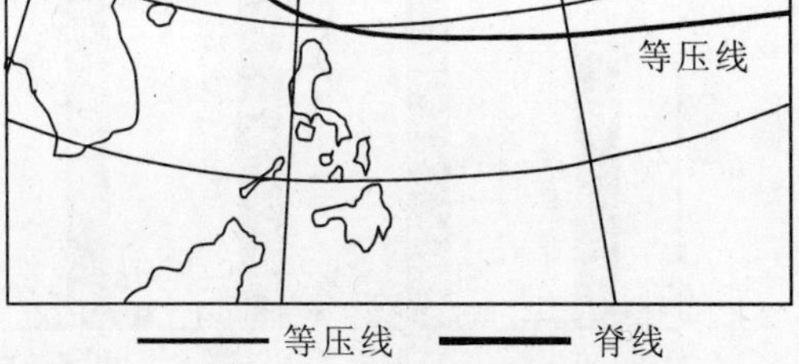

图 6

13. 当西太平洋副热带高压脊线移到图示位置时（　　）

A. 长江三角洲地区都吹东北风

B. 副热带高压南侧洋面处于台风活动期

C. 台湾海峡受上升气流影响而多雨

D. 华北地区干燥少雨

【答案】BD

【解析】本题组主要考查了天气系统中关于锋面雨带的移动规律、中国主要地区的位置以及分析等值线图的能力。考生应由图判断西太平洋副热带高压脊线大致位于25°N，再由文字材料可知，我国东部地区的主要锋面雨带应在西太平洋副热带高压脊线以北5～8个纬度，即大约位于30°N～33°N，也就是在长江中下游地区。此时我国南方地区处于台风活动时期，而华北地区处在雨带尚未到达的干燥少雨期。

14. 下列诗句描述的降水情景，可能出现在图示时期的是（　　）

A. 清明时节雨纷纷　　B. 黄梅时节家家雨

C. 雨滴梧桐秋夜长　　D. 清风细雨湿梅花

【答案】BC

【解析】本题要求考生能够对诗歌中的时间条件及所对应的气候特点进行正确判断，并要联系上一题的结论。

（三）综合题：第15～17题为必做题，第18～21题为选做题，请在4道选做题中任意选做两道题。

15. 图7为“2000～2005年我国三大产业用电量柱状图”，图8为“2003年我国东、中、西部发电量和用电量柱状图”。读图回答下列问题。

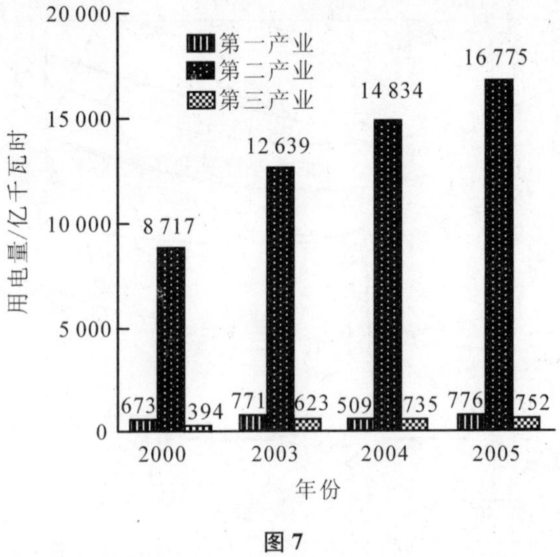

图7

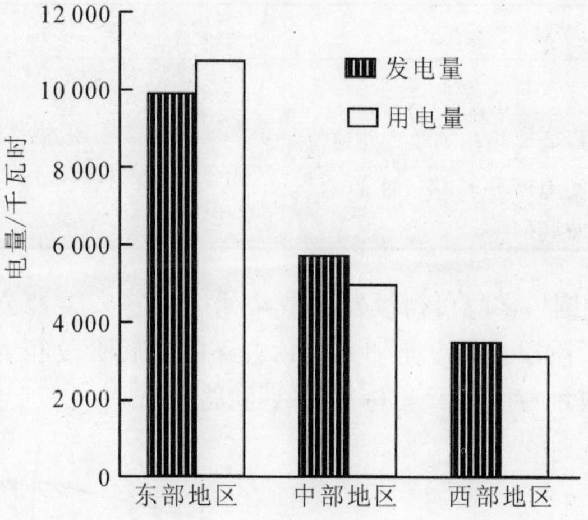

图 8

（1）三大产业用电量增长最多的是第__________产业，其原因主要是__________。

（2）我国东、中、西部电力生产与消费的地区差异是__________。

（3）填表简述缓解东部地区电力供应紧缺的对策及其理由。

对　策		理　由
开源方面		
节流方面		
区际协调		

【解析】此题考查了区域能源的开发与区域可持续发展的关系、资源跨区域调配问题等，要求考生具备一定的从图中提取数据进行分析的能力。第（1）题考查学生对增长型数据的判断和原因分析，第（2）题要求考生从图 8 所反映的我国东、中、西部（即我国不同区域）发电量和用电量的数据差异，判断不同区域电量生产与消耗的差异以及我国区域发展的差异。第（3）题要求考生能够从题中给出的三个方面进行定向分析。分析对策时要结合三个地区的不同区域特征、经济基础和发展方向。

【答案】

（1）二　工业快速发展（工业是用电大户）

（2）东部地区发电量、用电量都大；东部地区用电量大于发电量；中、西部地区发电量大于用电量

对策		理由
开源方面	开发新能源	
节流方面	降低能耗；调整产业结构	东部地区能源需求量大；中西部地区能源丰富；东部地区科技水平高
区际协调	实施产业转移；能源跨区域调配	

16. 中国科学院可持续发展战略研究组将人类社会划分为四个不同发展阶段，图 9 是“人类社会不同发展阶段经济增长主导要素的构成示意图”，读图完成下列问题。

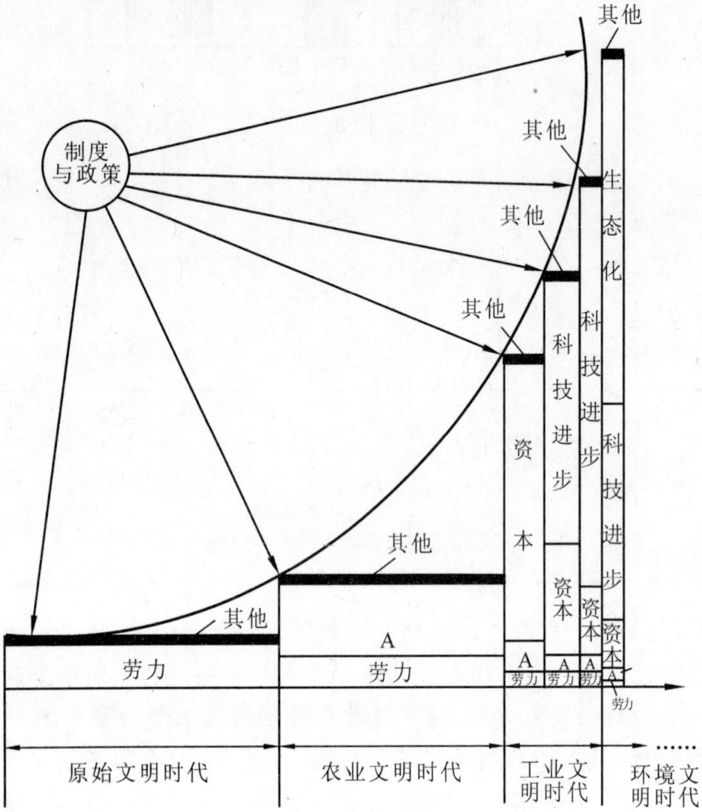

图 9

（1）图中 A 表示______，它是决定______时代经济增长的关键要素。

（2）分析影响工业文明时代经济增长主导要素的变化特征。

（3）在人类社会发展的四个阶段中，人地矛盾最为激化的阶段是______时代。试分析该阶段环境问题突出的主要原因。

（4）环境文明时代人地关系的基本特征是______，此阶段社会发展需要遵循哪些基本原则？

【解析】此题是对人地关系理论的考查，属于热点知识，有利于培养考生树立科学的地理观念。题中图像新颖，信息量大，读懂题意是解题的基础，可将此图作为坐标式结构图加以分析，横轴表示时间顺序，将人类社会分为四个发展阶段，纵轴则表示不同阶段经济主导因素的构成状况，从中可看出影响经济发展主导因素的变化规律。第（1）题的答案可直接源自图中显性信息。第（2）题则要求对图中信息进行分析、概括和总结，找出规律，对信息提取、探究问题和表述能力的要求较高。第（3）题首先要能够读出人地矛盾全面激化的阶段发生在工业文明时代，然后根据已有知识分析此阶段环境问题突出的主要原因，这是对课本重点知识的回顾。第（4）题则引导学生关注可持续发展理念，要求学生阐述可持续发展的基本特征与原则。

【答案】

（1）土地　农业文明

（2）资本是工业文明早期经济增长的关键要素，随着时代发展，其影响力不断下降；土地对经济增长的影响力下降；科技进步对经济增长的影响力逐渐加强，后期成为关键要素；对劳动力素质的要求不断提高。

（3）工业文明　人口压力巨大；片面追求经济增长；过度开发与利用自然资源；环境污染与生态破坏严重。

（4）社会、经济、生态协调发展　持续性原则；公平性原则；共同性原则。

17. 为促进区域协调发展，江苏省正在加快开发沿海产业带。能源工业是沿海产业带开发的主要方向之一。图 10 为“江苏沿海产业带简图”，读图完成下列问题。

（1）图示 a、b、c 三处中，风力发电场最宜建在________处，主要原因是________、________。

（2）沿海建设风力发电场最有可能产生的影响是（填代号）______。

A. 大气污染　　　　B. 水污染

C. 影响鸟类栖息　　D. 影响沿海气候

（3）沿海产业带新建的火电站宜选择在港口附近，主要原因是________。

（4）田湾核电站二号机组已于 2007 年 5 月成功实现首次并网发电。请简要分析江苏发展核电的主要原因。

【解析】本题以江苏省为区域载体，主要考查学生综合分析区域开发与整治的学习能力，以及探究问题的能力。本题具有乡

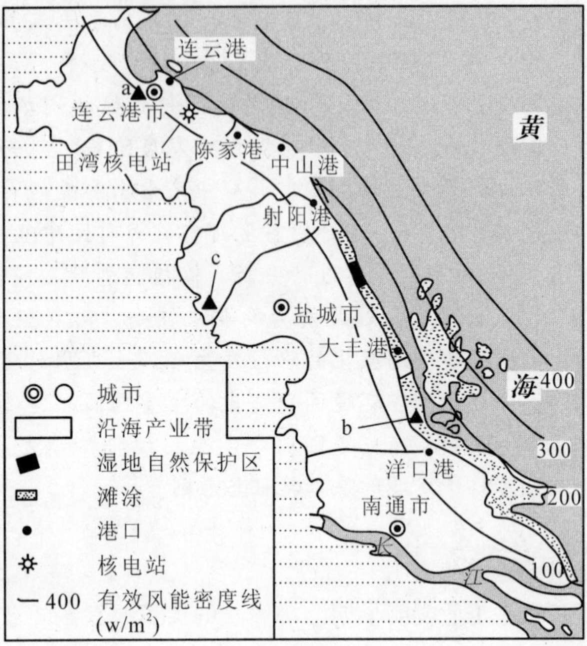

图 10

土气息，能够体现学习生活中有用的地理理念，另外，本题素材属于新情境，对学生分析、加工地理图片信息的能力要求较高。第（1）题要求对等值线的数理特征进行分析，找出 a、b、c 三处中风能资源最丰富的地点，并进一步挖掘图中各地点的差异性，以探究区位选择的原因。第（2）题要求运用已有知识，分析建设风力发电场可能对环境造成的影响。第（3）题要求学生知道江苏省火力发电的原料主要是从外地调入，从而推知交通是其主导因素。第（4）题对分析、评价、阐述地理现象的能力有较高要求，应该首先从江苏省的客观条件和自身需求方面进行分析，然后再分析核电的优势特征。

【答案】

（1）b　风能资源丰富　用地条件较好

（2）C

（3）利用海运条件运进煤炭资源

（4）江苏经济发达，用电量大；常规能源资源缺乏；核电是清洁能源（新能源）。

18. 选做题：请在 A、B、C、D 四题中选定两题作答，并在答题卡上把所选题目对应字母后的方框涂满涂黑。如多做，则按所答的前两题评分。

A.［海洋地理］图 11 为“黄河三角洲某海岸带环境问题示

意图”。读图回答下列问题。

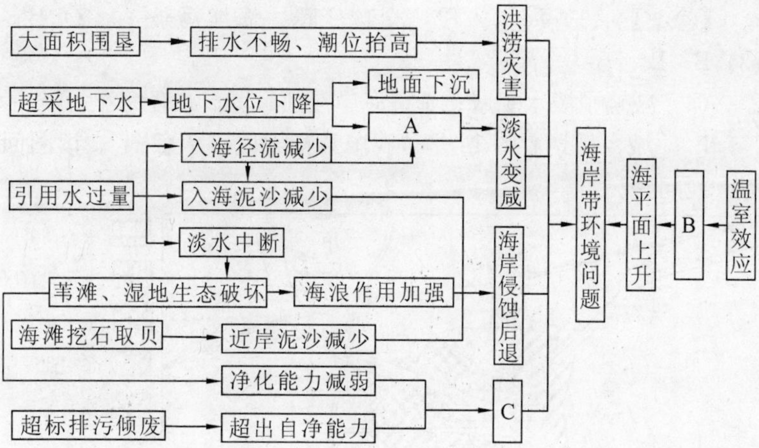

图 11

(1) 图中字母 A 表示________，B 表示________，C 表示________。

(2) 该海岸带侵蚀后退的最主要原因是（填选项字母）______。

A. 过度开采利用地下水　　B. 入海径流、泥沙量减少

C. 大面积围垦滩涂湿地　　D. 过量排放、倾倒废弃物

(3) 苇滩、湿地的生态功能主要有（填选项字母）______和______。

A. 延缓全球海平面上升　　B. 容纳、净化污染物

C. 增加河流水量　　D. 保护生物多样性

(4) 近年来，经过有效治理，黄河枯水期入海径流量明显增大，简述这对改善该海岸带环境的作用。

【解析】本题以“黄河三角洲某海岸带环境问题示意图”为载体，考查了海洋环境问题与保护知识等内容。图 11 是以海岸带环境问题为主线，其左侧的“洪涝灾害”“淡水变咸”“海岸侵蚀后退”“C”为海岸带环境问题的主要表现及其成因，其右侧为海岸带环境问题的另一表现——海平面上升及其原因。第（1）题要求考生利用地理事物之间的关联性就可以推导出 A、B、C 表示的地理事物。第（2）题要求考生能够从图中地理事物之间的关联性分析出：海岸侵蚀后退的原因有由于入海径流减少和引用水过量导致的入海泥沙减少、海浪作用加强、近岸泥沙减少。第（3）题考查考生对苇滩、湿地的生态功能的理解和根据图反推地理事物的能力。第（4）题要求考生通过读图分析，如果河流入海径流量增大，则可以减轻淡水变咸、延缓海岸后退、减轻

海洋污染。

【答案】（1）海水入侵　全球变暖　海洋污染　（2）B　（3）B　D

（4）减轻了淡水变咸；延缓海岸侵蚀后退；减轻海洋污染。

B. ［城乡规划］图 12 是“我国某特大城市示意图”。读图回答下列问题。

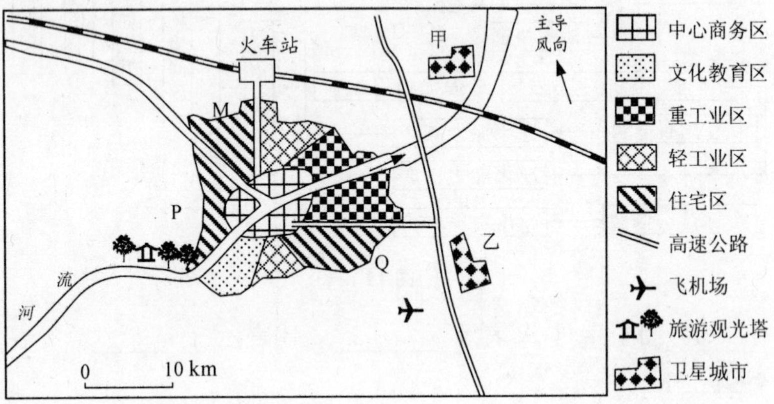

图 12

（1）早期该城市选址的有利条件是______，______。

（2）目前该城市的空间形态属于________。M、P、Q 中______处是高级住宅区。

（3）拟在甲、乙两处规划建设高新技术工业城和石油化工城两座卫星城市。石油化工城应建在______处，理由是______。

（4）请简述甲、乙两卫星城建设对该城市发展的意义。

【解析】本题主要考查的内容城市区位、城市空间形态、城市规划、城市协调发展的意义等。第（1）题考查考生河流对域城市形成和分布的影响。第（2）主要考查考生根据图中信息判断城市空间形态的能力以及主要功能区的基本特征和分布要求。第（3）题注要考查考生根据图中信息分析出：石油化工城有大气污染、水污染，宜在城市盛行风向的下风向，河流的下游，且水陆交通便利之处，故在甲地适合。乙地在城市的上风向，环境洁净，靠近飞机场，交通快捷，适宜建高新技术工业城。第（4）题要求考生能够从图中分析出甲乙卫星城建立的重要意义。

【答案】（1）水运便利　取水方便　（2）集中式或团块式　P

（3）甲　位于河流下游；位于与盛行风向垂直方向的郊外；水陆交通便利

（4）分担城市职能；缓解城市土地、交通压力；有利于保护和改善城市环境；促进城市合理化发展。

C. ［旅游地理］阅读有关材料，回答下列问题。

材料一 图 13 是“上海市民出游比率等值线图”。出游比率指某地到某旅游目的地的市民占该地出游市民总数的百分比。

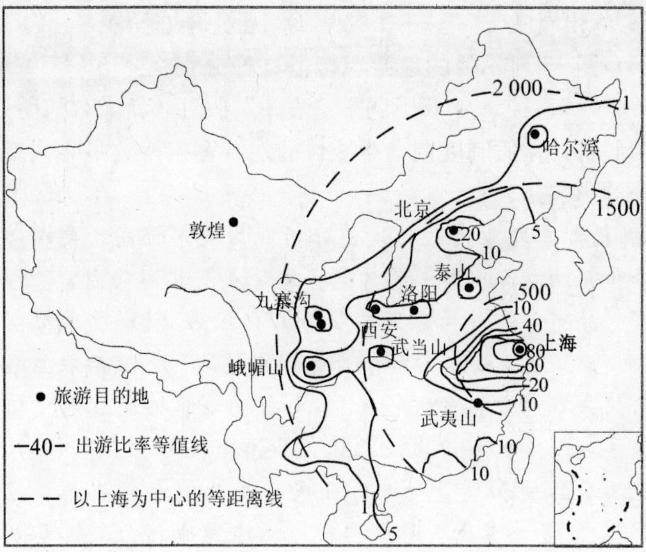

图 13

材料二 图 14 为“某旅游目的地 1994～2004 年接待游客人次数年内变化图”。

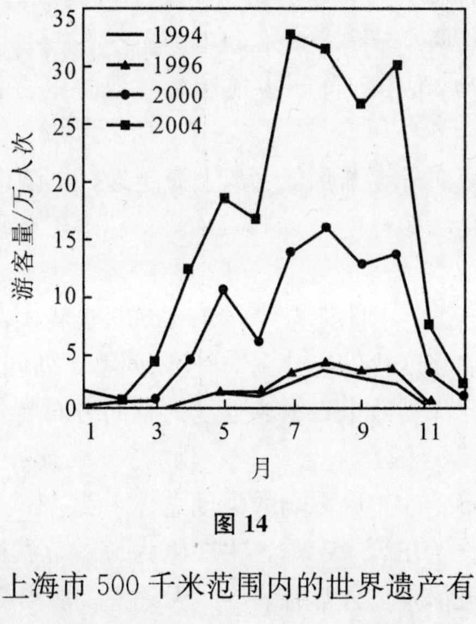

图 14

(1) 距离上海市 500 千米范围内的世界遗产有______、______等。

(2) 上海市民出游比率空间分布的总体特点是______。

(3) 上海市民到北京的出游比率达 20％以上，高于距上海同距离的其他地区，这主要与北京地区人文旅游资源______和______两方面的特征有关。

(4) 图 13 所示的旅游目的地是（填选项字母）______。

A. 深圳锦绣中华　　　　B. 北京颐和园

C. 苏州周庄　　　　　　D. 阿坝州九寨沟

(5) 图 13 所示目的地游客接待高峰分别在“五一”“暑假”和“______”。2008 年我国调整“五一”假日，新增“清明”“端午”两假日，休假制度调整对该目的地游客接待数量年内变化可能带来的影响是______。

【解析】本题对考生的读图分析能力要求较高。要求考生能据图分析归纳游客出游率的时空变化特点及其影响因素。涉及世界遗产的分布、旅游资源的特征等知识。第（1）要求考生能够从图中读出距离上海市 500 千米范围内的地区，然后联系我国世界遗产的分布得出答案。第（2）要求考生能够通过图中出游比率等值线可以得出距离上海越远，出游市民越少。第（3）主要抓住旅游的品质和数量两个方面来分析北京人文旅游资源的特征。第（4）要求考生从图中判断出该旅游地总的来说是夏季游客多，说明自然旅游资源具有季节性。21 世纪以来，由于九寨沟旅游资源的开发，游客数量大增，而锦绣中华、颐和园、周庄都是人文景观，受季节影响小。第（5）要求考生从图中能够直接读出接待游客的几个高峰期。由于新增“清明”“端午”两个假期，势必导致这两个节假日游客的增加。

【答案】(1) 黄山　苏州古典园林（或皖南古村落、南京明孝陵）

(2) 自上海向外逐渐降低（离上海越远，出游市民越少）

(3) 品质高　多样性　(4) D　(5) 国庆节增加新的游客高峰

D. ［环境保护］图 15 为“1951～2000 年我国部分省级行政区受沙尘暴影响强度比例统计图”。读图回答下列问题。

(1) 我国北部受沙尘暴影响强度的空间分布特点是______________。

(2) 北京市受沙尘暴影响的强度总体上为______度。我国北部的沙尘暴多发生在______季，主要因为该季节我国北部地区气候______，植被稀少，且常有______天气系统活动，风力强劲。

(3) 首钢集团的搬迁使北京市的大气环境质量得到了明显改善。首钢搬迁所运用的主要环境管理手段是（填选项字母）______。

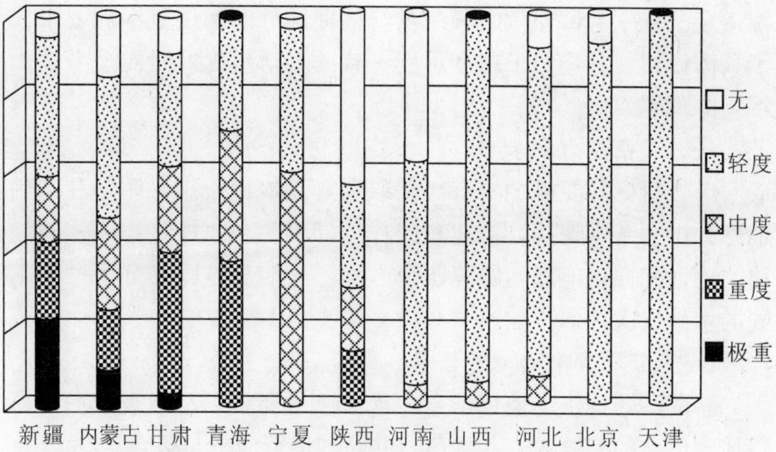

图 15

A. 行政手段 B. 法规手段 C. 经济手段 D. 教育手段

（4）为贯彻“绿色奥运”的理念，你认为进一步改善北京市的大气环境质量应采取哪些措施？

【解析】本题主要考查常见的环境问题——沙尘暴发生的时间、空间分布特点、产生的原因，要求考生能提出改善北京大气环境质量的措施。考查了考生的读图能力，对天气系统知识的掌握情况，以及对热点问题的关注度。第（1）题要求考生通过读柱状图，构建我国行政区划分布图，在此基础上得出沙尘暴影响强度的空间分布特点。第（2）题要求考生能够首先根据图例，判断出北京受沙尘暴影响的强度总体上为轻度，进一步分析沙尘暴发生的季节及原因。第（3）题主要考查考生对环境管理手段是行政手段的掌握。第（4）题主要考查学生运用所学知识解决实际问题的能力。

【答案】

（1）由西向东逐渐减弱　（2）轻　春　干燥（少雨）　冷锋　（3）A　（4）改善能源结构；控制废气排放；植树造林；加强风沙源地区的生态建设。

2009 年普通高等学校招生全国统一考试安徽卷考试说明
（文科·课程标准实验版）

本考试说明是根据教育部颁发的《普通高中地理课程标准（实验）》（以下简称《课程标准》）、《全日制义务教育地理课程标准（实验稿）》和《普通高等学校招生全国统一考试大纲（文科·课程标准试验·2009 年版）》（以下简称《考试大纲》），结合安徽省普通高中地理教学实际制订的。对 2009 年普通高等学校招生全国统一考试安徽文科综合卷地理部分的考试范围和要求作了具体说明，并选编了题型示例，有助于学生复习时对《考试大纲》的理解。

一、考核能力要求

考核目标与要求主要有：获取和解读地理信息，调动和运用地理知识、基本技能，描述和阐释地理事物、地理基本原理与规律，论证和探讨地理问题等四个方面。这四个方面又分为三个不同的水平层次。

（一）获取和解读地理信息

获取试题提供的地理信息，理解试题要求以及考查意图，提炼地理信息的有效内容和价值，并对其进行分析与整合。

所谓地理信息，即地理试卷中反映地理事物和现象的文字资料、数据、图标、图像、符号等。获取和解读信息的过程，包含发现信息、判断信息的重要程度、提取有效信息等思维过程。如何获取和解读地理信息，可从三个方面理解：

1. 能够从题目的文字表述中获取地理信息，包括读取题目的要求和各种有关地理事物的定性、定量的信息。

题目的文字信息是提供地理信息最基本的方式，包括图标的引文或说明，以及题干中必要的限定或提示。文字信息不仅给出解题的基础材料，还包含了考查的意图、内容和方法。

考生要根据文字信息明确试题的要求：是定性描述还是定量分析，是判断还是推理，是比较还是综合，是演绎还是归纳等，以及所考查的概念和原理、能力和方法、主题和观念等。

2. 能够快速、全面、准确地获取图形语言形式的地理信息，包括判读和分析各种地理图表所承载的信息。

图形语言形式的信息是指各种类型的图形、图像所提供的信息，包括地图、示意图、统计图、联系图、景观图等类型。以地图为例，所提供的信息包括地理事物的分布状况、经纬网、方向、比例尺、图例及注记等。表格信息是指以表格形式呈现的数字资料信息及数字资料的属性、类别、单位等信息。地理图标的判读与应用是考查的常见方式和重要内容。通常要求考生能够判读图标中的坐标轴、栏目、数值，点、线、面及其组合等的含义，运用空间想象力、思维能力，实现地理语言和图形语言之间的转换。

3. 能够准确和完整地理解所获取的地理信息

考生需要对题目提供的地理信息进行概括和综合，以获取地理事物与现象的空间、属性、时间等特征信息。空间特征如点、线、面，地点、区域、全球，半球位置、经纬度位置、海陆位置等；属性特征如地形地貌、岩石、天气气候、水文、植被、土壤、农业、工业、城市、人口等；时间特征如某一时刻、某一时段等。在充分获取地理信息的基础上，考生需要进一步对这些地理信息进行提炼，以明确哪些是重要的、关键的信息，哪些是次要的、无关紧要的信息。对提炼的重要地理信息逐条分析，把握它们的内在联系，建立由这些重要地理信息所构成的线索，从而对相关地理问题进行多角度、多层次的分析、归纳、评价，获得科学的地理结论。

（二）调动和运用地理知识、基本技能

将所学地理知识与试题的形式和内容建立正确的联系，准确运用地理知识和有关信息认识和说明地理问题。

1. 能够调动和运用基本的地理数据、地理概念、地理事物和现象的主要特征及分布、地理原理与规律等知识，对题目要求作答。

所谓调动，是指对已有的地理数据、地理概念、地理原理与规律等知识的启动和支配。运用知识是在获取和解读信息的基础上，调动知识储备，经过分析、判断、推理、归纳等思维过程解决问题。

调动和运用地理知识，既要将接收到的地理信息迅速同相关的知识建立准确而有效的联系，又要自如地调用或驾驭有关概念、规律、原理等知识解决问题。对调动和运用地理知识的能力的测试，旨在检测考生的地理思维速度与品质及其所具有的地理知识结构、知识体系的完备程度。

对调动和运用知识、基本技能的考查，实质上是对理论联系实际能力的考查。例如，综合题往往由实际问题引出，结合现实生活和社会现象中的具体问题来设问。试题可以通过设置新的问题情境，要求考生在理解题目（了解实际）的基础上，考查考生能否作出理论上的归纳、分析、解释；也可以给出一个或多个基本理论或原理，要求考生找出适用于该理论的实际问题。

2. 能够调动和运用自主学习过程中获得的相关地理信息。

自主学习过程中获得的相关地理信息，是指考生通过自主学习和生活体验等多种方式习得的地理信息。调动和运用自主学习过程中获得的相关信息，可以明显地表现出个体的思维能力，因为这一过程包含着认识和提炼题目提供的有效信息、调动和筛选已有的知识储备、整合及迁移知识，得出新结论或作出新评价等思维活动。

评价考生调动和运用自主学习过程中获得的相关地理信息的标准，主要是衡量其理解能力和在解决问题过程中运用已学知识的能力。理解能力的评价主要是看考生对地理概念、原理、规律、理论的表述状况；知识运用的能力评价主要是看考生能否激活所储存的已学知识，能否将相关知识迁移到具体情境中。

3. 能够选择和运用中学其他相关学科的基本技能解决地理问题。

自然地理涉及的事实、规律和原理，往往需要数学、物理、化学、生物等相关学科的知识去加以解释、推导和说明。人文地理涉及的内容，常常在许多方面同政治、历史等学科的知识互相结合、渗透。例如，地表岩石的风化过程和结果，气温的时间变化和空间分布状况，大气在气压梯度力、地转偏向力和摩擦力共同作用下的运动，环境污染产生的原因，农业区位因素，工业区位因素等，都需要运用相关学科知识与原理才能理解和解释。地理综合题往往针对现实问题进行知识整合，特别是结合当前的实际问题，如生态问题、人口及城市问题、环境问题、社会问题等。试题结构强调知识的内在联系，围绕新问题、新情境重新整合。选用的内容大多跟考生熟悉的事物、现象紧密相关，注重引导考生对自己周围地理环境进行观察和思考，或在阐述较为抽象的理论联系实际等，体现学科之间的交叉、渗透和融合，重在考查对所学相关科目的基础知识、基本技能的掌握程度和运用这些基础知识和基本原理分析解决问题的能力。

选择和运用中学其他相关学科的基本技能解决地理问题，首先要掌握好同地理相关学科的主干知识，即相关学科基本的知识和原理；其次要注重同地理及其学科知识间的内在联系；第三要关注与地理知识相关的热点问题。考生要将单学科平面的知识结构提高到多学科的立体知识结构的层面上来，才能自如地运用多学科知识，多角度地分析和解决地理问题。

4. 能够运用地理基本技能。

如地理坐标的判断和识别，不同类型地理数据之间的转换，不同类型地理图标的填绘，地理数据和地理图表之间的转换，基本的地理观测、地理实验等。

考生要把学到的地理基本知识、基本概念、基本观点和思想方法应用于实践之中，以此来解释自然现象和社会现象，提高分析问题和解决问题的能力，并从多角度、多层面，运用多种知识和方法去分析和解决有关的实际问题。

试题往往不拘泥于固定的形式而以多样化的方式呈现。对地理问题的阐述多借助于阅读材料，通过各种数据、表格、景观图、示意图、框图等形式来表达。掌握不同形式地理信息的判断、识别和转换等技能，有助于正确理解其揭示的地理规律和地理原理，进而解释地理现象，解决地理问题。

（三）描述和阐释地理事物、地理基本原理与规律

准确描述地理事物和现象，正确描述和解释地理事物的特征，把握地理事物的本质特征和规律，并作出正确的阐释，能从地理角度对时政热点问题、身边的现实问题作出正确的解释、评价，因地、因时制宜地提出科学解决问题的方法与措施。

1. 能够用简洁的文字语言、图形语言或其他表达方式描述地理概念、地理事物的特征、地理事物的分布和发展变化、地理基本原理与规律的要点。

本项要求是在通用语言的基础上，能够正确地使用地理学科的术语描述地理概念、地理事物特征、地理事物的分布和发展变化等。

（1）对地理概念的描述

考生对地理概念有了深刻的理解，往往能够把握地理事物的本质和规律。能否对概念作出正确的描述，可以检查考生对地理事物本质和规律的把握程度。

（2）对地理事物特征的描述

对地理事物特征的描述包括两个方面的内容：对地理事物进行定性的概括；对地理事物的位置属性和数量属性进行恰如其分的定量表述。地理数据是对重要地理事物的定量表述，主要有绝对数据、相对数据（比例数据、顺序数据）等。绝对数据是指明或者表示地理事物的数量或数量范围的数据，它们在研究地理问题时占有非常重要的地位。如东西半球的划分经度、南北回归线的纬度等。

（3）对地理事物分布和发展变化的描述

对地理事物分布的描述主要是对地理区位信息的把握和正确阐释。地理区位信息可以分为显性的区位信息和非显性的区位信息。显性的地理区位信息主要包括地理坐标和相对地理区位。相对地理区位则因为地理事物之间的相互位置关系直接显现出来。如中国的近海、各大洲和大洋的相互位置关系等。非显性地理区位信息是指隐含在题目的文字、图表中的地理区位信息。例如，说到长江中下游地区，其中的非显性地理信息就有“位于亚热带湿润地区”“亚热带季风气候”等。

对地理事物发展变化的描述，主要是要求考生要用辩证的观

点和历史的观点来考察地理事物的发展变化。例如，世界很多地区人口、城市等的数量、规模和分布都在随时间而不断地发展变化，这一方面促进了社会经济的繁荣；另一方面也引发了很多问题。

2. 能够运用所学地理知识和相关学科知识，通过比较、判断、分析，阐释地理基本原理和规律。

比较是确定事物之间相同点和相异点的思维方法，它为客观全面地认识事物提供了一条重要途径。比较要有供比较的对象，如不同的国家；也要有比较的指标，如人口数量、耕地面积等。判断是对事物情况有所肯定或否定的思维形式。判断由概念组成，是在实践的基础上反映现实的结果。分析是把一件事情、一种现象、一个概念分成较简单的组成部分，找出这些部分的本质属性和彼此之间的关系。分析的意义在于细致地寻找能够解决问题的主线，进而解决问题。阐释就是阐明陈述并解释。

地理规律是地理事物运动过程中固有的本质的和必然的联系。地理原理是地理学中关于地理基本规律的基本理论，是在大量观察、实践的基础上，经过归纳、概括而得出的结论。比较是分析的重要方法，也是判断的基础。阐释地理原理与规律时经常要把两个互相联系的指标数据进行比较，从数量上展示和说明地理事物的分布、特征，以及各种关系是否协调。在对比分析中，选择和把握合适的对比标准十分关键。

（四）论证和探讨地理问题

运用判断、归纳、演绎、比较、概括等方法论证地理问题，在论证中应观点明确，表述清晰，逻辑严谨。

1. 能够发现或提出科学的、具有创新意识的地理问题。

地理学科涉及自然科学与人文社会、信息技术等多方面的知识，具有较强的综合性、实践性和时代性。其中涉及大量事关地区和全球可持续发展的问题。发现和提出科学的地理问题并进行探究，是学习地理的重要目标，也是评价考生创新精神和创新能力的基本途径。

《普通高中地理课程标准（实验）》（以下简称《课程标准》）强调了探究地理问题在地理学习中的重要性，要求联系实际探究地理问题。如“联系本地实际，讨论某一工业企业的布局特点，以及该企业的原料供应和市场联系”“模拟设计某地区交通运输线路和站点的布局方案，简述设计理由”“运用本地人口资料，绘制探究本地人口的发展模式和人口迁移的特点”“联系本地实际，讨论某工厂对地方经济的带动作用，以及所造成的环境污染，进而提出改进措施”等。

2. 能够提出必要的论据，论证和解决地理问题。

认识地理环境，协调人地关系，促进可持续发展，需要探究地理问题，解决地理问题。在考查中表现为要求考生能够运用地理及相关学科的基础知识和能力来解决相关的地理问题。

论证问题基本的要求是要用确切、已知、低层次的认识等来说明（证明）尚不明确、未知、高层次问题。地理的主干基础知识、基本理论是论证地理问题的坚实基础。地理基础知识越丰富，借以进行判断、比较的参照知识就越充足，否则就无从作出应有的判断和比较。

考生要关心我国的基本地理国情，关注我国环境与发展的现状与趋势，增强热爱祖国、热爱家乡的情感；同时要了解全球的环境与发展问题，理解国际合作的价值，具有正确的全球意识及对资源、环境的保护意识和法制意识、可持续发展观念，以及关心和爱护环境的责任感和良好的行为习惯，树立正确的情感、态度与价值观。

3. 能够用科学的语言、正确的逻辑关系，表达出论证和解决地理问题的过程与结果。

书面表达能力对于展示考生的真实能力有着非常突出的意义。在书面语言中，观点明确主要靠用词妥帖、层次逻辑关系清晰紧凑、语言简洁来实现。

运用科学的语言不仅要求在平时的学习中注重对地理概念深入理解和熟练提取，还要求考生在平时充分锤炼语言文字表达能力。也就是说，该项能力在一定意义上是语文基本能力和地理能力结合的表现。

运用正确的逻辑关系就是要求表述过程按照地理过程中的因果关系等必然法则展开。也就是说，论证和解决地理问题要遵循地理过程的基本规律，在把握地理要素的相互关系的基础上，理解并描述、概括各地理事物（包括自然地理各要素、人文地理各要素，以及人类活动与环境之间的关系等各方面）的特征及其发展变化过程等。例如，地球的内部圈层、大气的受热过程、地壳的演变及火山和地震带的形成、水的循环和各种天气现象、人口的增长和迁移、城市化的进程、人类活动和地理环境的演变等。

4. 能够运用正确的地理概念，探讨、评价现实生活中的地理问题。

正确的地理观念是地理科学素养的重要组成部分。《课程标准》主要关注的有正确的全球意识，对资源、环境的保护和法制意识，可持续发展观等，这些观念可以在现实地理问题的探讨和评价中得以体现。

探讨现实地理问题，需要从关注家乡和国家的基本地理情况出发，又要有综合性的国际视野。当今世界，经济全球化的趋势日益明显，这种世界发展的全球化要求教育培养出与之相适应的“世界公民”。一个地区、一个国家的发展必须依赖相关地区和相关国家的支持和发展；一个地区、一个国家的资源问题、生态问题和环境问题，必然影响到相关地区乃至全球。“保护世界可持续发展的关键在于向人类和各个阶段推行环境和发展教育”（引自《地理教育国际宪章》）。这是需要考生关注的。

《课程标准》在内容部分提出“举例说明人口迁移的主要原因”“以某种自然资源为例，说明在不同生产力条件下，自然资源的数量、质量对人类生存与发展的意义”“根据有关资料，归纳当前人类所面临的主要环境问题”等要求，而在活动建议部分相应提出“运用本地人口资料，绘制图表，探究本地人口发展模式和人口迁移特点”“以本地自然资源开发利用的变化为主题，分组展开研究性学习，交流学习成果”“联系本地实际，撰写一篇有关环境治理或生态保护的小论文，并展示交流”等建议，目的就是要求考生把确立正确地理观念与关注现实地理结合起来。对此，考生要适当重视。

二、考试内容

考试内容主要包括《课程标准》必修地理 1、地理 2、地理 3，指定选考模块《自然灾害与防治》，以及《全日制义务教育地理课程标准（实验稿）》的有关内容。

对所列考试内容的考查程度不超过课程标准的要求。

第一部分　自然地理（地理 1）

（一）宇宙中的地球

地球所处的宇宙环境。

地球是太阳系中一颗既普通又特殊的行星。

太阳对地球的影响。

地球运动的地理意义。

地球的圈层结构及各圈层的主要特点。

（二）自然环境中的物质运动和能量交换

地壳物质循环。

地表形态变化的内、外力因素。

大气的受热过程。

全球气压带、风带的分布、移动规律及其对气候的影响。

锋面、低压、高压等天气系统的特点。

水循环的过程和主要环节；水循环的地理意义。

世界洋流的分布规律，洋流对地理环境的影响。

（三）自然环境的整体性和差异性

自然地理要素在地理环境形成和演变中的作用。

地理环境各要素的相互作用，地理环境的整体性。

地理环境的地域分异规律。

（四）自然环境对人类活动的影响

地表形态对聚落及交通线路分布的影响。

全球气候变化对人类活动的影响。

自然资源对人类生存与发展的意义。

重大自然灾害发生的主要原因及危害。

第二部分　人文地理（地理 2）

（一）人口与城市

不同人口增长模式的主要特点及地区分布。

人口迁移的主要原因。

环境承载力与人口的合理容量的区别。

城市空间结构及其形成原因。

不同规模城市服务功能的差异。

城市化的过程和特点，城市化对地理环境的影响。

（二）生产活动与地域联系

农业区位因素，主要农业地域类型的特点及其形成条件。

工业区位因素，工业地域的形成条件与发展特点。

生产活动中地域联系的重要性和主要方式。

交通运输方式和布局的变化对聚落空间形态和商业网点布局的影响。

（三）人类与地理环境的协调发展

人地关系思想的历史演变。

人类所面临的主要环境问题。

可持续发展的基本内涵，协调人地关系的主要途径。

走可持续发展之路。

第三部分　区域可持续发展（地理 3）

（一）区域地理环境与人类活动

区域的含义。

不同区域自然环境、人类活动的差异。

不同发展阶段地理环境对人类生产和生活方式的影响。

产业转移和资源跨地区调配对区域地理环境的影响。

（二）区域可持续发展

区域存在的环境与发展问题及其产生的危害，以及有关治理保护的措施。

流域开发的地理条件，开发建设的基本内容，综合治理的对策措施。

区域农业生产的条件、布局特点、问题，农业持续发展的方法与途径。

区域能源、矿产资源的开发与区域可持续发展的关系。

区域工业化和城市化的推进过程，产生的主要问题及解决措施。

（三）地理信息技术的应用

遥感（RS）在资源普查、环境和灾害监测中的应用。

全球定位系统（GPS）在定位导航中的应用。

地理信息系统（GIS）在城市管理中的功能。

数字地球的含义。

第四部分　自然灾害与防治

本部分为选考内容，分值占地理总分的10%左右。

（一）主要自然灾害的类型与分布

自然灾害的主要类型及其主要特点。

人类活动对自然灾害的影响。

世界主要自然灾害带的分布。

（二）我国的主要自然灾害

我国主要自然灾害的区域分布。

地震、泥石流、滑坡等地质灾害的产生机制与发生过程。

台风、寒潮、干旱、洪涝等气象灾害的形成原因。

虫灾、鼠灾等生物灾害带来的主要危害。

（三）自然灾害与环境

同一自然灾害造成危害程度的地域差异。

我国自然灾害多发地区的自然环境特点。

（四）防灾与减灾

地理信息技术在自然灾害预测、灾情监测和评估中的作用。

应对自然灾害的方法或应急措施。

中国防灾、减灾的主要成就。

第五部分　义务教育地理课程的有关内容

义务教育地理课程的内容是高中地理课程内容的基础，因此义务教育部分的地理课程内容是高考必然要涉及的内容。考试内容包括地球与地图、世界地理、中国地理和乡土地理等部分。地球与地图部分是高中必要的基础知识，世界地理、中国地理和乡土地理部分是高中地理知识必要的载体。

（一）地球与地图

经纬网及其地理意义。

地图上的方向、比例尺、常用图例和注记。

海拔（绝对高度）和相对高度，等高（深）线和地形图，地形剖面图。

（二）世界地理

世界海陆分布，陆地地形和海底地形。

世界主要气候类型及分布。

不同尺度区域（如大洲、地区、国家）的主要地理特征。

（三）中国地理

我国的疆域和行政区划。

我国的地形、地势的主要特征，以及主要山脉和地形区。

我国气候的主要特征及其影响因素。

我国的主要河流及其水文特征。

我国人口、资源、环境、发展等方面的主要问题及其基本对策。

秦岭—淮河一线等重要地理分界线及其地理意义。

我国北方、南方、西北和青藏地区的主要地理特征及其对生产和生活的影响。

（四）乡土地理

安徽省自然地理总体特征和主要自然灾害。

安徽省人口、资源、环境、发展等方面的主要问题及其基本对策。

概 况 与 摘 要

地理课程研究

概 况

地理课程研究一直是地理教学和研究者关注的话题。从2009年的相关文献分析中，我们发现，落实新课程理念、实现新课程目标依然是重要研究领域。除此，中外地理课程对比研究、我国30年来的地理课程发展演变研究等成果也很丰富。体现出课程研究方法多样化、研究内容具体化和细化的特征。

一、中外地理课程对比研究

新课程强调课程的开放性，突出与国外课程的借鉴和融合。因此，我国学者关于中外地理课程的对比研究在2009年取得丰硕的成果。

顾绍琴比较分析了中英两国地理课程标准中的目标和内容。认为英国的地理课程目标相对简洁，教学目标对能力要求相对较高，内容由浅入深、层次分明，对能力的要求呈螺旋式上升趋势，连贯性强，具有比较突出的考查和评价功能，内容的选择以教学要求为主导，内容要求自由灵活。我国的地理课程目标内容详细，维度清晰，指向性强，内容上注重知识的系统性和完整性，并突出能力的培养。比较两国的地理课程标准，应该各取所长，才能不断完善地理课程标准（《教育理论与实践》2009年第11期）。刘媛、金静华比较了中法中学地理课程内容体系及结构，法国地理课程内容体系有系统性、多样性、专业指向性、选择性等特色。构建内容体系时注意突出重点，不求全，不面面俱到。基于此，我国内容体系构建要突出结构的整合性、体现课程的多样性、内容的时代性（《高等函授学报（自然科学版）》2009年第22卷第2期）。郑雅仪以我国香港高中课程改革为例，认为课程大变革都会为教师、学生及其他相关者带来促动，所代表的革新思想，会促使人们从以往的惯性中走出来，并在短时间内适应新的工作和角色（《地理教育》2009 年第 2 期）。

高堃、周申立认为中美两国中学地理课程标准是在不同背景下产生的，但是内容存在诸多共性：如全球意识，环境伦理，人口、资源、环境与社会协调发展的观念等。教学管理上，我国是“统一型”模式，美国属于“分散型”模式。教学方法上，我国教师通过诱导学生达到老师指点的正确答案，一旦学生找到了答案，这个教学环节就结束。而在美国学校的教学中，教师主要是通过课堂游戏、模拟旅行、对图像系统的解释等培养学生学习地理的兴趣（《新西部》2009 年第 6 期）。韩金荣、袁孝亭分析美国基础教育地理课程标准对空间素养的关注，认为我国必须精选地理课程内容作为空间素养培育的载体，采用恰当的教学方法培养学生的空间素养，把空间素养作为一项重要的评价内容，应重视地理空间素养相关问题的研究，地理空间素养相关问题的研究应受到地理教育者的高度重视（《外国教育研究》2009 年第 5 期）。徐志梅认为芬兰中小学地理课程改革是在社会和学校体制发生变化的背景下产生的，地理教育方面在 20 世纪 90 年代最大的变化是“环境与自然研究”科目的实施，地理学的人文趋向也一定程度上改变了课程目标和内容，地理课程特点表现为注重环境教育和可持续发展教育、注重公民素养教育、注重发展学习环境。因此，芬兰地理课程给我们的启发是：注重地理课程的综合性，强调学生体验；关注地理课程的文化因素，体现社会维度；加强地理课程的弹性，给予教师更多权利（《外国中小学教育》2009 年第 11 期）。

从上述文献中可以看出，我国更多地借鉴了欧美发达国家的地理课程，而发展中国家的地理课程对我国的影响有限，或者我国对这些国家的成果引进不足。

二、我国 30 年地理课程发展总结研究

2009 年是我国改革开放政策实施 30 周年，30 年地理课程演变和总结走进人们视野，从课程设置、目标演变等角度分析。李家清、李文田梳理了 30 年来，我国地理课程改革的特点：更新地理教学大纲与制定地理课程标准（实验）、调整地理课程结构、改革地理课程内容、创新地理课程评价、关注地理课程实施。认为地理课程改革要有理性秩序、注重理论联系实际、重视地理课程实施（《中学地理教学参考》2009 年第 1、2 期）。杨克非以我国高中地理课程自然地理内容演变为例，把新中国成立以来的演变过程分为两个阶段：1932 年至 1941 年的“解放前”阶段和 1963 年至 2003 年的“解放后”阶段。演变的特征表现为部分内容删去后又恢复，或是增加的内容又被删，内容增删受制于政治因素而不是科学本身。其中，人地关系、地理环境的整体性和差异性等内容，被引进高中地理课程后，一直变动不大。作者认为具有全球性的地理现象、对地理环境的形成和演变起重要作用的原理，应该成为高中自然地理经典知识（《首都师范大学学报（自然科学版）》2009 年第 6 期）。花溪等分析新中国成立以来我国中学地理课程标准教学目标的变迁，结论认为：“知识与技能”是地理课程的基础目标，“过程与方法”是地理课程标准的关键目标，“情感、态度与价值观”是地理课程标准的终极目标（《地理教育》2009 年第 6 期）。

经验总结，有利于地理课程改革的顺利实施，避免一些问题出现。但是，在回顾和总结的同时，反思和创新稍显不足。如何提高和创设本土化的地理课程是未来课程研究者必须关注的话题。

三、其他相关研究

乡土地理课程开发是新课程设置的内容之一，学习生活中的地理也是本次课程改革的理念。很多教学一线的教师，通过教学实践，探讨了乡土地理课程开发和教学。汤斌提出课堂渗透、课外考察、社会调查、专题讨论是实施乡土地理教学的主要途径（《教育革新》2009 年第 10 期）。吴世霞认为，加强校内地理课程资源的开发利用，可以建立学校地理课程资源信息管理库，同时，挖掘教师掌握的地理课程资源（《中国科教创新导刊》2009 年第 12 期）。张玲以云南地理课程为例，探讨了在高师地理专业中如何进行乡土地理教学。文章认为在高师地理专业教学中，乡土地理课程安排在第六学期，课时增至 54 节为宜。以分组方式，通过学生自愿进行讲解，师生互动讨论共同学习学校所在地的乡土地理。注重实践环节，加强探究性学习，可以结合学生科技创新活动及毕业论文设计，推进乡土地理教学改革（《广西教育》2009 年第 6 期）。

信息技术与地理课程整合教学是地理课程标准的要求之一。吴显春坚持“突出学生，教、学并举”的信息化教学模式。以学生为主体，多用探究式教学方法，注重启发，充分运用各种信息技术手段，想方设法创建教学情境，激发学生的学习动机，启迪学生思维，培养学生的创造性（《广西教育》2009 年第 6 期）。黄桂芬认为，教师可以创造性地使用新教材，对教材资源进行二次开发；在自主和合作学习中开发学生的主体性；培养网络化的课程资源开发能力。教学方法上可以继承和发展讲授式教学方法；探索和尝试探究式教学方法（《沈阳教育学院学报》2009 年第 2 期）。

裘建闽关注高中地理课程文化建设，认为高中地理课程文化是关注人的生命和价值的课程文化、科学与人文整合的课程文化、向生活世界回归的课程文化、对话、合作与探究的课程文化（《中小学教学研究》2009 年第 9 期）。

随着新课程的深入和发展，课程研究也将不断向纵深方向发展。未来的研究可以从以下角度展开：地理课程的本土化研究、地理课程体系创新研究、网络课程资源开发、课程评价体系的构建、国家中长期教育发展纲要对地理课程影响的研究，等等。

摘　要

中英两国地理课程标准比较

顾绍琴

国内外地理课程对比研究一直是新课程研究的热点。本文比较分析了中英两国地理课程标准中目标和内容。比较而言，我国地理课程标准相对完善，而英国内容容易掌握，地理教材编写空间比较大。具体表现为：

英国的地理课程目标相对简洁，教学目标对能力要求相对较高，内容由浅入深、层次分明，对能力的要求呈螺旋式上升趋势，连贯性强，具有比较突出的考查和评价功能，内容的选择以教学要求为主导，内容要求自由灵活。我国的地理课程目标内容详细，维度清晰，指向性强，内容上注重知识的系统性和完整性，并突出能力的培养。比较两国的地理课程标准，应该各取所长，才能不断完善地理课程标准。

《教育理论与实践》2009 年第 11 期

中学地理课程改革 30 年回顾与启示

李家清　李文田

改革开放 30 年，中学地理课程经历了三次较大的改革：1978～1985 年的地理课程改革，1986～2000 年的地理课程改革，2001 年至今的地理新课程改革。作者认为，30 年来，我国地理课程改革出现以下特点：更新地理教学大纲与制定地理课程标准（实验）、调整地理课程结构、改革地理课程内容、创新地理课程评价、关注地理课程实施。

地理课程改革既是课程自身发展的要求，也是一个经验不断积累的过程，文章认为：30年的改革给我们留下丰富的经验就是：地理课程改革要有理性秩序、地理课程改革要注重理论联系实际、地理课程改革要重视地理课程实施。汲取改革经验，可以为正确认识和推进我国的地理教育和课程发展提供重要的借鉴和启示。

《中学地理教学参考》2009年第1、2期

中学地理课程的环境伦理教育目标与内容研究综述

韩　梅

环境伦理教育既是地理课程的一个内容，又是地理教学的优势。但是，地理课程在基础教育中的地位和学科优势一直没有很好地发挥。文章从地理课程的环境伦理教育目标定位和内容入手，对相关研究做了综述。

地理教育国际宪章、国外地理课程标准、我国地理课程标准中都对环境伦理教育作出明确要求，在中学地理课程目标中占有举足轻重的地位，其中，在情感、态度与价值观分目标中涉及“环境伦理”目标要素有：欣赏自然的美、环境价值观、环境责任感、全球环境意识、可持续发展的公正观（包括代内公正、代际公正、种际公正）、负责任的环境行为等。

在中学地理课程的环境伦理教育内容构成中，自然价值观、自然权利观、平等和公正观等环境伦理观念方面具有重要价值。但是，地理课程中还没有形成一个层次较为清晰、内容较为完整的体系，具体内容还有较大的随意性，因此有必要展开进一步的研究。

《内蒙古师范大学学报（教育科学版）》2009年第6期

中法中学地理课程内容体系及结构比较研究

刘　媛　金静华

法国对地理教育是十分重视的，从小学第三年开始到高中毕业班，差不多每个年级都有史地课。高中阶段还分别为旅游方向、音乐舞蹈方向、科技方向的学生设置了专门的地理课程。

作者认为，法国中学地理课程内容体系有以下特色：系统

性、多样性、专业指向性、选择性。在构建内容体系时注意突出重点，不求全，不面面俱到，详略有序，主次分明，体现了课程的现代性。基于此，未来我国地理课程内容的构建可以借鉴的是：突出课程结构的整合性、体现课程设置的多样性、体现课程内容的时代性。这样，有利于中学生学习地理兴趣的培养、有利于分析解决地理问题能力的提高。

《高等函授学报（自然科学版）》2009 年第 2 期

中、美中学地理课程比较

高 堃 周申立

作者比较中美两国地理课程标准、教学管理、教学方式、教材，认为加强我国地理教学的综合性、直观性、系统性，是提高教学效果的重要途径。

中美两国中学地理课程标准是在不同背景下产生的，但是内容存在诸多共性：如全球意识，环境伦理，人口、资源、环境与社会协调发展的观念等。教学管理上，我国是“统一型”模式，美国属于“分散型”模式。教学方法上，我国教师通过诱导学生达到老师指点的正确答案，一旦学生找到了答案，这个教学环节就结束。而在美国学校的教学中，教师主要是通过课堂游戏、模拟旅行、对图像系统的解释等培养学生学习地理的兴趣。

中美两种教材都很重视地理概念与图像的结合，运用丰富的地理图像来阐述复杂的空间概念，帮助学生更好地理解和记忆地理概念。相比较而言，美国教材对于概念的表述比较重视归纳与演绎结合使用，更多地从实际生活问题的角度出发。对于我国中学教学来说，空间思维教学作为学生的一项素养来培养，可以说是一个空白。因此，我国地理教学可以借鉴美国地理教学中的优势。

《新西部》2009 年第 6 期

信息技术与地理课程整合的课堂教学策略

吴显春

信息技术与地理课程整合教学是地理课程标准的要求之一。作者认为，信息技术与地理课程整合有利于师生收集、加工、整理信息，实现地理教学内容的呈现方式、地理教师的教学方式、学生的学习方式、师生的互动方式的变革，实现地理教育的现代化。在具体教学实践中，坚持“突出学生，教、学并举”的信息化教学模式。以学生为主体，多用探究式教学方法，注重启发，充分运用各种信息技术手段，想方设法创建教学情境，激发学生的学习动机，启迪学生思维，培养学生的创造性。

信息技术与地理课程整合的过程就是地理学科教育信息化、现代化的过程。一是教学资源信息化的过程；二是信息技术与地理学科在教学目标、教学内容、教学方法的紧密融合过程。为此，必须改革地理课堂学习重点，建立新的教学结构；改变地理教材知识的呈现过程和方式，加强教学中地理思维和实践能力的培养；合理使用信息技术，提高信息技术在地理课堂教学中的应用。

《广西教育》2009 年第 6 期

新课改背景下校内地理课程资源开发优化与有效利用

吴世霞

地理课程资源是指依据《地理课程标准》所开发的各种教学材料、地理教学资源、工具和场所，积极合理地开发和利用地理课程资源，是实现地理教学目标，提高地理教学质量的核心和关键。文章认为，地理课程资源的开发与利用对地理教学方式的转变以及促进学生的全面发展具有十分重要的意义。通过对学生、家长及社会相关人士的发动，可以重新审视地理教育的价值，扩大地理教育的影响。

加强校内地理课程资源开发利用是基础，可以建立学校地理课程资源信息管理库，同时，挖掘教师掌握的地理课程资源。总之，开发和利用地理课程资源特别是校内地理课程资源，教师有责任对已审定使用的地理教科书作出相宜的“裁剪”，积极建构开放性的地理课堂教学。

《中国科教创新导刊》2009 年第 12 期

新课程理念下的农村中学乡土地理教学

汤　斌

乡土地理教学是课程标准中要求的内容，内容充满着浓厚的乡土气息和美育因素，是学生了解家乡自然环境和经济、人文状况，培养学生学以致用并树立环境意识、资源保护意识的鲜活教材。作者指出，处理相关内容通过的途径主要有：课堂渗透、课外考察、社会调查、专题讨论等。由于内容贴近实际，教学形式灵活，引起了学生的广泛关注，激发了学生主动学习、探究地理知识的兴趣和热情。

《教育革新》2009 年第 10 期

新课程标准下高中地理课堂教学的实施策略

黄桂芬

课堂教学是实施课程的立足点，实现教学任务的场所。文章通过分析高中地理新课程的特点及内容变化，探讨了课堂教学策略。

高中地理课程注重与实际相结合，地理知识难度有所降低，科普性和探索性内容增加，提供了很多与实际生活、生产相关的背景材料，凸显地理新课程注重实际的特点。在教学中对教师提出了新要求：地理教师由单一的课程执行者，变为课程资源的利用者、开发者和建设者，但是，短期内地理教师课程资源意识和开发能力欠缺，在职培训机会少或流于形式，普遍缺乏对课程资源的识别、开发和运用能力。

作者认为，教师可以创造性地使用新教材，对教材资源进行二次开发；在自主和合作学习中开发学生的主体性；培养网络化的课程资源开发能力。教学方法上可以继承和发展讲授式教学方法；探索和尝试探究式教学方法。

《沈阳教育学院学报》2009 年第 2 期

新课程背景下高三地理课堂有效教学的几点思考

王　琳

高三教学在我国具有特殊的意义，主要目标就是为高考服务。如何在不增加学生负担的基础上，实现教学效果最大化是广大教师的追求。新课程背景下的高考要求其命题应体现普通高中新课程理念，反映各学科课程标准的整体要求，注重能力和素质考查，注重时代性和实践性，促进素质教育的实施。高考试题以能力立意为主导，注重考查考生的地理学习能力和学科素养，要求学生能够调动和运用自主学习过程中获得的相关地理信息来解答问题。高三地理复习中如何调动学生的积极性，让学生主动参与、积极求知是地理教学是否有效的关键。

文章基于课堂教学只能吸引部分学生的注意力，教学效果差等现实问题进行分析。因此，文章提出几点建议：教学目标设计层次化；教学中联系实际，选择适合学生学习的目标；组建学习小组，引导学生合作学习。最终实现让不同层次的学生都能在各自的“最近发展区”得到充分的发展，实现地理有效教学目标。

《珠海城市职业技术学院学报》2009 年第 2 期

新课程背景下的高中地理课程文化探析

裘建闽

课程文化逐渐成为教育研究领域的一个热门话题，对高中地理课程文化的研究将对丰富高中地理新课程理论、实现高中地理课程的文化价值、促进高中地理课程改革、引导高中地理教学实践活动等具有重要的理论价值和实践意义。

课程文化是在课程形成、实施及评价的过程中所形成的一种课程观念和课程活动形态。作者认为高中地理课程文化是关注人的生命和价值的课程文化、科学与人文整合的课程文化、向生活世界回归的课程文化、对话、合作与探究的课程文化。其特点体现在多元价值取向的课程目标；多样、开放的课程内容；参与、合作的课程实施；促进学生全面发展的课程评价四个方面。

《中小学教学研究》2009 年第 9 期

香港新高中地理课程发展的走向

郑雅仪

文章就我国香港高中地理课程的未来发展提出自己的一些观点：一是高中地理课程是程度上的质变，体现在议题探究、地理课程信息化的趋向、贯彻人地关系及环境化趋势的地理课程设置上。二是课程内容的编排是质与量的转变，新高中地理课程在保留现行课程中 6 个主题及 6 个议题的基础上，适当增加新知识和数据。分必修和选修两个部分，必修部分占总课时的 60%，旨在帮助学生获取基本的地理概念和知识，以及发展思维和探究的架构。选修部分占总课时的 20%，包括 4 个选修单元（4 选 2），以兼顾学生的不同学习取向、兴趣和需要。实际考查占课时的 20%。

课程大变革都会为教师、学生及其他相关者带来触动，所代表的革新思想，会促使人们从以往的惯性中走出来，并在短时间内适应新的工作和角色。新高中地理课程中加入了新议题，意味着地理教师需要解析新议题，如找出议题的重心和内容、重新设计和准备教材及学习活动、调适和改变教学策略等。

《地理教育》2009 年第 2 期

乡土地理课程教学改革探讨——以云南地理课程为例

张 玲

作者以云南地理课程为例，探讨了在高师地理专业中如何进行乡土地理教学。现代乡土地理教学应体现新的教育改革理念，打破传统和地方制式的教学模式，转变为以建构主义教学思想为指导的学习方式，精选出反映社会实际问题的专题性素材，内容上能够为学生提供众多的知识增长点，横向可与其他专业课程联系，纵向可深入到研究性课程，构建出一个开放的课程形态。

文章认为在高师地理专业教学中，乡土地理课程安排在第六学期，课时增至54节为宜。以分组方式，通过学生自愿进行讲解、师生互动讨论共同学习学校所在地的乡土地理。注重实践环节，加强探究性学习，可以结合学生科技创新活动及毕业论文设计，推进乡土地理教学改革。

《广西教育》2009年第6期

我国高中地理课程自然地理内容演变的研究

杨克非

自然地理是地理学科的重要组成，在中学阶段如何有效选取相关内容进行教学一直存有争议，但是自然地理内容所占份额逐渐减少、难度降低是一个不争的事实。作者把1932年、1936年、1940年、1941年、1963年、1986年、1990年、1996年、2000年和2003年十年的课程作为研究对象，对自然地理内容进行梳理，探讨我国高中地理课程自然地理内容的选择问题。自然地理包括的内容十分广泛，细分为“宇宙及其中的地球”、“地球内部与地貌”、“气候”、“水文”、“生物”、“土壤”、“自然环境的整体性和差异性”和“自然环境与人类活动”等内容。

我国高中地理课程自然地理内容的演变，可以分为两个阶段：1932年至1941年的“解放前”阶段和1963年至2003年的“解放后”阶段。演变的特征表现为部分内容删去后又恢复，或是增加的内容又被删，内容增删受制于政治因素而不是科学本身。其中，人地关系、地理环境的整体性和差异性等内容，被引进高中地理课程后，一直变动不大。作者认为具有全球性的地理现象、对地理环境的形成和演变起重要作用的原理，应该成为高中自然地理经典知识。

《首都师范大学学报（自然科学版）》2009年第6期

山西省普通高中地理新课程实施现状与反思

李元平

高中地理新课程的实施给我国地理教育带来很多新景象，但也存在问题和困难。作者针对山西省的现状，对新课程进行了全面分析。

地理教师在教育理念上有了明显的改变，工作热情增强了，掌握现代信息技术的主动性明显提高，在教学中充分发挥评价的积极作用。课堂教学发生了质的变化，教学目标逐渐向多维度转变，教师们愈来愈注重做好教学设计。问题表现在课堂教学目标不清，对初、高中地理知识的衔接缺乏足够的了解，学生思维缺乏深度和广度，对于课堂的灵活驾驭问题，课堂缺乏有效的技巧。

文章最后从四个方面进行了反思：地理教师的观念问题；地理教学中内容多、任务重与课时紧张的矛盾问题；地理教师对新的教学方式不适应的问题；教学评价问题。这些也是困扰着新课程地理教学能否有效实施的难点问题。因此，高中地理新课程是一个充满探索、创造和制度构建的实践过程。

《教育理论与实践》2009 年第 3 期

美国基础教育地理课程标准对空间素养的关注及其启示

韩金荣　袁孝亭

空间素养培养是地理课程的一个目标，文章研究了美国《国家地理课程标准》关于空间素养的设计思想与具体规定，并提出可借鉴的地方。

空间素养是学生需要掌握的一项极其重要的技能，体现在数学和其他科学领域。地理空间素养是学生在学习有关空间位置、空间分布、空间过程、空间格局、空间上的成因联系等内容的过程中，在掌握地理空间知识和形成地理空间技能的基础上，运用这些知识与技能解决有关地理空间问题的内在修养。美国《国家地理课程标准》将“空间认识”作为六大要素之首，地理核心技能中均包含空间思维的成分。地理教学中强调“空间观点”的培养，着力形成空间素养是 K-12 年级具体标准的主线，注重探索培育空间素养的教学途径与方法，把空间素养作为重要的评价内容。

由此反观我国地理课程标准从课程的基本理念、课程的性质、课程的设计思路到课程目标与课程内容等都没有明确地提及空间思维、空间素养和空间观点等概念。因而，必须精选地理课程内容作为空间素养培育的载体，采用恰当的教学方法培养学生的空间素养，把空间素养作为一项重要的评价内容，应重视地理空间素养相关问题的研究。地理空间素养相关问题的研究应受到地理教育工作者的高度重视。

《外国教育研究》2009 年第 5 期

论地理新课程理念所倡导的教学形态特征

彭晓萍

实践新课程的理念，必须理解教学形态的变化。文章认为新课程的地理课堂教学形态特征有：体现平等性，面向学生全体发展；追求开放性，立足学生全面发展；注重体验性和探究性，倡导学生个性发展；富于自主性和生活性，引领学生终身发展。

因此，地理教学应该关注学生的生活世界，回归学生的生活世界，加强地理科学知识与学生生活的联系，才能促进学生终身发展能力的养成。力求地理课堂教学形式尽量接近生活，如交往对话、互助合作等。在生活化的教学情境和教学方式中，学生可将获得的地理科学知识与自身境遇联系在一起，进而满足其智力、情感、意志、兴趣等多方面发展的需要。

《地理教育》2009 年第 3 期

新中国成立以来我国中学地理课程标准教学目标的变迁

花　溪　邹金伟　闻振平　王元楣

课程标准代表国家意志，教学目标反映一定时期国家对教育的要求。文章通过我国新中国成立以来的地理课程标准教学目标的变迁，论述了地理课程的变迁。

第一阶段是 1949～1956 年，德育目标表现出高度政治化和成人化的特点，而且这一阶段也是比较教条地全面学习苏联的阶段。第二阶段是 1957～1976 年，其中 1963 年大纲在地理基础知识和基本技能方面的要求比较具体，但是，在思想政治教育方面的要求仍然有偏高的倾向，脱离当时科学技术的水平与能力，缺乏科学的辩证唯物主义的人地观思想。第三阶段是 1977～1986 年，1986 年大纲不仅强调“双基”教学，而且明确地提出了培养能力和发展智力的要求，德育目标一改过去空洞、笼统、拔高、脱离实际的现象，体现了实事求是、切合实际的原则。第四阶段是1987～2000年，1992年义务教育初中地理教学大纲（试用）本着切实加强思想教育和国情教育，帮助学生“初步树立正确的资源观、人口观、环境观，懂得要协调人类发展与环境的关系”，大纲实现了目标分层，分为识记、理解和应用三个层次。第五阶段是目前实行的新课程，“知识与技能”是地理课程的基础目标，“过程与方法”是地理课程标准的关键目标，“情感、态度与价值观”是地理课程标准的终极目标。

《地理教育》2009年第6期

基础教育地理课程发展的思考

孙国方

文章以目前我国实行的基础教育新课程为例，分析影响地理课程发展的因素、发展趋势。

社会、经济发展带来教育价值观的变化，丰富和延伸了地理教育功能；现代地理科学的发展，不断充实和拓展了地理基础教育的知识内容和基础理论体系；科学技术的进步，尤其是计算机和互联网的发展，使人类进入了信息时代，使地理教学手段、方法得以更新。在这样的宏观背景下，未来的基础教育地理课程将会发生新的变化，具体体现在以下几个方面：地理课程的综合化趋势，地理课程的环境化趋势，地球科学课程的分化、地理课程的乡土化和生活化、地理课程的信息化和地理课程的个别化趋势。课程本身是一个动态、发展的概念，地理课程会随着影响因素的变化而发展，在开发和实施各级地理课程的过程中，必须要关注其发展趋势，开发出适合学生全面发展、终身发展的课程。

《中等职业教育》2009年第6期

概念取向：香港中学地理课程的基本特征

金静华　刘　媛

地理概念是组成地理知识的重要内容，反映地理事物、现象或地理演变过程的本质属性。文章以中国香港中学地理课程为例，分析了以概念取向的课程特征。

概念取向在中国香港地理课程中的表现为：初中地理课程强调概念的澄清，侧重于对地理概念的理解和地理认识的发展。高中地理课程重视概念的学习，建立基本的地理概念。其作用是促进学生地理知识的建构，培养学生地理思维的能力，提升学生自主探究的能力。

因此，在地理课程的结构组织方面可以吸取香港地理的这种概念取向的专题模式，将地理知识模块化，每一模块用地理概念将其贯穿，使得区域地理和系统地理融合于地理概念的组织之中。

《高等函授学报（自然科学版）》2009 年第 1 期

芬兰中小学地理课程改革及启示

徐志梅

芬兰教育为全球的教育界所关注，地理学科是“国家科学”学习领域的重要部分。文章分析了芬兰中小学地理课程改革的背景，并提出对我国地理教育的借鉴意义。

芬兰中小学地理课程改革是在社会和学校体制发生变化的背景下产生的，地理教育方面在 20 世纪 90 年代最大的变化是“环境与自然研究”科目的实施，地理学的人文趋向也在一定程度上改变了课程目标和内容，教育目标是拓展学生有关世界的概念，从家乡到芬兰，到整个欧洲及世界上的其他区域。地理课程特点表现为注重环境教育和可持续发展教育、注重公民素养教育、注重发展学习环境。因此，芬兰地理课程给我们的启发是：注重地理课程的综合性，强调学生体验；关注地理课程的文化因素，体现社会维度；加强地理课程的弹性，给予教师更多权利。

《外国中小学教育》2009 年第 11 期

地理课程中有效教学与高效教学的思考

钱　芸　宫作民

有效教学是对教学的基本期望和底线要求，学生有无进步或发展是教学有没有效益的唯一指标。高效教学是指在常态的地理课堂教学活动中，通过教师的引领和全体学生主动而积极的思维过程，在单位时间内高效率、高质量地完成地理教学任务，促进学生获得高效发展。高效发展就其内涵而言，是指“三维目标”的协调发展。

文章认为目前地理课堂教学存在：割裂的教学目标、“泛而不实”的教学内容、形式化的教学方式等现象，实质是无效教学。因此，必须注重“实效”的优质地理教学，坚持三维目标整合的整体发展观，关注教师角色定位的变化和专业素养的提高，深入挖掘新课程改革的新思想、新方法，真正理解其内涵，从而指导地理教学改革实践。

《地理教育》2009 年第 4 期

地理活动课程实施初探

赫兴无

活动课程是地理新课程的一个亮点，作者对地理活动课程实施的现状和原则作了分析。重视地理学科课程，轻视地理活动课程；开发设计的活动课程方案较多，但真正实施落实的很少；活动类型单一，校外的少，野外的更少，同时，教师也缺乏有效的指导和管理。为此，其实施必须遵循以下价值取向：忠实取向、相互适应取向、课程创生取向。遵循整体性原则、自主性与指导性统一原则、因时因地制宜原则等。

实践过程中可以根据内容选择不同的活动类型：知识学习类包括地理专题讲座、地理知识竞赛、地理课外阅读、地理影视欣赏等。操作实践类包括地理实验、地理制作、地理墙报编辑等。课题探究类包括地理观察观测、乡土地理调查、地理规划设计、地理论文写作等。参与体验类包括地理主题班会、地理游艺活动、地理参观旅游、地理公益活动等。

《高等函授学报（自然科学版）》2009 年第 2 期

地理教材研究

概　况

教育部于 2001 年颁布了《基础教育改革纲要（试行）》（以下简称《纲要》），并在《纲要》第五项内容“教材开发与管理”中明确规定：“实行国家基本要求指导下的教材多样化政策，鼓励有关机构、出版部门等依据国家课程标准组织编写中小学教材。”标志着我国教材迎来了“一标多本”、教材多样化的时代。地理新教材在结构体系、内容表述、图表系统、练习设计等方面都有标新独到之处：地理教材呈现出“百花争艳”的新局面，随之，地理教材的研究也呈现出“百家争鸣”的景象。

对 2009 年有关地理教材研究的文献分析，发现研究动向出现了新的变化：

一、地理教材研究的细节化

虽然对教材的认识随着新课程的深入产生新的看法，由过去“教教材”转变为“用教材教”，教材只是一种素材、资料，但是教材在学生心目中还保有神圣的地位。所以保证教材的科学性、权威性依然是衡量教材的重要标准。目前使用的地理教材不同程度地存在一些问题，原因既有客观的数据、资料的更新跟不上时代发展，也有编者主观认识上的偏差。

张逢成在《教学与管理》杂志上撰文，对人教版高中《地理2》（必修）在内容设置、用词、逻辑、文图内容不统一等方面的问题进行分析，并提出修订建议。在该杂志第7期又发文就人教版高中地理教材若干问题提出商榷。这些问题包括：地理插图绘制不科学、地理数据标注不确切、文字内容表达不准确、知识呈现方式不合理等，认为地理教材内容的编排和知识的呈现方式应有利于教师引导学生在自主、合作、探究中学习（《教学与管理》2009年第4、7期）。徐西锋以高中地理新教材（鲁教版·必修3）为例，列举教材中存在的一些问题，如教材四个单元的安排不当，第二单元与第一、三、四单元的联系性都不强，放在中间不妥，建议将第二单元放在教材的最后。此外还有语句词不达意、专业术语表述不当等，期望对教材修订有所帮助（《教学与管理》2009年第5期）。这种对教材细致深入的研究和勘误有助于编者进一步完善教材，特别是沟通了编者与教材使用者之间的联系。

校本教材的开发和研制是实现新课程目标之一。在地理选修模块教学过程中，特别强调了校本课程的开发和教学。蔡梅通过对校本课程开发的实践，论述校本课程开发的意义：有利于教师知识面的拓展和综合素质的提高；培养了学生的创新精神和社会实践能力（《上海教育科研》2009年第5期）。但是，关于校本课程创新性开发的研究成果还不多，有待进一步探索。

二、地理教材有效使用的研究

有效灵活地使用地理教材是广大地理教师教学能力的体现。一线地理教师最有实践体会。相关研究者也多为中小学地理教师，他们从教学实践中提炼了经验，并进行理论升华。

高中地理新教材淡化了学科系统性，通过案例分析解说有关地理现象和原理。米清认为新教材存在着对学科的系统性考虑较少，内容选择不完整，教材内容跳跃、跨度大，内在结构和知识体系不够完善的问题。教师可以通过以下方式解决：重视课前小复习，进行知识回顾；过渡性语言要说好，点明前后联系；运用板书板图；巧设课堂学案（《科技资讯》2009年第31期）。何慧提出地理教材有效使用必须从理念上认真贯彻、从观念上重新认识、从依据上认真审视（《政史地教学》2009年下旬刊）。

王俊茜认为教师应摒弃“教教材”的旧观念，树立“用教材教”的教学思想。为此必须多方整合教学内容，主动驾驭教材；

巧妙拓展，构建开放性课堂；依据教材联系实际，构建生成性课堂；活用教材，更新教与学的方式。地理教学倡导“大地理观”，提倡生活处处皆地理，让学生尽可能多地体验生活、思考生活；教师要合理开发与利用课内外一切学习资源，正确处理教材、灵活和创造性地使用教材（《教学与管理》2009年第8期）。随着多种版本地理教材的广泛使用，优化、活化以及高效使用高中地理各版本新教材，成为高中地理教师教学研究的一个重要课题。裴春玉表达了自己在教学实践中的体会：有效整合教材的前提是领会课标与教材的关系，通过活化、优化教材，实现教材价值的最大化（《内蒙古师范大学学报（教育科学版）》2009年第4期）。王文燕认为，实现地理有效教学，应该认真对教材进行分析，对所教学生进行分析，明确教学目的之后，再对教材进行适当的取舍或是调整，以便充分、合理、有效地使用教材（《才智》2009年第21期）。

三、地理教材知识结构体系的研究

新版的各种地理教材，在知识结构体系编排方面各有特色，也各有不足。如何以科学合理的方式呈现、符合学生的认知心理一直是编者和教师关注的命题。

杜君兰、徐宝芳以七年级的地理教材为例，分析教材所体现的地理规律体系特征。通过分析发现，各种地理规律的表述很少用单纯的文字叙述作为表现形式，大多数地理规律的表现形式是文字叙述的前提下配以图像，即以图文结合的形式呈现。七年级地理教材包括三大类76条地理规律，广泛分布于各章，其中地理分布规律比重最大，而且有近70%的地理规律以图文结合的形式呈现（《内蒙古师范大学学报（教育科学版）》2009年第10期）。

丁俊新等分析鲁教版六年级地理教材中地理技能的构成，教材中包含的地理技能数量多且广泛分布于各个章节中，每个章节所培养的地理技能也各有侧重。总体以地理智力技能为主，地理动作技能为辅，表现形式以活动为主。作者建议教学中抓住动作技能和智力技能的各自特征，选择相应的教学方法；采取教师示范与学生独立实践相结合的方式来培养地理技能；采取课内外相结合的形式开展地理活动，培养学生的地理技能（《内蒙古师范大学学报（教育科学版）》2009年第8期）。

孙颖颖分析了高中地理新教材知识结构，提出相应的教法建议。宇宙环境教学时，应通过多媒体现代化教学手段，向学生展示天体系统的层次结构。自然环境部分重点放在理清自然环境各组成部分内部、各组成部分之间的关系上（《科学大众》2009 年第 7 期）。王树婷等从发展性教学论思想出发，解读高中地理新教材设计特征。恰当把握好新教材“理论知识”的“高难度”、“高速度”；“理论知识”应成为新教材的“主线”，在学生的发展中起“主导”作用；着眼于学习活动的“内在”机制，通过新教材帮助学生搭建地理学习过程的“心理场”；尊重学生的发展权，搞好新教材的弹性开发（《咸宁学院学报》2009 年第 6 期）。

综观 2009 年有关地理教材方面的研究文献发现，从微观角度研究地理教材比重增加，各种版本教材的比较研究成果丰富，呈现多角度、全方位研究的局面。

摘　要

人教版高中地理教材若干问题商榷

张逢成

地理教材由于主客观原因，存在诸多问题。作为地理教师，在教学过程中必须向学生澄清。文章基于人教版高中地理教材，对值得商榷的问题进行论述。

地理插图绘制不科学。新版教材中有部分插图绘制不精确、不科学，这在一定程度上降低了地理插图应有的功效，不仅给学生认知、理解新知带来困难，而且对于培养学生严谨求实的科学态度和科学精神十分不利。地理数据标注不确切。地理教材中的地理数据一定要正确，地理常数的使用一定要前后统一，图形所代表的地理数据一定要准确，即数形要统一。但是，新版教材中的地理数据标注还是存在着一些问题。文字内容表达不准确。或因为对地理概念理解的不清晰，或因为对地理概念之间的关系把握得不准确，或因为地理判断不恰当等，造成新版教材中部分内容表达不准确或语意不明确。知识呈现方式不合理。地理教材内容的编排和知识的呈现方式应有利于教师引导学生在自主、合作、探究中学习。但是，新版教材在这方面还是存在着一些问题。

《教学与管理》2009 年第 7 期

人教版高中《地理 2》（必修）若干问题商榷

张逢成

人教版高中《地理 2》(必修)内容设置和编排整体较好。不过，白玉微瑕，教材内容中还是存在着一些用词、逻辑、文图内容不统一等方面的问题。文章以 2007 年 1 月第 2 版《地理 2》(必修)为研究对象，将教材内容中不当之处一一列举，并提出修改建议。

主要表现为：用词不恰当，如“而山区或丘陵地区的城市用地比较破碎，往往形成分散发展的城市形态”。建议修改为：“而山区或丘陵地区的城市用地往往比较零散，形成分散发展的城市形态。”定义不确切，如“所谓人口迁移就是人的居住地在国际或本国范围内发生改变”。建议修改为：“所谓人口迁移就是人的居住地在国际或本国范围内发生长期性的改变。”概念不明确，如“目前，发达国家的人口自然增长率已经保持在较低水平，人口增长缓慢……一些国家的人口数量还会减少，例如俄罗斯、德国和日本”。建议将“俄罗斯”删除掉。判断不准确，推理不合理，如“在我们居住的社区中，至少有一个商店”。建议修改为“在我们居住的社区中，一般会有一个商店。”文图内容不统一等。

《教学与管理》2009 年第 4 期

鲁教版六年级地理教材中地理技能的构成分析

丁俊新

为实现地理课程标准要求的“三维”目标，地理教材通过相关素材来体现和培养这种能力。作者以鲁教版六年级地理教材为例，分析其地理技能的构成。

地理技能按照地理技能形成的心理过程分为地理动作技能和地理智力技能两大类。根据地理技能的表现形式分为文字形式、图像形式和活动形式三类。各种不同类型的地理技能之间是相互联系的。智力技能的形成在一定程度上受到动作技能的影响，在形成过程中动作技能起到了前提或基础的作用。

从教材所体现的地理技能要求上看，地理技能是六年级地理教学的重要目标之一；各章培养的地理技能各有侧重；地理智力技能为主，地理动作技能为辅；八类地理技能中，地理分析技能居于核心地位；地理技能的表现以活动为主。因此，教学中抓住动作技能和智力技能的各自特征，选择对应的教学方法；采取教师示范与学生独立实践相结合的方式来培养地理技能；采取课内外相结合的形式开展地理活动，培养学生的地理技能。

《内蒙古师范大学学报(教育科学版)》2009 年第 8 期

对高中地理新教材几个问题的商榷

徐西锋

作者以高中地理新教材（鲁教版·必修3）为例，列举教材中存在的一些问题，期望对教材修订有所帮助。

关于教材四个单元的安排，作者认为：第一单元是有关区域的基本理论，第三、四单元是区域案例分析，基本理论与案例分析是密切相关的，基本理论可以指导区域发展，区域发展是基本理论的体现，而第二单元与第一、三、四单元的联系性都不强，建议将第二单元放在教材的最后。关于教材中的语句和概念，作者详细地列举有关表述，分析问题，提出合理化建议。如第四单元第三节"经济发达地区的可持续发展"，三个目分别是"经济发展快""城市化水平高""问题与对策"，前两目与第三目的逻辑关系上并非并列关系。建议将前两目改为子目，两个子目之上设"经济发展概况"一目，这样本节有两目"经济发展概况""问题与对策"呈并列关系，更有利于学生学习和掌握。

《教学与管理》2009年第5期

针对高中地理新教材学科系统性欠缺的几点教学对策

米　清

地理教材是地理教学的载体，教学过程中如何对教材进行有效的取舍是地理教师教学能力的重要体现。新教材存在着对学科的系统性考虑较少，内容选择不完整，教材内容跳跃、跨度大，内在结构和知识体系不够完善的问题。对此，作者作了有益的尝试。

重视课前小复习，知识回顾很必要。旧课复习可以让学生更好地把握新旧知识的关系，逐步建立知识网络，形成完善的知识体系。过渡性语言要说好，前后联系要点明。在课堂中，一定要注意前后知识间的联系，精心设计过渡语，使教学知识环环相扣，使整个课堂上下贯通，结构紧密，浑然一体，以整体形象感知学生。板书板图不能省，多媒体无法全代替。板图较为形象直观，帮助学生建立空间概念，解决教材中的重点、难点，板书可以弥补教材内容系统性欠缺。课堂学案巧设计，"一页纸"教学显神奇。把编写好的学案发给学生，在教学过程中同步使用，能有效地对不同层次的学生起到导学的功能，易让学生步步深入，各得其所。另外，还可以通过上好单元复习课、专题复习课等，从总体上强化章节知识体系，使学生形成系统性的知识网络。

《科技资讯》2009年第31期

七年级地理教材地理规律内容体系研究

杜君兰　徐宝芳

地理教材内容体系建构一直是教材编写人员关注的焦点，地理新教材打破了原有的学科体系特征，重新建构体系。作者以七年级的地理教材为例，分析教材所体现的地理规律体系特征。

初中地理教材的地理规律按其性质可依据褚亚平先生的分类系统分为地理演变规律、地理分布规律和地理关联规律三大基本类型。七年级地理教材中地理规律包含了三大类 76 条。其中地理分布规律占总数的一半左右，地理关联规律，占总数的三分之一多，地理演变规律所占比例最少，仅占 14.5%。七年级地理教材中，第三、七、八章地理规律体现最多，第五章没有体现地理规律。各种地理规律的表述很少用单纯的文字叙述，大多数地理规律的表现形式是文字叙述的前提下配以图像，即以图文结合的形式呈现。总的特征是：教材包括三大类 76 条地理规律，其中地理分布规律比重最大，而且近 70%的地理规律以图文结合的形式呈现。

《内蒙古师范大学学报（教育科学版）》2009 年第 10 期

科学地使用地理教材

王俊茜

地理教材作为师生互动的载体，承载了重要的信息。科学有效地使用教材是实现有效教学的重要保证。教师应摒弃“教教材”的旧观念，树立“用教材教”的教学思想。

文章认为，多方整合教学内容，主动驾驭教材。教师对教材内容进行灵活处理。如：调整教学进度、适当增减教学内容、重组教学单元、整合教学内容等。不必追求知识体系是否完整，力求进行组合板块教学，大胆取舍，突出主题。巧妙拓展，构建开放性课堂。新教材中大量增加了案例和活动，教师应根据需要对教材内容进行延伸和适当的补充。

依据教材联系实际，构建生成性课堂。新教材的编写试图更紧密地联系实际，在地理教学中教师更应该将教材与实际联系，在能完成教学目标的基础上将教材本土化、具体化和个性化。活用教材，更新教学方式。教师应以新教材为依据，充分利用教材引导学生改变学习方式，引导学生主动参与、亲身体验、独立思考、合作探究，改变被动的接受式学习方式，培养学生自主学习、主动探究地理问题的能力。

综上所述，教师要合理开发与利用课内外一切学习资源，正确处理教材、灵活和创造性地使用教材。

《教学与管理》2009年第8期

高中地理新课程实验教材的有效整合

裴春玉

随着多种版本地理教材的广泛使用，优化、活化以及高效使用高中地理各版本新教材，成为高中地理教师教学研究的一个重要课题。作者在对目前四套教材研读的基础上，做了有益的尝试：

有效整合教材的前提是领会课标与教材的关系。高效使用现行四个版本高中地理新教材，其前提是领会教材与高中地理课程标准之间的关系，进而有效整合教材。有效整合教材的策略包括：通过替换、调序、升降等手段优化教材，实现教材价值的最大化；通过生活化、动态化、情境化新素材等手段活化教材，实现优化教学。实现地理教材的有效整合，必须避免两种极端行为：一是严守教材，努力在“教”教材，而不是“用”教材；二是脱离教材，片面地将教材理解为可有可无的教学资源，以至于把大部分时间用在课外内容的补充上，课堂成了“资料展示厅”。

《内蒙古师范大学学报（教育科学版）》2009年第4期

高中地理新教材知识结构与教法建议

孙颖颖

教材的知识结构会影响教学方法的选择，作者通过对现行高中地理教材知识结构的分析，从教学方法角度提出自己的观点。

高中地理从可持续发展的角度来认识，高一地理侧重于探讨生态可持续发展；高二地理突出社会可持续发展和人口可持续发展；高三地理则是让学生树立区域可持续发展的观念。其中，高一地理（必修）共10单元，可分为三大部分：第一部分，人类赖以生存和发展的自然地理环境；第二部分，人类活动与地理环境；第三部分，人类面临的全球性问题与可持续发展问题。自然地理部分，突出了“人与环境关系”的主线。人文地理部分，解决人类最基本的衣食、居住、联系、休闲等需要的活动。基于此，高一地理（必修）第一单元教学时，应通过多媒体现代化教学手段，向学生展示大体系统的层次结构。第二、第三、第四这三个单元可分为两个层次：第一个层次，是自然环境的组成、结构和特征，重点放在厘清自然环境各组成部分内部、各组成部分之间的关系上，简称“地地关系”。第二层次，是“人地关系”，主要包括自然资源、自然灾害、环境保护三个问题。通过教学，培养学生科学的“资源观”、“环境观”、“人地观”等现代观念。

《科学大众》2009 年第 7 期

从发展性教学论思想解读高中地理新教材设计

王树婷

文章以高中地理教材为一个研究侧面，分析发展性教学论思想对高中地理新教材的设计与编写所提供的指导作用与借鉴意义。

发展性教学论是赞可夫提出的。包括五项教学论原则：以高难度进行教学、以高速度进行教学、理论知识起主导作用、使学生理解学习过程、使班上全体学生（包括最差的学生）都得到一般发展的原则。

高中地理教材在设计和编写过程中，如何体现这一精神？作者认为：恰当把握好新教材“理论知识”的“高难度”、“高速度”，教材设计应从现有发展区向最近发展区的转换，引导学生逐步向更高目标前进。“理论知识”应成为新教材的“主线”，在学生的发展中起“主导”作用。着眼于学习活动的“内在”机制，通过新教材帮助学生搭建地理学习过程的“心理场”。尊重学生的发展权，搞好新教材的弹性开发。总之，高中地理新教材的编写与设计离不开现代教学论主流思想流派的宏观指导。随着教学论思想研究的不断深入与发展，高中地理教材编写与设计的理论与实践工作都会迎来更大的发展空间。

《咸宁学院学报》2009 年第 6 期

充分利用教材　提高高中地理教学有效性

王文燕

文章认为：实现地理有效教学，应该认真对教材进行分析，对所教学生进行分析，明确教学目的之后，再对教材进行适当的取舍或是调整，以充分、合理、有效地使用教材。

教师有效使用章节开头探索性问题，章节开头可以作为课堂导入，也可以在每章的最后，要求学生向班级提交研究结果并与同学一起分析总结，以达到最佳的教学效果。充分利用新教材图文结合，进行直观教学，激发学生的学习兴趣。合理安排“活动”内容。活动教学不仅促进学生掌握课程内容，还拉近了师生距离，培养了学生合作精神，引导学生走出教室，参与实践，融入社会、融入自然，为学生的自主探究与实践开辟了大量空间。科学合理地处理新教材内容，同时，积极开展双语教学。总之，教学中要熟悉教材，挖掘教材，利用教材的章节开头索引调动学生积极参与；利用教材的图文结合，发挥地理教学的特色；利用教材中的“活动”提高学生的技能；利用教材的开放性，科学处理教学内容；充分利用教材是提高学生学习效率的有效方法和途径。

《才智》2009年第21期

地理校本课程开发初探

蔡　梅

校本教材的开发和研制是中学地理教师教学能力的重要体现，也是实现新课程的要求。作者通过对校本课程开发的实践，论述校本课程开发的作用。地理校本课程表现为学校自主决定的可供学生选择的课程计划或方案。对拓展学生视野、提高学生自主学习、合作交流以及分析问题和解决问题的能力具有重要的作用。

地理校本课程的开发，有利于教师知识面的拓展和综合素质的提高，地理校本课程的开发，就是教师专业成长的过程。增强了教师的团队意识，提高了学科之间的协作水平。开发校本课程，满足学生发展自己的特长，提高自己多方面素养的需要。学生积极地参与，主体地位得到了突显，个性特长得到了发挥，个体的经历和体验的价值得到充分的重视，创新及实践能力得到增强。

《上海教育科研》2009年第5期

地理教学实践

概　况

课堂教学是学校教育的主渠道和最基本的形式，是学生获取知识、发展能力的主阵地。因此，地理教学改革的关键是课堂教学的改革。面向全体学生、使学生个性主动而全面和谐地发展是地理课堂教学研究的重要价值取向。

一、2009 年地理教学改革回顾

经历了多年的新课程改革，2009 年地理教学在教育教学价值观层面、知识论层面和方法论层面等方面有了新的进展。

1. 价值观层面的进展

新课程背景下的学生观、学习观、课堂教学行为等的教育教学研究因其与价值观念的关涉而在不断更新。新课程教学价值观认为，今天的基础教育价值取向应该把培养学生主动发展、全面发展、可持续发展的意识和创新能力作为核心理念；新课程的教学过程不是一种单纯的认识过程，而是人的生命意义的发生、创造与凝聚的过程，是生命力量的呈现与发展的过程，是学习主体对生命内涵的体验、认识、重新构建的过程。

高中地理新课程教学要求教师转变教学观念，要求“体现课程理念、落实课程目标、达到课程标准”。树立正确的地理课堂教学行为的价值取向、优化地理课堂教学行为，对于深化地理教学改革，实现“课改”目标有重要作用。在地理教学过程中，客观上存在着高效的课堂行为和低效的课堂行为。认识和讨论地理课堂教学行为的教学性，有利于提高教学行为的有效性。张建春从三个角度论述了对有效教学的思考：一是强化课标引领，构筑有效之基。有效教学由“课标、课程、课堂”等变量构成了复杂函数，其中“课标”是主导变量，主导着其他元素的发展方向和效力发挥。二是着力课程再造，构造有效之序。作者在新课程背景下这样理解“课程”：“课”为教学资源的集合、整合，“程”乃“过程、程序、程式”的集合优化。课程是为实现课标而进行的资源开发整合，为实现教学目标而进行的程序优化，为实现主体的发展而进行的知识、能力和思维模式以及情感态度价值观的建构过程。三是提升课堂效力，共赢有效之果。课堂是由课标、课程、环境以及不同背景、能力各异的学生、不同的教学语言行为等多种变量构成的复杂函数，是实施课程、实现目标、达成课标的现场，是将预设的目标、再造的课程等转化为目标的呈现、过程的推进、原理的运用、规律的总结、结论的获得等过程。（《地理教学》2009 年第 6 期）

廖书庆建议在备课活动中，把备学生真正落实到实处。要打破“零起点”和“逻辑起点”的思维习惯，真正摸清学生的“现实起点”；要重视学生多元智能的挖掘，更好地从学生的学习愿望、兴趣和实际需要出发，来调整或优化教学目标，调整学习内容的深度和广度，调整学习的起点、坡度和速度；要把学生的差异当做课程资源去开发利用，在目标定位上各有侧重，在教学内容的选择、学习方法的指导等方面因人而异。(《地理教学》2009年第4期）张东顺认为习惯往往严重影响行为方式，新课程形势下，转变以往的学习习惯，培养新型的学习习惯显得十分重要。习惯的培养一要重视培养学生观察和描述地理现象的习惯；二要培养学生探究总结的习惯；三要培养学生记地理笔记的习惯。(《地理教学》2009年第1期）

2. 知识论层面研究的进展

从继承和创新的角度看，新课程背景下的教学内容、教学文化、教学世界与现实生活的联系等方面的研究有了突破。

“地理信息的获取与解读”属于地理学习的核心技能之一。汤国荣认为信息技术对地理教学的作用主要体现在以下几个方面：一是让学生自己主动通过网络（利用Google、百度等搜索工具）查找海量的地理信息，并经自己的分析、理解来消化、吸收；二是利用计算机编辑软件，学会重要的地理信息表达方式——地理统计图的绘制与分析；三是建立地理模型或演示实验，帮助学生理解基本的地理概念和原理等。(《中学地理教学参考》2009年第11期）

蒋林君、赵嫒认为：多元文化教育的融入有利于强化地理学科教育的功能与价值。地理课程展现了全球不同地域的自然地理、环境结构、文化习俗、人文情怀等。多元文化教育，从地域这个维度出发，揭示文化成因的地域根源，强调文化的地域性差异和联系，引导学生从不同角度看待地理现象和问题，逐步形成对地理事物的地域性和综合性特征的认识。多元文化成为地理学科教学的重要素材，在地理教学中融入多元文化教育将有助于地理课程中人文部分内容重获生机，充分展现人文地理的“文化魅力”，同时丰富课程资源，增加课程的趣味性。(《地理教学》2009年第7期）

国家义务教育和普通高中地理新课程标准倡导：“学习对生活有用的地理，学习对终身发展有用的地理，构建开放式地理课程……”等课程理念，无一不是在强调地理学习的实用价值，强调地理课堂教学内容应向学生的生活世界回归。“对生活有用的地理”应该分为地理知识和地理技能两大部分。生活中的地理知识不仅包括学生直接感知的地理事物与地理现象，也包括学生通过网络、电视、报刊等媒体渠道获取的地理信息。这些知识充满生活气息，都可以成为地理教学的内容。生活中常用的地理技能主要包括正确使用地图、野外观察与调查、判断方向、天气预测、灾害自救与救助以及简要评价环境质量等，掌握这些技能就能够提高生活的质量与生存的能力。(《中学地理教学参考》2009年第7期)

地理实验是高中地理课堂教学的一个重要组成部分。然而，因为多种限制性因素的存在，导致地理实验在中学地理课程中难以开展。由于实验教室和实验仪器等硬件设施的缺乏，大多数地理教师的实验教学仅停留在“口传图授”上，很少或没有进行过地理实验教学。周慧、桂宁、杨向阳认为：地理实验的本质在于操作。在《普通高中地理课程标准（实验）》中，涉及培养学生实验能力的实验类型主要包括：地理感知性实验和地理验证性实验；涉及培养学生实验能力的实验方式主要包括：演示实验、操作实验、想象实验和模拟实验。(《中学地理教学参考》2009年第5期)

3. 方法论层面的进展

“专题研究”是2009年课堂教学实践研究的一大特色。其教学方法的研究在关注课堂教学细节、教学的开放性、教学模式、研究方法多元等方面发生了深刻变化。

牟彦瑾以心理学为支撑，从多种角度论述地理教学设计的心理策略：借学生的日常生活经验进行引导，发动学生对原有知识进行思索与开发，自下而上总结归纳出规律性知识；利用认知冲突，使其原有认知结构产生不平衡，再借助理性的地理规律分析，使得地理知识同化成为学生自身需要的过程；将教学建立在有感染力的类真实事件或类真实问题的基础上；抛生活趣闻之砖，引地理兴趣之玉。(《地理教学》2009年第8期)

由于学生基础知识状况、兴趣爱好、智力水平、潜在能力、学习动机和学习方法等存在差异，朱迎春提出了“分层递进教学”的模式与方法，首先是要了解差异，分类建组；其次是教学目标层次化，应对A、B、C三个层次的学生通过“压纲缩本”“达纲靠本”“达纲拓本”，使其在知识方面分别达到“识记”“理解”“掌握”几个层次，在基本能力方面分别达到综合运用、学会、模仿；再次是教学过程层次化，在同一节课内既有面向全体的“合”环节，又有兼顾优、差生的“分”环节，即分类自学（分）、集体讲授（合）、分层质疑（分）、分类指导（分）、分类练习（分）、集体归纳（合）的“四分二合”式课堂结构；最后是课堂练习层次化，针对不同层次的学生，设计不同题量、不同难度的作业，供不同层次学生选题，题型应由易到难成阶梯（《中学地理教学参考》2009年3期）。胡学发在实践中提出了

“问题驱动，学案导学”教学模式，以“三条线”贯穿整个课堂，即以问题为明线、思维为主线、发展为暗线。问题线包括：提出问题、探究问题、解决问题、反思问题；思维线包括：引发感觉、促进思维、完成认识、形成体系；发展线包括激发兴趣、提高能力、催生创新、实现自我。(《中学地理教学参考》2009年第12期)

教学案例在新教材中数量多、比重大、作用强。成继龙表述了在教学中如何实施案例教学。一是引用教材中的案例并对其进行整合，运用案例分析解决实际问题，变封闭式教学为开发式教学。二是关注学生生活，尽量选取学生熟悉的案例，由浅入深，循序渐进，体现生活化的地理。三是注重知识迁移，实现由“教案例”向“用案例教”的转变。(《中学地理教学参考》2009年第4期)

朱雪梅、吴春燕认为：案例教学的前提条件是要选取一个结构良好的案例，然后就是案例的呈现，实际上就是情境的创设，良好的呈现方式可以引发学生阅读案例的兴趣，从而迅速地进入学习的情境之中。学生感知了案例情境之后，教师应立即设疑问难，就案例进行提问，这是用好案例的关键所在。学生通过自己的分析、探究，获得了个人关于案例问题的见解后，教师应及时组织学生分组讨论。其主要目的在于挖掘群体的潜能，培养合作的精神。教师应通过互动对话对交流加以指导，力求引导学生对案例学习的成果加以归纳与总结。拓展环节是案例教学必不可少的环节。案例教学的最终环节应该是引导学生进行演绎应用。(《中学地理教学参考》2009年第11期)

王革认为，地理应用知识必须通过学生积极参与到学习过程之中，在亲身体验之后才能真正获得，必须通过老师的正确引导才能最终形成。所以提出了“再现生活—快乐探究—理性升华”的教学模式，适时引用学生身边的乡土教学案例，以“再现生活”为先导，以“快乐探究”为主干，以“师生互动”为纽带，以“提高素质”为归宿，引导学生发现规律。(《中学地理教学参考》2009年第9期)

周群英将3S技术运用到中学地理教学中，认为3S技术有助于使课堂教学整体优化，激发学生学习地理的兴趣。可以使学生学会通过多种途径、运用多种手段收集地理信息，尝试运用所学的地理知识和技能对地理信息进行整理、分析，并把地理信息运用于地理学习过程中，适时反思自己的地理学习和了解自己学习探究的结果。(《中学地理教学参考》2009年第9期)

包括“课堂观察”操作层面的范式研究、教材整合的研究、课堂教学环节研究、课堂教学方法研究、教学媒体选择与应用研究等，其研究领域逐步系统化。研究层次的细化不仅是教学实践研究的表现，也有利于教学实践研究的深入。2009 年发表的地理教学案例分析和教学设计可以说是研究层次细化的成果，也对推进地理教学改革实践发挥了独特的作用。

白玲根据目前教师队伍中普遍存在的“不缺知识缺技巧”“不缺形式缺实质”的现状，在设计课型方面提出以下建议：教师在优选课型时，不仅要全面考虑，还要科学地对比分析哪种课型的效果更好、效率更高、更容易实现预设的教学目标。宋颢认为在研究方法上要有创新，提出将专家（高校研究人员等）、学科研修员和一线教师三部分人员组成团队，围绕主题，选择、调整教学内容和策略并通过讨论辅之以行为跟进。这种构成，充分发挥了三方各自的优势，打破了专业研究人员与教师之间的“鸿沟”，实现了个人反思、同伴互助和专业引领的有效结合。（《中学地理教学参考》2009 年第 11 期）

二、地理教学实践问题与建议

伴随着新课程的实施与推进，我们发现课堂里常见一些形式上的自主讨论、合作、探究，创设情境正在使新课程变味，互动生成等同于信马由缰，尊重等同于放纵，自主等同于自由，特别是出现教学内容的价值取向与学生的“独特经验”不一致时，教师更多关注少数学生答案的“独特”“多元”，追求课堂气氛的形式热闹，学习情感的浅层愉悦，至于教学内容的价值目标及怎样引领全体学生进一步深层次地感悟体验，从而获得真正有价值的东西，却被忽视甚至被丢弃等等。这些问题影响着新课程的深入进程。

问题一：自主、合作、探究学习如何从形式走向实质。

自主、合作、探究学习作为新课程倡导的重要学习方式，也是课改中学习方式改革的一个明显特征，但是，对自主、合作、探究学习的片面认识，教育倾向的习惯性，又往往使自主、合作、探究学习“误入歧途”，甚至背道而驰，形形色色的讨论、辩论、材料分析、知识竞赛充斥着课堂。不可否认，这些活动较之过去按部就班地讲解、提问更能吸引学生的注意力和调动学生的积极性。但新课堂需要真实的、动态生成的课堂生活。

未来的研究应以相关理论为指导，对学生的课堂学习行为进行观察，研究的重点取向是：体现课堂自主、合作、探究学习行为的研究；有利于提高课堂学习效率的学生学习行为研究；有效或高效的学生学习行为研究；建立在民主和谐师生关系上的学生学习行为研究等。

问题二：新课程背景下地理课堂教学改革理论与地理课堂教学改革实践如何契合。

新课程改革的主渠道是课堂教学，教师的课堂教学行为影响并决定着教学质量。将新课程改革理念转化为具体的教学行为，这正是新一轮课程改革的关键点、教师专业发展的难点、校本教研的热点。从 2008 年发表的文章来看，我们认为：教师的专业化发展程度与新课程的要求不适应；多数教师的文章也只停留在不同程度地研读教材和浅层次的实践经验总结这个层面。在课堂教学实践中，当教师课堂教学方法、教学手段有了一定的改进和提高后，教学理念和观念等深层次因素支配下的教师课堂教学行为的改进就成了提高课堂教学效率的实质性问题。当一些课堂充斥着形式上的合作、探究时，我们呼唤着独立和接受；当一些课堂被生成搅得迷失了应有目标时，我们呼唤着教学预设；当一些课堂充斥着热闹和作秀时，我们呼唤着有效；当一些课堂缺失了地理特质，我们呼唤着留住地理的特性。这种呼唤已经不是一种简单的回归，而是一种在更高层次上的扬弃："吸收合理的内核，铸成新的实践智慧。"

未来的研究应该以如何使内化了的新的教学理念转化为教师的课堂教学行为，从而提高教师的专业素质和教学能力，促进学生发展为课题。研究的重点可以聚焦在：教师课堂教学行为研究范式；教师的课堂教学反思能力；课堂有效互动行为；课堂教学行为的有效性研究等。

摘　要

利用地理空间要素发展学生空间思维

袁孝亭

空间思维是空间素养的核心成分。地理作为一门探究空间秩序的科学，在培养学生的空间思维方面有着独到的价值。本文作者就"如何有效利用地理空间要素发展学生空间思维的内在规律、提升学生的地理素养"提出了操作性的建议。

作者认为：空间形状和空间大小是地理空间要素的基本内容。在教有关空间位置、空间分布、空间组合、空间联系等内容时，教师可利用这些内容进行相应的教学设计，创造机会让学生对地理事物和现象的空间位置关系、空间排列状态进行观察、想象、分析与组合、抽象与概括，对于增强学生对空间形状的敏锐性，促进空间观察、空间分析综合、空间想象等能力的发展具有积极意义。结合空间大小进行教学，对于向学生渗透"改变分析的空间尺度"认识地球表层、按空间"大小"总结地理有序性规律的思想方法有重要作用。地理教师应努力从地理学科视角、审视地理空间要素，挖掘其蕴涵的教学价值，探索其教学的内在规律。文章最后就空间形状和空间大小应达到的目标和策略提出教学建议。

《课程·教材·教法》2009 年第 8 期

谈高中新课程区域地理的案例教学

于 慧

新课标的背景下，不同版本的教材在阐述区域可持续发展的理论中，选用了不同案例，那么，怎样利用案例进行教学呢？作者结合教学实践，提出了几种看法：一是背景知识的铺垫不应干扰案例教学的核心主题。案例教学的核心是通过一些典型的案例来寻求区域地理中的一些普遍的现象规律，以探究规律的过程来开发激励学生的学习能力和学习的基本思维方式，地理原理可以应用在其他类似区域中。二是教师在案例讨论中是"教练"而非"运动员"。三是教学中应注意引导学生运用地理基本原理解释现实生活问题。四是把握案例教学的落脚点，即通过案例教学，让学生掌握一种学习方式。通过案例教学，提高学生分析问题的能力。

《地理教学》2009 年第 1 期

学生地理学习习惯的培养

张东顺

新课程改革的重点之一是转变学生的学习方式，提倡发挥学生主体性的多样化学习方式。

作者认为习惯往往影响行为方式。新课程形势下，转变以往的学习习惯，培养良好的学习习惯显得十分重要。比较传统教学模式下和新课程背景下学习习惯的差异，发现一要重视培养学生观察和描述地理现象的习惯。在明确观察目的，提出描述要求后，讲清观察方法，介绍描述要领。观察描述中，一要重视分析思考，善于对比联系。二要培养学生探究总结的习惯，着眼点落在"探究过程"上，应重视创设问题情景、探究问题解决、组织学生交流、师生共同完善这些过程。如此学生就会感觉到探究过程的乐趣，感受到探究的价值，探究总结的习惯也就养成了。三要培养学生记地理笔记的习惯。在培养学生记笔记习惯时应注意：做好准备工作、设计合理格式、及时查漏补缺、经常检查交流。

《地理教学》2009 年第 1 期

从“知识课堂”转向“生命课堂”

张胜前

作者通过对一线地理教师的教学设计及课堂观察发现，现行地理课堂教学行为存在以下问题：知识至上，教学行为单一化；教师中心，教学行为霸权化；教案本位，教学行为模式化；为了考试，教学行为工具化。

基于这些问题，作者提出重构课堂，实现从“知识课堂”向“生命课堂”的转变。具体做法如下：教学中凸显行为目标的整体性、体现教学行为的多样性、发挥教学行为的主体性、注重教学行为的生成性、渗透教学行为的情感性、关注教学行为的差异性、提高教学行为的关联性、加强教学行为的反思性。

《地理教学》2009 年第 3 期

把“备学生”真正落实到实处的探讨

廖书庆

“以人为本”是新课程的核心理念，关注学生成长应体现在教学的各个环节。文章以备课活动为例，分析如何体现这一核心理念。

一是打破“零起点”，把握准确性。备课时，应充分关注学生原有的知识储备和经验背景。二是了解多元智能，注意全面性。备课时要重视学生多元智能的挖掘，更好地从学生的学习愿望、兴趣和实际需要出发，来调整或优化教学目标，调整学习内容的深度和广度，调整学习的起点、坡度和速度。三是克服整齐划一，关注差异性。要有学生个体差异的意识，要把学生的差异当作课程资源去开发利用，在目标定位上各有侧重，在教学内容的选择、学习方法的指导等方面因人而异。四是避免“以教为本”，突出主体性。把更多的课堂时间还给学生，把学习的主动权交给学生。五是展示学习智慧，讲究科学性。掌握学习策略应该成为备学生的重要内容。

《地理教学》2009 年 4 期

地理课堂教学“过程与方法”目标的确定

沈　艳

三维目标中的“过程与方法”目标成了新课改的亮点。但目前地理教师在确定“过程与方法”目标时存在以下几个问题：目标描述太过笼统、目标的行为主体有误、“过程与方法”目标的确定脱离了“知识与技能”目标、目标确定时语言表述含糊不清。究其原因是没有认真研读地理课程标准、难以跳出“灌输式”的教学模式、对学生关注不够。如何确定“过程与方法”的目标呢？

作者提出：要认真研读地理课程标准，把握课程核心；研究教材，从整体上把握课程基本结构、理清教材知识体系；以学生为学习的主体，确定合理目标；确定能力发展的重点，以保证课堂教学在有限的时间和条件下使学生地理能力得到平衡与合理的发展；用准确、可操作性语言描述行为目标。

《地理教学》2009 年第 5 期

情境化教学在地理教学中的运用

周学忠

作者从情境化教学的基本原理及其教学意蕴和地理教学中如何进行情境创设两个角度论述了情境化教学在地理教学中的运用。

情境学习理论认为：有用知识的获得必须镶嵌在相关或“真实”的情境中。创设情境就是指教学应创设一种与现实情境相类似的真实情境，其要求是既能体现知识产生与应用的真实境脉，又能激活学生与之相关的生活经验或经历。如何进行情境创设？作者认为：以情境激发学生积极的学习情绪，以“境”激“情”，实现情境互动与情境交融；以情境促进学生意义建构。学校里的学习之所以不能有效用于解决真实世界的问题，主要是由于“正式的学习场景重视的是知识，它们是脱离情境并用符号表达的”，同时将学生“置身于精确的、定义完善的问题、正式定义和符号处理之中”。在教师为学生构建的学习环境中镶嵌着真实的任务，意味着学生必须运用所学知识解决一些较为复杂的问题，意味着学生不再是简单地再现知识，这就有可能激发学生的创造性。

《地理教学》2009 年第 6 期

新课程地理有效教学的“三思”

张建春

作者从三个角度论述了对有效教学的思考：强化课标引领，构筑有效之基。课标指引教学目标，课标一般提供“知识与技能”的方位，也可能提供“过程和方法”的启示，而教学目标不但要具体细化课标中的“知识与技能”、“过程和方法”，还必须挖掘“情感态度和价值观”等元素。整合教学资源。课程是为实现课标而进行的资源开发整合，为实现教学目标而进行的程序优化，为实现主体的发展而进行的知识、能力和思维模式以及情感态度和价值观的建构过程。提升课堂效力，共赢有效之果。课堂是由课标、课程、环境以及不同背景、能力各异的学生、不同的教学语言行为等多种变量构成的复杂函数，是实施课程、实现目标、达成课标的现场，是将预设的目标、再造的课程等转化为目标的呈现、过程的推进、原理的运用、规律的总结、结论的获得等过程。

《地理教学》2009 年第 6 期

多元文化教育视野下的地理教育初探

蒋林君

多元文化教育的背景是文化的多样化，多元文化教育是一种理念，是一个持续和发展的长期过程。多元文化教育的目的是有利于社会多元共生，在文化的继承和不断选择中实现人类进步与发展；培养学生的多元文化适应力和运作力，发展学生跨文化交际的能力；培养学生树立正确的多元文化情感态度价值观。

文章认为地理课程展现了全球不同地域的自然地理、环境结构、文化习俗、人文情怀等。从地域这个维度出发，揭示文化成因的地域根源，强调文化的地域性差异和联系，引导学生从不同角度看待地理现象和问题，逐步形成对地理事物的地域性和综合性特征的认识。多元文化成为地理学科教学的重要素材，在地理教学中融入多元文化教育将有助于地理课程中人文部分内容重获生机，充分展现人文地理的“文化魅力”，同时丰富课程资源，增加课程的趣味性。充分挖掘、呈现地理教材中多元文化知识，创设文化情境，让学生体验多元文化。

《地理教学》2009 年第 7 期

地理课堂提问有效性的探索

张 瑾

有效性提问是指提出的问题能使人产生一种怀疑、困惑、焦虑、探索的心理状态，这种心理又驱使个体积极思维、不断提出问题和解决问题。作者认为影响课堂提问有效性的主要因素包括：课堂提问类型、问题的开放性、提问时机、学生的认知水平、课堂提问次序、评价反馈等。文章以“工业区位”为案例，提出了提高课堂提问有效性的操作步骤：课堂提问要以学生为本、围绕学生的认知目标设计问题、在课堂实施过程中学生如何在教师指导下围绕问题进行探究。

《地理教学》2009 年第 8 期

地理课堂中的教学机智及其修炼

杨震华

本文作者以案例分析的形式提出了教师在课堂教学中教学机智表象的问题。一是与预设不一致时，对生成的问题避而不谈或婉转回绝，这是当前课堂经常碰到的问题；二是只管教不管学，无视学生的情绪与反应，我们很多教师对“如何教”看得很重，至于学生“如何学”“学得如何”关注还是不够，在深层次上表明了教师缺乏教学机智；三是忽视教学“意外”的价值而往往与“精彩”失约；四是随意生成，无限拓展，背离了教学目标。教学中教师已经注意到让课堂上能有鲜活的动态生成，力图发散学生的思维，张扬学生的个性，但不注重整合和优化，开放失度，远离了教学目标。

教学机智的形成不是一蹴而就的，作者从理论和实践出发提出了地理教师教学机智的修炼方略：切实转变观念，灵活驾驭课堂；加强学习，提升学识素养，积累教学智慧。总之，课堂教学机智是以教师高度的修养、深厚的功底、广博的知识、熟练的技巧和丰富的经验为基础的，是教师“厚积精思”的产物。

《地理教学》2009 年 8 期

地理课堂教学设计的心理策略

牟彦瑾

地理课堂教学设计形式具有较大的灵活性，因课而异、因时而异、因学生而异。本文作者以心理学为支撑，从多种角度论述了地理教学设计的心理策略，具有可操作性。

日常认知的作用：借助学生经验提问，激发学生兴趣。错误概念的转变：巧设认知冲突，加强知识同化。抛锚式教学：借构生活故事，实现课堂知识综合。兴趣加强学习动机：抛生活趣闻之砖，引地理兴趣之玉。思维的反思：紧扣学生思维，激发创新火花。对于学生创造性和批判性思维的鼓励，在建构主义的理论框架中，是用于选择和监控心理加工过程的高级策略。

《地理教学》2009 年第 8 期

浅谈如何提高高中自然地理教学的趣味性

王耀平

教学过程中学生普遍感到自然地理知识难度较大，内容抽象，进而学习兴趣不高。面对这样的情况，作者通过案例提出了一些措施。

一是实验演示导入新课，激发学生好奇心。在新课开始时，有选择性地做启发性强的实验，巧布疑阵，设置悬念，就会使学生更加明确学习目的，增强学习动机。二是将时事和典故带进课堂，提升课堂趣味性。选择实例教学，有助于引起学生的兴趣和关注。三是游戏渗透课堂，增强课堂趣味性。在教学中尽可能将枯燥的语言现象转变为学生乐于接受、生动有趣的游戏形式，为学生创造丰富的课堂情景，强调学生的主体参与。四是角色扮演融入课堂，提高课堂参与度。角色扮演能够有效调动学生的学习兴趣和积极性。在强化学生角色的过程中，调动学生的积极性，培养学生主动学习的习惯，引导和鼓励学生独立思考，激发学生的探索创新意识，变学生单一的思考为互助的协作学习，体验解决问题的过程，使之从被动的知识接受者转变为知识的共同建构者，真正成为学习的主人。

《地理教学》2009 年第 9 期

让地理课堂教学回归有效

凌　峰

作者从三个方面论述了让地理课堂教学回归有效的措施。

一、把握五大“要点”、合理处理教材，这是有效教学的基础。处理教材时，教师要把握探究兴趣点；把握思维障碍点；把握能力生长点，精心设计学科能力的生长点；把握知识整合点，提升学生的认知层次，提高其思维能力；把握现实连接点，知识来源于生活，服务于生活，才能让学生把知识学“活”，提高学生的知识迁移能力。

二、重视学法指导、促进自主学习，这是有效教学的关键。包括指导学生阅读教材，包括通读教材、设计问题读教材、梳理知识体系、阅读教材案例图表；指导学生对知识归类区分，有对易混淆的概念比较甄别、对相似过程区别归纳、对相同问题系统归类的能力；指导学生读图技巧、探究训练，引导学生根据自身探究的能力，选择由低到高的层次进行探究；指导解题技巧。

三、实施“四要”原则、合理讲评练习，这是有效教学的手段。讲评要有三备，就是备好练习统计、备好练习分析、备好学生情况；讲评要有侧重，就是侧重重难点、侧重综合能力、侧重错误原因；讲评要有拓展，以点带面、借题发挥；讲评要有参与，给学生充分表述自己思维过程的机会。

《地理教学》2009 年第 12 期

怎样设置探究性的地理问题

崔超英

作者就探究性地理问题的设置提出了以下观点：一、基于“最近发展区”思想，激发学生的求知欲望和探索激情，推动教学由现有水平向潜在水平转化。二、设疑严谨有梯度，驱使学生去研究和思考。三、解疑方法需多样，设置的问题应能激发学生丰富而多样的认知活动，丰富问题的探究成分，增强问题的探究性。四、释疑结果有创见。探究过程孕育着创新这一认知规律说明，探究的目的不仅是培养学生独立思考、积极探索的习惯和能力，更为重要的是激发出独到的见解、设想及做法，以成功去激励学生不断探究。

《中学地理教学参考》2009 年第 3 期

浅谈地理教学中的“分层递进教学”

朱迎春

由于学生基础知识状况、兴趣爱好、智力水平、潜在能力、学习动机和学习方法等存在差异，传统教学往往不能使每个学生在原有基础上得到最大限度的发展。作者由点到面地进行了“分层教学”“分类指导”的教学实践。提出“分层递进教学”是面向全体、因材施教的教学模式。

具体的实施过程是：首先，了解差异，分类建组。教师应对全班学生进行前期调查了解，并对所获得的数据资料进行综合分析、分类归档。其次，教学过程层次化。教学过程分层是课堂教学中最难操作的部分，也是最富创造性的部分。包括课堂练习层次化、测试层次化等。在试题编制中，可依据教学目标将测试题分为基础题和层次题两部分。最终实现各类学生都有提高的目标。

《中学地理教学参考》2009 年第 3 期

“小组合作学习”的课堂行为与管理

陈桂珍

伴随着新课程改革，合作学习理念深入人心，并被频繁应用于地理课堂教学中，但从实际教学组织情况看，教师对合作学习的内涵与操作策略存在着几类问题：为合作而合作的形式主义、合作学习的组织形式不当、合作学习中的地位不平等、教师对合作学习过程的管理粗放等。

文章以“农业地域类型”为课例，表述了小组合作学习的策略操作，并阐述了对合作学习的认识。合作学习的文化元素包括目标趋向、个体尽责、群体互赖、多维互动、成果分享；学习内容要适宜；合作学习模式有效；教师在合作学习中应承担更大的管理与调控职责，协助建组与角色分配、商定小组合作规则、处理合作中生成的问题、评估小组学业成绩。

《中学地理教学参考》2009 年第 4 期

新课改理念下“案例教学”的操作方案

成继龙

教学案例在新教材中数量多、比重大、作用强。作者以“工业地域的形成与发展”为例，表述了在教学中如何实施案例教学。一是引用教材中的案例并对其进行整合，运用案例分析解决实际问题，变封闭式教学为开发式教学。教学重点应该是案例所诠释的原理，以及运用案例分析解决实际问题的能力。二是关注学生生活，尽量选取学生熟悉的案例，由浅入深，循序渐进，体现生活化的地理。教材中的案例大多是经典案例，示范性强，地域覆盖广，视野开阔，有着显著的地理意义和教学价值。三是注重知识迁移，实现由“教案例”向“用案例教”的转变。四是案例学习方式力求多样化，从纷繁复杂的案例中抓住核心内容、探索本质特征。

《中学地理教学参考》2009 年第 4 期

高中地理教学中学生区域比较与分析能力的培养

周 慧 郁 华 杨向阳

在教学中如何协调知识传授与能力培养间的关系呢？作者从三个方面表述了区域比较与分析能力的培养。

首先是从培养学生区域比较与分析能力的教学内容分析。区域比较与分析能力的内容主要集中在必修3，包括“区域地理环境与人类活动”和“区域可持续发展”两部分内容。其次是培养学生分析与比较能力的教学策略。区域分析与比较是通过对比区域间的异同，来揭示区域间的差异和要素间的关系，客观、全面、深刻地认识区域特征，并预测区域发展趋势。最后培养学生区域分析与比较能力应注意的教学问题。注意分析与比较的次序；注意考虑从同一关系上去分析与比较同一对象或不同对象的特性；在运用分析与比较方法时与其他思维方法相结合；注意分析与比较方法的局限性。

《中学地理教学参考》2009 年第 4 期

新课程背景下地理课堂讨论存在的问题调查分析

李小妹

课堂讨论充分体现了学生的主体性，同时也能培养学生的创造性。作者通过问卷调查、聚焦高中地理课堂，发现当前地理课堂讨论中存在的若干问题。

一是地理课堂讨论题目设计不合理。内容缺乏生活性、难易度不当、讨论题目设计的“主控化”，即讨论题目的确定几乎完全由教师确定，师生共同确定的机会很少。二是地理课堂讨论分组不当。分组存在很大的随意性、小组内部没有明确分工、小组内部的一言堂，中等生、暂差生讨论的参与性较低。三是地理课堂讨论过程的失控、失度。学生缺乏讨论知识的准备，讨论肤浅化；教师在讨论过程中的缺席，讨论自由化。四是地理课堂讨论总结的“单一化”。讨论的总结基本上被教师“承包”，学生总结的机会很少；地理课堂讨论总结的内容，教师多关注讨论结果；学生的小组总结与汇报中出现了“多个人观点，少集体智慧”的现象。

作者认为，课堂讨论有效实施的关键在于教师，教学观念的偏差、地理知识结构的不合理、缺乏地理课堂讨论方面的知识及缺乏对讨论的反思等都会影响到讨论组织的效果。

《中学地理教学参考》2009 年第 5 期

高中地理教学中学生实验能力的培养

周 慧 桂 宁 杨向阳

作者从三个方面表述了高中地理教学中学生实验能力的培养：首先从培养学生实验能力的教学内容分析。涉及培养学生实验能力的实验内容主要集中在必修1自然地理部分。其次是培养学生实验能力的教学策略。学生实验能力主要包括提出假设、分解问题、设计程序、操作实验和验证假设五种能力，这五种能力之间是一个递进的关系。最后，作者以培养学生实验能力应注意的教学问题作了总结，包括明确实验的要求和目的；设置相关的实验环境；建立详细的实验程序；记录相关数据；引导学生多角度、全方位分析讨论，使实验结果明朗化；引导学生反思、设计改良措施。

《中学地理教学参考》2009年第5期

地理教师优选有效课型的策略

白 玲

课堂教学是有效教学的主战场和落脚点。作者根据目前教师队伍中普遍存在的"不缺知识缺技巧""不缺形式缺实质"的现状，在设计课型方面提出以下建议：掌握不同课型的功能和作用；尊重地理学科的价值取向；依据教学内容确定课型；有效整合和使用不同课型；关注学生的心智发展；考虑现有教学环境和课程资源；养成在实践中自我反思的习惯。

总之，教师在设计和运用某种课型时，既要重视教学活动之前的"前设计"，又要关注教学活动过程中进行教学调整的"中设计"，更要看好教学过程结束之后基于反思的"后设计"。这种"设计—实施—反思—调整—再设计—再实施"的过程，能够不断完善和修正教师预设课型时的教学方式和方法。

《中学地理教学参考》2009年第6期

地理实验在中学地理课堂教学中的应用

段海六

地理实验是高中地理课堂教学的一个重要组成部分。然而，因为多种限制性因素的存在，导致地理实验在中学地理课程中难以开展。

作者提出，地理实验是指对地理事物和现象进行的模拟实验，是一种既能够验证、巩固课本理论知识，又能够帮助学生探索发现新知识的教学方式。可以采用教师指导、学生演示实验，通过学生观察、动手、合作、思考，获得结论的授课方式，让学生在动手、动脑中体会到地理的魅力；也可以采用多媒体模拟实验，使学生直观地获得地理知识、突破教学的难点；还可以采用野外实习，让学生到野外亲自观察，使课堂上所学到的知识和理论得到印证，从而加深对问题的理解和记忆，并提高学生的地理思维能力。此外，野外实习，还可以学到许多书本上和课堂上不能涉及的知识，从而进一步丰富和扩大学生的知识领域。

《中学地理教学参考》2009 年第 6 期

试论高中教材案例在复习备考中的功能与作用

崔超英

目前，地理高考的考查重点是在理解地理概念、规律和原理的基础上分析、解决实际问题的能力。文章认为，在备考过程中，可以充分利用教材案例实施教学。因为，案例隐含基本理论知识，促使理论与实践的互动结合；案例蕴涵解题思路和方法；案例催生思维“建模”，揭示解题规律；案例突显地理学科的核心观点。

伴随新课程的实施，地理高考呈现出关注地理科学素养的命题趋势，在强调基础知识运用的同时突出地理观点，如人地协调观点、可持续发展观点、空间观点与因地制宜观点等的考核，而这些核心地理观点充盈于教材案例中。

《中学地理教学参考》2009 年第 7 期

乡土地理教学中心理地图的构建方法探讨

邹金伟　朱　良　闻振平

心理地图是人们对地表某一方面或某些方面内化了的印象。作者认为心理地图构建的意义主要体现在：贯彻了新课程标准的理念，心理地图的构建既能增强学生的地理知识，又能帮助学生随时获取必要的地理信息，解决实际生活中的地理问题，学习对终身发展有用的地理；有利于培养中学生的地理智能，心理地图的形成有利于整合各种地理信息，提高人的想象力；有利于提高学生的地理思维能力，并且能够激发学生的形象思维，达到图文转化的效果。

心理地图的构建要经过外部轮廓、内部细致化、完善三个阶段。心理地图构建的方法：可以通过读图、绘图构建心理地图；利用经纬网构建心理地图，不仅需要构建静态的心理地图，还要形成动态的心理地图，属于对空间概念和物体空间运动的抽象思维之后构建的心理地图；通过实地考察构建心理地图，在乡土地理教学中，由于乡土的范围就在学生身边，贴近学生生活实际，因而有利于开展实地考察，让学生学会对乡土地图信息加以分析利用，引发学生对乡土知识产生联想，从而构建起乡土心理地图。

《中学地理教学参考》2009 年第 7 期

新课程对“生活化”地理课堂的诉求——以“正午太阳高度角的变化”为课例

潘竹媚　朱雪梅

地理教育必须引领学生走进生活，应该让学生深刻体会到地理知识在社会生产、生活中的功能和价值。但是长期以来受应试教育等传统观念的影响，学生对生活的感受、社会生产的实际情况难以真正走进地理课堂，学生所学地理知识常局限于地理教材，形成了“教教材—学教材—背教材—考教材”的教学怪圈。如何使教学内容联系学生的生活实际，如何让学生学习到对生活有用、对终身发展有用的地理知识，作者作了一些尝试。

通过实践，认识到：“对生活有用的地理”应该分为地理知识和地理技能两大部分。生活中的地理知识不仅包括学生直接感知的地理事物与地理现象，也包括学生通过网络、电视、报刊等媒体渠道获取的地理信息。生活中常用的地理技能主要包括正确使用地图、野外观察与调查、判断方向、天气预测、灾害自救与救助以及简要评价环境质量等。“生活化”的地理课堂有利于培养学生的地理学习兴趣与思维习惯；有利于学生创新素养的形成。可以利用生活中的事例与现象创设教学情境，可以利用地理原理阐释生活中的现象与问题，可以利用探究活动训练生活需要的地理技能。

《中学地理教学参考》2009 年第 7 期

地理课堂教学“三板”技能应用策略探析

白文新

板书、板图、板画是地理课堂教学艺术中必不可少的部分。文章揭示了板书在课堂不同环节中的作用，在导入新课、揭示课题时，教师要板书章节的标题；在引入新概念时，要板书定义；在探求规律、研究性质时，要板书推论的过程；在分析解题思路时，要板书主要的思考途径及示范解题的步骤；在复习、巩固时，要板书知识的结构及其内在联系，以及主要的结论和注意点。

接着，作者从四个角度阐释了地理课堂教学中“三板”技能应用策略。首先，板书技能及其功能。其次，板书设计的主要原则。再次，板书的类型。最后，板书的应用要求。

《中学地理教学参考》2009 年第 9 期

高中地理乡土探究教学模式的探索与实践

王　革

中学地理新课程标准提出了四个“关注”的课程理念：关注促进学生发展的地理，关注贴近学生生活的地理，关注实践与应用的地理，关注与现代信息技术整合的地理。作者认为，地理应用知识必须通过学生积极参与到学习过程之中，在亲身体验之后才能真正获得，必须通过老师的正确引导才能最终形成。所以提出“再现生活—快乐探究—理性升华”的教学模式。

作者以具体案例说明此种教学模式是以“再现生活”为先导，以“快乐探究”为主干，以“师生互动”为纽带，以“提高素质”为归宿。利用乡土教学案例，让学习者联系实际，利于其知识的迁移、拓展，使学生原有的知识与经验在总结过程中发挥巨大作用。

《中学地理教学参考》2009 年第 9 期

3S 技术在中学地理教学中的应用

周群英

目前在发达国家，3S 技术已经成为中学地理教育不可缺少的工具和组成部分。在我国新一轮的课程改革中，3S 技术已经被纳入地理必修课程的内容范围，并把它列为七大地理选修模块课程之一。

作者认为：3S 技术有助于课堂教学整体优化，激发学生学习地理的兴趣。在城市化、森林砍伐、湖泊退化、沙漠化等教学中，作用巨大。其中，GIS 利用其强大的空间信息管理功能，使地理信息的分析、显示变得简单、方便和快捷，使地理教学变得更为轻松。

《中学地理教学参考》2009 年第 9 期

地理课堂教学有效性的追问

陈桂珍　朱雪梅　钱丽娟

作者以案例的形式将课堂教学体系分为八大组成要素，对课堂教学的有效性加以追问与审视。从学习目标看，清晰明确还是含糊不清？从情境内容看，有趣有用还是枯燥乏味？从教学方式看，活动启发还是机械讲解？从媒体应用看，适当辅助还是过分依赖？从师生交往看，互动对话还是传授命令？从即时评价看，激励自信还是抑制生成？从设问思路看，引发探究还是简单应答？从学生状态看，思维活跃还是愉懒沉闷？

作者认为学生是课堂的主人，因此学生的学习状态应该成为评判课堂教学有效性的核心要素。

《中学地理教学参考》2009年第10期

用概念图打造智能地理课堂

傅　洋

概念图是一种用节点代表概念、连线表示概念间相互关系的图示方法，学习就是建立一个概念网络，不断地向网络增添新内容的过程。

作者认为：地理具有综合性的特点，概念图可以促进学生形成良好的认知结构；地理具有地域性特点，概念图可以培养学生多元认知能力；地理具有空间性特点，概念图兼容多种超媒体软件，可丰富学生的多元感知。在教学过程中，使用相关软件，效果显著。在概念图教学中，可以引入多样的视觉表达方式，光影交错的界面，促进学生视觉—空间智能的发展；概念图有声有色的课堂，激发了学生捕捉音乐信息的潜能，促进学生音乐旋律智能的发展；心灵手巧的展示，促进学生身体运动智能的发展；概念图的绘制，用学生偏爱的图画形式，使得数学逻辑概念更清晰，又进一步促进该种智能的发展；概念图在实际应用中不仅是教与学的工具，更是一种教学策略。它有助于促进学生的多元智能开发，实现“以生为本”的教学理念。

《中学地理教学参考》2009年第10期

地理案例教学的问题辨析与范式构建

朱雪梅　吴春燕

当前，案例教学已被广泛应用于地理课堂中。但是，许多地理教师对案例教学的内涵却未真正理解，“知其然却不知其所以然”的现象普遍存在。作者以必修3“资源的跨区域调配”教学为课例，对地理案例教学中存在的主要问题进行梳理与剖析，也试图对案例教学的基本流程与方式进行适当的规范。

一是案例教学应用的泛化问题，将案例与实例、案例教学与举例说明混为一谈。二是案例教学内容的表象化问题，许多教师曲解了地理案例教学的本质。案例教学的实质是从个别到一般，再从一般到个别的教学过程。大致可分为导课、质疑、研讨、提炼、拓展5个环节。由案例文本、研究问题、互动对话、拓展应用等要素构成，这些要素通过上述的五个环节实现了相互联系、相互作用。这五个环节不能截然分开，在案例的分析、讨论过程中“质疑”“研讨”“提炼”这三个环节是交叉使用的，课堂实际上是一个循环学习的整体。

《中学地理教学参考》2009年第11期

浅谈地理教学中的“示错”教学

李吉龙

“示错”教学，就是教师在教学中恰到好处地、有意地把估计学生易错的做法展示给学生，或是把学生错误的做法展示出来，以引起学生的注意，然后通过师生共同分析原因，加以纠错，达到及时、有效地预防并避免学生出现同样错误的目的，以促进教学质量的提高。

作者从四个方面论述了“示错”教学。首先是对于不同类型的错误，为了保证示错教学的价值和意义，示错教学应该因“错”而异，在纠错课中要有明确具体的教学目标，如认知目标、智能目标和情感目标等。其次是示错的方式多种多样，可以是学生示错，也可以是教师示错；可以是有意示错，也可以是无意示错。再次要根据针对性和及时性原则，对不同性质的错误，选择不同的示错时机进行示错。最后示错的课型有新课示错、复习课示错、讲评课示错。通过用“典型错误引路”的教学方法，对学生起到了及时的启示作用。使学生主动参与，有思有悟，学习中对症下药，形成良好的学习品质和思维习惯，使学生“做一题，得一法，会一片”，大大提高了教学效率和质量。

《中学地理教学参考》2009年第11期

新课程背景下高中地理课例研究的实践探索

宋 颢

虽然课例研究有不同的模式，但是，所有研究都聚焦课堂教学。围绕主题，选择、调整教学内容和策略是课例研究的核心；围绕主题，选择、调整教学内容和策略并通过讨论辅之以行为跟进，是课例研究有别于一般听评课的关键。在课例研究中研究组深化了对高中地理案例教学的认识，好的案例具有真实性、典型性、完整性和探究性；有效的讨论基于学生能运用已学的知识和原理，去说明自己的观点；案例教学的主体方式是基于学生的自主探究和讨论，让学生在分析案例的过程中，自己去挖掘、去体验，开动脑筋，寻求真谛，找出问题的本质所在，从而提出建设性意见和解决的方法，并由此提高学生分析问题、解决问题的能力。

最后，作者论述了对课例研究的认识和思考，认为课例研究有5个突出的特点，即研究主题明确；形成团队合力；避免教师同水平的简单重复；课堂评价多元；课例研究关注教师教的同时更关注学生习得；实现研修一体，研究的过程就是教学的过程，也是培训的过程。

《中学地理教学参考》2009年第11期

信息获取与解读技能在地理课堂教学中的有效训练

汤国荣

“地理信息的获取与解读”属于地理学习的核心技能之一。作者以具体案例，说明了教师在教学实践中如何有效训练、发展学生“信息获取与解读”的能力。一、实施开放性地理教学，创设地理信息获取和解读技能训练的平台。二、充分利用现代科技手段，让学生掌握获取和解读地理信息技能的方法。三、注重学法指导，从试题分析中提升学生获取和解读地理信息的能力。四、重视实战训练，提高学生地理图文信息的获取和解读能力。

《中学地理教学参考》2009年第11期

Google Earth 在中学地理教学中的应用

秦福来

当前，以地理信息技术开发的各类地理软件已逐渐由专业化走向平民化，为中学地理教学的改革提供了新的支持和手段。

作者介绍了应用最广泛且功能最丰富的软件 Google Earth

(以下简称 GE)，将 GE 在地理教学中常用的工具和操作方法进行了简述。以案例的形式对 GE 在不同的地理教学内容中的应用、在地理教学资源库建设方面的应用做了相关介绍。

文章建议：一是应发挥 GE 对于“学习对生活有用的地理”的独特作用，教会学生运用 GE 收集真实的地理信息并对收集到的地理信息进行整理、分析，从实际中发现问题，并结合 GE 去解决问题，将会使学生在真实的地理情境中理解地理知识对于生活的价值；二是 GE 的应用形式应考虑不同学段的课程目标。根据 GE 功能，设计合适的教学情境，突出对 GE 的二次开发能力的培训，强化地理信息技术的应用意识；三是应注重对地理教师 GE 应用的相关培训。鼓励教师们积极研究将更多、更好的地理信息技术软件引入中学地理教学，丰富教学内容与方式，不断推进地理新课程的改革步伐。

《中学地理教学参考》2009 年第 12 期

“问题驱动，学案导学”教学模式的研究与实践

胡学发

作者在新课程改革实践中，构建了“问题驱动，学案导学”教学模式，把学生的自主学习、合作学习和探究学习有机结合起来。进行这种模式教学时应注意：教学案的编制和问题设计。以“三条线”贯穿整个课堂，即以问题为明线、思维为主线、发展为暗线。问题线包括：提出问题、探究问题、解决问题、反思问题；思维线包括：引发感觉、促进思维、完成认识、形成体系；发展线包括激发兴趣、提高能力、催生创新、实现自我。整个教学过程让学生在学中思、在思中悟、在悟中得，以此提升思维层次，有效解决学生的认知冲突，从而达到对知识的深刻理解。教学流程环环相扣，有效往复，符合由简单到复杂、由已知到未知、由具体到抽象的认识规律。不仅适合于高中地理教学，也适用于初中地理教学。

《中学地理教学参考》2009 年第 12 期

地理思维建模的实践与思考——以“全球气候变化及对人类活动的影响”为课例

张剑平　朱雪梅　周文健

知识建构的过程是一个知识内化的过程，这一过程是学生进行内在思维的过程。作者选取“全球气候变化及其对人类活动的

影响”为案例说明，如何借助思维建模将内在的思维过程外显，让思维过程可视。

思维建模有利于培养学生主动建构知识的意识，使得知识解构与重构过程变得清晰可见；有利于培养学生逻辑推理的能力，有利于培养学生的创新能力，使其可以充分发挥自己独到的见解和与众不同的思考方法，设计出个性化、多样化的模型。这种建模包括：为知识系统建模、为解决问题建模、为认知方式建模。而地理课程中根据内容有四种类型，即思维导图、地图、统计图表、比较表。

《中学地理教学参考》2009年第12期

地理实验教学设计思路的初步探讨

顾筱莉

中学地理很多实验是有机穿插于课堂教学中，有赖于地理教师的探索和创造。作者就地理实验教学的设计提出了若干可供参考的途径。一是设计地理实验教学的思维特征。二是影响地理实验教学设计的主要因素。三是设计地理实验教学的思维途径。

设计实验的难点主要在于如何把已知的地理规律和原理举出一个现实可行的例证。模拟和观察是实验设计的两个基本思维角度。其中模拟的基本思维途径有实验材料的替代模拟、解释某些行为和特征而建立的模拟、地理相似模拟、过程模拟。模拟的前提是，实验设计者必须透彻理解地理概念、原理，熟悉地理现象发生的原因，才能设计出合理可行的实验；观察的途径，为使实验更容易观察、区分和比较。

《中学地理教学参考》2009年第12期

当前高中地理选修课程实施现状分析及改进策略

王传兵

作者在对安徽、江苏两省部分学校地理选修课程实施现状调查的基础上，分析存在的问题，并提出相应的措施。

地理选修课程的实施，从“课标”要求到省级教育主管部门，再到各个学校，基本每下一级就会打一些折扣，到目前为止，选修模块教育教学在实际操作中的状况并不理想。主要表现为：高考的现实冲击着学生的兴趣和爱好；地理选修模块研制高成本低收益；选修课程设置随意性大，教学质量难以保证；师资力量不足制约着选修课程的开设。因此，地理选修课程必须进行调整：对课程制订者而言，要整合资源，减少选修模块数量；对教材编写者而言，内容呈现形式要灵活，体现以人为本；对课程评价者而言，要处理好学生个性发展与高考的关系；对学校而言，要提高教师教学水平，努力改善办学条件。

《课程·教材·教法》2009 年第 1 期

防灾减灾教育

概　况

自然为人类的生存提供了宝贵而丰富的资源，同时各种自然灾害的发生也给人类带来了灾难。自然灾害对经济建设、社会发展，特别是广大人民群众的生命财产安全构成了严重威胁。从地理教学角度看，关键是要培养学生科学应对灾害、防御的意识，提高灾害自救能力，树立正确认识灾害的态度。

一、科学认识自然灾害

在地理教学过程中，培养学生正确的自然观、世界观是实现“情感、态度和价值观”的目标之一。使学生面对自然灾害时，既不悲观失望，也不无所适从，而是冷静应对。因此，教学过程中，必须使学生科学认识自然，客观公正地面对突发事件。

自然灾害是指自然环境的某个或多个环境要素发生变化，破坏了自然生态的相对平衡，使人群或生物种群受到威胁的现象。如，在美国有几种特殊天气，暴风雪、龙卷风、焚风、飓风等，每年造成重大损失（《地理教学》2009 年第 6 期）。在我国也有一种特殊天气——梅雨，在不同年份，常会发生异常，出现早梅雨、迟梅雨、“短梅”“空梅”“倒黄梅”等现象，不同程度上给当地带来损失（《中学地理教学参考》2009 年第 6 期）。

但是，自然灾害也有有利的一面。邓红明指出任何事物都是一分为二的，如火山喷发可以给人类创造一些土地资源和矿产；我国北方多沙尘天气，能有效缓解酸雨，有助于海洋生物生长，有利于抑制全球变暖；台风可调剂地球的热量、维持自然界的热平衡（《中学地理教学参考》2010 年第 7 期）。

二、增强减灾防灾意识

人类目前还无法消除自然灾害，消极逃避的态度不可取，所以教学过程中必须培养学生积极主动的预防意识，减少其后果的严重性。

基于这种理念，高中地理选修模块中专门开设一个模块——“自然灾害与防治”。徐晓玲以地震为例，教学中以“积累、实践”为主线，开展了“地震与自救与互救”的系列活动，让学生真正行动起来，科学演练，培养学生的自救互救能力，使学生真正学会用知识守护生命（《地理教学》2009 年第 11 期）。地理课程是生命教育的隐性课程，教材中蕴涵着丰富的生存技能教育资源。合理挖掘这些资源并进行必要的整合，在教学中进行适当教育，可以提高学生的生存技能。利用课堂充分结合教材内容，开展多种生存技能教育。马卫标也认为，结合地理研究性学习，鼓励学生参加活动，加强生存技能演练，学以致用（《地理教育》2009 年第 3 期）。

宋瑛认为在教学中，应整合灾害地理内容与相关的健康网络游戏，使学生在玩游戏过程中体验如何防灾，提高学生的防灾意识，调动学习积极性。了解减灾知识和应对自然灾害的能力是公民的基本素养，也是个性化程度较高的学习过程（《中学地理教学参考》2009 年第 1 期）。

三、自然灾害与可持续发展

面对自然灾害，人类经历了“听天由命，到茫然无措，再到主动避灾和科学预防”，体现了人类社会不断进步，科技水平不断提高，这是实现人类可持续发展的美好愿望。

多年来，人们为防止气候恶化，作出了大量有益的探索。郭军凯撰文论述了 WMO 致力于降低自然灾害风险与推动可持续发展，介绍 37 年来，人类为改善气候，保护全球环境、应对气候变化共同努力取得的显著成就（《中学地理教学参考》2009 年第 12 期）。

陈红方指出可持续发展教育的重要性。在进行地理学科的教育教学过程中，作者通过身边的事例——乡土地理，列举事例，理论联系实际，潜移默化地促进可持续发展教育（《地理教学》2009 年第 7 期）。程梅绮认为有必要在日常教学和生活中发展学生的环保意识。在富有启发性的情境下，认识周围环境，培养环保意识，特别是采用以生活事件的方式去培养学生的环保价值观和态度（《中学地理教学参考》2009 年第 11 期）。

刘存荣论述了城市绿地在减灾避灾方面的作用。公园绿地、造景设施、广场、水体、树木等均是避灾场所，可作为避灾救灾通道（《地理教育》2009 年第 1 期）。石漠化在我国多分布于长江流域和珠江流域，其中贵州、云南、广西三省区石漠化最为严重。杨通智建议努力恢复植被，调整农业生产结构，加强宣传教育，消除贫困，积极开展防治石漠化教育（《地理教学》2009 年第 4 期）。

赵玉平、邵明杰针对莫高窟长期受风沙侵蚀的困扰，分析了莫高窟周围的沙漠类型，以及风速等情况，在比较几种防沙治沙方法的基础上，指出 A 字形尼龙防沙网防沙固沙的作用，及其保护莫高窟的效果（《地理教学》2009 年第 1 期）。

四、加强科普宣传教育

地理教学中，积极开展防灾、减灾的宣传、加强科普宣传，提高公众环保意识和减灾防灾意识。许滢倩以汶川地震为例，对学生进行防灾减灾知识教育，提高学生自救互救能力（《地理教学》2009 年第 2 期）。殷育楠以全球变暖与非主流的三个争议为主线，通过图表来分析论证，表明观点，把教学目标从科学结论上升到环保的忧患意识，展开教学，目的是让学生居安思危（《地理教学》2009 年第 10 期）。

随着我国社会、经济、文化的不断发展，防灾减灾工作越来越成为民生改善、社会和谐、科学的重要保障，地理教学中应充分发挥地理课程优势，真正使学生学会生存和自我保护。

摘　要

“地震中的自救与互救”的系列活动

徐晓玲

本文以汶川地震为例，结合“普通高中课程标准实验教科书《地理 5》（选修）自然灾害与防治”，以“积累、实践”为主线，开展了“地震与自救、互救”的系列活动，让学生真正行动起来，优化知识技能形成的过程，科学演练，培养学生的自救互救能力。

作者以多种方式进行灾害教学：海选资料，感受地震；实物展示，现学现用；以“地震知识知多少”为主题，开展竞赛活动，寓学于乐；开展综合演练，如避震演练；模拟游戏，借助多媒体，以诱人的动漫的提示帮助学生明辨是非；利用暑期，与红十字会、教育局举办“灾害逃生、救生知识培训”为主要内容的红十字避难救生夏令营，并邀请救生专家前来指导。

《地理教学》2009 年第 11 期

另眼看自然灾害

邓红明

自然灾害是指自然环境的某个或多个环境要素发生变化，破坏了自然生态的相对平衡，使人群或生物种群受到威胁的现象。

文章认为火山喷发可以给人类创造一些土地资源，提供天然肥料；创造了地质地貌景观，世界上的一些著名风景区大部分是火山区；火山爆发所形成的云层会在一段时间内影响该地区，阻挡太阳光，使该地区的平均温度有所下降，因此，火山爆发被认为是地球天然的气候调整机制。沙尘暴能有效缓解酸雨，有助于海洋生物生长，有利于抑制全球变暖。台风给我国沿海等地带来丰沛的雨水，改善了这些地区的淡水供应和生态环境，也增加了捕鱼产量。台风可调剂地球的热量、维持自然界的热平衡。

《中学地理教学参考》2010 年第 7 期

灾害地理与网络游戏整合的教学策略

宋　瑛

如何科学、有效地使全体学生参与应对自然灾害的教育，作者在教学中尝试了多种方法，其中，教师将灾害地理与相关的健康网络游戏整合，会提高学生对于灾害地理的参与度和积极性。

文章首先介绍灾害网络游戏。其次介绍课堂教学实施策略。实践表明，灾害地理课程安排在具有一定影响的大灾之后，可以极大地调动学生的学习积极性。最后，作者强调加强灾害教育十分必要。减灾知识和应对自然灾害的能力是公民的基本素养，是一个个性化程度较高的学习过程。教学时，一定要避免程式化和片面的说教，既涉及理论层面，又落实应用和技术层面，以突出地理学科特点和应用价值。

《中学地理教学参考》2009 年第 1 期

高中地理教学应渗透生存技能教育

马卫标

地理课程是生命教育的隐性课程，教材中蕴涵着丰富的生存技能教育资源。合理挖掘这些资源并进行必要的整合，在教学中进行适当教育，可以提高学生生存技能。本文深入挖掘教材内容，列举了大量事例，以说明探索生存技能教育预设点的必要性。围绕生存教育主题，结合地理学科知识特点，在课堂上开展一系列演讲讨论等活动，让学生增加生存技能教育。地理专题教育具有周期短、活动性强等特点，能相对集中、灵活地实施生命教育的内容，实现生存教育的目标。但要在实践中不断探索地理专题教育的活动形式，丰富专题教育的内容，深化生存教育的内涵。

总之，作为地理教师，要有计划、有步骤、实实在在地于地理教学中渗透生存技能教育，既符合地理新课程标准关于生存教育的理念，也符合胡锦涛总书记“将灾害预防等科学知识纳入国民教育中”这一精神，还能使课堂教学与生活热点贴近，引起学生学习地理的兴趣，从而极大地提高教学质量。

《地理教育》2009 年第 3 期

环境教育——澳门经验

程梅绮

环境教育是地理教学中的重要目标，作者介绍了澳门环境教育的经验。在日常教学和生活中发展学生的环保意识、实施环保教育的场地广泛，使学生能直接接触环境，在富有启发性的情境下，认识周围的环境和培育有关环保的兴趣及能力，特别是采用以生活事件的方式去培养学生的环保价值观和态度。

澳门环境教育值得大陆借鉴的做法包括：在日常生活中进行环境教育；在日常教学中进行环境教育。环境知识教学和环境意识培养的有机结合，是发挥地理课环境教育的主要途径，积极开展课外环境教育活动，适时结合重大环境节日开展环境保护宣传教育活动。

《中学地理教学参考》2009 年第 11 期

城市绿地的新功能

刘存荣

文章从两方面介绍了城市绿地，城市绿地的减灾作用和对城市绿地建设的几点建议。城市绿地对某些自然灾害的城市公害起到有效的抑制作用。可作为避灾场所，公园绿地、造景设施、广场、水体、树木等均在灾民的避难过程中发挥了重要的作用，城市绿地可作为避灾救灾通道。

为此，城市绿地建设必须健全城市避难绿地系统，适当提高绿地种类规划建设指标，合理规划绿地布局，加强绿地内避难救援设施的建设，加强城市绿地避难功能的宣传。

《地理教育》2009 年第 1 期

敦煌莫高窟的A字形尼龙防沙网

赵玉平　邵明杰

莫高窟长期受风沙侵蚀的困扰，如何保护成为人们关注的话题。作者分析了莫高窟周围的沙漠类型，以及风速等情况，在科学的基础上提出了A字形尼龙防沙网防沙固沙措施。

莫高窟保护者们先后尝试了在窟顶崖面修筑挡沙、开挖输沙沟、扎设防沙栅栏等种种措施，都未能起到防沙效果。综合莫高窟的地形、地貌特征及地表组成物质、沙丘的类型、风向风力等因素，文章认为A字形尼龙防沙网效果明显。具体做法为：以窟顶边缘以西约1千米处为顶点，向东北、东南方向各设置一面长约1千米的尼龙质防沙网，两面防沙网间的夹角为83°。在窟顶边缘以西约300米、500米处，分别设置两面南北向的尼龙质防沙网。整个防沙网系统呈A字形。该措施于1990年11月建成，已经起到控制流沙、稳定沙砾质地表及保护石窟与壁画的重要作用。

《地理教学》2009年第1期

美国的几种特殊天气

张玉红

美国国土辽阔，天气现象复杂。文章介绍了美国的几种特殊天气及其在美国造成的重大损失。

一、寒潮暴风雪。美国东西两侧地势高，中部为南北延伸的平原，在冬季非常有利于北方强冷空气向南入侵。冬季大约发生三四次寒潮，强寒潮南下时常伴有强烈风雪天气，被称为暴风雪。二、龙卷风。这是破坏力更大，影响范围更广，出现次数更频繁的特殊天气。地点多发在密西西比河中游与密苏里河下游一带的中西部。三、焚风。美国西部落基山脉东麓在寒冷的季节经常产生焚风。当焚风吹来时，几分钟内气温便升高一二十摄氏度。四、热浪。自春末至秋初，美国中部东部有时出现持久的酷热干旱天气。日间温度可升到32℃以上甚至35℃以上，持续两三天甚至两三个星期。五、印第安夏：美国东北部、大西洋沿岸和密西西比河流域，入秋降温后，有时重新出现若干或几星期的迥然天气，在过去这是美国印第安人庆祝丰收的时间，故称之印第安夏。六、飓风。美国东南和南面的西大西洋、加勒比海与墨西哥湾都是热带气旋的生成地。6～8月间在美国登陆可能性最大。美国每年因飓风造成的损失相当大。

《地理教学》2009年第6期

贵州南部山区石漠化及其防治

杨通智

石漠化是在亚热带湿热气候条件下和脆弱的喀斯特地区，由于人类不合理的经济活动，造成地表植被破坏，水土严重流失，导致大面积溶岩基岩裸露或砾石堆积的一种荒漠化生态现象。石漠化在我国多分布于长江流域和珠江流域，其中贵州、云南、广西三省区石漠化最为严重。贵州南部山区石漠化具有发展快、治理难的特点。

文章分析了贵州南部山区石漠化的成因：自然因素是石漠化形成的基础条件，人为因素是石漠化形成的主要原因。主要表现：一是过度樵采；二是过度放牧；三是不合理的耕作方法，四是地方政策上决策失误和管理上的疏漏。石漠化造成山区珍贵的水土资源流失，使山区群众的生存环境状况恶化，还对珠江中下游地区生态安全构成严重威胁。努力恢复植被，调整农业生产结构，加强宣传教育，消除贫困是防治石漠化的重要措施。

《地理教学》2009 年第 4 期

浅谈异常梅雨的成因

张兆明

初夏季节梅雨是长江中下游地区特有的现象，它是我国东部地区主要雨带北移过程中在长江流域停滞的结果。这种季节的转变以及雨带随季节的移动，年年大致如此，已形成一定的气候规律性。但是，每年的梅雨并不完全一致，存在很大的年际变化。

文章介绍了五种异常梅雨的成因。第一，早梅雨的基本原因是西太平洋副热带高压的北跳提早，使得我国东半部主要的降雨带突然从南岭以南移到长江中下游。第二，迟梅雨，6 月份，在对流层的中部，从我国长江流域到日本南面的西北太平洋上，维持着一支强劲的西风，抑制了西北太平洋副高的北抬，使得长江中下游的雨带久久不能建立。这样就造成了梅雨姗姗来迟。第三，特长梅雨，特长梅雨的主要原因是“出梅”特别迟。原因是西北太平洋副热带高压位置比正常年份偏南很多。第四，“短梅”“空梅”，通常是副热带高压与北方冷空气两者活动不协调的结果。第五，“倒黄梅”，它的出现主要是东亚上空大气运动到初夏再到盛夏的季节转变过程中发生了反复造成的。

《中学地理教学参考》2009 年第 6 期

全球应对气候变暖的“路线图”

郭军凯

作者介绍37年来，人类为改善气候，保护全球环境、应对气候变化共同努力取得的显著成就。1972年6月5日，联合国在瑞典召开了113个国家参加的人类环境会议，会议通过了《人类环境宣言》。从1974年起，联合国环境规划署每年都会根据当年的世界主要环境问题及环境热点，有针对性地确定每年的“世界环境日”主题。1992年6月，联合国环境与发展大会在巴西召开，确立了面向21世纪的全面行动计划，史称“里约会议”。为了阻止全球变暖趋势，大会签署了《联合国气候变化框架公约》。1997年12月，在日本京都通过了旨在限制发达国家温室气体排放量以抑制全球变暖的《京都议定书》。2007年12月3日，联合国气候变化大会召开，产生了“巴厘岛路线图”。强调了国际合作，减缓气候变化问题，及适应气候变化问题、技术开发和转让资金问题。为下一步落实《框架公约》设定了时间表。中国为绘制“巴厘岛路线图”作出了自己的贡献。2009年12月，哥本哈根会议，192个国家签署了就未来应对气候变化的全球行动的新协议。

《中学地理教学参考》2009年第12期

立足乡土地理，渗透可持续发展教育

陈红方

对学生进行可持续发展教育，符合人的学习认知规律，符合人的思想发展规律，可持续发展是中学地理教育的主旋律。

文章认为，通过身边的事例，进行乡土地理教学，对可持续发展教育起到潜移默化、事半功倍的效果。焦作是一个资源型城市，由于人类社会发展的需要，在煤炭开采、使用过程中造成了严重的环境污染，破坏了生态平衡。作者给学生布置调查活动，让学生在课余做调查、走访，加深了理解。使学生形成共识：要开发利用自然资源必须选择合理的方式，走可持续发展道路，以确保生态平衡和维持生物多样性。

《地理教学》2009年第7期

地理教学评价

概　况

与2008年相比，2009年度除了高考试卷评析方面的论文以外，关于地理教学评价研究论文的数量明显减少。检索《中学地理教学参考》《地理教学》《地理教育》地理教育类三大期刊，关于地理教学评价的论文共约14篇，其中《中学地理教学参考》约有相关论文7篇、《地理教学》约有7篇、《地理教育》基本空缺，这是近几年来罕见的现象。除上述期刊外，在“中国知网”输入关键词“地理教学评价”，通过检索“中国期刊全文数据库”发现与地理教学评价相关的文章仅有3篇，它们是：《中国成人教育》2009年第5期的《地理课堂教学评价研究》，作者赫兴无；《才智》2009年第10期的《地理教学中发展性课堂评价》，作者张素霞；《镇江高专学报》2009年第10期的《浅论新课程标准下的地理课堂教学评价》，作者周剑、田宏文。

2009年度关于地理考试测量评价的研究，依然在地理教学评价中占主体地位，与此项目相关的文章总数远超过其他评价类文章的总和。地理教育三大期刊均设置了有关考试评价的栏目，《中学地理教学参考》设“教学评价”栏目，分“复习备考、试题研究与设计、中考之窗”三个主题；与2008年相同，《地理教学》依然设“考试研究”与“试卷交流”两个专栏；《地理教育》的“高考聚焦”栏目，与考试评价相关的主题有“试题精选”“模拟考场”“解题技巧”“试卷评析”等主题。这种突出关注地理考试研究的现象，说明测试仍然是目前学生成绩评价的主要形式，其主要原因是长期以来应试教育的影响。

摘　要

新课程初中地理研究性学习有效评价案例研究

郑海光

地理研究性评价方法多种多样，作者结合教学实践和案例，依据现实性、有效性和可操作性等原则，对初中学生研究性学习的有效评价进行分析。首先要注重对学生研究性学习过程的有效评价，并以“废旧电池回收的研究”课题为例，指出评价内容应主要关注学生：参与地理研究性学习活动的积极性，是否能动手调查、自主探索和与学习小组成员合作交流；思维的严密性，能否全面科学地思考问题，从不同角度探究解决问题的方法；语言和文字概括和表达能力。

研究性学习评价的主体和方式要多样化，可采取自评、学生互评、教师评价、家长及社会有关人员评价等。作者以“生活中的水资源”研究性专题为例，指出评价内容主要包括：关注学生是否充分发挥想象，提出自己的活动方案；是否有比较清晰的活动计划；能否利用所学的知识解决生活中的水资源问题；能否与他人合作，并在交流中获益；是否有反思的意识等。

研究性学习评价结果应采用定性与定量相结合的呈现方式。作者以“广州空调滴水问题的调查和研究”课题为例，提出下列评价内容：关注学生将地理问题生活化的过程；能否根据地理知识解决生活中的环境问题；能否主动地建立学科间联系，提高分析和解决问题的能力；是否愿意独立思考，并积极主动与他人合作交流；对地理知识的掌握运用，能否用调查数据说明问题，并通过数据分析得出相关结论。

《中学地理教学参考》2009 年第 1、2 期

运用形成性评价理念进行地理学习过程设计

黄莉敏

作者以高中地理“大规模的海水运动”一课为例，基于三维目标，进行形成性评价学习过程设计。

首先，采用书面测验、口头表达、描绘地图和访谈等方法对地理陈述性知识进行评价。以地理问题形式对学生参与性活动进行设计，评价内容包括：(1) 读洋流的演示动画，描述海水运动景象，指出洋流中的“巨人”——墨西哥暖流；(2) 举例说明身边任何一种海水运动形式；(3) 观察盛行风常年吹拂海面的模拟动画图，判断各海域洋流的运动方向；(4) 描绘世界洋流的模式图和现实分布图；(5) 简要叙述洋流的地理意义。

其次，通过考查学生对地理概念、原理及规律特征的理解和运用，对地理程序性知识进行评价。本课程序性知识涉及洋流概念、性质、分布规律和成因等。

再次，对地理技能、过程与方法的形成与运用进行评价，主要考查学生对各种地理技能的功能、方法和操作要领的掌握程度，选择应用地理技能的合理程度及其表现出的实际价值。本节

课的相关评价涉及：在填充图上填绘世界表层洋流分布图；比较北半球中高纬度海区洋流分布与中低纬度环流；通过小组合作探究，对比分析“世界表层洋流分布图”与“世界洋流模式图”差异的原因；收集、分析历史上人类利用洋流的成功例证。

最后，从学生情绪状态、注意状态、参与状态、交往状态、生成状态等方面对情感、态度与价值观进行形成性评价。主要从两个角度进行：(1) 认识洋流对地理环境的意义，评价学生是否认识地理要素间的相互联系，培养辩证观；(2) 认识海洋环境的重要意义，人类发展应和海洋自身发展相协调。

《中学地理教学参考》2009 年第 1、2 期

浅谈高中地理学习评价

李　英

对学生的评价是地理教师进行教学管理行为的重要组成部分。地理学习评价是根据一定的地理教学目标，用多种科学方法和手段在系统调查的基础上，对地理课程满足社会与个体需要的程度做出判断的活动。

作者认为地理学习评价的方式应遵循以下原则：自评、组评、师评相结合；平时评价与期末评价相结合；定量评价与定性评价相结合。地理学习评价的方法主要包括：课堂提问评价；利用示意图、分类表格评价等；利用考试的开放性题型评价；调查问卷评价等。

《中学地理教学参考》2009 年第 1、2 期

用概念图评价课堂学习效能——以“交通运输布局变化的影响”为课例

孙小红　朱雪梅

用概念图展开教学过程，是一种切实可行的方式，在评价地理学习效能方面具有较强的优势。作者以“交通运输布局变化的影响”为课例，说明概念图评价的策略。概念图可用在诸多方面，如：①评定命题：全图中命题的数量有多少？命题的准确性如何？层次水平或横向联系有多少？与实例有无脱节？②评定箭头：两个概念间的意义联系是否用连线和关系词标明？这种联系是否科学？③评定层次：复杂概念是否体现了概念间的层次结构？下一层中的概念是否比上一层概念更具体？概念图是否说明了不同部分概念之间的横向联系？④参照评定：参照教师或专家

的概念图，将学生所画概念图对比进行评分。⑤组合评定：计算被连在一起的“概念对”的数量给概念图评分，对有见地的连线可多加分，无关的连线倒扣分。

《中学地理教学参考》2009年第5期

高中地理学业评价标准研发

过晔俊　吴琴琴　李马燕

作者首先介绍了美国、英国、澳大利亚三国地理学生学业评价的特征，指出与美国相比，我国的地理学生学业评价更重视学业成绩，而没有专门的学能测试；与英国相比，我国的考题编制没有专门的试题能力的区分。

作者提出新课程学生学业评价研究目的，是开发与课程标准相配套的中学地理学业评价标准，为教师进行学生评价提供指导，为地理教材编写和教辅资源开发提供指南。

作者从两个角度对新课程学生的学业评价目标进行设计：一是从认知、技能、情感领域三个维度表述，其实施过程是一个有机的整体。二是以课程目标的维度进行设计，即包括“地理知识与技能”的评价、“过程与方法”的评价、“情感、态度与价值观”的评价。

作者最后提出地理课程学业评价标准的设计应遵循发展性原则，对评价体系的设计，应以学生的发展为前提。根据国家地理课程标准，采取一定的测评工具，通过一些教学测量的方法来制订评价标准。在评价体系设计中，首先对课程标准的要求进行细化，设计“评价标准”；其次根据细化了的评价标准，设计和选择“评价工具建议”。“评价工具建议”包含对学生地理知识、概念、基本原理与规律，以及地理能力的评价；最后，在“评价样例”中，设计相关评价建议的具体评价方案。

《地理教学》2009年第1期

浅谈中学地理评课的内容和思路

张大来　孟海平

作者主要从评课的内容、评课的依据与标准、评课的思路等方面论述评课的策略。评课的内容分为两个层次：可评价的内容，从教育学角度看，包括地理教学目标、教学内容、教学过程、教学原则、教学方法、教师素养等；从教育心理学角度看，包括地理学习动机的培养与激发、地理知识的学习、技能的形成、学习方法的培养、学科素养的提高、学生品德与个性的形成等；从地理课程标准的角度看，包括评价地理课程（章或节）的性质与地位、地理新课程基本理念的体现、课程三维目标的落实、课程实施建议的运用与改进等。应评价的内容是指在众多“可评价内容”中，根据评价的目的确定评课的具体内容和侧重点。

评课的依据主要看课堂的方方面面是否符合地理教育教学规律、是否适合地理教育目标的达成。评课应以教育学、心理学等理论以及《课标》为依据，制订出“高中地理课堂评价标准”。由于评价内容的体系结构不同，教学内容、课型或依据的理论不同，评价标准表格的结构或内容排列也不尽相同，评课教师应该适时地调整和改造自己评课的“知识体系”结构。

评课的思路一般有两条主线：即评课内容和课的进程。每条主线之下又可采用两种方法，即逐项随机分散评价优缺点和把优缺点集中归类评价两种情况。

《地理教学》2009 年第 6 期

中学地理课堂教学评价的几点要求

李功爱

评课对于促进教师的专业发展、学科的课堂教学水平具有实际意义。作者从四个方面提出课堂地理教学评价的要求。一是要理解中学地理学科的特点。中学地理学科兼具社会科学和自然科学的特点，其教学内容牵涉的领域包括地质、气象气候、水文等，还有天文、生物、旅游、经济、城市等。理解了我国中学地理学科的特点，才能从大局和微观评判中学地理课堂教学的现状和优劣。二是要懂得中学地理教学的新理念、重视在传统经验基础上的新经验。中学地理课标的新理念包括：关注促进学生发展的地理；关注贴近学生生活的地理；关注实践与应用的地理；关注与现代信息技术整合的地理。只有在新理念指导下重视发现新经验，将传统经验与新经验结合起来，才能提升课堂教学研究水平。三是要了解中学地理课堂教学中一线教师的关注点。一线执教教师比较注意具体观察执教教师的教学行为、具体评析地理课堂教学行为，比较注意其他评课者如何关注细节。评课者应该注意看地理教学内容是否有错误，要注意中学地理学科的专业性，要关注课堂教学的价值，应关注地理教学的组织形式、课堂教学技术的应用情况，还应特别注意课堂教学的有效性。四是评课意见应该千人千面。评课意见可有长有短，但是应尽可能结合执教者、执教内容、执教过程的实际情况进行评议，应做到千人千面、千课千评，尤其要注意提炼执教者的“亮点”。评课人可以抓住教学中令人印象深刻的片段进行评论，也可以结合自己切身体会进行较细致的点评。

《地理教学》2009 年第 8 期

2009 年地理高考回眸

概　况

2009 年我国内地高考地理卷继续保持多样化特点。总体上看以文综卷为主，多种模式并存。在命题方式和考查能力等方面也呈现多元化特点，即通过多样化的图示类型、地理情景、比较方式、乡土题、区域案例、设问方式、考点问题，考查多元化的地理能力，如区域综合分析和比较能力、读图能力、迁移能力、地理信息解读能力、发散思维能力、描述能力等。

一、考试模式概况

2009 年我国内地高考卷中，含地理考试内容的试卷多达 20 份。

就试卷命题的依据而言，可分为两大类型：即依据《教学大纲》命制的试卷，本文简称“大纲卷”；依据新《课程标准》命制的试卷，本文简称“课标卷”。前者只有 5 份，包含全国Ⅰ卷、全国Ⅱ卷、北京卷、重庆卷和四川卷。后者达到 15 份，其中广东卷、上海卷各 3 份，分别为地理单科卷、文科基础（综合能力）和理科基础（综合能力）卷；山东两份试卷（分别为文综卷、基本能力测试卷）。此外，还包括海南卷、宁夏—辽宁卷、江苏卷、天津卷、安徽卷、浙江卷、福建卷。它们基本是 2004 年以来率先开展高中新课程改革的省市区的试卷。

就试卷的形式而言，可分为三大类型。

文综卷（11 份）：包含地理、政治、历史三科试题的试卷，覆盖全国 27 个省级行政区，为最主要的试卷类型。2009 年的文综卷可分为两大类型：①3 份教育部考试中心命题卷：其中，使用全国Ⅰ卷的 8 省区是：河北、山西、河南、陕西、湖北、湖南、江西、广西；使用全国Ⅱ卷的 9 省区是云南、贵州、青海、西藏、甘肃、黑龙江、吉林、内蒙古、新疆。此外，还有宁夏和辽宁的文综卷。②8 份自主命题卷：涉及北京、天津、四川、重庆、安徽、福建、浙江、山东省市。

大综合卷（5 份）：它们是广东有文科基础卷和理科基础卷，上海有文科综合能力测试卷和理科综合能力测试卷，山东的基本能力测试卷。上述试卷皆为各省市自主命题卷。

地理单科卷（4 份）：广东、海南、江苏和上海三省一市为地理单科试卷。其中海南地理卷是由教育部考试中心命题的试卷。

据统计，2009 年涉及地理学科的高考试卷中，由教育部考试中心命题的只有 4 份；其余 16 份均由各省市自治区组织自主命题。

综上所述，2009 年参与文综卷统一命题的省份达 19 个，20 个省份的地理试卷属于旧“大纲卷”。以统一命题的文综卷为主体，多种模式卷并存，反映了我国统一考试、分省命题的多样化命题趋势，也说明当前正处于从传统模式向课标模式转变的改革期和过渡期。随着国家中等教育改革的深入和普及，2010 年在未来几年将会出现更多的“课标卷”和自主命题卷。

二、试题主要特点

（一）地理单科卷：突显课标理念和学科能力

1. 苏、粤卷：题型相似，题量和难度相对较大，考查全面

两卷在题型、题量、难度、命题理念等方面，多年极为相似。如都有单选题和双选题，每题分值分别为 2 分和 3 分，双选题有一定难度，而其他各模式地理卷均没有双选题。两卷综合题中有两项或以上的选择题，而其他各种模式卷没有双选题。两卷考查的基础知识覆盖较全面。由于多年改革，两卷逐渐有所区别。2009 年江苏卷双选题要求选两个且选对才能得分，而广东卷选一个且选对可得 1 分。广东卷考试时间比江苏卷多 30 分钟，满分多 50 分，单选题和双选题则各多 2 个，必做综合题多 2 个（苏卷为 3 个）。

2. 上海卷：题量大，热点多，以区域地理填空题为主，难度相对较小

在全国各模式地理卷中，上海地理卷难度相对较小，主要考查区域地理内容，与热点联系最强；综合题以填空题为主，答案唯一性强，书写量少。考试时间、满分和必做综合题的数量与广东地理卷相同。

3. 海南卷：单选题分值大，综合题题量固定

海南卷考试时间为 90 分钟，满分 100 分。海南卷选择题与上海地理卷相同，但只有单选题，且分值大，每题 3 分，共 60 分，占总分的 60%；而上海、江苏、广东地理卷选择题的分值占总分

的比值分别为33%、50%、46.7%。海南卷非选择题每题只有两问，每题分数均为10分，非常固定。而江苏卷综合题每题有3～4问；广东卷每题有3～5问，多为5问；上海卷一般有3～6问，多为4问。各卷必做题每题分值不一定相等。

4. 单科卷中选做题：内容和形式上各有特点

上述4份地理单科卷均有选做题，且都把旅游地理作为选修模块，而环境保护题又成为苏、粤、琼卷的选做题；江苏卷与上海卷的选做题均为四题，要求从中选做两题，总分为20分；粤、琼卷则选做一题，总分为10分。海南卷选做题每题2问，其他三卷则不确定。各卷选做题都是区域案例问题。

2009年地理单科卷，均依据课标命题，突出地理课程与教学改革新理念，成为全国高中地理教师关注和研究的重要对象。

（二）文综卷：模式多样，形式各异

文综卷多种多样，有7份“课标卷”和5份“大纲卷”，2份教育部考试中心统一命题卷与9份自主命题卷，考试时间均为150分钟，总分为300分（只有山东文综卷总分为240分），选择题只有单选题一种。它们在地理命题形式上的特点有：

1. 地理总分不低于三科均分

2009年各文综卷中的地理分值有两种情况：①与政治、历史科同分。京、津、皖、宁或辽、渝、浙6份文综卷地理分值皆为100分，占总分的1/3。②超过三科均分。全国Ⅰ卷、全国Ⅱ卷、四川卷中地理分值分别为112分、116分、126分，分别占总分的37.3%、38.7%、42%。超出均分100分的分数主要集中在非选择题中，多在政治和地理综合题中，体现地理学科的综合性特点。

2. 地理题分值和设置安排上稳中有变

文综卷单选题，一般前11题为地理题，每题4分，共44分，而鲁卷前8题、闽卷前12题为地理单选题，皖卷单选题的最后10题为地理题。非选择题一般第1题为纯地理题，分值为36分（闽卷、鲁卷分别为37分和25分）；剩余地理分值则被安排在后面各非选择题中，与政治、历史科相互渗透。津、皖、宁或辽、浙卷前2题为纯地理题，分值分别为30分（宁卷为20分）、26分（宁卷为36分）。在各文综卷中，非选择题有3问、4问和5问的题数分别有6个、5个和4个。

3. 开拓创新，考法新颖

天津文综卷将地理、政治、历史三科分开，每卷分第Ⅰ卷（单选题）和第Ⅱ卷（非选择题），满分100分，三科总分为300

分。浙江文综卷中，政治、历史和地理必做题试卷的考试时间为150分钟，满分为300分；而地理选做题则放入“浙江自选模块”试卷中，包含语文、数学、英语、政治、历史、地理、物理、化学和生物共9科题目，每科两题，共18个选做题，全部是非选择题，任选其中6题作答，考试时间为90分钟，满分为60分。又如，各种文综卷中只有山东、浙江和福建卷有地理选做题，两题或三题中选做一题。三卷均有“自然灾害与防治”选做题，山东、福建卷还有“环境保护”选做题。福建卷每个地理选做题分值为15分，另外两卷每题10分。

（三）大综合卷：难度最小，题型简单

2009年广东、上海、山东大综合卷，包含高中各选修科的题目，考试时间均为120分钟，总分分别为150分、150分和100分，地理分值分别为：36分、33分和8分。题型只有两种：单选题和填空题。山东大综合卷还包括艺术、体育、音乐等科。广东文科基础卷只包含六科（政治、历史、地理、化学、生物、物理）题目，共75题，全部为单选题，其中政治、历史、地理分值较多，各为36分；其次是物理，34分。上海文科大综合卷包含的科目与广东卷相同，各科分值如下：历史34分，地理33分，政治31分，化学19分，生物18分，物理15分。广东和上海文科大综合卷中，地理分值均较高。各卷基础性强，难度最小，三卷地理题联系了社会热点、文学诗句、现实生活等，可读性强，为广大教师展示了地理命题的新颖思路。

摘　要

三稳三新三变——2009年天津文综卷简要评述

关克勇

本文从试题稳定、新颖、变化三方面论述命题特点。作者认为：试卷的稳定性主要表现为基础知识内容突出地理概念、规律和原理等主干知识，内容丰富，覆盖面广；学科能力覆盖程度较广，能力考查项目相对集中；试题设计体现过程与方法、情感态度与价值观。试题设计体现地理学的研究方法，区域性、综合性、动态性及图像表述在试卷中都有完好体现，注重思维品质和科学与人文精神。试题的新颖性主要表现为：试题情境选取和试题设计技巧；课改成果落实和试题创新，例如选择题第10～11题设计成“活动”形式，综合题第12、13题答案设计成非唯一性；试题显现出天津市的乡土与地方特色，引发考生对城市发展的关注。试题变化，则主要表现为：同场分卷，地理单独组卷，去掉学科间综合，保留学科内综合。有利于考生迅速确定学科思想，有效利用时间，更好地发挥水平；综合题使用填空形式，对关键词要求提出更高要求。这有利于降低试题难度，对于部分填空内容，试题答案也设计成开放形式：选修与必修内容混合，使试题内容更加丰富，减少单独成题的局限性。

《中学地理教学参考》2009 年第 8 期

2009 年高考地理试题江苏卷评析

胡星荣

作者从试题考查的知识、能力、图表及设计的材料方面对 2009 年江苏卷进行分析，认为整体难度比 2008 年略高，且力求创新，保持连续性。试题主要特点是：重视图表、图像考查，强化地理材料分析；能力立意突出，注重地理知识迁移与灵活运用。地理试卷注重情境的创新设计，注重学生图表解读与材料分析能力、语言表达能力、知识迁移运用能力等的考查；材料新颖，贴近生活，人文性突出。试题引导学生关注现实生活中的地理，从新的视角进行地理味浓厚的设问，关注当今社会的热点问题——人口问题、车展、北京奥运会、藏羚羊、熊猫、清洁能源、城市居住环境评估、钱塘江大潮等，体现了学以致用的原则。特点是有关环境问题，如水污染、废水再利用、自然保护区、湖域面积缩小、城市生态、城市交通、自然灾害（地质灾害）、荒漠化、灾害监测等，都在考题中得到了反映，体现我国节能减排的要求与可持续发展思想。

《地理教育》2009 年第 5 期

2009 年高考地理试题宁夏卷评析

黄志刚

作者从高考地理试题宁夏卷试题涉及的主干、材料、地图、现实发展等方面分析试题特点。一是凸现主干，注重基础。试卷依据《高中地理课程标准》和《宁夏 2009 年文综考试说明》命题，注重主干基础知识和基本技能考查，展现综合性特点，不回避重点。这些知识的考查，突出了对地理基本原理、规律、方法的应用，充满时代气息，展现学科价值，充分体现“培养现代公民必备的地理素养”的新课程理念。二是重视学力，导向教学。

试题注重呈现材料和问题的真实性、探究性以及鲜活的新材料、新情景。如解决 37 题掌上明珠问题需要经历如下过程：感知真实材料和问题情景，解读信息，联系相关知识，分析阐释事物，论证问题。三是地图载体，能力主导。体现图文资料背景下“获取和解读信息”“调动和运用知识”“描述和阐释事物”以及“论证和探讨问题”等能力目标与要求的考核，注重考查考生在基础知识、基本技能和基本方法掌握基础上“综合运用所学知识分析、解决实际问题的能力”。四是贴近现实，关注发展。“关注现实，体现国家意志和社会价值观”是文综命题的主旋律之一。试卷考查区域生态破坏与环境保护，特别关注人类面临的环境问题与可持续发展，体现重视对国民情感价值观的培养，实现了“三维”目标的有机结合，较好地展现了新课程的理念。高考不回避社会热点，热点渗透一直是高考的聚焦点，今年试题没有刻意追求知识与热点的结合，采取“冷处理”或更加隐性的方式介入。

《地理教育》2009 年第 5 期

2009 年高考地理试题四川卷评析

叶见林

作者从知识、图像、理念方面分析试题的特点。认为 2009 年四川文综卷地理试题强调双基，突出主干知识。试题涉及的都是经过中学阶段地理学习后学生必须掌握的基础知识和基本技能，突出对主干知识的考查。覆盖必修几乎所有主干知识及部分区域地理知识，但没能覆盖选修内容，可能会给一些师生以误导。图像有所创新，例如，图 1 中海拔小于 200 米的区域大片空白，学生要经过分析、判断、推理才能做出正确判断。但文字信息比重过大，使试题学科特色不如以前鲜明。作者还认为，试题贴近现实生活，渗透课程理念。例如第 36 题选择了一段学生游记作为切入点，让考生认识到地理就在生活中。

《地理教育》2009 年第 5 期

2009 年江苏高考地理试题特点及高三复习思考

明　春

作者从试题知识结构、考查方式、图表能力和时代感等方面分析 2009 年江苏高考地理试题特点。一是试题重学科主干，以人文地理为主，对海洋地理等选修模块新内容的考核也占一定比例。二是学科特色鲜明，读图与探究相结合。地理试题充分利用地理图像和图表等情景，呈现了丰富的地理信息，体现综合性、区域性及地理事象的分布规律和变化过程等内容。以地图语言作为主要的呈现方式，突显地理学科特色，对考生的读图能力要求较高。三是强化图表分析能力及地理思维能力的考查。20幅各类地图和两张表格虽使考生容易入手，但要把问题分析回答完整还是很不容易，许多试题是把相关知识重新组合，图表中隐含许多地理知识和能力。四是贴近社会现实，时代气息浓重。试题以人类面临和关心的问题或现实重大的社会问题为素材的主体设计思想，体现了对社会实际问题和热点问题的关注，说明了地理学科的应用性和重要性。总体来说，整张试卷精当、平和、新颖，突出知识的主干化，同时能够考虑学生需求，体现对考生的人文关怀。

《地理教学》2009年11期

2009年高考地理选修模块试题纵览

王　龙　郑恩才

作者在对山东、广东、福建、海南和江苏五省高考地理试题中选做内容进行研究的基础上，总结2009年选修试题的主要特点。一是实用性强。《环境保护》被全部省份选取，《旅游地理》《自然灾害与防治》分别有4个和3个省选取。各地限于师资和办学条件或顾虑高考，选修课设置较为谨慎。二是乡土味浓。试题设计往往与所在省区的特点联系密切，如福建卷和江苏卷选考《海洋地理》。三是突出强调环境保护的重要性。四是关注热点。如福建卷考查了台湾海峡两岸以及四川地震的相关内容。五是注重能力立意，突出了对主干知识的考查。如《海洋地理》考题涉及海岸的主要类型和特点，海岸带开发利用的主要形式，海洋资源开发利用的方式等。六是各省选考模块数量不一，体现因地制宜原则。七是赋分不一样。每一选修模块的分值一般为10分，只有福建卷设定为15分。八是设问上的特点：每一道题以2问居多。广东卷、江苏卷有填空题，其余皆为综合题形式。九是重视试题的开放性。如背景材料的开放性、设问的开放性和答案的开放性等，能让考生“仁者见仁，智者见智”，不至于“千人一面”，扼杀创新思维。

《地理教学》2009年第11期

2009年地理高考试卷大全

2009年普通高等学校招生全国统一考试文科综合
全国卷Ⅰ（地理部分）

第Ⅰ卷（选择题）

注：在每小题给出的四个选项中，只有一项是符合题目要求的。

一、选择题

甲市2008年户籍人口出生9.67万人，出生率为0.699%；死亡10.7万人，死亡率为0.773%。甲市户籍人口这种自然增长态势已持续14年。下图显示四个地区的人口出生率和死亡率。据此完成1～2题。

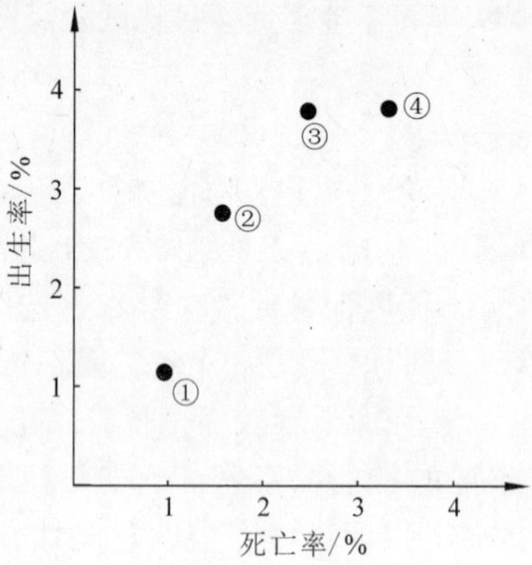

图1

1. 甲市可能是（　　）

A. 西宁　　B. 延安　　C. 上海　　D. 广州

2. ①②③④四个地区中，人口再生产与甲市处于同一类型的地区是（　　）

A. ①　　B. ②　　C. ③　　D. ④

下图为某区域某月一条海平面等压线，图中N地气压高于P地。读图，完成3～5题。

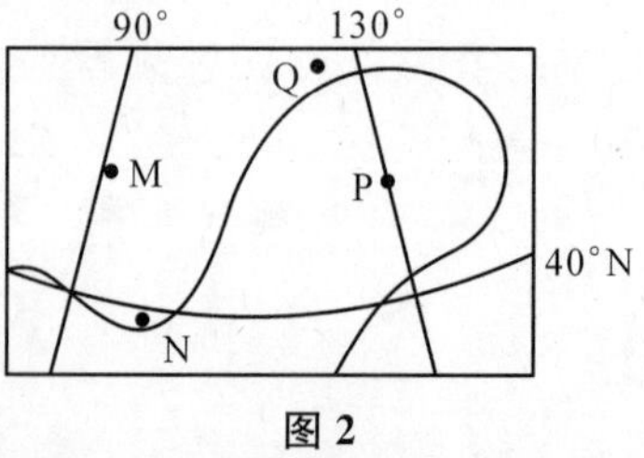

图2

3. N 地风向为（　　）

A. 东北风　　B. 东南风　　C. 西北风　　D. 西南风

4. M、N、P、Q 四地中，阴雨天气最有可能出现在（　　）

A. M 地　　B. N 地　　C. P 地　　D. Q 地

5. 当 M 地月平均气压为全年最高的月份，可能出现的地理现象是（　　）

A. 巴西高原处于干季　　B. 尼罗河进入丰水期

C. 美国大平原麦收正忙　　D. 我国东北地区寒冷干燥

甲、乙两地点之间有三条道路相连。某地理活动小组测绘了这三条道路的纵向剖面图。读图 3，完成 6～8 题。

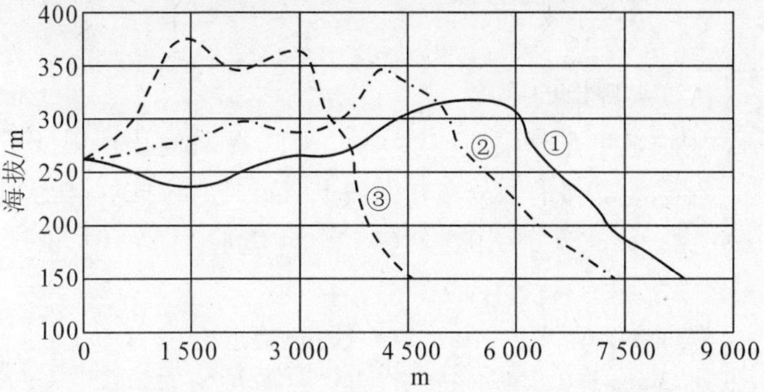

图 3

6. 甲、乙两地间高差大致为（　　）

A. 80 米　　B. 110 米　　C. 170 米　　D. 220 米

7. 在对应的地形图上可以看出（　　）

A. 道路①为直线

B. 道路②经过甲、乙两地间的最高点

C. 道路③最长

D. 道路①和②可能有部分路段重合

8. 若使用大型运输车从乙地运重型机械设备至甲地，最适合行车的是（　　）

A. 道路③　　B. 道路①

C. 道路①和②　　D. 道路②和③

我国南水北调方案中涉及的某水源地总面积 94 700 km^2，表 1 为该区域部分土地覆被类型面积构成，下图为该区域部分土地覆被类型的地形构成。据此完成 9～11 题。

表 1　某区域部分土地覆被类型面积构成

类型	箭竹及灌丛	阔叶林	旱地	水田	石砾地、裸地	高山灌丛草甸
比重/%	28.50	25.30	10.40	3.10	5.70	0.01

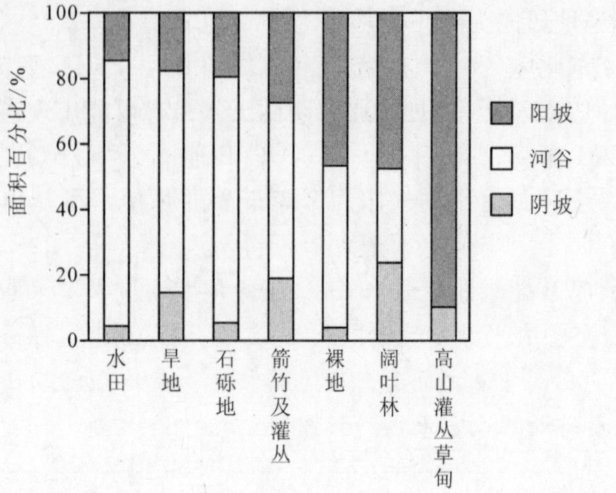

图4

9. 在该水源地内（　　）

A. 阴坡坡度大于阳坡坡度　　　B. 平均海拔水田低于旱地

C. 石砾地、裸地多分布在山坡上　D. 河谷中阔叶林面积最小

10. 保护该水源地山地阳坡生态环境应采取的主要对策是（　　）

A. 保护高山灌丛　　　　B. 防治水土流失

C. 维持林地的采育平衡　　D. 扩大梯田面积

11. 该水源地位于（　　）

A. 长江三峡谷地　B. 青藏高原　C. 汉江谷地　D. 江南丘陵

第Ⅱ卷（综合题）

36. 下图示意尼罗河三个源流流域年降水量分布。

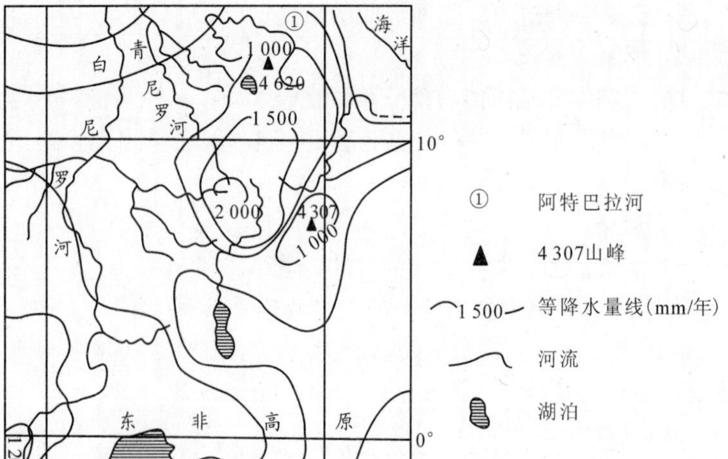

图5

（1）分析尼罗河径流量的季节变化特点及原因。

（2）为什么尼罗河枯水期径流主要来自白尼罗河？

（3）简述尼罗河径流季节变化对其下游河谷及三角洲古代农业生产的影响。

表 2　尼罗河径流量构成

流域构成/% 时段	白尼罗河	青尼罗河	阿特巴拉河
全年	32	60	8
洪水期	10	68	22
枯水期	83	17	0

39. 根据材料并结合所学知识，回答下列问题。

材料一　随着新航路的开辟，世界历史加快了从分散走向整体的进程。洲际贸易是近代世界不同地区之间经济与文化联系的主要内容之一。三角贸易兴起于16世纪，在17～18世纪成为最重要的洲际贸易，因涉及欧洲、非洲和美洲三地，且其主要商路连接成三角形，故称“三角贸易”。满载着枪支、纺织品、铁器和奢侈品等货物的商船，从利物浦等欧洲港口“出程”；到达非洲后，用上述商品交换被掠来的非洲黑人，然后经大西洋向西航行至美洲，此为“中程”；商船到达美洲后，以这些黑人换取蔗糖、咖啡、烟草、棉花等物品，再运回欧洲，此乃“归程”。一次三角贸易的航程，大约需时半年，可做三笔生意，获得数倍的利润。利物浦等城市因此兴盛起来。

——据艾里克·威廉斯《资本主义与奴隶制度》

材料二　三角贸易示意图

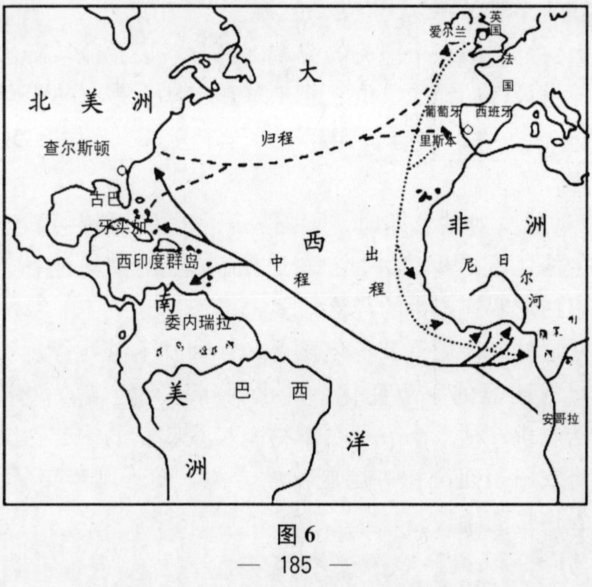

图 6

材料三 美洲金银产地的发现，土著居民的被剿灭、被奴役和被埋葬于矿井，对东印度开始进行的征服和掠夺，非洲变成商业性地猎获黑人的场所：这一切标志着资本主义时代的曙光。

资本来到世间，从头到脚每个毛孔都滴着血和肮脏的东西。

——马克思《资本论》

英国资产阶级将被迫在印度实行的一切，既不会使人民群众得到解放，也不会根本改善他们的社会状况，因为这两者不仅仅决定于生产力的发展，而且还决定于生产力是否归人民所有。但是，有一点他们是一定能够做到的，这就是为这两者创造物质前提。

——马克思《不列颠在印度统治的未来结果》

我们党领导人民全面建设小康社会、进行改革开放和社会主义现代化建设的根本目的，是要通过发展生产力，不断提高人民物质文化生活水平，促进人的全面发展。

——胡锦涛《在纪念全党的十一届三中全会召开30周年大会上的讲话》

（3）指出三角贸易涉及海区的大洋环流规律，以及三段航程海域洋流的性质（寒、暖流）。

（4）某船队1月份从欧洲出发，并如期回到里斯本。说明该船队到达里斯本时，那里的气候特征及其成因。

参考答案

1. C　2. A　3. A　4. C　5. D　6. B　7. D　8. B　9. A　10. B　11. C

36.（1）季节变化特点：洪水期出现在北半球夏半年，枯水期出现在冬半年。

原因：尼罗河三个源流的流域大部分，以及流域降水量最丰富、产流量最多的地区，位于北半球热带草原带（热带草原气候区）。雨季出现在北半球夏半年，产生径流多；干季出现在冬半年，产生径流少。

（2）（尼罗河枯水期时，青尼罗河和阿特巴拉河都进入枯水期，产生的径流量少；）白尼罗河源流位于南半球，南半球为雨季，所以白尼罗河产生的径流最多。

（3）尼罗河径流季节变化显著，导致其下游河谷及三角洲农业生产具有明显的季节变化。洪水每年定期泛滥，洪水泛滥之后，开始农耕。枯水季节是农作物生长及收获的季节。洪水泛滥时在被淹农田表面沉积一层肥沃的淤泥，使土壤年年肥力不减，有利于农作物的生长。

39.（3）属于北大西洋中低纬度海区，大洋环流呈顺时针方向流动。出程，寒流；中程，暖流；归程，暖流。

（4）特征：到达里斯本时为 7 月，气候干热（地中海气候）。成因：受北移副热带高压控制，以下沉气流为主。

2009 年普通高等学校招生全国统一考试文科综合 全国卷Ⅱ（地理部分）

第Ⅰ卷（选择题）

注：在每小题给出的四个选项中，只有一项是符合题目要求的。

近期研制出利用玉米叶片加工、纺织购物袋的技术，这种购物袋易分解且物美价廉。据此完成 1～3 题。

1. 该种购物袋的生产厂应接近（　　）

A. 原料产地　B. 销售市场　C. 能源基地　D. 研发基地

2. 以该种购物袋替代目前广泛使用的同类用品，对环境保护的直接作用是（　　）

A. 减轻大气污染　　B. 减轻“白色污染”

C. 促进生物多样性　　D. 减轻酸雨危害

3. 该种购物袋的生产原料在我国的最大产地是（　　）

A. 河南省　B. 山东省　C. 四川省　D. 吉林省

下图显示某国 1951～2000 年每 10 年的人口变化。读图完成 4～5 题。

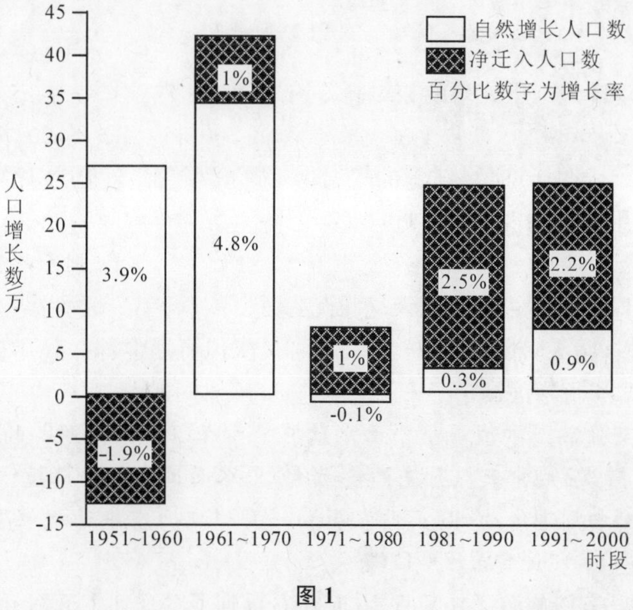

图 1

4. 1951～2000 年，该国（　　）

A. 为人口净迁入国

B. 人口迁入是维持人口增长的主要方式

C. 人口的出生率一直高于死亡率

D. 人口增长了 15.1%

5. 据图示资料推测，该国（　　）

A. 自 20 世纪 70 年代，人口再生产进入现代型

B. 可能位于欧洲

C. 1990 年人口达到 900 万

D. 20 世纪末青壮年人口比重偏大

下图中，H 地恰与某高压天气系统中心吻合，该天气系统以每天约 200 千米的速度东移。据此完成 6～8 题。

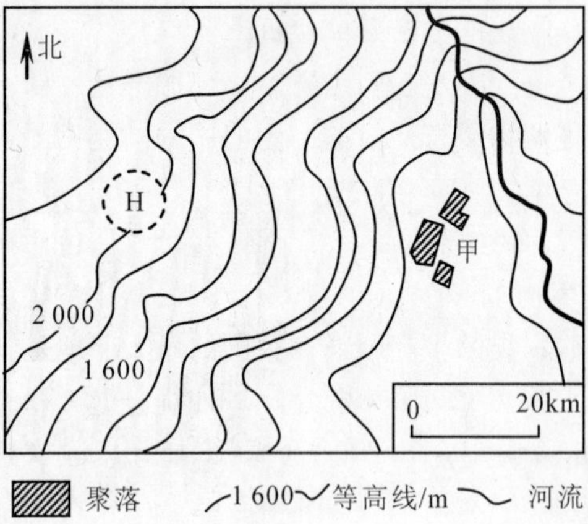

图 2

6. H 地与甲聚落的相对高差约为（　　）

A. 800 米　　B. 1 500 米　　C. 1 800 米　　D. 2 100 米

7. 上午 10 时，H 地的气温为 12℃，甲聚落气温为 17℃。到 15 时甲聚落的气温最接近（　　）

A. 15℃　　B. 18℃　　C. 21℃　　D. 24℃

8. 甲聚落第二天的天气状况为（　　）

A. 晴天转阴雨　　B. 大风有浮尘

C. 晴暖有微风　　D. 阵风间暴雨

某旅游团希望在杭州西湖欣赏“雷峰（塔）夕照”的同时，也领略“月到中天（月亮高度最大），水面风来”的情境。（注：月球公转周期约为 30 天，农历初一月球在天空中的视位置最靠近太阳）。据此完成 9～11 题。

9. 若该旅游团在某日 16 时左右看到了“月到中天”，则该日

是农历（　　）

A. 初二　　B. 初五　　C. 初八　　D. 十一

10. 若该旅游团在某日 18 时 40 分左右看到了"月到中天"，则该日是农历（　　）

A. 初二　　B. 初五　　C. 初八　　D. 十一

11. 若该旅游团在某日 18 时 40 分左右看到了"月到中天"，并欣赏到"雷峰夕照"，那么这时期（　　）

A. 华北平原小麦丰收在望　　B. 长江三角洲油菜花盛开

C. 松嫩平原稻谷飘香　　D. 山东半岛瑞雪

第Ⅱ卷（综合题）

12. 阅读分析材料，回答下列问题。

材料　20 世纪 90 年代以来花卉消费的国际需求迅速增长，北美、日本、欧洲成为世界人口花卉消费市场。同期。图示国家成为所在大洲第二大花卉出口国。

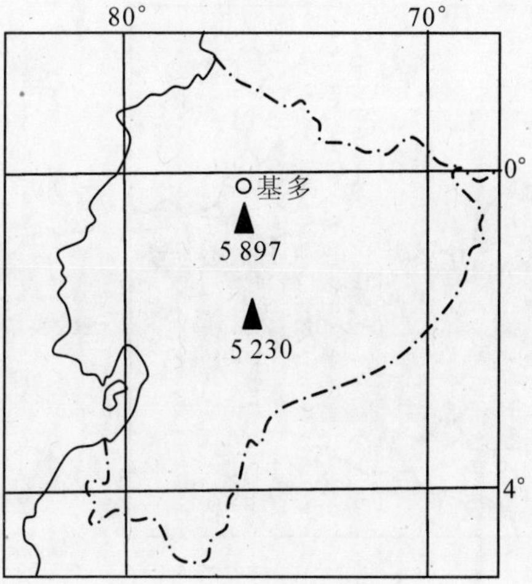

图 3

(1) 简述该国的地理位置及地形特征。

(2) 说明该国有利于花卉生长的自然条件。

(3) 概述该国发展花卉产业的社会经济条件。

13. 阅读分析资料和下图，完成下列问题。

材料一

（鲁）肃对（孙权）曰："……肃之窃料之，汉室不可复兴，曹操不可卒除。为将军计，惟有鼎足江东，以观天下之寡（缝隙，可乘之机）……剿除黄祖，进伐刘表，竟长江所极，据而有之，然后建号帝王以图天下，此高帝之业也。"……刘表死，肃进说曰："夫荆楚与国邻接，水流顺北，外带江汉，内阻山陵。有金城之固，沃野万里，士民殷富，若据而有之，此帝王之资也。"

——《三国志·鲁肃传》

材料二

（诸葛）亮答（刘备）曰："……今（曹）操已拥百万之众，挟天子而令诸侯，此诚不可与争锋。孙权据有江东，已历三世，国险而民附，贤能为之用，此可以为援而不可图也。荆州北据汉、沔，利尽南海，东连吴、会，西通巴、蜀，此用武之国……益州险塞，沃野千里，天府之土，高祖因之以成帝业……若跨有荆、益，保其岩阻，西和诸戎，南抚夷越，外结好孙权，内修政理；天下有变，则命一上将将荆州之军以向宛、洛，将军身率益州之众出于秦川，百姓孰敢不箪食壶浆以迎将军者乎？诚如是，则霸业可成，汉室可兴也。"

——《三国志·诸葛亮传》

下图示意古荆州部分地区，读图回答下列问题。

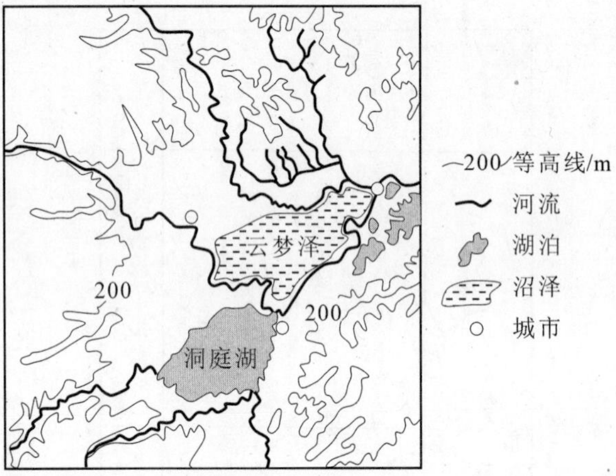

图 4

（4）据图分析古荆州地区的交通区位。

（5）根据材料及所学知识简析当时荆州地区的农业发展条件。

参考答案

1. A　2. B　3. D　4. A　5. B　6. B　7. D　8. C　9. B　10. C　11. A

12.（1）位于南美洲（西）北部，赤道从北部穿过（位于低纬地区或热带地区），西临太平洋。地形以高原山地为主，多高峰。

（2）（地处低纬），雨量较充沛，（地势较高）常年光照充足，气候温暖，年温差小。

（3）通过航空运输，可以方便联系北美、欧洲等花卉消费市场，该国（为发展中国家）劳动力成本低廉。（政府决策）推动花卉种植和出口。

13.（4）交通区位：水陆交通要道（枢纽、节点）。分析：扼西部山区东山口，为吴蜀东西相连的水运交通要冲；西部山地与东部的湖沼阻碍了南北的联系，使荆州成为南北交通要道。

（5）气候温暖湿润，地势较平缓，土壤肥沃，水源丰富（河湖众多）；人口较多，交通便利（商贸发达）。

2009年普通高等学校招生全国统一考试文科综合 北京卷（地理部分）

第Ⅰ卷（选择题）

注：在每小题给出的四个选项中，只有一项是符合题目要求的。

下图是“中国局部地区太阳年辐射总量分布图”。读图回答第1题。

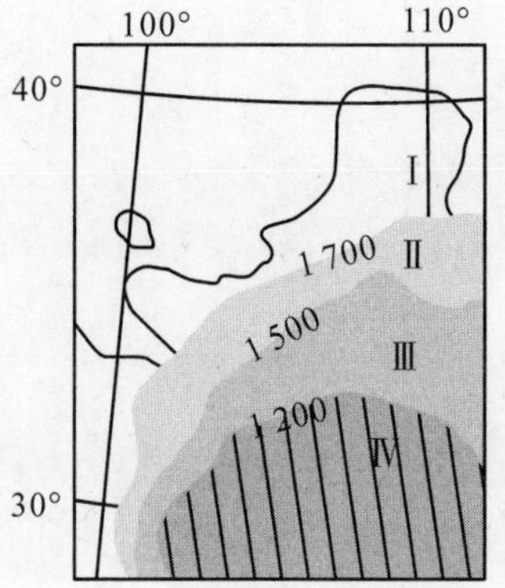

图1

1. Ⅰ区太阳年辐射总量比Ⅳ区高，主要因为Ⅰ区（　　）

A. 夏季大气逆辐射强　　B. 年平均气温比较高

C. 正午太阳高度角大　　D. 天气晴朗且海拔高

臭氧层保护是当今全球最重要的环保议题之一。下图反映了9月份30°S～80°S平流层臭氧总量多年变化状况。读图回答2～3题。

2. 随年份的推移，臭氧总量（　　）

A. 最大值所在位置南移　　B. 随纬度的升高而递减

C. 在高纬地区递减明显　　　D. 随大气 CO_2浓度而增加

3. 臭氧总量减少直接导致（　　）

A. 太阳紫外线辐射减少　　　B. 平流层气温降低

C. 酸雨区面积缩小　　　D. 地面辐射强度减弱

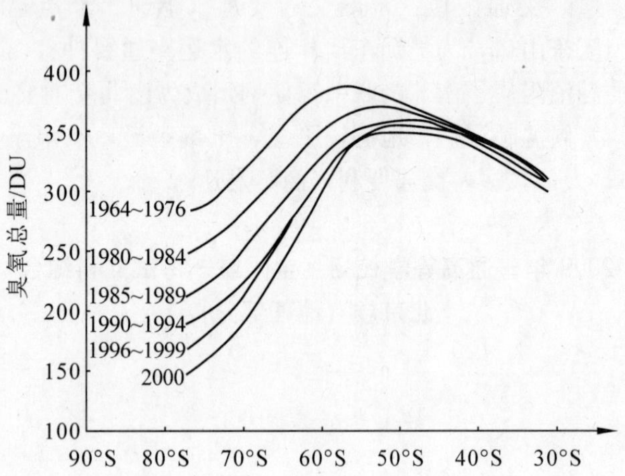

图 2

下图显示中国不同地区山地年降水量从山麓到山顶的变化。读图回答 4～5 题。

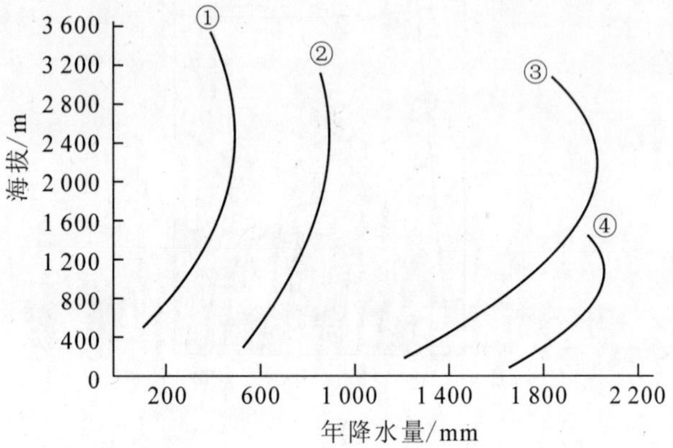

图 3

4. 图中山地年降水量（　　）

A. 随海拔升高而递增

B. 与山地气温垂直变化一致

C. 最大值所在海拔高度不同

D. 垂直变化最大的是山地①

5. 山麓景观分别为温带荒漠和亚热带常绿阔叶林的是（　　）

A. ①和②　　B. ①和③　　C. ②和④　　D. ③和④

读表1，回答第6题。

表1 非洲西海岸沿19°S的表层海水温度观测值

离海岸距离/km	0	52	104	208	312	416	520	624	728
水温/℃	14.7	16.4	17.4	18.4	19.1	19.7	20.3	20.8	21.2

6. 该海域沿岸（　　）

A. 存在上升流，为热带雨林气候

B. 有暖流经过，为热带草原气候

C. 有寒流经过，为热带沙漠气候

D. 盛行东南风，为热带季风气候

下图为"北半球某热带海岛地质、地貌示意图"。读图回答7～9题。

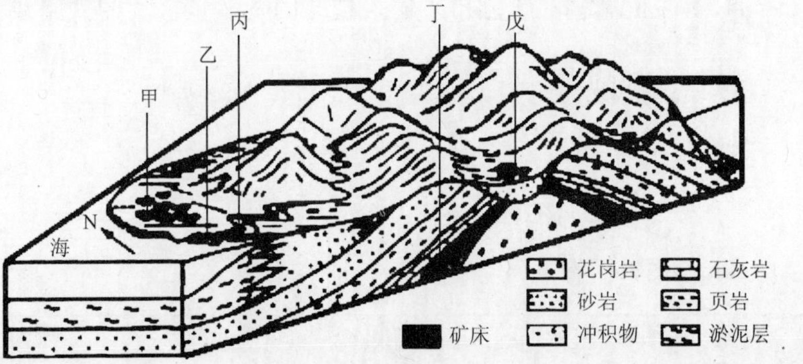

图4

7. 图中（　　）

A. 乙处为河流冲积扇　　B. 丙处侵蚀比对岸强

C. 丁处矿床为天然气　　D. 戊处位于背斜谷内

8. 岛内最大零售商业点位于甲村，主要形成原因是该村（　　）

①地形平坦，交通便利　②商业从业人口多　③商业组织形式复杂　④人口数量大

A. ①②　　B. ①④　　C. ②③　　D. ③④

9. 在海岛开发过程中，该岛（　　）

A. 人口容量主要受耕地资源、矿产资源限制

B. 适宜大面积种植水稻、甜菜、香蕉和橡胶

C. 河流入海口处开阔，适宜建设深水港

D. 需要防范强风、暴雨、风暴潮等自然灾害

下图显示某年湖北省与相邻省级行政区往来货物的铁路运输

量差异。读图回答 10～11 题。

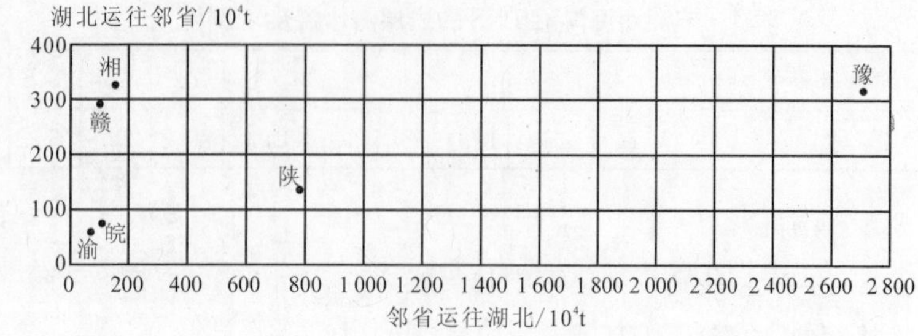

图 5

10. 接受湖北输出货运量最多的邻省（直辖市）位于湖北以（　　）

A. 南　　B. 北　　C. 东　　D. 西

11. 承担由邻省（直辖市）输入湖北的货运量最大的铁路线是（　　）

A. 京沪线、京广线　　B. 京广线、焦枝线

C. 京九线、枝柳线　　D. 陇海线、焦枝线

第Ⅱ卷（综合题）

12. 读图，回答下列问题。

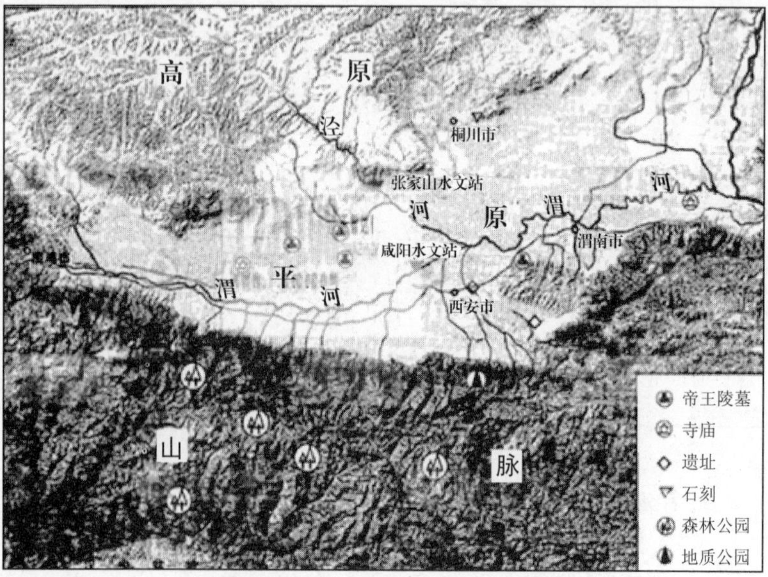

图 6

(1) 归纳图中旅游资源的类型，并说明各类型的分布特点。

(2) 比较图中两水文站所测河流泥沙含量的差异，任选一个水文站分析其原因。

(3) 概述图中高原国土整治的主要任务及措施。

(4) 简述渭河平原的成因，说明该平原地形对农业生产的影响。

(5) 指出图中的山脉名称、走向，并简述其自然地理意义。

13. 区域合作成为当今世界经济发展的趋向，在增进各国经济互惠与文化交流、促进区域发展中发挥着越来越重要的作用。读图并回答下列问题。

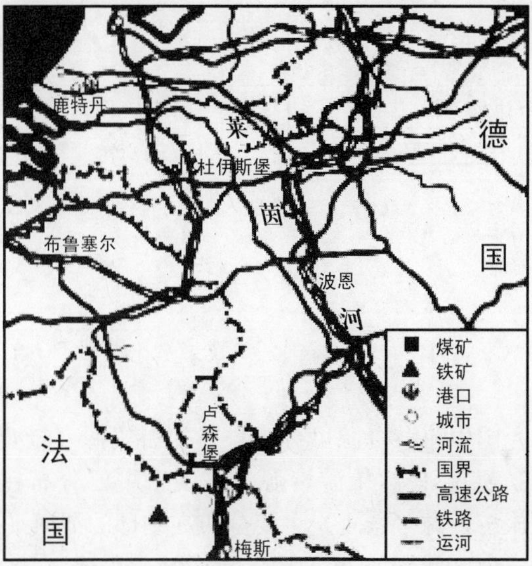

图 7

在欧盟前身“欧洲煤钢联营”成员国中，德国煤矿资源丰富，法国铁矿资源丰富。该组织的成立大大提高了两国钢铁企业的生产效率。

(1) 指出该组织成立之初，德、法两国大型钢铁企业所邻近的城市，并说明布局理由。

(2) 德、法两国之间煤和铁矿石的主要运输方式及其优势。

14. 1980 年以来中国对外开放空间扩展，是探索建设中国特色社会主义道路的体现。读下图并回答下列问题。

概述中国对外开放空间扩展的过程。

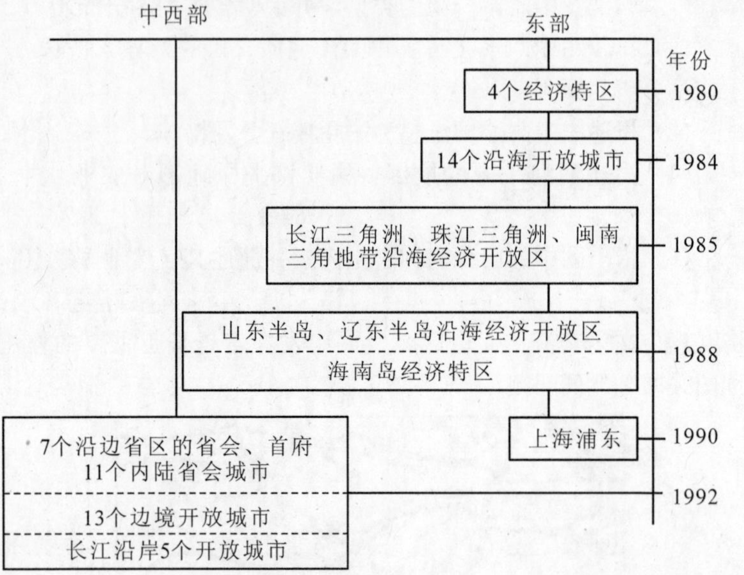

图 8

参考答案

1. D 2. C 3. B 4. C 5. B 6. C 7. D 8. B 9. D 10. A 11. B

12. (1) 图中旅游资源可分为自然旅游资源（景观）和人文旅游资源（景观）。自然旅游资源（景观）主要分布在南部山脉（区）；人文旅游资源（景观）主要分布在中部的渭河平原。

(2) 张家山（咸阳）水文站河流泥沙含量高（低）。泾河张家山（咸阳）水文站河段流经黄土高原（南部山地），植被覆盖率低（高），张家山（咸阳）河段比降大（小），流速快（慢）。

(3) 主要任务是治理水土流失。工程措施、生物措施、农业技术措施（或三项具体措施）。

(4) 由于构造下沉（构造运动形成地堑）；河流堆积形成冲积平原。地势平坦，土层深厚，适宜发展耕作业。

(5) 秦岭，呈东西走向。中国暖温带和亚热带的分界线（秦岭以北为暖温带、以南为亚热带）；半湿润地区和湿润地区的界线（以北为半湿润地区，以南为湿润地区）。界线以北以落叶阔叶林和针阔混交林为主，以南为常绿阔叶林为主。

13. (1) 分布在杜伊斯堡、梅斯附近。钢铁企业是原料指向型企业，因此靠近煤或铁矿石的产地。

(2) 铁路运输，水路运输；运量大，运费低。

14. 从东南沿海四个经济特区起步，逐步开放东部沿海地带，随后进一步开放沿江、沿边和内陆省会城市，从而形成全方位的对外开放格局。

2009 年普通高等学校招生全国统一考试文科综合
天津卷（地理部分）

第Ⅰ卷（选择题）

注：在每小题给出的四个选项中，只有一项是符合题目要求的。

读“某外流湖自然消亡过程示意图”，回答 1～2 题。

图 1

1. 该湖泊自然消亡的原因，据图可以确定的是（　　）

A. 地壳上升　B. 水源减少　C. 气候变干　D. 物质沉积

2. 湖泊消亡引起了湖区自然景观的变化，这反映了自然环境的（　　）

A. 整体性　　B. 差异性　　C. 稳定性　　D. 脆弱性

读“我国北方某区域等高线地形图”，回答 3～4 题。

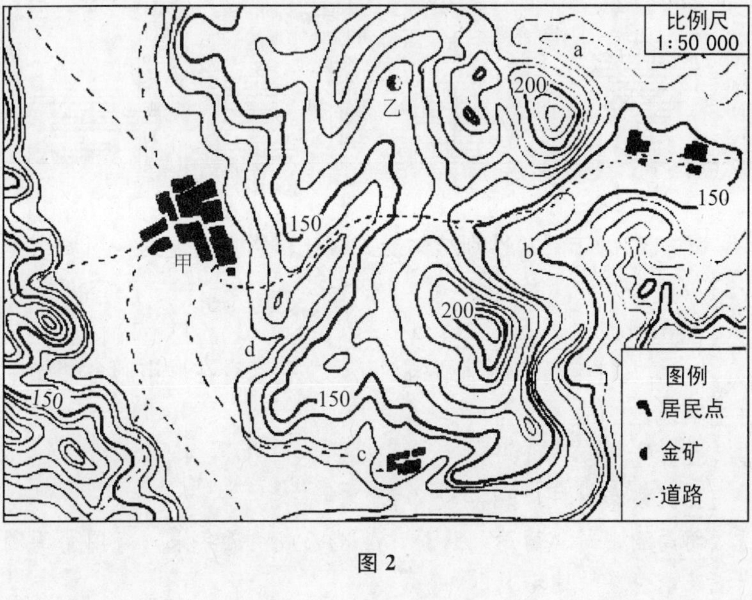

图 2

3. 甲成为图中区域规模最大的村落和集市，最主要的条件是（　　）

A. 地处河流上游，水质良好

B. 周围地貌多样，风景优美

C. 地形平坦开阔，交通方便

D. 背靠丘陵缓坡，滑坡很少

4. 地质队员发现乙处有金矿出露，考虑流水的侵蚀、搬运作用，能找到沙金（沉积物中的细小金粒）的地方是（　　）

A. a　　B. b　　C. c　　D. d

科考队员在北极点附近某处一天中不同时刻拍摄了太阳照片。观察照片，回答第5题。

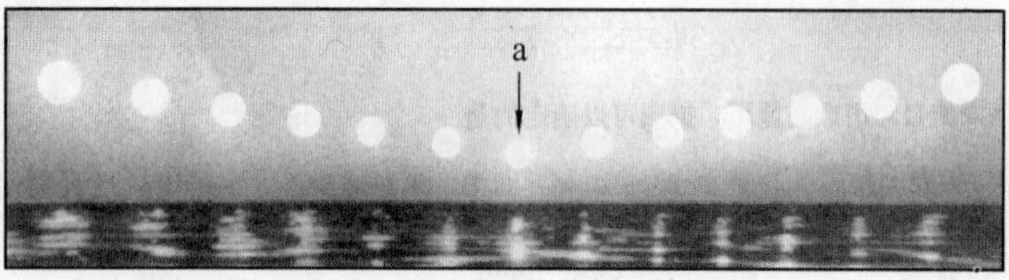

图3

5. 太阳位于a所指位置时，拍摄者看到的太阳方位和他所在地的地方时分别是（　　）

A. 正北　0：00　　B. 正北　12：00

C. 正南　0：00　　D. 正南　12：00

读“某发达国家四城市人口的年龄、性别结构示意图”，回答6～7题。

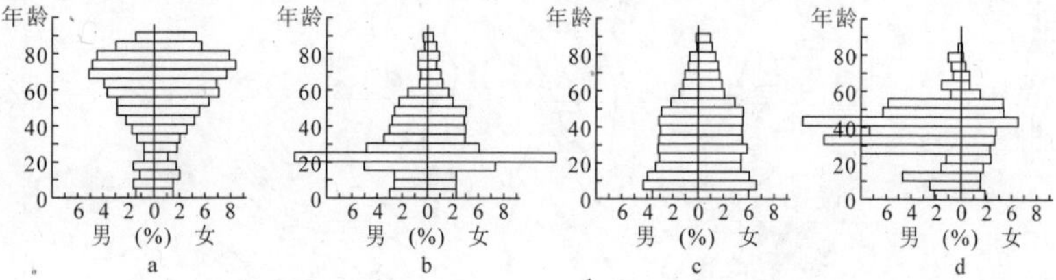

6. 人口的年龄、性别结构受人口迁移影响明显的一组城市是（　　）

A. a、b、c　B. a、c、d　C. a、b、d　D. b、c、d

7. 据人口年龄、性别结构判断，文化教育在城市服务功能中占主要地位的是（　　）

A. a　　B. b　　C. c　　D. d

据图文和材料，回答8～9题。

葡萄酒用新鲜葡萄或葡萄汁酿造而成。近年来，我国葡萄酒产量及消费量快速增长。

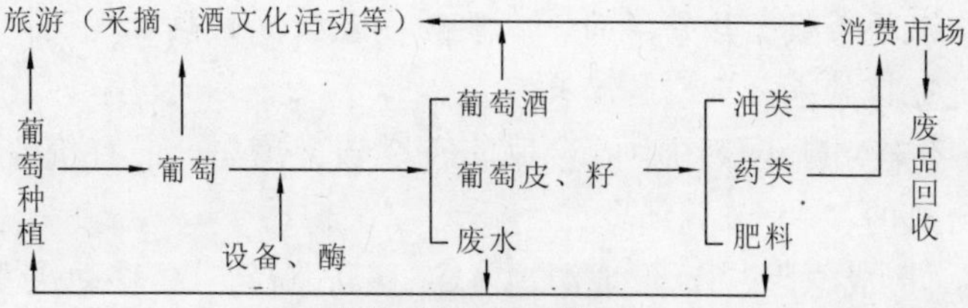

葡萄酒产业链结构图

图 4

8. 据图文材料分析，影响葡萄酒产业布局最主要的一组区位因素是（　　）

A. 原料、劳动力 B. 原料、市场 C. 技术、市场 D. 交通、能源

9. 对图中葡萄酒产业特点的描述，符合图文信息的是（　　）

A. 以工业为基础，产业部门单一

B. 地域文化决定了葡萄酒的产量

C. 工业产品间都有“上下游”联系

D. 产业结构体现了可持续发展观念

读“某日8时地面天气图”和文字信息，回答10～11题。

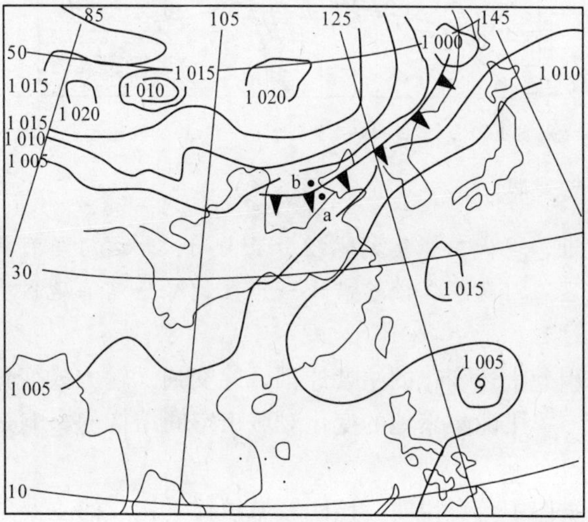

（符号 表示台风）

图5　某气象小组学生探讨天气图中 a→b 天气的空间变化

10. 在学生绘制的图中，接近 a→b 天气实际状况的是（　　）

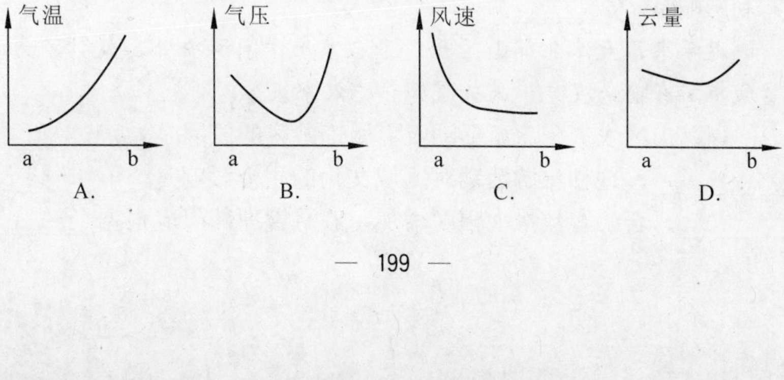

A.　　　B.　　　C.　　　D.

台风是形成于热带洋面，发展到一定强度的热带气旋，可给所经过地区带来大风、暴雨天气。

11. 若判断天气图中的台风能否登陆台湾岛，最有价值的信息是台风的（　　）

A. 形成原因　B. 形成源地　C. 移动路径　D. 移动快慢

第Ⅱ卷（综合题）

12. 读图文和材料，回答问题。

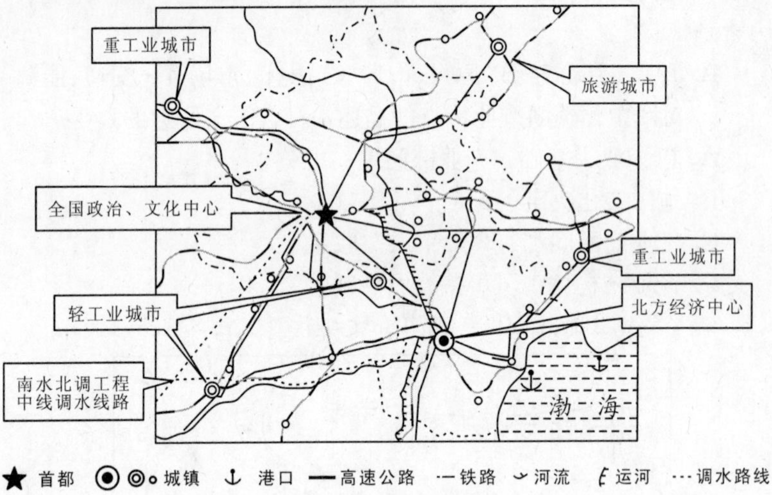

图 6

天津近、现代工业集聚地经历了由南、北运河与海河交汇处附近→市区海河两岸、铁路沿线→市区边缘→滨海地区、卫星城镇的变化过程。

（1）引起上述变化的主要原因，除交通运输方式变化外，还有________；工业集聚地的变化对城市空间结构的影响是________________________。

（2）据图中信息说明，该区域城镇体系构成的主要条件有________，________等；京、津两城市都建有中心商务区（CBD）的共同条件是______________。

（3）图中所示调水工程结束后，将对调入区自然环境产生的有利影响是__________。

近年来，天津北部山区开发了农家乐休闲游项目，吸引了大量城市游客前来观光、采摘果蔬、吃农家饭等。

（4）山区农家乐旅游活动吸引城市游客的原因是____________________；这种旅游活动对区域文化的积极影响是________________；若游客数量大幅度增加，旅游管理部门应根据______

______，合理控制游客数量。

13. 读区域图和图中文字信息，回答问题。

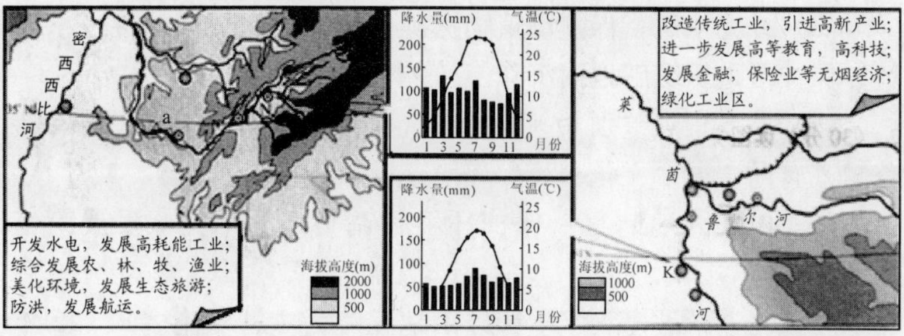

甲　　　　　　　　　　　　　　　　　乙

(1) 甲、乙两区域开发治理措施都结合了各自地理环境特点，这说明两区域发展都遵循了______原则；两区域开发治理措施中也有一些共同之处，请提炼、概括出两方面：______、______。

(2) 据图中信息，探究甲区域 a 河下游地区经常洪水泛滥的自然原因，填写表格内容。

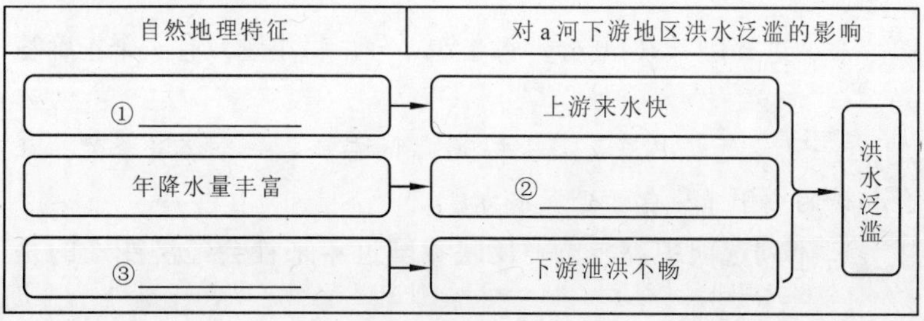

图 7

(3) 据气候统计图概括，甲区域 N 城市气温特征是______，乙区域 K 城市降水特征是______。甲、乙两区域气候类型不同，其中更适合发展畜牧业的区域是______。

参考答案

1. D　2. A　3. C　4. D　5. A　6. C　7. B　8. B　9. D　10. B　11. C

12. (1) 城市规模扩大（利用廉价土地、缓解城市化过程中出现的问题）　改变了城市功能区的分布（使城市功能区更加明确、促进城市功能区的分化）

(2) 城镇之间交通便捷（城镇之间形成了交通网络）；各城镇功能不同（各城镇分工明确）；城镇规模大小不同（城镇形成

等级序列）（答出其中两项即可）。人口规模大（都是超大城市、服务范围广、经济发达）

（3）补充水源；保护动植物资源；调节区域气候；促进水循环；保护湿地；缓解地面沉降。（答出其中两项即可）

（4）城乡景观差别大（山区景观有特色、山区民风民俗有特色） 有助于城乡文化交流 环境容量

13.（1）因地制宜 保护环境 调整产业结构（发展第三产业）

（2）①上游坡度大（上游以山地丘陵为主、支流多） ②年径流量大（河流水量大） ③下游地势低平（下游以平原为主、河口地区有河流交汇）

（3）冬季温暖，夏季炎热 季节分配均匀 乙

2009 年普通高等学校招生全国统一考试地理科
上海卷

一、选择题（共 50 分，每小题 2 分。每小题只有一个正确答案）

（一）经过新中国成立以来 60 年的奋斗，一个经济繁荣、社会和谐的中国正崛起于世界东方。

1. 下列选项中，能正确反映我国近年来社会经济变迁的是（ ）

①石油出口量不断增加 ②铁路通车里程不断增加

③农业人口比例不断降低 ④粮食单位面积产量不断提高

A. ①②③ B. ①②④ C. ①③④ D. ②③④

2. 下列选项中，能正确反映上海 60 年来社会经济变迁的是（ ）

①港区布局由沿江向沿海发展 ②钢铁工业由分散到集中

③郊区农业用地面积由小到大 ④第三产业比重由低到高

A. ①②③ B. ①②④ C. ①③④ D. ②③④

（二）昼夜更替，潮起潮落，地球自转运动产生了许许多多的自然现象。

3. 在下列现象中，可以成为地球自转的证据是（ ）

A. 日月升落 B. 极昼极夜 C. 月相变化 D. 四季转换

4. 以太阳为参照点，地球自转一周所需时间为（ ）

A. 23 小时 56 分 B. 24 小时 4 分

C. 24 小时 56 分 D. 24 小时

（三）从古到今，各种各样的地质、地貌现象激发了多少探索者为之不懈努力。

5. 具有层理构造的岩石是（　　）

A. 侵入岩　　B. 喷出岩　　C. 变质岩　　D. 沉积岩

6. 下列地貌形态中，经过堆积作用形成的是（　　）

A. 石林　　B. 沙丘　　C. 海蚀柱　　D. V形谷

（四）板块构造学说是20世纪最重要的科学成果之一。

右图为“某种类型的板块边界示意图”。

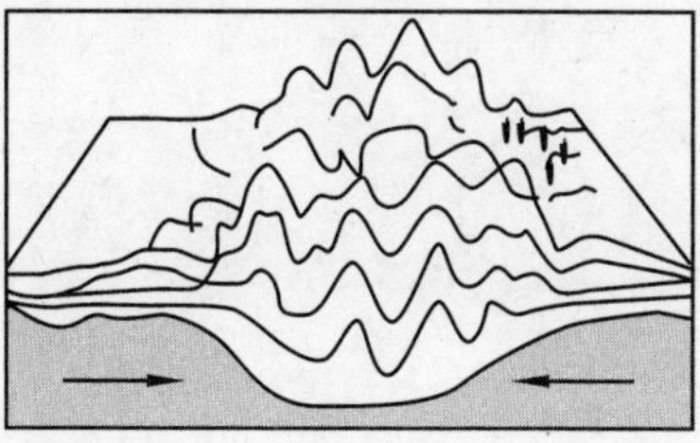

图1

7. 图示的板块边界是(　　)

A. 大陆板块与大陆板块的碰撞边界

B. 大洋板块内部的生长边界

C. 大洋板块向大陆板块的俯冲边界

D. 大陆板块内部的生长边界

8. 以下地貌单元中，成因与图示机理相关的是（　　）

A. 东非大裂谷　　B. 日本列岛

C. 阿尔卑斯山脉　　D. 落基山脉

9. 板块构造学说有助于人类进一步认识（　　）

①海陆间水循环的机理　　②洋流分布和运动规律

③地震分布和活动规律　　④矿产资源的分布规律

A. ①②　　B. ②③　　C. ③④　　D. ①③

（五）地形等高线的弯曲与疏密蕴涵着许多关于地形的信息。右图是某地区等高线地形示意图。

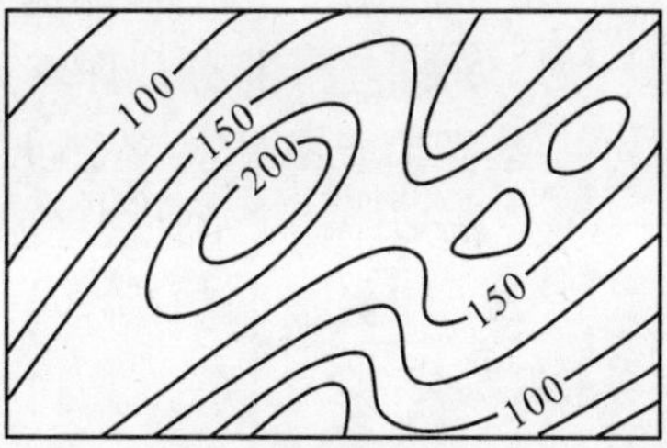

图2

10. 图中所示地区山脊的基本走向为（　　）

A. 东北—西南向

B. 东西向

C. 西北—东南向

D. 南北向

11. 图示山体主峰的西北坡地形特征是（　　）

A. 上、下部均陡峭　　B. 上部较陡，下部较缓

C. 上、下部均平缓　　D. 上部较缓，下部较陡

（六）大气圈是自然界最活跃的组成部分。在不同的大气分层中，演绎着各种自然现象。

12. 在下列各组大气垂直分层中，总体而言，温度随着高度的增加而上升的一组是（　　）

A. 对流层、电离层　　B. 平流层、电离层

C. 平流层、中间层　　D. 对流层、中间层

13. 下面四图中，与澳大利亚发生的热带风暴对应的天气系统示意图是（　　）

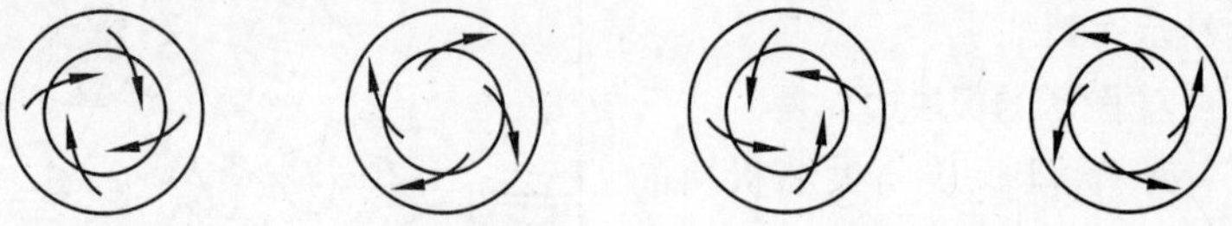

A.　　B.　　C.　　D.

（七）在两个相同的长方形塑料盒子的一端用潮湿的土壤分别搭起一座相同坡度的“小山”，从盒子的另一端倒入等量的水，形成“湖泊”；不同的是在其中一个盒子内，将一块微湿的海绵压入“小山”底端的土壤里（见图）。分别用两个喷水壶，往“小山”上洒等量的水，模拟降水。观察、比较两个盒子内水面发生的变化。

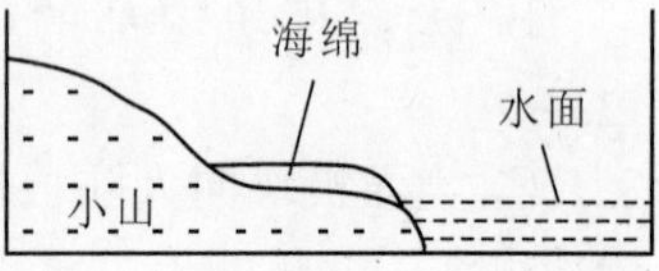

图 3

14. 放有海绵的盒子的水面与另一盒子的水面相比（　　）

A. 高出很多　B. 高出稍许　C. 高度相同　D. 高度较低

15. 实验中海绵代表的地理环境是（　　）

A. 黄土塬　　B. 沙滩地　　C. 沼泽地　　D. 自流盆地

16. 该实验模拟的地理事实是（　　）

A. 湖泊能够调节空气湿度　B. 坡度变化会改变地表径流量

C. 湿地能够吸纳地表径流　D. 降水变化能够影响自然环境

（八）下图是“某城市从市中心到远郊的土地利用空间结构示意图”。

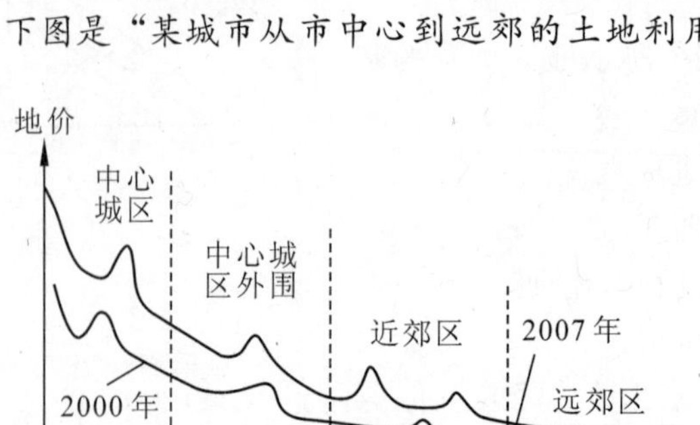

图 4

17. 该城市2000年与2007年地价变化反映了（　　）

①远郊地价升值幅度高于市中心

②地价整体有所上涨

③中心城区范围扩大

④城市规模扩大

A. ①②　　B. ①③　　C. ②④　　D. ③④

18. 在2007年地价变化曲线上，近郊区地价出现了两个峰值，根据城市功能分区理论模型推测该区可能建设了（　　）

①蔬菜种植基地　②高新技术开发区　③大学城　④美术馆

A. ①②　　B. ②③　　C. ③④　　D. ①④

（九）迎着金融风暴挑战，2009年3月浙江海宁某村农民在村干部带领下，共同集资参股购买某国土地种植大豆。村干部介绍说："该国一半国土位于世界最大的高原，农业生产条件优越，可耕地开垦面积不到50%，该国政府鼓励外资从事土地开发……"

19. 浙江海宁农民海外创业所去的国家是（　　）

A. 智利　　B. 巴西　　C. 阿根廷　　D. 秘鲁

20. 与该国相比，浙江农业区位条件不利的是（　　）

A. 耕地资源不足　　B. 市场需求量不大

C. 水热资源贫乏　　D. 农业劳力短缺

（十）近年来，长江三角洲在经济发展的同时，出现了热岛效应、咸潮侵袭、滩涂冲刷等一系列环境问题。

21. 长江三角洲区域性热岛效应比较明显的主要原因是(　　)

①能源消耗加大　②城市人口剧增　③水域面积扩大　④市郊农业发展

A. ①②　　B. ③④　　C. ②④　　D. ①③

22. 上海在长兴岛北侧边滩筑堤建成青草沙水库。该水库的主要功能是（　　）

A. 防止洪水泛滥　　B. 扩大湿地面积

C. 开发旅游景点　　D. 提供优质水源

23. 下列因素中，可能使长江三角洲滩涂遭受侵蚀与海岸线后退的是（　　）

①上游输沙量降低　②风暴潮频发　③长江径流量加大

④海平面上升

A. ①②③　　B. ②③④　　C. ①②④　　D. ①③④

（十一）在我国，随着人民生活水平的提高，冬季避寒旅游逐渐流行起来。据研究，1月平均气温一般在10～22℃之间的地区适合作冬季避寒旅游的目的地。

24. 我国冬季比世界上同纬度地区偏冷的主要原因之一是（　　）

A. 受副极地低气压的控制　　B. 西伯利亚冷空气频繁南下

C. 东部沿海受到海流影响　　D. 太阳高度小，日照时间短

25. 下列各组城市中，适合冬季避寒旅游的是（　　）

A. 珠海、南昌　　B. 南昌、贵阳

C. 贵阳、厦门　　D. 厦门、珠海

二、综合分析题

（十二）阅读日本河流的图文资料，回答问题。(17分)

材料一　日本河流众多，大多发源于中部山地。位于太平洋沿岸的山区年降水量多达3 000毫米，而面临日本海的地区与濑户内海沿岸地区年降水量较少。

材料二　日本专门设有河流水资源开发机构。该机构负责河流管理与流域综合开发，主要工作是：①用水权的管理与水权费的征收等；②河流设备设施的维护；③……

图5　日本山河分布示意图

26. 从河流的长度、流域面积、水流速度、流量季节变化等方面，归纳日本河流的主要特征。

27. 说明日本河流在航运、水能利用方面的价值。

28. 一般而言，夏季日本太平洋沿岸河流径流量大于日本海沿岸河流，其原因是什么？而日本太平洋沿岸地区的水资源却显得较为紧张，原因又是什么？

29. 濑户内海沿岸地区河流在冬、夏季节的降水补给均比较少，解释其原因。

30. 除了材料二中列举的工作外，根据流域综合开发的一般原则，你认为日本河流水资源开发机构还可能进行哪些方面的工作？（至少答出两点）

（十三）洋流是大规模流动的海洋，对全球的热量平衡起着重要作用。读图回答问题。(18分)

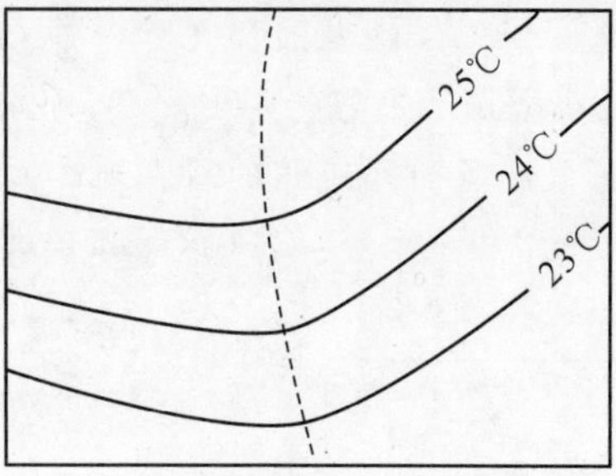

图6　某海域8月表层水温分布图

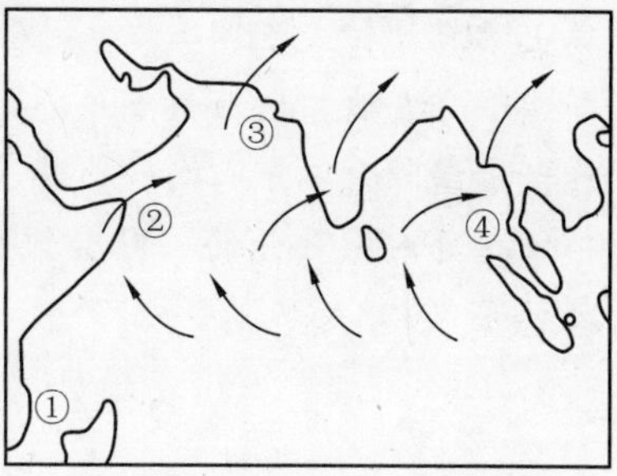

图7　北印度洋夏季季风示意图

31. 读图6判断，该海域位于______半球；该洋流（虚线所示）流经海区水温比同纬度附近海区水温______。按照寒、暖流的分类，该洋流是______流，它对沿岸气候能够起到______、______的作用。

32. 图7虚线所示的洋流朝______（方向）流动。在图7所示的①②③④四海区中，图6表示的海域可能出现在______海区。

33. 解释北印度洋西南季风形成的原因，并按时针方向说明夏季北印度洋季风洋流流动的方向。

34. 为什么在有些大陆沿岸海区会发生涌升流现象？在图7所示①②③④四海区中最可能出现涌升流的是哪一海区？

（十四）读下列有关瑞士的图文资料，回答问题。(15分)

图8　2010年上海世博会的瑞士国家馆模型效果图

材料一　2010年上海世博会的瑞士国家馆（右图）主体结构由两个承重的大小圆柱组成，左为“城市空间”，右是“自然空间”，主题构思为“城市与乡村的互动”。

“城市空间”的顶部是绿草如茵的屋顶。在“自然空间”参观者可以乘坐山地缆车从地面到屋顶参与奇特的乡村旅行，欣赏瑞士美丽的花卉，领略瑞士“欧洲屋脊”“欧洲水塔”的独特乡村风貌。瑞士大量人口居住于城市周边的小镇，每天乘坐火车等公共交通到城市工作。

材料二 瑞士经济发达，但95%的原料、能源依靠进口。第一、第二和第三产业从业人员比例分别为4%、23.3%和72.7%。瑞士素有“钟表王国”“金融帝国”和“会议之国”之称，钟表制造十分发达，已有数百年的历史；全国共有银行6 000余家，苏黎世是国际金融中心之一；瑞士也是许多国际组织的所在地，每年仅在日内瓦召开的国际会议就达6 000个之多，2007 年游客过夜数达 3 636 万人次。

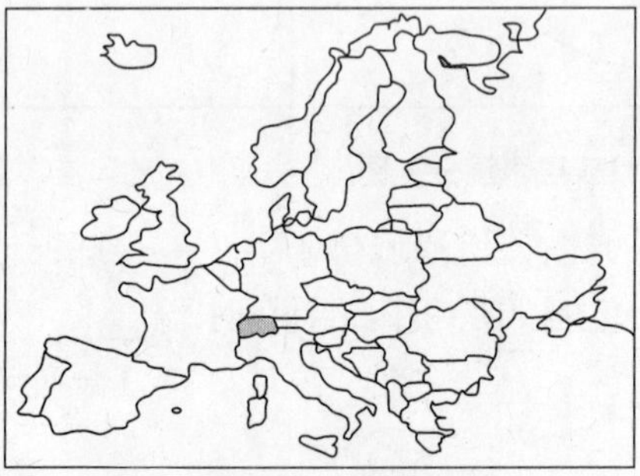

图 9　瑞士位置示意图

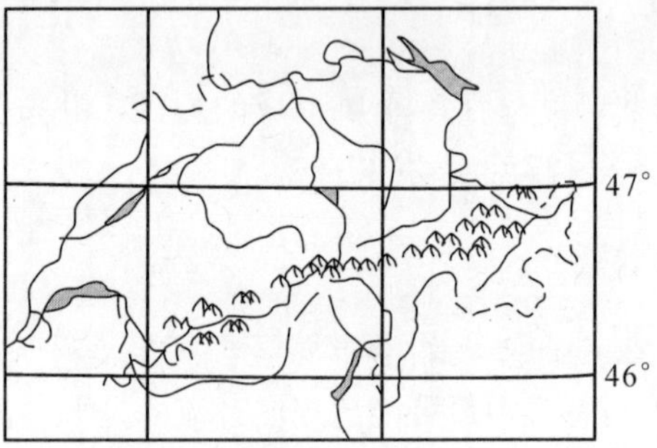

图 10　瑞士简图

35. 瑞士位居中欧，西接法国，南邻______（国家），北与______（国家）为邻。________河是瑞士唯一通往北海的国际航道。

36. 从地形和河流的特征看，瑞士享有“欧洲屋脊”“欧洲水塔”之称的原因是__________。

37. 从三大产业从业人员的所占比重看，瑞士的第____产业很发达，在这一产业中，________业、________业、__________

业尤为突出。

38. 根据材料一判断，目前瑞士的城市化发展已经进入________________阶段。

39. 从资源、劳动力、市场等因素分析瑞士成为“钟表王国”的工业区位条件。

40. 2010 年上海世博会瑞士馆的许多设计展示了瑞士自然与人文地理特色，诠释了“城市，让生活更美好”的世博会主题。列举两例说明。

（十五）分析有关城市化及产业结构的图文资料，回答问题。(14 分)

材料 从各国城市化的实践出发，现代城市化新概念是指人类社会活动下生产要素从农村地区向城市地区转移的过程，即包含人口城市化和经济城市化。经济城市化是指城市的财富积累状态，通常以城市建成区内各类生产活动所产生的 GDP（国内生产总值）衡量。

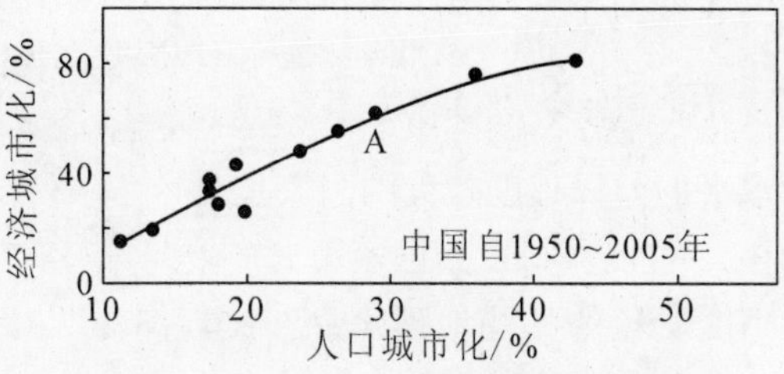

图 11 中国人口城市化和经济城市化关系

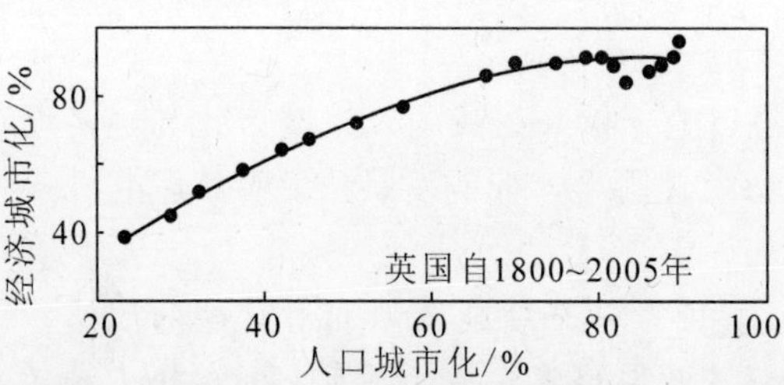

图 12 英国人口城市化和经济城市化关系

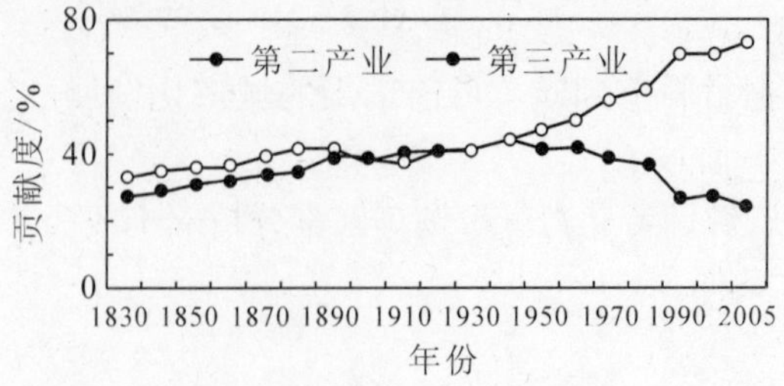

图 13　发达国家产业发展对人口城市化的贡献

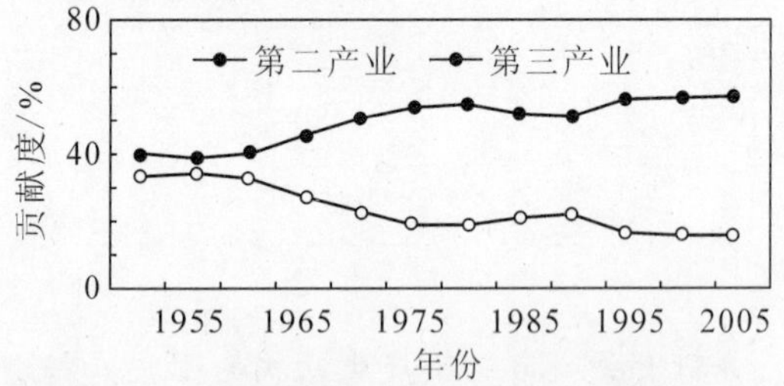

图 14　中国产业发展对人口城市化的贡献

41. 读图 11 中 A 点可知，在某一历史时期，我国经济城市化、人口城市化水平分别约为______%和______%。由趋势线可见，我国现代城市化过程中，经济城市化水平与人口城市化水平相比，发展水平较高的是__________________。

42. 图 11、图 12 可以显示，总体而言，无论是我国还是英国，经济城市化水平与人口城市化水平两项指标相比，发展水平始终居高的是__________。20 世纪 50 年代以来，我国和英国相比，人口城市化水平较高的国家是________，经济城市化与人口城市化发展水平的差异程度较大的国家是________。

43. 从图 13 可以获得发达国家第二产业与第三产业对人口城市化发展贡献度变化的哪些地理信息？比较图 13 与图 14，可以看出我国第二产业与第三产业对人口城市化发展贡献度的变化存在哪些不同特点？

44. 通过以上分析，在我国人口城市化与经济城市化的进程中，尤其应该关注哪个产业的发展？说明其理由。

（十六）我国是一个耕地资源相对短缺的国家，比较不同区域的耕地资源变化与经济发展的关系，对协调人地关系、实现区域可持续发展具有重要的现实意义。

读图表回答问题。(16 分)

表1　20 世纪 90 年代以来苏州、徐州经济发展水平比较

年份和地区 项　目	1990 年		2000 年		2006 年	
	苏州	徐州	苏州	徐州	苏州	徐州
GDP/亿元	202.14	112.84	1 540.68	616.95	4 820.26	1 428.80
人均 GDP/元	3 617	1 438	26 692	6 948	78 801	15 363
GDP 每增加亿元占用的耕地面积/万平方米	111.41	318.92	85.27	76.43	54.25	8.93

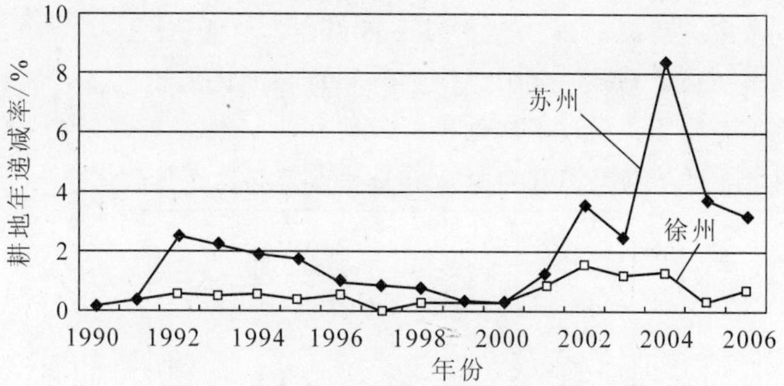

图 15　苏州、徐州 1990～2006 年耕地年递减率变化

（耕地年递减率为上年年底耕地面积减去当年年底耕地面积与上年年底耕地面积的比值的百分数）

45. 填表比较苏州和徐州农业生产区位条件。

表 2

	苏州	徐州
面积	8 848 平方千米	11 258 平方千米
地理位置	江苏省东南部，长江以南	江苏省西北部，淮河以北
地形区		
气候类型		
农业地域类型		

46. 读图比较 1990～2006 年苏州和徐州耕地面积总体变化的共同性和差异性。

47. 读“20 世纪 90 年代以来苏州、徐州经济发展水平比较”表，比较两地“GDP”和“GDP 每增加亿元占用的耕地面积”变化的共同性和差异性。

48. 运用可持续发展的观点，就两地“协调区域社会经济发展和耕地保护之间的矛盾”提出合理建议。

对苏州的建议：

对徐州的建议：

以下为选择部分

A组（适合选择“任选模块一”的考生）

（十七）积极开发新能源已经成为世界各国的共识。读有关图文资料，回答问题。(10分)

东海大桥风电场位于东海大桥以东，将由34台巨大的白色大风车组成，形成一片14平方千米的海上风电示范区，装机容量达100兆瓦，通过海底电缆传回电力，可为10万户家庭提供全部用电，年减排二氧化碳效应相当于5万辆汽车停驶。

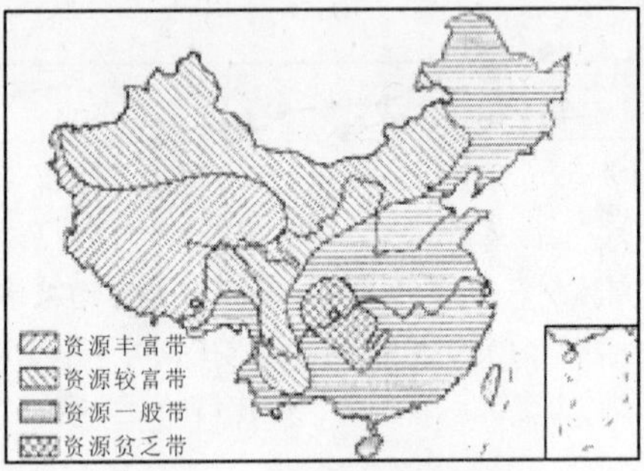

图16　中国光照资源图

49. 按照可再生能源分类，太阳能、风能、水能属于______能源，其中属于新能源的是______。从协调人地关系角度看，人类积极开发新能源的意义是______________________________。（至少答出两点）

50. 读图回答拉萨和重庆哪个地区更适宜发展太阳能，并结合两地自然条件分别说明理由。

51. 分析上海建设东海大桥风电场的有利因素和不利因素。（至少答出两点）

有利因素：

不利因素：

（十八）2009年7月22日上午上海将能观察到一次壮观的日全食。读图回答问题。(10分)

52. 日全食发生的条件是____________。

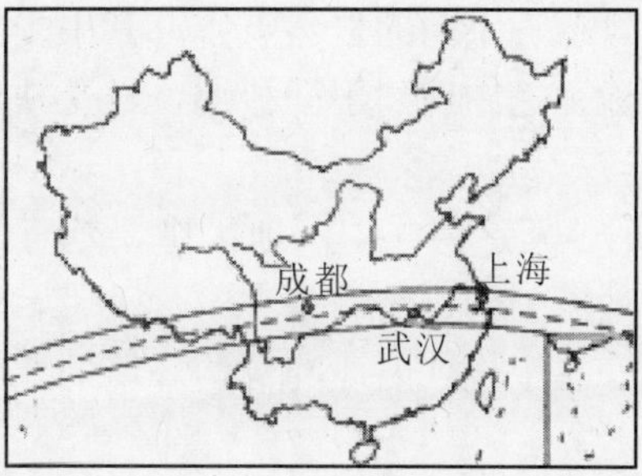

图 17　2009 年 7 月 22 日月球本影扫过范围示意图

53. 7 月 22 日，月球本影扫过的地形区有________平原和________盆地，这里大城市众多、人口密集，是我国普及天文科学知识的重要机遇。在上海、成都、武汉三城市中，最先看到食甚现象的城市是________。同日上午在月球本影扫过地带的邻近地区能观察到的天文现象则是__________。

54. 日食发生时，是观察太阳外部结构的有利时机，在太阳黑子、太阳风、日珥等天文现象中，最有利于观察的是________现象。

55. 对上海地区而言，观察日全食和月全食的机会哪一个多？为什么？

B 组（适合选择“任选模块二”的考生）

（十九）读图文资料，回答问题。（10 分）

法国作家儒勒·凡尔纳的小说《格兰特船长的儿女》讲述了英国公爵根据漂流瓶提供的不完整信息，乘坐“邓肯号”，率领探险队沿着南纬 37°一带，援救格兰特船长的故事。

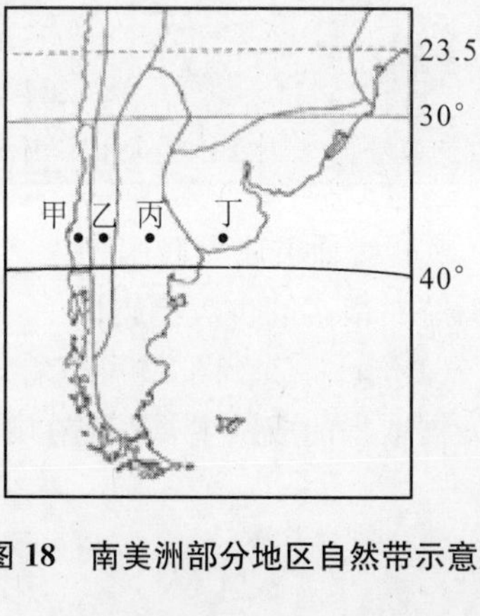

图 18　南美洲部分地区自然带示意图

56. “邓肯号”于 1864 年 8 月 25 日离开英国格拉斯哥，经过多天航行，绕过麦哲伦海峡于 10 月 6 日到达智利西海岸的甲地。

甲地的气候类型是______________气候，所属的自然带是______________带。

57. 探险队在南美大陆进行为期一个月的搜救活动，途经甲、乙、丙和丁四地，遭遇不同的自然灾害。其中受到高山冰雪冻害威胁的是______地；途中遇到干涸盐湖，经受缺水煎熬的是______地。

58. 在图上甲、乙、丙、丁四地区中，垂直地带性最明显的是______地，丙地所处的自然带是________带，丁地所处的自然带是________带。从丁地到丙地的自然环境的变化反映了____________的地带性差异。

59. 造成四地地理环境差异的主要自然因素有________________、______________。

（二十）桂林是我国最具代表性的旅游城市之一。图 19、图 20 反映了 30 年来桂林旅游业发展的基本状况。读图表资料回答问题。（10 分）

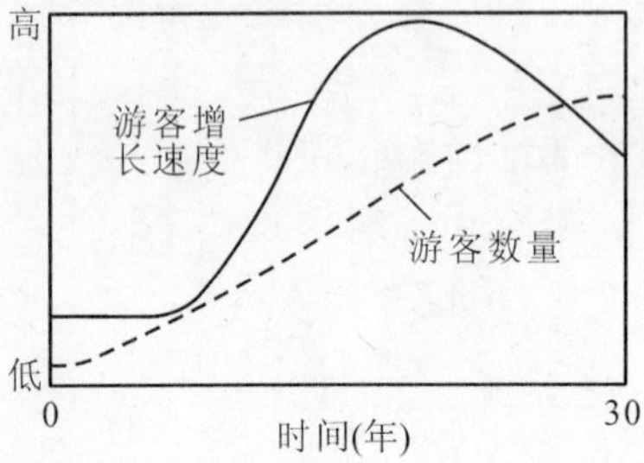

图 19

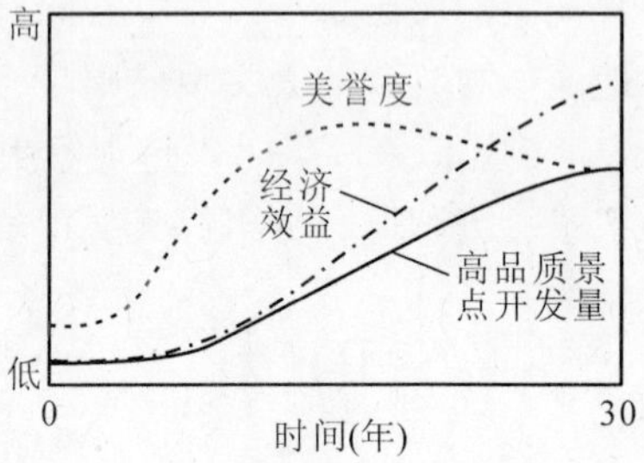

图 20

表 3　桂林市旅游资源开发的定位变化

	原定位	现定位
代表景点	三山两洞一条江	两江四湖、印象刘三姐、漓江、乐满地主题公园
游览形式	观光	观光、休闲、度假、探险、体验、修学、科考等
宣传口号	桂林山水甲天下	山水文化体验之都

60. 桂林市属于我国__________区。桂林所属的省级行政区人口分布最多的少数民族是______族。

61. 读图 19、图 20 可以看出，改革开放 30 年来，桂林旅游业发展取得的成绩主要表现在哪些方面？

62. 读图19、图20可以看出桂林旅游业发展中存在的问题主要表现在哪些方面?

63. 面对成绩与问题，桂林旅游业重新定位（见表中资料）。从审美价值、经济价值、科学价值、文化价值等旅游资源评价的角度，任选两方面，对桂林旅游资源开发定位的变化予以评价。

参考答案

一、选择题（共50分）

1. D　2. B　3. A　4. D　5. D　6. B　7. A　8. C　9. C　10. A　11. B　12. B　13. A　14. D　15. C　16. C　17. C　18. B　19. B　20. A　21. A　22. D　23. C　24. B　25. D

二、综合分析题（共100分）

（十二）（本题17分）

26. 日本河流短；流域面积小；水流急；流量季节变化较明显。

27. 日本河流短小而湍急，不利于航运；水能资源丰富。

28. 因为夏季风会带来丰富的海洋水汽，形成大量地形雨，从而补给地表径流；而夏季日本海一侧处于背风坡，雨水较少。

因为日本太平洋沿岸属世界著名工业区，城市密集，人口众多，工业与生活用水需求量大。

29. 在濑户内海沿海岸地区，冬季有北部的山脉阻挡西北季风带来的日本海水汽，夏季有南部的山脉阻挡东南季风带来的太平洋水汽。

30. 维护流域生态环境；统筹安排供水、发电、防洪等任务；制定流域与水资源综合管理的政策与措施等。

（十三）（本题18分）

31. 南　高　暖　升温　增湿

32. 南　①

33. 由于海陆热力差异，夏季亚洲大陆形成热低压，造成印度洋与亚洲大陆之间的气压差异，形成西南风；南半球的东南信风随着风带的北移越过赤道向右偏转，加强了西南风。　顺时针流动。

34. 有些沿岸海区吹从陆地向海洋的风，导致沿海表层海水随风流走，海平面降低，此时附近的海区海水就会从深层流过来补充，在沿岸形成涌升流；有时密度差异也会造成某一海区与邻近的海区海面高度的差异，从而造成涌升流。②处。

（十四）（本题 15 分）

35. 意大利　德国　莱茵

36. 阿尔卑斯山脉横贯全境，地势高峻；多条大河从这里发源

37. 三　金融　旅游　会展

38. 逆城市化

39. 山地多，原料、能源贫乏，客观上趋向发展占地少、耗费原料和燃料少的工业部门；钟表工业发展历史悠久，基础雄厚，劳动力技术熟练，工艺精湛，世代相传；旅游业、会展业发达，可以为钟表业提供广阔的市场。

40. 山地缆车体现了瑞士山地特色；“城市空间”和“自然空间”展示了“城市与乡村的互动”，诠释了“城市，让生活更美好”的主题。

（十五）（本题 14 分）

41. 61　29　经济城市化水平

42. 经济城市化水平　英国　我国

43. 图 13 显示，20 世纪 40 年代以前，发达国家第三产业、第二产业对人口城市化的贡献度大致相当，此后，第三产业对人口城市化贡献度持续加大，而第二产业的贡献度开始下降，并且它们贡献度的差距有扩大趋势。

比较图 14 与图 13 可以看出，自 20 世纪 50 年代开始，我国第二产业的贡献度总体上升，而第三产业的贡献度总体下降，并且它们贡献度的差距持续加大。

44. 第三产业。因为第三产业能够吸纳更多的劳动力，提高人口城市化水平；同时，可以促进产业结构的升级，有利于经济城市化的提高。

（十六）（本题 16 分）

45.

	苏州	徐州
地形区	长江中下游平原	华北平原
气候类型	亚热带季风气候	温带季风气候
农业地域类型	水田农业	旱作农业

46. 1990～2006年两地耕地面积总体呈减少的趋势；苏州面积减少快，徐州耕地面积减少相对缓慢。

47. 苏州和徐州GDP都呈上升趋势，但苏州GDP始终高于徐州。

苏州和徐州“GDP每增加亿元占用的耕地面积”均在下降，但下降幅度徐州大于苏州。

48. 苏州地区在发展经济的同时，要注意土地资源的合理利用和管理，努力降低每增加亿元产值占用的耕地面积。

徐州地区在保护好耕地的同时，要依靠技术创新和产业结构升级，加快经济的发展。

以下为选择部分

A组

（十七）（本题10分）

49. 可再生　太阳能与风能

新能源多属可再生能源，减少人类对矿物能源的依赖，缓解能源危机；减少温室气体排放量，应对全球气候变暖；有利于改善能源结构，促进人类可持续发展。

50. 拉萨位于我国光照资源丰富带，更适宜发展太阳能。

拉萨地处青藏高原，地势高，空气稀薄，晴天多，地面接受的太阳辐射强度大；重庆位于我国光照资源贫乏带，因为这里阴雨天多，多雾，日照时数少。

51. 略

（十八）（本题10分）

52. 月球位于太阳与地球之间（新月）时，太阳、月球、地球的中心在同一直线上。

53. 长江中下游　四川　成都　日偏食

54. 日珥

55. 观察月全食机会多。

由于地球的半径比月球大得多，地影很宽，因此月球进入地影的机会较多，而月球扫在地球上的范围较窄。

B组

（十九）（本题10分）

56. 地中海　亚热带常绿硬叶林

57. 乙　丙

58. 乙　温带荒漠　温带草原　从沿海到内陆

59. 地形　海陆位置

（二十）（本题10分）

60. 华南妈祖　壮

61. 游客人数持续上升；旅游经济效益平稳上升；开发的高品质旅游景点越来越多。

62. 近十几年来游客数量增速、美誉度呈下降趋势。

63. 审美价值："两江四湖"等景点丰富审美内容、增加审美情趣；

科学价值："漓江山水"等喀斯特地貌景点的保留以及科考等活动内容体现了科普价值；

文化价值："印象刘三姐"等旅游项目挖掘地域文化内涵，弘扬地域文化；

经济价值：旅游项目、形式增多，游客滞留时间延长，经济收入增多。

2009 年普通高等学校招生全国统一考试地理科
江苏卷

一、选择题（共 60 分）

(一) 单项选择题：本大题共 18 小题。每小题 2 分，共 36 分。在每小题给出的四个选项中，只有一项是符合题目要求的。

图 1 是一张反映"滴水叶尖"现象的照片。据此回答 1～2 题。

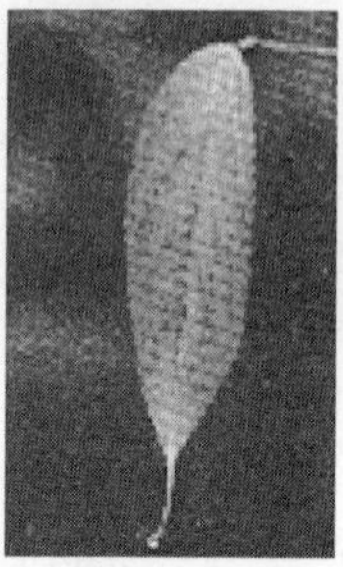

图 1

1. 该现象常年出现在（　　）

A. 温带落叶阔叶林　　B. 热带草原

C. 亚热带常绿硬叶林　　D. 热带雨林

2. 该现象在我国较普遍出现于（　　）

A. 天山天池湖滨

B. 西双版纳澜沧江畔

C. 桂林漓江沿岸

D. 武夷山九曲溪边

图 2 所示为以 38°N、0°为极点的陆地相对集中的"陆半球"（另一半球为"水半球"）。读图回答 3～4 题。

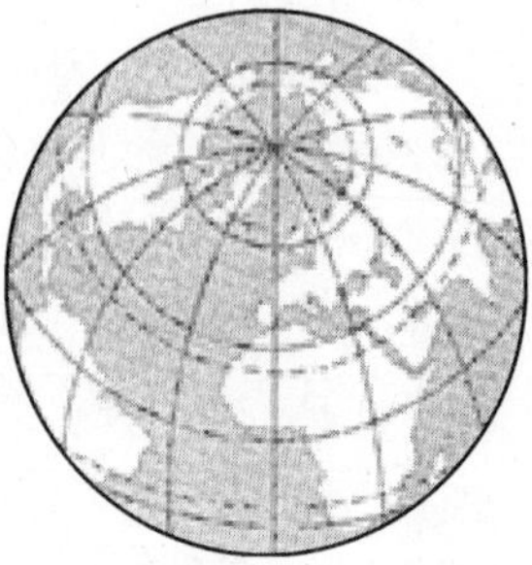

图 2

3. "水半球"的极点位于（　　）

A. 北半球、东半球

B. 北半球、西半球

C. 南半球、东半球

D. 南半球、西半球

4. 当夜半球与“陆半球”重叠最多时（　　）

A. 非洲全部位于昼半球

B. 北京市正值下班高峰

C. 南极昆仑站处于极昼期

D. 江苏各地太阳高度达一年中最大值

图3为“岩石圈物质循环示意图”，图中Ⅰ、Ⅱ、Ⅲ分别代表沉积环境、熔融环境和变质环境，箭头线代表不同的地质过程。读图回答5～6题。

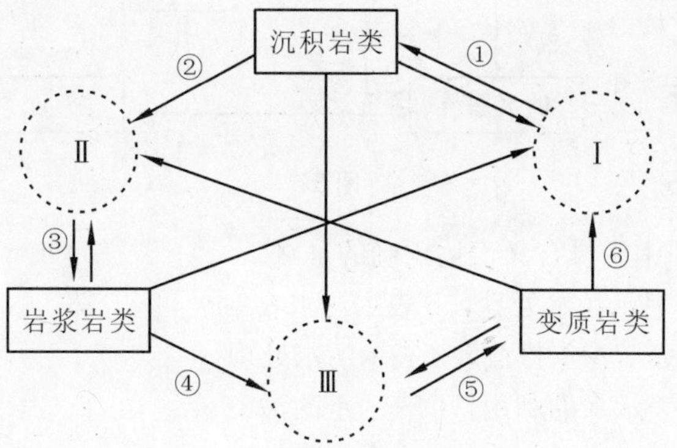

图3

5. 2008年北京奥运金牌上镶的昆仑玉和大理岩的形成过程同属（　　）

A. ②　　B. ③　　C. ④　　D. ⑤

6. 古生物进入并成为岩石中化石的地质环境和过程是（　　）

A. Ⅰ—①　　B. Ⅱ—③　　C. Ⅲ—⑤　　D. ⑥—Ⅰ

小明计划考察某地，地理老师建议他最好把时间安排在8月至10月，要带上墨镜、遮阳帽、防晒霜、羽绒服和防水服等物品。按照老师的建议，小明顺利地完成了考察活动。据此回答7～8题。

7. 小明考察的目的地是（　　）

A. 青海可可西里自然保护区　　B. 新疆塔克拉玛干沙漠

C. 四川大熊猫自然保护区　　D. 内蒙古大草原

8. 图4的四幅照片中，由小明在考察地拍摄的是（　　）

图4

A. ①　　　　B. ②　　　　C. ③　　　　D. ④

图 5 是“某区域水资源循环利用模式示意图”。读图回答 9～11 题。

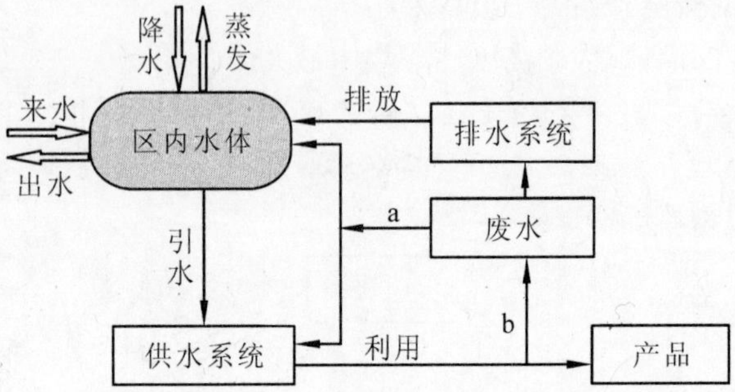

图 5

9. 图中字母含义表述正确的是（　　）

A. a 表示污水处理，b 表示污水收集

B. a 表示污水排放，b 表示污水处理

C. a 表示水的利用，b 表示水的污染

D. a 表示水的污染，b 表示污水处理

10. 城市化水平的提高要求增大供水量，可采取的措施是（　　）

A. 减少区内水体蒸发量　　　B. 增加区内降水量

C. 提高区内水资源重复利用率　D. 增加地下水储量

11. 如果区内某水体发生了富营养化，可行的治理措施是（　　）

A. 增加来水量和增加出水量 B. 减少来水量和增加出水量

C. 减少来水量和减少出水量 D. 增加来水量和减少出水量

运用数据图表可以分析社会人口变化现象。据图 6、图 7 回答 12～13 题。

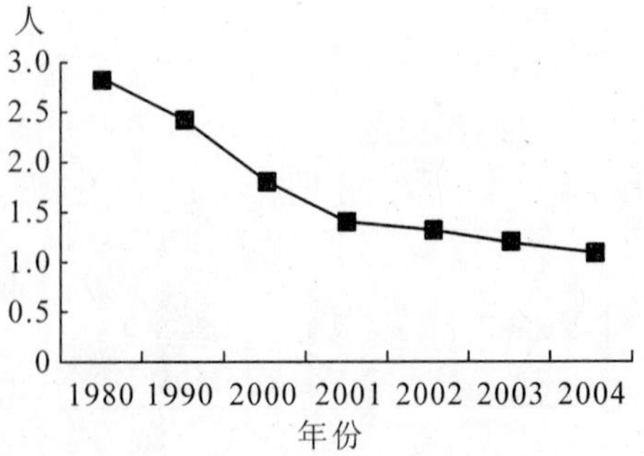

图 6

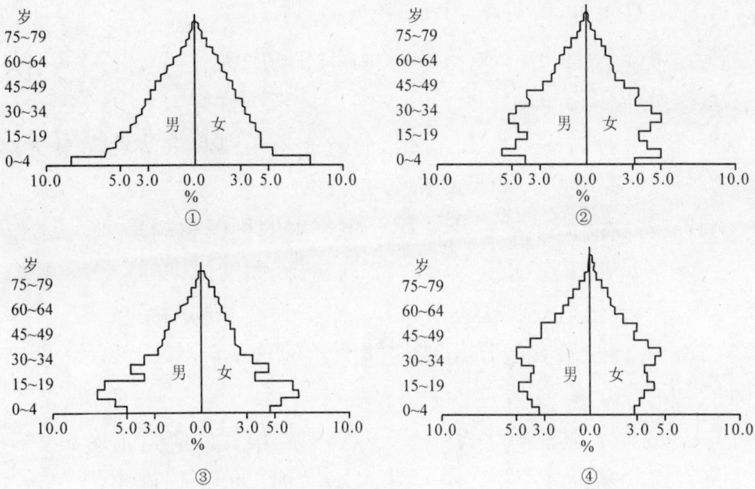

图 7

12. 图 6 是某地区育龄妇女平均生育子女数变化曲线图。若图中所示变化趋势持续下去，最可能出现的是（　　）

A. 人口素质下降　　B. 人口老龄化

C. 就业压力加大　　D. 劳动力成本下降

13. 图 7 是“新中国成立以来四个不同时期的人口年龄结构金字塔图”，按时间先后排序正确的是（　　）

A. ①②③④　B. ①③④②　C. ①②④③　D. ①③②④

图 8 为“欧洲四种农业地域类型分布图”，图 9 是“该区域某种农业地域类型的经营方式示意图”。读图回答 14～16 题。

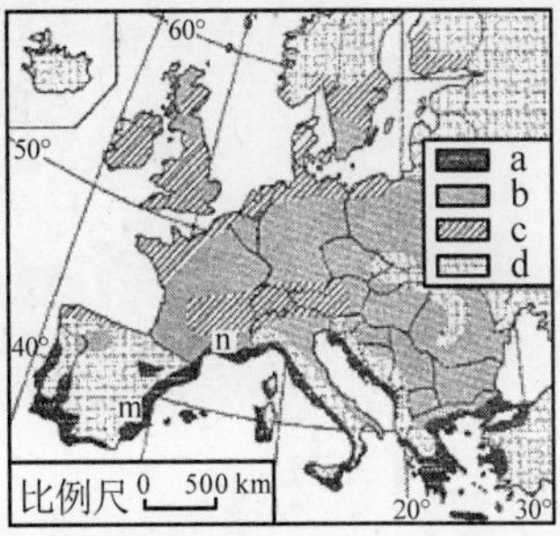

图 8

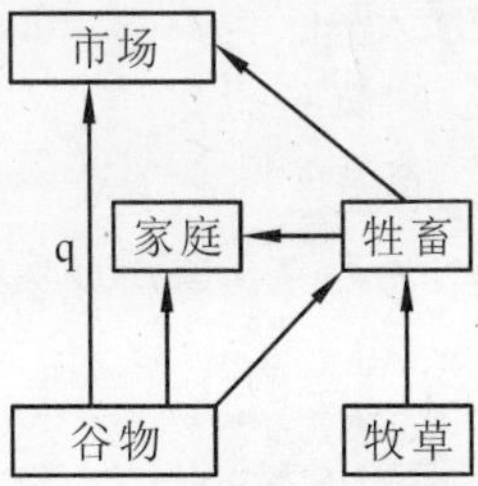

图 9

14. 面向城市市场，商品化和集约化程度最高的农业地域类型是（　　）

A. a　　B. b　　C. c　　D. d

15. 若图 9 中箭头线 q 表示产品流量最大，则该经营方式对应的农业地域类型是（　　）

A. a　　B. b　　C. c　　D. d

16. m、n 两地均盛产葡萄。两地相比，m 地的区位优势是

(　　)

A. 交通便捷　　　　　　　　B. 市场广阔

C. 鲜果上市早　　　　　　　D. 技术条件好

2009 上海国际车展上，展出的新能源车型和清洁能源车型比以往任何一届都多。据此回答 17～18 题。

17. 若新能源车被广泛使用，将产生的积极影响是（　　）

A. 缓解城市交通压力　　　　B. 减轻大气污染

C. 促进经济快速发展　　　　D. 提高能源利用率

18. 若现阶段大量使用清洁能源乙醇作为汽车燃料，将会产生的影响是（　　）

A. 缓解土地荒漠化　　　　　B. 加剧粮食供应紧张局面

C. 减轻耕地压力　　　　　　D. 增加二氧化碳排放量

（二）双项选择题：本大题共 8 小题，每小题 3 分，共计 24 分。在每小题给出的四个选项中，有两项是符合题目要求的。每小题选两项且全选对者得 3 分，只选一项且选对者得 1 分。其余情况均不得分。

图 10 为"大陆西岸四个地点的地理位置示意图"。读图回答 19～20 题。

图 10

19. 若不考虑地形因素，四个地点中 1 月份降雨较多的是（　　）

A. 甲　　　　　　　　　　　B. 乙

C. 丙　　　　　　　　　　　D. 丁

20. 甲、丁两地近海的洋流性质及其对当地气候的影响主要是（　　）

A. 同属暖流　　　　　　　　B. 同属寒流

C. 增温增湿　　　　　　　　D. 降温减湿

图 11 是"我国西部某地区略图"，图中左上方所示为当地铁路沿线的草方格沙障。读图回答 21～22 题。

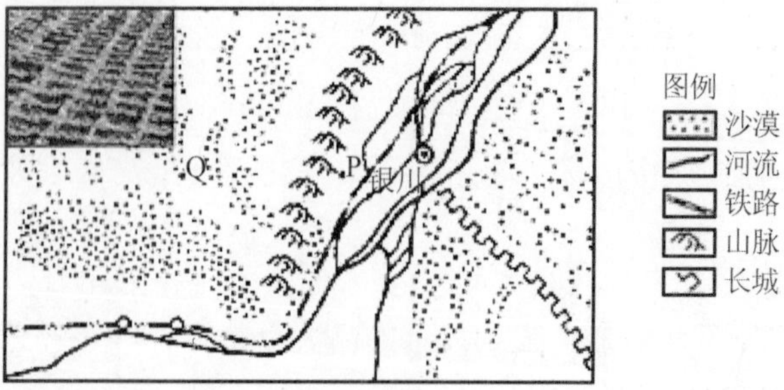

图 11

21. P 地与 Q 地相比，P 地（　　）

A. 年大风日数少　　B. 年降水量多

C. 年降雪日数少　　D. 沙尘暴日数多

22. 在铁路沿线设置草方格沙障，其主要生态功能是（　　）

A. 截留水分　　B. 改变气候类型

C. 削弱风力　　D. 改变植被类型

图 12 是“美国新一代波音 737 飞机在中国的零部件生产地说明图”。读图回答 23～24 题。

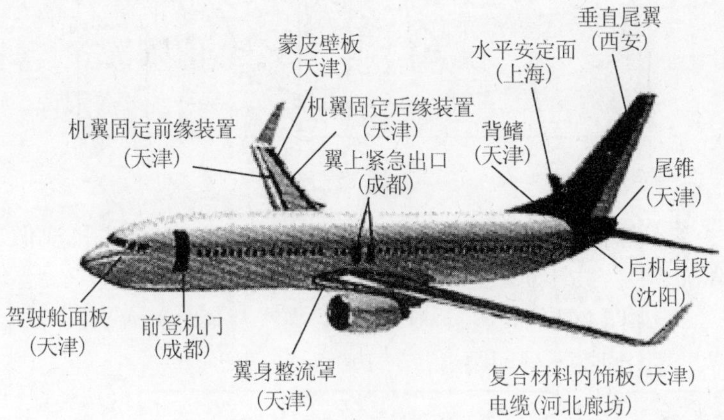

图 12

23. 图 12 反映出国际飞机制造业的（　　）

A. 集聚现象　　B. 分散现象

C. 产业升级现象　　D. 产业转移现象

24. 此类合作，对我国区域发展的影响有（　　）

A. 增大就业压力　　B. 加快工业化进程

C. 促进技术创新　　D. 改变能源政策

《中国城市竞争力报告》依据居住环境、生态环境等 14 项指标，对我国 200 个城市 2006 年度宜居状况做了评估。图 13 中数字是前 30 名的城市在各省级行政区的分布个数。读图回答 25～26 题。

25. 前 30 名城市个数较多的省级行政区组合是（　　）

A. 湘、粤、闽　　B. 苏、皖、鄂

C. 京、辽、鲁　　D. 沪、浙、赣

26. 西北地区的城市未排入前 30 名，其主要限制因素可能是（　　）

A. 自然条件　　B. 旅游资源

C. 城市建筑　　D. 生态环境

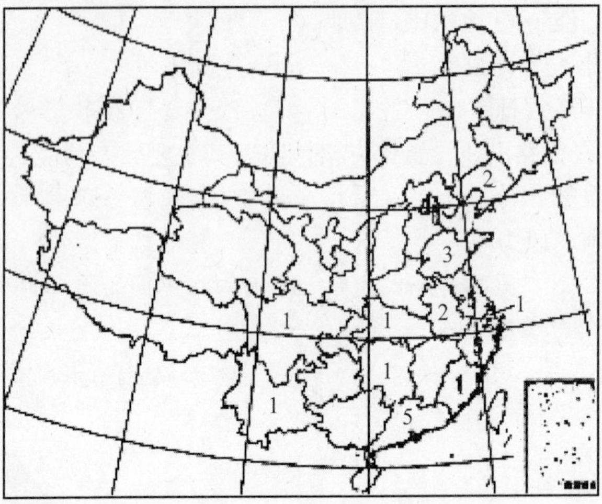

图 13

二、综合题：本大题分必做题（第 27～29 题）和选做题（第 30 题）。共计 60 分。

27. 图 14 是“我国某地区地形等高线及某时刻海平面等压线图”。读图回答下列问题。(15 分)

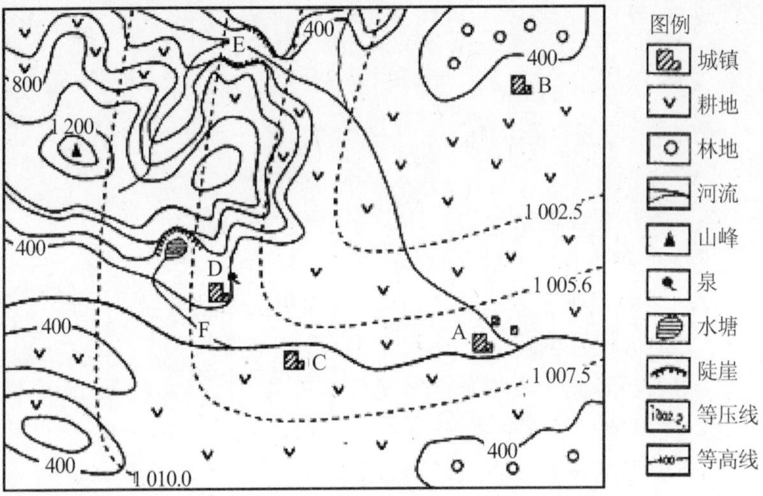

图 14

(1) 此时，A 城镇风向是______。A 与 D 相比，晴天概率大的是______，原因是____________________。(4 分)

(2) 四个城镇中，最容易遭受突发地质灾害的是______，原因是______________________。(3 分)

(3) 四个城镇中，规模最大的应该是______，原因是_______________________________。(4 分)

(4) 该地某中学地理小组开展研究性学习，拟定了两个研究课题，即“山区农业资源合理利用调查研究”和“本地形成堰塞湖可能性的研究”。通过查找资料、实地考察获得以下信息：西北部海拔500米以上山地的坡度多在22°以上，已有大片开垦为耕地；在E、F两地附近有多处崩塌滑坡。崩塌滑坡容易导致峡谷堵塞形成堰塞湖。如果你是课题组成员，请根据以上信息回答：

①西北部海拔500米以上山地适宜发展________，建议______________。(2分)

②在E、F两地中，______地附近较容易形成堰塞湖，建议应用地理信息技术中的______技术密切监视崩塌滑坡的动态。(2分)

28. 某城市内部的地域结构为多核心结构。图15是该城市的“建筑与道路分布示意图”。读图回答下列问题。(14分)

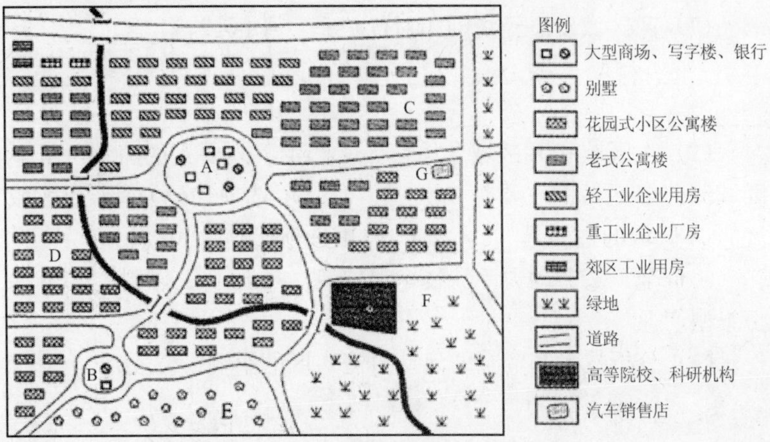

图 15

(1) A、B中属于中心商务区的是______，主要原因是______________。A与B服务范围的关系是____________________________。(4分)

(2) C、D、E中属于低级住宅区的是________，其在城市中的一般分布规律是____________。(3分)

(3) 汽车销售店布局在G处的理由是____________________，高新技术产业园将布局在F处的主要依据是____________________________。(4分)

(4) 说明影响该城市空间结构形成的主要原因。(3分)

29. 我国A区域位于沿海，海陆交通便利；B区域位于内陆山区，有两条省道通过，拥有丰富的煤铁资源。下表是两区域部分统计数据，据此回答下列问题。(11分)

表 1

项目＼区域	A	B
人口/万人	2 239	3 508
面积/平方千米	27 080	55 375
耕地面积/千公顷	989	2 760
GDP/亿元	16 013	5 276
城市化水平/%	67.5	35.5
三次产业结构	2∶47∶51	26∶44∶30
每万人大学生数/人	343	91
单位 GDP 能耗/千克标准煤/元	0.26	0.54

(1) 两区域发展经济的相对优势是：A 区域____；B 区域____。(6 分)

(2) A 区域和 B 区域合作发展，产生下列要素的流动。从 A 区域流向 B 区域的主要是__________（填选项代码），从 B 区域流向 A 区域的主要是__________（填选项代码）。(2 分)

①资金　②劳动力　③技术、管理　④原料、燃料　⑤劳动密集型产业

(3) 分析技术和资金的流动对流入区的影响。(3 分)

30.【选做题】本题包括 A、B、C、D 四小题，请选定其中两题，并在相应的答题区域内作答。若多做，则按作答的前两题评分。

A. [海洋地理]

图 16 是“杭州湾、舟山群岛示意图”。读图回答下列问题。(10 分)

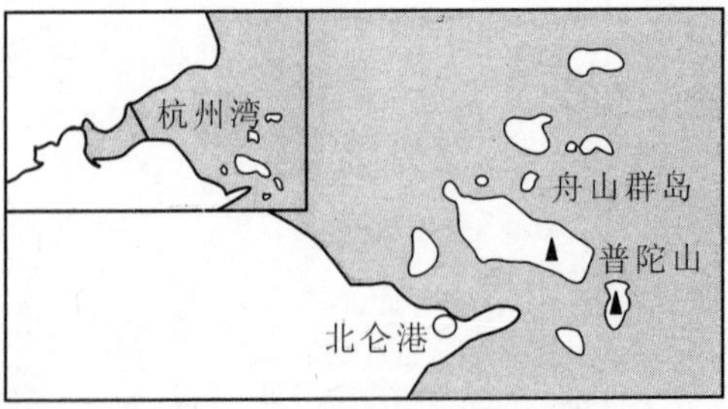

图 16

(1) 从天文角度看，形成钱塘潮“八月十八潮，壮观天下无”现象的主要原因是日、地、月三者大致排列在同一直线上，其中__________位于中间。(1分)

(2) 舟山群岛的基岩海岸特点是__________、__________。主要海洋自然灾害是________。(3分)

(3) 填表回答舟山群岛海域目前已利用的主要海洋资源类型及其利用方式。(6分)

表 2

主要海洋资源类型	利用方式

B. [城乡规划]

图17是“某古镇居住用地、工业用地、仓储用地和省道改线的两个规划方案图”。读图回答下列问题。(10分)

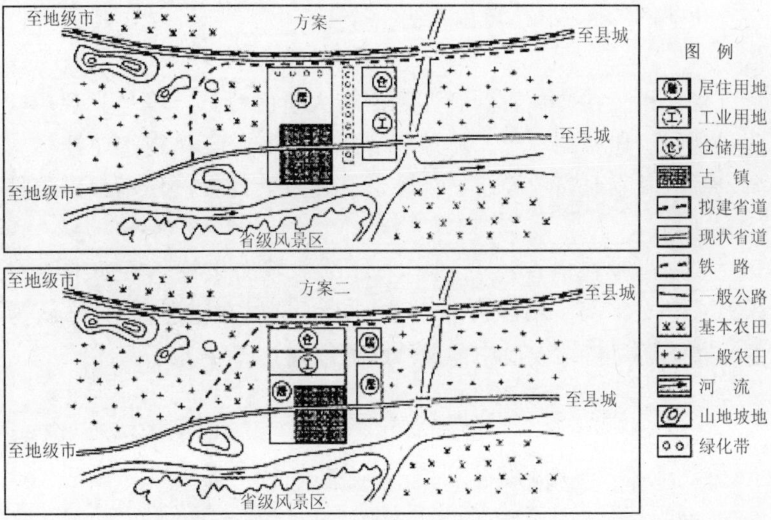

图 17

(1) 两方案中仓储用地布局的共同特点是____________________，原因是____________________。(3分)

(2) 省道改线的目的有____________________。(3分)

(3) 试从拟建省道占用基本农田情况对两个方案作对比评价。(2分)

（4）两个方案中功能分区较合理的是＿＿＿＿＿＿。（2 分）

C. ［旅游地理］

小王参加了“重走霞客路”的旅行考察活动。他们从湖北武当山出发，到云南丽江结束。图 18 是考察路线示意图及相关景观图。读图回答下列问题。（10 分）

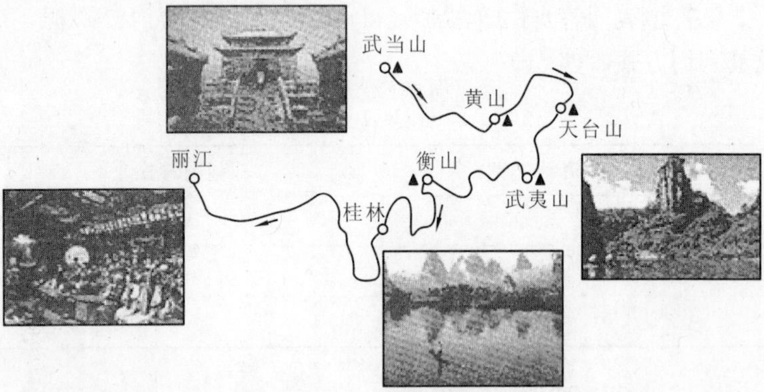

图 18

（1）该考察路线所经过的名山中，有两个被列入“世界自然与文化遗产”，一个是黄山；另一个是＿＿＿＿＿＿，其重要价值是＿＿＿＿＿、＿＿＿＿＿。（3 分）

（2）小王在桂林看到漓江两岸有大量的峰林、峰丛景观。这些景观属于典型的＿＿＿＿地貌。经过调查与走访得知，桂林旅游资源的开发对当地经济、社会、文化发展的促进作用很大，具体表现是＿＿＿＿＿、＿＿＿＿＿、＿＿＿＿＿。（4 分）

（3）小王在丽江感受到了浓郁的地域文化特色，如纳西古乐、东巴文字等。丽江古城已被列入“世界文化遗产”。你认为丽江在旅游可持续发展中需注意哪些问题？（3 分）

D. ［环境保护］

图 19 是“20 世纪 80 年代洞庭湖示意图”。图 20 是“洞庭湖 1825～2006 年间同水位湖面面积变化柱状图”。读图回答下列问题。（10 分）

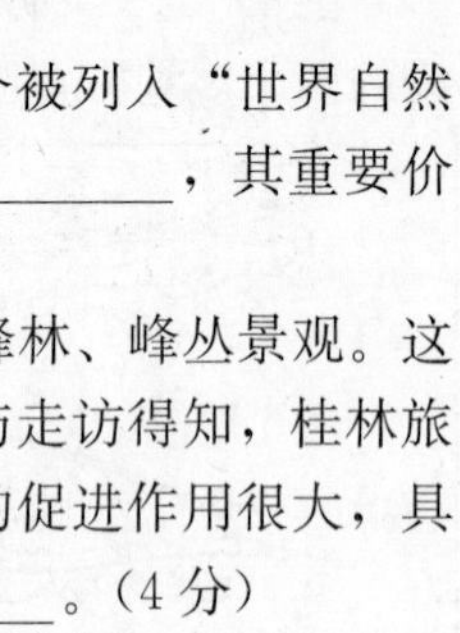

图 19

（1）洞庭湖面积变化的趋势是＿＿＿＿，主要原因是＿＿＿＿＿＿＿、＿＿＿＿＿＿＿＿。（3 分）

（2）洞庭湖是我国重要的湖泊湿地。洞庭湖面积的这种变化，将严重削弱其＿＿＿

__、________、________等生态价值和__________、________
__、_________等经济价值。(4 分)

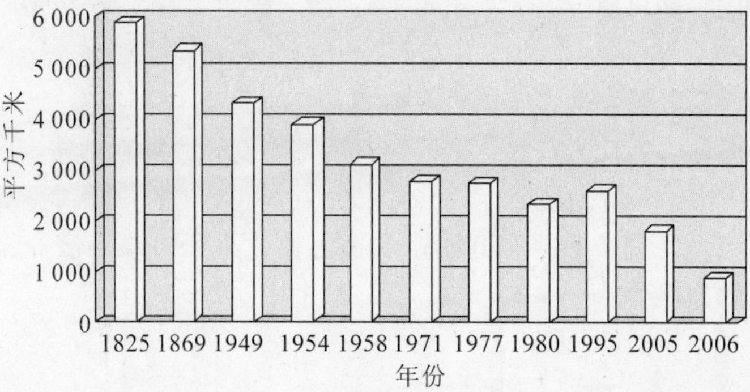

图 20

(3) 洞庭湖湿地生态环境保护需注意哪些问题?(3 分)

参考答案

一、选择题(共 60 分)

(一) 单项选择题:本大题共 18 小题。每小题 2 分,共 36 分。

1. D　2. B　3. D　4. C　5. D　6. A　7. A　8. B　9. A　10. C　11. A　12. B　13. D　14. C　15. B　16. C　17. B　18. B

(二) 双项选择题:本大题共 8 小题,每小题 3 分,共计 24 分。

19. AC　20. BD　21. AB　22. AC　23. BD　24. BC　25. AB　26. AD

二、综合题:本大题分必做题(第 27～29 题)和选做题(第 30 题)。共 60 分。

27. (15 分)

(1) 西南风　A　A 地位于冷锋锋前

(2) D　坡陡;水充足

(3) A　河流交汇,水源丰富;地形平坦开阔;交通便捷

(4) ①林业　退耕还林(或封山育林)　②E　遥感

28. (14 分)

(1) A　A 位于市中心;交通便利　　A 服务范围覆盖(包含)B 服务范围

(2) C　分布在内城(靠近商业区);靠近工业区

(3) 占地广，需位于城市外缘；靠近交通干线 接近高等院校、科研机构；环境条件好。

(4) 经济原因（或地租水平）；收入水平差异；历史原因。

29. (11分)

(1) 经济发达；劳动力素质高；交通便利；科技发达；产业结构成熟 劳动力资源丰富；煤铁资源丰富；人均耕地多

(2) ①③⑤ ②④

(3) 促进资源能源开发；加快工业化进程；改善产业结构；提供就业机会。

30.

A. [海洋地理] (10分)

(1) 地球

(2) 海岸曲折、陡峻 多港湾 风暴潮

(3)

主要海洋资源类型	利用方式
海洋生物资源	发展捕捞业、海水养殖业
海洋空间资源	建港口、海运
海洋旅游资源	发展旅游业

B. [城乡规划] (10分)

(1) 布局在交通干线附近 货物运输量大

(2) 保护古镇；提高省道交通流量；减轻古镇交通污染。

(3) 方案一不占用基本农田；方案二占用基本农田。

(4) 方案一

C. [旅游地理] (10分)

(1) 武夷山 科学价值 历史文化价值

(2) 喀斯特（岩溶） 带动相关产业发展 增加收入，促进就业 促进文化交流

(3) 保护文化遗产；旅游设施建设要与景观相协调；保护当地生态环境。

D. [环境保护] (10分)

(1) 变小 围湖造田 泥沙淤积

(2) 调蓄洪水 生物多样性 调节气候 供水（蓄水） 水产业 航运

(3) 退田还湖；搞好水土保持；防治污染。

2009年普通高等学校招生全国统一考试文科综合
浙江卷（地理部分）

第Ⅰ卷

注：在每题给出的四个选项中，只有一项是最符合题目要求的。

1. 读图，①②③代表的土壤类型依次是（　　）

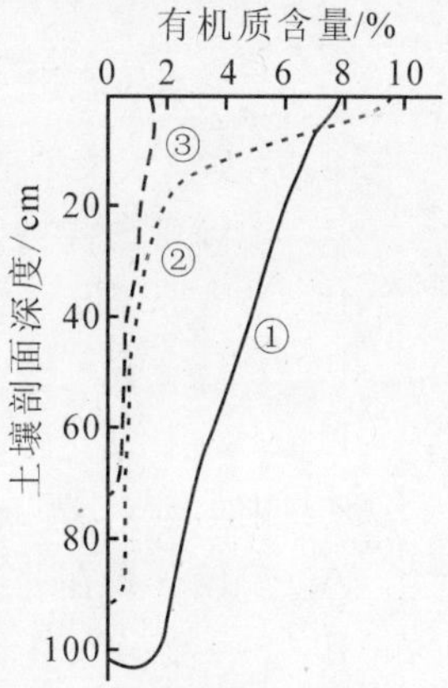

图1　某地区三种土壤有机质含量垂直分布示意图

A. 荒漠土壤、森林土壤、草原土壤

B. 草原土壤、荒漠土壤、森林土壤

C. 森林土壤、草原土壤、荒漠土壤

D. 草原土壤、森林土壤、荒漠土壤

专家认为，由于人类的生产活动等原因，预计到2100年全球平均增温4℃～5℃，这对全球环境将产生重大影响。据此完成2～3题。

2. 对全球变暖的环境影响，叙述正确的是（　　）

A. 北半球热带地区降水减少；海平面上升

B. 灾害性天气频繁；中国自然带北移

C. 洋流发生变化；大部分动物栖息地发生根本性改变

D. 北欧影响最大；北半球亚热带地区降水增多

3. 在节能减排中，公众可参与的有利于抑制全球变暖的行动是（　　）

A. 充分利用太阳能；尽量使用公共交通工具

B. 采用节水措施；开发利用无污染能源

C. 多种水稻；充分利用风能

D. 维持能源消费结构现状；自备购物篮

读图2，完成4～5题。

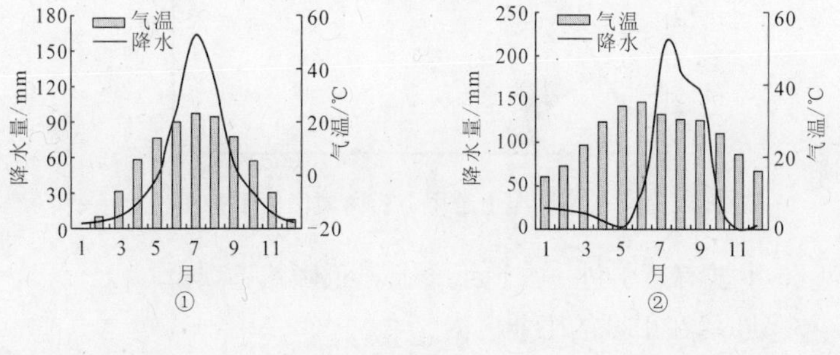

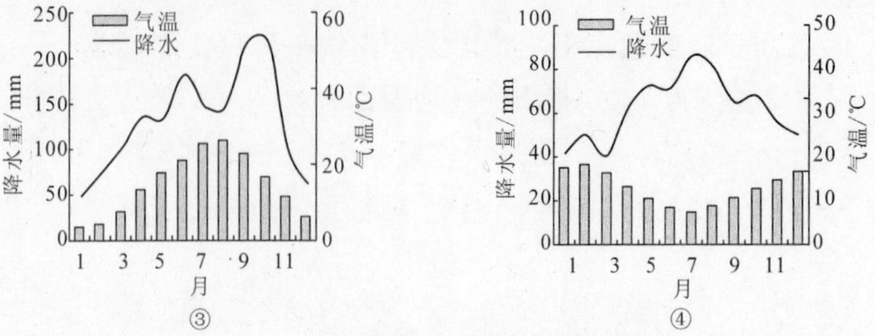

图 2　世界不同地点气温和降水年变化图

4. 四地气候类型的判断，正确的是（　　）

A. ①温带海洋性气候；②亚热带季风气候

B. ②热带草原气候；④温带季风气候

C. ①温带季风气候；③亚热带季风气候

D. ③地中海气候；④温带海洋性气候

5. 四地气候类型分布的叙述，正确的是（　　）

A. ①仅分布在北半球

B. ②主要分布在赤道附近

C. ③主要分布在纬度 30°～40°的大陆西岸

D. ④主要分布在纬度 40°～60°的大陆东岸

读图 3，完成 6～7 题。

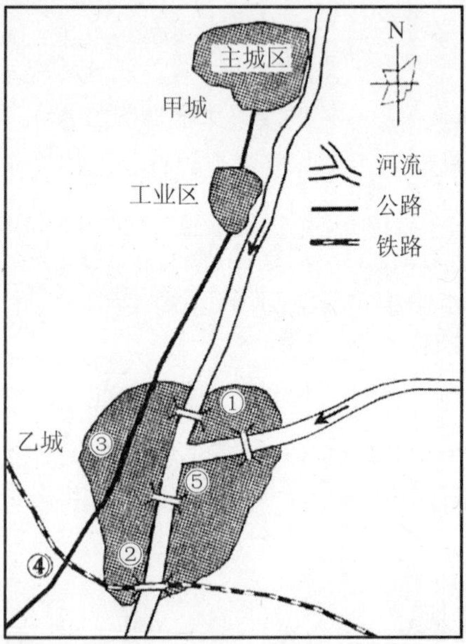

图 3　某流域上游甲、乙两城区位示意图

6. 甲城有意引进一家造纸企业，正确的选项是（　　）

A. 布局在甲城的工业区内

B. 布局在甲乙两城行政边界处

C. 布局在甲城盛行风下风向的西南郊

D. 不宜引进该企业

7. 乙城的最佳住宅区和 CBD 应分别布局在（　　）

A. ①处和⑤处　　B. ①处和③处

C. ②处和⑤处　　D. ③处和④处

东京市目前是日本太平洋沿岸大都市带的核心城市，远郊出现许多卫星城。读图 4，完成 8～9 题。

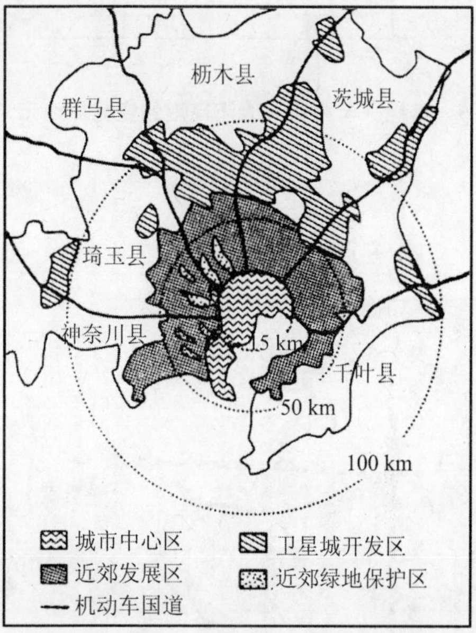

图 4　东京大都市圈空间结构示意图

8. 东京市城市化过程目前已处于（　　）

A. 中期阶段　　B. 加速发展阶段

C. 高级阶段　　D. 衰落阶段

9. 东京市的空间扩张模式给城市规划带来的有益启示是（　　）

A. 解决大城市交通拥堵的最好办法是规划放射状交通干道

B. 中心区不保留绿化带，以提高城市土地利用率

C. 在基础设施、土地利用等方面实行城乡统一规划

D. 乡村—城市转型的根本动力是大都市郊区的卫星城建设

10. 关于土地荒漠化的叙述，正确的是（　　）

A. 中国南方土地荒漠化地区生态环境尤为脆弱

B. 自然因素引起的土地荒漠化速率比人类活动引起的要快

C. 三江平原过度垦殖，土地荒漠化更为严重

D. 西北地区风蚀强烈，风沙灾害比较普遍

11. 图 5 中，当 a、c 值相差 20°时，该地的纬度值是（　　）

A. 23°N　　B. 63°N　　C. 43.5°N　　D. 27°N

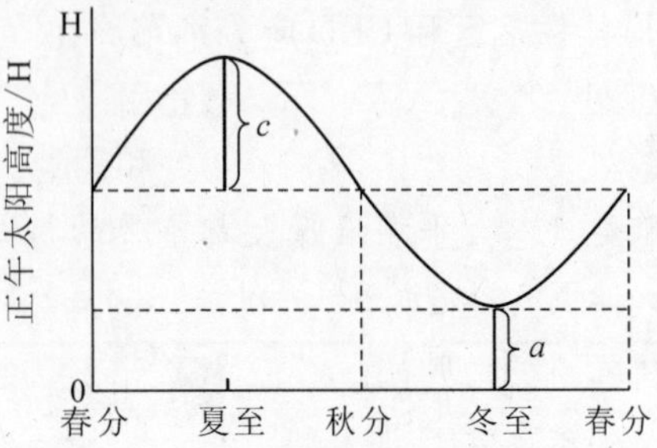

图 5　某地一年内正午太阳高度的变化曲线示意图

第Ⅱ卷

12. 读图 6，完成下列问题。

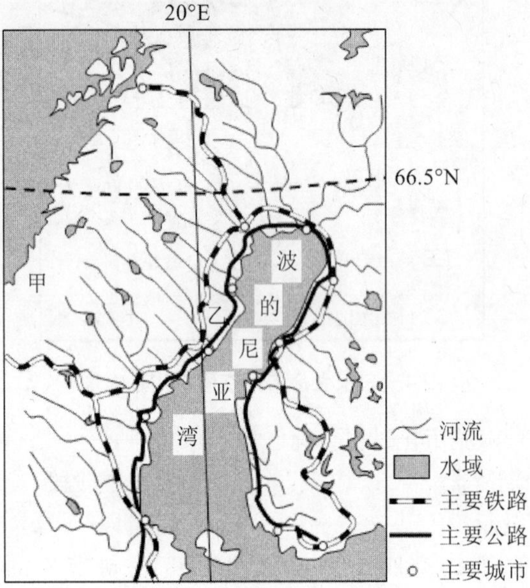

图 6　世界某区域示意图

（1）图中哪些区域会出现极昼极夜现象？为什么？（4 分）

（2）分析海陆分布与地形对甲、乙两地气候形成的影响。（12 分）

(3) 简述该区域第四纪主要外力作用及对地表形态的塑造。(8 分)

(4) 你认为该区域的经济活动主要分布在哪里？判断依据是什么？(6 分)

13. 根据材料，完成下列问题。

某区域内 A、B、C 三座城市构成一个联系紧密的城市群。三座城市都有纺织、装备制造和文化等产业，各城市主要产业的年产值见表 1。

表 1　某城市群内 A、B、C 三座城市各产业的年产值（亿元）

年产值（Q_i）城市（i）产业（j）	A	B	C	产业 j 年产值合计（$\sum_j$）
纺织业	70	40	60	170
装备制造业	150	150	50	350
文化产业	100	50	30	180
其他	280	260	260	800
城市 i 年产值合计（$\sum_j$）	600	500	400	（$\sum_{ij}$）=1 500

注：为了方便计算，表中产业结构情况及数据作了简化处理。

判断不同产业在不同城市的集中程度，可以通过计算区位商来确定。某城市的某个产业区位商越大，表示该产业越集中于该城市，理论上，城市群内其他城市的该产业应尽量向该城市集聚，以实现合理分工，形成产业集群。

某城市 i 的某个产业 j 的区位商计算公式为：

$$L_{ij}=\frac{Q_i/\sum_i}{\sum_j/\sum_{ij}}$$

式中，Q_i 为城市 i 不同产业的年产值；$\sum_i$ 为城市 i 全部产业的年总产值；$\sum_j$ 为城市群内 j 产业的年总产值；$\sum_{ij}$ 为城市群全部产业的年总产值。

(1) 已知 A 城的纺织业、装备制造业和文化产业的区位商分别为 1.03、1.07 和 1.39，B 城的纺织业、装备制造业和文化产业的区位商分别为 0.71、1.29 和 0.83。据表 1 计算 C 城三大产

业的区位商，利用计算结果确定上述三大产业在理论上应分别向哪座城市集聚？(9分)

(2) 如果该城市群为长株潭（长沙、株洲、湘潭），其以北的洞庭湖自20世纪90年代末，由于实施了退耕还湖等措施，面积又开始扩大，请说明其生态意义。近年来，沿湖芦苇种植有所增加，请分析这将对洞庭湖产生什么影响。(8分)

(3) 长株潭城市群位于以长江三角洲为龙头的长江经济带和以珠江三角洲为核心的泛珠江三角洲经济圈内，在接受沿海地区产业转移时区位优势明显。试分析长株潭城市群承接珠江三角洲玩具制造业和长江三角洲飞机制造业的可行性，并说明理由。(9分)

14. 阅读材料，回答下列问题。

材料 2010年5月1日～10月31日将在上海举办世界博览会，届时有200多个国家、地区和国际组织共7 000万人次参展。这将给旅游市场带来商机。

(1) 请选择世博会期间观赏钱塘江潮的最佳时段，并分析钱塘江潮是如何形成的。(4分)

(2) 如果你是世博会志愿者，在介绍游千岛湖时，应该提醒游客在文明旅游方面注意什么？(2分)

(3) 若有外国游客取道京沪线从天津回国，沿途经过的世界遗产地依次有哪些？(4分)

15. 读下图，完成下列问题。

(1) 图示区域中，水土流失地区的分布规律是什么？(3分)

(2) 分别说明A、B地区地质灾害类型及其成因。(4分)

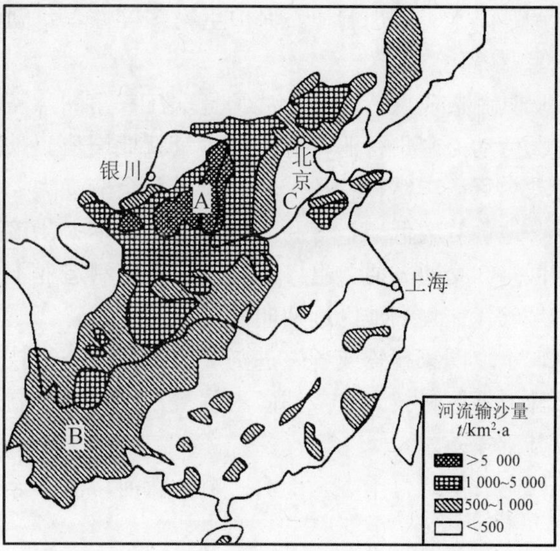

图 7　中国部分区域水土流失状况分布示意图

（3）C 地区为什么多洪涝灾害？（3 分）

参考答案

1. D　2. B　3. A　4. C　5. A　6. D　7. A　8. C　9. C　10. D　11. B

12.（1）66.5°N 及其以北地区

原因：黄赤交角为 23.5°，地球公转导致昼夜交替消失。

（2）甲地：温带海洋性气候，降水丰富，季节分配均匀，气温年较差小；西临大西洋，盛行西风，山脉走向与海岸平行，迎风坡，暖流经过。

乙地：温带大陆性气候，降水相对少，集中在夏季，年较差较大；背风坡，海域面积小，海洋水汽较少。

（3）冰川作用、流水作用。西部海岸曲折，多峡湾；湖泊广布，东部形成冰湖群；河流平行状排列，湖泊多位于河流中上游。

（4）主要分布在波的尼亚湾沿岸地区。理由：主要城市分布在海湾沿岸地区；铁路和公路环绕海湾分布；众多河流的下游，地形平坦。

13.（1）纺织业应向 C 城集聚；装备制造业应向 B 城集聚；文化产业应向 A 城集聚。

（2）调蓄洪水；增加湿地，保护生物多样性。　湖泊面积缩小；水体富营养化。

（3）玩具制造业可行。理由：①是珠江三角洲急需转出的产业项目；②劳动力密集行业，能提供大量就业岗位。长株潭城市群区域劳动力资源丰富，有利于转移农村剩余劳动力；③长株潭地区房租、地价等较低廉，有利于降低生产成本；④该产业污染少、耗能低；⑤交通方便，出口便捷。　飞机制造业不可行。理由：①不是长江三角洲地区近期向外转移的项目；②属于资金密集型产业，争取国家投资或者引进资金的难度大；③技术密集型产业，长株潭地区科技人才条件尚不具备；④与飞机制造配套的其他产业基础较差。

14.（1）农历八月十五至十八；喇叭状河口湾；天体引潮力最大等。

（2）千岛湖是重要的水源地，旅游过程中应注意保护水质，尤其不能在水域上乱扔垃圾；注意水域安全。

（3）苏州古典园林；南京明孝陵；曲阜孔庙、孔林、孔府；泰山。

15.（1）第二地形阶梯上；大致呈东北—西南方向延伸；最严重的地区集中分布在黄土高原地区。

（2）A地区滑坡、崩塌和泥石流等；土质疏松，降水季节变化大。

B地区地震、滑坡和泥石流等；地壳活动强烈，岩石破碎；暴雨集中。

（3）C地区因黄河从纬度较低处流向纬度较高处，在春季和初冬有凌汛；降水集中在夏季；地势低平，河道淤积。

2009年普通高等学校招生全国统一考试文科综合
安徽卷（地理部分）

第Ⅰ卷

注：在每题给出的四个选项中，只有一项是符合题目要求的。

及时掌握土地利用现状是实现区域可持续发展的重要前提。安徽省土地总面积中，各类土地比重约为：平原49.6％，山地15.3％，丘陵27.0％，水面8.1％。据此完成23～24题。

23. 调查全省土地利用现状快捷、高效的手段是（　　）

A. 遥感　　　　　　　　　B. 地理信息系统

C. 全球定位系统　　　　　D. 数字地球

24. 表1中①②③④项符合安徽省土地利用现状的是（　　）

表1　土地利用类型结构（%）

	耕地	林地	草地	建设用地	其他用地
①	57.80	37.32	0.76	3.59	0.53
②	40.96	25.68	0.16	11.60	21.60
③	30.71	31.15	0.37	31.86	5.91
④	20.16	50.95	0.56	7.61	20.72

A. ①　　　B. ②　　　C. ③　　　D. ④

图5为"某特大城市中心商务区白天人口与夜间人口密度变化图"。白天人口主要指工作人口，夜间人口主要指居住人口。据此完成25～26题。

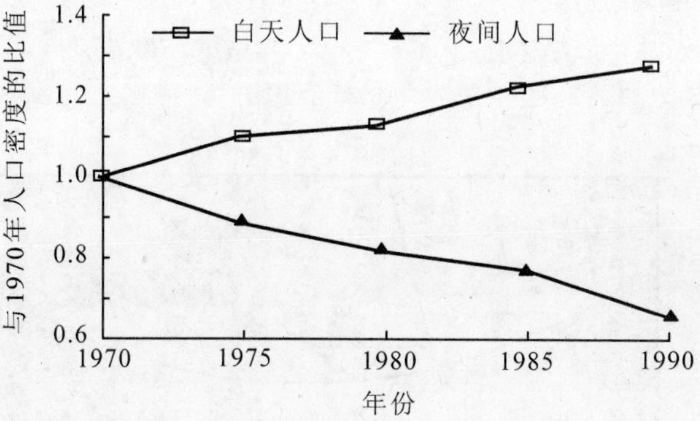

图1

25. 中心商务区白天人口与夜间人口密度的变化直接反映（　　）

A. 中心商务区地价高于工业区

B. 中心商务区工业用地减少

C. 住宅区与中心商务区分离

D. 工业区与中心商务区分离

26. 中心商务区白天人口与夜间人口密度变化的必备条件是（　　）

A. 城市服务等级提高　　　　B. 城市交通条件改善

C. 城市流动人口增加　　　　D. 城市生态环境优化

图2表示"27°N某地坡向（坡度为10°）对地表获得太阳辐

射的影响”，纵坐标表示该地坡面与地平面获得太阳辐射量的比值（仅考虑地球运动和地形因素）。据此完成 27～28 题。

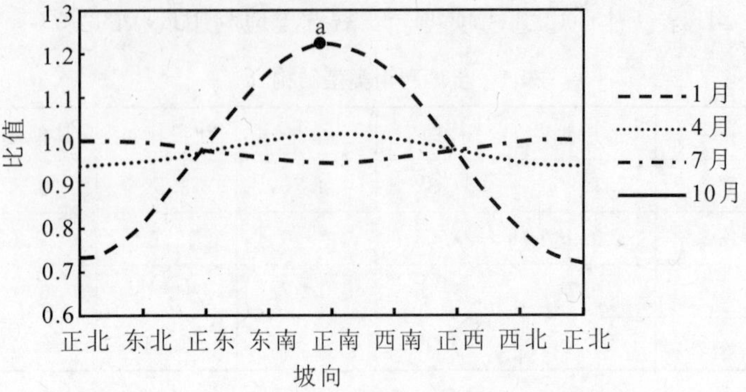

图 2

27. 该地坡向对地面获得太阳辐射影响最大的季节是（　　）

A. 春季　　B. 夏季　　C. 秋季　　D. 冬季

28. 若坡度从 10°增大到 15°，则 a 点的数值将（　　）

A. 增大　　B. 减小

C. 先减小后增大　　D. 先增大后减小

图 3 为“某地区部分港口分布示意图”。据此完成 29～30 题。

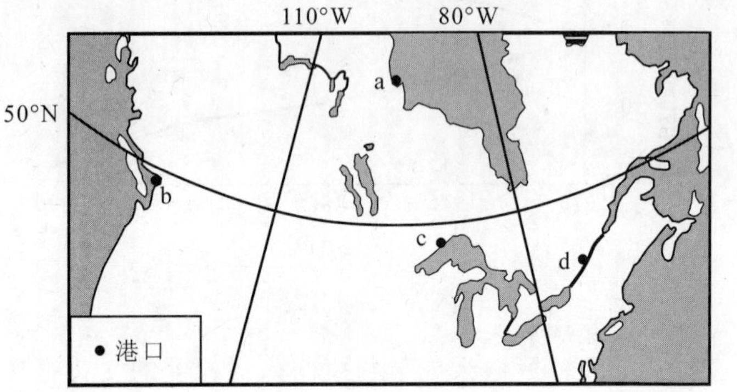

图 3

29. 导致 a 港口解冻日期比其他港口晚的主要因素是（　　）

A. 地形　　B. 经度　　C. 纬度　　D. 洋流

30. b、c、d 三港口封冻期由长到短排序正确的是（　　）

A. c>d>b　　B. d>c>b　　C. c>b>d　　D. b>c>d

大气环流和大洋环流源源不断地从低纬度向高纬度输送热量。图 4 表示“北半球向北的热量输送随纬度的变化”。据此完成 31～32 题。

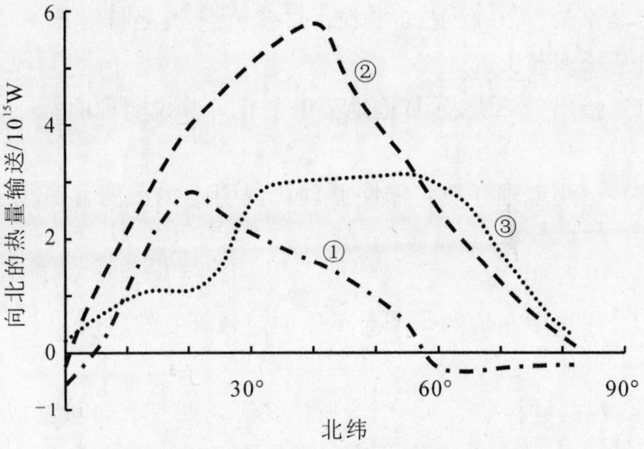

图 4

31. 引起大气环流和大洋环流输送热量的根本原因是（　　）

A. 海陆热力性质差异　　　B. 海陆分布和地球运动

C. 气压带季节性移动　　　D. 太阳辐射和地球运动

32. 曲线①②③代表的热量输送分别是（　　）

A. 大气输送、总热量输送、海洋输送

B. 海洋输送、总热量输送、大气输送

C. 大气输送、海洋输送、总热量输送

D. 海洋输送、大气输送、总热量输送

第Ⅱ卷

33. 根据材料和图 5，结合所学知识，回答下列问题。

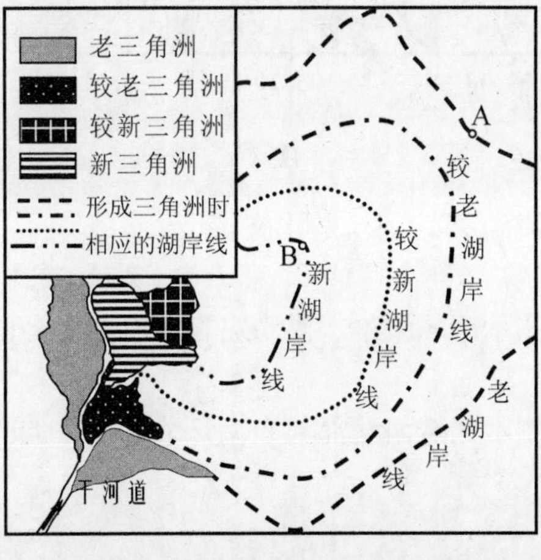

图 5　古罗布泊湖岸线及河流入湖口三角洲分布示意图

新疆罗布泊水面在古代曾经超过 3 000 平方千米，100 多年前尚存500 多平方千米，1972 年完全干涸。塔里木河曾经是罗布泊的主要水源。20 世纪后半期，塔里木河流域修建水库 200 多座，耕地面积扩大约 1 倍。

（1）指出自 A 地至 B 地地势的变化，并说明理由。

（2）运用地理环境整体性原理，说明三角洲位置变化的主要过程。

（3）简述罗布泊的干涸对干旱区流域开发的启示。

34. 根据材料和图 6，结合所学知识，回答下列问题。

图 6 中 A 地年平均降水量 734.5 毫米，其中夏季降水量占全年的 61.4%；1 月平均气温 −12.0℃，7 月平均气温 24.6℃。

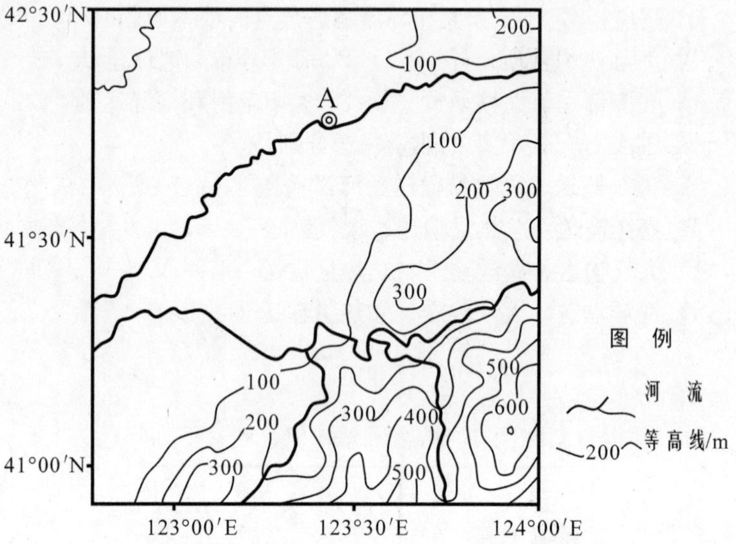

图 6

（1）简述流经 A 地河流的水文特征。

（2）分析图示区域干旱、洪涝灾害多发的主要自然原因。

（3）说明图示区域西北部与东南部农业生产自然条件和类型的差异。

参考答案

23. A　24. B　25. C　26. B　27. D　28. A　29. C　30. A　31. D　32. B

33.（1）地势逐渐降低。自A地至B地湖岸线由老到新，湖面逐渐萎缩，老湖岸线海拔高，新湖岸线海拔低。（也可根据水流方向或湖盆地势特点判断）

（2）地理环境是各要素相互联系、相互渗透和相互影响的整体；受气候和人类活动等因素的影响，注入罗布泊的水量减少，湖泊水位下降，河流入湖口向湖心延伸，三角洲位置前移；后来，河流水量锐减，搬运作用显著减弱，三角洲位置后退。

（3）充分考虑流域地理环境整体性，因地制宜进行综合开发。统筹上、中、下游用水，协调生活、生产、生态用水关系；控制人口过快增长和资源开发规模，调整产业结构，节约和合理利用水资源。

34.（1）河流流量季节变化较大，有春汛和夏汛，有结冰期，含沙量较小。

（2）温带季风气候，降水年际和季节变化大。长时期降水偏少、气温偏高，易引发旱灾；降水过多且强度较大，在地势低平、排水不畅的地区，易引发洪涝灾害。

（3）西北部以平原为主，地势平坦，土壤较肥沃，雨热同期，灌溉条件较好，有利于发展种植业；东南部以低山丘陵为主，地形起伏较大，土层较薄，易发生水土流失，不宜发展种植业，有利于发展林业和果业。

2009年普通高等学校招生全国统一考试文科综合 福建卷（地理部分）

第Ⅰ卷

注：在每小题给出的四个选项中，只有一项是符合题目要求的。

图1示意我国某企业集团型生态产业园区的生产联系。据此完成1～2题。

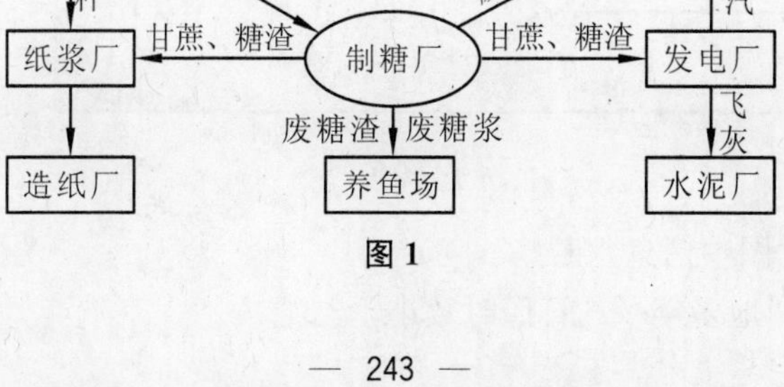

图1

1. 影响该生态产业核心企业布局的主导因素是（　　）

A. 能源　　B. 技术　　C. 原料　　D. 市场

2. 该生态产业园区中（　　）

A. 企业的集聚避免了市场的竞争

B. 技术协作带来了企业间的集聚

C. 企业彼此间形成了生产工序上的联系

D. 物质的循环利用形成了第一产业和第二产业的联系

图 2 示意我国及东部、中部、西部三大地带能源自给率的变化情况。据此完成 3～4 题。

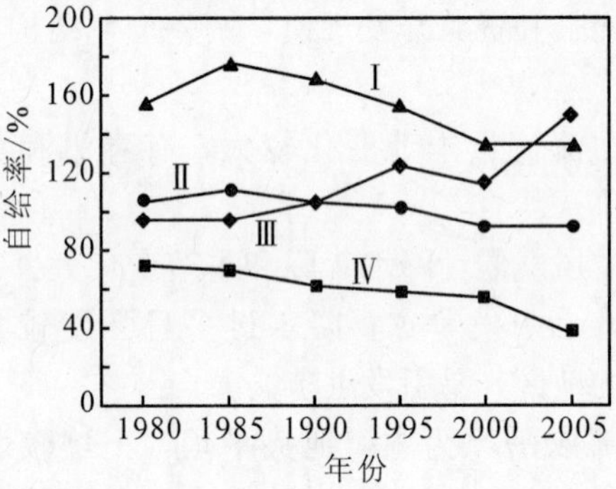

图 2

3. 图中四条曲线代表西部地带的是（　　）

A. Ⅰ　　B. Ⅱ　　C. Ⅲ　　D. Ⅳ

4. 下列地区可以大量调出能源输往Ⅳ地带的是（　　）

①东北地区　②西北地区　③青藏地区　④西南地区

A. ①②　　B. ①④　　C. ②③　　D. ②④

云量是以云遮蔽天空的百分比来表示。图 3 示意我国某地区多年平均云量日均值分布情况。据此完成 5～6 题。

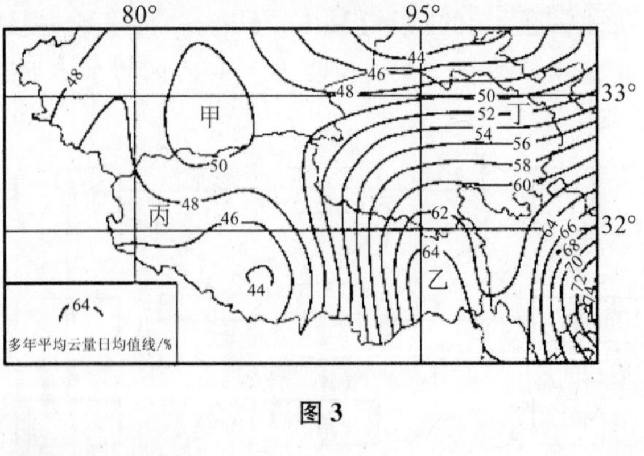

图 3

5. 据图中信息判断（　　）

A. 甲地多年平均日照时数小于乙地

B. 甲地多年平均气温日差大于乙地

C. 乙地多年平均相对湿度小于丙地

D. 丙地云量空间变化大于丁地

6. 影响乙地等值线向北弯曲的最主要因素是（　　）

A. 地形　　B. 季风　　C. 纬度位置　D. 海陆位置

近年来，苏州市沿江地带形成以冶金、能源、纺织、化工、粮油等基础产业为主的产业群体。图 4 中的Ⅰ、Ⅱ、Ⅲ示意苏州市城市化、工业化发展走廊。据此完成 7～9 题。

图 4

7. 正确表述图中城市等级或服务范围的是（　　）

A. 苏州市有 4 个城镇等级

B. 昆山服务范围最广

C. 常熟、张家港、太仓的服务范围层层嵌套

D. 苏通大桥建成通车后，苏州市的服务范围扩大

8. 与Ⅰ、Ⅱ走廊相比，Ⅲ走廊发展的有利条件是（　　）

A. 当地市场广阔　　B. 水运便利

C. 科技实力强　　D. 原有工业基础雄厚

9. 促进Ⅲ走廊可持续发展的措施是（　　）

A. 建设具有功能结构趋同的城市群

B. 进一步推进原有单一的重化工业发展

C. 加强重化工业与港口工业的新技术应用，促进产业升级

D. 依托当地的矿产资源优势，大力发展冶金与能源等产业

读图 5，完成 10～12 题。

10. 若 EF 为赤道，P 点出现极昼现象，则太阳直射的范围是（　　）

A. 0°～20°N　　B. 0°～20°S

C. 20°N～23°26′N　　D. 20°S～23°26′S

11. 若 EF 为地球公转轨道平面，PQ 为地轴，下列变化可信的是(　　)

A. 福州冬季均温升高

B. 北温带范围变小

C. 全球极夜范围扩大

D. 悉尼（约 34°S）夏季昼变长

12. 若 O 为北极点，H、P 为晨昏线与某纬线的两交点，则 E 点的时间可能为（　　）

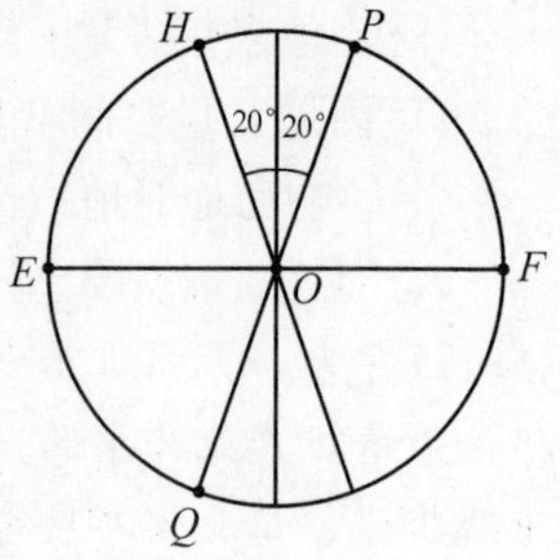

图 5

A. 5 月 23 日 8 时　　B. 6 月 22 日 18 时

C. 11 月 23 日 6 时　　D. 12 月 22 日 18 时

第Ⅱ卷

37. 结合材料，读图回答下列问题。

材料　下图中的主要国家是拉丁美洲经济一体化集团的重要成员国。甲国为拉丁美洲人均 GDP 较高的国家，与中国有良好的贸易关系，2006 年 8 月双方签订了农田灌溉系统建设、矿产品开采、机电生产等多项协议。

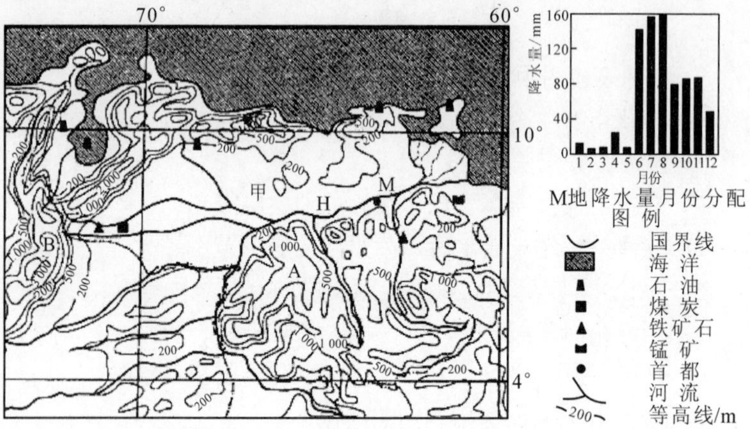

图 6

（1）分别说出 A、B 两地所在地形区的主要地形类型。

（2）描述 H 河中下游的水文特征。

（3）说明甲国建设农田灌溉系统的自然原因。

（4）分析甲国吸引中国投资工业的有利条件。

选考部分

40. A. 选修 2　海洋地理

结合有关知识，读图回答下列问题。

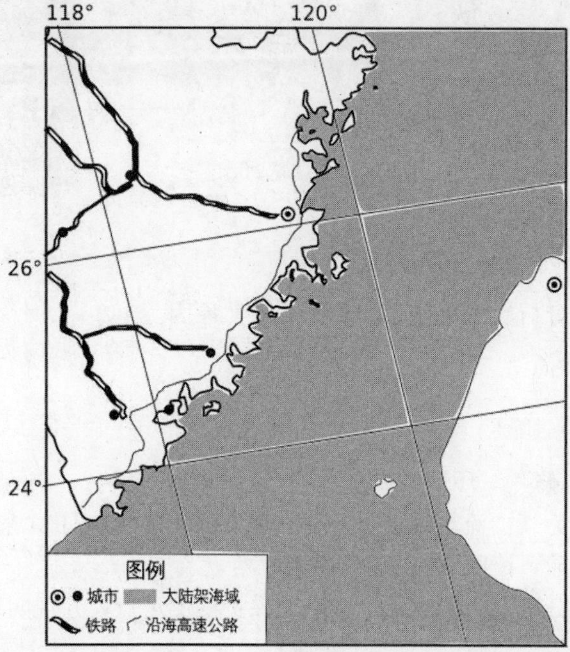

图 7

(1) 分别说出图中海峡东、西海岸主要的海岸类型，并说明判断理由。

(2) 说明海峡西岸的海岸带开发利用方式及有利条件。

B. 选修五　自然灾害与防治

堰塞湖是指河道因山崩、冰碛物、泥石流或火山熔岩阻塞而成的湖泊。

下图为"'5·12'汶川地震中北川县地质灾害发育程度分区示意图"。结合有关知识，读图回答下列问题。

(1) 说出汶川地震引发的地质灾害类型。据图说明极重灾区空间分布的特点。

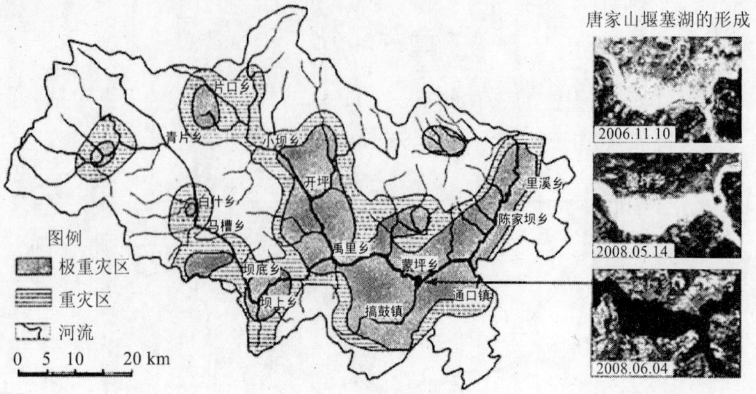

图 8

（2）分析唐家山堰塞湖形成的自然原因。

C. 选修六　环境保护

图 9 为某“流域示意图”。该流域是我国实施环境综合整治的重点区域，读图回答下列问题。

（1）分别说出甲、乙地区环境保护的侧重点，并说明理由。

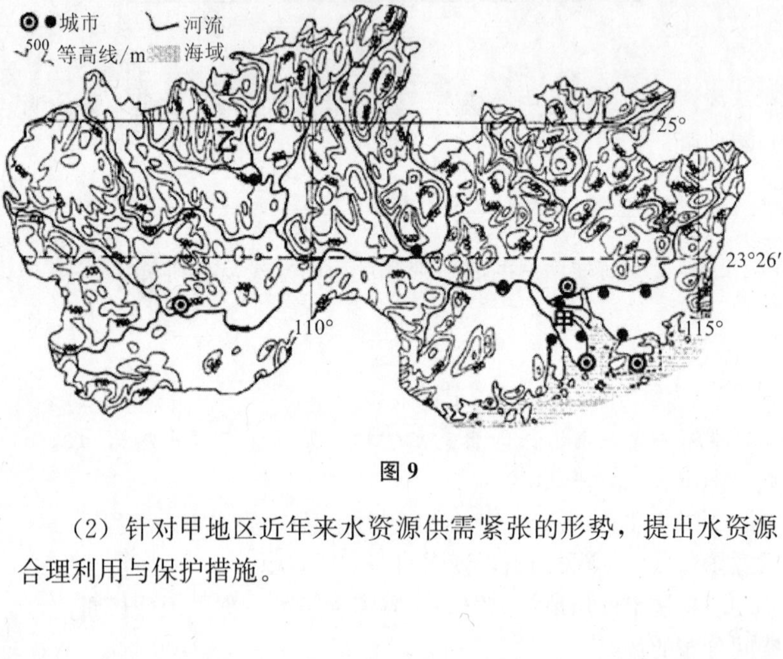

图 9

（2）针对甲地区近年来水资源供需紧张的形势，提出水资源合理利用与保护措施。

参考答案

1.C 2.D 3.C 4.D 5.B 6.A 7.D 8.B 9.C 10.C 11.A 12.D

37.（1）A：高原 B：山地

（2）水量丰富；水位季节变化大；无结冰期；含沙最小；水流平缓。

（3）以热带草原气候为主，干湿季明显；干季需要水源灌溉；中下游平原地势低平，雨季需要排涝；山区适宜建水库。

（4）石油、煤、铁、水能等资源丰富；国家之间协作较好，人均收入较高，市场潜力较大；水运便利（海运与河运）；政策支持。

40.A（1）西岸：基岩海岸 海岸线曲折 东岸：砂质（沙砾质）海岸和淤泥质海岸 海岸线平直。

（2）港口建设—多优良港湾；滩涂养殖—滩涂面积较大；滨海旅游—海岛（海岸）景色独特、气候宜人；滩涂晒盐—气温高、晴天多；海岸带综合开发—人口、城镇密集，交通便利，经济发达。

B（1）崩塌、滑波或泥石流。沿河谷呈条带状分布（或沿东北—西南走向和西北—东南走向分布）。

（2）地质构造不稳定；岩性疏松；地形高差大、河谷陡峻（山高谷深）；地震发生引发地表物质滑落，阻塞河道；降水较多，河流水量较大。

C（1）甲地区以防治污染、保护湿地为主。位于下游三角洲，人口、城镇与工业密集。乙地区以保护森林、水土保持等生态保护为主。位于上游山区，地形起伏大。

（2）加强水污染防治和污水的处理与利用；依法保护水资源，开展生态环境建设；提高节水意识，全面推广节水措施，提高水的利用率；在上游修建水库，开渠引水；在三角洲地区全理开发利用地下水，防止水的倒灌。

2009年普通高等学校招生全国统一考试文科综合
山东卷（地理部分）

第Ⅰ卷（选择题）

注：在每小题给出的四个选项中，只有一项是符合题目要求的。

图1是“世界某区域农业地带分布图”。读图回答1～2题。

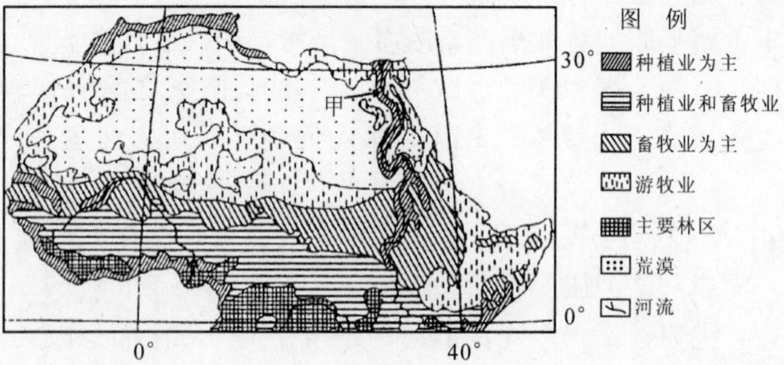

图1

1. 农业地带沿0°经线变化所反映出的地域分异规律形成的基础是（　　）

A. 水分　　B. 热量　　C. 地形　　D. 土壤

2. 甲地区是世界上著名的棉花产区，其形成的主导因素是（　　）

A. 光照　　B. 热量　　C. 水源　　D. 土壤

图2为“某气象台发布的墨西哥湾及邻近海区飓风近地面天气形势图”。读图回答3～4题。

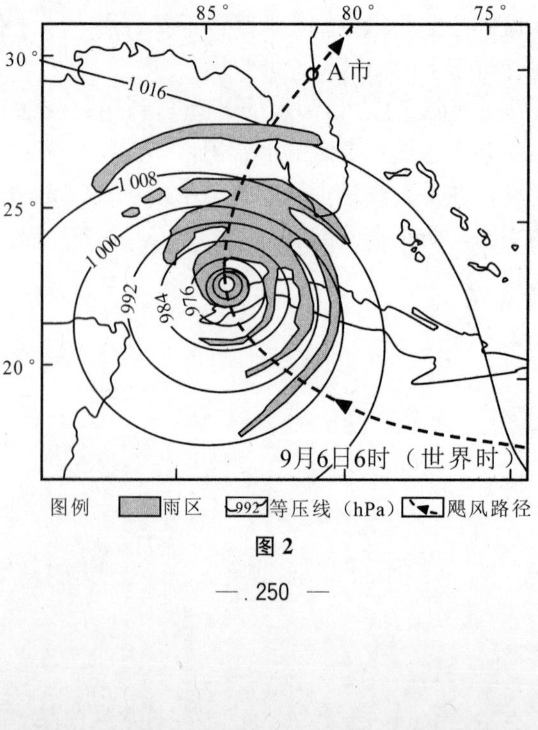

图2

3. 此时降雨集中分布在飓风东北部的主要原因是（　　）

A. 气流上升速度快　　B. 形成锋面雨

C. 凝结核多　　D. 气温较低

4. 预计飓风中心经过 70 小时到达 A 市。到达 A 市时，所在地的区时为（　　）

A. 8 日 13 时　B. 8 日 23 时　C. 9 日 13 时　D. 9 日 23 时

艾丁湖的存在对吐鲁番盆地绿洲的维持具有重要作用。图 3 是“1 万多年来艾丁湖变迁示意图”。读图回答 5～6 题。

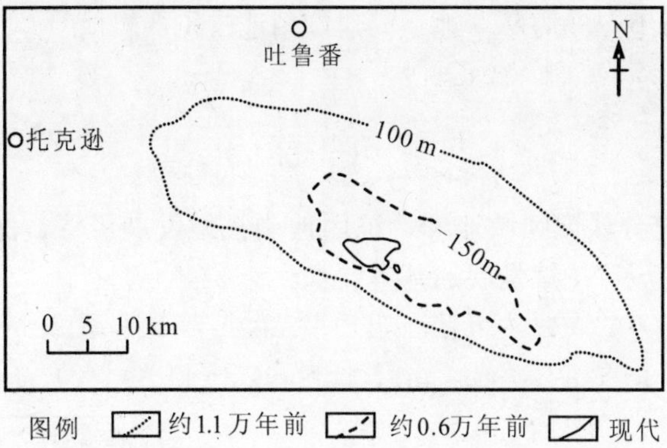

图 3

5. 图中信息反映出艾丁湖（　　）

①湖面低于海平面　②古湖盆地势北陡南缓　③环境调节作用减弱　④含盐量降低

A. ①③　　B. ③④　　C. ①②　　D. ②④

6. 艾丁湖 1 万多年来变迁的主要原因是（　　）

A. 围湖造田　　B. 绿洲萎缩

C. 湖区汇水面积减少　　D. 气候变干

图 4 为“我国西南地区某流域 1973～2002 年部分土地利用类型面积变化图”。读图回答 7～8 题。

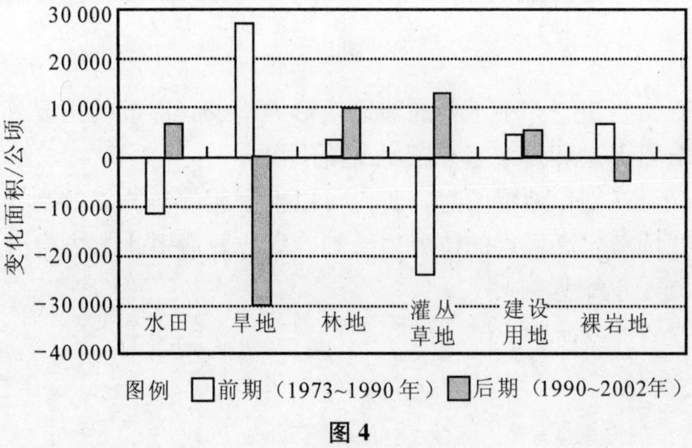

图 4

7. 关于该流域土地利用类型面积变化的叙述，正确的是(　　)

A. 前期增加后期减少的是林地

B. 增幅和减幅均最大的是灌丛草地

C. 前期减少幅度最大的是旱地

D. 整个时期耕地总体上是减少的

8. 以下土地利用类型中，其面积前后期变化能反映流域生态状况由退化趋于好转的是（　　）

①林地　②灌丛草地　③建设用地　④裸岩地

A. ①③　　B. ②④　　C. ①④　　D. ②③

第Ⅱ卷

9. 充分认识区域地理特征因地制宜地发展经济、保护生态，是实现区域可持续发展的基本要求。

图 5 为“我国某地区地形图”，右上方小图是图 5 中 C 地实测高程点分布图（单位：m）。读图回答（1）～（2）题。

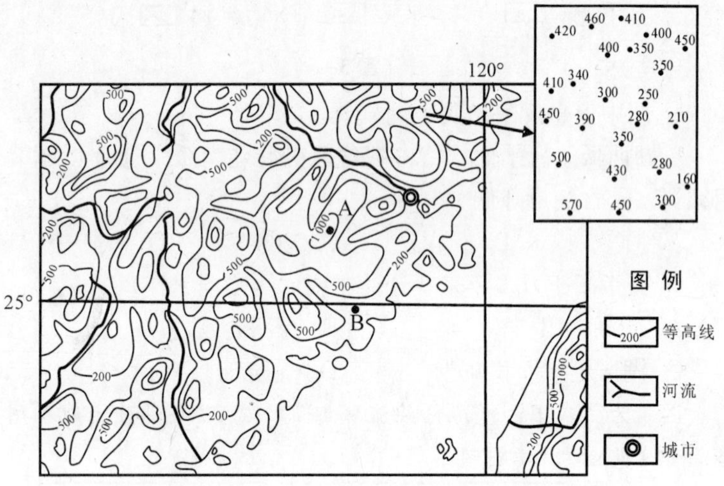

图 5

（1）指出图 5 中主要的陆地地形类型及其形成的主要外力作用。分析 B 地年降水量少于 A 地的原因。

（2）在制作地形图时，我们可以根据相邻实测点的高程确定它们之间待定高程点的位置来绘制等高线。请用此方法绘出 C 地的 400m 等高线。

图6为“该地区某地生态农业模式图”。读图回答第(3)题。

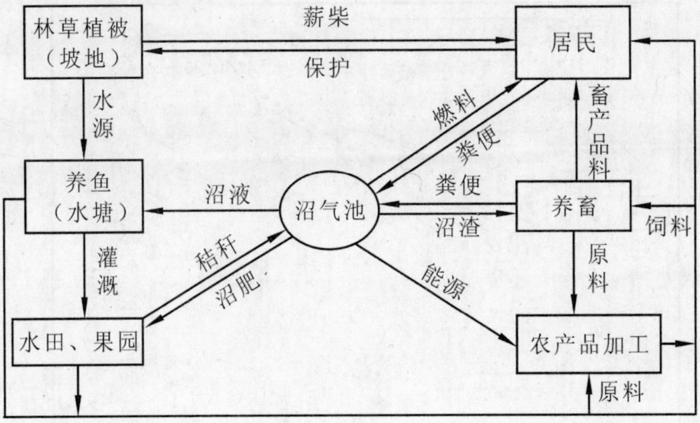

图6

(3) 分析在当地农村推广使用沼气对农业生产、生活及生态的意义。

图7为“A地所在省、浙江、广东及全国2001～2008年第二产业占各自GDP比重的变化图”。读图回答第(4)题。

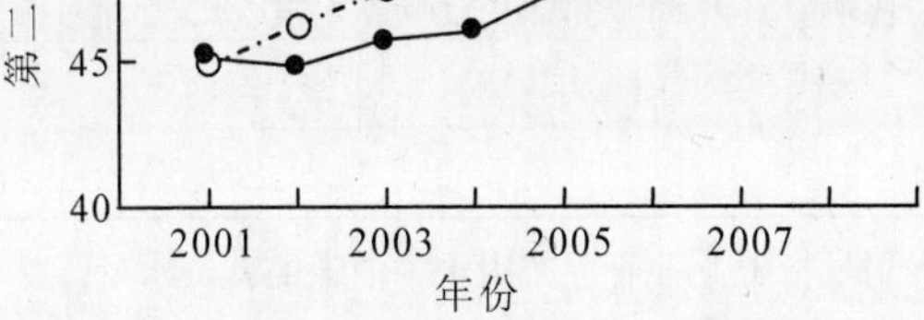

图7

(4) 比较分析A地所在省第二产业比重变化的特征。对该省工业的发展，有人提出今后应大力发展外向型农副产品深加工工业。你是否赞同，请说明理由。

10. 环渤海地区包括辽宁、北京、天津、河北、山东五省市。在近代，该地区是列强侵略的重点，也是中国人民抗争最激烈的地区之一。新中国成立以后，尤其是改革开放以来，这一地区发生了历史性巨变。

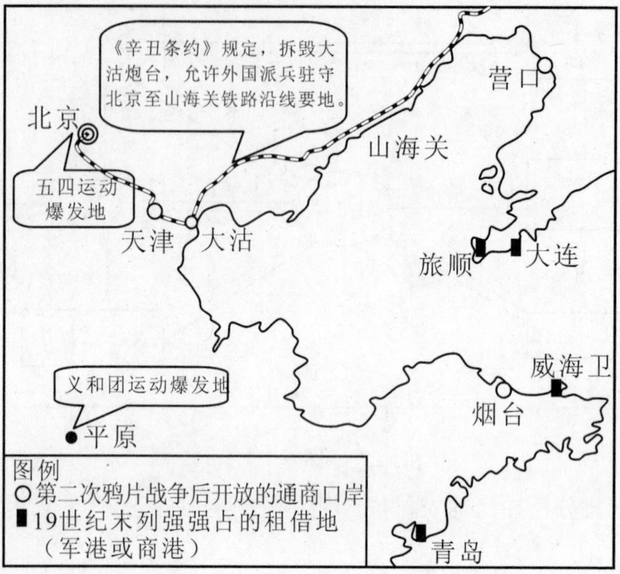

图 8

材料二　改革开放后，环渤海地区的经济进入快速发展阶段。区域可持续发展的途径之一是合理利用资源、提高资源利用率。表 1 反映的是 2007 年环渤海地区及全国的重工业比重和能源、水资源利用状况。读表回答（1）～（2）题。

表 1

	重工业产值占工业总产值比例（%）	单位工业增加值能耗（吨标准煤/万元）	单位工业增加值水耗（立方米/万元）	工业新水用量占工业用水总量比例（%）
环渤海地区	76	2.16	27.70	8.48
全国	70	1.77	119.87	16.34

注：工业新水用量指工业企业生产用水中消耗的新鲜水量。

（1）与全国相比，环渤海地区在资源利用方面有什么特点？形成的原因是什么？

（2）本地区资源利用存在的问题可能产生的不良后果有哪些？

11.【地理—旅游地理】

图 9 为“台湾中部山区某乡村旅游区示意图”。读图回答下

列问题。

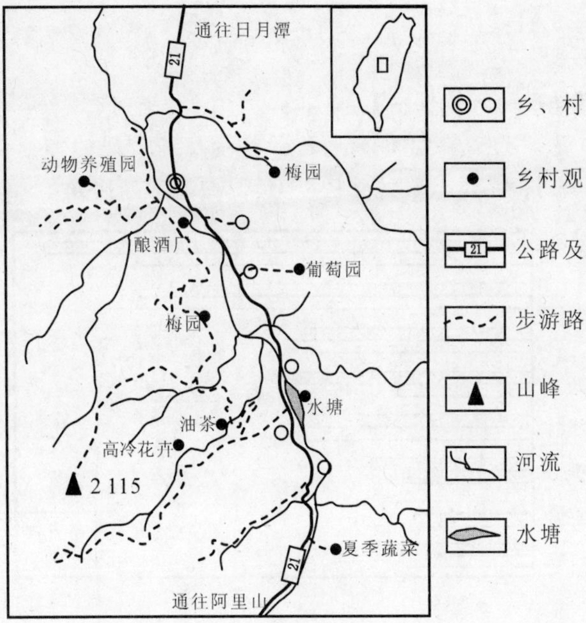

图 9

（1）分析该地发展乡村旅游的有利条件。

（2）根据图中所示乡村观光点，你认为旅游区内可以开展哪些参与性的旅游活动？

12.【地理—自然灾害与防治】

表 2 为 2007 年气象卫星监测的我国西南三省林区火灾次数统计表。读表回答下列问题。

表 2（单位：次）

	1月	2月	3月	4月	5月	6月	7月	8月	9月	10月	11月	12月
贵州	21	35	54	5	0	0	0	0	0	0	36	8
四川	23	7	26	8	0	0	0	0	0	0	0	3
云南	25	104	534	155	19	0	0	0	0	0	0	6

（1）说明西南三省林区火灾发生的时间分布特征，并分析其原因。

（2）请从水土保持的角度指出森林火灾对当地造成的危害。

13.【地理—环境保护】

图 10 是“2000 年世界濒危物种数量位居前列的部分国家的濒危哺乳动物、鸟类种数统计图”。读图回答下列问题。

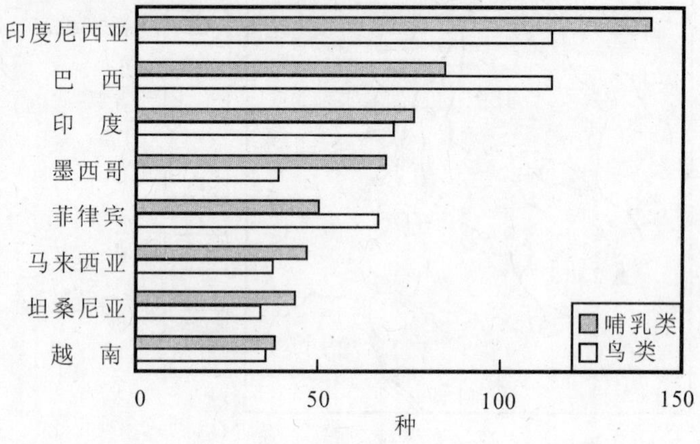

图 10

（1）归纳图中濒危物种分布国家的地理位置特点。

（2）分析印度尼西亚濒危物种数量较多的原因。

参考答案

1. B　2. C　3. A　4. C　5. A　6. D　7. D　8. B

9.（1）低山丘陵　流水侵蚀　原因：处于沿海平原，地势低，不易形成地形雨；受台湾山脉阻挡，水汽较少。

（2）如图 11 所示（等高线位置基本正确，平滑完整）。

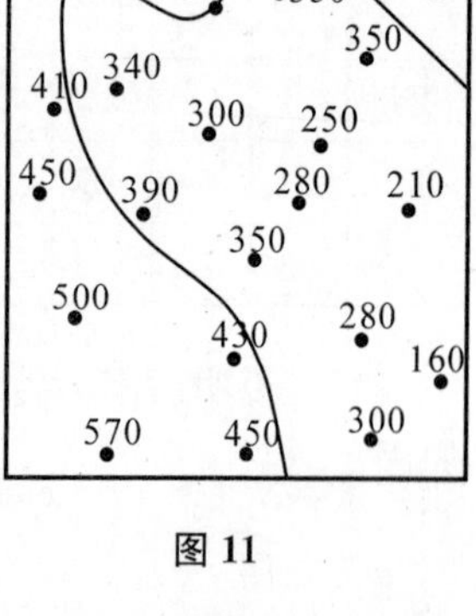

图 11

（3）对农业生产：提供能源、沼肥、沼液、沼渣，有利于农林牧渔业的发展；对生活：提供燃料；充分利用废弃物，净化居住环境；对生态：保护植被，减少水土流失。

（4）2001～2006 年持续增长，

2007年、2008年略有下降；低于浙江和广东，但高于全国。答案一：赞同。理由：农副产品种类丰富；劳动力充足；靠近港澳台，位置优越；与台湾合作前景好；著名的侨乡。答案二：不赞同。理由：技术水平较低；资金较缺乏；山地丘陵区交通不便。

10.（1）特点：能耗较高；水耗较低。原因：重工业比例较高；水资源重复利用率较高。

（2）环境污染加剧；能源紧张；生产成本提高。

11.（1）亚热带山地农业旅游资源类型多样；位于阿里山和日月潭两大著名景区之间，客源较稳定；交通方便，通达性好。

（2）茶、果蔬等采摘；插花；垂钓；酿酒；动物饲喂等。

12.（1）多发生在冬季和春季；正值西南地区干季，晴天多，降水少。（2）植被破坏导致地表侵蚀加剧；森林涵养水源功能降低；可能引发山洪、泥石流、滑坡等次生灾害。

13.（1）低纬度或热带国家；岛屿或临海国家。

（2）物种丰富；火山、地震、森林火灾等自然灾害多；人类过度采伐、毁林破坏了其生存环境；人类过度捕杀。

2009年普通高等学校招生全国统一考试地理科
广东卷

一、单选题：本大题20小题，每小题2分。在每题给出的四个选项中，只有一项是符合题目要求的。

水循环包括自然循环和社会循环。读图1，回答1～2题。

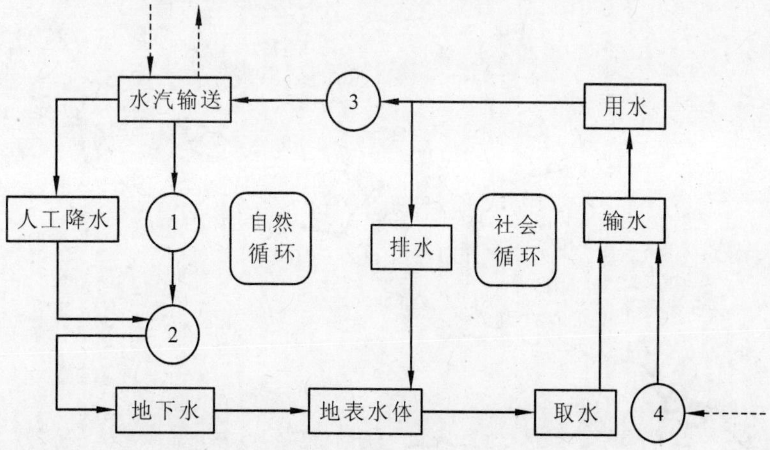

图1

1. 图中①②③④分别为（　　）

A. 蒸发、地表径流、跨流域调水、降水

B. 降水、地表径流、蒸发、跨流域调水

C. 跨流域调水、下渗、地下径流、蒸发

D. 降水、蒸发、地表径流、跨流域调水

2. 在水资源的社会循环各环节中，下列做法不够恰当的是（　　）

A. 取水——保护水源地　B. 输水——减少过程损耗

C. 用水——节约、综合利用 D. 排水——防止当地污染

3. 1980 年以来，黑龙江西部水稻集中种植区向北推移了一个纬度左右，替代了原玉米种植区。引起这一变化的主要自然因素是（　　）

A. 土壤肥力　B. 热量条件　C. 河流汛期　D. 降水总量

4. 云南某地梯田规模巨大，级数最多的达 5 000 级，现已成为中外闻名的观光景点。当初修建梯田的主要目的是（　　）

A. 保持水土　B. 发展旅游　C. 利于浇灌　D. 便于运输

5. 与广东某特大城市相比，北京城市公路立交桥的设计坡度较小，主要考虑的自然因素是（　　）

A. 地质条件　B. 水文条件　C. 土壤条件　D. 气候条件

台风是广东省主要的气象灾害。读图 2 结合相关知识，回答 6～7 题。

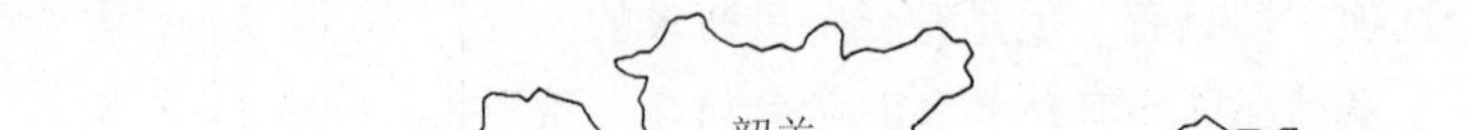

图 2　广东省台风风暴潮灾害分布示意图

6. 下列选项中，台风风暴潮灾害严重的岸段位于（　　）

A. 惠州南部、汕尾南部、揭阳东南部

B. 阳江南部、广州南部、珠海东南部

C. 湛江东部、中山东部、汕头东南部

D. 茂名南部、东莞西部、潮州东南部

7. 台风过境前后，下列做法不正确的是（　　）

A. 台风来临前搬走窗口等处的花盆

B. 大风雨来时就近在临时建筑物旁躲避

C. 台风来临前准备好必要的应急物品

D. 台风中心刚过，仍需留在安全地带

8. 从某一时刻的遥感影像中，不能获取的信息是（　　）

A. 森林火灾面积　　B. 土地干旱程度

C. 洪峰流量　　D. 植物病虫害程度

“莫问桑田事，但看桑落洲。数家新住处，昔日大江流。古岸崩欲尽，平沙长未休。想应百年后，人世更悠悠。”读唐朝诗人胡玢的诗，结合图3和所学知识，回答9～10题。

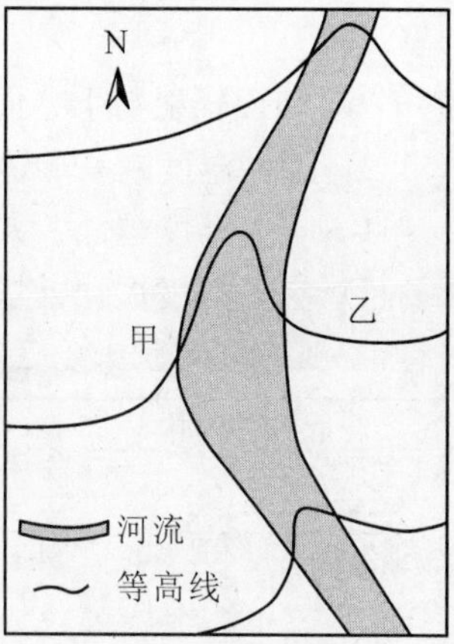

图3　某河段示意图

9. 下列叙述正确的是（　　）

A. 曲流的东岸是侵蚀岸

B. “数家新住处”应位于乙地

C. 诗中叙述的情境一般发生在河流的上游

D. 河流流向为自南向北

10. 内力作用主要影响河流的（　　）

A. 流向　　B. 含沙量

C. 汛期　　D. 流量

11. 有人把自然资源丰富的国家经济发展水平低于自然资源匮乏国家的现象称为“资源诅咒”。对于这种现象，下列解释最合理的是（　　）

A. 自然资源质量差

B. 资源开发成本过高

C. 经济发展过分依赖资源输出

D. 资源收入主要用于社会福利

地面辐射与地面吸收的大气逆辐射之差称为有效辐射。读图4并结合所学知识，回答12～13题。

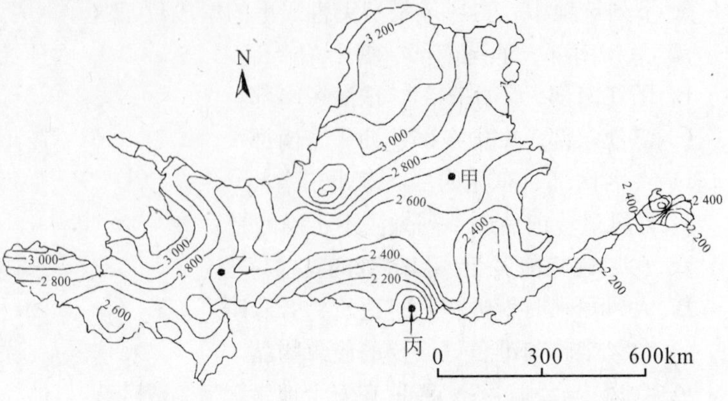

图 4　黄河流域多年平均年有效辐射总量等值线图（单位：MJ/m²）

12. 关于甲、乙、丙三地多年平均年有效辐射总量的空间分布，下列叙述正确的是（　　）

A. 由甲地向乙地急剧增加　　B. 由乙地向丙地急剧增加

C. 由甲地向丙地逐渐减少　　D. 由丙地向乙地逐渐减少

13. 关于地面辐射和大气逆辐射，下列叙述不正确的是(　　)

A. 地面辐射与下垫面性质有关

B. 地面温度越高，地面辐射越弱

C. 空气温度越低，大气逆辐射越弱

D. 空气湿度大、云量多，大气逆辐射强

企业的空间扩张受区位条件影响。读图 5，回答 14～15 题。

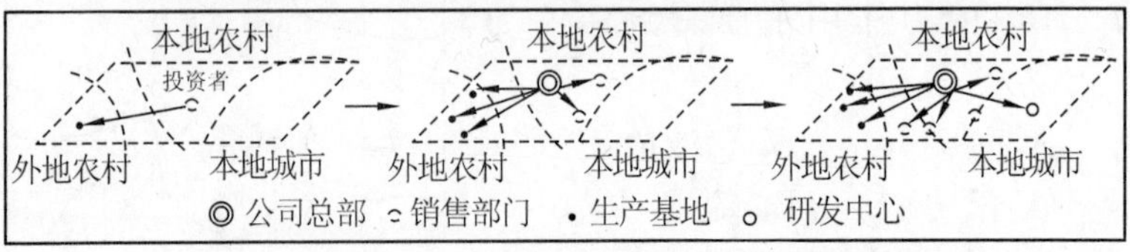

图 5　某农产品加工企业空间扩张过程示意图

14. 有关该企业的叙述，与图中不相符的是（　　）

A. 生产基地布局在成本低廉的外地农村

B. 销售部门布局在市场需求旺盛的农村

C. 研发中心布局在科技发达的本地城市

D. 公司总部布局在人才聚集的本地城市

15. 按区位因素分，该企业的类型是（　　）

A. 原料指向型　　　　　　B. 市场指向型

C. 技术指向型　　　　　　D. 动力指向型

16. 我国天山北坡和北疆大部分地区，冬、春两季有时出现

较长时间的连续降水。与此直接相关的天气系统是（　　）

A. 快行冷锋　B. 准静止锋　C. 暖锋　　D. 反气旋

17. 河流入海泥沙量的减少可能对河口三角洲带来的影响是（　　）

A. 地下水位下降　　　　　　B. 河水流速减慢

C. 淤积速度加快　　　　　　D. 出现侵蚀后退

18. 人口抚养比是非劳动年龄人口数与劳动年龄人口数的比值。

读图 6，关于我国五省市人口抚养比，下列叙述正确的是（　　）

A. 贵州的少儿人口抚养比最大

B. 上海的老年人口抚养比最小

C. 北京的少儿人口抚养比大于广东

D. 江苏的少儿人口抚养比小于北京

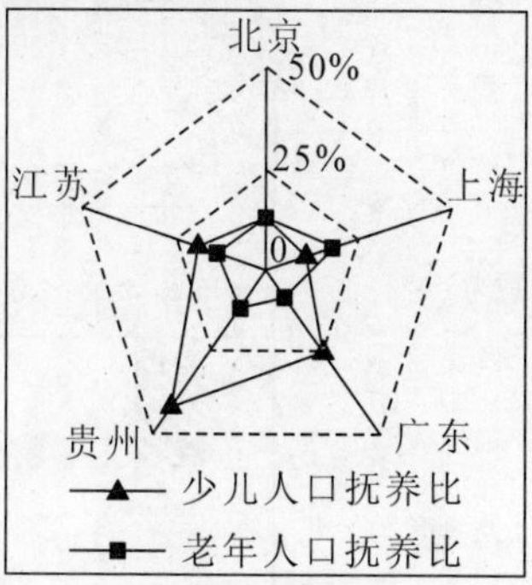

图 6　我国五省市人口抚养比

读图 7 并结合所学知识，回答 19～20 题。

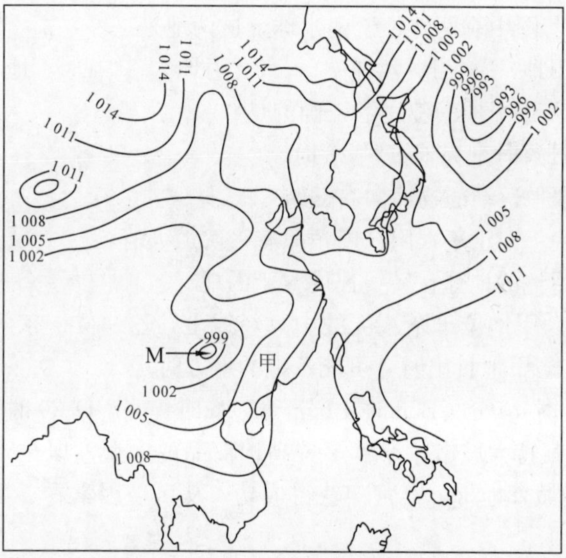

图 7　亚洲东部某日时地面气压等值线图（单位：hPa）

19. 甲地此时的风向是（　　）

A. 东南风　　B. 西北风　　C. 西南风　　D. 东北风

20. 关于图中气压状况的叙述，正确的是（　　）

A. M 地附近空气冷却下沉形成低压

B. M 地同纬度的东部海洋上空气受热上升形成高压

C. 副热带高气压带被陆地上形成的热低压切断

D. 副极地低气压带被陆地上形成的冷高压切断

二、双选题：本大题共 10 小题，每小题 3 分，共 30 分。在每小题给出的四个选项中，有两项是符合题目要求的。每小题全选对得 3 分，只选一项且选对者，得 1 分，其余情况均不得分。

读图 8，回答 21～23 题。

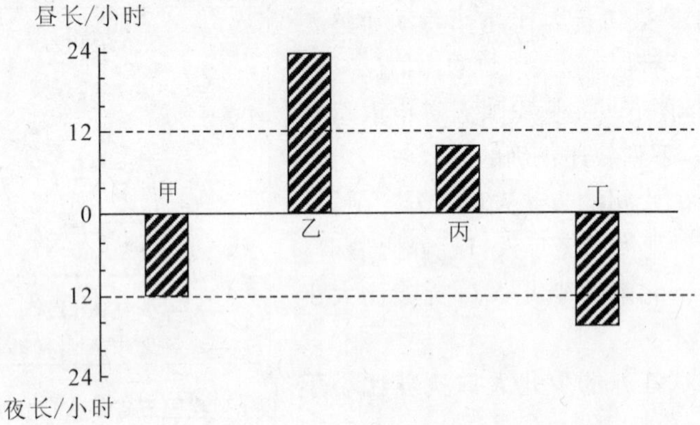

图 8　某日甲、乙、丙、丁四地的昼长或夜长示意图

21. 若图中有两地位于南半球，这两地是（　　）

A. 甲地　　B. 乙地　　C. 丙地　　D. 丁地

22. 关于甲地的叙述，正确的是（　　）

A. 日落时刻为地方时 18 时

B. 水平运动的物体向右偏转

C. 一年中正午太阳高度角只有一次最大值

D. 甲地的地球自转线速度大于丙地

23. 若甲地位于东八区的中央经线上，乙地位于东西半球分界线上，当甲地日出时，可能乙地的地方时是（　　）

A. 4 时 40 分　B. 8 时 40 分　C. 16 时 40 分　D. 20 时 40 分

24. 某特大城市一专营多种高档商品的大型商厦位于远离商业中心的城郊地带，经营却获得成功。从区位因素看，主要是由于（　　）

A. 地价便宜　　B. 人流量大

C. 接近货源地　　D. 道路通达性好

我国国有企业劳动生产率存在地区差异。读图 9 并结合相关知识，回答 25～26 题。

25. 关于我国国有企业平均劳动生产率的省际差异，下列叙述正确的是（　　）

A. 湖北大于河北　　B. 山西大于江西

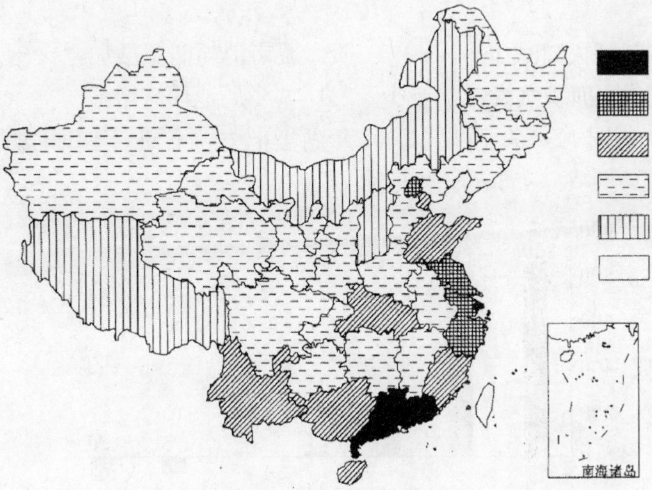

图 9　2005 年我国国有企业平均劳动生产率的省际差异

C. 天津大于重庆　　　　　D. 湖南大于海南

26. 我国沿海地区国有企业平均劳动生产率高于内陆地区，其主要原因是（　　）

A. 劳动者数量较多　　　　B. 市场化程度较高

C. 企业规模较大　　　　　D. 经营管理水平较高

大气污染与使用能源的种类密切相关。读图 10 并结合相关知识，回答 27～28 题。

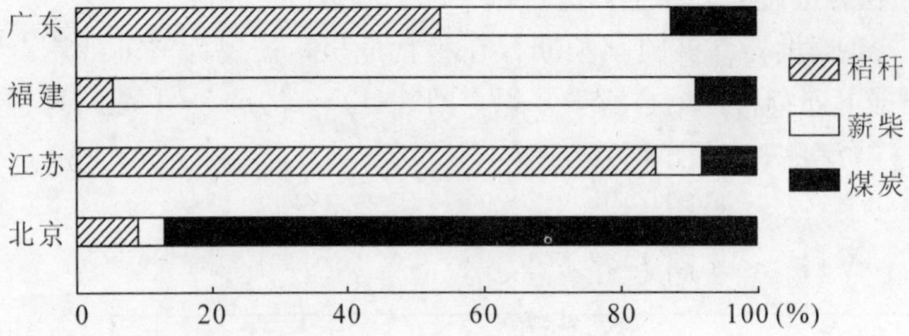

图 10　2004 年四省市农村不同生活能源对大气 SO_2 污染的贡献率

27. 关于四省市农村不同生活能源对大气 SO_2 污染的贡献率，正确的叙述是（　　）

A. 广东省以煤炭最小　　　B. 福建省以薪柴最大

C. 江苏省以薪柴最大　　　D. 北京市以秸秆最小

28. 减少我国农村大气污染物排放的有效措施有（　　）

A. 发展沼气　　　　　　　B. 开采小煤窑

C. 利用太阳能　　　　　　D. 种植薪柴林

29. 20 世纪 90 年代以来，上海市区极端最高气温和高温日数明显高于郊区，热岛效应更为显著。其原因，下列叙述正确的是

(　　)

A. 郊区人口减少　　　　B. 城市消耗能源增加

C. 单位面积蒸发耗热减少　　D. 城乡局地环流增强

30. 读图 11，关于欧盟 2007 年新增电力，下列叙述正确的是(　　)

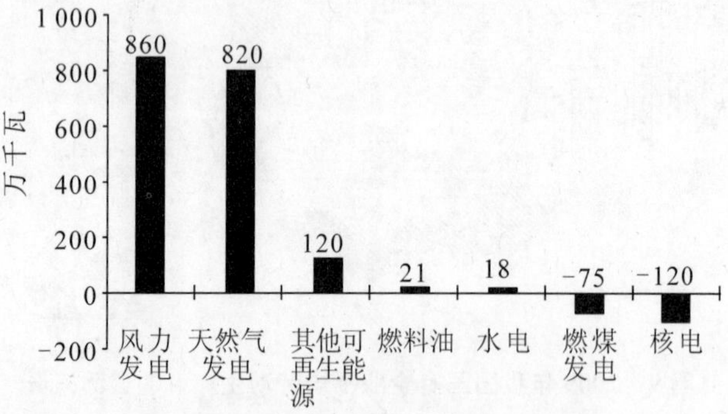

图 11　欧盟 2007 年新增电力构成

A. 核电增长量大于燃煤发电增长量

B. 风力发电增长量小于天然气发电增长量

C. 削减了燃煤和核电发电量

D. 水电增长量小于燃料油发电增长量

三、综合题： 本大题共 7 题。31～35 题为必做题，36 题、37 题为选做题，考生只能选做一题。满分 80 分。

31. 世界许多国家长期存在粮食危机，被视为“饥饿热点”。根据下列资料，结合所学知识，回答(1)～(5)题。(共 14 分)

资料一：见图 12。

资料二：见图 13。

资料三：见图 14。

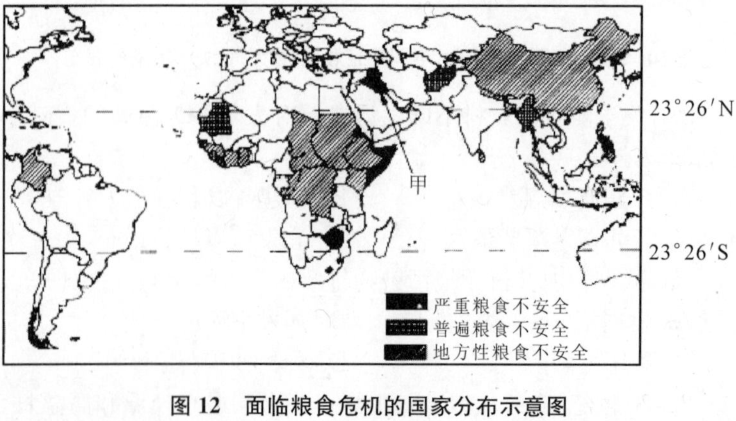

图 12　面临粮食危机的国家分布示意图

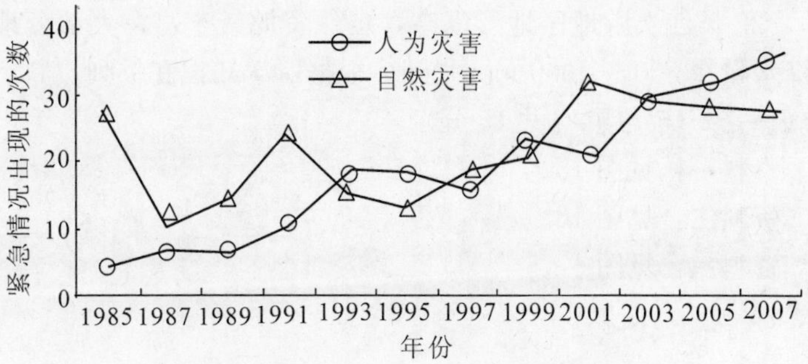

图 13　灾害引发的粮食危机紧急情况次数

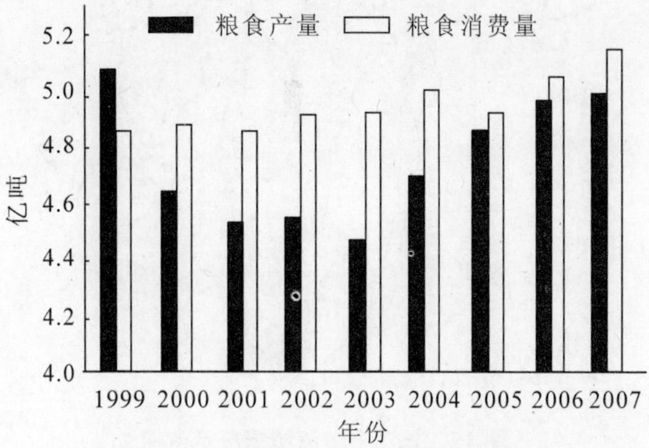

图 14　中国粮食生产—消费变化图

(1) 目前，面临粮食危机的国家主要分布在________洲和________洲。(2 分)

(2) 甲地发展种植业的最主要限制因素是__________（单选题，填选项字母）。(2 分)

A. 地形崎岖　B. 低温冷害　C. 灌溉水源　D. 光照不足

(3) 1993 年以前，世界粮食不安全的主要原因是______________。1993 年，________引发粮食危机紧急情况的次数大于________；其后两者交替上升。(3 分)

(4) 关于 2000 年以来我国粮食生产—消费状况的叙述，正确的是________（多选题，填选项字母）。(3 分)

A. 产量逐年上升　　　　B. 消费量趋于上升

C. 生产不能满足消费　　D. 缺口不断增大

E. 产量的波动幅度相对较大

(5) 目前我国粮食安全问题不容乐观，应采取什么措施保障粮食安全？(4 分)

32. 长江上游地区地形复杂，自然资源较丰富，大部分地区年降水量在 800～1 600 mm 之间。根据所学知识和下列资料，回答（1）～（5）题。（共 15 分）

资料一：见图 15。

资料二：见图 16。

资料三：见图 17。

图 15　长江上游流域概况示意图

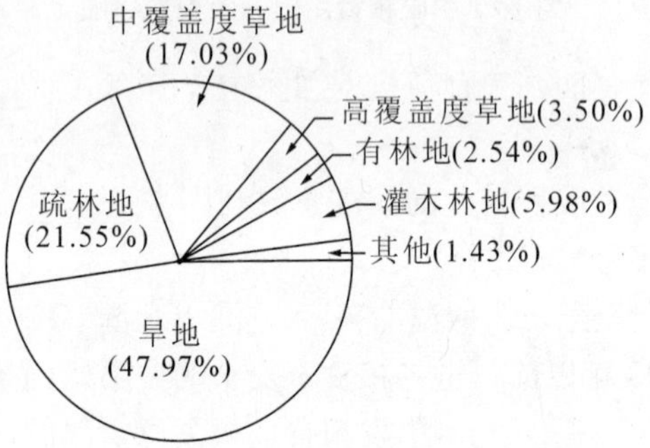

图 16　重庆三峡库区水土流失面积构成

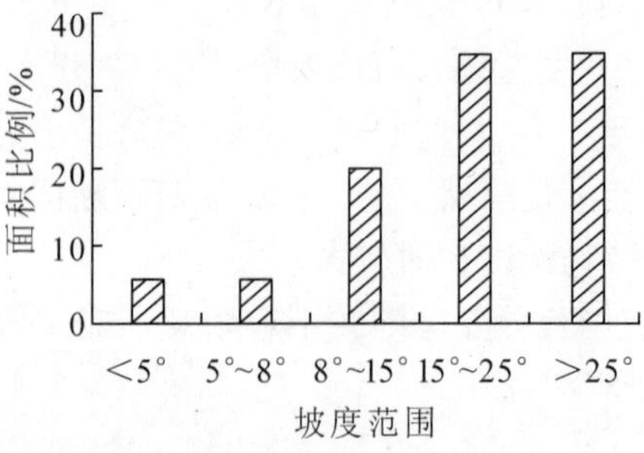

图 17　重庆三峡库区水土流失与地形坡度的关系

(1) 长江上游流域的优势自然资源有________、________、________等。(3 分)

(2) 重庆三峡库区水土流失面积比重最大的土地类型是________；在地形坡度 5°～25°范围内，随着坡度的增大，水土流失面积比例为________。(2 分)

(3) 长江上游流域水土流失对生态环境的影响有________(多选题，填选项字母)。(3 分)

A. 植物种类增加　　B. 土壤肥力降低

C. 涵养水源能力下降　　D. 泥沙淤积河道和湖泊

E. 增加降水量，引发滑坡、泥石流

(4) 分析影响该区域水土流失的自然因素。(3 分)

(5) 提出该区域水土流失的治理对策。(4 分)

33. 孟买和洛杉矶分别是发展中国家和发达国家具有代表性的城市。根据下列资料，结合所学知识，回答（1）～（5）题。(17 分)

资料一：见图 18。

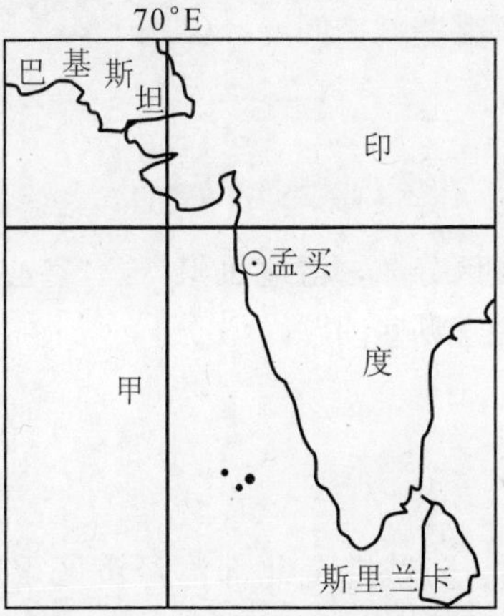

图 18　孟买地理位置示意图

资料二：见图 19。

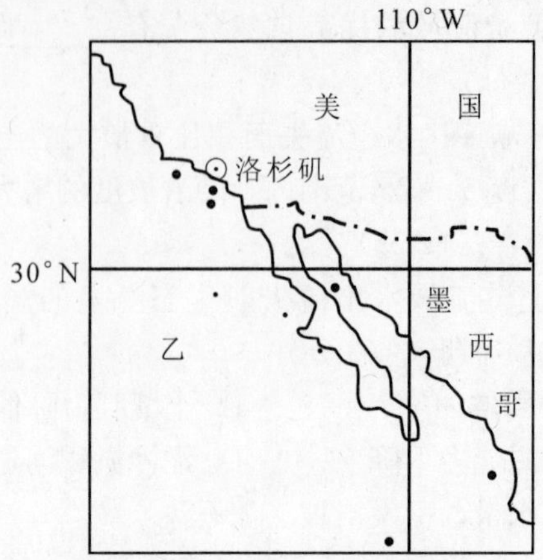

图 19　洛杉矶地理位置示意图

(1) 孟买位于洛杉矶的________方向。(2 分)

(2) 夏季，甲海域近岸洋流的流向为________，乙海域近岸洋流的流向和性质分别为________、________。(5 分)

(3) 下列有关孟买和洛杉矶气候的描述，正确的是________(多选题，填选项字母)。(3 分)

A. 孟买夏季高温多雨　　B. 洛杉矶夏季高温多雨

C. 孟买冬季高温多雨　　D. 洛杉矶冬季温和多雨

E. 洛杉矶属于温带海洋性气候

F. 孟买属于亚热带季风气候

(4) 随着城市的发展，孟买市在老城区之外建了一个新城区。主要是为了缓解哪些城市问题？(4 分)

(5) 洛杉矶市城区分散，占地面积广，“空心化”现象突出。分析其今后发展应注意哪些问题。(3 分)

34. 北海、钦州、防城港是北部湾经济区重要的港口城市。根据下列资料，结合所学知识，回答(1)～(5)题。(共 14 分)

资料一：见图 20。

资料二：见表 1。

资料三：见图 21。

资料四：见图 22。

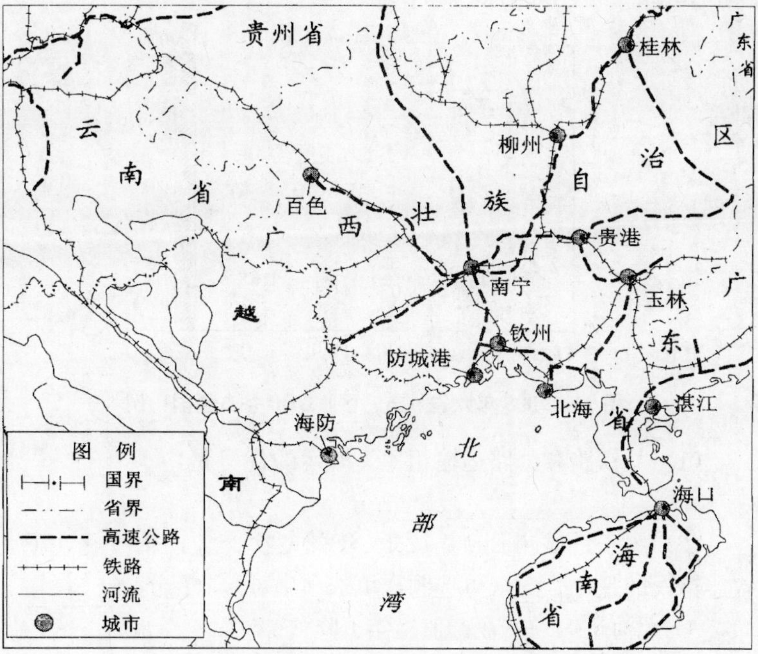

图 20　北海、钦州、防城港位置示意图

表 1　北海、钦州、防城港 2000～2004 年三次产业产值

单位：亿元

年份	北海			钦州			防城港		
	第一产业	第二产业	第三产业	第一产业	第二产业	第三产业	第一产业	第二产业	第三产业
2000	19.78	12.37	13.22	32.75	9.50	21.20	11.96	9.91	15.45
2001	16.42	20.00	37.33	33.94	12.00	23.30	11.87	11.91	10.04
2002	18.07	21.81	42.37	35.38	13.88	25.90	11.77	14.30	19.12
2003	17.54	25.96	40.81	34.8	13.30	28.80	11.13	16.70	20.89
2004	19.93	33.90	47.05	33.09	18.87	33.80	11.80	23.24	23.19

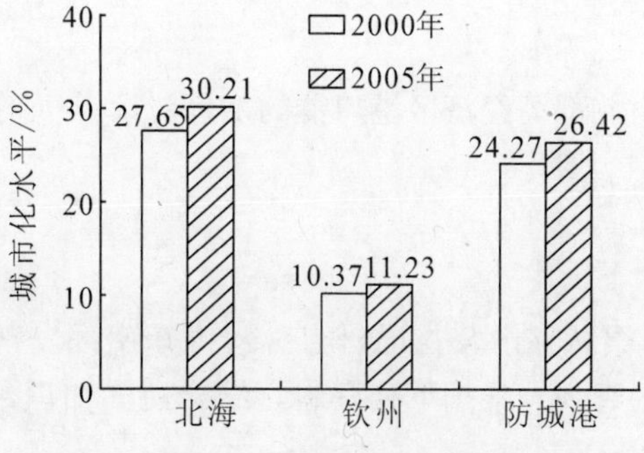

图 21　北海、钦州和防城港城市化水平

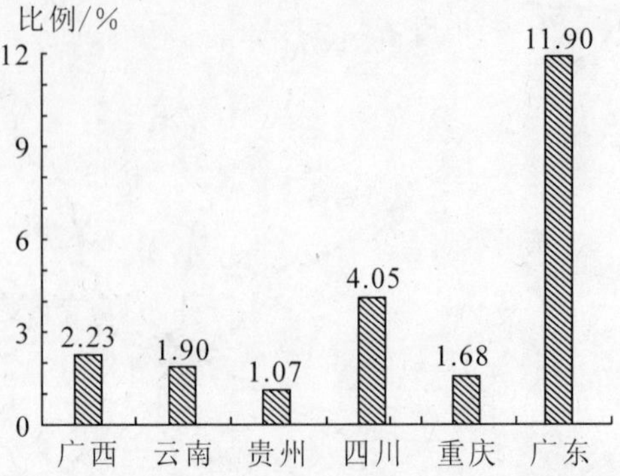

图 22　2005 年六省（市、区）GDP 各占全国比例

（1）与铁路和公路运输相比，海运的优势是________________________________。（2 分）

（2）关于三城市 2000～2004 年的三次产业产值变化，下列叙述错误的是______（单选题，填选项字母）。（2 分）

A. 北海市第一产业产值逐年下降

B. 防城港市第二产业产值逐年上升

C. 钦州市第三产业产值逐年上升

D. 第三产业产值上升最快的是北海市

（3）关于区域经济发展与三城市的城市化，下列叙述正确的是______（多选题，填选项字母）。（3 分）

A. 城市化速度最快的是北海

B. 2005 年广西 GDP 小于重庆

C. 城市化水平最高的是防城港

D. 城市化水平最低的是钦州

E. 2005 年西南五省（市、区）GDP 之和小于广东

（4）分析北海、钦州和防城港三港口发展中遇到的共同问题。（3 分）

（5）提出北部湾经济区港口群的发展对策。（4 分）

35. 某考察队在内蒙古巴丹吉林沙漠东南部发现了湖泊与高大沙山共存的奇观。根据下列资料，结合所学知识，回答(1)～(3) 题。（10 分）

资料一：见图 23。

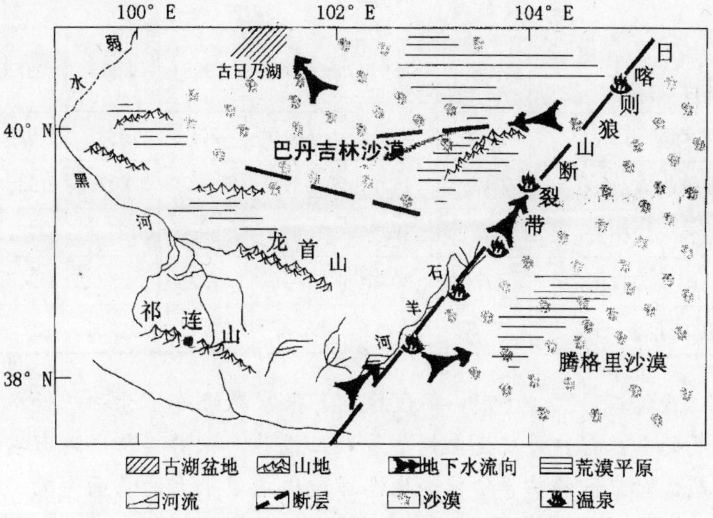

图 23 巴丹吉林沙漠及其周边环境示意图

资料二：该地全年盛行西北风、西风，年降水量小于80 mm，蒸发量大于3 500 mm，广泛分布着平均高达 200～300 m 的沙山。沙区总面积中，湖泊群约占10%；面积大于1 km^2 的湖泊有5个，严冬也不结冰。

资料三：考察队在沙山中发现了保存完好、未曾移动的植物根管结核化石，经测定年龄在 4 000 年以上。同时发现沙山内部含水量较高。

资料四：经测定，湖泊水的理化指标与深层断裂带的地下水相近，与周边地表水差异较大。

(1) 该地沙山是固定的还是流动的？说明判断依据。(3 分)

(2) 该地湖泊冬季不结冰的原因是________。(2 分)

(3) 分析该地补给水的各种可能来源，并给出主要来源及其判断依据。(5 分)

36、37 题为选做题，考生只能选做一题。作答前，请用 2B 铅笔填涂选做的试题号对应的信息点。

36. 张家界市是我国著名的旅游目的地，其武陵源风景区 1992 年被联合国教科文组织列入“世界遗产名录”。根据下列资料，结合所学知识，回答 (1) ～ (4) 题。(10 分)

资料一：见表 2。

表 2

项目 \ 年份	1989	1991	1995	1999	2003	2006
游客量/万人	56.6	126.1	160.0	327.4	759.6	1 676.0
旅游收入/百万	24.9	44.4	256.8	946.2	3 201.0	7 938.0
游客人均花费/元	44.1	35.2	160.5	289.0	421.4	473.6
人均旅游收入/元	17.0	30.0	170.0	612.8	2 033.3	4 916.7
GDP/亿元	10.83	13.44	33.35	53.76	82.51	127.54

资料二：20 世纪 90 年代后期，张家界修建了号称“世界上最高的全暴露户外观光电梯”等人工设施，旅游接待区遍布宾馆酒店，对景区的美学价值和生态环境造成了很大的负面影响，被联合国世界遗产委员会“黄牌警告”，当地政府启动拆迁工程，拟恢复核心景区原始风貌并控制游客数量。

（1）游客的旅游花费用于食、宿、行、娱、________、________等方面。（2 分）

（2）关于张家界市旅游发展，下列叙述正确的是________（多选题，填选项字母）。（3 分）

A. 旅游收入持续增长

B. 游客人均花费逐年增加

C. 人均旅游收入与 GDP 呈正相关

D. 旅游收入提高的主要原因是游客总量快速增加

E. 游客人均花费比人均旅游收入增长快

（3）分析旅游业对当地经济发展的有利影响。（2 分）

（4）提出当地旅游业可持续发展的合理建议。（3 分）

37. 2007 年 7 月，我国颁布实施了新的饮用水国家标准。目前，饮用水安全问题仍然存在。根据下列资料，结合所学知识，回答（1）～（4）题。（10 分）

资料一：见图 24。

资料二：见图 25。

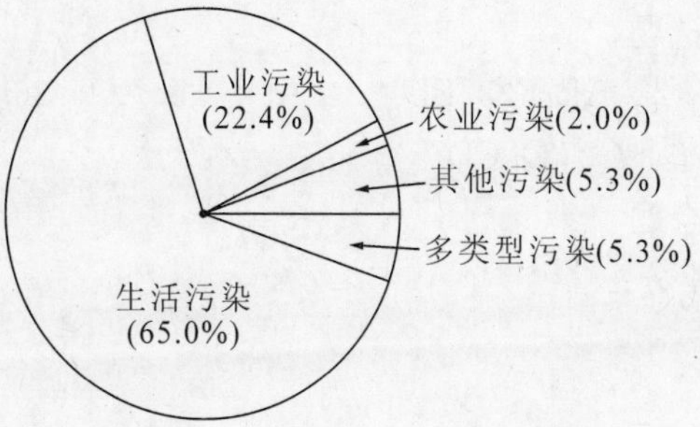

图 24　近 20 年来导致我国饮用水污染事故的污染物类型构成

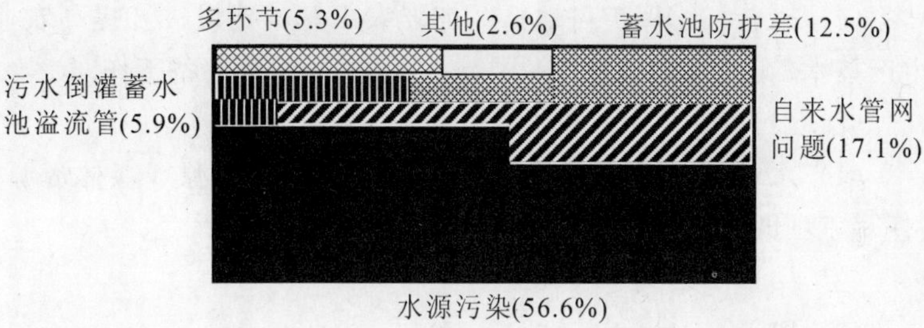

图 25

（1）从污染物来源分析，我国饮用水安全威胁主要来自________、________等。（2 分）

（2）关于我国饮用水污染事故的发生环节，下列叙述正确的是________（多选题，填选项字母）（3 分）

A. 蓄水池防护出现的问题最少

B. 水源污染是最主要的环节

C. 饮用水污染事故发生环节的构成单一

D. 自来水管网出现的问题不到 1/5

E. 水源和自来水管网出现的问题超过了 70%

（3）分析饮用水污染造成的主要危害。（2 分）

（4）提出饮用水污染事故的防控措施。（3 分）

参考答案

1. B　2. D　3. B　4. A　5. D　6. C　7. B　8. C　9. B　10. A　11. C　12. C　13. B　14. D　15. A　16. B　17. D　18. A　19. A　20. C

二、双选题

21. CD　22. AD　23. BD　24. AD　25. AC　26. BD　27. AB　28. AC　29. BC　30. CD

三、综合题

31.（14 分）

（1）非　亚

（2）C

（3）自然灾害　人为灾害　自然灾害

（4）BCE

（5）措施：①保护耕地；②加强农田基本建设；③提高农业生产技术；④提高农民种粮积极性；⑤做好粮食储备工作。

32.（15 分）

（1）水资源　水力资源　矿产资源　生物资源（森林资源）（任写三项即可）

（2）旱地　增大

（3）BCD

（4）自然因素：①降水（强度）；②地形坡度；③土质条件；④植被状况。

（5）治理对策：①（封山育林）保护植被；②退耕还林还草（增加地表植被覆盖）；③建设水土保持工程；④实施生态移民；⑤调整产业结构。

33.（17 分）

（1）西南

（2）向南（顺时针或由高纬到低纬）　向南（由高纬到低纬）　寒流

（3）ACD

（4）城市问题：①交通拥堵；②环境污染；③居住拥挤；④用地紧缺；⑤治安恶化等其他问题。

（5）应注意的问题：①节约用地；②合理布局（城市功能合理分区）；③改造老城区；④优化环境（建设生态城市）。

34.（14 分）

（1）①运输量大；②运输价格（成本）低

（2）A

（3）ADE

（4）遇到的共同问题：①区域经济发展水平较低（港口腹地发展水平较低）；②周边港口多，竞争激烈；③城市化水平较低，工业化水平不高。

（5）发展对策：①加强港口基础设施建设；②提高港口管理水平；③加强港口之间的交流协作；④大力发展临港工业；⑤加强区域经济协作，促进区域经济发展。

35.（10分）

（1）是固定的。判断依据：在沙山中发现了保存完好且未曾移动的植物根管结核化石。

（2）有来自（深层断裂带）温度较高的地下水补给。

（3）各种可能来源：①（深层断裂带的）地下水；②周边地表水；③本地降水。主要来源：深层断裂带的地下水。判断依据：本地湖泊水的理化指标与深层断裂带的地下水相近，且与补给水水温较高相吻合，说明深层断裂带的地下水是主要补给源。（本地湖泊水的理化指标与周边地表水差异较大，排除周边水补给是主要补给源；本地蒸发量远远大于降水量，排除本地降水补给是主要补给源）。

36.（10分）

（1）游　购

（2）ACD

（3）有利影响：①改善产业结构；②增加就业机会；③提高居民收入。

（4）合理建议：①保护旅游资源（如立法保护等）；②控制游客数量；③提高管理水平；④提高公众环保意识（加强环境保护）；⑤开展生态旅游和绿色旅游。

37.（10分）

（1）生活污染　工业污染

（2）BDE

（3）主要危害：①影响居民的正常生活；②危害居民身体健康。

（4）防控措施：①水源取水口周围应划定水源保护区；②加强供水体系的日常管理和维护；③建立应对水污染突发事件的应急机制；④加强监督管理和执法；⑤提高公众保护饮用水源的意识。

2009年普通高等学校招生全国统一考试地理科
海南卷

第Ⅰ卷

一、选择题（本题共有20小题，每小题3分，共60分。在每小题给出的四个选项中，只有一项最符合题目要求）

1. 某国际机构在美国首都华盛顿（西5区）主持视频会议，请中国的王教授在北京给远在非洲（西1区至东3区）的同行介绍经验。下列时段中，对三方最合适的是（　　）

A. 华盛顿时间14:00～16:00　　B. 北京时间14:00～16:00

C. 华盛顿时间21:00～23:00　　D. 北京时间21:00～23:00

图1表示我国某水库年内逐月入库水量（a）、月均水位（水面海拔）（b）。读图1，完成2～4题。

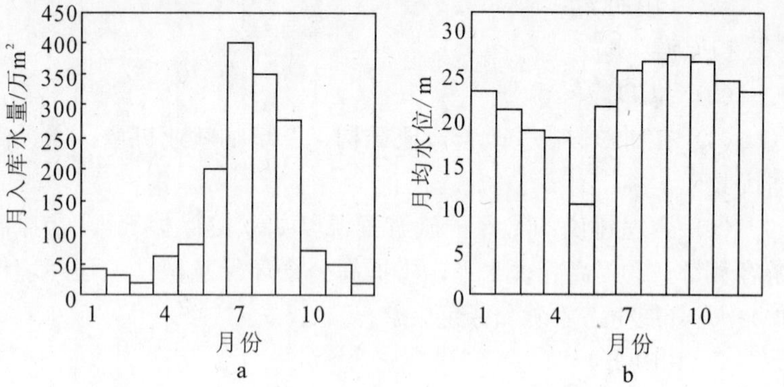

图1

2. 图中信息表明（　　）

A. 1～7月流域降水量持续增加

B. 夏秋季节水库水位随入库水量的减少而降低

C. 冬春季节水库入库水量少于出库水量

D. 6～12月水库水位随流域降水量的增多而升高

3. 对5月份水库出现最低水位的合理解释是（　　）

A. 降水量少　　B. 入库水量少

C. 蒸发量大　　D. 为防洪放水腾出库容

4. 该水库可能位于（　　）

A. 太行山地　　B. 秦岭山地

C. 江苏省北部　　D. 云南省中部

某跨国公司在中国某市投资建设自动化的食用油生产厂，用国际市场上的大豆为原料，生产食用油。据此完成5～6题。

5. 跨国公司在中国投资建设食用油生产厂，主要是因为中国（　　）

A. 消费市场广阔　　B. 劳动力资源丰富

C. 技术力量雄厚　　D. 生产成本低廉

6. 该食用油生产厂应靠近（　　）

A. 商贸中心　B. 机场　C. 火车站　D. 港口

一些课外活动小组，分别观测了其所在学校旗杆日出时的影子 OM 和正午的影子 ON 之间夹角——∠MON 的变化情况。据此完成 7~9 题。

7. 某校一年之内绝大部分时间∠MON 接近直角，该校可能位于（　　）

A. 中亚　B. 西亚　C. 东南亚　D. 南欧

8. 我国某学校，每年有两天不存在∠MON，该校可能位于的省区（简称）是（　　）

A. 滇　B. 湘　C. 皖　D. 鄂

9. 江苏某学校，在一个月内观测到∠MON 发生了小—大—小的变化。该月是（　　）

A. 3 月　B. 6 月　C. 9 月　D. 12 月

图 2 中甲地年降水量约为 1 000 mm，乙地年降水量约为 500 mm。图 3 示意四地气温年内变化。据此完成 10~12 题。

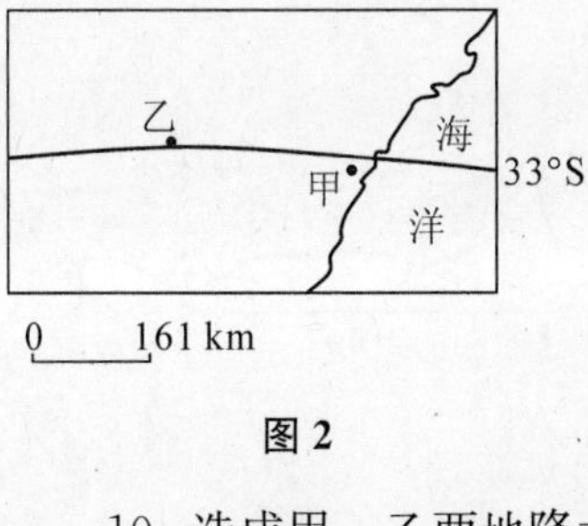

图 2

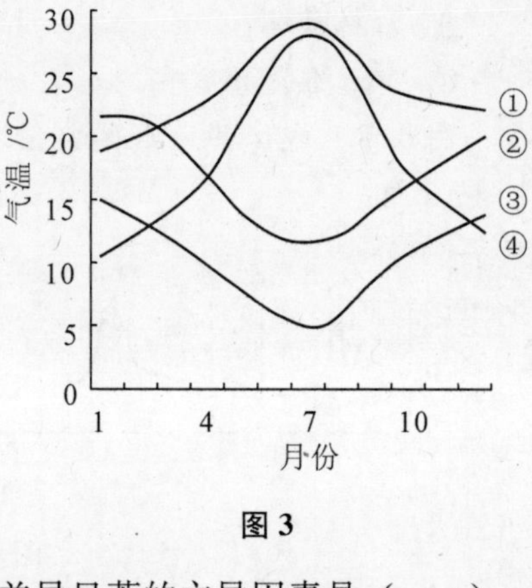

图 3

10. 造成甲、乙两地降水量差异显著的主导因素是（　　）

A. 纬度位置　B. 大气环流　C. 地形　D. 洋流

11. 图 3 中与甲地气温年内变化相符的曲线是（　　）

A. ①　B. ②　C. ③　D. ④

12. 乙地位于亚热带的（　　）

A. 常绿阔叶林带　　B. 草原带

C. 常绿硬叶林带　　D. 荒漠带

读图 4，完成 13～15 题。

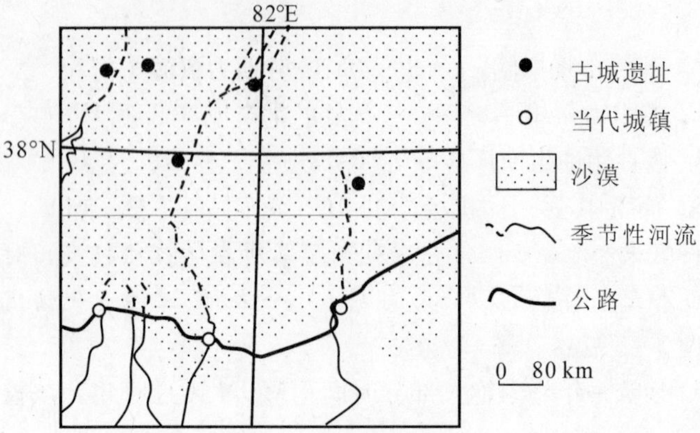

图 4

13. 制约图示区域城镇分布及城镇人口规模的主导因素是（　　）

A. 交通线分布及线路等级　　B. 地表形态及土地面积

C. 热量条件及农作物产量　　D. 水资源分布及数量

14. 图示区域内，与古代相比，当代（　　）

A. 河流水量更大　　B. 城镇向河流上游迁移

C. 交通线离山地更远　　D. 山地森林覆盖率更低

15. 图示区域城镇面临的主要环境问题是（　　）

A. 森林破坏　　B. 土地荒漠化

C. 水土流失　　D. 地面沉降

图 5 示意我国某地形区典型地段的地形剖面。读图 5，完成 16～18 题。

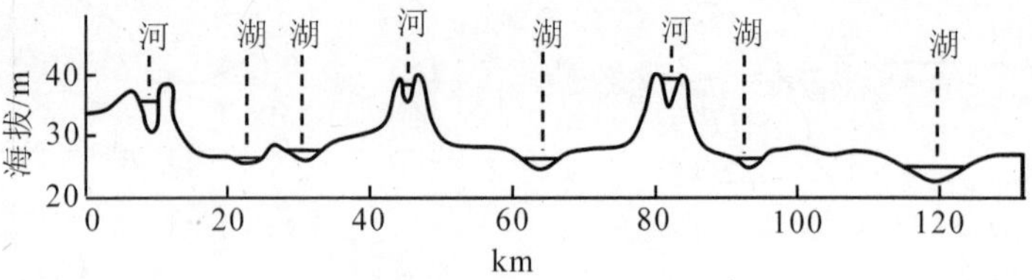

图 5

16. 造成该地形区地表形态变化的主要外力及地质作用分别为（　　）

A. 流水、沉积作用　　B. 流水、侵蚀作用

C. 风力、沉积作用　　D. 风力、侵蚀作用

17. 该地形区应重点防御的自然灾害是（　　）

A. 洪涝　　B. 干旱

C. 低温冻害　　　　　　　D. 滑坡、泥石流

18. 该地形区可能位于我国的（　　）

A. 黄河下游地区　　　　　B. 长江中游地区

C. 云贵高原　　　　　　　D. 珠江三角洲

1979～2000 年，我国蔬菜种植规模和种植地区分布都发生了显著变化。分析表 1、表 2，完成 19～20 题。

表 1　我国蔬菜种植面积、总产量

年份	种植面积/万 hm^2	总产量/万 t
1979	18.0	896.0
1980	360.6	16 335.2
1999	1 335.0	40 513.5
2000	1 523.7	42 399.7

表 2　我国商品蔬菜种植面积的分布

区域	1980 年	1999 年
大城市郊区	70%	20%
其他农区	30%	80%

19. 1979～2000 年我国蔬菜（　　）

A. 种植面积 2000 年比前一年增加最多

B. 单位面积产量经历了高—低—高的变化

C. 单位面积产量下降

D. 城市郊区蔬菜种植面积减少

20. 从 1980～1999 年商品蔬菜种植面积分布的变化，可以推断出（　　）

A. 沿交通干线出现一批蔬菜种植基地

B. 农村地区蔬菜的商品率降低

C. 粮食种植面积大幅度缩小

D. 通过大规模垦荒，增加了耕地面积

第Ⅱ卷

本卷包括必考题和选考题两部分。

二、必考题（共有 3 道小题，共 30 分）

21. 图 6 是“某海湾围海造地前后的对比图”。指出围填海前后的变化，并就其中一项变化说明其对环境带来的负面影响及对策。(10 分)

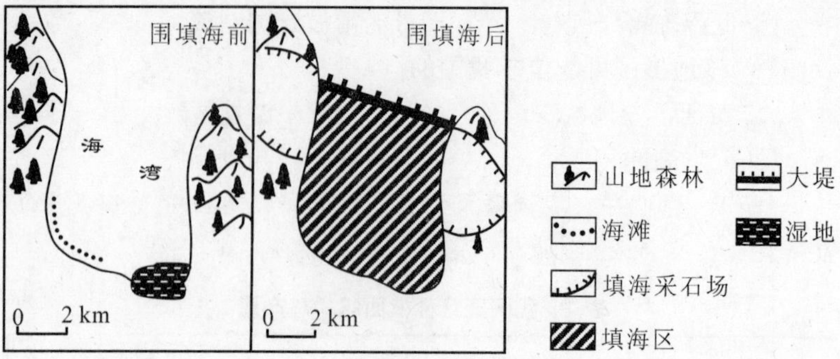

图 6

22. 图 7 示意某地区 1 月份日照时数分布。日照时数等值线单位为小时，相邻等值线的差值为 20 小时。按图示方法在图中标注出另外三条日照时数等值线的数值，并说明理由。(10 分)

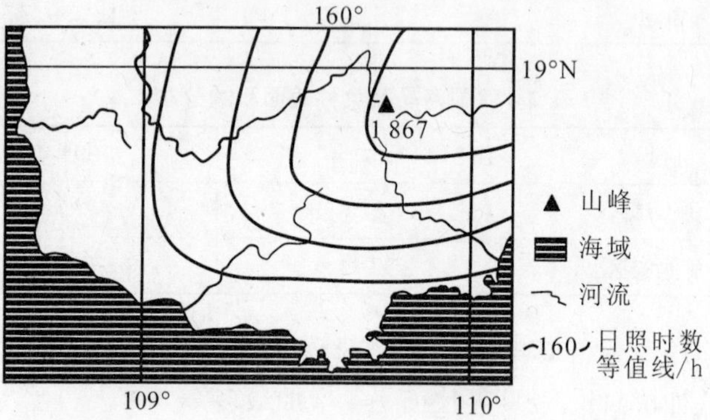

图 7

23. 近些年来，G 市（图 8）大力建设工业开发区，以优惠政策吸引珠江三角洲地区劳动密集型产业的转移。据此完成下列要求。(10 分)

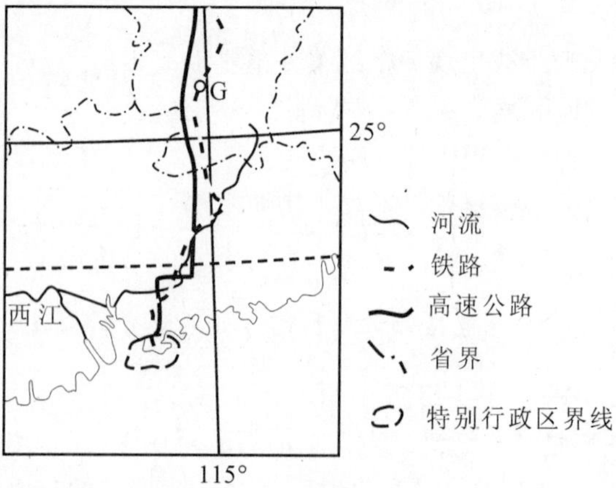

图 8

(1)图中G市属于______省,铁路名称是_____铁路。(4分)

(2) 指出G市吸引珠江三角洲地区劳动密集型产业的有利条件。(6分)

三、选考题(从24~26题中任选一题作答)

24.(选修3 旅游地理)阅读图文资料,完成下列要求。(10分)

材料 九寨沟位于岷山主峰雪宝顶北侧(图9)。第四纪冰川在巨厚的石灰岩基础上雕塑了现代地貌的雏形,其后在地壳抬升和流水侵蚀切割、溶蚀的共同作用下,形成了山高谷深的喀斯特地貌(石灰岩受到流水侵蚀、溶蚀和淀积等综合作用,形成的独特地形)景观。景区海拔2 000~4 700米,林木繁茂,湖泊、泉、瀑布错落其间。

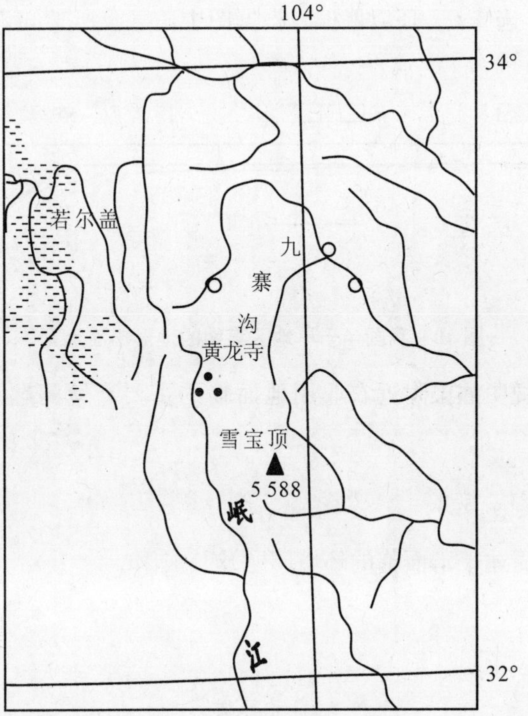

图9

(1) 描述九寨沟景区的深秋景观。(2分)

(2) 说明九寨沟深秋景观形成的主要原因。(8分)

25.（选修5　自然灾害与防治）阅读资料，完成下列要求。（10分）

材料　风暴潮是一种海洋灾害，具有来势猛、速度快、强度大、破坏力强的特点，可冲毁海堤、道路，吞噬沿海地区的码头、工厂、村镇，酿成巨大灾难。2008年我国风暴潮灾害造成的直接经济损失达192.24亿元。

（1）指出引发我国沿海地区风暴潮灾害的天气系统。（2分）

（2）简要回答海南岛沿海风暴潮类型、空间分布特点及减灾对策。（8分）

26.（选修6　环境保护）根据图中信息及所学知识，完成下列要求。（10分）

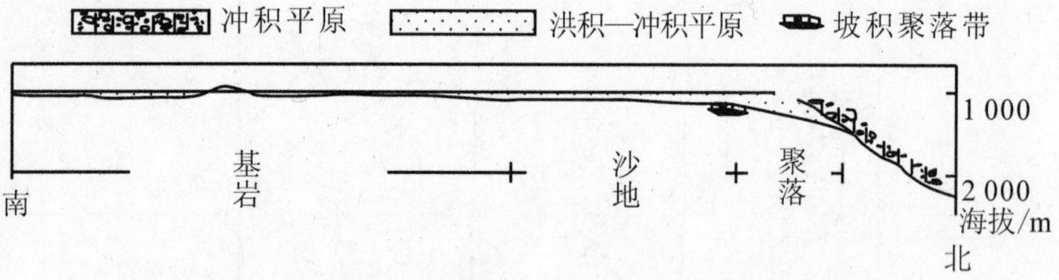

图10　我国半干旱地区某地的地形剖面示意

（1）说明灌渠附近农业用地面临的主要环境问题及其成因。（6分）

（2）简述聚落面临的环境问题及其成因。（4分）

参考答案

一、选择题

1. D　2. C　3. D　4. C　5. A　6. D　7. C　8. A　9. B　10. C　11. B　12. B　13. D　14. B　15. B　16. A　17. A　18. B　19. C　20. A

21. 围填海前后的变化：湿地消失、山林被破坏、海滩消失、新增人造大堤和填海土地、海湾消失等。（2分）（答出三项即可

得2分）

负面影响及对策：（选任何一项变化，负面影响答对得4分，对策答对得4分。其他合理答案酌情评分）（8分）

湿地消失——负面影响：影响生物多样性、海洋生物繁殖和鸟类栖息。

对策：在新生土地上营造良好的生态环境，可建设人工湿地和水域。

山林被破坏——负面影响：填海采石场破坏山林景观，诱发岩坡崩塌、滑坡等地质灾害。

对策：对岩坡进行生态恢复，结合工程措施，防治崩塌、滑坡灾害。

海滩消失——负面影响：造成海滩旅游资源破坏。

对策：利用新增围海大堤和土地资源，开发新的旅游项目，可营造人工湖泊和人工沙滩。

新增人造大堤和填海土地——负面影响：大堤容易造成排水不畅，诱发次生盐碱（渍）化。

对策：开挖人工湖泊、降低水位以及加强围填海区抗洪排涝能力等。

海湾消失——负面影响：海湾渔业和养殖业迁出，影响渔民的生产生活。

对策：应通过合理的补偿安置，解决该区域渔民的生产生活问题。

22. 图11。（2分）

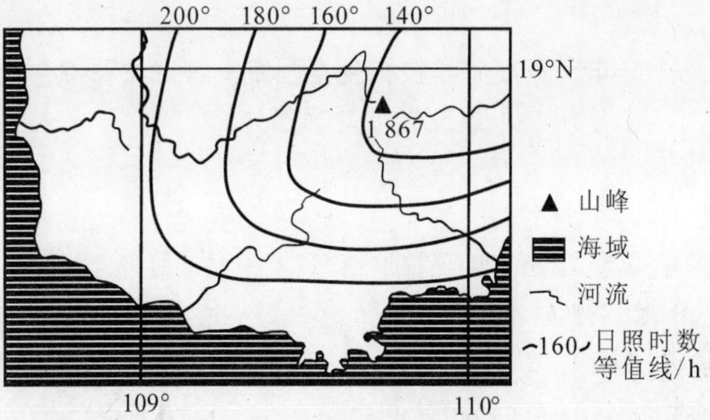

图11

该地区（地处热带季风气候区）1月份盛行东北风（2分）。图示地区山峰以南、以西为背风坡（2分）。迎风坡多阴雨天气，日照时数低（2分）。背风坡少雨，多晴暖天气，日照时数高（2分）。

23. (1) 江西（2分）　京九（2分）

（2）临近广东省，交通方便（有高速公路和铁路与珠江三角洲地区相连）（2 分），劳动力和地价便宜（较低）（4 分）。（答政府优惠政策、能源丰富等条件，如合理，每项可得 1 分）

三、选考题

24.（1）景观：蓝天白云，植被色彩丰富，山地湖泊景色各异，泉瀑水量丰盈等。（2 分）

（2）原因：属于亚热带季风气候，秋高气爽；位于青藏高原东缘，山高谷深，植被垂直变化明显；茂盛的植被蓄积夏季降水，为景区持续提供充足的水源；喀斯特地貌区，湖水清澈。（8 分）（其他合理答案，酌情评分）

25.（1）热带气旋（或台风）、温带气旋。（2 分）

（2）类型：台风风暴潮（或热带气旋风暴潮）。（2 分）

空间分布特点：在海南岛的东南部沿海。（2 分）

减灾对策：做好风暴潮预报和监测，做好抗击灾害的组织和协调，公众广泛参与减灾活动，建设沿海防护林体系和海岸防护（或堤防）工程。（4 分）

（其他合理答案，酌情评分）

26.（1）灌渠附近农业用地面临的问题：次生盐碱（渍）化。（2 分）

原因：常年灌溉导致地下水位上升，以及该区域地表蒸发旺盛。（4 分）

（2）聚落面临的环境问题：风沙危害（风力的侵扰）。（2 分）

原因：风力搬运堆积。（2 分）

2009 年普通高等学校招生全国统一考试文科综合
重庆卷（地理部分）

第Ⅰ卷

注：在每题给出的四个选项中，只有一项是最符合题目要求的。

右图为“地球公转轨道示意图”。读图回答 1～2 题。

1. 地球从甲运行到乙期间，重庆的正午太阳高度（　　）

A. 逐渐减小

B. 逐渐增大

C. 先减小后增大

D. 先增大后减小

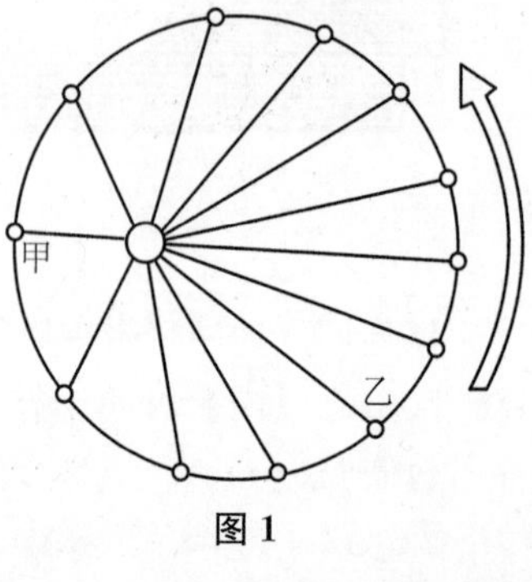

图 1

2. 当地球在甲位置时（　　）

A. 黄河流域进入汛期　　　　B. 南极昆仑站正值极夜

C. 三峡水库处于蓄清期　　　D. 潘帕斯草原处于枯黄期

读下图，回答 3～5 题。

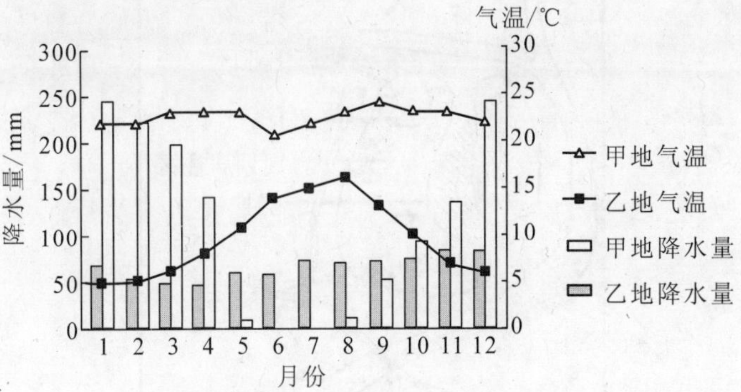

图 2

3. 下列地区气候类型与甲地相同的是（　　）

A. 德干高原　B. 巴西高原　C. 黄土高原　D. 伊朗高原

4. 乙气候类型区的地带性土壤是（　　）

A. 棕壤　　　B. 黑土　　　C. 黄壤　　　D. 红壤

5. 甲、乙两地可能种植的主要经济作物分别是（　　）

A. 咖啡、甜菜　　　　B. 花生、咖啡

C. 甜菜、亚麻　　　　D. 亚麻、花生

下图中，甲、乙两处景观所在地是我国著名旅游胜地。读图回答 6～7 题。

甲　　　　乙

图 3

6. 游客在甲景观地可普遍观赏到（　　）

A. 奇松、云海　　　　B. 石林、石芽

C. 椰林、孤峰　　　　D. 森林、冰川

7. 两地地貌形成的主导外力作用与岩石组合正确的是（　　）

A. 甲—物理风化—风力侵蚀—砂岩

B. 乙—物理风化—风力侵蚀—砂岩

C. 甲—化学风化—流水侵蚀—石灰岩

D. 乙—化学风化—流水侵蚀—石灰岩

下图是“某城镇用地布局规划方案示意图”。读图回答 8～9 题。

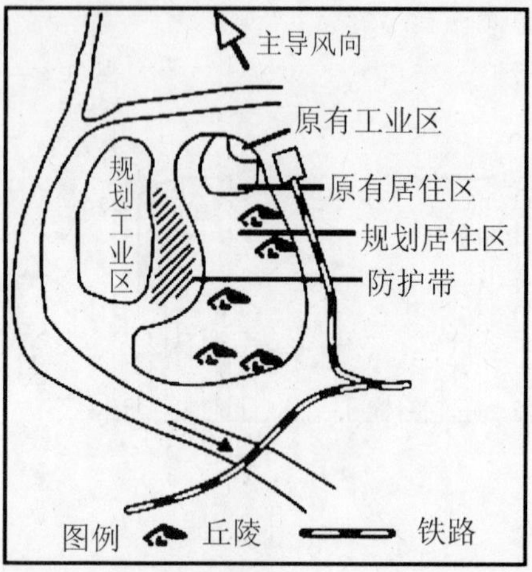

图 4

8. 该方案突出优点是规划中的（　　）

A. 居住区紧靠旧城、临近铁路

B. 居住区环境好、建筑工程最小

C. 工业区靠近水源、铁路交通方便

D. 工业区地势平坦、位于主导风下风向

9. 适合布局在防护带的是（　　）

A. 停车场、日用品仓库　　B. 幼儿园、日用品仓库

C. 幼儿园、医院　　D. 医院、停车场

下图是“我国某盆地的局部地形剖面示意图”。读图回答 10～11 题。

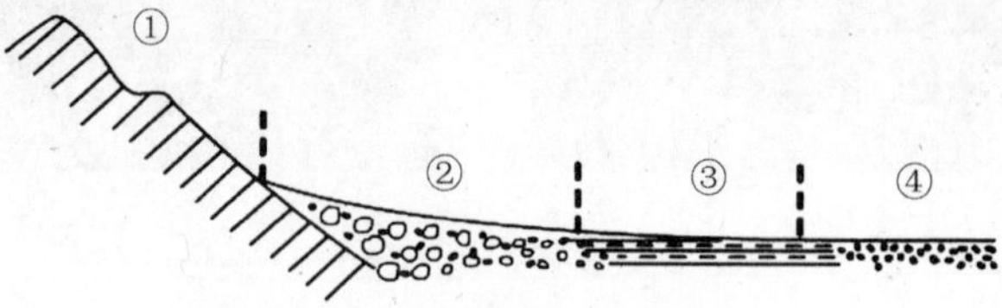

图 5

10. 最适合形成天然绿洲的地带是（　　）

A. ①　　B. ②　　C. ③　　D. ④

11. 该区域河流水文特征是（　　）

A. 夏季流量小　　B. 补给以降水为主

C. 水量向下游增大　　D. 径流年际变化小

第Ⅱ卷

12. 图6和图7是“某两国跨流域调水工程局部示意图”，图7中饼图是“C城市的工业结构图”，A、B是两个水资源调入区代表性城市。读图表，回答下列问题。

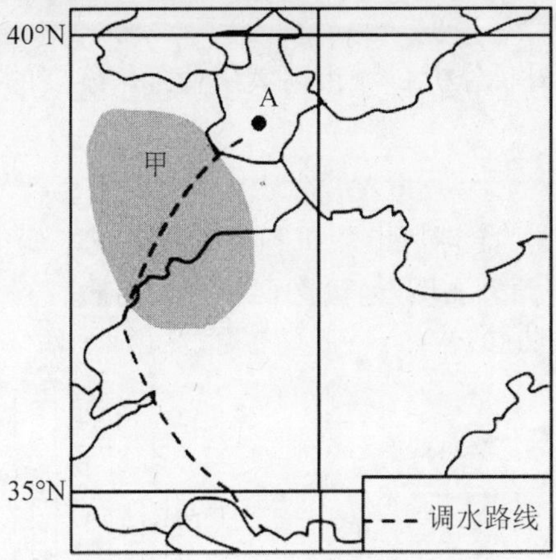

图6

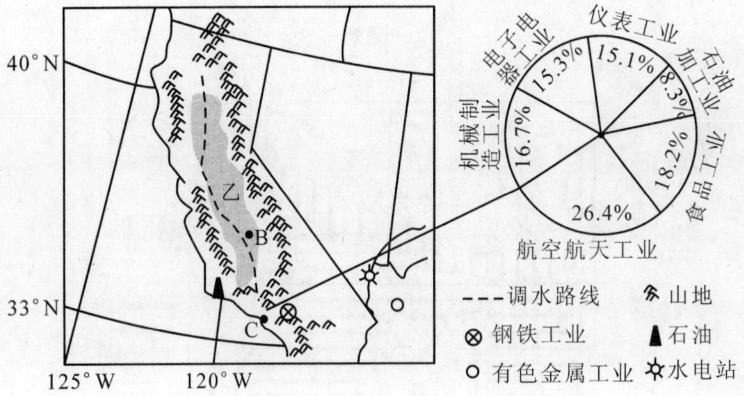

图7

城市	1月	2月	3月	4月	5月	6月	7月	8月	9月	10月	11月	12月
A	−3.5	−1.3	4.9	13.1	18.8	23.5	25.9	25.9	21.4	14.8	5.5	−1.0
B	7.2	9.5	11.3	14.2	18.2	22.7	16.7	26.7	23.6	18.5	11.2	7.3

（1）与A相比，B的气温有何特点？

（2）分析图中两个水资源调入区缺水的自然原因的异同点。

（3）甲区域是玉米和________（粮食作物）生产基地，乙区域是以生产________和蔬菜为主的农业专业化地带。

（4）从经济、劳动力因素分析甲、乙两区域作为农产品商品基地不同的有利条件。

（5）根据图 9 分析 C 城市最大工业部门发展的有利条件。

13. 图 8 是“全球风电装机容量和发电成本变化图”，图 9 是“某区域风能资源分布图”。读图回答下列问题。

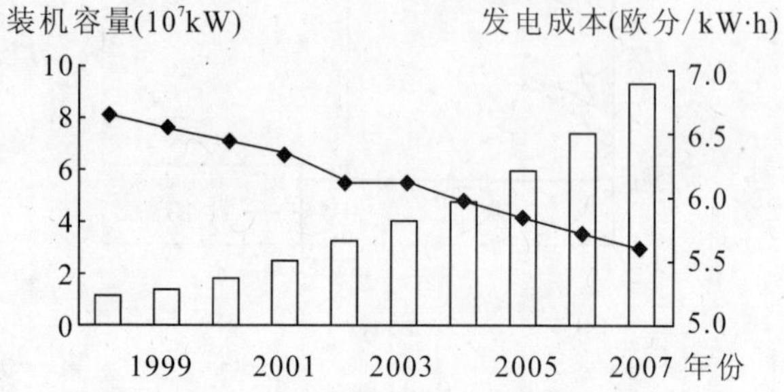

图 8

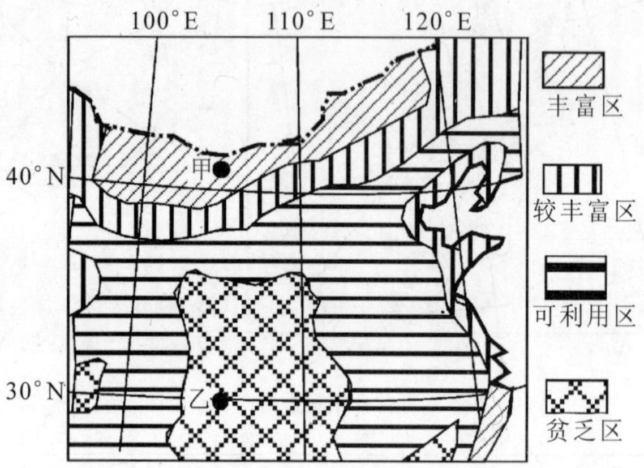

图 9

（1）进入 21 世纪，世界各国更加重视新能源的开发和利用。结合图 9 说明全球风电装机容量的变化特点，并从矿物能源供需状况、技术和环境因素分析其主要原因。

(2) 从自然和市场条件分析甲地建设风力发电基地的不利因素。

(3) 分析乙地风能贫乏的原因。该地正在开发的可再生常规能源是什么?

参考答案

1. B 2. C 3. B 4. A 5. A 6. B 7. C 8. D 9. A 10. C 11. D

12. (1) 年均温高;年较差小。

(2) 共同点:年降水总量较少;降水季节分配不均。

不同点:图 8 调入区春季升温快,蒸发强烈;春季降水少;降水变化大。

图 9 调入区夏季降水少;地处背风坡,加剧干旱。

(3) 小麦　水果

(4)

	甲区域	乙区域
经济条件	市场需求量更大	工业高度发达
劳动力条件	劳动力丰富	劳动力素质高

(5) 靠近能源、原材料基地;工业协作条件好;科技力量雄厚;海运发达。

13. (1) 变化特点:快速增长。

主要原因:矿物能源逐渐枯竭,能源需求增大,供需矛盾加剧;技术进步使发电成本下降;开发风能资源,减轻环境污染和破坏。

(2) 夏季风力相对较小;易受冰冻、雪灾、沙尘暴等气象灾害影响;远离消费市场,输电距离远。

(3) 原因:离冬季风源地远;受盆地和周围山地及高原影响,风力减弱。

可再生常规能源:水能。

2009 年普通高等学校招生全国统一考试文科综合
四川卷（地理部分）

第Ⅰ卷

注：在每题给出的四个选项中，只有一项是符合题目要求的。

下图是“亚热带亚欧大陆东部某地等高线分布图”，读图回答 1～3 题。

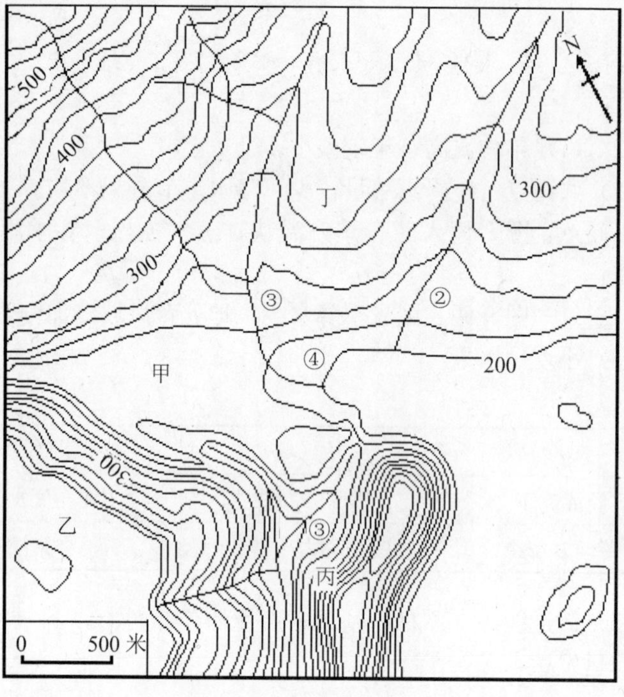

图 1

1. 图示区域内拥有且最突出的旅游资源是（　　）

A. 瀑布飞流　B. 湖光山色　C. 云海日出　D. 奇峰峡谷

2. 下列四地的农业生产活动，合理的是（　　）

A. 甲—育用材林　　　　B. 乙—培育橡胶

C. 丙—种植棉花　　　　D. 丁—发展茶园

3. 对图示区域地理事象的叙述，正确的是（　　）

A. ①地位于三角洲

B. 河流②与河流③流向相反

C. 盛夏晴朗的夜晚④地常吹偏北风

D. 深秋的清晨乙地比甲地更容易出现雾

下图是“沿36°纬线某月平均气温曲线图”，读图回答4～6题。

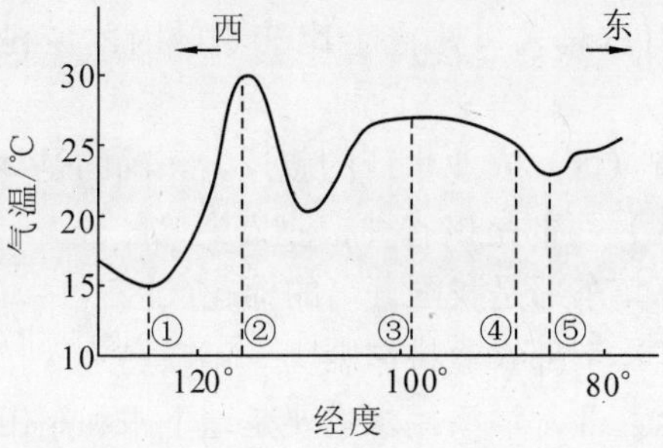

图2

4. 该月平均气温，图中②地高于附近地区的原因是（　　）

A. 海拔低，太阳高度大，日照时间长

B. 副热带高压控制，盛行下沉气流，晴天多

C. 受沿岸暖流影响，增温增湿显著，大气逆辐射强

D. 位于山间盆地，海洋影响小，日照及地面辐射强

5. 有关图示地区气温特征的叙述，正确的是（　　）

A. 气温日较差⑤地比④地小

B. 气温年较差①地比③地大

C. 该月等温线图上，①地附近等温线凸向北方

D. 该月等温线图上，③地附近等温线凸向赤道

6. 对图示纬线经过地区地理特征的叙述，正确的是（　　）

A. ②地与③地之间人口稠密　B. ③地商品谷物农业发达

C. ③地与⑤地之间森林广布　D. ⑤地以东夏季高温少雨

根据表1资料，回答7～9题。

表1　我国四省（区）人口及部分自然资源统计数据（2006年）

省（区）	城镇人口占总人口比重/%	耕地面积/万公顷	水资源总量/亿立方米	木材总蓄积量/亿立方米
①	34.3	532.5	1 865.8	15.8
②	53.5	1 539.1	727.9	15.0
③	51.9	542.4	404.4	0.4
④	31.1	361.0	184.6	2.0

7. 表1中①②③④所示省（区）的简称依次是（　　）

A. 川、黑、苏、陇　　B. 苏、川、陇、黑

C. 黑、川、陇、苏　　D. 陇、黑、川、苏

8. 下列推理，其过程和结论正确的是（　　）

A. 耕地面积①比②小，因此山区面积①比②大

B. 水资源总量②比③多，因此年降水量②比③大

C. 木材总蓄积量③比④少，因此森林覆盖率③比④低

D. 城镇人口占总人口比重①比③小，因此乡村人口比重①比③大

9. 有关四省（区）农业生产的叙述，正确的是（　　）

A. ①省（区）西部是该省种植业集中地区

B. ②省（区）东部是我国著名的棉花产区

C. ③省（区）南部农业耕作制度一年三熟

D. ④省（区）北部灌溉用水主要是地下水和高山冰雪融水

下图是“经纬网图”，已知M地位于赤道，N地比P地先见到日落；此刻，图中70°纬线以内为极昼，再过8小时，N地太阳高度达到当日最大。读图回答10～11题。

10. 此刻，太阳直射（　　）

A. 世界著名渔场

B. 世界著名油田

C. 暖流流经地区

D. 热带沙漠地区

11. 图幅范围内（　　）

A. 此刻，各地在同一日

B. 此刻，大部分地区是黑夜

C. 此日后，各地白昼逐渐增长

D. 此季节，N地原野一片枯黄

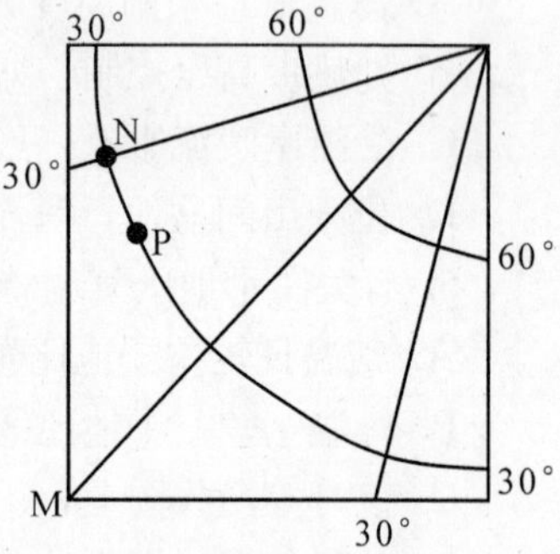

图3

第Ⅱ卷

12. 阅读材料一“我国某区域图”和材料二，完成下列问题。

材料一

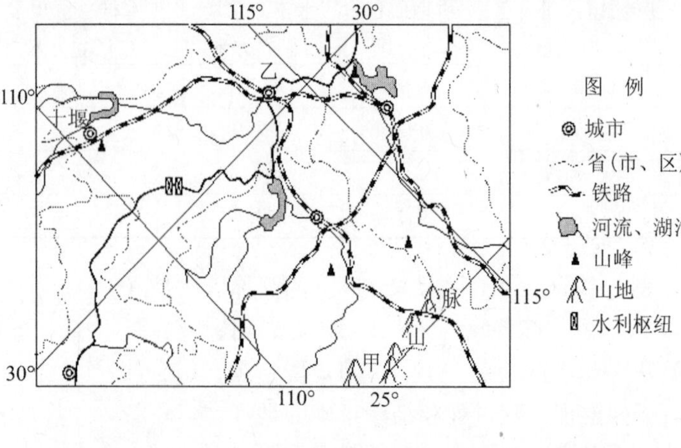

图4

(1) 在图幅中部，用“⇨”符号（“⇨”画成3厘米左右长）表示该区域年降水量递减变化的总趋势。

(2) 小冬在作文中写道：“……烈日当空，我们爬到了山顶，大家惊呆了。眺望山下，湖水碧波荡漾；俯视陡崖，使人心颤汗冒。下午，更神奇了。下山途中，突然，天空浓云密布，雷电交加，倾盆大雨哗哗下。不一会儿，雨停了，太阳在天空又露出了笑脸……”

小冬所登之山是图中我国著名的旅游名山，它的名称是________；作文中描述的降水，按成因划分属____________雨，这种类型的降水在图示区域的时间分布规律是______________。

(3) 图中甲山脉多低谷、山口，形成这种地表特征的主要外力是______________；地质历史时期该山脉有多次岩浆侵入活动，由此推测该地可能出现的地理事物有______________。

(4) 比较长江中游“地上河”（荆江河段）与黄河下游“地上河”成因的不同及其治理措施的差异。

材料二

20世纪70年代初，我国在秦巴山区的十堰兴建了“二汽”。厂区分布在东西长32千米，南北宽8.5千米的二十多条山沟里。1981年，以“二汽”为核心的东风汽车公司（以下简称“东汽”）成立。为了进一步发展，2003年9月，“东汽”总部迁至图9中乙地，标志“东汽”已全面搬迁。

(5) 运用区位理论分析“东汽”从十堰搬迁到乙地的主要原因。

13. 读材料和图，回答下列问题。

材料 交通可以缩小时空距离。不同形式和层次的交通运输网，使不同地域间相互交流、联系，实现互补。今日世界交通运输联系不仅仅局限于一国之内，而且扩大到国与国之间，洲与洲之间。交通建设要受控于地理环境，亦深刻影响着地理环境。

昆曼公路北起中国昆明，经西双版纳进入老挝，南止于泰国曼谷，长达1 850千米，有“21世纪新丝绸之路”之称。沿途复杂多样的自然环境，显著地域差异铸就了这条斑斓的彩带。

(1) 运用所学交通运输网知识、地域差异地理知识，说明昆曼公路对四川经济发展的促进作用。

(2) 简述昆曼公路穿越地区的自然环境特征。

(3) 分析该区域不利自然条件对昆曼公路建设的影响，并列举两例修建该公路可能给沿线地区带来的生态环境问题。

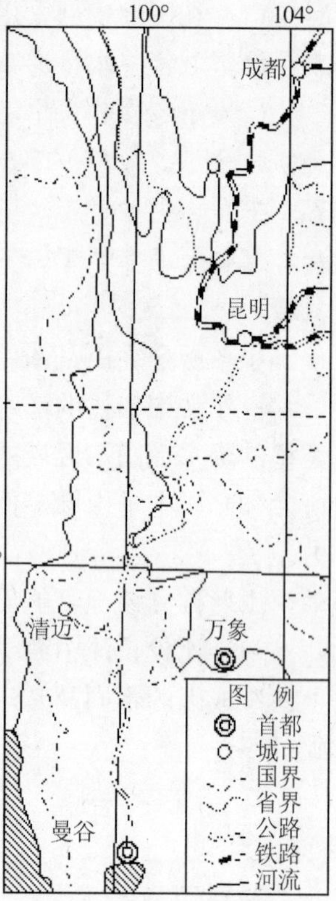

图 5

参考答案

1. B 2. D 3. C 4. D 5. A 6. B 7. A 8. D 9. D 10. C 11. B

12. (1) 箭头指向左，在图内大致呈水平状。

(2) 庐山 对流 多发生在夏秋午后

(3) 流水 岩浆岩（或花岗岩、变质岩、金属矿产）

(4) 成因不同：长江“地上河”：河道特别弯曲，水流不畅，泥沙容易沉积。黄河“地上河”：中游流经黄土高原，带来大量泥沙，下游水流平缓，泥沙大量沉积。

治理措施差异：

长江“地上河”：裁弯取直工程；建设长江中上游防护林。

黄河“地上河”：黄土高原打坝建库（或打坝淤地），抽引水灌溉（或引黄淤灌），黄河中游地区种草植树。

(5) 十堰位于秦巴山区，交通相对不便，远离市场；位于山谷地区，工业集聚、协作条件欠缺。因而，工业区位条件差。

武汉（乙地）位于长江与京广铁路交会处，水陆交通发达，联系市场方便；武汉（乙地）地处江汉平原，工业用地、用水充足，农产富饶，劳动力资源丰富；武汉（乙地）位于长江沿岸工业地带，靠近钢铁产地，工业历史悠久，技术力量雄厚；武汉（乙地）葛洲坝、三峡电站，能源供应充足。因而，武汉（乙地）工业区位条件优越。

13.（1）昆曼公路与成昆铁路连接，构成了四川出海（与东南亚联系）的又一条通道；四川与东南亚（或泰国）分别位于亚热带、热带、物产（或自然、人文景观）差异显著，互补性强，该公路为两地贸易的发展(或旅游合作)提供了便利的交通条件。

（2）地势北高南低，山高谷深，云贵高原喀斯特地貌发育，地表崎岖；北部冬暖夏凉、南部终年高温，沿线地区降水丰沛，气候垂直变化大；河流纵列分布（或山河相间），流向自北向南，水能资源丰富；热带和亚热带森林广布，生物具多样性。

（3）地势起伏大（或山谷相间），地质条件复杂（或喀斯特地貌发育），选线受限制大（或工程量大）；泥石流、滑坡等地质灾害频发，多暴雨、洪水等气象灾害，增加了施工难度。泥石流、滑坡等灾害加剧；原始森林遭破坏；水土流失加剧；野生动物生存环境受到影响。

2009 年普通高等学校招生全国统一考试文科综合
宁夏卷（地理部分）

第Ⅰ卷（选择题）

注:在每小题给出的四个选项中,只有一项是符合题目要求的。

图 1　示意某区域土地利用结构的变化。读图 1,完成 1～2 题。

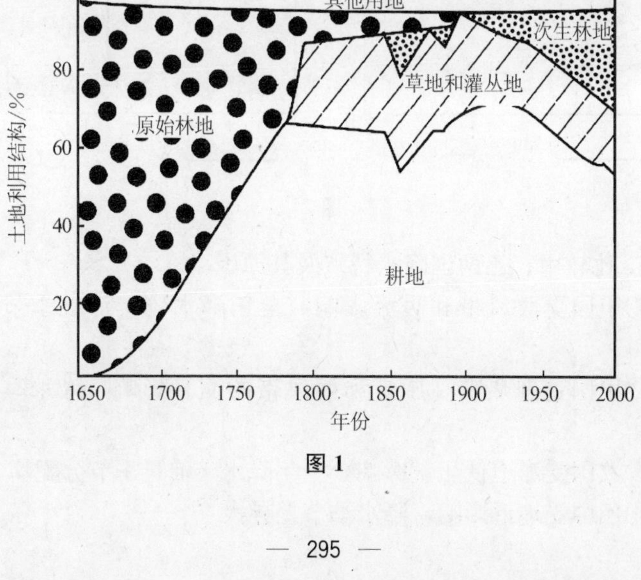

图 1

1. 1650～1780 年该区域（　　）

A. 人口自然增长率很高　　B. 经历了移民开垦

C. 农业结构复杂　　D. 注重生态保护

2. 进入 20 世纪该区域（　　）

A. 气候持续干旱　　B. 大力发展畜牧业

C. 种植业产值降低　　D. 实施了退耕还林

南极中山站（69°22′24″S，76°22′40″E）时间（区时）2009 年 2 月 2 日 9 时 25 分，我国在南极最高点附近建立的昆仑站（80°25′01″S，77°06′58″E）正式开站。据此完成 3～5 题。

3. 昆仑站正式开站时，北京时间为 2009 年 2 月 2 日（　　）

A. 5 时 25 分　B. 6 时 25 分　C. 12 时 25 分　D. 13 时 25 分

4. 昆仑站与中山站的直线距离约为（　　）

A. 820 千米　B. 1 020 千米　C. 1 220 千米　D. 1 420 千米

5. 与中山站相比，昆仑站所在的地点（　　）

A. 年降雪量较大　　B. 气压较高

C. 年太阳辐射较强　　D. 年均风力较小

图 2 示意的甲、乙两国分别为传统、新兴的鲜切花生产国。读图 2，完成 6～8 题。

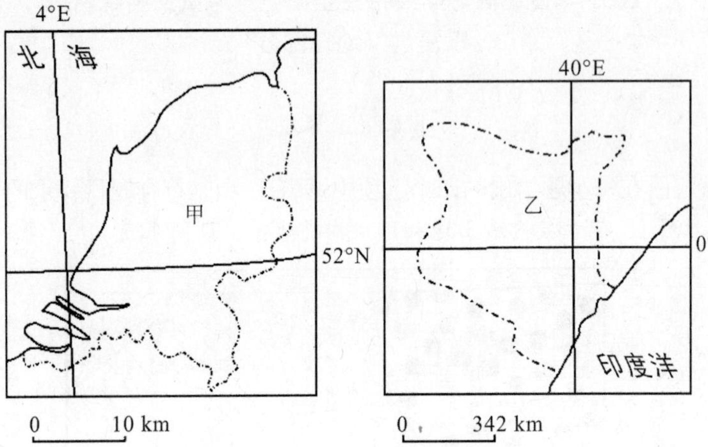

图 2

6. 比较甲、乙两国降水特点及其原因（　　）

①甲国受西风带和暖流影响，全年降水较丰沛且季节分配均匀

②甲国受副热带高压带和西风带的交替影响，降水季节差异大

③乙国受赤道低压带影响，全年降水丰沛且季节分配均匀

④乙国受地形影响，降水季节差异大

A. ①③　　B. ①④　　C. ②③　　D. ②④

7. 与甲国相比，乙国发展鲜切花生产的优势自然条件是(　　)

①热量丰富　②光照充足　③地形平坦　④水源丰富

A. ①②　　B. ①④　　C. ②③　　D. ③④

8. 与乙国相比，甲国维持其在世界鲜切花市场竞争力的优势条件是（　　）

A. 专业化、规模化生产，鲜切花价格较低

B. 土地丰富，天然花卉品种较多

C. 培植历史久，劳动力成本较低

D. 技术含量高，鲜切花质量较优

中国最大的淡水湖——鄱阳湖有多条河流从东、南、西三面注入，北部有水道通往长江，湖泊水面呈现“冬季一条线，夏季一大片”的景象变化。鄱阳湖是候鸟迁徙途中的重要栖息地。据此完成9～11题。

9. 鄱阳湖在冬季成为迁徙鸟群重要栖息地的原因是（　　）

A. 湖滩面积大，水浅　　B. 湖底砂砾石广布，水质好

C. 湖区少有大雾，能见度好　D. 湖泊受人类活动影响小

10. 鄱阳湖冬、夏水面景象变化的原因是（　　）

A. 湖底有线状洼地，冬季河道封冻，夏季来水量大

B. 湖底平坦，入湖水量夏季大于冬季

C. 湖底有线状洼地，水位季节差异明显

D. 湖底平坦，长江顶托作用季节变化明显

11. 过去50年来，鄱阳湖湿地大面积减少的最主要原因是（　　）

A. 水土流失加速湖泊淤积　　B. 围湖造田

C. 气候变干，造成湖泊水位降低　D. 湖区地壳明显抬升

第Ⅱ卷

12. 阅读图文资料，完成下列要求。

材料　我国是世界最大的钢铁生产国，钢铁企业众多。近年来，钢铁出口量增长较快，所需铁矿石从澳大利亚、巴西、印度等国大量进口；钢铁企业布局呈现由接近煤炭、铁矿石产地向沿海转移的趋势。

图3示意甲、乙、丙三地的位置。20世纪70年代末，我国引进国外先进技术、设备，在甲地建设大型钢铁企业（M公司），所需铁矿石依赖进口，但限于港口条件，大型货轮无法直接停靠，进口的铁矿石部分需在乙地港口转运。近期，M公司并购了

乙地的钢铁厂，并计划在丙地建立大型钢铁厂。

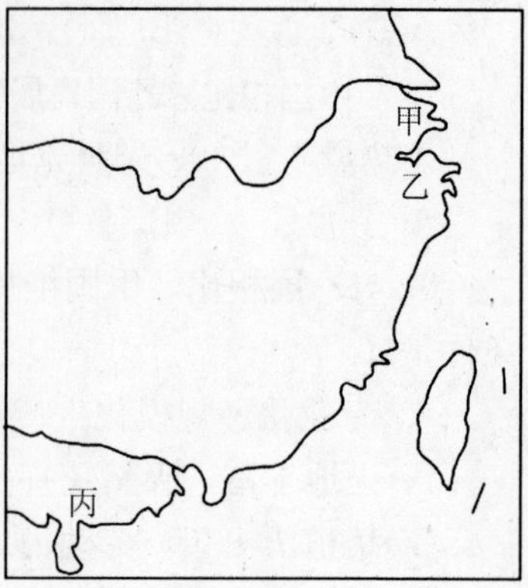

图 3

（1）简述我国在沿海港口建设大型钢铁基地的有利条件。

（2）根据图示信息说明甲地港口难以营建深水泊位的原因。

（3）M公司并购乙地的钢铁石后，炼铁和炼钢在甲地和乙地该如何分工？为什么？

（4）说明在丙地建大型钢铁厂相对于甲地应具备的有利区位条件。

13. 阅读图文资料，完成下列要求。

材料　一般而言，单位土地面积上植物的叶片总面积越大，生长速度和蒸腾量越大。图 4 所示区域 50 多年来，年年植树，但因成活率低，目前森林覆盖率不到 1%。

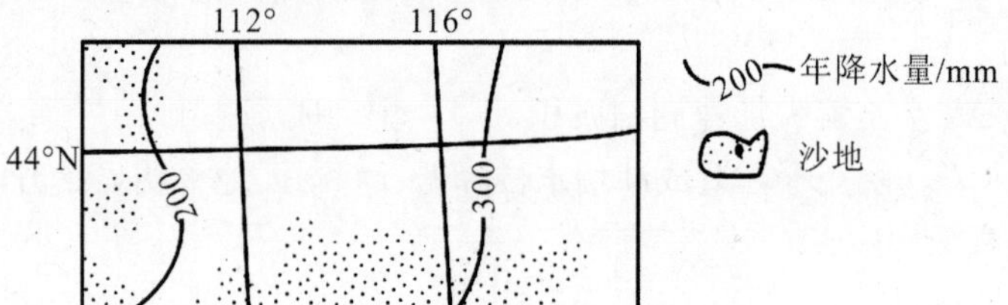

图 4

（1）根据干湿地区的划分，图示区域属于________________地区。造成该区域降水差异的主要原因是________________。

（2）在该区域进行生态建设，如果有①植树造林、②种草、③自然恢复三种措施，你倾向于哪一种？请说明理由。

参考答案

1.B 2.D 3.C 4.C 5.D 6.B 7.A 8.D 9.A 10.C 11.B

12.（1）便于利用进口铁矿石，降低铁矿石运输成本；便于钢材出口，降低出口钢材的价格；（临近市场）沿海地区经济发达，钢铁消耗量大。

（2）甲地位于长江口附近；长江携带的泥沙在入海口附近持续大量沉积，导致甲地沿岸地区水浅且水深不稳定。

（3）乙地钢铁厂炼铁，甲地钢铁厂炼钢。可以充分发挥甲地钢铁厂的技术、设备优势和乙地港口优势；减少铁矿石的转运成本。

（4）丙地应具有深水良港（深水停泊条件，可停泊大型货轮）；原料（铁矿石）运输路线短，运价低；建设成本低（地价低）。

13.（1）干旱、半干旱　距海远近

（2）选①（选②或③）理由：该区域自然植被为草原和荒漠，森林生态耗水量远大于草原（森林单位土地面积上的叶片总面积与生长速度大于草本植物），过量植树，会加重区域旱情；种草或自然恢复，较植树造林更符合自然规律，且投入较少。

地理课程资源

概　况

高中地理课程标准关于地理课程资源开发的建议有：积极建设学校地理课程资源库、充分利用学校地理课程资源、合理开发校外地理课程资源。初中阶段，也倡导地理课程资源开发和利用，不仅有利于学生学习，而且有利于教师因材施教。从2009年的相关文献分析看，我们按照校内和校外地理课程资源研究作一综述。

一、校内地理课程资源开发利用

课程资源指进入课程设计与课程实施过程，并且能够发挥或辅助发挥一定教育价值功能的各种资源的总称。学校课程资源开发，是以学校为主体，寻找一切有可能进入课程，能够发挥或辅助发挥一定教育价值功能的各种资源。翟艳认为，防止学校课程资源开发的随意性，必须加强制度建设，健全和完善课程资源开发制度，实现学校课程资源开发和利用的制度化、规范化、合理化。提出设立课程资源开发专项资金制度、建立主要领导负责的组织机构、建立过程激励机制、建立教师培训制度、建立学校课程资源管理制度、建立学校课程资源开发评价制度（《天津市教科院学报》2009 年第 4 期）。

高海波、陈建洪就如何建设学校地理课程资源库提供了方法：用 ASP＋Access 制作网站的方式建立基于网络环境的地理课程资源库，在地理课程资源的开发、利用和共享上取得了一定的进展。用Dreamweaver MX 2004 软件制作一个基于 ASP＋Access 技术的网站。ASP 是微软公司开发的一种简单、方便的编程工具，它可以与数据库和其他程序进行交互，可以执行各种任务，如存取数据库或访问文件系统等。ASP 和 Access 的结合，使得地理课程资源库的检索、共享和维护变得更加便利。在资源库建设的实践中，首先确定地理课程资源的编码类（如试题、课件等），再依据编码对象确定编码对象属性，赋予属性值，给予编码 ID，实现快捷检索（《中学地理教学参考》2009 年第 10 期）。

课堂教学过程中，实质是各种教学资源的运用。郭长江实践了通过歌曲来优化地理课堂教学，激发学生学习地理的兴趣（《现代中小学教育》2009 年第 8 期）。

二、校外地理课程资源开发利用

新课程倡导学习对生活有用的地理，其实也就是在生活中学习和体会地理原理、规律。为此，必须开发学生身边的课程资源。其中乡土地理一直是地理学习重要的载体。

刘凤玲认为让学生通过乡土地理学习，可以形成“积极探究”“主动学习的态度”，有助于培养学生创新精神和实践能力（《政史地教学》2009 年第 4 期）。张扬提出乡土地理素材的收集方式：从当地乡土地理研究论著和地方报刊中收集、向当地政府或有关部门调查、通过乡土地理实地调查获得第一手资料，包括到当地的博物馆、文史资料馆、图书馆查阅资料，实地调查中可以拍摄有关照片或收集实物标本供教学中使用。因此，教师有针对性地指导学生收集、选取乡土地理素材并有机地与教学内容相结合，将会使历史与社会课更具有乡土性、实用性、趣味性和信服力（《山西师范大学学报》研究生论文专刊 2009 年第 23 卷）。

周益新根据所在地——大别山独特的人文景观和自然风光，探讨了红色资源在地理教学中的作用和做法：拓展，力求地理课程具有“地方特色”；探究，培养学生综合素质；实践，为家乡建设献计献策（《中国民族教育》2009第12期）。陈颂、陈晓侠以环境保护主题活动为例，分析了如何整合校外地理课程资源，走进真实的生活场景——物质性资源的利用；接受社区群众的再教育——人才类资源的利用；开展丰富多彩的环保宣传——信息类资源的利用（《环境教育》2009年第11期）。

李慎中通过乡土案例与高中地理教学整合的实践，探索了一些行之有效的方法，乡土资源的选取要与时俱进；乡土资源的拓展要适量适度；乡土资源的运用要“大小兼顾”（《地理教学》2009年第10期）。

地理课程资源开发的主体既可以是教师，也可以是学生。从现有状况看，以教师作为开发主体研究的较多，李万涛研究了“基于学生”地理课程资源的构建，以“三条线”为开发方式：第一条主线是“基于学生”成长经历的资源开发；第二条主线是“基于学生”家庭背景的资源开发；第三条主线是“基于学生”研究性学习成果的资源开发（《基础教育参考》2009年第4期）。

赵才欣结合上海地理教学的现状，提出地理课程社会教育资源的开发利用观点，利用社会教育资源进行教学实践，实质是借助真实“情境”的学习方式（《地理教学》2009年第6期）。

对于文献回顾和分析发现，关于地理课程资源开发的意义研究较多，从学生学习兴趣、有效教学等方面分析和阐述，而对于地理课程资源具体的开发手段和方法研究相对较少，这也是今后有待发展和加强的领域。

摘　要

整合丰富校外地理资源　构建特色环保主题活动

陈　颂　陈晓侠

新课程要求全方位、多角度开发课程资源，作者根据教学过程的实践，以环保为主题，探讨了校外地理课程资源开发的方法和手段等。

校外地理课程资源可分为物质性资源、人才类资源和信息类资源三种类型。区域内的山川、河湖、田野、村庄、工厂、主题公园、公共设施、生态示范工程等，都是可以开展环保主题活动的物质性资源。学生们亲临环保现场，观察、思考、操作、交流、表达，把学习活动变成了一个主动、自觉、积极地探究过程。学生们学到真知，产生真情，形成真正的环境态度价值观。人才类资源利用，通过考察环境的现场，周围群众和专业人士的述说和讲解，带给同学们更加详尽的环境知识。信息类资源的利用主要通过学生环保主题活动的调查报告、访谈记录、趣闻逸事、比赛的优秀作品及文章，作为环保宣传的内容制成展板，获得很好的宣传效果。另外，作品被采用的同学还会产生一种自豪感，获得一种参与环保的激励和愉悦。

《环境教育》2009 年第 11 期

学校课程资源开发制度建设：一个亟待解决的问题

翟　艳

为防止学校课程资源开发的随意性，进行有效的教学，作者认为必须加强制度建设，健全和完善课程资源开发制度，实现学校课程资源开发和利用的制度化、规范化、合理化。

学校课程资源开发，是以学校为主体，寻找一切有可能进入课程，能够发挥或辅助发挥一定教育价值功能的各种资源。而学校课程资源开发制度就是指在学校时空范围内形成和制定的强制要求参与学校课程资源开发的有关人员共同遵守的程序、步骤和规范体系。包括：课程资源开发的组织机构、资金投入保障制度、教师培训制度、课程资源管理及共享制度等。学校课程资源开发制度建设应本着促进学生和教师的发展；符合课程建设规律，具有科学性和可操作性；符合政策与法规，具有一定的稳定性和严肃性等原则进行。建设内容包括：设立课程资源开发专项资金制度、建立主要领导负责的组织机构、建立过程激励机制、建立教师培训制度、建立学校课程资源管理制度和建立学校课程资源开发评价制度等方面。

《天津市教科院学报》2009 年第 4 期

利用歌曲优化地理课堂教学

郭长江

歌曲是学生喜欢的一种知识呈现方式，其中包含丰富的地理知识。在地理教学中，加强对歌曲资源的开发和利用是一个值得推广的办法。教学中，将歌曲恰当地运用于课堂，不仅能激发学生的兴趣、活跃课堂气氛，而且能吸引学生的注意力，培养学生热爱地理科学的情感。

作者强调通过歌曲可以优化地理课堂教学：优化新知探求，

活跃课堂氛围，激起学生的求知欲望；优化巩固课堂练习；优化学生的环境意识。同时在运用歌曲时要注意适用适时、选择恰当的联结点和切忌喧宾夺主等问题。

《现代中小学教育》2009年第8期

充分利用红色资源　开展地理教学活动

周益新

我国地域辽阔，各地有着丰富多彩的自然风光和人文景观。其中，具有爱国主义教育价值的红色资源更是很多地区对学生开展思想教育的宝贵财富。文章以黄冈地区为例，从四个角度分析红色资源在地理教学中的作用。

教学，激发学生热爱家乡的情感。巍峨雄伟的大别山，见证和记录着历史的沧桑。了解家乡的历史和文化，既要使学生学会人与人的和谐共处，又要学会人与自然的和谐共存。拓展，力求地理课程具有“地方特色”。结合家乡地理环境中突出的、具有优势的地理要素、地理景观、主要地理事物等对教学内容进行拓宽扩展，激发了学生探求真知的愿望和热情。探究，培养学生综合素质。注重从教材内容出发，选择那些学生亲历亲见，但又未曾关注、未曾理解的事物和现象，去挖掘其中渗透的地理知识，从而提出课题，将教材上的抽象知识内容转换成具体问题，还原知识的现实性，以此启动和支撑学生探究学习。实践，为家乡建设献计献策。在对大别山进行学科综合考察和探究活动的过程中，增强了学生探索大自然、热爱家乡的情感和为家乡建设献计献策的强烈责任感，坚定了学生立志为建设祖国、建设家乡而发奋学习的信心。

《中国民族教育》2009年第12期

“基于学生”地理课程资源的整体构建

李万涛

本文从学生的角度探讨地理课程资源开发，作者认为学生在学习中的主体地位必须在课程资源开发中得到体现。

“基于学生”地理课程资源的独特性主要体现在流动性、生成性和隐蔽性等。因此，其建构模式是：资源构建的时空范畴以“班级学生”为主体，以“年级同学”为辅助，“以学生自身的经历和体验”为核心。范围随学生活动范围的变化而变化，表现为有形资源和无形资源两种。资源开发有三条主线：第一条主线是

“基于学生”成长经历的资源开发；第二条主线是“基于学生”家庭背景的资源开发；第三条主线是“基于学生”研究性学习成果的资源开发。资源整合的环节涉及调查访谈，布置任务；广泛征集，精挑细选；系统归类，整体组合。

对此，学校和教师必须重新认识和评估“基于学生”地理课程资源建设的意义，实现“基于学生”地理课程资源的整体构建，常态化应用。通过资源整体构建和利用的过程，促使学生用地理的视角观察生活，做生活的“有心人”，促使学生成为课程的参与者和知识的主动建构者。

《基础教育参考》2009 年第 4 期

多维度开发利用课程资源，构建开放式地理新课程

陈鹏飞

文章通过课堂内外的教学实践，分析地理新课程中如何多维度开发利用课程资源，提高教学效果。

充分有效地利用地理教材，发挥地理教材的功能，使学生通过教材领悟到教材以外的东西，形成正确的学习态度和习惯，提高地理综合素养。另外，网络资源是对教材的延伸，为地理课程资源结构优化提供了动力。倡导自主合作探究的学习方式，促进学习方式的多元化。地理教师通过创设学习情境，拓展学习空间，帮助学生在自主、合作、探究的学习过程中，理解和掌握知识、技能、方法和价值观。开展丰富的地理综合实践活动，教师把乡土地理作为学习的载体，注重地理教学回归学生的生活世界，拓展学生学习的时间和空间，构建开放式的地理新课程。及时捕捉和合理利用教学过程中动态生成的课程资源，激发了师生的创造性和智慧潜能，从而使课堂真正焕发出生命活力。开发具有鲜明地理学科特色的校本课程，加深学科知识的深度，重视学科的学术性、前沿性，拓宽学生学科知识和提升学科能力，培养学生的问题意识、科学态度、创新精神和创造能力。

《地理教学》2009 年第 2 期

地理课程社会教育资源的开发利用

赵才欣

地理教学是一个与社会紧密结合的过程，作者以上海为例，研究各类社会场馆在地理教学中的作用，并就一些具体问题提出对策。利用社会教育资源进行教学实践，实质是借助真实“情

境”的学习方式。教学情境就是以直观方式再现书本知识所表征的实际事物或者实际事物的相关背景。情境教学法就是通过给学生展示鲜明具体的形象，使学生从形象的感知达到抽象的理性顿悟，激发学生的学习情绪和学习兴趣。

上海市社会教育资源丰富，地理教学中积累了比较多的经验。作者在对社会教育资源调研的基础上提出：从场馆方面看，需要考虑场馆的规模与容量，资源的结构特点；从学校方面看，关注不同学段的课程目标和知识基础，积累成功经验和主要经验等；从编制者角度看，需要借助国内外比较研究和资源、课程整合研究的多元分析。因此，展望地理课程利用社会教育资源的未来，机制建设是保证。包括：内容上的“研发机制”、管理上的“政策机制”、评价上的“激励机制”等。

《地理教学》2009 年第 6 期

乡土资源与高中地理教学整合的实践探索

李慎中

学习生活中的地理是新课程的一个理念，作者以临沂市发生的一些事件为素材，结合地理教学，实现理论与实践的结合。

在教学中引入乡土案例，实施合作探究学习。通过临沂汽车客运总站的搬迁，验证地理原理、方法；临沂市形成与发展，学习影响城市区位因素。同时，作者提出，乡土地理教学案例的选取要与时俱进，乡土资源的拓展要适量适度，乡土资源的运用要“大小兼顾”，案例呈现要图文结合，分析要适时总结迁移，教师在教学中角色定位要准确。特别是在实际教学中，依托乡土资源，有利于开展研究性学习。挖掘乡土资源中内含的地理原理，增强学生的探究、创新意识。

《地理教学》2009 年第 10 期

学校地理课程资源库建设的初步实践

高海波　陈建洪

如何有效利用已有地理课程资源，成为地理教师的现实困难。作者基于网络环境的地理课程资源库的建设，试图解决这一难题。为方便、快捷地对资源库中的资源进行检索，必须对资源进行有效的管理。2005 年，作者尝试用 ASP＋Access 制作网站的方式建立基于网络环境的地理课程资源库，具体做法是：用 Dreamweaver MX 2004 软件制作一个基于 ASP＋Access 技术的网站。其次，在地理课程资源开发时制定了严格的质量标准，地理课程资源开发后针对教学实际进行再修改和精加工。通过确定地理课程资源的编码类（如试题、课件等），再依据编码对象确定编码对象属性，赋予属性值，给予编码 ID 实现快捷检索。

作者使用动易管理系统，把“源代码”文件夹的所有文件上传到服务器上，然后运行 http：//你的网址/Install. asp 就可以进行安装和使用了。在安装或使用过程中遇到问题，还可以到动易帮助中心（http://help. powereasy. net）查看解决方法。当然，使用免费网络管理系统还要对其进行合理的改造，使之更适合学校的需要。

《中学地理教学参考》2009 年第 10 期

学 科 动 态

概 况

地理教学稳步推进　地理学科研究呈现百家争鸣态势

自新世纪以来，地理学科在基础教育中，从教学实践到教师教育，再到学科教研等方面都有了长足的发展。2009年度，各项工作在保持着连续性的同时，也出现新的现象。

一、地理课程研究方法多样化、研究内容具体化和细化

地理课程研究一直是地理教学和研究者关注的话题。从2009年的相关文献分析中，我们发现，落实新课程理念，实现新课程目标依然是重要研究领域。除此，中外地理课程对比研究、我国30年来的地理课程发展演变研究等成果也很丰富。体现出课程研究方法多样化、研究内容具体化和细化的特征。

1. 中外地理课程对比研究

新课程强调课程的开放性，突出与国外课程的借鉴和融合。因此，我国学者关于中外地理课程的对比研究在2009年取得丰硕的成果。

顾绍琴比较分析了中英两国地理课程标准中目标和内容，应该各取所长，才能不断完善地理课程标准（《教育理论与实践》2009年第11期）。刘媛、金静华比较了中法中学地理课程内容体系及结构，法国构建内容体系时注意突出重点，不求全，不面面俱到。基于此，我国内容体系构建要突出结构的整合性、体现课程的多样性、内容的时代性（《高等函授学报（自然科学版）》2009年第2期）。高堃、周申立认为中美两国中学地理课程标准是在不同背景下产生的，但是内容存在诸多共性（《新西部》2009年第6期）。韩金荣、袁孝亭分析美国基础教育地理课程标准对空间素养的关注，认为我国必须精选地理课程内容作为空间素养培育的载体，应重视地理空间素养相关问题的研究（《外国教育研究》2009年第5期）。徐志梅认为芬兰地理课程给我们的启发是：注重地理课程的综合性，强调学生体验；关注地理课程

的文化因素，体现社会纬度；加强地理课程的弹性，给予教师更多权利（《外国中小学教育》2009 年第 11 期）。

2. 我国 30 年地理课程发展总结研究

2009 年是我国改革开放政策实施 30 周年，30 年地理课程演变和总结走进人们视野，研究着重从课程设置、目标演变等角度分析。李家清、李文田梳理了 30 年来，我国地理课程改革的特点（《中学地理教学参考》2009 年第 1、2 期）。杨克非以我国高中地理课程自然地理内容演变为例，把新中国成立以来的演变过程分为两个阶段。作者认为具有全球性的地理现象、对地理环境的形成和演变起重要作用的原理，应该成为高中自然地理经典知识（《首都师范大学学报》2009 年第 6 期）。花溪等分析新中国成立以来我国中学地理课程标准教学目标的变迁，结论认为："知识与技能"是地理课程的基础目标，"过程与方法"是地理课程标准的关键目标，"情感态度价值观"是地理课程标准的终极目标（《地理教育》2009 年第 6 期）。

经验总结，有利于地理课程改革的顺利实施，避免一些问题的出现。但是，在回顾和总结的同时，反思和创新稍显不足。如何提高和创设本土化的地理课程是未来课程研究者必须关注的话题。

随着新课程的深入和发展，课程研究也将不断向纵深方向发展。未来的研究可以从以下角度展开：地理课程的本土化研究、地理课程体系创新研究、网络课程资源开发、课程评价体系的构建、国家中长期教育发展纲要对地理课程影响的研究等。

二、地理教学实践研究的实证性、深入性

1. 地理课堂教学研究具体而微

课堂教学是学校教育的主渠道和最基本的形式，是学生获取知识、发展能力的主阵地。因此，地理课堂教学研究成为地理教学者关注的焦点。

张建春从三个角度论述了对有效教学的思考：一要强化课标引领，构筑有效之基；二是着力课程再造，构造有效之序；三是提升课堂效力，共赢有效之果（《地理教学》2009 年第 6 期）。廖书庆建议在备课活动中，把备学生真正落实到实处，要把学生的差异当做课程资源去开发利用（《地理教学》2009 年第 4 期）。

地理实验是高中地理课堂教学的一个重要组成部分。然而，因为多种限制性因素的存在，导致地理实验在中学地理课程中难以开展。由于实验教室和实验仪器等硬件设施的缺乏，大多数地理教师的实验教学仅停留在"口传图授"上，很少或没有进行过地理实验教学。周慧等认为：地理实验的本质在于操作，进行演示实验、操作实验、想象实验和模拟实验（《中学地理教学参考》2009 年第 5 期）。

王革认为，地理应用知识必须通过学生积极参与到学习过程之中，在亲身体验之后才能真正获得。提出了“再现生活—快乐探究—理性升华”的教学模式（《中学地理教学参考》2009 年第 9 期）。周群英将 3S 技术运用到中学地理教学中，认为 3S 技术有助于使课堂教学整体优化，激发学生学习地理的兴趣（《中学地理教学参考》2009 年第 9 期）。

2. 地理教材研究深入细致

对教材的认识由过去“教教材”转变为“用教材教”，教材只是一种素材、资料，但是教材在学生心目中还保有神圣的地位。所以保证教材的科学性、权威性依然是衡量教材的重要标准。目前使用的地理教材不同程度地存在一些问题，原因既有客观的数据、资料的更新跟不上时代发展，也有编者主观认识上的偏差。

张逢成在《教学与管理》杂志上撰文，对人教版高中《地理 2》（必修）内容设置、用词、逻辑、文图内容不统一等方面的问题进行分析，并提出修订建议。在该杂志第 7 期又发文就人教版高中地理教材若干问题提出商榷。这些问题包括：地理插图绘制不科学、地理数据标注不确切、文字内容表达不准确、知识呈现方式不合理等（《教学与管理》2009 年第 4、7 期）。徐西锋以高中地理新教材（鲁教版·必修 3）为例，提出教材四个单元的安排不当，此外还有语句词不达意、专业术语表述不当等（《教学与管理》2009 年第 5 期）。

有效灵活地使用地理教材是广大地理教师教学能力的体现，也是一线地理教师最有实践体会的环节。相关研究者多为中小学地理教师，他们从教学实践中提炼了经验，并进行理论升华。米清认为新教材存在着对学科的系统性考虑较少，内容选择不完整，教材内容跳跃、跨度大，内在结构和知识体系不够完善的问题（《科技资讯》2009 年第 31 期）。何慧提出地理教材有效使用必须从理念上认真贯彻、从观念上重新认识、从依据上认真审视（《政史地教学》2009 年第 6 期）。随着多种版本地理教材的广泛使用，优化、活化以及高效使用高中地理各版本新教材，成为高中地理教师教学研究的一个重要课题。裴春玉表达了自己在教学实践中的体会：有效整合教材的前提是领会课标与教材的关系，通过活化、优化教材，实现教材价值的最大化（《内蒙古师范大学学报》2009年第4期)。王文燕认为:实现地理有效教学,应该认真对教材进行分析,对所教学生进行分析,明确教学目的之后,再对教材进行适当的取舍或是调整,以充分、合理、有效使用教材(《才智》2009年第21期)。

三、地理教师教育理论研究针对性强,网络教学逐渐受实践青睐

1. 地理教师教育理论与实践的结合

从本年度关于地理教师教育的文献中发现:实证性研究增多了,多结合教师教育实践。如李春艳对如何用科学的方法对地理教师进行学科知识测量,如何提高教师的学科知识水平,提高教师培训针对性和实效性作了调查研究。作者通过对北京一些中学地理教师的调查,提出了自己的看法:确定初中地理教师的学科知识和学科能力结构(《中小学教师培训》2009年第7期)。张艾通过广西“21世纪园丁工程”二期培训实践,分析教师专业成长的途径。采用了研训一体化的方式,其核心是强调教学实践、培训提高、教学研究三个方面的结合(《广西教育学院学报》2009年第3期)。

另外,加强高师毕业生实习工作的研究也是本年度的一个亮点。在相关研究中,对高师实习与基础教育互动性研究也逐渐成为主流。申怀飞等调查河南部分高师院校地理科学专业教育类课程设置的现状,认为高师地理科学专业教育类课程设置的改革方向是:整合教育基础理论课程,实现和基础教育地理新课程的对接;增加教师职业技能类课程;借鉴新的教育实习模式,提高教育实习的效率;增设教育研究课程等(《河南职业技术师范学院学报》2009年第5期)。闵国库探讨了师范生跨学科实习的问题,通过历史和地理学科的有机融合,提高毕业生的综合素质(《惠州学院学报》2009年第1期)。李俊峰通过安徽师范大学地理专业实践性教学模式的探讨,认为通过建立新型教学实践模式,可以提高实习效果(《安徽师范大学学报》2009年6期)。

2. 网络教学在教师教育实践中显优势

随着网络技术的发展、网络工程的普及,在教师培训过程中,充分利用网络资源已经成为很多地区的重要手段,并且取得明显成效。学员之间、培训者和受训者之间通过网络平台进行交流,提高培训质量和时效性。其中,教育部2009年普通高中课改实验省教师远程培训就是这种实践的例证。培训课程的特点是:研修专题的设计基于实验区地理教学实践和面临的重要问

题；课程团队成员以中学优秀教师和地理教研员为主；视频课程的呈现形式以问题为主线，以案例为载体，不追求理论系统的完整性；课程的语言通俗易懂；网络研讨有针对性，具体课程包括：50小时的课程总量，其中20小时的视频课程，30小时的网上学习时间。课程内容分为10个专题，每个专题2个小时的视频课程，3个小时的网上学习，学员在线研修时每天完成一个专题的学习。

这种培训手段最大优点是节约费用，可以反复观看视频。地理教师可以通过邮件、QQ等现代化的媒体进行交流，专家即时给予解答。培训的时间很灵活，避免广大地理教师因为工作等原因错失了继续学习的机会。这种远程培训方式作用将会逐渐凸显。

回顾2009年，地理学科的研究多以问题导向性为主，即针对具体的问题进行实证研究。这种方式有利于研究的针对性、时效性，今后在地理教学方法本土化、地理课程资源网络化管理、实现资源共享等方面的研究有待进一步加强。

会议与交流

国家气候中心暨气候研究开放实验室2008年度学术年会

时间：2009年2月12～13日

地点：北京市

举办单位：国家气候中心主办；中国气象局协办

会议主题：面向用户的气候监测和预测

会议内容：气候监测与气候变率的诊断及其机理研究；极端气候事件及其成因分析；气候数值模拟与预测方法研究；气候研究开放课题研究进展报告等。

第二届构造地质与地球动力学学术研讨会

时间：2009年3月20～23日

地点：陕西省西安市西北大学、长安大学

举办单位：中国科学院地质与地球物理研究所、北京大学、西北大学、长安大学、吉林大学、中国地质大学、南京大学、成都理工大学、桂林工学院、中国地质科学院地质研究所、中国地质科学院地质力学研究所、中国科学院广州地球化学研究所、中国地震局地质研究所会议内容：造山过程与高原生长；板内构造过程；构造地貌与环境演变；活动构造与灾害机理；构造物理与模拟等。

资源地理学科建设与国土规划研讨会

时间：2009 年 4 月 1 日

地点：江苏省南京市

举办单位：中国地理学会

会议内容：资源地理学科建设与发展；国土规划；区域资源与环境的时空演变；经济转型期资源开发利用；资源空间优化配置；资源与环境管理相关专业教学改革等。

青藏高原地质学术讨论会

时间：2009 年 4 月 1 日

地点：四川省成都市

举办单位：中国地质调查局主办；中国地质调查局成都地质调查中心暨中国地质调查局青藏高原地质研究中心承办

会议内容：特提斯洋演化与青藏高原复合碰撞造山机制；青藏高原隆升过程与资源环境效应。

中国高等教育资源环境与城乡规划管理专业教学与建设研讨会

时间：2009 年 4 月 1 日

地点：江苏省南京市

举办单位：南京大学国土资源与旅游学系

会议主题：全国高等教育资源环境与城乡规划管理专业教学与建设

会议内容：专业培养目标及培养方案；专业分流培养模式和特点；独立学院、民办院校专业培养目标、培养方案及特征比较；专业教学理论及教学方法；专业课程体系建设；专业理论教学与实践教学；专业课程教学；专业网络课程与教材建设；学生招生与就业等。

中国生态大讲堂 2009 年春季学术研讨会

时间：2009 年 4 月 13～14 日

地点：北京市

举办单位：中国生态系统研究网络（CERN）领导小组办公室、中国—欧盟生物多样性项目（ECBP）、高等教育出版社、中国环境与发展国际合作委员、生态系统服务与管理战略课题组主

办；国家生态系统研究网络综合研究中心、中科院生态系统观测与模拟重点实验室、中国生态系统研究网络科学委员会秘书处承办

会议主题：基于观测与实验的生态系统优化管理

会议内容：生态系统综合管理的科学问题与关键技术；基于科学观测与试验的生态系统优化管理模式；生态系统管理国际项目的成功案例。

纪念汶川地震一周年抗震减灾专题学术讨论会

时间：2009 年 4 月 22～26 日

地点：四川省成都市

举办单位：中国岩石力学与工程学会主办；四川省岩石力学与工程学会、四川大学、成都理工大学协办；四川省科学技术协会、中国水电顾问集团公司成都勘测设计研究院、中铁第二设计研究院承办

会议主题："5·12"汶川大地震及山区岩土工程建设中减灾防灾

会议内容：汶川地震地质灾害调查分析；汶川地震水电、铁道、公路、建筑及其他岩土工程震害分析；桥梁、隧道工程动力稳定及新抗震结构研究；重大基础工程动力稳定及新抗震结构研究；边坡动力稳定及新型抗震支挡结构研究；抗震减灾的其他重大决策、措施和建议等。

资源地理学科建设与国土规划研讨会

会议时间：2009 年 4 月 25～26 日

会议地点：江苏省南京市

举办单位：中国地理学会、南京大学地理与海洋科学学院、南京大学国土资源与旅游学系

会议主题：资源地理学科建设与国土规划

会议内容：资源地理学科建设与发展；国土规划；区域资源与环境的时空演变；经济转型期资源开发利用；资源空间优化配置；资源与环境管理相关专业教学改革等。

第二届中国环境社会学学术研讨会——
"水·环境与和谐社会建设"

时间：2009 年 4 月 25～26 日

地点：江苏省南京市

举办单位：河海大学社会学系、河海大学中国移民研究中心、中国人民大学社会学理论与方法研究中心、中央民族大学社会学系主办；河海大学社会学系承办

会议主题：水·环境与和谐社会建设

会议内容：人—水和谐机制；水污染、人类健康与社会安全；全球气候变化、海洋与人类；森林·水土保持与社区管理；草原沙化与草原保护；环境移民与环境政策；环境风险与环境管理；环境社会学理论与方法等。

2009年全国可再生能源——生物质能利用技术交流研讨会

时间：2009年4月28～30日

地点：上海市

举办单位：中国资源综合利用协会主办；中国环境科学学会协办

会议内容：中国生物质能发展现状与进展；生物质能发展技术和实践经验；生物柴油产业发展现状及前景分析；我国生物质资源燃料利用与化工利用产业政策解读；生物乙醇产业前景及综合利用分析；生物柴油生产工艺技术进展及应用前景；生物质能转化技术与应用；生物质资源热化学转化技术；生物质气化与设备研究；生物质能源转化技术与应用；液体燃料油制备与生物燃料发展战略；我国沼气技术的利用现状与前景展望；沼气工程创新技术；沼气能源综合开发利用技术等。

2009年全国地理期刊编辑出版年会

时间：2009年4月28日～5月3日

地点：湖南省衡阳市

举办单位：中国地理学会编辑出版工作委员会、衡阳师范学院主办；衡阳师范学院资源环境与旅游管理系承办

会议内容：交流地理学期刊编辑出版经验；讨论纪念中国地理学会成立100周年期刊出版规划；讨论地理学期刊编辑出版年会机制；编辑和读者作者进行交流等。

全国经济地理研究与微区位前沿学术研讨会

时间：2009年5月8～10日

地点：福建省厦门市

举办单位：中国国土经济学会

会议内容：经济地理学研究现状与趋势；新时期经济地理学

的研究热点与研究进展；经济地理与国土开发、人口发展；资源型城市经济转型与可持续发展；经济地理与人文地理、环境经济；城市经营与城市发展；城市科学合理的空间结构和区位设计理论及方法；城市商业、住宅、办公、文化、郊区工业等微观层面的区位研究；微区位中空间关联和空间竞争；经济地理课程设计与有效性教学。

中国地理学会地震预报发展论坛

时间：2009 年 5 月 10～13 日

地点：北京市

举办单位：中国地理学会

会议主题：汶川地震深入研究及我国地震预报发展思考

会议内容：汶川地震孕震发震机理研究；汶川地震前兆观测总结研究及观测技术创新；强地震中长期预报思路、途径与方法；地震预报相关学科最新理论和技术方法成果等。

2009 年中国环保国际峰会

时间：2009 年 5 月 13～15 日

地点：北京市

举办单位：中国环境科学学会主办；联合国环境规划署 RISOE 中心协办

会议主题：清晰透视全球金融危机下的中国绿色产业商机

地球科学与技术国际学术讨论会

时间：2009 年 5 月 14～16 日

地点：北京市

举办单位：中国科协科技导报社主办；中国国际科技会议中心协办

会议内容：地球系统科学理论方法建设；地球系统科学数据平台建设；地球系统科学实验模拟研究；地球系统科学未来研究趋势。

中国地震学会地震电磁学专业委员会 2009 年会暨学术讨论会

时间：2009 年 5 月 20 日

地点：云南省昆明市

举办单位：中国地震学会

会议内容：地震电磁学综合观测与应用研究成果交流；地震

电磁学观测数据分析及应用技术研讨；汶川 8.0 级地震有关讨论与交流等。

中国环境地理专业委员会学术年会暨第七届 POPNET 研讨会

时间：2009 年 5 月 20～22 日

地点：中科院城市环境研究所园区

举办单位：中国科学院城市环境研究所承办

会议内容：持久性有机污染物的监测新技术、新方法；持久性有机污染物的区域环境过程；持久性有机污染物的控制、修复与管理；持久性有机污染物的生态与人体健康风险等。

2009 年国际城市遥感大会

时间：2009 年 5 月 20～22 日

地点：上海市

举办单位：国际城市遥感大会组委会主办；上海市科学技术协会协办

会议内容：城市遥感新型数据源和传感器；城市地区建筑物探测和特征化；城市地区遥感数据解译算法和技术；城市地区遥感应用算法和技术；城市气候学、地质学和地质灾害；社会科学中的遥感应用；城市规划和保护中的遥感应用；城市发展和扩展模式；城市/城市边缘区生态学。

中国科学院寒区旱区环境与工程研究所 50 年所庆

时间：2009 年 5 月 23 日

地点：甘肃省兰州市

举办单位：中国科学院寒区旱区环境与工程研究所

会议内容：2009 年 5 月 23 日，中国科学院寒区旱区环境与工程研究所迎来 50 年所庆。在寒旱所建所 50 年之际，我们也迎来了中国“冰川之父”施雅风院士的 90 华诞。施雅风院士是中国冰川学泰斗，中国冰川研究体系和中国现代冰川学研究的开拓者。会上，中国科学院寒区旱区环境与工程研究所与中国地理学会共同为施老举行祝寿活动，以感谢老一辈卓有学识的科学家为寒区旱区科学事业作出的突出贡献。

第二届对地观测与全球变化国际会议

时间：2009 年 5 月 26～29 日

地点：四川省成都市

举办单位：北京大学、加拿大滑铁卢大学和德国慕尼黑理工大学主办；国际摄影测量与遥感学会（ISPRS）、国际数字地球学会（ISDE）、国际地图学学会（ICA）及国际测量学学会（IAG）协办；成都理工大学、四川大学、西南交通大学、四川师范大学及四川农业大学承办

会议内容：国际上全球变化研究领域对地观测的成果；土地利用和土地覆盖变化遥感；青藏高原生态环境变化遥感；遥感在汶川地震评估中的应用；全球大地测量系统及全球变化研究；基于对地观测技术的自然灾害监测与评估；基于全球导航卫星系统的紧急事件及灾害处理；基于空间资料处理和集成的全球变化探测；对地观测技术及应用的教育与培训等。

环境保护与可持续发展国际研讨会

时间：2009年5月27～30日

地点：北京市

举办单位：北京师范大学水环境模拟国家重点实验室主办；高等教育出版社协办；北京师范大学环境学院承办

会议主题：认识脆弱山地景观中的社会文化——自然生态耦合系统

探月与地学科学研讨会

时间：2009年6月1日

地点：北京市

举办单位：中国地质科学院

会议内容：国际行星探测进展；月球遥感物理探测；月球地质及编图；月球测量及数据系统；中国探月活动研讨等。

2009海洋污染责任与政策国际研讨会（MPLP2009）

时间：2009年6月4～5日

地点：辽宁省大连市

举办单位：大连海事大学等

会议内容：海洋污染国际公约与国内立法的执行与实施研究；海洋污染的民事法律责任研究；海洋污染的责任保险研究；海洋污染的防止与治理的国家政策研究；海洋污染的行政责任研究；海洋污染的刑事责任研究；现存法律体系结构的批判性分析；海洋污染典型个案的批判性分析等。

第9届全球汞污染物国际会议

时间：2009年6月7～12日

地点：贵州省贵阳市

举办单位：中国科学院地球化学研究所

会议背景：全球汞污染物国际会议自1990年首次举办以来，每2～3年举办一次，先后在瑞典、美国、加拿大、德国、巴西、日本、斯洛文尼亚等国举办了八届，第九届会议于2009年6月7日～12日在贵阳召开。该系列会议已成为全球汞研究领域的最重要会议，为高校、科研机构、学者、政府部门决策者、非政府组织、厂矿企事业单位等不同代表提供了交流汞研究经验的通道和平台。第九届会议将在继承以往几届的风格上，突出“用生态学方法研究汞问题”的特色。

“全球化、创新与城市—区域发展”国际学术会议

时间：2009年6月19～21日

地点：上海

举办单位：中国地理学会城市地理专业委员会、华东师范大学中国现代城市研究中心主办；美国犹他大学公共与国际事务研究院、上海社会科学院城市与区域研究中心协办；华东师范大学中国现代城市研究中心（中国）、洪堡基金会（德国）、福特基金会（美国）资助

会议内容：国际化与城市—区域的发展；城市网络及生产网络；创新城市与创意城市；城市—区域发展及其空间结构；城市—区域治理与规划等。

2009年旅游教育国际化研讨会

时间：2009年6月20～21日

地点：上海市

举办单位：教育部工商管理教学指导委员会旅游学科组主办；美国普渡大学（Purdue University）、美国乔治·华盛顿大学（The George Washington University）、美国中部佛罗里达大学（University of Central Florida）、美国内华达大学（University of Nevada）、澳大利亚昆士兰大学（The University of Queensland）、荷兰鹿特丹大学（Erasmus University）、云南大学、湖北大学等协办；上海师范大学、上海旅游高等专科学校承办

会议内容：世界旅游业与旅游高等教育发展的新趋势；旅游

高等教育国际合作的成功经验与模式；旅游研究的国际合作；中国旅游高等教育的国际化之路；旅游师资建设的国际化；旅游专业设置与课程建设的国际化；旅游专业实习实训的国际化等。

第五届现代生态学讲座与国际学术研讨会

时间：2009 年 6 月 25 日～7 月 2 日

地点：甘肃省兰州市

举办单位：现代生态学讲座系列学术委员会主办；兰州大学、国家自然科学基金委员会、中国生态学会协办；兰州大学干旱与草地生态教育部重点实验室、兰州大学旱区农业与生态修复教育部工程研究中心承办

会议内容：生态系统设计和景观设计的科学基础；农牧业活动与农业生态过程；水资源变化驱动的生态系统过程；旱地农业生态系统管理；人类活动和灾害背景下社会—生态系统适应性管理；生态学研究生培养体系创新。

2009 中国环境科学学会学术年会暨武汉国际环境科学与技术会议

时间：2009 年 6 月 27～30 日

地点：湖北省武汉市

举办单位：中国环境科学学会、中国旅美科技协会、环球中国环境专家协会主办；国家环境保护部、中国科协、湖北省环保局、美国环保局（EPA）、中国旅美科技协会、环球中国环境专家协会、美国国家环境毒理研究中心协办；中国环境科学学会承办

会议主题：推动环境科技创新，促进经济稳定增长

会议内容：节能减排与经济可持续发展的理论与实践；环境经济与环境稽查；生态环境保护与新农村建设；城市环境保护与可持续发展；污染控制新工艺与新技术；相关领域节能环保实用技术与综合利用技术等。

2009 年度环境规划与环境经济学术研讨会

时间：2009 年 6 月 28～30 日

地点：湖北省武汉市

举办单位：中国环境科学学会环境规划专业委员会和环境经济学分会

会议主题：“十一五”规划实施与评估；“十二五”规划前期

研究；环境经济政策研究等。

第五届环境与发展中国（国际）论坛

时间：2009 年 7 月 1 日

地点：北京市

举办单位：环境保护部主办；中华环保联合会承办

会议内容：生态文明建设的理论与实践；生态环境保护的现状及对策；生态系统及生物多样性保护的现状、制约因素、对策及国际履约；经济快速发展的生态战略；生态环境保护与绿色经济；区域生态环境保护的理论与实践；生态安全及其保障机制；农村生态环境保护与新农村建设；生态环境保护的国际比较与合作；生态立省、立市发展战略；灾后重建的生态环境保护；自然保护区、生态示范区、生态功能区建设等。

全国地理信息产业峰会

时间：2009 年 7 月 1～2 日

地点：北京市

举办单位：国家测绘局管理信息中心

会议内容：地理信息产业政策和发展战略；地理信息技术创新；地理信息标准与共享；地理信息教育和人才；地理信息产业市场；GIS 技术及产业化应用；遥感技术及产业化应用；导航卫星定位技术及产业化应用；地理信息公共服务平台建设；数字城市与数字区域建设；数字行业发展；地理信息企业的创新与发展等。

长江水环境高校协作组第六次学术研讨会

时间：2009 年 7 月 10～12 日

地点：上海市

举办单位：同济大学长江水环境教育部重点实验室主办；同济大学长江水环境教育部重点实验室、同济大学污染控制与资源化研究国家重点实验室、同济大学环境科学与工程学院承办

会议主题：长江流域水污染控制与水环境安全

会议内容：流域水污染控制与资源化；污染物的环境行为与效应；流域水环境质量演变与生态过程；固体废弃物处理与资源化等。

第三届“地球小博士”全国地理科技大赛颁奖大会

时间：2009 年 7 月 16 日

地点：北京中国科学院地理科学与资源研究所

举办单位：中国地理学会和中国科学院地理科学与资源研究所联合主办；北京国科宏仁文化传播中心协办

会议内容：张亚南研究员宣读了颁奖决定。为了贯彻落实党的十七大提出的“建设生态文明，基本形成节约能源资源和保护生态环境的产业结构、增长方式、消费模式”的要求，全面落实《全民科学素质行动计划纲要》，中国地理学会于 2008 年 10 月至 2009 年 6 月在全国中小学生中组织开展了第三届“地球小博士”和第二届“环保之星”全国地理科技大赛活动。本次活动得到了全国 900 多所学校的高度重视，动员本校师生积极响应，参赛学生总数达 11 万人。大赛包括完成 40 道选择题和围绕主题撰写一篇科技小论文两个环节。经中国地理学会“地球小博士”全国地理科技大赛评审委员会评审，报请中国地理学会批准，决定授予安娜、安岫沨等 200 名同学第三届“地球小博士”称号；同时表彰一等奖 3 755 人、二等奖 5 110 人、三等奖 5 988 人，优秀科技辅导员 2 640 名，地理科普教育先进学校 155 所。颁奖嘉宾先后向本届大赛“地球小博士”称号获得者代表，个人一等奖、二等奖、三等奖的获奖者代表，以及荣获“优秀地理科技辅导员”奖的获奖者代表和荣获中国地理学会“科普教育先进单位”的学校颁发了证书和奖牌。荣获“地球小博士”称号的广东省佛山市荣山中学储琪同学和黑龙江省泰来县第一中学施韵同学，以及荣获“优秀地理科技辅导员”奖的江苏省盐城市第八中学孙卫云老师发表了获奖感言；中国科学院地理与资源研究所博士研究生邱灵同学也应邀发言，介绍了自己从事地理研究的学习和工作历程，以及其个人对地理科学的认识。最后，中国地理学会理事长陆大道院士发表了热情洋溢的讲话。他首先代表主办单位向所有获奖者表示衷心的祝贺，还深入浅出地讲述了人们身边的一些资源和环境问题，阐述地理学是一门经世致用的学问，呼吁中小学生及社会公众关注人地关系、可持续发展等问题，号召大家用地理学思想分析问题、指导行动等。

第二届“寒区水资源及其可持续利用”学术研讨会

时间：2009 年 7 月 25～26 日

地点：黑龙江省黑河市

举办单位：中国自然资源学会水资源专业委员会、黑龙江大学、黑龙江省水利学会主办；黑龙江水专学报、黑龙江省904水文地质工程地质勘察院、黑龙江省水利科学研究院协办；黑龙江大学水利电力学院、黑龙江大学寒区地下水研究所、黑河市水务局承办

会议主题：寒区水循环及国际河流开发

会议内容：寒区产汇流及春汛形成机理；寒区河川冰凌及库冰、湖冰研究；寒区地下水开发与利用；冰雪旅游及其水资源支撑条件研究；工程冻土及寒区水土灾害；黑龙江省“千亿斤粮食基地”水资源支撑条件研究；“两江（松花江、乌苏里江）一湖（兴凯湖）”开发及国际河流水权研究；其他相关内容；气候变化与寒区水资源的响应等。

第十届“海峡两岸大气科学学术研讨会”（第十届中国科学院研究生暨两岸青年大气科学学术研讨会）

时间：2009年7月31日～8月4日

地点：宁夏回族自治区银川市

举办单位：中国科学院大气物理研究所与南京信息工程大学等单位联合举办；中国科学院承办

会议内容：气候动力学、气候预测、气候模拟与全球变化；中小尺度与灾害性天气；大气物理、大气探测与遥感；大气环境、大气化学与边界层物理；地球流体力学等。

地方病与地质环境国际学术研讨会

时间：2009年8月1日

地点：吉林省长春市

举办单位：中国地质调查局、联合国儿童基金会、国际地科联环境管理地学委员会、中国国家自然科学基金委员会地学部、吉林省国土资源厅主办；中国地质调查局水文地质环境地质调查中心、吉林省地质环境监测总站承办

会议内容：地方病与地质环境关系研究；地方病区地下水勘查技术方法；地方病区防病改水技术方法；地方病调查与防治技术方法；砷污染合作网络建设等。

中国人口六十年——2009年中国人口学会年会

时间：2009年8月1日

地点：广东省广州市

举办单位：中国人口学会主办；广东省人口计生委协办

会议内容：中国人口六十年发展与趋势；中国特色统筹解决人口问题道路；人口、资源、环境与可持续发展；新中国成立以来中国出生人口性别比的研究与治理；中国老龄化以及老年人口的保障；人口教育的理论与实践；生殖健康促进的理念与实践；青春期性与生殖健康教育与服务；中国城市化及流动人口的管理与服务；中国人口学科的发展与挑战；人口信息化的发展机遇与挑战；人口统计与数据质量等。

“第十二届海峡两岸水土保持与生态修复”学术研讨会

时间：2009 年 8 月 15～20 日

地点：陕西省西安市杨凌国家农业高新技术产业示范区

举办单位：中国科学院水利部水土保持研究所、屏东科技大学主办；中国水土保持学会、世界水土保持学会、水利部水土保持监测中心、成功大学、明道大学、中州技术学院、西北农林科技大学等协办

会议主题：海峡两岸水土保持与生态修复

会议内容：生态退化机理与修复；水土保持与全球变化；水土保持与区域生态经济发展；开发建设中水土保持；水土保持与植被建设；水土保持新技术与新方法等。

第三届国际地质公园发展研讨会——地质遗迹保护与合作

时间：2009 年 8 月 22～25 日

地点：山东省泰安市

举办单位：国土资源部科技与国际合作司、国土资源部地质环境司、山东省国土资源厅、联合国教科文组织北京办事处、中国联合国教科文组织全国委员会、国际地质科学联合会、地质遗产北京办公室、泰山世界地质公园管理委员会、中国地质科学院、中国 IGCP 全国委员会、科技部国际科技合作重点项目《典型地学景观形成背景国际对比研究》主办；泰山风景名胜区管理委员会、中国地质科学院承办

会议内容：地质公园的科学内涵挖掘；突出的广泛的价值；国内外地质遗迹的分类研究和分类对比；科学价值的展示与科学公众教育；地质遗迹保护技术的研究和合作；地质公园经营管理与区域经济的发展；亚太地区地质公园区域合作与发展等。

第十六届海峡两岸城市发展研讨会

时间：2009 年 9 月 1 日

地点：河南省郑州市

举办单位：中国城市科学研究会

会议内容：经济发展与城市安全；全球化时代的城市发展；全球经济危机与城市对策；生态城市的发展；防灾减灾与城市规划；能源在可持续发展及灾后重建中的重要性；21 世纪城市生态设计；中部崛起与可持续发展；不同区域（大陆东中西部，台湾北中南部）城市发展协调问题等。

水土保持与生态水文学术研讨会

时间：2009 年 9 月 1～5 日

地点：湖北省宜昌市

举办单位：中国生态学学会、中国水土保持学会生态修复专业委员会、中国林学会森林水文与流域治理分会

会议内容：我国水土流失现状与发展趋势；水土保持生态补偿的理论研究与实践；生态旅游与三峡库区生态和谐发展；区域水土保持的环境效应；全球变化与生态水文过程；气候变化、土地利用与流域水资源；RS/GIS 和计算机模拟在生态水文研究中的新进展；流域水环境管理、监控、预警的新技术与新方法等。

中国科学院城市地理国际研讨会

时间：2009 年 9 月 8～9 日

地点：北京市

举办单位：中国科学院地理科学与资源研究所主办；Chinese Academy of Sciences（CAS）承办

会议内容：城市政策：城市化与城市增长；城市形态：结构与功能；社会、文化与经济过程：生存与环境；方法论：数据获取与分析方法；城市地理学的关键科学问题、方法与数据共享等。

三峡工程生态环境效应研讨会

时间：2009 年 9 月 8～10 日

地点：重庆市

举办单位：中国科协、重庆市人民政府主办；中国长江三峡工程开发总公司承办

会议主题：三峡工程社会生态环境效应

会议内容：三峡工程的生态环境效益。

第六届国际数字地球会议

时间：2009 年 9 月 9～12 日

地点：北京市

举办单位：国际数字地球学会、中国科学院主办；中国科学院对地观测与数字地球科学中心、国际数字地球学会中国国家委员会承办

会议内容：数字地球理论、构架与技术；数字地球与全球环境变化；对地观测；数字地球应用；数字地球教育等。

2009 年中国海洋论坛

时间：2009 年 9 月 15 日

地点：浙江省杭州市

举办单位：中国太平洋学会、中国海洋学会、中国海洋大学

会议主题：应对国际金融危机，大力发展临海产业

会议内容：金融危机下我国海洋经济与社会、海洋产业与临海产业可持续发展的对策；金融危机对海洋交通运输业的影响及对策；海洋船舶工业如何应对国际金融危机等。

亚洲城市环境学会第六届国际会议

时间：2009 年 9 月 20～23 日

地点：吉林省长春市

举办单位：亚洲城市环境学会主办；吉林建筑工程学院协办；吉林省科学技术协会承办

会议主题：城市节能减排与低碳社会

会议内容：城市环境和能源可持续发展理论；城市环境和能源的规划方法及应用；城市环境和能源保护的技术和方法；城市能源和环境保护的相关法律和标准；城市热岛的形成及对策等。

中国高等地质教育历史经验与科学发展研讨会

时间：2009 年 10 月 11～12 日

地点：四川省成都市

举办单位：中国地质学会地质教育研究分会

会议内容：回顾高等地质教育的历程，总结高等地质教育的发展经验，谋划新时期高等地质教育科学发展。

第四届全国地理学研究生学术年会

时间：2009 年 10 月 16 日

地点：北京市

举办单位：中国地理学会、全国地理学研究生联合会、中国科学院地理科学与资源研究所主办；南京大学、中山大学、兰州大学、中国人民大学、河南大学、西南大学、西北大学、湖北大学、西北师范大学、东北师范大学、华东师范大学、华南师范大学、华中师范大学、南京师范大学、福建师范大学、陕西师范大学、辽宁师范大学协办；中国科学院地理科学与资源研究所研究生会、北京大学城市与环境学院研究生会、北京师范大学地理学与遥感科学学院研究生会、首都师范大学资源环境与旅游学院研究生会承办

会议内容：自然地理与全球变化；资源环境与可持续发展；经济地理与区域发展；城市地理与城市发展；农业地理与乡村发展；旅游与社会文化地理；遥感与地理信息系统理论与应用；地理课程与教学论等。

2009 国际能源与环境会议

时间：2009 年 10 月 16～18 日

地点：广西壮族自治区桂林市

举办单位：IEEE-PES、湖南工程学院主办；湖南工程学院承办

会议内容：能源效率和管理；发电技术；电力系统技术及应用；水污染和保护；大气污染和保护等。

中国地理学会百年庆典暨 2009 年学术年会

时间：2009 年 10 月 17～20 日

地点：北京市

举办单位：中国地理学会主办；北京大学城市与环境科学学院、北京师范大学地理学与遥感科学学院、首都师范大学资源环境与旅游学院承办

会议内容：2009 全国自然地理学大会；2009 全国人文经济地理大会；2009 全国地图遥感与地理信息系统大会等。

附：第五届全国优秀中学地理教育工作者名单

中国地理学会秘书处

姓　名	性别	工　作　单　位
蔡明新	男	江苏梁丰高级中学
曹　毅	男	宁夏银川景博中学
曹华龙	男	广东韶关市田家炳中学
常根宝	男	甘肃武威市第六中学
车　云	女	福建福州市第三中学
陈　红	女	北京东城区教师研修中心
陈　苓	女	新疆乌鲁木齐第八中学
陈　征	男	湖北孝感市教育科学研究院
陈朝松	男	江西赣州市第九中学
陈婉玲	女	福建宁德市蕉城区教师进修学校
陈卫东	男	河南开封市基础教育教研室
陈云峰	女	上海师范大学附属中学
程远会	男	湖北武汉市第二中学
范永杰	男	四川成都市玉林中学
方秀红	女	上海市市西中学
冯秋生	男	山东济南市第十一中学
付文丽	女	青海西宁市虎台中学
高　娟	女	北京第十三中学
高　俊	男	湖北沙市中学
高桂红	女	黑龙江哈尔滨市第 156 中学
高连青	女	天津第二南开中学
龚国辉	男	江西师范大学附中
顾练学	男	陕西咸阳市天王中学
郭　瑛	女	河北黄骅中学
郭长山	男	广东江门市教育局教研室
郭丽洁	女	河北石家庄市第九中学
郭彦强	男	甘肃兰州市教育科学研究所
过　清	男	江西临川第一中学
何　刚	男	上海市格致中学
侯　俊	女	安徽东至县第二中学
吉利斌	男	北京昌平区教师进修学校
计学成	男	甘肃酒泉市第一中学
姜张木	男	浙江上虞高级中学

焦龙河　男　湖北阳新县第一中学
金武斌　男　重庆市育才中学校
康小军　女　陕西西安市八十五中学
蓝海生　男　广东中山市桂山中学
郎云华　女　吉林东北师范大学附属中学
李　敬　男　宁夏银川市第二中学
李　文　男　福建福州三种金山校区
李安心　男　湖北孝感市文昌中学
李金国　男　江苏镇江第一中学
李金亭　男　天津河西教育中心
李瑞民　男　江西南康中学
李善中　男　江苏淮安市北京路中学
李晓云　女　山东济南中学
厉　兵　男　江苏南京六合区程桥高级中学
梁　琰　男　甘肃陇南市武都区城关中学
林　雁　女　北京一零一中学
林少许　男　福建莆田第二中学
刘红辉　女　福建宁化县第一中学
刘敏红　女　广西梧州市第一中学
刘绍春　男　湖南张家界市桑植县第一中学
刘淑英　女　天津大港区教师进修学校
刘松奇　男　河南洛阳市第一中学
刘学庸　男　天津蓟县教育教学研究室
刘玉岳　男　湖南长沙雅礼中学
龙　泉　男　湖北华中师范大学一附属中学
吕凤秀　女　福建龙岩市第一中学
罗嗣将　男　江西永新县任弼时中学
马翠青　女　山西忻州市忻州一中
潘竹娟　女　江苏邗江中学
秦　铎　男　甘肃镇原县屯字中学
裘伟东　男　安徽芜湖市第十一中学
曲秀玲　女　湖北武汉外国语学校美加分校
全跃标　男　湖南长沙同升湖国际实验学校
冉承军　男　湖北荆州中学
饶　萍　女　四川德阳二中高中部
申冬玲　女　广西北海市第二中学
沈　莉　女　北京航空航天大学附属中学

沈慈勇　男　福建晋江市侨声中学
沈国民　男　新疆实验中学
沈慧其　男　上海青浦区第一中学
施美彬　男　广东实验中学
石光泉　男　山东淄博市教学研究室
石迎新　女　河北石家庄市二中
孙存军　男　江苏灌云县教育局教研室
汪　萍　女　安徽芜湖市第二十八中学
汪　瑜　女　重庆第二外国语学校
王　莉　女　北京教育学院丰台分院
王　璞　女　内蒙古乌兰浩特一中
王　涛　女　山西大同市第一中学
王　颖　女　山东济南舜耕中学
王邦柱　男　江苏宿迁市中小学教研室
王利霞　女　上海南汇区教师进修学院
王志恒　男　宁夏六盘山高级中学
吴炳义　男　北京大兴区第三中学
吴建新　男　浙江湖州市练市中学
吴智军　男　陕西延安市宝塔区第四中学
夏银宏　女　云南昆明市实验中学
相　炜　男　山东临沂市教科研中心
邢玉厅　男　内蒙古包头市固阳县第一中学
徐赐德　男　湖北咸宁高级中学
闫云吉　女　吉林东辽县实验中学
严伟群　女　上海奉贤中学
杨　红　女　北京陈经伦中学
杨玉梅　女　北京大学附属中学
姚卫新　男　江苏通州育才中学
殷海良　男　江苏无锡市惠山区教育局教研室
殷明芳　女　上海曹杨中学
于紫艳　女　山东兖州市第一中学
张　堃　男　四川什邡中学
张　莹　女　北京和平街第一中学
张家琦　女　河南新乡市教育局基础教育教学研究室
张金兵　男　湖北荆门市龙泉中学
张丽雅　女　北京师范大学附中
张清能　男　甘肃金昌市第一中学

张守才　男　北京怀柔区教科研中心
张天虎　男　浙江杭州商贸职业高级中学
张万斌　男　陕西咸阳市天王中学
张元忠　男　贵州瓮安中学
章庆来　男　安徽桐城市香铺中学
赵　丽　女　陕西西北大学附属中学
赵丽霞　女　河南郑州市第七中学
周　立　女　广东深圳罗湖外语学校
周启胜　男　四川什邡市隐峰初级中学
朱红霞　女　湖南湘潭湘机中学
朱中建　男　重庆长寿区教师进修学校
邹　旋　女　河南郑州市第106中学
邹乃秀　女　山东日照市石臼一中

中国地震学会空间对地观测专业委员会2009年学术研讨会

时间：2009年10月20日

地点：上海市

举办单位：中国地震学会空间对地观测专业委员会

会议内容：与汶川地震有关的空间信息回顾；地震电磁卫星研制及数据处理研究进展；空间信息在地震中的其他应用情况等。

中国地质学会2009年学术年会

时间：2009年10月22～25日

地点：北京市

举办单位：中国地质学会

会议主题：地质为经济社会发展服务

会议内容：交流近年来地质科研、生产领域的科技新成果，探讨如何增强地质勘查的资源保障能力和服务功能，更好地满足我国经济社会的可持续发展，为保持经济平稳快速发展服务。同时，2009年恰逢我国著名地质学家李四光先生诞辰120周年，为弘扬李四光先生的科学创新精神和爱国主义精神，年会也组织了相关学术活动。

资源利用与环境保护论坛

时间：2009年10月24～25日

地点：湖北省武汉市

举办单位：中国科协、中国工程院、湖北省人民政府

会议主题：资源利用与湖北环境保护

会议内容：提高自然资源开发利用效率的相关技术研究；资源开发利用中的环境保护、生态环境治理研究；绿色制造问题研究；金融危机对资源环境产业的影响研究；中部地区社会经济可持续发展问题研究；清洁生产问题研究；中部自然资源保护与污染防治研究；自然灾害的预防、监测与治理研究；循环经济问题研究；中部崛起中的资源环境政策；武汉城市圈“两型社会”建设中的资源环境问题；湖北省资源环境问题研究；发展民生水利、保障饮用水安全等。

第七届干旱气候变化与减灾学术研讨会

时间：2009 年 10 月 24～27 日

地点：甘肃省敦煌市

举办单位：甘肃省干旱气候变化与减灾重点实验室、中国气象局干旱气候变化与减灾重点开放实验室、中国气象局兰州干旱气象研究所、甘肃省气象学会、中国科学院寒区旱区环境与工程研究所、兰州大学大气科学学院、中国气象学会干旱气象学委员会

会议内容：干旱监测预警技术；干旱气候变化及其应对；干旱和沙尘暴成因机理及其预测和影响评估；干旱区陆面过程和边界层特征及观测试验；沙尘气溶胶分析及对天气气候的影响；干旱生态与环境蠕变；干旱业务需求与成果转化；2009 年全国特大干旱学术专题研讨等。

现代气候变化的自然背景与温暖期高分辨记录——2009 年学术会议

时间：2009 年 10 月 26～28 日

地点：江苏省南京市

举办单位：国际地圈生物圈计划中国委员会过去全球变化工作组（CNC-IGBP-PAGES）、中国第四纪科学研究会高分辨率气候记录专业委员会和中国第四纪科学研究会黄土专业委员会主办；南京大学承办

会议内容：新生代东亚环境演化与构造变动和全球变冷的关系；风尘堆积与环境变化；地球轨道变化对东亚气候的影响；环境变化、温室效应与碳循环；突变事件及其发生机理；人类活动对环境变化的影响与适应等。

环境与发展国际研讨会

时间：2009 年 10 月 28～30 日

地点：北京市

举办单位：北京大学经济学院、中国国家发展和改革委员会对外经济研究所、中国环境保护部环境与经济政策研究中心、中国世界贸易组织研究会主办；交通部科学研究院城市交通研究中心、中国生态经济学会区域生态经济专业委员会、加拿大国际发展与研究中心协办；北京大学经济与人类发展研究中心、威立雅环境研究所（法国）承办

会议主题：环境与发展：贸易·城市化·环境

会议内容：贸易与环境；城市化与环境；环境与健康；环境与人类发展等。

2009 年全国地貌与第四纪学术研讨会

时间：2009 年 11 月 1 日

地点：上海市

举办单位：中国地理学会地貌与第四纪专业委员会主办；华东师范大学承办

会议内容：地貌灾害与防治；地表过程定量表达及其模拟；地貌演变与第四纪环境变化；河口海岸地貌及其开发利用和保护；地表过程观测技术；地貌资源与旅游等。

高原山地环境变化与跨境生态安全学术研讨会

时间：2009 年 11 月 11～14 日

地点：云南省昆明市

举办单位：云南大学、中国地理学会主办；中国地理学会“跨境流域与区域合作研究组”承办

会议内容：河流生态过程及其对环境变化的响应；变化环境下的高原山地生物多样性与维持机制；退化环境整治与受损生态系统重建理论与技术；跨境生态安全维持与合作等。

环境模拟与污染控制学术论坛——暨第六届环境模拟与污染控制学术研讨会

时间：2009 年 11 月 13～14 日

地点：北京市

举办单位：环境模拟与污染控制国家重点联合实验室、中国

环境科学学会主办；环境模拟与污染控制国家重点联合实验室承办

会议内容：水污染控制与微生物生态；微生物燃料电池的研究进展；城市与区域大气复合污染；传感器技术与环境监测等。

"丹霞杯"第三届全国中学生地理奥林匹克竞赛

时间：2009年11月14～15日

地点：广东省丹霞山世界地质公园

承办单位：中国地理学会地理奥林匹克竞赛工作组

组织单位：中国地理学会地理教育工作委员会、北京师范大学地理学与遥感科学学院、北京师范大学地理与可持续发展教育中心

全国中学生地理奥林匹克竞赛简介："全国中学生地理奥林匹克竞赛"是我国中学地理学科的重要赛事，由中国地理学会主办，每两年举办一次。该竞赛同时也是国际中学生地理奥林匹克竞赛（IGEO）中国赛区选拔赛，竞赛优胜者将组成中国队参加于次年举办的国际中学生地理奥林匹克竞赛（IGEO）。

附："丹霞杯"第三届全国中学生地理奥林匹克竞赛获奖名单

团体奖

一等奖：武汉外国语学校；广饶一中二校区；南京外国语学校；广东奥林匹克学校

二等奖：深圳外国语学校；东莞东华高级中学；华南师范大学附属中学；山东省实验中学；广东仲元中学；天津咸水沽一中

学生个人奖（前20名）

戴妙书　东莞东华高级中学
刘卓颖　华南师范大学附属中学
翁舒逸　南京外国语学校
丛　昊　扬州新华中学
李　琬　武汉外国语学校
高　鹏　广饶一中二校区
宋颐珣　广东奥林匹克学校
王永静　天津咸水沽一中
李星河　广东奥林匹克学校
邓沛捷　深圳外国语学校
明　扬　山东实验中学
王　浩　天津咸水沽一中
杨梓权　深圳外国语学校

王巧颖　东莞东华高级中学
林　莹　广东仲元中学
李培明　广饶一中二校区
李向阳　广饶一中一校区
李语陶　南京外国语学校
严歆禺　武汉外国语学校
李江宁　华南师范大学附属中学

2009 城市群可持续发展与“两型社会”建设国际研讨会

时间：2009 年 11 月 16～18 日

地点：湖南省长沙市

举办单位：中南大学、湖南省系统工程与管理学会主办；湖南省长株潭“两型社会”建设改革实验区领导协调委员会办公室协办

会议主题：城市群资源节约型环境友好型社会建设

会议内容：可持续发展的理论与实践；城市群发展的规划与控制；资源节约的科技创新与管理；环境保护的科技创新与管理；资源节约型社会建设的理论与实践；环境友好型社会建设的理论与实践；产业生态系统的构建与管理；环境供应链管理；传统产业改造升级研究；两型社区的规划与建设；绿色建筑的设计与施工管理；新能源开发与节能技术等。

2009 中国极地科学学术年会

时间：2009 年 11 月 18～29 日

地点：福建省福州市

举办单位：中国极地研究中心主办；福建省海洋与渔业厅、国家海洋局第三海洋研究所协办

会议内容：极地雪冰、海洋与气候变化；大气与近地空间物理及天文；极区生态环境与生物资源；南极大陆演化及天体化学（陨石）；极地信息、测绘、工程技术与医学；极地软科学。

中国教育学会地理教学研究会学术年会

时间：2009 年 11 月 20～23 日

地点：云南省玉溪市

举办单位：中国教育学会地理教学研究会主办；云南省玉溪市教育科学研究所、玉溪市教育学会地理教学专业委员会承办

会议主题：新课改视野下的地理优质课堂教学

会议内容：开展全国地理课堂教学优质课评比活动；探讨地理高考与新课程改革关系以及教师课堂教学行为要求；开展地理新课程高、初中优质课堂教学观摩活动；召开本研究会第7届理事会第三次会议；组织外出地理考察活动等。

附：2009年全国地理优质课评比一等奖获奖者名单（共54名）

中国教育学会地理教学研究会

按姓氏笔画排序：

马伟贵、孔艳玲、文丹凤、方　滔、王　进、王淑玲、王瑶、邓云侠、邓升宇、龙林山、刘秀云、刘绍春、刘　洁、刘莉、刘遴琳、向　军、孙文弟、孙庆红、庄　霞、邬雪梅、何丽华、吴立勋、吴尚玲、宋加喜、应晓阳、张玉红、张华俊、张明、张述林、张晓红、李红梅、李慧芳、杨从康、杨炜军、杨惠敏、杨智勇、肖　雁、邵志豪、陈　健、周泉进、林明月、姜洪波、赵琴琴、倪宏忠、贾丽丽、钱丽娟、钱彩霞、曹　斌、焦生伏、程爱娥、董会阁、谢晓凤、廖建平、蔡海燕

第一届生态城市发展学术研讨会

时间：2009年11月21～22日

地点：北京市

举办单位：中国城市科学研究会、中国城市科学研究会生态城市研究专业委员会主办；中国城市规划设计研究院、中国城科会绿色建筑与节能专业委员会、中荷合资——北京好瑞思建筑节能咨询有限公司、《城市发展研究》杂志社协办；皇明太阳能集团有限公司承办

会议内容：生态城市规划与指标体系；城市生态规划技术与碳减排；国内国际生态城建设的实践等。

第二届中德高等地理教育、研究与应用国际研讨会

时间：2009年11月21～22日

地点：广东省广州市

举办单位：中国地理学会、德国地理学会、中山大学、德国科隆大学主办；中山大学地理科学与规划学院、德国科隆大学地理系承办

会议背景：1989年第一届中德地理学发展与地理教育研讨会在中山大学地理系召开。中国科学院地理研究所黄秉维教授、北京大学地理系林超教授以及德国美因兹大学的Manfred Domroes教授对会议的召开提供了大力支持。来自国内41所大学地理系、

研究所、学报、出版社的教授学者，9名来自不同德国大学地理系的教授，以及来自中国香港和荷兰的专家学者出席了会议。此次会议对中德大学地理系的合作发展起到了重要的促进作用。

早在1929年，中山大学成立了国内高校理科的第一个地理系。两位德国教授 Wilhelm Credner 和 Wolfgang Panzer 先后出任地理系的第一、第二届系主任，培养了黄秉维院士、周廷儒院士、周立三院士等一批我国一流的地理学家。中山大学的地理系为中国地理学科的发展作出了重要的贡献。

改革开放后，中、德两国在各个领域的交流日益活跃。近年来，中、德两国地理学界的交流与合作日益紧密。尤其是2008年中、德最高领导人共同发起的“德中同行”系列活动以及德国文化交流部（DAAD）资助的一系列学术交流活动，使得中、德地理学界的互访和交流活动更加频繁和丰富。

会议内容：本次会议围绕高等地理教育、地理研究以及地理科学应用三个主题对中、德两国的地理学发展进行探讨。会议旨在进一步促进中、德地理学界的相互了解和相互学习，并为中、德两国高校、科研机构以及与地理学相关的部门进一步建立长期合作交流关系提供契机。

中国不同经济区域环境污染特征的比较分析与研究学术研讨会

时间：2009年11月29日

地点：湖南省长沙市

举办单位：中国环境科学学会、环境保护部华南环境科学研究所

会议内容：环境与经济的关联指标综合分析；区域经济发展与环境污染特征研究；城市群区域环境污染特征规律研究；污染防治与管理对策研究等。

首届环境基准与生态修复博士生论坛

时间：2009年11月29日～12月1日

地点：天津市

举办单位：南开大学、中国自然资源学会资源循环利用专业委员会、中国生态学会污染生态学专业委员会主办；南开大学环境科学与工程学院、环境基准与生态修复国家重点实验室（筹）、南开大学研究生院承办

会议主题：环境基准与生态修复

会议内容：环境基准与环境标准；污染环境的生态修复；环

渤海环境问题与生态修复；新型污染物的环境基准与生态修复等。

城市群发展模式国际学术研讨会

时间：2009 年 12 月 1 日

地点：湖南省长沙市

举办单位：湖南省领导协调委员会智力办公室主办；湖南欧美同学会、湖南留学人员联合会协办

会议内容：国内外城市群发展模式研究；我国新型城市化道路探索；新型工业化与新型城市化相互关系研究；长株潭“两型社会”建设研究；城市群的城乡关系研究；城市群治理模式研究；湖南新型城市化体系研究；中国内陆城市国际化推进研究等。

中国海洋学会 2009 年学术年会

时间：2009 年 12 月 1 日

地点：广东省珠海市

举办单位：中国海洋学会主办；辽宁省海洋学会、山东省海洋学科群、浙江省海洋学会、福建省海洋学会、广东省海洋学会等协办；中国海洋学会海岸带开发与管理分会承办

会议内容：海岛立法及相关政策；海岛的开发与管理；海岛的生态特征和作用；海岛调查技术；海岛的管理信息系统的构建与管理；海岛旅游业的发展；海岛资源环境综合承载力。

第五届南海海洋环境变化国际学术研讨会

时间：2009 年 12 月 3～4 日

地点：广东省广州市

举办单位：中国科学院、广州市科学技术协会主办；中国科学院南海海洋研究所、中国科学院热带海洋环境动力学重点实验室协办

会议内容：南海海洋学及与季风的关系；海洋环流：观测和动力学；数值模拟和模式开发；南海深海环境等。

"城市化与城乡一体化——新趋势　新挑战　新突破"国际研讨会

时间：2009 年 12 月 5～6 日

地点：海南省海口市

举办单位：中国（海南）改革发展研究院主办；挪威城市区域研究所协办

会议内容：发展方式转型与城乡一体化；城乡一体化的探索、实践与国际比较；城乡一体化的体制与政策；城乡一体化与城市化进程；公平发展与城乡一体化等。

第七届亚洲地质灾害与减灾国际研讨会

时间：2009 年 12 月 7～9 日

地点：北京市

举办单位：东北林业大学

会议内容：冻土地区地质灾害；地震引起的灾害；开挖引起的地质灾害；降雨引起的地质灾害；大雪引起的地质灾害；构造活动引起的地质灾害；地裂缝造成的地质灾害；灾害事例；监控系统；防灾对策；风险管理等。

2009 年全国博士生学术论坛（地理学）

时间：2009 年 12 月 7～9 日

地点：广东省广州市

举办单位：国务院学位委员会办公室、教育部学位管理与研究生教育司主办；中山大学地理科学与规划学院、中国地理学会联合承办

会议主题：围绕地理学及其相关领域的学术交流活动。

第四届中日韩地理学家学术研讨会暨第十二届全国青年地理工作者学术会议

时间：2009 年 12 月 9～11 日

地点：广东省广州市

举办单位：中国地理学会发起并由中、日、韩三国地理学会联合主办；中山大学地理科学与规划学院承办

会议主题：后危机时代的东亚地理：挑战与展望

会议内容：区域合作、金融危机、环境保护；亚洲的区域与城市社会、文化、经济转型；地理研究的理论与方法创新。

环境公共财税政策国际研讨会

时间：2009年12月10～11日

地点：北京市

举办单位：环境保护部环境规划院、清华大学环境科学与工程系、中国环境科学学会环境经济学分会主办；财政部财政科学研究所、国家税务总局税收科学研究所、中国环境科学学会环境规划专业委员会、环境保护部环境与经济政策研究中心、中国人民大学环境学院、北京大学环境与经济研究所协办；清华大学环境科学与工程系环境管理与政策研究所承办

会议内容：环境保护投融资政策；公共财政支出政策；流域、区域生态补偿；绿色金融；绿色税收与价格政策等。

中国海洋湖沼学会风暴潮及海啸专业委员会学术年会

时间：2009年12月10日

地点：海南省海口市

举办单位：中国海洋湖沼学会风暴潮及海啸专业委员会

会议内容：风暴潮、海啸数值模式技术交流；2008～2009年特大风暴潮灾害预警经验交流；风暴潮灾害应急工作研讨会；极端天气事件与海平面上升对风暴潮灾害的影响；风暴潮防灾减灾战略规划等。

中国生态大讲堂2009年冬季学术研讨会

时间：2009年12月10日

地点：北京市

举办单位：中国生态系统研究网络（CERN）办公室、国家生态系统研究网络综合研究中心

会议内容：尺度转换的科学问题与研究方法；遥感、传感器网络与模型在尺度转换研究中的应用；从生态站向生态区尺度拓展研究的典型案例等。

中国环境科学学会环境规划专业委员会2009年学术年会

时间：2009年12月19～20日

地点：北京市

举办单位：中国环境科学学会环境规划专业委员会

会议内容：“十二五”规划前期研究与基本思路；地方和区域规划编制思路与实践；重点要素领域环境规划框架；环境规划

编制理论与技术方法等。

第五届人文地理学沙龙

时间：2009 年 12 月 26～27 日

地点：北京市北京师范大学

举办单位：中国地理学会主办；北京师范大学、东北师范大学、中国地理学会承办

会议主题：地理学思想和方法在人文社会科学中的应用

会议背景：人文地理学沙龙是中国人文地理学界的一个学术品牌活动。自 2003 年年底在南京大学召开第一次沙龙后，学术活动的影响力迅速扩大。它引领着人文地理学界的学术探索、学术争鸣。

2009 山东省地理学会学术年会暨“资源利用与环境效应国际学术研讨会”

时间：2009 年 12 月 30 日

地点：山东省临沂市

举办单位：山东省地理学会

会议主题：资源利用与环境效应

会议内容：环境演变与全球变化；土地资源利用；水资源利用；旅游资源开发、规划与管理；生态修复与环境保护；区域可持续发展；3S 技术与应用等。

课题研究

中国地理基础教育科学研究状况

薛　秋①

［论文摘要］地理基础教育研究是地理教育科学的一个重要组成部分。本文通过对我国地理基础教育科研现状的分析，明确了地理学科在基础教育研究体系中占据传统优势的地位，总结了地理基础教育课题研究的主要成果，包括：重视地理教育应用层面问题的研究、新课程改革研究的不断深化以及地理教师专业发展研究受到重视等方面的成就。并针对当前特别是 2009 年，在地理基础教育研究中存在的不足，提出不断提高科研水平、引领

① 江苏盐城师范学院城市与资源环境学院副教授，学科带头人。

社会发展、迎接教育事业发展新挑战等方面的展望。进一步认识教育科研是衡量一个国家教育发展水平的重要标志，教育科研成果对指导国家教育改革具有重大的现实意义。

［关键词］地理基础教育　科研现状　今后的展望

基础教育是科教兴国的奠基工程，对提高中华民族素质、培养各级各类人才和促进社会主义现代化建设具有全局性、基础性和先导性作用。地理学科在基础教育中是联系自然、社会和环境的综合学科，并具有独特的素质教育的优势，这是其他学科不可替代的。地理学科的研究因历史悠久、共性特点多、参与者广泛、影响面较大，在教育研究体系中具有重要的地位和影响，历来在基础教育规划体系中占据传统优势。随着素质教育的全面实施和新课程改革的快速推进，广大地理教育工作者自觉地融入地理教育改革发展研究之中，重视地理教育应用层面问题的研究，依托《地理教育》《地理教学》《中学地理教学参考》等地理基础教育界重要期刊，作为学术交流之平台，在提高研究质量和促进成果转化等方面取得了长足的进步，主要表现为以下几个方面：

一、中国地理基础教育科学研究进展

1. 深化地理新课程改革的研究，凸显教研成果

“十五”“十一五”期间，地理学科就基础教育新课程改革及新课程标准的制定、实施与推进，围绕素质教育展开深入的研究，成效显著。根据新课程提出的课程目标和理念，需要建构适应新课程改革的教学方式和有效的课堂教学，课堂有效教学是地理课程标准的重要要求和主要目标之一[1]。本世纪初，教育部颁布了一部全国性地理课程标准——《全日制义务教育地理课程标准（实验稿）》。继而又颁布了新的《高中新课程方案（实验）》以及《普通高中地理课程标准（实验）》。地理新课程标准是国家对基础教育地理课程的基本规范，它体现了国家对不同学段的学生在地理知识与技能、过程与方法、情感态度与价值观等方面的基本要求；它规定了地理课程的性质、目标、内容框架，并提出了地理教学和评价的建议；它是编写教科书、地理教学及评价、地理考试命题的依据。在有关课程改革的研究成果方面。如衡阳师范学院刘沛林教授主持的教育部重点课题“中小学环境教育创新与高师地理课程改革研究”，针对国内中小学环境教育课程模式、师资培养、学科建设等方面存在的主要问题，提出以知识体系相近的地理学科为依托，通过对高等师范院校地理教育专业课程内容的改革与整合，开辟培养中小学环境教育师资的新路子，

推进我国中小学环境教育课程的模式由目前的多科渗透式向独立课程式的方向发展。南京师范大学附属中学孙小红“江苏省高中地理新课程改革的成效与展望研究”（江苏省“十一五”规划2009立项课题），认为教学内容与课程体系改革是教学改革的重点和难点，也是世界共同探讨的热点问题，面向21世纪的科学技术、经济、社会发展的趋势，对地理课程改革来说，既是机遇又是挑战，它提出了不同于以往的更高的要求。地理工作者要更新地理学科教学内容，建立现代地理课程体系，从而适应社会发展的需要。

2. 探讨课程资源开发，形成教材研究新思路

地理课程资源的开发利用是基础教育地理课程改革提出的新理念[2]。地理课程资源的开发利用，是保证地理新课程实施的基本条件，地理课程资源开发与利用的程度将直接影响地理课程实施的效果和水平。过去，由于对地理课程资源的内容和价值认识不够，导致大量有教育意义的地理课程资源闲置与浪费，其教育功能和意义没有得到充分利用与发挥。随着人们对地理新课程改革的理解，地理课程资源的开发与利用备受关注和重视。地理教学中应积极开发利用地理课程资源，充分发挥地理课程资源优势，从而有助于推动地理新课程改革的深入实施。如，上海市格致中学吴照“地理新教材有效使用策略研究”（上海市教委2009年度“上海市普教系统名校长名师培养工程”教育科研专项课题），着重研究地理新教材的有效使用，认为教材有效使用的关键问题是要培养学生的问题意识。要结合有关学生的实际经验和发人深思的问题，不断提出新问题。同时应注意为学生留足探索和交流的空间，以改变学生的学习方式，引导学生以探究的方式学习，使学生经历知识形成的过程，感受科学的作用。再如在教材开发的实践模式方面，以实践为指南的教育部课程教材研究所魏国栋研究员，主持的“新基础教育课程教材开发的研究与实验”重点课题在课程教材实践模式上，初步打破了以往课程教材设计开发与教学过程相互独立和脱节的状况，形成互动参与的关系；另外，课题在研究方法上重视及时捕捉实践中具有理论价值和普遍性的问题。

3. 课程改革的自我审视有所强化

地理学科研究界不仅关注课程改革的具体内容与实施策略，同时从更开阔的领域将课程改革本身作为研究对象，从多角度、多学科、多侧面揭示了地理课程改革中存在的重要问题与改革思路。如华中师范大学城市与环境学院李家清教授就“探索地理教

育前沿问题，深化高中地理课程改革”，建议在中国教育学会地理教学研究会的引导下，充分发挥各省、市地理教学研究会的协调功能，以研究课题或研究专题为纽带，组织广大地理教师参加、制订研究规划，提出预期成果标志要求，形成一批自下而上或自上而下，有校本研究，有跨校、跨区、跨市或跨省区联合研究共同体，把地理课程改革的前沿问题，从理论研究和教学实践两个层面推进，为深化地理课程改革和实现地理课程改革目标而努力奋斗。（中国教育学会地理教学研究会学术年会论文）

4. 地理综合实践活动与校本课程的开发紧密结合

新课程标准的基本价值取向是培养合格的公民，即“为了每一个学生的发展”。考虑的是培养合格的公民，而不是精英。教学要更多从社会的需要和学生的发展出发，注重生活实际和社会实践的紧密联系。加强地理课程的实践教学，加强地理课程与其他学科的相互渗透和有机整合，各学科的知识加强横向联系，可以激发学生学习地理的兴趣、动机，能让学生学习有趣的地理，学习对生活有用的地理，这对于培养未来公民必备的地理素养，关注人口、资源、环境和区域发展等问题，正确认识人地关系，形成可持续发展的观念，珍爱地球、善待环境等等都是极为有利的。这既促进了学生个性的发展，又适应了社会发展的需求。并推进学生对自然、社会和自我之间内在联系的整体认识与体验，发展学生的创新能力、实践能力以及良好的个性品质，地理综合实践课不仅是各学科领域知识的综合载体，也是各学科领域知识进行重组和拓展的沃土。结合地理综合实践活动，进行校本地理课程的开发，为学校自主发展提供的课程空间，根据自身所在社会地域环境、学校的发展定位，制定课程研究课题，已成为“十五”“十一五”期间地理课程改革的特色。如南京市百家湖中学王洪贵“依托乡土文化资源推进农村初中劳动与技术教育的实践研究”（江苏省“十一五”规划 2009 立项课题），认为乡土资源是校本课程和综合实践活动课程都需重点开发的资源，依托学校所在地的乡土资源，结合本校的传统与优势、整合综合实践活动与校本课程资源，优化资源的配置，构建具有学校特色的校本课程教材和综合实践活动课程，与国家课程、地方课程形成优势互补，从而深化教育改革和课程改革。再如江苏省沛县中学蔡梅“新课程背景下乡土地理教材的开发与利用研究”（江苏省“十一五”规划 2009 立项课题）等。这些课题都从不同角度，论述了校本课程开发的途径和意义，为学校自主发展提供了课程空间，为我国新一轮课程改革的实践和课程开发机制的创新提供了强大动力。

5. 地理教师专业发展研究备受重视

地理教师专业发展是指地理教师应以专业知识和技能作为其专业发展的基础和核心，以先进的理念为指导，以地理情意发展为保障，以发展专业能力为目标，以专业发展意识为内驱力的终身学习的过程。新课改使得地理教师被赋予了新的使命，参照西方发达国家的改革经验，日益重视教师这一因素，教师专业发展成为一个颇受关注的研究领域。面向新世纪的新基础教育改革能否实现预期目标，激发教师专业热情、提高教师专业水平成为关键。随着课程改革的深入，围绕提高教师的素质和改进教师培训的研究，初步形成具有价值的成果。有关教师专业发展研究，《中国教育报》刘堂江“在新课程实施中转变教师教育观念和提高教学水平的理论与实践研究”（批准号 DHB010634，证书号 2740678）的教育部重点研究课题，参加该课题的有课程教材研究和心理学、教育学方面的专家，特别是有一大批立意改革的学校，如北京市海淀区二里沟中心试验学区在课程改革、新教材试验以及教师教育观念的转变方面进行了大量研究并认为，作为教育工作者，无论是干部还是教师，都要适应新课程改革的需要，更新观念，不断提高自身素质，同新课程一起成长，以适应新课程的要求。该课题的专家指出：如果说教育是按照社会发展的需要，有目的、有计划地对人的发展实施影响的活动，那么，作为对施加影响的教师工作，就是教育成败的关键。而教师的教育观念和教学水平，是影响教师工作效果的决定性因素，是新课程改革纲要能否顺利实施的必要条件。因此，在新课程实施中转变教师教育观念和提高教学水平的理论与实践研究，具有重要的现实意义；关于教师专业培训，北京大学陈向明教授认为课程实施的培训应坚持自主性、生成性、实践性、示范性原则，旨在让广大教师作为参与者了解、认同新课程，激发改革的内在动力，使参与者实施新课程的能力有所提高，创造性地优化实施新课程培训体系，开发多样化、过程性并促使教师积极参与的培训类型和方式，形成“实验、培训、管理、研究”一体化的运行机制，使课程改革得到家长和社会各界的理解和支持。这些对促进教师的专业化发展，提升教师的教育教学水平，提高教育教学质量，无疑是一个重要举措。

二、课题研究存在的主要问题

地理基础教育研究已成为教育事业的一个重要组成部分，取得了历史性的成就。但与国际教育科学研究发展的水平相比，与国内其他学科领域的研究相比，还存在着一定的差距。

1. 少数课题申请者学术不端，科研诚信度低

国家自然科学基金监督委员会主任朱道本透露：2008 年查处 30 起学术不端行为。针对这些问题，教育部于 2009 年 3 月发布了关于严肃处理高等学校学术不端行为的通知，尽管如此，学术不端行为并未销声匿迹。教育研究领域依然存在着浮躁和急功近利的倾向，严重影响了教育科学的健康发展。主要表现在申请争取项目往往不是为了研究问题和提高教育水平，而是评职称和申报示范重点校的需要。结果往往会出现项目取得前后态度的极大反差，以至于出现立项后长时间难以产出相应的科研成果；课题脱离实际，抄袭、剽窃、侵吞他人学术成果；闭门造车，结题报告来源于“巧抄妙摘”伪造或者篡改数据、文献，捏造事实等。

2. 课题研究缺乏新领域，新思路

课题研究的目的是认识前人还没有认识或没有充分认识的规律，这就要求研究的课题要有一定程度的独创性和新颖性。可是部分课题的研究却流露出明显的简单思维痕迹，在低层次上重复别人已经进行过的研究，这样的课题缺乏新意，研究的价值也就不会高。甚至有的人把过去研究过的课题拼凑打包，换了题目又申请立项，造成低水平循环重复。

3. 理论研究相对滞后，缺乏对实践的指导力度

地理教育理论研究，是地理教育最高层次的研究活动，旨在通过理论上的分析研究，解决中学地理教育中的重大理论问题。这对促进地理教育理论的发展，强化地理教育学的科学体系，推动地理教育改革具有重要的促进作用。理论难以还原到实践，这是一个带有较普遍性的问题，不少课题是涉及实践形态探索研究的，却往往止于理论的玄思，显得缺乏足够的指导力度，不能对实践产生影响力。有些理论可能是经过文献研究而产生，这是需要的，但是任何一种有价值的理论研究，必须是能够观照实践、解释实践的。

三、中国的地理教育科学研究展望

1. 迎接教育事业发展的新挑战

国民素质和创新能力越来越成为综合国力的重要标志，成为经济增长和社会发展的主要推动力。国家的综合国力和国际竞争能力，将越来越取决于教育发展、科技进步和知识创新水平。发达国家的高等教育已经从“精英阶段”走上了“大众化阶段”，有的已经向“普及阶段”迈进。这种以教育为本的知识经济的兴起，对于发达国家而言，是生产力发展的必然结果。而对于传统

农业和传统工业仍占主导地位、国民经济仍处在工业化进程之中、由农业经济向工业经济转变的任务还十分艰巨的我国而言，则面临着实现工业化与追赶知识经济的双重压力和双重挑战。面对国际竞争，迎接知识经济的挑战，地理教育课题的研究，要进一步认识实施科教兴国战略、推进素质教育、提高国民素质和创新能力的战略意义，增强加快教育改革和发展的责任感和紧迫感。提供多样化高质量的科研教育产品。满足全体人民基本学习、优质学习和终身学习的需要。

2. 理论密切联系实际，引领社会发展

教育实践既是教育理论的检验场所又是教育理论的发源地[3]，教育实践在教育理论的发展与完善中起着重要的作用，为了更好地促进当前教育事业的发展与改革，必须重视教育实践在教育理论研究中的重要地位。科研部门要坚持理论联系实际，切实回答国家和人民关心的实际问题，深入探索、揭示教育规律，发掘、总结和提炼中国教育改革发展中鲜活生动的经验和案例，立足中国国情，借鉴国外教育教学思想、理论和方法，服务中国教育实际。深入研究教育改革发展中的重大理论与实践问题，研究人民群众普遍关心的热点、难点问题，以先进的理念、科学的理论引领社会，指导实践。为此，教育科研机构应当加强研究能力建设，不断提高研究水平，在提高研究质量和促进成果转化方面要下大气力。

3. 大力培养创新意识、创新精神、创新能力

培养创新意识和创新能力是当今教育教学所要研究的重大课题。创新教育是素质教育的核心内容，创新意识、创新精神和创新能力是人才素质高低的重要标志。根据当今世界科学技术飞速发展的形势，地理教育科研要重视对高素质创新人才的培养研究。在全面推进素质教育的过程中，紧紧围绕着创新意识、创新精神、创新能力的培养，进一步探讨教育科学的发展规律和特点，探讨教育科学成果对教育实践推动的途径与方式，大力开展创新教育研究。其研究成果须符合学术规范，体现创新，有所建树。通过实施创新教育和创新研究，在全社会形成崇尚创新、鼓励创新的良好风尚，造就大批高素质的创新人才。

4. 强化学术规范的管理

从教育科学研究的发展看，加强学术规范建设是当前迫切需要解决的问题，明确职业规范和行业标准是教育科研的管理者、生产者、传播者和消费者共同的责任。在中国，学术即学术研究。但在西方，学术包括知识的生产、知识的消费和知识的传

播，知识的传播包括教学。要强化学术规范的管理细节，如课题负责人在课题执行期间要遵守各项承诺，履行约定义务，按期完成研究任务，加强学术道德自律，遵守相关的学术规范；要针对不同类型的参与者的特点分别作出相应的规定；要高度重视评审专家的责任和自律规范，要体现可操作、可评价、可执行和基础性的特点，要回归本位；要建立完善的监督机制，如举报制度、公示制度的建立，杜绝抄袭、剽窃等科学道德问题的出现，防止浮躁和学术泡沫，端正教育研究风气。

参考文献

[1] 李文．对新课程背景下高中地理课堂有效教学的思考［J］．地理教育，2006（1）．

[2] 李晴，杨娅娜．试论地理课程资源开发利用原则与途径［J］．重庆师范大学学报：自然科学版，2005（3）．

[3] 李冠军．论教育实践在教育理论研究中的重要性［J］．广西师范大学教育科学学院科教文汇（下旬刊），2007（11）．

教师继续教育

概 况

2009年，随着新课程进一步深入，教师培训实践和理论研究也出现新的动态。围绕新课程顺利实施，各地开展了灵活多样的培训形式。相关研究逐渐向具体问题深入。

一、中学地理教师培训的理论研究

1. 中学地理教师培训理论与实践的结合

从本年度关于地理教师培训的文献中发现：实证性研究增多了。很多研究人员通过具体事件，就地理教师培训过程中的细节问题进行研究。

如李春艳对如何用科学的方法对地理教师进行学科知识测量，如何提高教师的学科知识水平，提高教师培训针对性和实效性作了调查研究。作者通过对北京一些中学地理教师的调查，提出了自己的看法：确定初中地理教师的学科知识和学科能力结构。培训课程增设“地理学与地理教育”，设计“教学实践”模块。明确培训重点，地球概论部分重在知识培训；地理学工具部分重在技能训练；自然地理各培训内容着重培训自然规律及自然要素间的联系，建立学科逻辑完整的自然地理认知结构；人文地理各培训内容重点放在地理学科方法的分析运用、人地关系的学科视角、空间分布的学科特征等方面（《中小学教师培训》2009年第7期）。

张艾通过广西“21世纪园丁工程”二期培训实践，分析教师专业成长的途径。采用了研训一体化的方式，其核心是强调教学实践、培训提高、教学研究三个方面的结合。内容设置包括集中性理论与技能学习、基地教学研修与课题研究、跟踪指导和校本研修（《广西教育学院学报》2009年第3期）。

潘立新等基于安徽高中地理新课程实施的现状，高一年级中部分教师未能进行全面正规培训，部分私立学校，由于教师的流动性大，不重视教师的培训工作或不愿意投入经费。提出要坚持高中地理课程培训，提高教师的地理信息技术水平，地理教师继续教育要逐渐制度化等措施（《滁州学院学报》2009年第1期）。

2. 加强高师毕业生实习工作的研究

高等师范教育是一种教师职业教育，是以培养基础教育师资为主的专门教育，与一般职业教育相比，它有着更高的职业素养和学历要求。加强实践环节，提高学生的实际操作能力，是师范教育的基本特征。为了适应这一要求，教育实习工作必须转变思路，调整实习内容和模式，真正实现基础教育和高师的互惠互利。

在相关研究中，对高师实习与基础教育互动性研究也逐渐成为主流。申怀飞等调查河南部分高师院校地理科学专业教育类课程设置的现状：河南省部分高校地理科学专业教育类基础课占总课时都在10％以下，课程设置滞后于中学地理新课程的改革。地理教育专业大四学生对基础教育新课程改革认识了解程度不尽如人意，超过60％的学生对时下正在进行的地理新课程了解甚微。课程设置不能满足社会需要，导致高师地理教育专业毕业生就业难。作者认为高师地理科学专业教育类课程设置的改革方向是：整合教育基础理论课程，实现和基础教育地理新课程的对接；增加教师职业技能类课程；借鉴新的教育实习模式，提高教育实习的效率；增设教育研究课程等（《河南职业技术师范学院学报》2009年第5期）。

闵国库探讨了师范生跨学科实习的问题，通过历史和地理学科的有机融合，提高毕业生的综合素质。由于史地课程内容不断增多，师范生就业形势紧迫等原因，师范生必须大胆跨越，踏实进修；关注课改形势，调整进修内容；立足专业课程，拓展知识领域，适应基础教育的要求（《惠州学院学报》2009年第1期）。

李俊峰通过安徽师范大学地理专业实践性教学模式的探讨，认为目前实践性教学的问题有：实习时间太短，实习达不到预期效果；高校指导教师不能适应基础教育课程改革的需要。解决办法主要通过建立新型教学实践模式，即由阶段性、集中性向全程性、互动性转变；建立相对稳定的专业实习基地，加强教师专业化发展的学校建设；稳定实习指导教师队伍，实行“双导师制”，提高指导水平；全方位、多角度评价实习效果（《安徽师范大学学报》2009年第6期）。

二、中学地理教师培训的实践研究

1. 网络资源在教师培训中的作用

随着网络技术的发展，网络工程的普及，在教师培训过程中，充分利用网络资源已经成为很多地区的重要手段，并且取得明显成效。学员之间、培训者和受训者之间通过网络平台进行交流，提高培训质量和实效性。其中，教育部2009年普通高中课改实验省教师远程培训就是这种实践的例证。目标是帮助新实验区高一地理教师了解和理解高中新课程，针对新课程实验过程中可能出现的问题和困惑提出可行的建议和思路，提高新实验区高中地理教师理解并驾驭新课程的能力和水平。培训课程的特点是：研修专题的设计基于实验区地理教学实践和面临的重要问题；课程团队成员以中学优秀教师和地理教研员为主；视频课程的呈现形式以问题为主线，以案例为载体，不追求理论系统的完整性；课程的语言通俗易懂；网络研讨有针对性。具体课程包括：50小时的课程总量，其中20小时的视频课程，30小时的网上学习时间。课程内容分为10个专题，每个专题2个小时的视频课程，3个小时的网上学习，学员在线研修时每天完成一个专题的学习。

这种培训手段最大优点是节约费用，可以反复观看视频。地理教师可以通过邮件、QQ等现代化的媒体进行交流，专家即时给予解答。培训的时间很灵活，避免广大地理教师因为工作等原因错失了继续学习的机会。这种远程培训方式作用将会逐渐凸显。

2. 加强中学地理教研活动

中学地理教师培训工作除了接受短期脱产学习外，经常有效地开展地理教研活动也是提高自身教学能力和素质的重要途径。为避免教研活动的形式化，学者们在积极探索行之有效的措施。

李旭伟认为：新课改背景下，地理教师在教研中必须转变角色，转变教研方式，变被动旁观者为主动参与者，变学习者为积极研究者；充分利用网络的优势，拓展地理教研活动；在教研过程中要增强研究意识，以研究者的眼光审视、分析和解决问题（《政史地教学》2009 年 12 月）。

在广大农村地区，地理教师培训也出现了一些新问题。唐少霞等以海南省为例，结合调查现状，采用同课异构的参与式培训方式开展地理学科培训，培训过程中突出反思能力的训练和行动研究方案的实施，旨在经过扎实的培训促进海南农村地理教师的专业成长。立足课堂，追求实效；强调体验，注重专业引领等（《海南师范大学学报》2009 年第 3 期）。

回顾 2009 年中学地理教师培训实践和理论研究，出现一些新特征：在实践过程中，网络资源日益受到重视，地理教研活动开展走向常态化和实质化。理论研究注重细节和实证，提高培训的针对性，防止空泛的理论说教，对目前地理教学过程中的具体问题研究较多。

摘　要

“园丁工程”：教师专业成长的阶梯——以广西二期“21 世纪园丁工程”初中地理学科教师培训为例

张　艾

作者作为广西实施“21 世纪园丁工程”二期培训中初中地理学科负责人，通过实践，分析教师专业成长的途径。广西初中地理教师现状是队伍不稳定，在县城及以下的乡镇，具有大学地理专业学历的教师少，在岗初中教师专业性不强，其他教师兼带地理学科的窘况较为突出。新课程在教育理念、教学方式和教育目标上，更多地体现综合性、选择性和时代性，对教师原来的知识结构、能力结构和科学素质提出新要求。在职教师提高专业水平的主要途径：一靠自学；二靠参加培训。而基础教育薄弱地区受条件所限，自学效果难以达到教师专业化要求，在推行面向初中地理教师、在新课程背景下的各式各样的通识、学科培训，收到一定效果。

文章在对培训指导思想、培训方式、集中性理论与技能学习、基地教学研修与课题研究、跟踪指导和校本研修三个阶段的内容设置、培训成果等总结的基础上，提出存在的问题：遴选机制不健全，学员中途流失；第一阶段集中培训时间短，理论与技能理解不透彻；培训与本职工作有冲突；校本研修阶段，导师的远程指导也相对困难。主要对策：一是要严格筛选，受训人员一定要具备专业成长的内在需求和动机，有强烈的事业心和责任心，有良好的职业道德；二是根据学员实际安排各阶段的学习时间，并灵活调节；三是校本研修阶段宜采取半脱产或部分脱产的办法；导师通过QQ、BBS、博客等现代网络工具进行远程指导。

《广西教育学院学报》2009 年第 3 期

安徽省高中地理新课程教学调查与研究

潘立新

作者采用 e－mail 问卷调查、上门访谈、实地考察、互联网对话、电话约谈等多种方法了解安徽省地理新课程实施现状，分析地理教师培训过程中的问题：高一年级约 23％教师未能进行正规培训；部分私立学校，由于教师流动性大，不重视教师的培训工作或不愿投入经费；经常开展研究性学习，探究性教学非常少。作者对更新教学理念，积极开展研究性学习；让学生走进生活，提高地理能力；充分开发、利用地理课程资源；坚持高中地理课程培训，提高教师的地理信息技术水平等问题作出思考。

《滁州学院学报》2009 年第 1 期

中学地理教师专业素养结构研究

蒋　溢

地理课程在学校教育中起着不可替代的作用，中学地理教师担负着培养 21 世纪合格公民和环保意识强的新型人才的重要责任。作者提出构建合理的教师专业素养结构，并对中学地理教师的专业知识素养、教育能力素养、专业技能素养、专业伦理素养以及其他专业素养（教育科学研究能力、构建良好心理状态的能力、运用现代教育技术的能力、培养学生创新思维的能力、对地理课程结构的整合能力以及终身学习的能力等）进行了探讨。

作者指出四川省绵阳市中学地理教师在专业技能素养和专业伦理素养方面普遍存在一定的问题，从教 1～3 年的新教师专业知识素养和专业技能素养也不高。因此，各教育部门应根据中学地理教师的专业素养结构来考核和衡量教师，因人而异地采取措施完善教师专业素养结构，以提高中学地理新课程实施效果。

《科技信息》2009 年第 27 期

中学地理教师专业发展调查研究

付贺梅　张　静

作者以保定市区以及所辖县中学的地理教师为对象，通过问卷、访谈法分析中学地理教师专业发展的状况，以及地理教师专业发展的限制因素，并对中学地理教师的专业发展提出有效策略。作者认为：目前地理教师的专业知识结构未趋于合理状态。专业能力的综合评价是：基本功欠扎实，运用现代信息技术去拓展教育资源、改革课堂教学的意识与能力都有待提高；教研能力非常欠缺，创新能力和反思能力重视不够，没有个性化观点，地理教师的思维固化，很难突破自身思维框架。作者认为：中学地理教师的专业发展任重道远。和谐的教师培训活动课堂，应是教师专业发展的“健身房”、培训者与受训者之间的“聊天室”、教学资源的“交易所”。

《教学与管理》2009 年第 8 期

诊断地理教师学科知识水平　提高教师培训实效性

李春艳

如何用科学方法对地理教师进行学科知识测量，提高其学科知识水平，是教师培训研究的重点，也是提高教师培训针对性和实效性的关键。作者依据 PCK 理论、现代地理学的学科体系和初中地理教学内容来确定初中地理教师的学科知识和学科能力结构，通过对北京一些中学地理教师的调查，得出以下结论：地理教师学科知识水平低于学科能力水平；初中地理教师最缺少的是对地理学科性质、特点、功能的认识，对地理学科史知识缺乏必要的了解。作者获得的启示主要有：用前后测试的方式来诊断教师的学科知识水平，在提高培训针对性和实效性上向前迈进了一大步；因需定教的培训理念，提高了培训效果和效率，参培教师是最大受益者；按结构编制试卷、严格控制试卷效度是可行且可推广的方法；使用复本信度和效标关联效度进行分析，是较好的测试方法。

《中小学教师培训》2009 年第 7 期

新课改背景下高师地理科学专业教育类课程设置探讨

申怀飞

基础教育与高师教育之间是双向互动的关系，新一轮课程改革对高师的课程方案会产生重要影响。本文通过河南大学、许昌学院、南阳师范学院地理科学专业调查发现，课程设置滞后于中学地理新课程的改革，教育类基础课占总课时均在10%以下；上述三所院校大四学生对基础教育新课程改革基本了解的只占36%，课程设置不能满足社会需要，导致高师地理教育专业毕业生就业难。文章指出地理科学专业教育类课程设置的主要问题是高师和基础教育新课程改革脱节；课程设置侧重理论层面，有悖于新课程理念；教育实践课程没有引起足够重视。作者提出高师地理科学专业教育类课程设置的改革方向：一是整合教育基础理论课程，实现和基础教育地理新课程的对接；二是增加教师职业技能类课程；三是借鉴新的教育实习模式，提高教育实习的效率；四是增设教育研究类课程。

《河南职业技术师范学院学报（职业教育版）》2009年第5期

谈师范生跨学科进修的重要性——以中学历史地理教学为例

闵国库

目前，我国高考大部分省区是综合考试，即文科综合和理科综合。师范院校毕业生在知识结构上也要有所变化。作者论述跨学科进修是中学教学的需要，其中历史学与地理学关系最为密切，地理学科的空间概念，是学生学习历史的思维材料，对自然环境的认识也会影响到历史学习。作者提出跨学科进修是师范生自身强化的需要，以及大胆跨越、踏实进修的主要措施：关注课改形势，调整进修内容；立足专业课程，拓展知识领域；掌握专业技能，积累实践经验。

《惠州学院学报（社会科学版）》2009年第1期

农村教师专业成长行动研究——以地理专业为例

唐少霞

我国城乡二元经济结构反映在政治、经济、社会各方面，教师专业成长在城乡之间也不平衡。本文着重探讨农村中学地理教师专业化成长问题，认为农村地理教师在职培训现状不容乐观，其对教师的调查结果显示：90%迫切希望提高自身专业素养和课堂教学能力；98%对纯理论讲解的培训方式和内容不满意，希望进行案例培训；95%对新课程理念的认识较模糊，对如何撰写一个完整的反思性教育教学案例和开展一个相对比较规范的教育研究课题感到迷茫。为提高培训的有效性，海南师范大学结合周末流动师资培训学院的培训计划，决定采用同课异构的参与式培训方式开展地理学科培训，培训过程中突出反思能力的训练和行动研究方案的实施，旨在经过扎实的培训促进海南农村地理教师的专业成长。作者提出立足课堂，追求实效、强调体验，注重专业引领、注重行动研究的细节，强调落实等农村地理教师行动研究的策略，主要成果是：教师的专业素养和教育教学研究能力得到了提高，教师间的交流和合作意识增强。

《海南师范大学学报（自然科学版）》2009 年第 3 期

绵阳市中学地理教师队伍现状调研及对策研究

蒋　溢　梁国平

作者通过问卷调查、电话访谈、实地采访等手段，对绵阳市部分教师进行调查，其队伍现状及存在的问题是：结构不合理，综合素质较低；普遍任务重，压力大，缺乏提高专业素养的意识；城乡差异大，乡镇中学问题突出；地理教师地位低，工作积极性不高，队伍不稳定；教师的教学研究和科学研究能力弱；评价体系过于简单，影响教师发展。作者提出加强继续教育基地建设，提高在职培训效度；营造良好外部环境，培养教师良好职业情绪；采取必要政策倾斜，关注农村教师成长；改革教师评价体系，促进教师发展与提高等对策。文章认为绵阳市中学地理教师队伍建设，靠社会关注，靠政府重视，靠学校培养，但更重要的是靠教师自己坚持自我更新，促进自我的专业发展和提高。只有教育者自觉地促进自己的专业发展和完善，才更有利于学生的完善和发展。及早意识到这一点，就会在新课程改革中把握发展主动权，享受到教师这一特殊职业内容的欢乐和尊严。

《绵阳师范学院学报》2009 年第 11 期

课改背景下高师地理专业新型教学实践模式探讨

李俊峰

高师是培养中小学师资力量的重要基地，其毕业生质量对新课程实施起关键作用。作者通过安徽师范大学地理专业实践性教学模式的探讨，在基础教育和高师之间搭起一座桥梁。作者对本专业近 5 年部分毕业生反馈意见的调查结论是“总体实习效果非常不理想”，并从学校、教师和学生层面分析存在的问题及原因，全程—互动式教学实践模式的设想。该模式的主要特色有：由阶段性、集中性向全程性、互动性转变；建立相对稳定的专业实习基地，加强教师专业化发展学校建设；稳定实习指导教师队伍，实行“双导师制”，提高指导水平；全方位、多角度评价实习效果。

《安徽师范大学学报（自然科学版）》2009 年第 6 期

国外和中国港台地区地理课程与教学改革

国外地理教育发展参差不齐，一般认为，作为独立学科的地理教育源于西欧，以夸美纽斯《大教学论》为标志，17 世纪中叶后，西欧开始把地理教育列为普通学校课程，18 世纪后传入东欧。这之后，随着地理科学和教育学的演变发展，地理教育呈现出课程多样性、重视乡土地理，注重学生动手能力尤其是绘图能力训练等特点；教学内容上包括地理基础知识、本国地理、外国地理且大多以本国地理为主；教学方法上不断发展、创新；评价体制也不断更新，由单一化向多样化的评价体制转变。对一些国家中学地理课程纲要的研究表明，国外地理教学改革的共同特点是：地理课程纲要的灵活性较大，多纲多本现象普遍；大多数国家课程纲要的指导思想都是从培养合格的公民出发，注意能力培养；普遍重视乡土地理和环境地理教育；从各国实际出发，内容选择紧密联系国情和为己所用，并且注重本国与世界的比较；部分国家采用主题式结构，区域地理不单设，内容与生活实际联系紧密。

一、主要国家地理教育概述

1. 英国

英国的地理教育历史悠久且历来比较重视。20 世纪 80 年代以来，英国采取了许多中小学教育改革措施，其中最引人注目的措施是“国家课程（National Curriculum）”的制订与实施。英国编制的《国家地理课程》相当于我国的地理课程标准，对英国的中小学地理教育的要求和内容做出了明确的规定。“国家课程”规定了 10 门必修课程，其中有 3 门核心课程与 7 门基础课程。地理被列为基础课程之一，课时约占总课时的 10%，每周大约 3 课时。《国家地理课程》规定，英国所有公立学校的 5～14 岁儿童都必须学习地理课程。另外，14～16 岁儿童可以选修地理课程。英国《国家地理课程》的主要特点是：

第一，教学目标由浅入深，层次分明，循序渐进。

英国《国家地理课程》具有比较突出的考核、评估功能，它将 5～16 岁学生分为四个主要阶段，将教学目标分为 8 个等级以及1个等级8以上的额外学习说明。每一个主要阶段对应几个目标等级（见表）。教学目标列出了“不同能力和发育程度的学生在每个主要阶段结束时所应该具备的知识、技能和理解”。每个等级的说明描述了学生在学习中应该特别得到证明的学习类型和范围。在每个主要阶段结束时，要分别进行统一考试，以检验学生学习状况和地理教学质量。

表5-1　主要阶段和教学目标对应表

主要阶段	学生年龄	所在年级	教学目标等级
一	5～7	1～2	1～3级
二	7～11	3～6	2～5级
三	11～14	7～9	3～7级
四	14～16	10～11	8级及其以上

英国《国家地理课程》8个目标等级，是以由浅入深、循序渐进的原则划分的。具体包括“识别和观察”“表达自己的看法”“提出并回答有关地理问题”“描绘自然与人文特征”“认识到人类是如何影响环境的”“选择、使用信息”“运用适当的地理词汇”“分析、比较和解释相似性和差异性”“对一些看法和判断加以说明”“运用一系列地理技能和第一手或第二手证据资料，考察地区和环境”“进行性批判性地评估”“表述具有充分说服力的考察概要，并得出具有实证性的结论”等。这几个方面在不同等级中均有出现，只是深度不同。例如等级1～等级3的表述如下所示。

表5-2　英国《国家地理课程》目标等级1～3的能力要求

目标等级	能力要求
1	学生能够识别和观察区域的自然和人文特征。能够表达为什么当地环境吸引人或不吸引人的看法。能够利用提供的材料和自身的观察来回答有关区域的问题
2	学生能够描述区域的自然和人文特征，认出该区域与众不同的特征。能够意识到在他们所居住的区域之外，还有其他地方。能够表达当地环境中哪些是吸引人的特征、哪些是不吸引人的特征的看法。能够对所给资料进行选择，利用这些信息和他们自己的观察提出和回答有关区域的问题。开始使用恰当的词
3	学生能够描述和比较不同区域的自然和人文特征，并解释其中的一些特征。能够意识到不同的区域有相同点，也有不同点，并且能说出一些有关区域的观察和判断的原因。能够利用技能和证据资料回答一系列地理问题

从这个例子可以看出，关于区域，有不同的目标要求：一级为认识自己居住的区域，二级为认识其他区域，三级为比较不同的区域。层次要求非常明确。这种考虑到教育发展的地区差异和学生能力的差异，在统一的课程标准中制订出不同层次的要求，是现代化地理课程既重视统一教学要求、教学评估和检查，又重视特殊情况和差异性的具体表现。

第二，在内容编排体系上，以教学要求作为主线，贯穿始终。

英国《国家地理课程》中对知识点没有很详尽、具体的规定，只是从“地理技能”“地区”“主题学习”等方面选择切入点。但是，每个主要阶段的教学要求是十分明确的，而且表述也是从“要求”的视角出发。一些具体的教学内容只是为了配合教学要求而提出的，并且指出，这些教学内容并非必须要学习，具体教学内容应由教师自行确定。例如主要阶段一中关于“区域”，是这样表述的：应该让学生学习两个地点——学校所在地和另一个国内或国外的地点，将其进行自然和人文特点的比较。学校所在地是指临近地区，它包括学校的建筑物和场地以及周围地区。相比较的地点应是差不多大的。在学习中应教会学生：

(1) 表述区域的主要自然和人文特征，例如河流、高山、工厂和商店；

(2) 区域间的异同点，例如两个地区都是农场，但一个是饲养牲畜的；另一个是种植作物的；

(3) 气候对人类和周围环境的影响，例如季节对人衣着的影响；

(4) 土地和建筑物的利用，例如农场、公园、工厂和房屋。

这种重要求、轻内容的特点，符合课程标准作为教学指导、编写教材依据的职能，为地理教师和教材编写者留下了较充分的余地，便于他们结合实际情况进行创造性的工作。这是现代化地理课程所应具备的特点。

第三，注重能力培养，强调积极发挥学生的参与意识。

英国《国家地理课程》既注意培养学生的地理技能，又注重开发学生的地理思维能力。而且紧扣“当地”具体情况，将学生身边的“乡土地理”列为重要教学内容，从而激发学生的学习兴趣和参与意识。通过对当地自然、人文地理情况和环境状况进行调查和考察，进而分析、研究，得出自己的观点与结论。不仅将所学地理知识加以应用，还提高了他们对社会经济发展和环境问题的关注，增强了他们的社会责任感，这正是现代人所应具备的重要素质之一。

第四，及时反映地理科学的最新发展，重视现代化手段的应用。

英国《国家地理课程》将环境地理列为重要教学内容，反映出英国地理课程对于环境问题的极大关注。同时，还增加了可持续发展的内容。

英国《国家地理课程》对于现代化技术的应用也给予了充分的重视。在“教学目标”的举例部分以及“学习纲要”中，多次涉及录像、航空照片、卫星照片、计算机辅助教学软件、CD－ROM、互联网、数码相机等在地理教学中的应用，要求在教学中利用这些先进技术手段来分析、处理地理资料与信息，综合、概括出地理模式与特征等。运用这些先进技术手段，不仅能够激发学生的学习兴趣，调动他们的学习积极性与主动性，更重要的是能够使他们掌握迅速获取更多、更新资料与信息的方法，自己利用先进技术手段分析地理事物及其特征，更快掌握地理科学的规律与原理。

2. 美国

美国中等学校分私立和公立两种。公立中学有四年制和六年制两种学制。四年制中学又分为普通中学、职业技术中学和特殊中学等类型。六年制中学分初级中学和高级中学两个阶段。

美国中学有综合课程设置的传统。中学自然科学课程包含物理学、化学、生物学、地质学、天文学、生态学等课程内容。中学社会学科课程包含历史、地理、政治、经济学、心理学、人类学等课程内容。每门综合课程包含的次一级科目及其之间的比例关系因时因地而异。综合课程的修学年限也因时因地而异。20 世纪 80 年代，美国规定，取得高中毕业文凭的最低限度基础课程为“五项新基础课程”，即英语课程、社会学科课程、自然科学课程、数学课程和计算机课程，地理课目包含在社会学科课程中，此外，自然科学课程中也有地球科学课程。20 世纪 90 年代，美国政府规定国家五项核心课程，即英语课程、数学课程、自然科学课程、地理课程和历史课程。此外，美国中学近年所开设的环境教育课程和空间教育课程中也包含有地理课程的内容。美国地理课程标准的主要特点（以 1994 年美国地理国家标准为例）。

第一，教学内容不是从地理科学的角度来选择和组织，而是明确讲述生活的地理（Geography for Life），贴近学生生活，学生学到的是有用的知识（见表）。

表 5-3 美国地理国家标准中 18 个标准的主要内容

标准	主 题	内 容
1	空间认识①	能够以空间的视点为基础进行信息的收集、处理和表示，知道如何使用地图等地理的表现工具和技术
2	空间认识②	把人、场所、环境有关的信息进行组织化，能在头脑中形成地图
3	空间认识③	对地球上的人、场所、环境的空间结构进行分析的方法
4	场所和地域①	场所的自然和人文特征
5	场所和地域②	为解释地表的复杂性，人们区分地域
6	场所和地域③	文化和经验如何给人们的认识带来影响
7	自然系统①	形成地表形态的自然作用
8	自然系统②	地球上生态系统的特征和分布
9	人文系统①	认识人口的特征、分布和迁移
10	人文系统②	认识文化景观的特点、分布和迁移
11	人文系统③	地表经济相互依存的类型和网络
12	人文系统④	村落的形成、类型和功能
13	人文系统⑤	人类的同心协力或者竞争力对地表划分和管理如何带来影响
14	环境与社会①	人类活动如何使自然环境变化
15	环境与社会②	自然系统如何对人文系统施加影响
16	环境与社会③	资源的可持续性、利用、分布及变化
17	地理认识的效用①	解释过去地理学的应用方法
18	地理认识的效用②	地理观点如何适应对现在和将来的解释

第二，强调和突出能力的培养，重视解决实际问题。

对标准涉及的所有内容，几乎都要求学生动脑、动手、亲身参与，让学生体验知识获得的过程，并尽可能地加以应用。

第三，能力要求层次清楚，便于操作。

每个标准分为三个学段提出认识目标和技能目标。三个学段是幼儿园～第 4 学年，第 5～8 学年、第 9～12 学年。以标准 2 中的认识目标为例，比较不同学段的要求不同。

表 5-4　美国国家地理标准 2 的认识目标及各学段要求

标准 2：空间认识②把人、场所、环境有关的信息进行组织化，能在头脑中形成地图		
幼儿园～第 4 学年	第 5～8 学年	第 9～12 学年
1. 地域、社会以及相邻社会中场所的位置 2. 大陆、海洋的相对位置、经纬线位置 3. 美国以及世界的自然特征的位置、人文特征的位置	1. 不同比例尺地图主要的自然、人文特征的分布 2. 为表示地理信息、回答地理问题，把头脑中的图变换成正确的表达方法 3. 认知是如何影响人们回答的，人们头脑中的图对于场所的态度	1. 利用头脑中表达世界的自然、人文特征的图来回答复杂的地理问题 2. 头脑地图是如何反映人们对场所的认知 3. 头脑地图是如何影响人们对场所的认知

3. 法国

法国对地理教育十分重视，从小学三年级开始到高中毕业班，差不多每个年级都有史地课。在法国中学阶段，后 3 年分为长期中学和短期中学两类：长期中学的出路是升大学，考取学士学位。按学士学位分为 5 组，即 A 组（哲学和文学）、B 组（经济和社会）、C 组（数学和物理）、D 组（数学和自然科学）、T 组（农业科学和技术）；短期中学分为工、农、商等科。不论是长期中学或短期中学，也不论是哪一组、哪一科，地理都是必修课程，仅长期中学 T 组最后一年不设地理课。

表 5-5　法国初等教育地理课程设置

年级	小学（深入学习阶段）			初中			
				适应阶段	中间阶段	导向阶段普通班	导向阶段技术班
	9	8	7	6	5	4	3
课程形式	历史与地理、公民教育、科技			历史与地理	历史与地理、公民教育	历史、地理、经济	历史、地理、公民教育
每周课时	4			3	3～4	3	3

法国中学时期包括初中阶段（四年）和高中阶段（三年），从以下的初中和高中地理课程设置情况看，地理始终是法国中学阶段必修课之一。在具体形式上，又与历史（或与历史、公民）合并成一门课程，类似整合课程结构，并实行质量较高的高中毕业会考和高考制度。法国初中阶段地理课每周 1.5 个课时，主要涉及世界地理部分；其高中阶段地理课每周 2 个课时，主要内容

是在初中学习的基础上进一步了解世界和法国以及我们生活的地方——地球。另外，法国教育部门，除为一般学生设置地理课程外，高中阶段还分别为旅游方向、音乐舞蹈方向、科技方向的学生设置了专门的地理课程。法国中学 7 年，地理课程的时数约占中学总课时的 6.5%。按教学计划中的史地课总时数的一半折算，整个中学阶段，地理总课时达每周 12 学时。

表 5-6　法国普通和技术高中地理课程设置

年级	高中二年级	高中一年级		毕业班
课程形式	历史与地理	历史与地理		历史与地理
周课时	3.5+（0.5M）	经济与社会科	4	4
		理科	2.5	2.5+（0.5）
		文科	4+1.5	4

（注释：括号内课时数表示灵活调整的课时，M 表示模块课；模块课：这类课是以小班方式上课，以满足不同类型学生的不同需要。）

表 5-7　法国中小学地理课程设置

阶段	年级	每周课时	主要内容	
相当初中	六	1.5	世界地理概观（人口、气候和生物、重要地形区、重大景观类型）	
	五	1.5	非洲、亚洲、美洲、欧洲大陆地理	
	四	1.5	法国地理	
	三	1.5	人文、政治、经济地理、主要强国、法国	
相当高中	二	2	文理方向	地球——人类的行星、人类社会与地球资源、人类社会组织治理土地
			音乐舞蹈方向	自然地理
			旅游地理方向	人类活动及其地理区域的关系
	一	2	文理方向	法国概况、法国领土及组成、欧洲的国家与地区
			音乐舞蹈方向	世界强国
			旅游地理方向	法国在欧洲和世界的地位
	毕业班（文理专业方向）	2	文理方向	世界地理、世界三大经济体、大洲的个别地理问题
			第三产业科技方向	世界重大问题
			旅游地理方向	旅游地理

（注：文理方向分为必修课和选修课。必修课：法国的国土及其治理、当今世界两极多样化；选修课：美国国力、中国及印度的人口及经济发展、欧洲大陆的地理范围、人口和健康。）

在课程顺序安排上，法国中学地理是从自然地理到经济地理、社会地理，从世界自然地理到法国自然地理，再到世界经济和社会地理，知识结构体系相对完整，体现了其课程的系统性、逻辑性和简约性，便于学生有效、经济地构建自己的知识结构。

在课程内容选择上，法国中学地理内容中区域地理占相当大的比重，体现了法国对区域地理教育的重视。内容编排上采用：由区域地理知识延伸到系统地理知识，由自然地理和人文地理引入到区域地理知识，自然和人文相结合是一大特点。在区域地理中突出重点区域，尤以世界地理部分最为突出，只讲授美国、日本、中国和俄罗斯4大国的基本情况，而对于其他国家则按知识类别讲授，便于学生掌握研究区域地理的方法，培养学生地理能力。

在课程结构编排上，法国中学地理将传统系统地理内容与区域地理内容划分为阶段明显又循环进行的内容体系和结构。其特点为：区域选择上由远及近，或由近及远，内容上随着年级增长，深度上有明显变化。

此外，法国中学地理对于人类当前面临的全球性问题，也给予相当多的关注，如“生态环境问题”“人口问题”“粮食问题”“资源问题”“世界海洋问题”“世界裁军问题”“世界政局变化问题”等一系列人类当前所面临的全球性问题都做了比较突出详细的讲授。它要求中学生能够掌握“全球性问题”的概念，并能解释这些问题产生的原因以及了解解决这些问题的一些可行途径。

4. 德国

德国是一个传统的教育大国，其地理教育别具一格。德国地理教育的培养目标由20世纪五六十年代的培养学生热爱祖国，培养欧洲一体化观念，促进各国人民之间的了解，尊重自然，了解世界的地理概貌等，到20世纪70年代以后，随着资源短缺、环境污染等问题的突出，联邦德国的地理课程目标调整为：强调培养学生保护人类共同生存环境的责任感和自我意识，使学生树立“地球只有一个”“地球是个有限空间”“地球上的资源是有限的”等观念。而今，随着教育的国际化和大众化，德国的地理教育越来越注重培养学生的基本地理技能和地理能力，培养学生对社会负责的个性，以及对环境负责的态度。

在德国，所有的中学都开设地理课程。既有选修课，也有必修课。一般而言，中学初级阶段（5～7年级，相当于我国的初中）和中级阶段（8～10年级，相当于我国的高中）为必修课，课时也比较多。中学高年级阶段（11～13年级，相当于大学预科）设地理选修课，课时较少。另外，中学初级、中级阶段的课程以区域地理为主，穿插专题地理；中学高年级阶段则以专题讲述人文地理为主，并结合区域地理实例。在区域地理中，外国地理的比重大于本国，各洲地理中欧洲的比例最大，在国家地理中只着重介绍几个在国际上有重大影响的国家。此外，对本国的地理，既有集中的讲述，又有分散的介绍。

表 5-8　德国中学各年级地理课程设置的基本情况

年级	学时	主要内容	具体内容
5	90	本国地理	介绍本国地理
6	60	欧洲地理	欧洲主要国家和地区
7	60	世界地理	自然带、人类活动与地理环境
8	60	国家地理	重点介绍美、苏、中、日、印、澳等国家
高中	30	地理选修课	论述世界面临的资源、能源、人口、粮食等重大国家
	30	地理选修课	从生产关系角度分析人地关系，德国东、西部工农业差异，欧共体和经互会的关系

从课程设置的方式来看，不同的培养目标，其地理课程的设置也不尽相同。普通中学采用综合课的方式安排地理内容，实科中学与文理中学采用分科的方式。另外，20 世纪 90 年代以来，德国各州进行了课程改革。如 1997 年巴伐利亚州颁布的新的主体中学的地理课程标准中，将地理、历史、社会合成一科，成为社会科，实行一本教材、一个教师、一个分数，并加大了技能培养的内容。而 2000 年后，巴伐利亚州又有了新的地理课程标准，基本的设课方式是分科。

知识体系的多样性是德国中学地理教学的一个重要特点，时代的变化使地理学和教育学都发生了根本的变化。社会地理学得到了人们的承认，肯定了地理教育对实现公民权利的作用。环境保护日益受到重视。战后，德国经历了先污染后治理的过程，现在公民对自然环境受破坏的担忧超过对失业和住房困难的担忧。为治理受污染的环境，德国曾付出了巨大的代价。为治理莱茵河，德国曾花费了几百亿马克。德国中学地理大纲中，有丰富的环境教育内容，特别是对垃圾处理给予了重视。德国是世界上的第二大垃圾国，1986 年“垃圾法”开始生效。反映在教材中，既从道理上又从具体做法上，告诉学生如何减少垃圾、如何分类放置以及如何再利用，使其明之理而敏于行。

德国各州的地理教科书有很大的区别，但从整体上看，具有以下特点：（1）教材的内容与结构随着时代背景的转变而转变。

(2) 突出区域的重点。在内容的选取上，德国的地理教材不求面面俱到，而是突出重点，突出特色。如在讲述中国时，突出了人口问题和计划生育，战胜自然灾害发展生产，调整生产关系，在有限的耕地上养活了众多的人口。在介绍日本时，突出日本是在资源贫乏等不利条件下如何发展生产，成为世界经济大国的。(3) 自然地理与人文地理相互贯通，区域地理和系统地理专题相互穿插。在区域地理中用专题论述的形式深化某些系统地理的知识，在专题地理中用区域地理的典型实例加以说明，使自然与人文、区域和专题灵活恰当地组合起来。(4) 注重教材的实用性。如在本国地理中，讲到工农业和城市的发展带来的环境污染时，提出了10多项学生在日常生活中切实可行的保护生态环境的具体措施。在讲到城市的交通职能时，介绍了巴登—符腾堡州首府交通拥挤问题的具体措施。不仅使学生对城市的交通职能感受更深，而且增强了学生改善交通的责任感。总之，教材密切联系学生的个人生活、社会公众生活、日后职业生活，提高了地理教育的实效。(5) 不同类型学校的教材也不一样。20世纪70年代以前，德国各州各类中学的大纲是统一的，且大纲规定地理课程讲授的重点是景观与国家，普通中学地理课的教材偏重于专题结构，完全中学的地理教材则以各个景观作为分章节的基础。普通中学的地理教科书教材事实描述的比较多，为帮助学生理解，书中附有许多照片、示意图和个案材料，而完全中学的教材理论方面的知识多一点，注意对学生进行比较、分析、综合等方面的训练，书中的专题地图、各种框图较多，注意知识的过程。(6) 教科书形式活泼多样，文字生动，且编排的形式精美。从封面、目录到配合课文的照片、地图、统计图表等，均是彩色精印。

德国的地理教学，注重师生间的互动和独立思考，更加强调学生的自主发现活动以激发学习兴趣，开展独立思考以提高学生智慧潜能。如德国很多学校要求教师通过不同方法的教学活动使学生学会如何与专家、科学家甚至政治家们交谈，并同他们一起做决定，目的重在使学生参与。因此“讨论和辩论便是学生获知的方法”，这种在交谈或讨论中获知的方法正是发现法等现代教学方法的演变。

德国的地理考试制度有其独到之处。以德国文理中学的高中地理毕业考试为例。德国完全中学的毕业考试不是统一进行的，国家对完全中学毕业证书的考试命题有统一的原则，考试具体标准均体现在各州、各学区考试中心的考试大纲之中，考试都是由各文理中学的教师命题，各中学自己安排考试。德国的考试标准当中只是给出了粗略的原则，教师具有很大的自主性。这与德国没有统一的教学大纲有很大的关系。考试的特点有：试题具有针对性，范围把握得准确，基本都是课堂上学习过的内容；按照学生的认知特点逐步深入，具体内容与抽象内容分配得当；试题具有弹性，能适合不同程度的学生；能加强教师的责任心。

5. 俄罗斯

原苏联对地理教育一直非常重视，在最近70多年的历史进程中，它的地理教育从小学到高中逐步形成了一套比较完善的课程体系。在苏联解体后，俄罗斯在基本继承原苏联教育体制的同时又进行了一定的改革。

俄罗斯联邦教育法《普通基础教育国家教育标准（草案）》序文中指出："普通基础教育国家教育标准，规定基础教育大纲必修内容最低限度、学生最大学习负担量、对学生和毕业生培养水平的要求，涉及普通初等教育和基础教育，帮助俄罗斯联邦公民获得由俄罗斯联邦宪法保证的高质量的基础教育。"

在这个标准中对学生的培养提出了基本要求。在"社会学科"设以下课程：历史、社会常识、法学、经济、俄罗斯经济和社会地理、世界经济和社会地理等。其中"俄罗斯经济和社会地理""世界经济和社会地理"课程要保证学生：掌握有关祖国俄罗斯、共和国（边区、州）邻近地区、世界各国的人口和经济情况的系统知识；掌握人口分布规律性；掌握生产力地域组织的分布以及世界不同地区不合理的地域经济组织所造成的后果的知识。在"自然学科"设以下课程：物理学、天文学、化学、生物学、自然地理、生态学等。"自然地理"课程要保证学生：掌握有关祖国俄罗斯、共和国（边区、州）以及邻近地区自然界的知识体系；了解某些地区和整个地壳的变化趋向；掌握关于自然灾害、地理发现史的知识；掌握地理科学的基本方法；并对行星、某些国家和辽阔地域的变化作出最大可能的预测。

俄罗斯的地理课程设置既体现了对原苏联课程设置的继承性，同时也表现出某种程度的改革。根据《俄罗斯地球学科教育标准概要》，地理学部分分为三项内容：①基本原理；②地理教学参考资料的必修最低限度内容；③对学生培养水平的要求。在"地理教学参考资料的必修最低限度内容"中提到了地理学研究方法和地理学科的基础范畴，包括自然客体和社会—经济客体、自然过程和现象、社会—经济过程和现象、人类活动、人类的物质财富、精神财富和文化财富以及领土等方面的内容。在"对学生培养水平的要求"中分为五个层次：①说出（或者指出）；

②确定（测量）；③描绘；④解释；⑤预测地理事物。

由这个教育标准概要可以看出俄罗斯对本国的地理教育是相当重视的，地理教育在中小学教育中占有较大比例，地理必修课开设的年级在中学阶段共跨5个年级。

表 5-9　俄罗斯中学地理课程的设置

年级	6	7	8	9	10
课程	地理学基础	大洲大洋地理	俄罗斯地理（自然）	俄罗斯地理（人口和经济）	世界经济和社会地理
每周课时	2	3	2	2	2

除此之外，俄罗斯还根据学校专业性质的不同开设了其他多种类型的地理必修课程和选修课程，如普通中学高中阶段中学地理的必修课程“世界社会经济地理”，选修课程“世界产业地理”“都市化地理”“全球化和城市地理学”“俄罗斯商业地理”等；社会人文和人文哲学类学校的必修课程“人类活动地理学”“全球化地理学”，选修课程“政治地理学”“历史地理学”“民族地理学”“地名学”等；自然科学类专业学校的必修课程“自然资源的合理利用”，选修课程“全球性生态化”“医学地理学”“景观地理学”等；物理、数学和技术学科专业学校的地理必修课程“地图学和地理信息系统”，选修课程“自然与生产”“宇宙地理学”等。俄罗斯中学地理教材和练习图册版本多样，体系结构严谨，教材内容丰富。

6. 日本

根据日本文部省颁布的中等学校《学习指导要领》和高等学校《学习指导要领》的规定，初中阶段的地理、历史和公民共同组成社会课，第1、第2、第3学年的授课时数分别为105、105和85学时，占学年授课总时数的10.7％、10.7％和8.7％；高中阶段的地理包括地理A、地理B两个科目，授课时数分别为70学时和140学时。

这两个《学习指导要领》是日本教育课程审议会，根据现行教育中普遍存在的学生实际应用能力不强、学习兴趣不浓等问题，对教育课程标准进行重新审议修订后，分别于1998年12月14日和1999年3月29日重新颁布的。这次修订《学习指导要领》有四项基本方针：第一，培养具有丰富的人性、社会性以及国际社会生存意识的日本人；第二，培养学生自学、独立思考能力；第三，在宽松的教育活动中，使学生掌握基础、基本知识，充分发展个性；第四，发挥各学校创意，推进特色教育和特色学校的发展。新的《学习指导要领》在课程设置、教学内容上都作了很大调整。这四项修订方针对我们编制新的课程标准具有一定的借鉴意义。修订后的《学习指导要领》地理部分的基本特点：

第一，教学目标层次分明，重视态度、技能和能力的全方位培养。

修订后的《学习指导要领》地理部分对不同学习阶段学生所要达到的具体目标都有明确的规定：初中在培养学生对地理事物的兴趣的同时，强调绘制地图、运用计算机、互联网等工具对地理事物进行考察的技能和分析总结地理调查结果的能力培养。高中则强调学生关心世界地理事物，掌握加工处理地理资料等多项技能和分析世界地理问题的方法，并形成基本地理思维方式和基本地理观念（具体层次见表1）。教学目标层次分明、重视态度、技能和能力的全方位培养。同时，也较好地体现了培养学生丰富人性、社会性、国际社会生存意识和独立思考能力的基本指导方针。

表 5-10　日本中学地理教学目标层次比较

目标构成	初　中	高　中
地理知识	掌握日本、世界区域地理知识	系统掌握现代世界地理知识
态度	关心日本、乃至世界地理事物	关心世界地理问题和地理现象
地理技能	培养学生灵活运用地图、计算机、互联网等工具对地理事物进行全方位考察和绘制简单国家、世界政区图的技能	收集、整理和图形化处理地理资料的技能
能力	培养总结、分析地理调查结果的能力和基本地理思维方式	培养学生从区域出发分析世界地理现象、地理问题的能力，形成基本地理观点，掌握基本地理思维方式

第二，教学内容立足于世界，从世界的角度讲日本和世界，十分强调世界意识的培养（见表）。

对学生进行国情教育，让学生认清国情现状，培养学生的忧患意识、树立全球意识是日本《学习指导纲要》十分重视的问题。这与日本地域狭小，对世界的依赖程度高的国情有很大关系。

第三，教学内容的表述以观念和能力的培养立意，不具体规定教学知识点，但教学要求十分明确，给教材编写和教师教学留有较大的创作空间。

表 5-11　日本中学地理主要教学内容

学习阶段	主要内容
初中	（1）世界及日本的地区构成（世界的地区构成、日本的行政区划） （2）行政区的调查（从周边地区—都道府县—世界各国） （3）从世界看日本（从世界的角度把握日本的特点）
高中	（1）现代世界的特点与地理技能的培养（现代世界的地域、联系、多样化和国际化） （2）从地域性出发认识世界（对全球文化、生活的地理考察，全球问题与地理考察） （3）对现代世界的系统地理考察（自然环境、资源和矿产、聚落与文化生活） （4）现代世界的地区性考察（从市町村—国家—洲、大陆） （5）对全球问题的考察（全球问题的地图化、通过地域划分来研究全球问题、国家联系现状与存在问题、近邻诸国的考察、环境和能源问题、人口和粮食问题的地域性、城市问题的地域性、民族和领土问题的地域性）

例 1. 初中地理中对“（2）行政区的调查”的教学内容是这样表述的：

a. 周边的地区

通过在周边地区开展各种地理事物的调查活动，加深对居住地区的了解，并初步掌握研究市町村特点和地理事物的方法。

b. 都道府县

从 47 个都道府县中选取几个典型，考察其地理事物，总结其地理特点，并逐步掌握研究都道府县这一行政级别地区特点的方法。

c. 世界各国

从世界各国中选取几个国家，考察其地理事物，总结其地理特点，逐步掌握研究国家这一级别地区特点的方法。

高中地理 A 中对“（2）从地域性出发认识世界”的教学内容是这样表述的：“在现代世界面临的种种问题中，外来文化的影响和全球性问题是主要内容。从地域性出发探讨这些问题，加深对现代世界的地理认识，形成基本地理观点，掌握基本地理思维方式。”

第四，重视探究式学习。

给学生更多的机会去主动考察、分析地理问题，获得思考研究和主动探究的经验，是初中《社会》“地理部分”和高中“地理 A”和“地理 B”最突出的特点。对知识点和教学要求的表述，很多是从技能和能力方面切入的。这种探究式学习培养了学生收集、整理、分析地理资料，形成自己观点的探究技能，并在培养学生尊重客观事实的基本科研素养的同时，较好地保护了学生的好奇心。

7. 新加坡

新加坡是亚洲一个新兴的经济发达国家，其中学地理教材特点鲜明、颇具特色。注重学法指导是新加坡教材的典型特色。教材每一单元开篇都有本单元内容的简短概括，把学生将要学到的内容大致归纳出来，使学生对学习目标有一个初步了解。如第十单元“地球宝藏”，此单元第一页标题下为一幅有关工业生产的照片，照片下边是肯尼迪的一段关于自然资源的话，照片右边为此单元的内容简介。在每一节课文的最后，都列有本节的关键词组，并且带有简短精练的解释，便于学生明确地掌握。每一段重点知识的课文旁边都设计有相应的问题，使学生明确应注意的地方。

教材中在需要给学生介绍学习方法、技巧或读图、读表、收集整理信息等的时候，往往用“怎样”（How to）标明，然后设计有“步骤”（Steps），引导学生掌握这种方法。如在讲“气候类型”一节时，有“怎样读气候图表”的标题，然后分成四个步骤：读出图表题目；找出横纵坐标所表示的要素；分析数据；解读数据。一步一步地引导学生学习，思路清晰明确，学生易于接受。

新加坡中学地理教材一个比较显著的特点，就是课文内容的表达方式多种多样，不拘泥于一种或几种固定的形式。地理问题的说明常常借助于图片、图解等多种形式来进行，直观、形象、生动的表达，效果远远胜过死板的教条式的说教。如在“天气系统”这一单元内，为说明不同时间、不同地点的天气各不相同，教材中采用的表达方式是：图画加文字。用南极地区和撒哈拉地区的图画来对比温度的低与高，并配以摘抄的描述性短文说明。两段文字都有“气温”这一天气要素的描写，使学生容易理解和接受。在说明天气要素时，如温度、湿度、气压、风、降雨量等，采用的方式是以画面人物的穿着、行为、感觉等形式来表达，然后再配以文字解释。有些问题的说明是采用摘引书报资料或消息的形式。如说明地震的破坏作用时，引用了《海峡时报》和《商务时报》的一些报道（例如，有关日本、印度、墨西哥的地震损失等），以报纸一角的形式，带有照片，具有极强的说明效果。

同时，教材在文字表述上有特色，即语言表达形式灵活，风格活泼。如在介绍热带气候时，不是一般地列出章节题目“热带气候”，而是说成“探索热带气候”，课文立即变得活跃起来，给学生的感觉也不再是一般的学习，而是去探索、去考察。又如在讲“地质活动”一节时，题目是“不平静的地球”，这样的语言表达方式在新加坡中学地理教材中是很常见的。从而在很大程度上增加了教材的趣味性和可读性。

二、中国港台地区地理课程与教育综述

由于特殊的政治、社会和历史原因，港台地区地理课程与祖国内地有很大不同。

1. 香港特别行政区

中学地理教材具有以下主要特点：

（1）时代性强

科学技术在飞速发展，地理科学也正发生着日新月异的变化，新的学术成果不断涌现，因此地理教材内容也要随着时代的发展而进步。香港教材在设计中充分考虑到了21世纪对地理课程的要求。①现代地理科学观念的渗透。在香港教材中，可持续发展观念、全球意识、国际意识等观念贯穿于教材内容的始终。例如在“世界的气候是否正在改变?”这节内容，讲解了全球温室效应的原因、危害，介绍了“京都条约”，告诉学生环境问题是全球共同关心的问题，并在“个人行动”这部分内容号召每个人都行动起来保护地球。②最新科技成果的引用。如在“地图”这章内容涉及了电子地图、GPS技术；在“农业生产”这节内容，介绍了DNA技术和香港的“绿色农庄”。③信息技术的应用。香港教材在部分议题旁注有网址，如“地震”这部分内容旁边注有“想知道更多地震和它对人类的影响吗？试参阅以下网页：http://quake.wr.usgs.gov/reeenUindex.html”。鼓励学生使用互联网收集资料。

（2）贴近生活

香港地理教材在内容的选择上十分注意与学生生活密切相关的材料，十分注重香港的地方性。如在“天气”这节内容，以“天气怎样影响我们的生活?”开始，说明我们穿衣、度假等日常生活都与天气息息相关，并且用“台风袭港”说明了天气对人类不利的影响；在“我们的空气是否清新?”这节内容，讲述了空气污染对人体的影响，介绍了当空气污染指数过高时，人们应采取的措施，还比较了香港与东京、纽约等大城市的空气质量，配置了香港空气检测站的区位图和相关照片：在“海洋对我们有什么好处?”这节内容，要求学生在超级市场找出一些用海洋资源制成的产品，记下它们的名称，还讲述了海洋是理想的康乐消闲地方。地理科学知识生活性强，应用性广，香港地理教材紧密结合地方实际和生活实际，有利于激发学生兴趣，有利于科学世界和生活世界的统一。

(3) 趣味性浓

兴趣是学生学习的最好老师、最大动因。五彩缤纷的生活景观，多种多样的社会生活现象与问题，生动、活泼的语言表述，会引起他们的好奇心和探究心理，从而激发他们学习地理的兴趣。①有趣的导入。教材开头，有的从一个生活实际问题开始，如“为什么中国大多数人都挤在东部，而西部则人烟稀少?”这节内容，教材展示了中国东南部稻田、喜马拉雅山、塔克拉玛干沙漠、东北的森林、上海大都市的景观照片，然后提问：“你希望居住在哪些地方？为什么?”；有的从新闻报道开始，如“核能是可行的解决方法吗?”这节内容，开始是一则有关前苏联切尔诺贝利核电厂的报道。②生动的语言。香港教材的许多知识点，不是概念式的要点列述，而是从生活实际出发，把知识渗透在丰富多彩的例子中。如讲酸性溶液的定义时，教材写道：当你尝蒸馏水、牛奶、柠檬水和醋时，会有什么感觉？哪一些有酸味？哪一种最酸?

2. 台湾

中学地理教材现形成以下主要特点：

(1) 重视人地关系

“教材”第1章是人地关系。这一章安排了人口与资源的关系、人类活动与环境的关系、人地关系的理论三个论题。在人口与资源的关系论题中，说明资源枯竭的原因和资源保育的关系后，提出了资源保育的对策，介绍了“空气资源之保育”“水资源之保育”“土壤资源之保育”“野生动物之保育”“乡土植物之保育”等方面的方法。在人类活动与环境的关系论题下，阐明环境的含义，人类对环境的依赖，讨论“环境负载力”和人类活动对环境的影响。

在人地关系的理论论题中，叙述了人地关系的内涵，并指出：“人地关系的理论”因观点上的演变，可区分为：环境决定论、可能论和生态论。介绍了环境决定论、可能论和生态论主要观点及其对人类活动和地理学的发展所作出的贡献。这种按照人地关系理论发展和演变历史进程的系统介绍，对于高中学生全面理解人地关系理论的形成和发展及其作用和影响有重要意义。

（2）贯穿地理学习与研究的方法。

“教材”在内容编制上，注意贯穿地理学习研究的方法。具体体现在两个方面：一是通过问题分析，帮助学生理解和掌握地理学习与研究的方法。如第3章“聚落体系”中生活圈人口集中都市的问题论述，列举了“地价高涨”“违建问题”“贫民窟”“交通拥挤”“环境污染”“公共设施不足”6个方面的分析过程。二是通过案例，说明某种方法的操作次序和步骤，指出方法要点，引领学生学习。如第6章人口地理的应用中第三节“土地使用变迁调查”中有“农场土地使用变迁调查”实例，“市郊土地使用变迁调查过程”实例。又如第9章都市地理的应用第三节“都市机能的观察”中，有“都市机能分类的方法”实例。

（3）强化地理认知的科学逻辑。

“教材”对某一地理课题的展开和地理问题的阐述都采用纲目式分解层次结构的形式，注意强化地理认知的科学逻辑，便于学生构建起较为完整的地理知识体系。如第2章聚落体系，安排有中心地理论、城乡关系、都市间距和都市计划、生活圈四节内容。每节内容都围绕几个子目分层展开。

（4）采用原理与案例结合的方式。

“教材”采用原理与案例结合的方式，把地理原理同社会实践相结合，便于学生理解、掌握和应用。如：在第4章区域开发和国土开发中，列举“台湾区域开发不均的现象”“委内瑞拉区域开发例证”“台湾的新市镇开发”“鲁尔都会区计划”“台湾地区的区域计划”“日本的国土综合开发计划”等为案例，论证区域开发和国土整治的基本原理和主要内容。

三、国外和中国港台地区地理教育改革发展趋势

1. 地理教育理论系统化、科学化、时代化

在国外，构成地理教育理论的主要依据大多源自同期的地理学理论，经历了环境决定论→二元论→或然论→人地关系“和谐论”的演变，学校地理教育也曾一度步入歧途。1980年东京24届国际地理联合会上提出“在今日世界人口日增，环境变化急剧、资源匮乏和自然灾害频繁的处境中，如何去协调自然环境和人类文化生活的关系已成为国际地理学界面临的主要研究课题”，这种辩证的人地协调观，自此在世界许多国家地理教育中得以充分体现，形成了较系统的科学的现代地理教育理论。20世纪80年代中后期尤其是90年代以来，“可持续发展”理论的提出又进一步充实了人地关系和谐论的地理教育思想。1992年巴西里约热

内卢联合国“环发大会”首脑会议以“可持续发展”为主题并通过了世界《21世纪议程》，标志着可持续发展理论取得了全球共识。因此，可持续发展的人地和谐理论必将成为未来各国地理教育发展的基本理论，这种趋势表明具有鲜明时代性、科学性和系统性的现代地理教育理论的日臻完备。

2. 地理教育目的全面化、综合化趋势

当代国外地理教育目的在教育理论系统化、科学化的基础上表现出全面、综合化趋势。

其一，不仅要求学生掌握人地协调发展的一些地理基础知识内容，了解人类生存环境，还要让学生发展地理思维能力和智力。例如德国地理教程不仅要求学生掌握地理空间，还要求学生参与空间设计与发展，他们认为“今天的学生，将来的公民，应该能用地理知识来指导行动”，因此空间结构成为地理教程中重要的组成部分，即知识与能力的全面发展。

其二，教育目的的全面综合化还表现在知识、能力与思想道德情操的全面发展上。正基于此，具备“生态保护责任行为”便成了德国地理教程的另一基本目标，他们认为“德国风景区已受到空气污染和工业交通引起的噪声影响，森林受到酸雨侵蚀……因此，学校应教孩子学会如何尽可能保护大自然，可见其思想教育乃至行为教育都已纳入地理教育的目的之内。

3. 地理课程结构多样化和大纲（课程标准）、教材结构新颖化趋势

目前国外地理教育在课程结构上仍将存在选修、必修、活动课程等结构多元化趋势；课程设置上既有综合课也有单独课程，如英、法地理均单独设置，英国还以法律形式规定包括地理在内的10门课程为核心课程和基础课程，并制订颁布了全国统一的《国家地理课程》，可见其地理教育地位之重要性；美、日、德等国地理课程大多融汇于社会学科，不过目前也存在走向单一设置的趋势。在课程安排上模式也是多样的，如英国有统一标准，德国却各州自有安排，共同点是都强调要能加强地理基础知识教学和发展学生能力并有利因材施教。在课程结构多样化的背景下，各国地理大纲（课程标准）和教材结构表现出更加新颖的发展趋势。如大纲知识、能力要求目标具体，教材图文并茂增大图幅比重，教材编排富于启发性、思考性并重视学生智能培养，如德国地理专题形式教材便于学生思考并活跃思维。

4. 地理教学内容不断更新

首先，随着现代地理学的发展，许多现代地理学的新知识、

新成果将及时反映到地理教学内容之中，而环境、资源、人口、城市化、可持续发展等问题将成为地理教育的主要内容，以此体现出教学内容的时代特征。

其次，更加注重实践性知识，即那些涉及个人、公众及日后职业生活的内容将成为地理教材的取材范畴，以突出地理知识的实用价值，如德国巴登符腾堡州的地理教科书中就编入了诸如垃圾处理、工业废水处理、城市工厂布局等大量与现实生活相关的内容。

最后，知识内容的人文化比重加强，这是世界各国地理教育发展的共同趋势。这种普遍重视人文地理的趋向，体现出现代地理学以自然地理方法为研究手段，以人文地理为研究目的的发展方向，同时教学内容权重的更新也反映了地理学的发展趋势。

5. 地理教学方法和手段的现代化、智能化

目前，教学方法和手段尚处在传统与现代的交替时期。即便是发达国家，传统教学法仍有不少用武之地，但随着现代科技成果的广泛运用，尤其是计算机技术、遥感技术、电化教学技术的大量推广应用将是必然趋势。如计算机辅助地理教学（CAIG）在英国和北美发展迅速，进入 20 世纪 70 年代以后，其硬件功能便可完全满足教学要求，软件质量逐步得到改进，到 1989 年仅全英国教育资料服务处储备的地理软件就达 165 个。

在教学方法上，把诸多现代教学法和教学思想更加有针对性而又更广泛地运用于地理教学活动之中是目前国外地理教学教育方法的发展趋势。教学中注重师生双边活动甚至更加强调学生的自主发现活动以激发学习兴趣，开展独立思考以提高学生智慧潜能。如在德国，就要求教师通过不同方法的教学活动以使学生学会如何与专家、科学家甚至政治家们交谈，并同他们一起作决定，目的重在学生参与，因此“讨论和辩论便是学生获知的方法”，这种在交谈或讨论中获知的方法正是发现法等现代教学方法的演变。

总之，世界各国以及中国港、澳、台地区的地理教育伴随世界教育的不断发展而表现出诸多特征，了解这些特点和趋势对促进我国地理教育改革和实践，无疑是有借鉴意义的。

参考文献

[1] 史立志．中国大陆与香港特区初中地理教材比较研究［D］．中国优秀硕士学位论文全文数据库，2009（11）．

[2] 周盈科．中俄七年级世界地理教材比较研究［D］．中国优秀博硕士学位论文全文数据库（硕士），2004（4）．

[3] 吴圆媛. 中美地理教材中概念表述的比较研究 [D]. 中国优秀硕士学位论文全文数据库，2007 (4).

[4] 仲小敏，宫作民. 20 世纪末美国地理教育发展的思考 [J]. 中学地理教学参考，2001 (Z2).

[5] 李朝辉，卢立蕾. 美国小学地理教育状况 [J]. 教学与管理，2006 (2).

[6] 刘冬花，田焕玉. 美国地理教育复兴运动与 GENIP [J]. 中学地理教学参考，2002 (5).

[7] 高建军. 国外地理教材的发展变化 [J]. 高等函授学报 (自然科学版)，2001 (5).

[8] 宫作民，马建宁. 新加坡中学地理教材探析 [J]. 中学地理教学参考，2002 (6).

[9] 宋志军. 从中德教科书合作研究看中学地理教材编写的差异 [J]. 地理教育，2004 (5).

[10] 赫兴无. 中学地理教材课文系统设计研究 [D]. 华中师范大学，2004.

[11] 宋志敏. 基于中美地理教材图像系统比较的图像教学研究 [D]. 上海师范大学，2010.

[12] 杜晓初. 国外地理教育发展比较分析 [J]. 高等函授学报 (自然科学版)，2001 (3).

[13] 姜乃力. 中、美、日中学地理课程的比较研究 [J]. 沈阳教育学院学报，2002 (3).

[14] 王民，袁晶. 20 世纪英国地理教科书发展的相关因素分析 [J]. 课程. 教材. 教法，2005 (11).

[15] 韩梅. 国际基础地理教育的态势分析及启示 [J]. 外国教育研究，2007 (4).

[16] 李丽莉. 中日地理课程标准的比较 [J]. 教学月刊 (中学版下)，2008 (9).

[17] 段玉山，李曼. 日本新编中学地理教材特点浅析 [J]. 外国中小学教育，2005 (3).

[18] 代志鹏. 解读美国中小学地理课程标准[J]. 外国中小学教育，2007(2).

[19] 李崇文. 国外中学地理课程纲要的特点. http://www.eku.cn.

[20] 宫作民，秦雪. 英美地理探究式学习的启示 [J]. 中学地理教学参考，2004 (5).

[21] 韦志榕. 中学地理课程和教材国际比较研究. http://high－school.goodedu.cn.

[22] 赵才欣. 国外地理教育之窗日本中小学地理课程设置的趋势. http://www.jledu.com.cn.

[23] 谢辉，张雷，刘慧，陈文言. 国外高中地理教材比较分析 [J]. 中学地理教学参考，2004 (3).

[24] 法德地理课程设置特点探析. http://blog.sina.com.cn.

中 学 名 校

大庆实验中学

创建于1985年。黑龙江省重点中学，省示范性高中。荣获全国“精神文明建设先进单位”、国家级“科研课改先进单位”、省“文明单位标兵”、省级“花园式学校”、大庆市“先进集体”等荣誉称号。2009年被北京大学首批确认为“中学校长实名推荐制”生源基地。

该校声名远播，受到社会各界广泛好评和各级领导的充分肯定。学校还具有自然景观与人文景观相得益彰的校园环境。这里是优秀学生求学的理想殿堂。

校　址：大庆市东风新村

邮　编：163316

网　址：http://dqsyz.am89.com

大庆铁人中学

以“铁人”王进喜同志的英雄称号命名的寄宿制省级重点中学。1986年筹建，1987年招生，1993年晋升为黑龙江省重点中学，现为省示范性高中。学校先后被评为国家级德育科研先进单位、国家级科研课题先进实验校、省文明单位、省“三育人”先进集体、省安全文明单位、省德育先进单位、省“双全”先进单位、省卫生先进单位、省先进党组织等荣誉称号。2009年被北京大学首批确认为“中学校长实名推荐制”生源基地。

校　址：大庆市让胡路区乘风西路6号

邮　编：163411

网　址：http://www.trzx.cn

苏州中学

校史源远流长，1978年定名为江苏省苏州中学。现为江苏省四星级普通高中，荣获“江苏省文明单位标兵”等荣誉称号。2009年被北京大学首批确认为“中学校长实名推荐制”生源基地。

1979年以来，以“打好基础、发展能力”为主题，开展新时期教育改革。以名师众多、人才辈出而著称。现有教职员工348名，其中专职教师251名，高级教师占43%；有省特级教师22名。多年来培养了一大批具有较强国际竞争能力的拔尖创新人才。

校　址：苏州市人民路699号

邮　编：215007

网　址：http://www.szzx1000.com

常州高级中学

创办于1907年。现为江苏省重点中学，国家级示范性高级中学。被评为“江苏省文明单位”“江苏省模范学校”“江苏省德育先进学校”“省青少年科技教育特色学校”“全国、省体育卫生工作先进集体和先进单位”等。2009年被北京大学首批确认为“中学校长实名推荐制”生源基地。

学校坚持以人为本，全面发展，学有特色，教育教学成果丰硕。多年来国际、国内各学科竞赛获奖，以及高考本科进线率均在全省名列前茅。

校　址：常州市罗汉路8号

邮　编：213003

网　址：http://www.czsz.cn

天一中学

创办于1946年。现为江苏省重点中学，国家级示范性高中，全国中小学德育工作先进学校、全国绿色学校、省模范学校、省德育先进学校、省绿色学校、国家教育部重点课题实验学校和全国超常教育实践基地。2009年被北京大学首批确认为“中学校长实名推荐制”生源基地。

本校以“诚”为训，形成“敬业奉献、崇尚科学、追求卓越”的“天一精神”。校风优良，现有省级以上专家、特级教师、优秀教育工作者32名，省级评优课一二等奖获得者35名，全国、省专业学会理事20多人。在教师眼中，“每个孩子都是一座金矿”，学校努力“让每个学子在天一校园享受成功的喜悦，让每个学子的个性和才能得到最大限度的发展”。

校　址：无锡市锡山区东亭二泉中路18号

邮　编：214101

网　址：http://www.tyzx.com.cn

南通中学

校史可溯源至清末。现为江苏省重点中学，国家级示范性高级中学。2009年被北京大学首批确认为“中学校长实名推荐制”生源基地。

百余年来，学校“诚于做人、恒于学问”的精神生生不息。近年来秉承“以人为本、追求卓越、为学生的终生发展打下坚实基础”的办学理念，学生在中考、高考中屡创佳绩，教师在任教与科研中取得丰硕成果，学校屡获国家表彰，取得了多项荣誉。

校　址：江苏省南通市中学堂街9号

邮　编：226001

网　址：http://www.ntzx.cn

泰州中学

校史可溯源至1902年在宋代著名教育家胡瑗讲学旧址上创立的泰州学堂，是中国百所知名中学之一。现为江苏省重点中学、国家级示范性高级中学、省四星级高中。2009年被北京大学首批确认为“中学校长实名推荐制”生源基地。

作为一所历史悠久、文化底蕴深厚、具有优良办学传统的百年名校，学校已逐步形成“和谐、求实、进取”的校风，“忠诚、谨业、创新”的教风，“好学、善思、致用”的学风和“平和从容、博雅大气”的办学风格，并大力加强教育教学管理与创新，深化素质教育，教育教学质量和学校美誉度不断提升，高考成绩省市一流，创新创优创特色，求真求实求一流。

校　址：泰州市迎春东路9号

邮　编：225300

网　址：http://www.stzzx.com

启东中学

创办于1928年。现为江苏省重点中学、国家级示范性高级中学、省四星级高中。获全国文明单位，以及省文明单位标兵、省先进基层党组织、省模范学校、省德育先进学校、省依法治校示范学校、省模范职工之家、省五四红旗团委标兵等荣誉称号。2009年被北京大学首批确认为“中学校长实名推荐制”生源基地。

学校坚持以“科学发展观”统领工作全局，以“办人民满意的教育”为目标，以“全面推进教育现代化工程”为抓手，秉持

"面向全体学生、促进全面发展、培养个性特长、为学生的终身发展奠基"的办学理念，取得显著业绩，得到了全社会的充分肯定。

校　址：江苏省启东市人民西路2188号

邮　编：226200

网　址：http://www.jssqdzx.cn

淮阴中学

前身为清朝时期的江北大学堂。江苏省重点中学，国家级示范性高级中学，中国百强中学。2009年被北京大学首批确认为"中学校长实名推荐制"生源基地。

本校发扬"进德修业、弘毅笃行"的校训精神，秉承"文明、团结、奋发、求实"的校风和"一切为了学生的发展"的教学理念，在办学上取得了很高的成就。2003年学校确立了建设具有国际视野的、现代化、高质量、有特色的一流名校，培养更多的具有个性特长、和谐发展的"四有"新人的奋斗目标，为国家培养更多的人才。

校　址：淮安市解放东路99号

邮　编：223002

网　址：http://www.huaizhong.com.cn

海门中学

江苏省重点中学、国家级示范性高级中学。2009年被北京大学首批确认为"中学校长实名推荐制"生源基地。

学校遵循教育规律，深化素质教育，切实加强师资队伍建设，推进教育现代化工程，形成"现代化、高质量、示范性"的办学特色，教育教学质量堪称全国一流。学校在加强教学常规、推进教学科研、建设教师队伍、发展勤工俭学等方面均有很高的成就。

校　址：南通市海门镇育才路1号

邮　编：226100

网　址：http://www.jsshmzx.com

镇海中学

创建于1911年。浙江省重点中学。获全国文明单位、全国青少年科技活动先进单位、全国绿化先进单位、全国部门造林400佳单位、全国模范职工之家、全国五四红旗团委创建单位、全国现代教育技术实验学校、全国中小学德育工作先进集体、全国精神文明建设工作先进单位以及省文明单位、省先进单位等荣誉称号。2009 年被北京大学首批确认为“中学校长实名推荐制”生源基地。

本校以“励志、进取、勤奋、健美”为校训，以严谨治学蜚声省内外。目前在科学的办学理念指导下，拓宽思路，务实创新，正向着建立高效率的管理机制、造就高水平的师资队伍、营造高品味的校园文化、建设高标准的教育设施、培养高素质的年轻一代的目标迈进。

校　址：浙江省宁波市镇海区鼓楼东路 32 号

邮　编：315200

网　址：http://www.zhzx.net.cn

杭州二中

杭州市建立最早的现代中学。浙江省重点中学。获全国精神文明先进单位、浙江省文明单位、杭州市安全文明示范校园等多项荣誉。2009 年被北京大学首批确认为“中学校长实名推荐制”生源基地。

一个多世纪以来，名重杭城。学校得风气之先，勇于开拓前进，在其各个发展阶段均有建树。现已发展成为拥有滨江、东河两个校区，下属树兰实验学校、江南实验学校、杭州国际学校三个学校的现代教育集团。

目前学校正以“浙派先锋、中国名校、国际知名”为办学追求，力求从更高层次上加快学校“名品化、现代化和国际化”的步伐，为中华民族的伟大复兴，做出更大的贡献。

校　址：杭州市高新开发区之江科技工业园东信大道 72—76 号

邮　编：310053

网　址：http://www.hz2hs.net.cn

河南实验中学

创建于 1957 年，是河南省教育厅直属单位，省首批示范性高中。获国家级绿色学校、国家级体育传统项目学校、全国电化教育工作先进单位、全国学校体育卫生工作先进单位、全国“先进科研教改实验学校”等称号。2009 年被北京大学首批确认为“中学校长实名推荐制”生源基地。

学校全面贯彻国家教育方针，坚持实施素质教育，创建了深厚的校园文化氛围，形成了“团结奋进，求实创新”的校风、“敬业奉献、传知育德”的教风、“志存高远、勤学善思”的学风和“异想天开、脚踏实地”的校训。高、初中教育、竞赛教育、国际教育、艺体教育全面开花，为国家培养了大批优秀人才，成绩显著，特色突出，成为河南省基础教育的窗口学校。目前，正按照“依法办学、教学创新、全面提高、和谐发展”的指导思想，积极探索精品化、内涵化发展的道路，争取把学校建设成为高品位、有特色的全国名校，以更加优异的成绩为全省基础教育事业的发展作出更大的贡献。

校　址：郑州市文化路60号

邮　编：450002

网　址：http://syzx.haedu.gov.cn

武汉二中

1953年为中南行政区首批重点中学。现为湖北省重点中学，省示范高中。被授予全国教育系统先进集体、全国民主管理先进单位、全国模范职工之家、全国绿色学校、湖北省最佳文明单位等称号。2009年被北京大学首批确认为“中学校长实名推荐制”生源基地。

学校大力开展课堂结构改革，建立并逐步完善了必修课程、选修课程、隐性课程三大板块组成的新型课程体系，“科研兴校”取得长足进步，国家级课题研究工作已达省内领先水平，高考录取率、高分率、重点率跻身全省前列。

校　址：武汉市中山大道1469号

邮　编：430010

网　址：http://www.whez.com.cn

长郡中学

湖南省示范高中。先后获全国学校民主管理先进集体、全国学校体育卫生工作先进集体、全国群体工作先进集体、全国艺术教育先进集体、全国心理教育先进单位、全国校园文化建设先进单位、全国先进基层党组织、湖南省文明单位、长沙市文明标兵单位等称号。2009年被北京大学首批确认为“中学校长实名推荐制”生源基地。

本校以“朴实沉毅”为校训，在传承百年历史文化精髓与发掘现实潜力的结合点上，坚持“以人为本，追求卓越”的办学理念，确立“和谐发展、内涵发展、特色发展、国际化发展”的发展思路，实践“为学生的终身发展奠基”“成材先成人”的育人思想，全面推进素质教育，办出了特色，形成了品牌。教学质量长盛不衰，素质教育成果叠出。

校　址：湖南长沙市黄兴南路 309 号

邮　编：410002

网　址：http://www.changjun.com.cn

深圳中学

创办于 1947 年。现为广东省一级学校。1998 年原洪湖中学并入，成为深圳中学初中部。2009 年被北京大学首批确认为“中学校长实名推荐制”生源基地。

学校现有教师近 400 人，共有学生近 4 000 人。办学条件优越，初、高中两部共占地 10 多万平方米，拥有现代化的教育教学设施设备。

学校坚持素质教育方向，高举现代化旗帜，学生素质、教育教学质量优良。高考、中考成绩列深圳市前列，学科竞赛成果显著。近 3 年来，全校共有 680 人获得各级奖项，其中 126 人获得国家级学科竞赛一等奖，学校共获得集体荣誉 46 项，其中 41 人获得国家级奖项。

校　址：深圳市罗湖区深中街 18 号

邮　编：518001

网　址：http://www.shenzhong.net

西安高新第一中学

创建于 1995 年。由高新区企业投资兴办的一所民办完全中学。现为陕西省示范高中。获国家级教育科研先进单位、青少年科技创新人才培养项目实验学校、促进学生发展与教师成长实验学校，省级新课程改革样板学校、省现代教育技术实验学校、省文明校园和西安市德育十佳学校、市级绿色文明校园等荣誉称号。2009 年被北京大学首批确认为“中学校长实名推荐制”生源基地。

本校办学理念是“以人为本、以学生为中心，面向世界、面向未来，培养高素质合格人才”。并以“教育与国际接轨”为办学特色，“创建国际化、现代化的示范学校”为办学目标。

学校先后与美国、英国、澳大利亚、新加坡等 10 多个国家的名校建立友好交流关系，向国际、国内名校输送优质生源。在教育全球化的今天，学校立足国内中学基础教育，不断拓展国际教育领域，为学生直接进入国外名牌大学创造条件。兼容并蓄办教育，增强国际竞争力。

校　址：陕西省西安市高新路62号

邮　编：710075

网　址：http://www.gxyzh.com

乌鲁木齐市第一中学

新疆维吾尔自治区首批示范性高级中学，区文明单位，科技特色和绿色环保学校；全国体育后备人才试点学校，全国高中教育专业委员会成员学校；2009年被北京大学首批确认为“中学校长实名推荐制”生源基地。

学校坚持“一切为了学生、为了学生一切”的办学理念，主倡“团结、拼搏、求索、奉献”的精神，致力推行素质教育，赢得了社会各界的广泛好评。如今，这所名校正承继百年积淀，以其务本求实，自强不息的精神引领师生与时俱进，开拓创新，实践着“以人为本、和谐发展、追求卓越”的办学理念，努力把学校建成疆内领先、国内著名、以大学预科教育见长的现代化、高质量的素质教育示范学校。

校　址：乌鲁木齐健康路一巷9号

邮　编：830002

网　址：http://www.wlmqyz.com

大 事 记

3月

28～29日，第一届中国中学生地理知识竞赛暨第九届（美国）国家地理世界锦标赛中国赛区选拔赛在北京师范大学举行。本次竞赛由中国地理学会（地理奥林匹克竞赛工作组）和北京师范大学地理学与遥感科学学院主办，北京师范大学地理与可持续发展教育中心承办。来自北京、山东、广东、福建、上海等省市的10支代表队的29名16周岁以下（含16周岁）的中学生参加了竞赛。广东实验中学张源、北京汇文中学梁禹澄和济南舜耕中学吕骁分获前三名，并获得代表中国参加今年7月在墨西哥举办的“第九届（美国）国家地理世界锦标赛”的资格。该竞赛每两年举行一次，获前三名的学生将取得代表我国参加国家地理世界锦标赛的资格。

5月

第八届“创新杯”全国地理教研论文评选活动揭晓。甘肃省靖远师范学校姚彬、福建省石狮第一中学王金铜、天津市塘沽第一中学李长爱、黑龙江省牡丹江市第一高级中学居晓芳、上海大学附属中学李玉春、吉林省公主岭市实验中学初明、安徽省宿州市灵璧县第一中学马道宏、广东省东莞市横沥中学段爱琼、浙江省慈溪市坎墩街道教办余仲汉等获得特等奖。

7月

16日，第三届“地球小博士”全国地理科技大赛颁奖大会在北京中国科学院地理科学与资源研究所举行。来自全国各地的160多名获奖者代表和特邀嘉宾出席大会。中国地理学会组织开展的第三届“地球小博士”和第二届“环保之星”全国地理科技大赛活动，得到了全国900多所学校的高度重视，参赛学生总数达11万人。大赛包括完成40道选择题和围绕主题撰写一篇科技小论文两个环节。经评审委员会评审，报请中国地理学会批准，授予200名同学第三届“地球小博士”称号；同时表彰一等奖

3 755人、二等奖5 110人、三等奖5 988 人，优秀地理科技辅导员 2 640名，科普教育先进学校 155 所。

9 月

4 日，国务院总理温家宝来到北京市第 35 中学，在初二（5）班连续听了数学、语文、研究性学习、地理和音乐课，并作了详细笔记。其中，地理教师纽方萍讲授的内容是“中国区域的差异”。在之后的座谈会上，温家宝对所听的 5 节课作了点评，并向北京市教师代表作了题为《教育大计　教师为本》的发言。温家宝总理十分赞赏学生去了很多地方，比如南京、台湾、欧洲等，也赞成地理课把地理和地质、气候结合起来。同时他还指出了教材中的问题，认为教材区域划分有问题，陕西、甘肃不应该划在华北地区。

10 月

17～19 日，来自国内外的 2 000 多名地理工作者及有关组织代表聚集北京，参加中国地理学会百年庆典暨学术年会。专家学者围绕自然地理学、人文经济地理、地图学遥感与地理信息系统三个板块举行学术交流，总结回顾地理学各分支学科的发展，瞻望学科发展未来。大会期间还公布了第五届“全国优秀中学地理教育工作者”120 名。

31 日，中国科学院、工程院“双院士”，国家杰出贡献科学家，“两弹一星”功勋奖章获得者钱学森在北京逝世，享年 98 岁。钱学森院士 1911 年 12 月 11 日生于上海，1934 年毕业于上海交通大学，1938 年获加利福尼亚理工学院博士学位，后留在美国任讲师、教授。1955 年回到祖国后，长期担任火箭导弹和航天器研制的技术领导职务。历任中国科学院力学研究所所长、国防科工委副主任、中国科技协会主席等职。钱学森院士十分重视地理科学，他将现代人类知识体系归纳为 11 个门类，并将地理科学归结为“自然科学与社会科学之间的桥梁科学”；在五大开放的复杂巨系统中，把地理系统排在星系系统与社会系统之间，在社会总体设计部下设四大建设中，将地理建设与政治文明、物质文明、精神文明建设并列。钱学森把地理科学看做是举足轻重的科学体系，从哲学高度和人类知识体系的高度，从复杂性系统科学的理论框架中，从社会总体设计工程的实践出发，把地理学提升到为国民经济服务的科学。

11月

14～15日，“丹霞杯”第三届全国中学生地理奥林匹克竞赛在广东省韶关市丹霞山世界地质公园举行，来自广东、山东、江苏等12个省（市）的34支队伍、136名学生参赛。本次竞赛共有20名学生获得一等奖，12名教师荣获优秀指导教师奖。获得前四名的学生将代表我国参加第八届国际中学生地理奥林匹克竞赛。

20～23日，中国教育学会地理教学研究会2009年“新课改视野下的地理优质课堂教学”专题学术研讨会暨第七届理事会第三次会议代表大会在云南省玉溪市召开。近500多人参加了此次盛会。大会组织了专题报告、大会主题发言、分会场报告、课程资源介绍交流、现场优质课教学观摩研讨、地理教学论文交流等多种形式的学术研讨活动，并就近安排了参观考察活动。大会公布了2009年“全国地理课堂教学‘优质课’评比活动”结果，从各省、市、自治区推选的近300件优质课作品中遴选出一等奖54件，二等奖89件，三等奖108件。

著作、论文索引

著作索引

改变世界的十大地理思想

本书以地理学思维阐述了“大千世界”中诸多现象和因素。全书分为世界的表达、作为人类家园、相互联系的万千世界、结语四部分，所阐述的十大地理思想，对象囊括了很多方面。但是，从考察其方法论角度来看，却具有共同的特点（视角）。那就是在各种区域层面上从事物的相互关联的角度，阐述地理学家的思想和工作成果，揭示他们的观点、理论对人类社会各方面产生的影响。从中我们可以清晰地看出，学者们如何从广阔的视角阐述了地理学的内涵、对象和考察事物的方法论。本书对于地理学的业内人士是一本专业好书，对于社会各界也是了解地理学及提高观察我们周围环境的科学理念和能力、更好地了解我们人类自己、提高处理人类与地球环境关系的能力的工具。

商务印书馆 2009 年

现代地貌学导论

地貌学是高等师范院校地理系的一门专业基础课，是地理科学专业的主干课程之一。本书是在学习和吸收国内外多本著名地貌学教材的优点，以及地貌学研究新成果的基础上编写成的。在编写过程中，除力求反映教材应具备的科学性和系统性外，更突出地体现了师范院校地貌学课程教材要具有浅、广、新的特色。同时，首次在地貌学教材中增加了应用地貌内容。全书共 15 章。除第一章绪论外，按内容可分为三部分：第一部分，从第二章至第七章，详细介绍了部门地貌学的基础知识，阐述了主要的地貌类型和特征；第二部分，第八章至第十章，重点论述了应用地貌学的三个主要应用方向：环境与资源地貌、灾害地貌和工程地貌的基本内容；第三部分，第十一章至第十五章，扼要地介绍了地貌发育的重要理论、地貌系统的基本特性，以及地貌研究的主要方法。本书除作为高师地理系地理科学专业的地貌学课程教材外，还可用于综合大学地理系各专业和地质、农林、交通、水利、测绘等院校非地理系科学习地貌学课程的教材和参考书，亦可供有关科研、生产部门的工作者参考。

科学出版社 2009 年

地理科学导论

地理科学导论是地理科学专业的专业基础主干课程，教学目的是使学生在基本掌握地理科学理论方法的基础上，初步形成科学的地理意识、地理精神和地理能力。本书是作者在 20 多年教学和科研工作的基础上，根据地理科学专业规范而编著的一部体现研究型或探索型学习的地理教材。主要内容包括地理科学的研究对象、研究核心、学科体系、基本价值、研究范式、基本原理、基本方法和现代发展等。

科学出版社 2009 年

自然资源学基本原理

本书围绕自然资源学研究的基本原理和分析方法进行了统领性地系统阐述，充分体现了自然资源学研究的综合性特征。

全书共 10 章。首先，系统地阐述了自然资源学的基本知识、发展过程和学科特性，以及自然资源的形成原理、分布规律和调查统计方法；其次，就自然资源的社会学、经济学和生态学等原理和分析方法进行了全面论述，重点剖析了自然资源综合评价和规划的原理和方法，举例说明了自然资源开发模式的演变过程；最后，讨论了自然资源可持续开发原理和实现途径，自然资源管理，相应法律、法规，以及自然资源对民族发展和国家安全的影响。

为了便于学生系统学习、掌握重点，对各原理进行了典型案例分析，在每章篇头列有内容提要和重点要求，章末附有复习思考和挑战性问题。本书可供高等院校资源科学、地理学、地质学、环境科学与工程、生态学、农学、公共管理学和林学等专业的高年级本科生、研究生作为教材和参考书，还可作为高等院校资源环境类学科的公共平台课教材，也可供从事资源环境专业人员、管理决策人员参考。

科学出版社 2009 年

医学地质学——自然环境对公共健康的影响

医学地质学是近年来高速发展的新兴学科，致力于促进疾病预防控制人员与地球科学工作者的合作，共同阐明影响疾病产生、发展的环境因素，提高疾病预防水平。国际医学地质学会组织专家对地质材料、地质过程对人类和动物健康及疾病的影响进行了回顾和评述。本书即是其成果。全书分为四部分：第一部分是环境生物学的基本原理；第二部分是对人类和动物健康有重要影响的自然元素与物质的地质地球化学论述；第三部分是对病理学、毒理学和流行病学的观念与方法的综述；第四部分是进行环境研究和医学地质学调查的最新手段与方法的汇编。本书阐述了环境科学和人类健康交叉领域的关键问题，由来自20多个国家的60多位权威学者撰写，并经国际医学地质工作组专家修订，语言通俗，从学生、专业研究者、政策制定者到普通公众均可阅读。

科学出版社2009年

地热学基础

本书共6章，系统阐述了地温场与大地热流、地热源、地热异常、地热系统类型等基本概念；论述了大地热流的测试原理、岩石热导率和地温梯度的测试与确定方法，岩石热导率与孔隙度的关系，地热源的类型，地热异常的表现形式；详细推导出地热传导与对流的控制方程，给出所涉及参数的意义和经验数据；总结了地球化学温标计算热储温度、利用钻孔测温确定地温的方法；探索出用钻井液温度计算地温梯度的函数式；阐述了地热模型研究和地热资源评价的具体方法；介绍了地热资源分布特征以及地热地质调查、遥感地热技术、地球物理勘探和地热钻探等地热勘探方法。本书旨在帮助读者能够运用这些知识科学地布孔打井、管理地热田，从而解决好生产实践中常见的难题。

科学出版社2009年

气候变化：区域应对与防灾减灾——气候变化背景下极端事件相关灾害影响及应对策略

本书是在中国科学院“全球和中国气候变化研究新进展评估”咨询评议项目的基础上，进一步补充有关资料，分析编撰完成的。本书从全球变暖背景下的中国极端天气气候事件着手分析，分区域给出了重点影响该区域主要气象灾害的分析评估报告，并凝练了我国应对气候变化减轻气象灾害影响的对策措施。

本书就重庆三峡库区、白洋淀流域的气候变化影响和适应专门作了案例分析，就近年来台风、高温热浪和雾霾等现象较大的极端天气气候出现的时间专门进行了研究，并针对相关关键问题提出了对策。本书内容丰富，资料翔实，可供从事气候、生态、环境、区域发展等管理的决策者以及自然科学、社会科学类大专院校师生、相关研究人员参考。

科学出版社 2009 年

污泥无害化、减量化、资源化处理新技术

本书是有关城市污泥处理技术的学术专著，它总结了作者 10 余年来对污泥处理技术进行的理论研究和工程实践。书中以低温干化这一污泥处理技术核心为主线，全面系统地介绍了符合我国国情且具有自主知识产权的城市污泥无害化、减量化、资源化处理的新工艺与新方法，充分体现了当今国内外污泥处理领域的最新研究进展。全书共分 9 章，内容包括污泥的形成与处理现状、污泥的特性、污泥初步减量的原理与方法、污泥低温干化技术、污泥低温干化工艺的配套设备、污泥干化过程中有害气体的释放与收集、污泥干化释放气体的控制与处理技术、污泥处理项目设计与工程实例和干化污泥的资源化利用等。

本书内容全面、新颖、翔实，结构清晰简明，理论性、实践性和可操作性相互融合，可供环境工程技术人员、研究人员和各级管理人员使用，也可供大专院校相关专业的教师和学生及对污泥处理行业有兴趣的投资者和经营者学习参考。

科学出版社 2009 年

区域生态安全与经济发展的时间序列

作者遵循马克思主义人地关系思想和人地关系地域系统协调共生思想，以“从定性到定量的综合集成方法”为方法论工具，以生态足迹计算方法和泰尔指数等区域差距计算方法为模型工具，对作为后发达省区的云南省的生态足迹、生态承载力、生态盈亏及单位 GDP 的生态足迹等进行了时间序列、空间秩序和动因机制的系统研究，完成了《云南省生态安全与经济发展实证研究》丛书。《区域生态安全与经济发展的时间序列》分上、下两册，每册分为上、中、下三篇，在大量数据统计和调研的基础上，系统研究了云南省及各市州生态足迹、生态承载力、生态盈亏及单位 GDP 的生态足迹等的时间序列。本书是一部兼具探索

性和创新性的学术著作。可供地理、经济、环境、资源和政治等学科及政府部门和区域发展研究等领域的专家学者及师生使用。

科学出版社 2009 年

资源节约型社会评价——指标·方法·应用

我国政府明确提出了要加快建设资源节约型社会的目标。建设资源节约型社会离不开一套科学的评价指标体系和评价系统。本书在参阅大量文献的基础上，探讨了资源节约型社会的概念及内涵；构建了一套具有 5 种资源类别、4 个资源循环过程、3 个层次的资源节约型社会评价指标体系；将指标体系中的各个指标用 5 个节点划分为 4 个等级，并确定其评价标准；提出了资源节约型社会评价的单指标量化—多指标集成评价方法；开发出具有普遍应用意义的评价系统软件；并将提出的评价指标体系及评价系统应用于全国多个省、市及县级行政区，计算其资源节约度；并对资源节约度相对较低的地区进行敏感性分析，找出对资源节约度较敏感的指标，并对当地的资源节约型社会建设提出相应的对策和建议。本书积极探索了资源节约型社会评价研究的关键问题，为构建资源节约型社会奠定了理论基础，并提供通用的计算机软件和成功应用范例，具有重要的理论意义和应用价值。

科学出版社 2009 年

经济地理学指南

本书分为导言和 5 篇，共计 30 章。第一篇为“经济地理学的世界”，回顾和阐述了经济地理学不同时期最具影响力的各种理论和方法，包括发展史、建模传统、马克思主义、女性主义、制度方法、后结构主义、后现代主义。第二篇为“生产的领域”，关注经济学的传统议题，即生产、工作场所、产业区、空间和地区间的竞争、城市与区域增长、技术变化。第三篇为“资源的世界”，关注自然资源、农业、政治生态、自然的生产、单一工业资源城镇。第四篇为“社会的世界”，关注家庭、阶级、工会、管治、文化、族裔。第五篇为“循环的空间”，关注全球贸易、货币与金融、国际劳动力迁移、交通、电信、国际政治经济。每一章均为相关领域内的权威地理学家就有关主题所作的较为全面的阐述，特别注重相关思想的发展和争议之处。

商务印书馆 2009 年

创新经济地理

本书内容包括有关创新的制度和空间方面的广泛分析。该书由这一领域著名的经济地理、创新研究、规划和技术政策研究者共同完成。全书共 14 章，包含了创新及其相关政策的概念、测度议题。作者考察了不同的制度因素如何支持或阻碍信息和知识在企业、区域和国家间的流动，还特别提供了针对一些常常被忽视的重要制度因素的洞见，如性别和文化，揭示了地理在创新过程中的重要作用。书中还讨论了支持创业和集群发展的制度和政策手段。本书为我们深入刻画了支撑全球创新系统的制度因素。

高等教育出版社 2009 年

地理观下的全球化

本书是法国巴黎第七大学地理学教授奥利维埃·多尔富斯的重要作品，极具阅读价值。它巧妙地引入了一种看待全球化问题的思想模式，提供了一种认知全球化的思维方式，不仅具体翔实而且具有概念观，可以让读者从实际和概念两个层面更好地理解全球化的意义。

该书自首版问世至今已有 10 年，10 年后的今天，这本书已经作为理解全球化的当代重要著作广泛传播。

作者在书中阐述了四个革新性观点，这些观点如今依然是学术界争论的焦点：世界是一种社会现实存在，可以作为社会现实来进行研究；地点构成世界，世界改变地点；全球化使度量体系倍增；世界是一个行为体的体系。

社会科学文献出版社 2009 年

世界经济地理

《世界经济地理》以全球化为主线，以经济全球化为理论基础，系统地阐述了当代世界经济活动的地域联系和空间格局，以及世界主要区域经济集团和主要国家或地区的经济发展与产业布局特征。全书分全球篇、产业篇、区域篇。全球篇强调了带动世界经济发展的主要动力（如科技革命、跨国公司、城市化）对全球经济布局的影响；产业篇聚焦了全球生产网络在产业地理中的重要作用；区域篇则以区域经济一体化理论统领和组织世界分区地理，着重分析欧盟、北美自由贸易区、东亚及太平洋地区的区域经济联系和区域经济差异。

高等教育出版社 2009 年

商流与物流经济地理

本书根据中国逐步融入世界和国际经济一体化发展的必然趋势，介绍了当代中国和世界重要资源物品的商流与物流知识及其应用，常见主要商品的生产布局（产地）、商品贸易流动方式和方向（商流）、原材料和产品物资流动方式和环节（物流）的知识和技能。全书共分 14 章，内容包括：生产力布局的基本条件和商流物流布局的基本原则，中国商流与物流的变化和发展，中国农林牧水产品的商流与物流地理，中国轻纺工业的商流与物流地理，中国重化工业的商流与物流地理，中国商流与物流交通运输地理，中国旅游和商流与物流地理，中国香港、澳门、台湾地区的商流与物流地理，世界农业生产分布和商流与物流地理，世界商流与物流运输地理，中国—东盟自由贸易区的商流与物流地理，东亚、南亚、西亚的商流与物流地理，北美洲、南美洲、大洋洲的商流与物流地理，欧洲和非洲的商流与物流地理。

清华大学出版社 2009 年

地理信息系统导论

地理信息系统是传统地学学科和现代信息科学相结合的产物，目前已发展为集遥感、全球定位系统、互联网技术于一身的综合学科。本书是一部关于地理信息系统的入门教材，书中系统地介绍了 GIS 的基本理论和主要应用。全书共由 8 章和 3 个附录组成。第 1 章为 GIS 概述；第 2 章为 GIS 的地理基础；第 3 章为 GIS 数据结构和空间数据库；第 4 章为 GIS 数据采集和数据处理；第 5 章为 GIS 空间分析方法；第 6 章为 GIS 应用模型；第 7 章为 GIS 可视化及其产品输出；第 8 章为 GIS 设计方法及应用。每章前面提供本章导读、每章后提供思考题及进一步讨论的问题，便于读者阅读使用。3 个附录分别为地理信息系统导论实验项目，本书双语关键术语以及本书每章内容英语摘要及教学大纲。本书提及的实验项目要与《地理信息系统导论实验指导》一书配套使用。本书内容全面、实用，叙述深入浅出，既有理论又有实践。

清华大学出版社 2009 年

地理信息系统导论

本书是地理信息系统的基础性理论著作。全书总共 6 章，在介绍地理信息系统的概念、发展的基础上，重点讨论了地理数据的获取与处理技术、空间数据库的基本理论、空间分析技术和空间可视化技术，并详细探讨了 WebGIS 的原理与应用技术。本书可作为高等院校地理信息系统专业本科生和研究生的教学参考用书，也可供从事测绘、地理以及地理信息系统研究和开发的相关人员阅读参考。

黄河水利出版社 2009 年

地理信息系统基础

本书系统地讲述了地理信息系统的原理与方法，主要内容包括地理信息系统的基本概念、空间数据结构、空间数据的输入与编辑、空间数据库、空间查询与分析、GIS 应用技术及应用型 GIS 的设计，另外还介绍了 ArcGIS、MapGIS 软件应用基础知识。

本书系统性强，语言简洁，侧重原理与应用的结合，并配有一定的思考题和实训题目，可作为地理信息系统、测绘及相关专业的教材，也可作为地理信息系统开发及应用人员的参考资料。

中国水利水电出版社 2009 年

地理信息系统原理与实践

本书以地理信息系统基本原理和基本技能为主线，根据教与学的特点，贯彻理论联系实际的原则，尽量使书的结构体系符合教学规律。全书共两部分。第一部分重点介绍地理信息系统的概念和特征、空间数据的表达、空间数据获取技术与方法、空间数据处理与质量控制、空间数据管理、空间分析方法、数字地形模型及其应用、地理信息系统产品输出与空间数据可视化、地理信息系统平台、地理信息系统工程、地理信息系统集成与数字地球等内容。第二部分为地理信息系统实习指导，共设计了 10 个实习项目。

科学出版社 2009 年

地理信息系统原理与应用

本书系统介绍了地理信息系统的基本原理、方法及其在水利学科中的应用。全书由两大部分组成，前 6 章阐述了地理信息系统的基本原理和方法，主要内容包括：地理信息系统的基本概念、构成和功能，地球椭球体模型、空间坐标系和地图投影等地理空间基础知识，空间数据模型与数据结构，数据获取及处理方法，空间数据库，空间分析原理与方法。后 4 章介绍地理信息系统在水利学科中的应用实例，主要内容包括 GIS 工程设计与开发过程，GIS 在水文科学、洪水管理和水土保持中的应用。

中国水利水电出版社 2009 年

地理信息系统 ArcGIS 实习教程

本书以 ArcGIS 9 的基本操作为主要内容，依照循序渐进的原则将其分为 7 章，内容包括 ArcGIS 9 产品介绍，ArcMap 基本操作，系统帮助，ArcGIS 环境下地理数据采集的程序，地图坐标系统与地图投影定义与变换，数据格式转换，数据查询与统计，专题地图制图，矢量数据和栅格数据的空间分析，Geodatabase 入门等。

气象出版社 2009 年

ArcGIS 地理信息系统详解

ArcGIS 是 GIS 领域应用最广泛的平台软件。本书详细介绍了使用 ArcGIS 制作地图和管理数据的方法。本书内容包括地图创建、图层管理、数据的符号化显示、地图标注、版式设计和打印、鼠标的使用、数据的图表展示、创建报表、基于地图的查询、数据的栅格操作、ArcMap 的矢量数据编辑、ArcToolbox 应用、定制 ArcMap 和二次开发。

本书主要面向 ArcGIS 初、中级用户，可作为地理信息系统专业的学生学习 ArcGIS 使用的入门教材，同时对从事 GIS 应用研究的专业人员也有一定参考价值。

科学出版社 2009 年

测量学原理与方法

本书主要研究如何测定和记录地面点的位置、高程，以及如何确定地球的形状大小。全书分为两部分：传统测量学原理和当代测量学原理。第一部分论述运用传统仪器进行测量工作的技术和手段；第二部分论述地理信息系统、全球定位系统、摄影测量等的基本原理。形式上，本书全文以英文撰写；内容上，尽量吸收国外同行先进的理念和方法，力求思想的“国际性”，但在具体方法的应用上又以我国的标准、规范为依据，以便国内读者的使用。

科学出版社 2009 年

地理信息服务导论

地理信息服务是近年来的热点研究领域，是一门前沿交叉学科。本书全面介绍地理信息服务的产生、发展过程、服务模式、技术体系、结构框架和关键技术，重点讨论实时空间定位技术、数字通信技术和地理信息技术集成方法，探讨地理信息网络服务体系结构、功能、数据传输策略和应用开发环境，论述移动环境下地理信息服务终端的嵌入式硬件、嵌入式操作系统和嵌入式地理信息系统特点、要求及相关实现方法，最后介绍地理信息服务集成平台及其在经济建设中的应用。本书条理清晰、叙述严谨、实例丰富，既适合作为地理信息系统专业或相关专业本科生、研究生教材，也可供从事信息化建设、信息系统开发等有关科研、企事业单位的科技工作者研究开发及阅读参考。

科学出版社 2009 年

地理信息系统与管理和决策

本书的核心观点是一个简单、明了而又无可争议的事实：地理信息是我们日常生活和工作中的重要部分，而 GIS 则是处理与使用地理信息最适宜的系统与技术，GIS 可使我们的生活更加丰富、方便，工作效率更高，质量更优。全书共 9 章，分三个部分。第一部分从不同的角度介绍 GIS 的基本概念、重要性、应用范围，及其涉及的相关学科和技术领域，并描述了现代 GIS 理论及其应用对于人们生活与工作产生的积极影响与重要作用。第二部分主要讲述各种地理现象在 GIS 中是如何表示的。通过对地理数据的组织特征、结构模型以及储存形式的讨论，从理论和应用上帮助读者理解与识别 GIS 的特征。第三部分以美国菲尼克斯市市政府建立的 GIS 地理数据库、GIS 桌面应用与网络 GIS 应用程序为实例，从节省经费与时间、提高效率与效益、加强交流与协作、增加创收与节源、支持决策与资源管理等方面，介绍了 GIS 在政府运行与管理过程中的应用。而且，还着重讨论了 GIS 发展的前景与趋势以及企业化 GIS 的重要性。GIS，特别是企业化 GIS，逐渐地成为信息、通信与技术产业的一个重要部分。

高等教育出版社 2009 年

基于 MapX 技术的地理信息系统开发实例

本书结合项目的实施讲述基于 MapX 技术的地理信息与定位系统的实现过程。全书共分 16 章。第 1 章是对项目进行需求分析，建立系统架构，设计数据库方案和开发技术选型。第 2 章讲述基于多层分布式的体系架构及其相应的基于标准 COM 组件模式的应用服务器的开发。第 3 章建立系统运行所需要的基础数据。第 4 章重点讲述 GpsOne 定位方式的特点、流程和通信接口协议。第 5 章以第 4 章的通信协议为基础，实现定位通信服务器的设计开发。第 6 章讲述如何通过主叫号码截取的方式获得主动触发定位号码及数据传输。第 7 章讲述局端应用服务器定位通信子线程的设计和实现。第 8 章介绍 MapX 基础知识以及如何与开发语言进行集成。第 9～14 章作为本书的核心内容，重点介绍不同类型的地理信息的实现过程。这其中，为了提高大数据量图元的生成效率，本书引入了开源的 Mitab 技术，解决了常规 MapX 方法在大数据量图元处理时执行效率低的问题。第 15 章介绍通过地理信息的距离计算，实现对巡线员定位轨迹的考核。最后，第 16 章讲述软件的安装、发布和复杂安装功能的编程实现。

清华大学出版社 2009 年

城市规划中的空间地理信息与决策支持

为了更好地满足国内读者对城市规划中应用空间信息和决策支持技术发展的了解和学习交流的需要，更好地为我国快速城市化和城市规划新技术发展服务，本书收集了“城市规划——空间信息与决策支持”国际学术研讨会与会代表提交论文的中文稿。论文作者来自英国、荷兰、美国、澳大利亚、新加坡、中国等国家和我国的香港地区的著名大学和研究机构，代表了该领域的发展前沿。根据其内容，可分为五个部分。第一部分为城市系统建模与分析，以英国院士 Michael Batty 关于城市复杂性的论文为代表；第二部分为决策支持系统的理论与方法，以阿姆斯特丹大学的研究成果为主体，侧重于决策支持系统应用环境因素的分析；第三部分为城市空间与土地利用的建模与分析，包括土地转换特征、城市土地利用结构分析、城市增长模型等；第四部分为城市基础设施及公共服务设施的建模与分析，包括公共交通潜力分析、道路选线、防灾设施、公共设施的可达性分析、道路交通数据融合及数据库等；第五部分为城市形象塑造的技术方法，包括景观分析、城市空间形态分析、古建筑保护等。本书适合城市规划、人文地理学、地理信息系统专业学生作为教学参考书，也可以作为相关专业科研和设计人员的技术参考书。

武汉大学出版社 2009 年

地理信息共享技术与标准

本书是作者在国家“863 项目”研究的基础上完成的。全书共分 8 章。第 1 章绪论；第 2 章地理信息共享技术基础；第 3 章地理信息标准及体系结构；第 4 章地理信息共享技术标准；第 5 章地理信息分发服务规范；第 6 章地理信息互操作规范；第 7 章网络科技数据共享示范系统；第 8 章国外地理信息标准及内容简介。本书的内容不仅对当前地理信息共享技术方法和理论进行了深入的讨论，而且对实现地理信息共享的技术标准的研制和实践进行了总结。

科学出版社 2009 年

政务地理空间信息资源管理与共享服务应用（彩色版）

本书从广义“数字城市”建设角度，提出了在电子政务领域应用较为广泛的“政务地理空间信息资源”等相关概念，详细阐述了政务地理空间信息资源管理与共享服务应用体系建设理论，重点从管理模式、共享服务模式以及公共服务模式等方面入手，提出了一条符合我国现阶段国情的、具有较高可操作性的政务地理空间信息资源管理、共享、服务以及应用的技术路线。本书结合北京市多年的建设实践与经验，详细介绍了政务地理空间信息资源管理与共享服务应用体系建设过程中所面临的问题及解决思路，可为其他城市开展类似工作提供借鉴和参考。

北京大学出版社 2009 年

中国沙漠及其治理

本书对近半个世纪来中国沙漠及其治理的理论研究与实践进行了全面总结，是一部系统论述中国沙漠的分布、形成演变、自然环境特征、自然资源和治理的科学专著，建立和完善了中国沙漠研究的学科体系。

全书共分五篇 17 章。第一篇，中国沙漠的分布与形成演化。第二篇，中国沙漠的自然环境特征。第三篇，中国沙漠的自然资源与开发利用。第四篇，中国主要沙漠的自然特征。第五篇，中国沙漠的沙害治理与沙漠未来发展及其影响。其中，提出了治理沙漠与防治沙害的原则、途径和措施，划分了风沙危害的成因类型，论述了农田、草地和工矿交通沙害的防治方法和典型模式，并对中国沙漠的未来发展趋势做了预测。对西部大开发与生态环境保护、对“三北”防护林建设及防沙治沙工程具有重要的理论指导和实践意义。本书内容丰富,资料翔实,图文并茂,逻辑严密,体系严谨,概念清晰,论理有据。可供从事干旱地区及沙漠研究工作的地理、地质、气候、水文、景观生态、农林牧学,以及环境保护与道路建设等方面的科技工作者及高等院校有关专业师生参考。

科学出版社 2009 年

当代中国人文地理学研究

《人文地理》是中国地理学会与西安外国语大学联合主办的学术期刊，至 2008 年 4 月已编辑出版了 100 期。创刊以来，始终以追踪理论前沿、引领研究方向、占领学术高地为己任，坚持专家办刊，走精品化、专业化、国际化道路，使刊物在国内外始终保持了广泛的影响力和知名度，连续多年入选 CSSCI 期刊。

为了集中展现《人文地理》多年来的理论研究成果，弘扬严谨、求实、创新的学术风气，激励学界同仁不断奋进，我们决定对《人文地理》以往发表的论文进行评优活动。编辑部本着科学公正、注重创新、严格筛选的原则，采用论文引用率、专家打分、综合评定的方式，提出了建议授奖名单。经中国地理学会九届十四次常务理事会议研究，决定对吴传钧“发展具有中国特点的人文地理学”等 71 篇优秀学术论文进行表彰并汇集出版。

商务印书馆 2009 年

地理学评论（第一辑）——第四届人文地理学沙龙纪实

本书是一本具有批判精神的不定期地理读物。本期内容主要是第四届人文地理学沙龙的纪实，讨论了人文地理学及其研究方法、经济地理学研究方法、城市地理学研究方法和社会文化地理学研究方法，以及自由发言和总结性评论等。

商务印书馆 2009 年

经济增长与集聚——新经济增长和新经济地理的理论探索

集聚与增长是两个重要的研究领域，实际上它们也是一个问题的两个方面，就如同一个硬币的正反面。新经济增长理论致力于研究内生机制下的经济增长，新经济地理学则着重研究内生机制下的经济集聚。新经济增长研究的是经济的时间维变化，新经济地理研究的则是经济的空间维变化。因此，将两者结合起来研究，则是一项非常有意思和非常有意义的工作。本书致力于集聚与增长的结合研究，得出了丰富的有意思和有意义的结论。

商务印书馆 2009 年

文化地理学手册

比较全面地引介了当代西方文化地理学的知识谱系。参与全书编辑和撰文的学者为来自英国、美国、加拿大、澳大利亚、新西兰、芬兰、爱尔兰等国的54位学者。当代西方文化地理学对于文化的理解深受“文化转向”的影响，不仅将文化当做具有空间分布特征的文化，而且还吸收了有关文化作为生活方式、作为含义或意义、作为行动或实践以及作为权力的文化概念；但文化地理学对于文化的研究保持了地理学的独特视角，强调通过空间思考文化，通过文化思考空间，因而具有独特、开放并充满思想交锋的风格。这一独特分析和思考方式体现在全书的每一部分。在构成全书内容的九个部分中，前八个部分分别从受到文化研究影响的文化地理学视角讨论社会、经济、自然、景观、主体性、帝国、西方、地缘政治等本体论议题，最后一个部分则探讨了文化地理学的认识论或方法论议题。《文化地理学手册》的出版，不仅将彻底更新国内大多数非地理学界乃至我国地理学界本身对文化地理学的传统认识，也将因其所探讨议题思想上的先锋性以及与现实世界密切的关联性引起其他人文和社会科学领域的广泛关注，对其产生所谓“空间转向”或“地理转向”的影响。

商务印书馆2009年

中国文化地理概述

本书通过中外对比和区域对比，运用案例和图表，简明地介绍中国文化及其地域差异。全书分为3篇。上篇概述中国文化的特征和形成背景。中篇探索语言、文学、艺术、戏曲、饮食、建筑、园林、人才等领域的地理特点。下篇与维吾尔族、藏族、朝鲜族专家协作阐述全国分区的文化状况。素材取自地理、景观、规划、房地产专业研究生班的教案。本书可供上述专业选作教科书或参考读物，也可供政府管理领域和海内外人士选作了解中国文化和中国国情的读物。

北京大学出版社2009年

生活地理新视角

本书是一本融生活性、知识性、教育性为一体，着眼于培养公民地理素养的地理专著。地理学的综合性强，联系了人类活动与自然环境、环境动态与自然系统、人类社会与经济、社会和政治系统。作者以中学地理工作者的地理视角，结合时代特征，通过地方、空间、尺度和时间的透镜，观察“生活世界”，解析其富有的人文色彩。形式活泼，内容丰富，涉及政治、经济、文化、军事、民俗、教育等多个领域，可读性强，受众面广，是公民生活优化、读者思维拓展的“催化剂”，同时凸现地理的生活实用价值。本书采用大量鲜活的案例，阐述了关注对生活有用的地理、认识对生活有用的地理以及“生活中地理”的地理教育应用，对中学生活学活用地理、中学教师活用活教地理提供了内容导向和方法策略上的思考。

本书以生活地理新视角关注、审视对生活有用的地理，与上海二期课改强调地理贴近生活、联系实际的理念相一致，对于其他学科“教什么、怎么教”也有一定的参考作用。

上海教育出版社 2009 年

书法文化地理研究

文学地理学是地理学的一个分支，其主要研究内容通常被认为包括 5 个方面，即文化景观、文化生态、文化扩散和传播、文化综合作用（或文化整合）、文化区。本书尝试运用文化地理学的有关理论，对中国书法做出了比较独特的阐释。其构架包括：地理环境与中国古代书法，书法与书法文化，书法文化景观，书法文化的传播，书法文化区的划分，书法与文化生态。

荣宝斋出版社 2009 年

中国旅游地理

《中国旅游地理》是作者在中国旅游地理课程 20 多年教学和研究历程中不断改革创新和提高的成果，主要有 5 大特色：①体系完整。全书分上、下两篇，共 12 章。上篇为中国旅游地理总论，对中国旅游地理的一般理论、中国旅游资源与旅游环境、旅游市场等内容进行了概括和总结；下篇为中国旅游地理分论，对全国 8 大旅游协作区及各旅游省的旅游资源与旅游环境特征等内容进行了阐述。②图文并茂。为培养学生的区域空间概念和看图解意的思维能力，精心设计了各种生动直观的统计图表。③时代性强。书中的中国旅游市场和产品、各旅游省（市、区）的旅游开发与规划、旅游区建设与发展等内容，均来自各省（市、区）旅游发展的政策性文件；同时，对乡村旅游、都市旅游等新兴旅游产品都有展示。④旅游信息量大。书中既有一定的理论阐述，也有实用的学习提示、课堂讨论、复习思考、实践指点和学习与欣赏。⑤重点突出。全书以旅游可持续发展为理论主线，以自然和文化为主导因子，以旅游中心城市为依托，以旅游景区景点为主体内容。

机械工业出版社 2009 年

乡土地理教程

《乡土地理教程》以人地关系地域系统为主线，强调小区域人口、资源、环境与发展（PRED）的结构、功能和可持续性，阐述地方人地系统的机理、过程和动力学原理，提供情境教学和实地调查的方案设计。全书设两篇。上篇是理论和方法论，说明乡土地理的科研和教学原理、介绍乡土地理的测量与调查技能训练方法、提出区域信息处理与集成运用的思路。下篇是区域实践，分三个尺度，即家户与校园、村落与社区、流域与县域，分别阐述各乡土区域单元的地理特征、结构与功能、实践方案设计等。本书可供高等院校地理、资源、环境和民俗等专业师生作为教材使用，也可以用做中学地理教师的教学参考书。

北京师范大学出版社 2009 年

地震与中国大陆形影相随

汶川地震不是中国的第一场地震，更不是中国的最后一场地震。地震是地球村的一员，是我们人类必须面对的自然灾害。本书是作者实地考察“5·12”地震灾区后撰写的科普力作，其目的是让广大读者更多地、科学地、理性地认识地震，了解中国地震的时空分布特征和成因，了解如何预防地震、抵抗地震，从而最大程度地保护生命，尤其强调城乡建筑抗震设防的必要性和重要性。本书可供任何对地震感兴趣的人、任何想知道他或他的亲人居住的地方是否位于地震活动断裂带上的人、任何想知道中国哪些地方历史上曾经或今后还会发生破坏性地震的人阅读。

科学出版社 2009 年

全民防灾应急手册

为了配合国家首个“防灾减灾日”的活动，为了进一步唤起社会各界对防灾减灾工作的关注，增强全社会防灾减灾意识，普及推广防灾减灾知识和避灾自救技能，提高各级综合减灾能力，国家减灾委员会和中华人民共和国民政部组织编写了这本《全民防灾应急手册》。

全书系统、生动、科学地讲解了自然灾害、事故灾难、社会安全事件、人身意外、公共卫生事件等发生时的各种危险和应急措施，图文并茂地介绍了各种防灾常识和自救技能，简练易学，实用性强。此外，历时五年艰辛创作，由国家减灾委、民政部组织，北京科影国际承制的26集震撼视频《紧急救援》，作为随书光盘一同出版，立体化地将这些防灾应急常识呈现给大众。本书通俗易懂，适合社会公众阅读和收藏，更是城乡社区、企事业单位、大中小学校等社会机构和团体进行防灾减灾教育的必备手册。

科学出版社 2009 年

龙门山地裂山崩——“5·12”汶川大地震地质遗迹和地质次生灾害

本书是一部全景记录“5·12”汶川大地震灾害及其后长达一年的地质次生灾害的大型图文画册。作者以龙门山地震带自汶川至青川一线为走向，从地质、地貌、水文、生态、大型工程建设、人居环境等多视角展示“5·12”汶川大地震给当地带来的巨大灾难。书中大量图片为此次大地震震后考察的死角，均为本书首次公布。书中详尽的考察图片及资料可为灾后重建及今后的防灾减灾提供重要的依据。本书适合政府相关决策机构，城市规划部门，各级减灾防火办公室，水利水电公路等大型工程设计、建设单位，地质、地矿研究院、所，大学相关专业师生阅读。也适合“5·12”大地震的幸存者和广大救援者及所有关心本次地震的人们作为大地震的纪念物永远存留！

科学出版社 2009 年

飞向汶川——“5·12”地震灾害航空遥感调查

本书介绍了“5·12”汶川特大地震灾情、灾害调查中所采用的航空遥感技术及其所取得的成果。全书系统阐述了在突发地质灾害情况下，如何采用高精度定位定向系统和智能化飞行管理系统制定高、中、低空多平台协同作业，点、线、面相结合的航空遥感飞行方案，总结了航空遥感图像快速处理技术、地震灾情和次生地质灾害调查方法、成果及其表达方式。本书可为政府有关部门制定抢险救灾方案、指导突发地质灾害调查等工作提供基础资料和决策依据；适合于航空遥感、数据处理和地质灾害调查等领域有关人士阅读和参考，也可供高校从事相关专业研究的师生阅读。

科学出版社 2009 年

汶川地震社会管理政策研究

本书收集了国家减灾委员会科学技术部抗震救灾专家组规划政策组在抗震救灾过程中的成果，既是对汶川地震灾后多方面政策的研究集，也是对抗震救灾专家组工作的重要记录。全书分为四篇。第一篇为社会政策研究，收集了灾区恢复重建应急性政策设计、恢复重建政策过程、灾区校舍震后排查和评估、灾区农村长久性安置政策、民间公益组织参与灾后重建、红十字会对社会捐赠管理、紧急移民安置、安置点治安问题、防范针对灾区儿童犯罪、老年灾民及其撤离和安置以及灾后社会心理应对等方面的研究成果；第二篇为经济政策研究，收集了恢复重建财政政策和重建税收支持政策两方面的研究成果；第三篇为资源政策与法律研究，收集了灾后产业恢复和发展、震后城乡一体化恢复重建、灾后重建的保险安排、灾后重建中土地利用和灾区土地利用总体规划等方面的研究成果；第四篇为抗震救灾专家组建议，收集了专家组在抗震救灾期间向有关部门提交的各类政策建议，供有关部门应对地震灾害时参考。本书可为指挥地震灾区恢复重建的政府工作人员、专业技术人员，以及广大受灾地区民众提供有关灾区管理的政策性研究服务，同时也可为高等院校、科研院所从事灾害与应急和风险管理的教师、研究人员和研究生提供参考。

科学出版社 2009 年

汶川地震的启示——灾害伦理学

四川汶川大地震发生之后，牵动了亿万国人的心，这次大地震所反映出来的人与人之间的伦理精神与生命关怀感动了中华民族的每一个人。现代自然灾害的发生再也不是单纯的自然性破坏事件，人类社会对待自然的生态和谐、对于灾害的有效预防、及时有效的应对措施、灾后积极的人道关怀与恢复补助对灾害的破坏作用都将起到积极防御的效果。灾害中所发生的抗灾精神使人们的伦理责任、道德意识再度经历洗礼，从灾害中伦理道德的框架下重新审视自己。本书作为国内一部研究灾害伦理学的理论性著作，通过对于现代灾害特点的研究系统地论述了灾害中所体现的伦理道德关系，尤其值得一提的是结合此次汶川大地震中发生的感人至深的道德事迹，对于灾害中所出现的优先逃生、无罪免责、心理损害与伦理创伤的问题展开了深入细致的分析与研究，针对不同的问题提出了相应的解决措施，对于灾害中出现的有罪愧疚、无罪愧疚、良心安置提出了新的解决办法，在现时的背景下对于建设具有中国特色的灾害伦理文化提出新设想。

科学出版社 2009 年

循环型城市建设的模式与评价研究——理论与实证

本书在分析城市产生发展与循环经济基本理论的基础上，概述了我国城市发展所面临的人口、资源与环境问题和循环经济思想的发展历程；从探索具有中国特色的循环经济发展道路入手，结合“健康城镇化”与“和谐城市”的时代主题，重点分析了循环型城市的内涵与特征，结合城市要素，将我国循环型城市建设划分为工业主导型、资源产业型、旅游促进型、品牌服务型和综合发展型五种类型，并分析了各类循环型城市的建设道路；基于DPSIR 分析框架，提出了循环型城市的评价与测度方法，以广东省惠州市和龙门县为例，对区域循环型城市建设和县域循环经济发展道路进行了分析。

科学出版社 2009 年

中国城市节水与污水再生利用的潜力评估与政策框架

本书结合我国建设资源节约型、环境友好型社会的战略背景，基于复杂大系统的基本理论，将 ABSS 建模方法与终端用水分析、费用效果分析进行集成，开发建立技术、经济和社会综合评估模型。在对生活用水规律进行分析的基础上，系统考察全国、南水北调受水区以及各省（区、市）城市节水和污水再生利用的技术、经济和社会可接受潜力总量、结构及成本收益特征；考察不同水价政策对潜力的影响规律；分析模型的不确定性。基于以上研究成果，本书提出近一段时期我国激励城市节水和污水再生利用潜力升级转化的政策框架建议。

本书提供的研究城市节水与污水再生利用潜力的理论方法与政策框架，对于水利、农业、城建、环保、国土资源等相关部门的科技工作者、管理人员和决策者，以及大专院校相关专业师生具有参考价值和研究价值。

科学出版社 2009 年

中国城市化进程及资源环境保障报告

中国正进入城市化快速发展阶段，城市化进程要与新型工业化道路相同步，要与资源环境承载能力相适应，要以我国资源与生态环境保障程度为前提约束条件，科学选择符合我国资源与生态环境实际的健康城市化发展道路与模式。本书通过对过去 50

多年来我国城市化发展动态演变轨迹的分析，系统总结了中国城市化进程的动态演变特征，分析了中国城市化进程中衍生的资源环境剥夺问题，提出了未来 30 年我国城市化发展的总体目标，客观判断了实现这种目标所必需的水土资源保障程度与生态环境保障程度，进而提出了基于资源环境保障的中国城市化道路与城市化发展模式。该研究对指导我国城市化发展进程，选择与资源和生态环境相适应的健康城市化道路具有重要的现实指导意义。可作为各级城市发展与规划部门、各级发展和改革委员会、各级建设部门、各级环保部门工作人员的参考书，也可作为大专院校和科研机构相关专业研究生教材和科研工作参考用书。

科学出版社 2009 年

中国经济增长的资源环境代价——关于绿色国民储蓄的实证分析

中国经济的持续、高速增长创造了令世人瞩目的奇迹，然而伴随经济增长的资源消耗、环境污染和生态破坏也引起了世人的关注。十七大报告里把经济发展的资源环境代价过大列为中国目前面临的首要问题之一。本书在深入、系统地论述资源环境经济核算相关理论和方法的基础上，对 2005 年中国 31 个省（自治区、直辖市）资源消耗、生态退化和环境污染损失进行了货币化评价，定量计算了中国经济增长的资源环境代价。在此基础上，利用绿色国民储蓄的研究框架，测算了中国各地区真实的国民财富和可持续发展能力，分析了中国可持续发展能力的空间格局，为全面落实科学发展观、建设资源节约型和环境友好型社会提供科学参考。

科学出版社 2009 年

中国城镇化进程的资源环境基础

本书分为三大部分。首先，重新探讨了现代城镇化概念，并在此基础上揭示了现代城镇的资源环境消费行为。现代城镇化是一个人类社会活动及生产要素从农村地区向城镇地区转移的过程，其中，直接<间接<诱发的“倒金字塔”形的城镇消费行为决定了现代城镇化发育的资源环境基础。这种基础，不仅局限于城镇及所在区域，而且已经迅速扩展到了整个国家乃至全球。其次，分析了中国城镇化的基本进程、结构演进和资源环境占用（消费）特征。在过去 50 多年，特别是 20 世纪 80 年代中期以来，快速的城镇经济发展与人口集聚对有限的国家和地区资源环境基础造成了巨大压力。最后，对中国未来城镇化发育趋势及其资源

环境占用（消费）增长趋势进行了判断，并提出相应的对策建议。可供从事城镇化、城市规划、区域发展、资源开发与利用、环境保护、地理科学研究和教育的相关人员、政府决策者参考之用。

科学出版社 2009 年

2009 中国可持续发展战略报告——探索中国特色的低碳道路

《2009 中国可持续发展战略报告》的主题是“探索中国特色的低碳道路”，重点围绕应对气候变化，描述了其现状、研究进展和人类应对行动，回顾了碳排放的历史轨迹，特别针对国际上兴起的低碳经济进行了较全面的分析，展望了中国在不同情况下的能源、气候和发展的未来趋势，分析了应对气候变化的技术转让和资金机制等关键问题，探讨了在城市优先发展低碳经济的经验和支撑体系，并提出了中国特色低碳道路的发展战略、目标、重点措施及参与国际气候谈判的原则立场。

本报告利用更新的可持续发展评估指标体系和资源环境综合绩效指数，分别对全国和各地区 1995 年以来的可持续发展能力以及 2000 年之后的资源环境绩效，进行了综合评估和数据更新。对于各级决策部门、行政部门、立法部门，以及有关的科研院所、大专院校、社会公众，具有连续的参考价值和研究价值。

科学出版社 2009 年

2050 中国能源和碳排放报告

人类活动导致全球气候变化已是一个不争的事实，气候变化在全世界正引起前所未有的重视和关切。研究表明，气候变化对中国的影响和潜在的威胁巨大。中国正处在需要消耗大量能源来支撑的经济快速发展阶段，能源消费的持续增长将导致温室气体排放的增长。因此，探讨在未来近半个世纪的时间里，中国如何改变经济增长方式，如何选择和实现新型工业化、城市化、全球化和市场化的发展道路，如何建立经济、清洁、高效、可持续的能源保障供应体系，如何克服可能遇到的资源、资金、机制等各种障碍，在全球一体化的大背景下实现可持续发展和温室气体的减缓排放，走出一条适合中国自己的低碳发展之路，具有重要意义。

本书中的 14 篇报告，详尽地研究了中国从目前到 2050 年的社会经济发展趋势；资源、人口、环境和全球变暖等各种限制因素，人均收入、全球化、城市化、工业化、市场化等驱动因素，以及影响能源供需的政策、技术、消费模式、金融财政体制、国际合作等因素的演变对中国2050年的经济社会发展、能源需求和二氧化碳排放的影响，提出了有的放矢、战略性、前瞻性的促进可持续发展和应对气候变化的政策建议。

科学出版社2009年

中国至2050年生态与环境科技发展路线图

本报告在分析未来50年中国社会经济发展趋势的基础上，结合全球生态与环境变化的趋势，针对中国生态与环境的特点与趋势，揭示未来50年生态与环境科技领域的需求。基于国际生态与环境科技发展的态势，参考国外相关领域的路线图或战略，提出了中国至2050年生态与环境科技领域的重点研究领域和发展路线图，最后构建本路线图战略实施的保障体系。本报告可作为科技、环保、林业、建设、国土资源等相关部门科技发展规划的参考资料，也可供国内外研究中国中长期科技发展问题的专家学者参考。

科学出版社2009年

广西北部湾经济区发展规划环境影响评价

规划环境影响评价是我国当前环境影响评价研究和实践领域的热点和重点，也是在区域发展战略和规划中落实科学发展观和推进资源节约型、环境友好型社会建设的重要手段。本书介绍和总结了国家环境保护部规划环境影响评价试点暨国内首个国家级、大型沿海经济区的发展规划环境影响评价“广西北部湾经济区发展规划环境影响评价”的项目成果，主要包括以保护广西沿海地区优良的生态环境和我国最后一片“洁海”为评价目的，提出了“生态优先、海陆统筹、优化环境、协调发展”的沿海地区规划环境影响评价原则，总结了国内长江三角洲、珠江三角洲等先发地区的发展经验和环保教训，并与广西北部湾经济区进行了横向比较分析，实践并完善了海陆协调污染总量控制思想和技术方法，提出了广西北部湾经济区发展规划优化调整建议和环保对策等。

科学出版社2009年

环渤海地区海洋资源对经济发展的承载力研究

本书借助地理学、海洋学、生态学、环境学、经济学的理论和方法，从海域承载力概念的定义及分析出发，系统地建立了资源—生态—环境—经济复合的海洋承载力评价体系。同时以渤海为研究区域，开展海洋资源供给能力分析、生态系统问题分析与价值评估、海洋环境质量分析与环境容量评估，以及海洋对经济发展的贡献评价等，提出了合理利用并提高渤海资源环境承载力的框架方案。

科学出版社 2009 年

高原湿地保护区生态结构特征及功能分区研究与实践

本书以“云南高原湿地保护区生态结构特征与功能分区研究”“若尔盖高原湿地保护区功能分区研究”以及“云南高原湿地湖滨利用的基础研究”项目为基础，围绕高原湿地的生态结构及功能特征，尤其是低纬度高原湿地具有的湖盆—湖滨—面山的典型结构特征，针对高原湿地类型自然保护区成因和结构特点，从湿地生态系统完整性尺度，探讨了湖周陆生生态系统组成结构与高原湿地环境维系，以及湖滨带与湿地生物多样性维系的关系；分析了湖泊湿地不同水深的湖盆水体功能作用和多样性特点，以及不同季节和生境类型对生物多样性的维系功能作用，据此提出了高原湿地自然保护区功能分区技术体系，并且以不同生境特征的 5 个典型自然保护区功能分区案例，对高原湿地自然保护区功能分区理论、技术和方法进行了论述。本书是我国湿地自然保护区功能分区理论的原创性研究与实践，可供从事湿地保护、湿地研究的专业人员和湿地管理者参考。

科学出版社 2009 年

中国塔里木河治水理论与实践

本书是作者集多年治水实践和诸多学术研究成果而成，是迄今为止有关塔里木河水资源与生态环境研究内容较为丰富、理论体系较为系统的一部专著。全书共分四篇 22 章，分别对流域水资源及其河道径流变化、经济社会发展及生态环境保护与水资源配置、流域治水思路与水管理体制改革和下游断流河段应急输水与生态修复研究等方面进行深入、全面、系统的分析研究；认真地总结、剖析塔里木河流域近期综合治理取得的绩效与存在的主要问题；长期跟踪研究断流河道的水流演进规律，对八次生态输水及其天然植被恢复响应进行系统科学的评价，为塔里木河下游生态输水的整体效益评估、下游河道整治、生态恢复与建设、提高输水的生态恢复效益和实现水资源的高效利用提供重要的科学依据。

科学出版社 2009 年

黄河开发与治理60年

黄河是中华民族的母亲河，它以复杂、多灾、善变、难以治理而著称于世。“黄河宁，天下平”是华夏儿女孜孜以求的梦想，治理黄河也一直是安国兴邦的大事。新中国成立60年来，在中国共产党的领导下，黄河的开发和治理取得了举世瞩目的成绩。本书分60年巨变、开发、治理、生态保护和保障体系5篇，通过治黄方略、今日黄河、社会经济发展、大型水利枢纽工程、灌区建设、洪水治理、水土流失治理、生态保护、科学技术研究等16个重大专题，对60年来人民开发、治理黄河所取得的成就和经验加以说明和阐述，系统再现了黄河60年岁岁安澜的光辉历程。

科学出版社 2009 年

察尔汗盐湖资源可持续利用研究

系统地论述了察尔汗盐湖资源的地球化学特征、加工工艺及可持续利用。全书共分四篇：第一篇简要介绍了察尔汗盐湖区地理及地质情况；第二篇介绍察尔汗盐湖资源地球化学特征；第三篇重点介绍了盐湖晶间卤水的开采、盐田工艺及卤水中钾、镁、锂、硼、溴等的提取方法和加工工艺；第四篇阐述了察尔汗盐湖资源开发利用的可持续发展。重点阐述了该盐湖资源优化开发的模式、环境保护、卤水矿源及淡水资源的稳定供给等问题。

科学出版社 2009 年

黑河流域水—生态—经济系统综合管理研究

本书拓展了国内外可持续发展领域的热门学科——生态水文学和生态经济学的理论和方法，在生态恢复理论和实践指导下集成的节水型生态系统整体水管理技术体系，建立在野外监测—试验—示范—数字流域平台上的实验生态水文学研究方法和内陆河流域水—生态—经济系统综合管理的可持续发展理论框架，是首部自然和人文学科综合集成、理论联系实际的流域尺度的科学著作。主要供地学、农学、生态学、经济学、流域管理学、信息学等领域的科技研发人员、管理决策层、高等院校相关专业的师生参考使用。

科学出版社 2009 年

太湖

本书是以太湖为主要对象的湖泊沉积物污染与修复的研究在内容和理论成果上的系统总结。全书共计 8 章，分为三方面内容：第一、第二章介绍湖泊沉积物来源、入湖水系和受水区河口湖湾泥沙及其污染物赋存特征与空间输移悬浮效应；第三至第五章主要介绍湖泊沉积物中营养物、重金属和持久性有机污染物的分布、形态特征和暴露状态所形成的生物可利用性及构成的环境与生态风险；第六至第八章则是针对以营养物为主的湖泊沉积物污染性质，采用底泥疏浚、材料覆盖、盐类投加、植物种植等原位修复方法和模式，所得到的污染控制和修复效应的技术原理。

科学出版社 2009 年

青海地理

青海省是青藏高原的重要组成部分，地势较高，属于典型的高原大陆性气候，是我国大江大河的主要发源地，也是我国高原湖泊最密集的地区之一；生态环境极其脆弱、敏感，是我国生态治理重点地区之一；自然地理环境及演化过程特殊，石油、天然气、盐湖、水电、野生动植物、旅游等自然资源极为丰富，成为我国资源开发的重点省区。严酷、脆弱的生态环境，影响了人口的数量和分布特点，也直接影响了全省社会经济发展的进程。本书从青海省省情实际出发，从地理科学的视角对青海省工业、农牧业、交通运输业、旅游业发展及城镇体系建设和生态环境治理等进行了战略性研究。

科学出版社 2009 年

解读自然——云南三江并流地区地质奇观与植被地理

三江并流地区在自然景观、文化内涵和地球历史上都是举世瞩目之地，它曾经是地球上古南大陆与古北大陆的碰撞融合地带，其生物种类在历史起源上具有古南大陆与古北大陆成分融合的背景，在现代自然地理上又体现了东南亚热带成分与喜马拉雅温带成分的交汇。由于地貌类型的多样性，三江并流地区具有从热带半荒漠到寒温带针叶林的各种生态系统类型，是世界上同纬度地区物种最丰富的区域，并且是中国三大特有物种中心之一。三江并流地区以其独特的地质地貌、景观生态和极端丰富的生物多样性成为世界自然遗产地。该地区的植被地理分布格局既是地质历史演化的见证，也是解读自然的钥匙。本书以图文并茂、科普与艺术结合的形式展现了三江并流地区特殊的地质地貌景观、自然历史线索、生态系统与生物多样性，以精美的图片、言简意赅的文字传达科学知识，解读自然历史，是一本科学性、趣味性与知识性结合的读物。

科学出版社 2009 年

浙江省农村废弃物调查

本书针对浙江省农村废弃物总量不清的现状，重点对浙江省农村生活垃圾、畜禽粪便、农作物秸秆、林产品等废弃物的产生量、处置量、循环利用程度、污染现状、循环利用技术和模式等方面开展了全面的调查，着重分析了浙江省农村废弃物资源化潜力和资源化利用现状，对浙江省废弃物循环利用程度进行了评价；并针对浙江省农村废弃物管理中存在的问题，提出了在循环经济理念下进行浙江省农村废弃物管理的相关对策。

科学出版社 2009 年

地理地貌的变迁

本书将为你揭开未解之谜的神秘面纱，探索扑朔迷离的科学疑云；让你身临其境，保受益无穷。书中还有不少观察和实践的设计，青少年读者们可以亲自动手，提高自己的实践能力。对于广大青少年学习、掌握科学知识也是不可多得的良师益友。

世界图书出版公司 2009 年

正在消逝的地理

这是一份关于中国地理文化记忆的报告，一本关于人文历史地理的忧思录。作者用五年时间走遍书中所述的每一个地方——既有处于焦点之中或背负盛名的西湖、丽江、北京胡同等，也有未被广知却独具特色且带有神秘色彩的图瓦部落、娜允古城，具有赶尸习俗的湘西等。对这些独特的地方习俗、民俗，作者追根溯源，并忠实记录下其现代化进程中出现的种种令人慨叹的现象——过分商业化、被过度开发。这些正在消逝的地理，或是由于不可抗拒的自然力量，或是由于现代工业文明商业法则的介入、渗透而变质。本书的目的，在于抢救、搜索那些行将消失和已经消失的地理记忆——独特的地方习俗、民俗等，为地理的寻梦者们留下一条可以追踪的图谱和路径。

花城出版社 2009 年

世界遗产（文化景观）地

庐山是被联合国教科文世界遗产委员会组织批复的“世界文化景观”旅游地。本书比较全面地介绍庐山的形成过程及丰富的文化背景，分析研究其发展过程中存在的旅游开发与科学保护问题，针对性地提出了今后可持续发展中可实施的对应措施与策略（方法）等。

科学出版社 2009 年

世界地理博览

本书按洲阐述其自然地理和人文地理特点，展现大千世界的面貌，内容翔实，是一本有着比较深入分析研究特点的中级地理读物，以服务于那些对世界已经有所了解、还准备更加深入了解世界的读者。

本书由中国科学院地理科学与资源研究所的地理学家编写。本书打破了一般地理图书的写作模式，在内容上大量选取并吸收了世界主要国家的历史、经济、风土人情等各类知识，使其更加丰富多彩。在正文之外增加的插叙短文尤其增加了图书的可读性与趣味性。阅读此书，将是一场畅游世界的心灵之旅和视觉飨宴。

上海科学技术文献出版社 2009 年

中国国家地理知识大讲堂

本书是为从更广阔的视角展现我国的地理风貌，以期为读者营造一种了解中国自然地理、感受人文环境的良好氛围而编写的。本书近 90 万文字，1 200 多幅图片，全新的视角，优美的叙述，浓缩了中国国家地理精华。即使我们无法做到徐霞客的“朝碧海而暮苍梧”，也可以在本书的陪伴下，观山川秀色，品人文风情，用眼睛旅行。

内蒙古大学出版社 2009 年

新理念地理教学论

全书以教育部教师教育发展精神为指导，着眼于满足地理教师基本素养和专业成长需求，内容体系由基础理论篇、教学技能篇和教师发展篇三个板块组成。基础理论篇主要介绍和论述地理教学论学科发展及其理论基础、地理教学论研究的主要任务，地理课程发展、地理新课程改革、地理教材设计与编写等基本理论；教学技能篇解释和阐明地理教材分析与运用、地理教学设计、地理课堂教学技能、地理教学评价、地理实践活动的基本原理和方法；教师发展篇旨在探索和前瞻现代地理学理论，地理教师专业发展和地理教学课题研究等问题。本书既可作为师范院校地理学教育专业本科生教学用书，又是中学地理教师、教研员培训教材。

北京大学出版社 2009 年

地理课堂教学行为研究及案例

基础教育改革的重点是课程改革，课程改革的关键是课堂教学改革，而课堂教学质量的提高有赖于教师教学行为的改进。聚焦课堂，研究行为，已经成为教师教育与教师专业发展的一项重要研究任务。本书从地理学科的性质与特点出发，认真研究地理教师的主要教学行为以及改进策略。为此，作者梳理了国内外有关教师行为研究及地理教师行为实施的丰富文献资料，同时深入我国东、中、西部一些学校的地理课堂进行观察、诊断与反思活动，在边学习、边实践的过程中完成。

江西教育出版社 2009 年

和谐高效思维对话　新课堂教学的实践探索　初中地理

本书涵盖了教学研究人员、学科教师针对初中地理“和谐高效思维对话”新课堂活动建设中的实践探索。全书共分四章。第一章对“和谐高效思维对话”的话；第二章烟台市初中地理课堂教学评价标准；第三章“和谐高效思维对话”型课堂教学的探索与实践；第四章面对的高峰。

教育科学出版社 2009 年

初中地理优秀教师说课经典案例

本书所选初中地理说课稿均为实践型说课，追求教学的艺术性和高水平，重在教学思路的启发和教学方法的创新，针对教师课堂教学水平的提高，具有参考价值和实用性；所选说课稿多数是全国各省市说课比赛中的优秀作品，充分体现了各地最新教研教改方向，作者都是新课标教改的试验者和开拓者，引领着课堂教学的革新、潮流；所选说课稿不是千篇一律，而是各有特色、各有风格、各有所长；所选说课稿以学生发展为中心，注重学生素质、学习方式及思维能力的培养。

吉林大学出版社 2009 年

高中地理新课程发展性评价

本书在行动案例介绍的基础上，提炼高中地理课程评价的各类标准，从地理课堂教学评价到地理教师专业发展评价，从学生地理学业成绩的过程性评价到考试测量评价，从地理知识技能评价到情感态度与价值观评价，都开发出了具体可行的评价量表，提供了可操作、可借鉴、可应用的高中地理教学评价模式。本书主要内容包括高中地理新课程发展性评价概述、高中地理发展性课程教学评价、高中地理教师的专业发展性评价、高中地理发展性学业成绩评价、高中地理发展性考试测量评价。重点是构建了高中地理发展性学业成绩评价与课堂教学评价的模型，其核心内涵是强调评价的过程性，实现评价目标多元化、评价手段多样化。

山东教育出版社 2009 年

地理教育考试研究

本书从对《高中地理课程标准实验》《考试大纲》《考试说明》等研究出发，结合高中教学实际，探讨了地理学科的考试目标、教学目标、高考考点内容、地理学科的能力培养。

东北师范大学出版社 2009 年

高等教育资源环境与城乡规划管理专业建设与发展探索——全国首届资源环境与城乡规划管理专业建设研讨会论文集

资源环境与城乡规划管理专业是我国高等教育发展最快的专业之一，全国业已有 160 多所高校开展了该专业的高等教育，涉及综合性以及财经、师范、农业、林业、矿业等各类大学，还涉及普通高等教育、成人教育等院校。本书从内容体系来看，在专业教育、人才培养、课程体系、课程建设等方面汇集了有关院校专业建设与发展的经验，以及面临的难题与解决思路；从内容内涵来看，既有涉及专业规范、品牌专业建设、专业发展战略等“高远”的认知，也有涉及专业人才培养模式、精品课程建设等“细微”的分析，为全面推进该专业建设的又好又快发展提供了借鉴。

科学出版社 2009 年

地理环境与民俗文化遗产——“自然环境与民俗地理学”中日国际学术研讨会论文集

本书收录了由北京师范大学民俗典籍文字研究中心、北京师范大学区域地理研究实验室和日本国立民族学博物馆联合主办，中国文化部民族民间文艺发展中心、北京师范大学文学院民俗学与社会发展研究所、日本东北大学理学部地圈环境科学研究所和中国民间文艺家协会稻作文化专业委员会协办的“自然环境与民俗地理学”中日国际学术研讨会的论文 44 篇，内容涉及自然环境与人类生存、自然遗产与文化遗产、资源利用与民俗知识、地理空间与民俗空间、环境演变与文化变迁、自然灾害与灾害民俗、区域环境与生态移民。

知识产权出版社 2009 年

区域地理论丛　2008 年专辑

本书组编了与教学团队有关的教研论文 6 篇，还有区域经济、中国巨灾方面的科研论文 6 篇，共分四部分：国家级教学团队建设方案、聚焦区域热点问题、关注中国巨灾、京师区域地理教学拾零。

北京师范大学出版社 2009 年

地质气象灾害

本书介绍了地质气象灾害的基本概念、时间和空间分布规律、运动特征等，以及地质气象灾害的监测技术、减灾的工程和非工程措施及综合治理实例、地质气象灾害预报分类、预报业务系统建设和预报产品发布及其在减灾中的应用等，重点是强降水诱发的地质灾害的分布点、监测、预报、防治等内容，特别注重地质灾害与气象学跨学科领域方面的问题。

气象出版社 2009 年

海洋气象灾害

本书主要介绍了海上大风、风暴潮、海浪、海雾、海上强对流等我国主要的海洋气象灾害，并简要介绍了海冰、赤潮、海蚀、咸潮与海水入侵和海啸等。在介绍各类海洋气象灾害的定义、分类、等级和特征的基础上，归纳了海洋气象灾害发生地区域、频率和变化规律，分析了引发我国海洋气象灾害的各类天气与天气系统，统计了近年来我国海洋气象灾害的主要案例及其造成的经济损失和人员伤亡情况。

本书还介绍了我国海洋气象灾害的监测手段和预报预警的技术方法，并在此基础上，介绍了我国海洋气象灾害的预警预报发布规范和相应的防御措施等。

气象出版社 2009 年

地理信息资源产权研究

本书以新的构思与方法来分析、揭示地理信息资源产权结构所存在的自然、经济与社会三大本质属性，从而构建了地理信息资源产权政策的三大基本原则：一是产权政策必须遵循产权客体的规律性；二是产权政策必须满足产权主体需求的目的性；三是产权内容必须协调权利与义务的和谐性。为此本书把地理信息与信息技术作为财产的一般属性与特殊性列为研究的第一个重点，把运用价值规律来激励产权主体积极性列为研究的第二个重点，而把产权主体应享有那些权利内容作为重点中的重点。

科学出版社 2009 年

地理科学与国土整治及区域发展研究

本书是作者精选的论文汇编，可科学地归纳为五个相关部分。第一篇是论述地理科学的一些理论问题；第二篇论述与地理科学密切相关的我国国土整治的战略方向问题；第三篇论述黄土高原的地理环境及其开发整治问题；第四篇论述作者重点考察研究和工作的地区——山西省的环境治理和经济发展问题；第五篇是作者对世界地理和其他方面问题的研究。本书是一本涉及面广的地理专著，可供大专院校、地理系师生和地理、环境、经济等科研和实际工作者以及广大地理爱好者参考。

中国社会出版社 2009 年

黄土高原地区乡村地理研究 1368～1949

本书研究了黄土高原地区乡村地理，内容包括：城镇布局与乡村市场；土地利用与乡村经济；环境变化与乡村社会；乡村聚落与基层管理。

三秦出版社 2009 年

网络地理信息系统的方法与实践

本书是作者结合 10 年（1998～2009）网络 GIS 的理论方法探讨、平台软件开发、工程实践和研究生授课所写，全文共分 11 章，五大部分。第一部分为概念篇（第 1～2 章），阐述网络 GIS 的基本概念、发展历程和相关技术；第二部分为技术篇（第 3～6 章），阐述网络 GIS 的体系结构、构造模式、数据组织和信息表达；第三部分为产品篇（第 7～8 章），阐述流行的国内外 Web GIS 软件和无线 GIS 软件；第四部分为开发应用篇（第 9～10

章），以自主研发的软件平台 Geo Surf 为例，阐述网络 GIS 的二次开发方法及在数字图书馆、测绘数据管理和城市信息系统的典型应用；第五部分为结束篇（第 11 章），阐述网络 GIS 的发展方向。

武汉大学出版社 2009 年

中国南方构造　层序岩相古地理图集

本图集运用多学科综合分析方法，深入研究了中国南方震旦系—古近系的区域构造格局、沉积体系、层序地层和岩相古地理特征，建立了震旦系—古近系的层序格架和不同类型盆地的层序地层模型，系统编制了中国南方震旦系—古近系的构造—层序岩相古地理图，揭示了中国南方震旦纪—古近纪构造—层序岩相古地理特征及演化规律，深入认识等时层序地层格架中生储盖组合特征及时空分布规律，重塑了中国南方板块构造格局及演化历史。

科学出版社 2009 年

现代地理科学词典

本词典内容涉及地理科学综论、自然地理学、地球概论、地质学、地貌学、气象气候学、水文地理学、生物地理学、土壤地理学、海洋地理学、环境地理学、化学地理学、医学地理学、灾害地理学、地图学与测绘学、遥感学、地理信息系统、人文、经济地理学、资源能源地理学、工业地理学、农业地理学与乡村地理学、交通运输地理学、商业地理学、社会地理学、文化地理学、旅游地理学、人口地理学、城市地理学、政治地理学、军事地理学、历史地理学等地理科学各方面的词目共 4 600 余条。词目为中英文对照，均配有简明释义。并收录了有关单位换算表，星座表，太阳系八大行星基本数据，太阳、地球、月亮的数据，地质年代表，地球上各种水体的储量数据，世界大洋的基本数据，海水中主要化学元素组成表，中国节气、候应表，云的分类表，时区对照表，大陆各纬度带的年平均降水量、蒸发量和径流量，蒲福风力等级表，集中式生活饮用水地表水源地特定项目标准限值等作为附录。本书可供有关专业的广大科技人员、管理人员以及大中专院校的师生参考使用。

科学出版社 2009 年

气象统计预报

本书系统地介绍了国内外气象学中有关天气预报统计分析与预报方法的基本理论和计算方法。如多变量分析方法中的回归分析、判别分析、二分类预报、主成分分析、气象场的经验正交展开、聚类分析；还有时间序列分析的若干方法，如谐波分析、波谱分析、奇异谱分析和自回归模型，书中附有大量的计算方法和应用实例。书中还讲述了选择最大信息的预报因子、预报指标、预报方法、气象场相关分析与合成分析中的统计检验的方法，并附有3个重要的FORTRAN计算程序。

气象出版社 2009年

中国气象灾害大典　综合卷

本书主要综合分析各类气象灾害的时空分布特征，评述其对社会经济发展造成的影响，同时集纳对全国影响重大的气象灾害资料，是各地方分卷的浓缩提炼。

气象出版社 2009年

中国气象灾害年鉴　2009

本书系统统计分析了2009年中国各省市自治区发生的各种气象灾害，针对造成的直接经济损失和人员伤亡数字，提出了应对措施。

气象出版社 2009年

气象地方标准汇编

本书汇编了1997～2007年地方气象标准，按行政区划编撰成册公开出版。

气象出版社 2009年

中华人民共和国气象法规汇编　2008

《中华人民共和国气象法规汇编　2008》收集了2008年1月1日至2008年12月31日发布的，并在2008年12月31日前仍然有效的气象法规、部门规章以及重要的规范性文件等共46件，其中与有关部（委、局）联合发布的规范性文件3件，气象部门规章2件，气象部门规范性文件35件，地方性气象法规或者地方政府规章6件。对于2008年1月1日至2008年12月31日应予废止的气象方面规范性文件4件，列出目录，附在其后。

气象出版社 2009年

论文索引

博士论文

高中人文地理课程内容选择研究

Research on Content Selection of Human Geographical Education Curriculum in Senior High School

博士姓名：陈大路

导师姓名：夏志芳

学位授予单位：华东师范大学

关键词：高中人文地理，课程内容，内容选择

摘要：

一直以来，我国高中人文地理课程内容存在地理性不突出、内容不够具体、知识价值低、内容简单等问题，给教学带来很大困难，也与课程目标和时代的要求格格不入，这些问题必须尽早加以解决。高中人文地理课程内容选择研究以上述现实问题作为思考的起点，试图回答的基本问题是：我国高中人文地理课程应学习哪些知识？这些知识是如何选择出来的？这方面的理论研究目前还很薄弱。因此，本研究在地理课程理论建设和指导实践方面都很有意义。

全文包括绪论、正文、结论 3 部分。正文部分包括 6 章，遵循基础研究（第 1、2、3 章）、理论构建（第 4、5 章）、实践构想（第 6 章）的研究思路。

绪论部分阐述了问题的缘起和研究的意义；对本研究的相关概念进行了界定，明确了研究的方向和范围；梳理了国内外高中人文地理研究状况，包括地理知识的分类和属性、地理学科的特点、课程内容选择的原则等；指出了研究的基本问题、思路和方法。

第 1 章是我国高中人文地理课程内容的历史追踪。本章将我国自 1913 年以来的高中人文地理课程内容的演变划分为兴起与衰落、学习与转变、恢复与重构、更新与发展 4 个阶段，总结了演变的波动、丰富、成熟等特点。本章为内容选择研究奠定了历史发展基础。本章还对我国台湾、香港、澳门当前的人文地理课程内容做了考查。

第 2 章是国外高中人文地理课程内容的比较借鉴。本章评析了当前日本、俄罗斯、德国、法国、英国、美国等国家的高中人文课程内容，指出了国际高中人文地理课程内容的变化趋势以及对我国的启示。本章为内容选择研究提供了国际参照。

第 3 章是我国高中人文地理课程内容选择现实调查。调查包括问卷和访谈两种形式。问卷收集了来自全国各地的 513 份教师问卷和来自上海的 238 份学生问卷。在教师问卷 70 个知识点和学生问卷 51 个知识点统计分析的基础上，对各知识点进行了述评。访谈对象包括上海、北京、哈尔滨 3 地的地理教育工作者 23 人，访谈内容涉及高中人文地理课程内容的价值、特征和取向、影响因素和改进措施等。本章为内容选择研究奠定了现实需求基础。

第 4 章是高中人文地理课程内容选择的影响因素。本章探讨了课程目标、学生的发展、人文地理学发展和教育现实 4 个因素的影响。课程目标决定课程内容，课程内容对课程目标有反作用；课程内容选择当以学生的发展为根本出发点和落脚点：人文地理课程内容应反映人文地理学的基本内容，并应有所扩展；高考对课程内容的影响有异化倾向。本章为课程内容选择原则的制订提供依据。

第 5 章是高中人文地理课程内容选择的原则，为重点章之一。本章首先探讨了人文地理知识的基本特征，即人文性与主观性、新奇性与生活性、广博性与地理性、具体性与规律性、综合性与关联性、宏观性与微观性、动态性与预测性等。在此基础上总结了内容选择的原则，即多元性、灵活性、内向性、影响性、具体性、新颖性、非中立性、实践性、关联性、预测性等。最后解析了《普通高中地理课程标准（实验）》“地理 2”内容标准，提出了知识目标的素质型表述方案。

第 6 章是高中人文地理课程内容选择的步骤，为重点章之一。本章提出了高中人文地理课程内容选择步骤的“6 环节线性模式”，即主线的确定—组织方案的初步构建—两级知识框架的构建—知识价值的诊释—知识的筛选、调整和补充—内容的选择。同时，以城市地理内容为例进行了内容选择的实际操作，确定了城市地理课程内容的基本方案。

结论部分概括了本研究的 9 条结论，并回答了本研究试图回答的两个基本问题。

基于中学生地理空间素养培育的GE运用策略研究

The Research on Usage Strategies of Google Earth as A Geospatial Literacy Education Tool in Middle School

博士姓名：韩金荣

导师姓名：袁孝亭

学位授予单位：东北师范大学

关键词：地理空间素养，GE，地理空间概念，地理空间表述，地理空间推理

摘要：

地理空间素养是地理素养的核心构成要素，培养和提高学生的地理空间素养，对其终身发展具有重要意义。长期以来，中学生地理空间素养的培育没有得到应有的重视，由于缺乏有效的辅助工具，致使地理空间素养的培育未能取得理想的成效。与此同时，作为地理信息科学产物之一的Google Earth（本文简称GE）自诞生之日起就受到国内外地理教育者的关注，在美国地理教育中运用的结果表明，GE辅助地理教学对中学生的空间素养培育有显著的效果。运用GE作为辅助工具研究和探讨提升中学生地理空间素养的策略，有着重要的理论与实践意义。

文章在文献研究的基础上，对地理空间素养的定义和构成要素进行了研究，并在对××中学的师生为对象的访谈和学生学习行为观察后，得出GE辅助地理教学有效性的基础上，提出基于中学生地理空间素养培育的GE运用策略，最后以地理教育实验研究的方法对策略成效进行验证。全文三部分中，正文分为五章，基本遵循了从理论到实践的研究思路。

引言。从空间素养的重要性、地理学科在空间素养培育中的责任与义务、空间素养培育在培养公民必备的地理素养过程中的重要价值和地理空间素养培育需要提高信息工具辅助的有效性等角度，阐述了研究背景。在此基础上，明确了研究意义、研究内容、研究方法和研究过程。

第一章是文献综述。从地理空间素养和GE及其在地理教学中的运用两方面展开综述。从地理空间及其基本内容、空间素养与空间思维、地理素养与地理空间素养以及地理素养和地理空间素养培育的角度梳理地理空间素养的相关研究现状。评述国内外对GE运用于地理教育的研究。依此确定本文的研究起点和研究视角。

第二章是中学生地理空间素养研究。文章界定了地理空间素

养的内涵，详述其构成要素。分别从地理空间概念构建是地理空间素养形成的基础、地理空间表述是地理空间素养中的关键技能、地理空间推理是地理空间素养中的核心能力阐述地理空间素养构成要素的价值，对初高中地理课程标准中适宜于地理空间素养培育的内容标准进行了分析，运用自编测试问卷分析目前我国中学生地理空间素养的水平，并论述美国地理课程标准对空间素养的关注及带给我们的启示。

第三章是GE运用于地理教学的适应性分析。文章就对××中学师生的访谈和学生学习行为的观察结果进行分析，得出GE运用于地理课堂教学的适应性较强，可以成为辅助地理教学的有效工具这一结论。并且从学生的回答可以得出GE对地理空间素养的培育有积极的影响，各位教师更是定性的确认GE对中学生的地理空间素养培育有帮助的基础上，确定制订基于地理空间素养培育的GE运用策略的必要性。

第四章是基于中学生地理空间素养培育的GE运用策略。文章首先归纳了地理空间素养培育的系统性，并提出了GE在地理空间素养培育中的功能、运用原则及其运用形式。继而提出了利用GE丰富地理空间表象、运用GE进行地理空间位置的定位与描述、运用GE认识地理空间分布、控制GE的不同图层认识地理空间关系、利用GE认识地理过程形成时空概念等基于地理空间概念建构的GE运用策略；GE地图表述和文字表述之间的转换、GE数学表述与文字表述之间的转换、GE的各种表述与认知表述之间的转换等基于地理空间表述的GE运用策略；运用GE辅以启发法、案例法等基于地理空间推理的GE运用策略。

第五章是基于中学生地理空间素养培育的GE运用策略的成效研究。文章运用Spss14．0 for windows统计软件对自编测试问卷测试结果进行信效度检验与结果分析。地理教育实验研究的结果显示，初一实验组的中学生在地理空间概念、地理空间表述和地理空间推理方面较对比组提高很多，这说明地理空间素养可以通过专门的地理教学策略得到提升，而GE的运用策略是影响该结果的主要因素。高一年级半学期的地理教学实验的结果显示，选修校本课的实验组学生的地理空间素养较对比组也有提高，尤其在地理空间推理部分，显示了较大的提升。并分析以上测试结果的成因。

结论与展望。通过对中学地理空间素养教育的内容、价值和培育载体等内容的归纳，访谈、学生学习行为观察和地理教育实验研究的结果分析，基于地理空间素养的培育策略总结等提炼出文章的基本结论。同时，通过对中学生地理空间素养研究和GE运用于中学地理教学现状的认识，概括出本文的创新点。此外，对本文主题的相关研究进行了展望，并指出了本文研究的不足之处。

硕士论文

中学生地理学科能力培养研究

Research on Cultivating Geography Subject ability of Middle School Students

硕士姓名：史瑞龙

导师姓名：靳玉乐

学位授予单位：西南大学

关键词：中学地理，地理学科能力，培养策略

摘要：

长期以来，由于我国的地理教育没有得到足够的重视，导致中学地理教育的研究一直处于相对落后的状态，不但落后于国外同行的研究，而且落后于国内其他学科教育的研究。面对日益严峻的人口、资源、环境等全球性问题，世界各国纷纷强调大力培养学生的地理学科能力。然而地理学科能力究竟包含哪些能力，以及如何有效地培养这些能力，都还处于争论不休的状态。

本论文试图构建出比较合理的地理学科能力结构，并针对各结构要素提出具体可行的培养策略，为中学地理教学提供理论基础。在这一思想指导下，笔者将论文分为三大部分。

第一部分，在占有并分析大量的与地理学科能力相关的文献资料的基础上，渗入自己的思考，尝试性地构建出地理学科能力结构，本结构包括以下五大要素：地理信息加工能力、地图使用能力、地理空间思维能力、地理过程分析预测能力、地理实践能力。

第二部分，通过问卷调查的方式，了解当前中学地理教育中学生地理学科能力培养的现状，并总结出各结构要素在培养过程中所存在的问题。由于时间、精力等因素的限制，本问卷的调查对象仅是河南省南阳市南召县的10所高级中学和初级中学的部分在校学生。

第三部分是本论文的重点，本部分通过理论与案例相结合的方式，分别提出地理信息加工能力、地图使用能力、地理空间思

维能力、地理过程分析预测能力和地理实践能力的培养策略。

学生地理学科能力各结构要素的提高并不是互相独立的，它们之间相互影响，相互促进。在培养的过程中，不能把这些能力要素简单地分割开来，而应将其视为一个有机的整体，实现各种能力的相互促进，共同发展。

中国大陆与香港特区初中地理教材比较研究——以人教社《初中地理》与精工社《探索地理》为例

A Comparison study on middle school Geography textbooks of Chinese mainland and Hong Kong-case study of PED geography and Jing kung exploring Geography

硕士姓名：史立志

导师姓名：段玉山

学位授予单位：华东师范大学

关键词：大陆，香港，地理教材，比较研究

摘要：

地理教材比较研究是地理教学的主要研究领域之一，以往的教材研究具有内容具体、启动时间早、研究成果多等特点，但研究范围多局限于我国大陆出版的地理教材之间的相互比较。因为教材的编写理念、价值取向、难易程度等差异度较小，所以很难从新的角度审视大陆地理教材的不足，提出新的观点与看法。此外研究者的思维习惯、教育背景等与大陆地理教材编写思想体系一脉相承，教材研究难于避免主观因素影响。

本文选用北京人民教育出版社《全日制义务教育课程标准教材书·地理》和香港精工出版社《探索地理》两套初中地理教材为比较对象，通过大陆与香港初中地理教材的比较，发现我国初中地理教材的优良传统，结合大陆地理教学的现状，积极吸收香港初中地理教材编写的经验，有效推动大陆初中地理教材编写水平的进一步提升。

本文共分五个部分。

第一章，本文首先对大陆与香港初中地理教材基本情况进行比较分析。香港地理课程纲要（中一至中三年级）以地理问题或议题的形式编制与大陆初中地理课程标准形式对比鲜明。大陆地理教材采用“审定制”，而香港采用“选定制”。大陆教材的编写原则注重政治性、导向性与三维目标的达成，香港教材则注重文化多元性、地理技能培养。

第二章，两套教材形式比较研究。《探索地理》注重版式设计、采用多栏目、教材载体多样化，而《初中地理》则版式设计艺术性与科学性欠缺、栏目丰富度欠佳、教材载体单一。

第三章，两套教材内容选择与组织比较研究。《探索地理》注重对某一问题或议题的深入挖掘，内容选择范围相对较小，且多以学生生活相关的问题或议题为出发点。《探索地理》的各个专题内部按一定的逻辑顺序编排，专题之间按照“香港—中国—世界”由近及远的顺序排列。《初中地理》内容选择范围较广，教材整体的内容组织按“世界—中国”的顺序排列。《探索地理》为大陆乡土地理的编写提供了借鉴，也为“探究式”地理教材的编写提供了崭新的视角。

第四章，两套教材内容设计比较研究。《探索地理》的正文设计表述方式多样化，《初中地理》相对单一。《探索地理》的图像设计富于创新，选用的纪实性图片具有极强的视觉冲击力，地理现象与过程的示意图表达生动、形象、易于理解。《初中地理》善于运用组合图像，有助于学生明确地理现象或事物的地点与方位，强化学生的空间能力。《探索地理》中活动的问题设计约束性、引导性强，整体难度小于《初中地理》活动的难度，《初中地理》活动的开放性强，有助于培养学生的发散思维和创新意识。通过以上三个方面的比较分析，分别归纳了对大陆初中地理教材编写的启示。

在本文最后的结论部分讨论了两套教材功能、难度及容量。《初中地理》向学生地理学习的依据转变，注重三维目标的达成。而《探索地理》则侧重于学生过程性学习的指导；《初中地理》对学生的心智技能要求高于《探索地理》，而《探索地理》对学生的操作技能高于《初中地理》；《初中地理》的教材容量大于《探索地理》。文章进一步对大陆初中地理教材的编写与使用提出了建议，即：继承与发扬我国地理教材编写的优势，吸收中国港、澳、台地区及国外先进教材编写经验；结合学生与教材的实际情况，灵活处理教材与教学的辩证关系；基于现有教育技术条件，促进教材形式多元化；增加地理热点问题、话题在教材内容中的比例；积极创新，增加地理教材风格的多样化，满足不同学生的需要；促使学生重新发现地理学。

新课程背景下中学地理情境教学研究

The Research on Geographical Situational Teaching and Learning in Junior and Senior High School under the Background of New Curriculum

硕士姓名：徐波
导师姓名：陈昌文
学位授予单位：华东师范大学
关键词：新课程改革，地理情境教学，地理教学情境
摘要：

地理情境教学是指在地理教学过程中教师为了达到既定的教学目的，从教学实际出发，引入或创设与地理教学内容相适应的情境，从而激发学生的学习热情，引发学生的情感体验，使学生在愉快的教学气氛中主动地学习新的地理概念、规律和原理，并将所学习的地理知识运用于创设的情境并尽可能迁移到学生的现实生活之中的一种教学方式。地理情境教学对多数的地理教师来说可能还是一个比较新的名词，但是这种教学思想在国内外早已源远流长。事实上，多数的地理教师在平时的教学过程中也在无意识地使用这种思想，只是他们对地理情境教学的理解和认识不够全面。本文采用文献研究和问卷调查的方法，对当前中学地理情境教学进行了较为系统的研究。

论文首先进行了地理情境教学的理论研究，这部分主要对情境和地理情境教学给予了准确的定义，然后得出建构主义学习理论和情境认知与学习理论是地理情境教学的理论基础。这部分将在第一章中讨论。

其次，通过对教学一线的地理教师进行问卷调查，论文归纳出教师是如何看待地理情境教学以及在现实实施过程中存在的困难。通过分析前人已有的关于地理情境教学的论文和新课改以来三大地理教学杂志中相关的文章，从文献分析的角度，论文归纳出了当前地理情境教学实施过程中存在的一些问题。这部分将在第二章中讨论。

再次，论文对地理情境教学的核心因素——地理教学情境的创设进行了研究，结合具体的教学案例分析几类地理情境教学在实际教学中的运用，以此希望能够给一线教师更多的启示。这部分将在第三和第四章中讨论。

最后，指出了论文存在的不足之处，提出了当前教师实施地理情境教学需要注意的几个问题。

新课程背景下地理对话教学研究

Study on Geography dialogue teaching under the background of New Curriculum Reform

硕士姓名：彭晓萍

导师姓名：杨新
学位授予单位：湖南师范大学
关键词：新课程改革，地理教学，地理对话教学，对话教学

摘要：

本文在阐述对话教学理论的基础上，将对话教学引进地理教学，重点关注操作层面上的具体措施和路径，讨论、探究对话教学在地理教学中的实践应用。旨在为地理教师提供实践对话教学所需要的基本技能和策略，搭建对话教学理论和对话教学实践之间相互沟通的桥梁，并企图在实践中发展、完善对话教学理论。论文主要以作者近10年的地理对话教学行动研究以及研究生期间和部分老师的共同实验研究为基础，通过观察法、问卷调查法、访谈法、文献法等方法，同时借鉴国内外关于对话教学的理论、地理教育理论、新课程改革研究成果撰写而成。本研究大致分为三部分。第一部分为引言部分，介绍了本研究的缘起、国内外研究现状以及本研究的理论基础与思路、方法，旨在交待本课题研究的立论依据和研究思路、方法。第二部分为第一章“地理对话教学的概念和本质特征”，这一部分旨在廓清地理对话教学的概念和总体特征，使读者对地理对话教学有一初步的观念上的理解和认识。第三部分为第二章“新课程背景下地理对话教学的设计”和第三章“地理课堂对话教学的实施”，这一部分是本研究成果的重点部分，主要从实践应用的维度论述怎样进行地理对话教学设计及如何实施地理对话教学。同时，对实践地理对话教学过程中存在的问题进行了分类整理，并提出解决措施和办法，以寻求地理对话教学继续前行之路。

论历史思维在中学地理教学中的渗透

Research on the Infiltration of Historical Thinking in Middle School Geography Teaching

硕士姓名：王芸
导师姓名：夏志芳
学位授予单位：华东师范大学
关键词：地理教学，历史思维，渗透

摘要：

当前，课程综合化成为各国课程改革的热点之一。地理学科作为横跨自然与人文两大领域的综合性学科，在培养学生的综合能力方面有着不可替代的作用。我国向来有“史地不分家”的传统，在新的时代背景下，这一传统有了什么新的含义？我们又该

如何理解它、诠释它与彰显它呢？本文力求从具体的地理教学出发，探究历史思维在地理教学中渗透的途径，以期为广大地理教师课程的综合化实践提供一些借鉴和启示。

本文分为三个部分：

第一部分为导论，概述了选择从历史的方法和思维角度对史地综合内涵进行挖掘的缘起，阐明以历史思维作为史地综合切入点的原因。并通过整理相关文献，主要解决了什么是历史思维的问题。

第二部分是本文的主体。首先从科技发展需要、学生认知发展特征和地理学科课程目标要求等角度分析了历史思维在地理教学中渗透的意义。其次，基于对历史与地理天然联系的认识，分析了历史思维在地理教学中渗透的具体内容。最后，结合地理课程标准、地理教材和具体的课堂教学等方面的案例，提出了历史思维在地理教学中渗透的具体途径。

第三部分论述了历史思维在地理教学中渗透时应注意的问题，并试图找出解决的办法。在结语部分，对整个论文的研究进行了反思，对论文的不足之处进行了分析，以期今后进行更深入的研究。

中学地理课堂分组合作活动评价

Evaluation of Grouping Cooperation Activities in Secondary Schools Class

硕士姓名：兰原

导师姓名：陈昌文

学位授予单位：华东师范大学

关键词：地理教学，分组合作，评价

摘要：

新课程背景下，分组合作活动作为一种教学方式在中学地理课堂上已经比较常见，其教学理念得到了教师、学生的认同，但对评价的研究相对滞后。如何对中学地理课堂分组合作活动进行评价？这不仅是评价要解决的问题，而且对于地理分组合作活动开展也具有指导意义。本文从理论出发，结合教学案例进行分析，建立了一套评价构想，并就评价中存在的问题进行了探讨，提出了解决的思路。

论文共分为四章，研究方法主要是文献研究法、问卷调查法、访谈法。

第一章“中学地理课堂分组合作活动概述”。主要简述中学地理课堂分组合作活动开展的现状，以及解释本文所研究的分组合作活动特点。

第二章“我国中学地理课堂分组合作活动评价的现状”。通过调查问卷、访谈、听课、上课等形式反映我国中学地理课堂上分组合作活动评价的现状。

第三章“中学地理课堂分组合作活动评价体系的设计”。这是本文的重点，主要包括评价的理论基础、评价指标的选取、案例分析，从理论到实践，分析说明如何对分组合作活动进行评价。

第四章“中学地理课堂分组合作活动具体案例的评价”。这一章主要是以全国和上海为例，说明如何应用第三章的指标进行评价，以及总结当前评价中存在的一些普遍问题。

最后，本文指出了评价实施中应注意的问题，并对进一步研究提出了一些建议和思考。

基于问题的学习在地理教学中的应用研究

A Research on Practicing Problem—based Learning on Geography Teaching

硕士姓名：李丽莉

导师姓名：陈实

学位授予单位：华中师范大学

关键词：基于问题的学习，地理教学，构建，实施策略

摘要：

当前我国基础课程改革正倡导采用“自主、合作、探究”的学习方式，地理学科也不例外，重视对地理问题的探究，提倡以问题为中心的学习方式。地理基于问题的学习，为学生创造一个与真实生活接近的问题情境，让学生通过分析解决问题而获得知识、方法与情感的成长，与传统的教学方法相比，基于问题的学习更为开放，更能促进学生的全面和谐发展，适应时代的要求。开展地理基于问题学习的理论和实践研究，对深化地理课程改革，优化地理课堂教学有重要意义。

本文主要包括五大部分：

第一部分：以社会要求、教育发展和地理课改为背景，确定地理基于问题学习的研究意义，综述国内外的关于基于问题学习的研究现状，总结已有的研究成果，发现存在的问题，确定本文的研究方向：基于问题的学习在地理教学中的应用研究。

第二部分：归纳“基于问题学习”的起源及内涵，分析总结基于问题学习的主要特征，探讨支持它的基本理论，为全文奠定理论基础。

第三部分：地理基于问题学习的构建。从地理新课程的三个维度提出地理基于问题学习的基本目标，结合案例描述基于问题学习的主要环节，并通过分析得出地理基于问题学习的师生角色。

第四部分：基于问题的学习在地理教学中的应用。首先是地理学习内容的选择，要挖掘适用于该学习方式的地理内容；然后，从问题情境的创设、小组合作、学习方式、学习资源、评价反思五个方面，提出基于问题的学习在地理教学中的实施策略。

第五部分：结合案例——网络环境下《大气环境问题》基于问题学习的教学实践，探讨反思基于问题学习在地理教学中应用的成功与不足之处，对教学改革的启示。

地理基于问题的学习，作为一种新型的教学方式，既关注学生全面发展，也促进地理教师的专业成长。但目前地理基于问题的学习仍处于探索阶段，在很多方面还有待深入研究，需要广大地理教师携手共进。

澳门初中学生的环境意识及其培养研究

硕士姓名：胡咏欣

导师姓名：宫作民

学位授予单位：天津师范大学

关键词：澳门，初中学生，环境意识，培养途径

摘要：

人类为了一己之需而对大自然予取予求，过度开发反而造成各种生态的破坏与全球环境危机。本文作者运用了环境教育、素质教育理论、课程标准、环境伦理学、教学论等有关理论和方法，对澳门学生的环境意识现状和培养对策进行了分析和研究。

本文尝试探讨目前澳门初中学生的环境教育。利用“我的环境观念”环境问卷调查，了解澳门初中学生的环境意识（包括知识、态度、价值观）。看看澳门初中学生对环境问题的关注度、环境信息来源及对教育的需求。最后厘清调查结果，并通过开展专题导向式学习和利用户外教学，让学生在“环境中学习”。通过初中地理教学实践，探索在澳门学校学生中开展环境意识培养的途径，为学校开展环境教育提供一些依据，最终能建立和培养青少年对自然、对环境的情感和态度，积极参与环境保护行动，

并以自己的行动去影响周围的人和事为目标，为社会培养负责任的公民。

澳门高中地理教学中人文精神的培养对策研究

硕士姓名：霍志达

导师姓名：宫作民

学位授予单位：天津师范大学

关键词：澳门，高中地理，人文精神，对策

摘要：

古往今来无论在东方还是西方，人文精神都与教育共同发展，不同的时空背景都反映着时代的诉求。澳门由于历史发展的影响，导致社会、经济结构都与众不同。受殖民时期政府对教育采取放任自流的态度影响，发展相对落后。高中地理教育内容综合性强并充满海量的人文素材，对学生的心智发展来说，是人文精神培养的最佳切入点。以上种种，本文会于第一部分和第二部分进行详细介绍。本文第三部分对澳门有关人文精神和高中地理教学作现况调查。范围包括目前澳门的公立学校、私立学校和教会学校的高中三年级学生，内容涵盖教学内容与教法、学生的心理归属感、人与自然、环境道德、多元文化、全球化、求真求善和欣赏美的情操等。从而对澳门高中地理教育中的人文精神培养作现况分析，发掘当中的成功与不足，为后续的部分提供现实的参考条件。

四部分提出地理教学中培养人文精神的目标，并构建其内容。针对第三部分的现况调查，为澳门高中地理教学中人文精神培养的实施梳理出对策。以学生的发展为本作主导理念，关注情感与价值观的培养，运用适宜的科学方法，突出环境伦理道德及民族自尊自豪感，唤醒学生在生活中各环节对美的欣赏及追求，树立正面的生活态度，减少澳门为发展经济所付出的社会成本。

澳门中学地理教学中学生综合能力的培养

硕士姓名：陈燕

导师姓名：宫作民

学位授予单位：天津师范大学

关键词：澳门，中学生，地理综合能力，培养

摘要：

21世纪是“知识经济”的时代，社会发展迫切需求具有较强综合能力的人才。地理作为一门跨文理的综合学科，非常有利于

培养学生的综合能力。因此，文科综合和理科综合都要涉及地理知识。而且，地理学的时空特性和综合特性又使地理知识成为综合能力考查的切入点。学校教育是培养人才的主渠道，基础教育在其中起着承上启下的作用。中学地理教学在培养学生的综合能力上具有独特的优势。本文在全面了解祖国内地、澳门综合能力培养研究状况的基础上，通过问卷调查的方式，分析其存在的问题以及解决措施。从中学地理学科科学出发，探讨培养学生地理学科综合能力的途径和方法。一方面，充实综合能力的理论内容；另一方面，推进基础教育在培养学生综合能力方面向深层次发展。本文在阐述综合能力培养的教学原则基础上，从合理构建地理认知结构、以地图为载体、创设地理问题情境、采用启发式、探究式教学方法、开展地理研究性学习、开展地理课外活动等几方面探讨培养学生地理综合能力的途径。

澳门乡土地理教学之有效策略

硕士姓名：马凯华
导师姓名：宫作民
学位授予单位：天津师范大学
关键词：澳门，乡土地理，生活化，策略
摘要：

澳门特区成立至今已有10年的时间，澳门的教育制度也进行了两次改革。而地理科作为初中学生一门综合性的学科，对学生的身心发展都有着不可分割的关系。澳门是一个陆地面积较小的城市，至今还未有一个针对初中学生完善而长远的地理科发展方向，使得我们的学生对澳门的认识还有很大的进步空间。我们以初中学生为对象，进行了一次问卷调查。目的是要了解澳门学生对学习乡土地理知识的情况。

乡土地理是要让学生学习自己所居住地区的生活环境，使学生能学以致用，加强学生的实践能力。从而由爱家乡到爱国家，建立可持续发展观念，树立正确的人口观、资源观、环境观等。而澳门特区成立10年，借这个时机为我们的学生作一个检视。希望他们能从过去的“学科中心”和“知识本位”为主的学习经验，转变为以学生为中心“生活化”的学习模式。

我们的调查对象以初中学生为主，因为各国的地理教学大纲中，多以初中学生为学习乡土地理的对象，而学生对地理科的兴趣也都是在初中阶段培养的。而我们调查出来的结果显示，澳门的生活化乡土地理教学，在教学内容和教学方法中都出现了不同程度的偏差，其中以教学方法和教学内容都和“生活化”差得比较远；学生对乡土的认识也不够深。所以我们提出了以下三个原则：以学生为本的原则、内容应以生活化为原则、内容应具有适时性为原则。教师在这三个原则下改善现有的教学内容和教学方法，使我们的学生能真正的“生活化”学习。

高中地理有效教学的理论与实践研究

The Theories and Practice Research of Effective Teaching on Geography in Senior High School

硕士姓名：姜钟光

导师姓名：杨晓英

学位授予单位：贵州师范大学

关键词：高中地理，有效教学，理论与实践

摘要：

2005年世界全民教育监测报告主题强调：“必须提高教育质量。”2007年8月31日，第23个教师节前夕，胡锦涛同志在全国优秀教师代表座谈会上发表重要讲话时明确指出：“要将教育改革与发展的着力点放在提高教育质量上。”他指出教育的基础性、先导性、全局性地位和作用更加突出，要求继续坚持好、落实好把教育摆在优先发展的战略地位的方针。他的讲话中包含了三个主题内容：一是强调要着力提高教育质量；二是明确指出没有高水平的教师队伍，就没有高质量的教育；三是强调教师们应该静下心来教书，潜下心来育人。著名的教育家陶行知先生说过这样一句话：“教育的目的，在于解决问题，不能解决问题的，不是真教育。”

现阶段，提高教育质量已成为全球教育的共同话题，要真正提高教育质量，就必须抓好有效教学。有效教学指向：“激扬生命，解放教师，放飞学生。”地理新课改强调开展地理有效教学是当前深化课程改革的关键和根本要求。本文以高中地理有效教学为例，分析有效教学的一些理论基础和探索实践经验。

本文立足于定性研究、定量研究和实证研究相结合的指导思想，在理论研究的基础上进一步组织开展了教学实验研究。主要采用的研究方法：（1）文献分析法；（2）访谈和问卷调查法；（3）实证研究法；（4）案例研究法；（5）对比研究法。

论文共分为五章内容，前三章内容为基本的相关理论探讨，第四和第五章内容为高中地理有效教学的实践研究及思考。

第一章，介绍了国内外关于高中地理有效教学的研究现状，开展本研究的研究意义和基本的研究思路及方法。

第二章，针对当前高中地理教学的现状进行了专门的访谈和调查，并对其结果进行分析统计后，进而总结出当前高中地理教学存在的一些主要问题。

第三章，开展高中地理有效教学的理论与应用探讨，首先对高中地理和有效教学进行概念的界定，然后探讨高中地理有效教学的理论基础及原则，最后提出高中地理有效教学的一些策略，并分析笔者在教学实践中的应用情况。

第四章，介绍了笔者本人2008年秋季以来在贵阳二中开展的系列高中地理有效教学活动内容和过程，一方面，对教学中的个案进行分析，反映具体教学情境中存在的问题和解决问题的办法；另一方面，对实验教学开展前后教学效果的问卷调查和学生成绩测验数据进行统计、对比和分析，从而总结出实验教学结论。

第五章，分析本研究存在的一些问题，并提出相应的解决问题的对策。

郑州市高中动态生成地理课堂教学研究

The Study on Dynamic Generation Geography Classroom Teaching of the Senior High School in Zhengzhou City

硕士姓名：蔡晓

导师姓名：胡良民，刘玉振

学位授予单位：河南大学

关键词：高中地理，动态生成，教学策略，郑州市

摘要：

叶澜教授在“新基础教育理论”中提出了“要用生命的高度，用动态生成的观点看待课堂教学”。课堂教学应被看做师生人生中一段重要的生命经历，是他们生命的、有意义的构成部分。“动态生成”也是《课程标准》所提倡的一个重要的教学理念。重视教学环境的复杂性，在课堂中，教师不能机械地按原先确定的一种思路教学，而是及时捕捉那些无法预见的教学因素、教学情景等信息，利用可生成的资源开展教学，使课堂处在动态和不断生成的过程中，从而达成课堂教学的三维目标，实现课堂教学无序和有序的统一。随着新课程改革的深入，教师从“教教材”到“用教材教”的转变，学生的主体性发展要求和文本的开放性使教学中强调“生成”逐渐成为了一种趋势。生成性课堂教学主要是在动态化的教学设计的前提下，在教学的展开过程中，

由教师和学生根据教学进展，自主构建教学活动的过程。

本文主要运用建构主义支持理论、人本主义支持理论、课程与教学支持理论、多元智力理论等，审视高中地理课堂的日常现象和普遍问题，为及时发现、解决和调控地理课堂教学提供理论支持和技术指导，从而使课堂上的“教”和“学”协调、共生、有效地发展。本文在借鉴国内外动态生成理论和课堂教学动态生成研究的相关成果的基础上，对郑州市高中动态生成地理课堂教学进行了较深入的考察、分析和探讨。

全文可分为七部分：

第一部分，引言。主要介绍了本文的研究背景、研究意义、研究所采用的主要方法及论文的资料来源。

第二部分，动态生成课堂教学的研究综述。对国内外研究情况、研究成果及目前存在的问题进行了评述。

第三部分，动态生成课堂教学的理论基础。

第四部分，主要论述了动态生成地理课堂的内涵，并分析了动态生成地理课堂教学的特征——真实性、选择性、开放性、师生交往的互动性、艺术性和审美性等。

第五部分，郑州市高中地理课堂的调查与问题分析。从生成性教学的视角，以郑州市中学为主要考察对象，对郑州市高中地理课堂的物质环境、人文环境、信息环境、时间环境、课堂师生交往、师生的心理和课堂行为进行了调查，并对其进行了反思和分析。

第六部分，郑州市高中地理课堂教学动态生成的策略分析。根据调查现状，提出了构建郑州市高中地理课堂动态生成的可行性策略：地理教师积累经验，把握动态生成的教学机制；灵活利用地理教材促进地理学习内容生成；积极评价促进健康心理的动态生成；教师要重视学生的“插嘴”；关注地理教学的情感目标。

第七部分，结语。总结了论文的主要结论、创新点，同时也指出了论文研究的不足和展望。

云南省高中地理教学中空间观念教育的调查研究

Study on the View of Geographical Space Education in the Senior Geography Teaching in Yunnan Province

硕士姓名：蒋晓俐

导师姓名：潘玉君

学位授予单位：云南师范大学

关键词：云南省，高中，地理教学，地理空间观念，教育摘要：

本文通过对高中地理教师的访谈及针对国内外的中学地理空间观念教育的研究现状提出问题，通过对云南省7个市（州）的部分学校的高中地理教师进行的"高中地理教学中空间观念教育现状的问卷调查"以及对北大附中云南实验中学的120名学生进行的"高中学生地理空间观念现状的问卷调查"，在了解我国高中地理教学的空间观念教育中教师的教学现状和学生的学习现状的基础上分析问题，找到问题存在的依据，并提出解决问题的理论基础和策略，最后进入高中地理课堂听取优秀教师高质量的空间观念教育课，以验证提出的教学策略的合理性和不足的地方。为广大高中地理教师提供了理论与实践相结合的、操作性较强的地理空间观念教育的策略。通过本次调查研究反映出：高中地理教学中空间观念教育情况并不乐观；高中地理教师对待地理空间观念教育的态度需要转变；高中地理教师在进行空间观念教学中与学生的沟通较少；高中地理空间观念教育的策略需要进一步探讨。在研究过程中，主要采用了文献阅读法、问卷调查法、实践研究和案例分析等方法。

高中生地理心理地图的理论探究和策略建构

The Theory Mechanism and Strategy Cultivating of the Mental Map of the High School Students

硕士姓名：黄蓉

导师姓名：李家清

学位授予单位：华中师范大学

关键词：高中生，心理地图，理论机制，策略构建

摘要：

进入20世纪90年代以来，经济全球化的进程大大加快，各国的联系不断加强，依赖的程度提高，这就需要现代人掌握其他国家的地理位置和基本特征。心理地图的形成，能够解决这一问题。地理学是一门研究地理环境及人类活动与地理环境相互关系的科学，空间性是其特征之一。当前，在地理教学中对高中生心理地图的培养还有许多不尽人意的地方，主要存在理论上的缺陷和实践的缺乏。笔者从这两个方面入手，不断完善高中生的心理地图，促进地理教学。

本文通过研究心理地图的理论机制，将心理地图看做一个完整的教学过程，用整体、发展的观点来研究高中生心理地图的培养策略，从心理地图的现状及问题分析入手，提出一系列培养对

策，促进学生心理地图的发展。

全文共分为七个部分：

第一部分，引言。该部分介绍了本研究的背景，阐述了心理地图的国内外研究概况，指出已有研究的成果、不足以及对本课题的启示。此外还介绍了本课题的研究思路、创新点。

第二部分，阐述高中生心理地图的定义及特征。

第三部分，高中生心理地图的理论机制。涉及学习理论、地理教学论和其他相关理论等多种理论。用学习理论武装心理地图，能使心理地图的培养过程更加优化；地理教学论是心理地图培养的基础；相关理论更加系统有效地指导了心理地图。

第四部分，高中生心理地图的培养现状。该部分有三个板块：第一板块为课堂观摩，主要考察指导教师在培养过程中的盲点；第二板块通过调查问卷，调查目前中学生脑中地图在培养中存在的共同问题，了解他们的世界空间观念，并分析学生心理地图的影响因素；第三板块通过个案分析，选取一些有代表性的学生进行研究，找出学生心理地图培养差异的原因。

第五部分，高中生心理地图的培养策略。提出了起步、建立、发展、巩固和运用五个阶段。这五个阶段是相互联系的、是自上而下的教学过程。

第六部分，高中生心理地图的培养的课例展示，通过优秀的课例介绍，提供教学的实操经验，丰富教学方法。

第七部分，结语。该部分介绍了本研究取得的成果及存在的问题，并对本课题的进一步研究提出了思考。

地图文化在地理教学中的渗透

The Infiltration of Map Culture in Geography Teaching

硕士姓名：秦红阳

导师姓名：夏志芳

学位授予单位：华东师范大学

关键词：地图文化，地理教学，地图的艺术性，地图背后的价值观

摘要：

伴随着对地图艺术价值的肯定以及古地图留存意义的思考，地图文化在朦胧中彰显。地图文化是地图中蕴涵的价值观念、行为取向、精神追求、审美情趣及情感等元素的综合。本研究旨在让学生学习到有关地图基本知识、技能以外的东西——地图中蕴涵的文化。其中包括：地图背后的价值观（情感、道德等），地

图中的人文性、教育性，地图中的美感。在对这些内容学习的过程中，学生对地图的认知方式也将有所改变。研究地图文化在地理教学中的渗透，一方面，可以促进新课程理念的弘扬；另一方面，可以丰富地理课程的文化视野，对地理教学有着深远的意义。

本文共分四章：

第一章，地图文化概述。首先对“地图”“文化”以及“地图文化”做了界定。其次对地图各构成中的文化做了详述，包括地图的内容、方向、外形、材质、符号所反映出的文化特征。最后分析了认识地图文化的三个视角：历史的视角、社会的视角和艺术的视角。

第二章，地图文化在地理教学中渗透的意义，主要从学生的视角来分析。首先分析了地图文化对学生道德情操的陶冶，从爱国主义情感、求善的道德品质、求真的科学精神、可持续发展观四方面阐述地图文化对学生精神品质的提升。其次分析了地图文化对学生审美情趣的培养，从地图的绘制风格、内容布局、色彩搭配、符号设计、主题创意几方面阐述地图文化对学生审美情趣的培养。最后分析地图文化对学生多种能力的发展，从思维能力、想象能力、动手能力三方面阐述。

第三章，地图文化在地理教学中渗透的现状。分别对学生和教师进行问卷调查，对若干地理教师进行访谈，从中分析：学生和教师对地图文化的感知状况；学生的学习意愿以及教师的教学意愿；教师在实际教学中采取的措施以及出现的困难；学生和教师的反馈及建议。

第四章，地图文化在地理教学中渗透的策略。首先，分析如何在动手设计地图的过程中弘扬地图文化，采取“以凸显地图主题思想为目的设计地图”和“以展现地图艺术价值为目的设计地图”两种策略。其次，分析如何在阅读和使用地图中感知地图文化，提出了通过历史的演变认识地图文化和通过不同的地域差异理解地图文化两种策略。

GIS 辅助地理研究性学习探究

The Exploration on GIS Assisted Geographic Inquiry Learning

硕士姓名：马旭丹

导师姓名：段玉山

学位授予单位：华东师范大学

关键词：GIS，地理研究性学习，实践应用，教学模式

摘要：

2003年，教育部将研究性学习纳入到中学课程的实践活动领域，同年，GIS成为了高中地理课程内容的组成部分。到2009年，研究性学习和GIS在中学的实施已经6个年头了，但对于如何更好地发挥研究性学习和GIS的作用的研究与论证，还非常薄弱，尚有很大的探索空间。本文的研究“GIS辅助地理研究性学习”便是对这个问题的具体探讨。GIS辅助地理研究性学习，既能够使学生掌握研究性学习的方法，又能使学生掌握GIS的相关技术和理论，对中学生地理学习非常重要，所以本文即是基于以上原因开展研究的。

论文第一部分对GIS辅助地理研究性学习的研究现状进行了归纳总结，从中发现，关于地理研究性学习和GIS辅助地理教学的独立研究已经比较成熟，但对于GIS辅助地理研究性学习的研究却不多。论文还探讨了GIS辅助地理研究性学习的理论基础，从信息加工学习理论、建构主义学习理论和多元智能理论的角度，分析了GIS辅助地理研究性学习的可能性和现实性。

第二部分，论文结合调查问卷，讨论了GIS辅助地理研究性学习的现状，从实施条件、优势和存在的问题三个方面进行分析。通过分析，作者认为，GIS辅助地理研究性学习存在非常难得的机遇、比较成熟的硬件条件，但同时，由于师资、教学理念与教育机制等问题，GIS辅助地理研究性学习仍然有很长的路要走。

第三部分，论文具体地探讨了GIS在地理研究性学习环节中的实践应用。主要是剖析了GIS在地理研究性学习的实施准备环节、选题环节、方案设计环节、数据处理环节、成果交流环节中的具体运用方法策略。

第四部分，论文提出GIS辅助地理研究性学习的几种模式。根据研究性学习的不同内容与方法，可将GIS辅助地理研究性学习分为四种教学模式：GIS地理观察与实验教学模式；GIS地理野外考察教学模式；GIS地理社会调查教学模式；GIS地理建模教学模式。另外，根据研究性学习关注问题的不同，可将其分为GIS应用模式和GIS发现模式。

本文最后，提出了一些具体的结论与建议，即通过研究，作者认为GIS辅助地理研究性学习是可行的，但在教学实施中地理教师要积极思考GIS对地理研究性学习的辅助功能，积极探索GIS辅助地理研究性学习的教学模式。同时在教学中，要不断探

索 GIS 辅助地理研究性学习的教师培训问题和评价方法，从而进一步提高 GIS 辅助地理研究性学习的效率。

中学地理电子地图编制及其应用研究——以 MIF 格式电子地图为例

The Development and Application of the Electronic Geo－map in High School—Taking the Electronic Map of MIF Form as Example

硕士姓名：郭文东

导师姓名：林宪生

学位授予单位：辽宁师范大学

关键词：电子地图，MIF 格式中学地理电子地图，编制，教学应用

摘要：

地图是地理教学的一大特色，没有地图就没有真正的地理教学。近 20 年来，随着现代地图学的发展，电子地图正日益成为一种技术成熟和应用有效的地图产品形式。与传统纸质教学地图相比，电子地图以其强大的比较优势逐渐成为地理教学用图的主流。另外，随着计算机技术的发展和相关产品价格的不断降低，使电子地图应用于中学地理教学成为可能。

目前，国内公开出版了很多种电子地图，但是只有超级地图信息系统和清华同方电子地图编辑系统是专门为中学地理教学而研制开发的。二者均以教材为中心，针对教材以外的参考资料和普及 GIS 教育所需要的地理数据则显得力不从心。另外，超级地图信息系统目前也只是完成了初中地理部分。虽然国外也出版了众多的电子地图及 GIS 数据，但是英文的操作界面、缺乏适合我国的地理数据，难以对我国的中学地理教学以及 GIS 的普及教育起到有效的推动作用。总而言之，专门面向中学地理教学的电子地图还没有真正的问世，这不利于我国中学地理教育教学事业的健康发展。

编制完全适合我国中学地理教学的电子地图以及充分发挥其应有价值是论文选题研究的主要目的。论文选题研究主要是围绕中学地理电子地图的编制以及应用这两个核心问题展开。第一，学习相关理论知识以及做好调查研究工作，在此基础上确定论文选题。第二，针对论文选题的必要性和可行性展开科学的论证分析。第三，以 MIF 格式电子地图为例对电子地图的总体设计和编制计划进行了相应的研究。例如：确定中学地理电子地图编制的

目标；根据编制目标和自己现有水平和能力，确定合适的编制平台和资料来源。第四，针对资料搜集的范围、所遵循的主要原则、资料的主要来源以及资料的处理与存储进行了相应的探索。第四，以案例形式对地理数据采集的步骤、方法和注意事项进行了相应的研究。第五，以案例形式对 MIF 格式电子地图在中学地理教学中应用方式进行了相应的研究，在此基础上可以解决地图的编辑修改、专题地图制作、制作 CAI 课件等问题。第六，针对在论文选题过程中所做的探索与尝试、存在的问题、解决问题的建议、论文结论等方面做了全面的总结。在研究过程中主要采用了座谈法、文献法、对比分析法、实践操作、教学实践等方法。

中学地理电子地图的编制及其应用研究是一项复杂的工作，相信这项工作的成功一定会成为推动中学地理教育教学事业发展的得力助手！

高中地理教师素质现状浅析——以济宁市为例

硕士姓名：李亮奇

导师姓名：王晓青

学位授予单位：曲阜师范大学

关键词：高中，地理教师，素质，对策

摘要：

21 世纪，我国教育正由“应试教育”向“素质教育”转变，新一轮的教育课程改革也已经全面展开，教师是实施素质教育和进行课程改革的主体，因此课程改革与素质教育成功与否关键在于教师，最主要的还是教师的素质。地理素养在国民基本素养结构中占据着不容忽视的独特地位，发挥着不可替代的特殊作用。在培养爱国情感、进行环境教育、促进知识、技能和世界观的和谐统一以及提高学生对未来生活的适应能力方面，地理课程具有别的学科所无法代替的功能。素质教育的实施要求地理教育承担起环境教育、培养创造力、促进学生全面发展的新的职责。只有高素质的教师才能培养出高质量的学生，由此决定了高中地理教师的素质问题将越来越受到人们的关注。为了解济宁市高中地理教师的素质现状，本文采用问卷调查和理论分析相结合的方法，通过分析调查结果，提出了切实可行的提高高中地理教师素质、进行教师继续教育的对策与建议。

根据教育学的有关理论，本文制订了以教师素质为主的调查问卷，它主要包括四个方面：(1) 教师的职业道德；(2) 教师的专业素养；(3) 教师的教学能力；(4) 教师的反思能力。论文首先从理论层面上探讨了有关教师素质、尤其是地理教师素质的一些基本问题，然后逐项分析调查结果及其所反映的教师素质的各个方面，最后从宏观和微观两个层面分别提出了提高地理教师素质的对策与建议。

本研究以问卷调查法为主，辅之以访谈和个案研究等方法，选取济宁市有代表性的 10 所普通高中 116 名地理教师为研究对象，对其进行调查，并选取了省级规范化学校、地市级规范化学校、县市级规范化学校三类。通过分析调查问卷，得出如下结果：(1) 高中地理教师整体素质较好，能够满足高中地理教学的需要；(2) 各项素质之间表现不均衡，如地理教师的专业基础知识比较扎实，但综合知识比较欠缺等；(3) 地区、性别、年龄、教龄不同，素质差异不同；(4) 地理教师的继续教育需要进一步加强。

本文对以上问题进行讨论，并根据地理教师的素质现状及其成因，从宏观和微观两个层面分别提出了提高地理教师素质的对策与建议。宏观策略包括：(1) 深化师范教育改革，确立科学的职前培养模式；(2) 开展科学的教师素质评价，有效提高教师素质；(3) 政府采取有力措施，为教师素质的提高提供强有力的保障；(4) 加强职后教育，促进地理教师的可持续发展。微观策略包括：(1) 加强高中地理教师的职业理想、职业道德教育；(2) 优化高中地理教师的知识结构；(3) 培养高中地理教师的教学能力；(4) 提高高中地理教师的教学反思水平。

新课程背景下农村地理教师专业化的培养研究
——以江西省瑞昌市初中为例

The Cultivation of Geo-teacher's Professionalization in Rural Area Based on the New Curriculum Reform—Taking Junior High School in Ruichang City of Jiangxi Province as Example

硕士姓名：陈营

导师姓名：林宪生

学位授予单位：辽宁师范大学

关键词：新课程改革，教师专业化，农村初中，地理教师，对策

摘要：

没有成功的农村初中地理新课程改革，就没有真正意义上全国初中地理新课程改革的成功。教师专业化是地理新课程改革成功与否的关键性因素，因而必须对初中地理教师专业化予以足够

的重视。

了解农村初中地理教师专业化现状与初中地理新课程改革的适应程度、分析存在的问题、提出解决问题的建议和措施是本论文研究的主要目的。为此，论文主要由以下六个部分构成：

第一部分，阐述论文选题提出的背景、国内外的研究概况、论文选题的意义、研究方法等。

第二部分，阐述初中地理教师专业化的理论基础。主要阐述职业、专业、专业化、教师专业化、地理教师专业化等相关概念。在对相关概念正确认识的基础上，着重分析初中地理教师专业化的标准——专业情意、专业理念、专业知识、专业能力和专业提升的内涵、构成等相关理论。

第三部分，地理新课程改革对教师专业化水平的要求。从专业情意、专业理念、专业知识、专业能力、专业提升五个方面具体分析了新课程改革对初中地理教师专业化的基本要求。即要求地理教师以何种态度对待新课程改革，要求地理教师以什么理念来指导自己的教育教学活动，要求地理教师具备哪些知识和能力才能适应地理新课程改革所倡导的教学方式，要求地理教师具有强烈的专业提升发展意识和较强的专业提升能力。

第四部分，瑞昌市农村初中地理教师专业化现状与地理新课程改革要求之间差距的调查分析。通过问卷调查和座谈的方式，了解江西省瑞昌市农村初中地理教师专业化现状以及存在的主要问题。

第五部分，提高农村初中地理教师专业化水平的对策。针对农村初中地理教师在专业情意、专业理念、专业知识、专业能力、专业提升等方面与新课程改革要求之间存在的差距，提出了相应的对策与建议。

第六部分，结论与展望。

目前农村初中地理教师与地理新课程改革的要求还有一定距离，这是必须要承认的现实。尽管如此，只要心中有地理新课程改革不断完善与进步这块绿洲，地理新课程改革必将逐步走向成功！

中学地理教师教育研究的调查与分析——以上海市长宁区为例

Investigation and Analysis on Educational Research of Middle School Geography Teachers—in Changning District, Shanghai City

硕士姓名：刘莹

导师姓名：陆珏
学位授予单位：华东师范大学
关键词：新课程，中学地理教师，地理教育研究

摘要：

中小学课程改革走到今天，我们发现了一个不容忽视的问题：教师这一职业正处于两难的境地，一方面，教师被寄予很大的期望，认为其综合素质的高低、专业能力的强弱最终决定课程改革的成败；另一方面，广大中小学教师又面临许多困难和问题，由于我国国情、传统习惯和培养教师的模式等，使教师对新课程有很多的不适应。特别是在课程意识、课程知识、课程开发能力和现代知识体系的掌握等方面，与课改的挑战、民众的期望存在着极大的差距。众所周知，目前能够体现课程开放性、时代性和综合性的策略，就是对现行教材的补充和拓展，而现在的中小学教师有多少能够胜任？社会的发展要求教育必须适应社会发展的要求，教育改革也使教师面临严峻的考验，并陷入了前所未有的职业困境。现在中小学教师走出职业困境的唯一出路，就是教师自身的专业发展，而专业发展的关键就是走研究的道路。因此，中学教师需要改变多年来习以为常的教学方式和教学行为，确立一种崭新的教育教学理念和精神，逐步从“经验型”“教学型”教师向“研究型”“专家型”教师转变。

目前，很多中学也都把教师进行教育研究作为提高学校科研水平和促进教师专业发展的一个重要环节，“校校有课题，人人有项目”，很多中学教师都在或多或少地从事教育科研工作，很多中学地理教师也在做地理学科的教育教学研究工作。那么，目前中学地理教师进行教育研究的状况是怎样的呢？主要采取怎样的研究形式？在研究过程中存在哪些问题？对教师的专业发展起到了什么作用等。本文通过对上海市长宁区中学地理教师的教育研究情况进行调查分析，试图找到以上问题的答案，也期待对中学地理教师教育研究的健康发展尽绵薄之力。

本文主要采用文献研究和调查研究相结合的方法，调查研究以问卷调查和访谈为主要工具，问卷调查的范围是上海市长宁区的 31 所中学，调查对象是 53 名中学地理教师，访谈对象是 5 名中学地理教师和 1 名地理教研员，资料分析采用了定性和和定量相结合的方法。

本论文共分为五章：

第一章，导论。主要阐述了研究的缘起，提出了研究的核心问题是新课程的实施要求中学教师成为“研究型”教师，而且我

国教育发展面临的机遇和挑战为教师进行教育研究提供了有利的时机。导论中还对本课题的研究方法进行了阐述。

第二章，中学地理教师教育研究的理论综述。阐述了教师教育研究的定义，介绍了国内外中学教师进行教育研究的状况。中学地理教师在教学研究（主要是教研活动）这部分的研究成果较多，在教育科研（主要是做地理课题）的研究成果较少。

第三章，中学地理教师教育研究的调查与分析——以上海市长宁区为例，是本文的主体内容之一。本章简单介绍了调查问卷表和访谈提纲的设计，同时详细分析了调查问卷和访谈中的发现。

第四章，中学地理教师教育研究存在的问题和解决对策，也是本文的主体内容之一。概括总结了调查问卷和访谈中目前中学地理教师教育研究存在的问题，并提出了相应的解决对策和建议。

第五章，结语。对本课题进一步研究提出了思考。

期刊论文

专　论

1. 王传兵，赵守拙. 当前高中地理选修课程实施现状分析及改进策略［J］. 课程·教材·教法，2009（1）.

2. 袁孝亭. 利用地理空间要素发展学生空间思维［J］. 课程·教材·教法，2009（8）.

3. 严奇岩. 论历史地理学在中学地理课中的渗透［J］. 教学研究，2009（1）.

4. 何华琴. 地理教学中渗透国防教育的探索［J］. 上海师范大学学报：基础教育版，2009（2）.

5. 张铭安. 浅谈地理教育中的情感教育［J］. 中国教师，2009（4）.

6. 赵军. 中学生地理学习能力可持续发展的培养策略［J］. 现代中小学教育，2009（9）.

7. 韩金荣，袁孝亭. 美国基础教育地理课程标准对空间素养的关注及其启示［J］. 外国教育研究，2009（5）.

8. 李万涛. “基于学生”地理课程资源的整体构建［J］. 基础教育参考，2009（4）.

9. 朱芬春. 新课程标准下高中地理分层次教学的探索［J］.

新校园（理论版），2009（5）.

10. 侯福海. 校本课程《中国历史地理》开发的实践与思考[J]. 新课程研究（基础教育），2009（3）.

11. 项熙，夏志芳. 将网络地理信息资源融入到地理教学中[J]. 地理教学，2009（1）.

12. 陈春方. 地图文字说明的分类与功用[J]. 地理教学，2009（2）.

13. 张彩宏. 校外地理实践活动的有效指导[J]. 地理教学，2009（2）.

14. 陈鹏飞. 多维度开发利用课程资源构建开放式地理新课程[J]. 地理教学，2009（2）.

15. 陈继革. 切实增强地理评课的有效性[J]. 地理教学，2009（2）.

16. 高俊华. 利用课堂培养学生探究学习能力[J]. 地理教学，2009（2）.

17. 董瑞杰. 初中地理教学的多元“活动”[J]. 地理教学，2009（2）.

18. 陈胜庆. 追求理论与实践的完美结合[J]. 地理教学，2009（3）.

19. 冯立权，张桂兰. 浅谈郑和舰队下西洋对季风和洋流的利用[J]. 地理教学，2009（3）.

20. 曲忠厚. 从地理视角赏析诗文名句[J]. 地理教学，2009（3）.

21. 林智中，郑雅仪. 香港新高中地理课程照顾学生差异的策略[J]. 地理教学，2009（3）.

22. 张胜前，李家清. 从“知识课堂”转向“生命课堂”[J]. 地理教学，2009（3）.

23. 程雅. 一次优质课评比的感悟和反思[J]. 地理教学，2009（3）.

24. 周玲. 重视合作探究　关注自主发展[J]. 地理教学，2009（5）.

25. 薛勇. 学生超常思考　老师受益匪浅[J]. 地理教学，2009（5）.

26. 孔祥群. 联想加上想象　形象记忆地图[J]. 地理教学，2009（5）.

27. 马晓燕. 处理作业得法　作业成效提高[J]. 地理教学，2009（5）.

28. 李凤敏. 找准关键词语　回归课本内容 [J]. 地理教学, 2009 (5).

29. 赵才欣. 地理课程社会教育资源的开发利用 [J]. 地理教学, 2009 (6).

30. 孟海平. 浅谈中学地理评课的内容和思路 [J]. 地理教学, 2009 (6).

31. 周雪忠. 情境化教学在地理教学中的运用 [J]. 地理教学, 2009 (6).

32. 廖书庆. 创造美丽地理课堂 [J]. 地理教学, 2009 (6).

33. 蒋林君, 赵媛. 多元文化教育视野下的地理教育初探 [J]. 地理教学, 2009 (7).

34. 邵志兰. 围绕"过程"细化地理课堂教学三维目标 [J]. 地理教学, 2009 (7).

35. 陈红方. 立足乡土地理　渗透可持续发展教育 [J]. 地理教学, 2009 (7).

36. 张瑾. 地理课堂提问有效性的探索 [J]. 地理教学, 2009 (8).

37. 杨震华. 地理课堂中的教学机智及其修炼 [J]. 地理教学, 2009 (8).

38. 牟彦瑾. 地理课堂教学设计的心理策略 [J]. 地理教学, 2009 (8).

39. 凌锋. 注重心理研究　提高教学效率 [J]. 地理教学, 2009 (9).

40. 胡守钧. 科学精神与人文精神 [J]. 地理教学, 2009 (10).

41. 赵国军, 李晴. 大陆与香港高中地理课程标准比较研究 [J]. 地理教学, 2009 (10).

42. 赵传兵. 高中地理情意领域教学目标解析 [J]. 地理教学, 2009 (10).

43. 李慎中. 乡土资源与高中地理教学整合的实践探索 [J]. 地理教学, 2009 (10).

44. 张焱. 在教学实践中历练　在交流反思中提升 [J]. 地理教学, 2009 (11).

45. 徐艳. 地理教学中的小组学习与独立思考 [J]. 地理教学, 2009 (11).

46. 于从明. 当前中学地理教学的误区 [J]. 地理教学, 2009 (11).

47. 李吉龙，郭留强．地理教学中的示错教学 [J]．地理教学，2009 (12).

48. 罗秋官．深化课程改革　培养地理创新能力 [J]．地理教学，2009 (12).

49. 陆大道．中国经济地理学的发展历程 [J]．地理教育，2009 (1).

50. 陈澄．地理教学方法的特点与作用 [J]．地理教育，2009 (6).

51. 袁孝亭．准确理解地理过程与方法目标中的“过程”与“方法”[J]．地理教育，2009 (1).

52. 王民，蔚东英．卢塞恩可持续发展地理教育宣言．地理教育，2009 (3).

53. 张国友．百年沧桑历程世纪辉煌伟业 [J]．地理教育，2009 (5).

54. 段玉山，史立志．地理教育近 30 年改革与发展回顾．地理教育，2009 (5).

55. 臧凤平．树立五个理念　提高课改实效 [J]．地理教育，2009 (1).

56. 刘瑞福．对当前农村高中地理研究性学习问题的思考 [J]．地理教育，2009 (1).

57. 张胜前．论人本主义学习理论与中学地理学习策略 [J]．地理教育，2009 (3).

58. 曹锁庆．快乐课堂“五步曲” [J]．地理教育，2009 (1).

59. 马翠敏，于吉海．如何让地理课堂重放异彩 [J]．地理教育，2009 (2).

60. 丁波．怎样培养学习地理的兴趣 [J]．地理教育，2009 (2).

61. 王嘉武．怎样让学生学会学习 [J]．地理教育，2009 (3).

62. 褚意芬．如何让学生体验学习的快乐 [J]．地理教育，2009 (3).

63. 徐林建．如何开展地理小专题实践活动 [J]．地理教育，2009 (5).

64. 马洪康．农村中学如何开设地理实践课 [J]．地理教育，2009 (5).

65. 蒋文庆．从时空角度诠释地理事物和现象 [J]．地理教育，2009（1）.
66. 徐潇，陈胜庆. 没有预约的精彩［J］. 地理教育，2009（1）.
67. 姚宗锦. 关注生活感悟地理［J］. 地理教育，2009（2）.
68. 刘以果. 借用烹饪原理创设共享课堂［J］. 地理教育，2009（2）.
69. 汤玉梅. “参与—体验”教学模式在地理课堂中的运用［J］. 地理教育，2009（2）.
70. 莫升平. 浅谈地理教学中的美育［J］. 地理教育，2009（3）.
71. 蹇广勇. 让高中地理教学回归生活［J］. 地理教育，2009（3）.
72. 孙勤. 构建有效教学的地理课堂［J］. 地理教育，2009（3）.
73. 马卫标. 高中地理教学应渗透生存技能教育［J］. 地理教育，2009（3）.
74. 牟哲富. 初、高中地理教学衔接初探［J］. 地理教育，2009（4）.
75. 李安洁. 培养学生抽象逻辑思维能力探析［J］. 地理教育，2009（4）.
76. 钱鸿霞. 关注课堂参与课堂［J］. 地理教育，2009（4）.
77. 陈淑娟. 谈地理研究性学习中教师的作用［J］. 地理教育，2009（4）.
78. 邹金海，郭全其等. 重视教材导问促进课堂生成［J］. 地理教育，2009（5）.
79. 武慧芳. 优化课堂教学培养多种能力［J］. 地理教育，2009（5）.
80. 郑燕. 结合高中课堂实施环境教育［J］. 地理教育，2009（5）.
81. 周祖卫. 激发创新思维提高实践能力［J］. 地理教育，2009（5）.
82. 周婉琴. 学习对生活有用的地理［J］. 地理教育，2009（6）.
83. 张靖. 多种方式发展学生地理能力［J］. 地理教育，2009（6）.
84. 刘以果. 地理课堂巧用“活动化教学”［J］. 地理教育，2009（6）.

85. 陶习军，陈辉明. 新课标下地理教师观念的转变 [J]. 地理教育，2009 (6).

86. 郭瑛. 谈谈高考前的心理疏导 [J]. 地理教育，2009 (3).

87. 金英姿. 谈文科学生地理思维品质的提升 [J]. 地理教育，2009 (2).

88. 杨进. 浅论高考地理试题研究的价值 [J]. 地理教育，2009 (2).

89. 李小冬. 巧用问题激活学生思维 [J]. 地理教育，2009 (4).

90. 邱丽娜. 在地理教学中培养学生的自我认识智能 [J]. 地理教育，2009 (1).

91. 叶回玉. 转变高三教师满堂灌的实践探索 [J]. 地理教育，2009 (2).

92. 任登峰. 高中地理教学案例编制原则刍议 [J]. 地理教育，2009 (3).

93. 王波儿，刘兰. 培养高中生提出问题能力的探讨 [J]. 地理教育，2009 (4).

94. 高奇峰. 地理空间再造想象能力的培养 [J]. 地理教育，2009 (4).

95. 熊莹莹，王宝剑. 地理课堂教学中的辩证思维 [J]. 地理教育，2009 (4).

96. 刘玲. Moodle 环境下“协作—探究学习模式”初探 [J]. 地理教育，2009 (6).

97. 高润，路紫. 地理教学过程中的视频资料及其使用 [J]. 地理教育，2009 (1).

98. 李自新. 信息技术与中学地理学科整合的问题与对策 [J]. 地理教育，2009 (1).

99. 白絮飞，夏志芳. 多元智能理论与教师多媒体呈示行为研究 [J]. 地理教育，2009 (5).

100. 杨娅娜. 让网络课程资源为地理教学添上双翼 [J]. 地理教育，2009 (5).

101. 丁运超. 区域性灾害教育应成为地理教学的重要内容 [J]. 地理教育，2009 (2).

102. 翟云霞. 刍议学生地理素质的培养 [J]. 地理教育，2009 (2).

103. 任维伟. 向侯仁之院士学做地理教师 [J]. 地理教育，

2009 (2).

104. 陈实，张志平. 地理概念教学的再认识 [J]. 地理教育，2009 (3).

105. 骆君柳. 德育——地理课堂教学永恒的旋律 [J]. 地理教育，2009 (4).

106. 周建民，吴秀玲. 巧用心理效应　课堂妙趣横生 [J]. 地理教育，2009 (4).

107. 任爱翔. 地理教师应具备的四种境界 [J]. 地理教育，2009 (5).

108. 林炳伟. 学地理悟人生 [J]. 地理教育，2009 (5).

109. 余洪明. 如何真正“读”懂经纬网图 [J]. 地理教育，2009 (1).

110. 王洪生. 地理识图技巧 [J]. 地理教育，2009 (1).

111. 刘康. 强化地图认知辅助地理教学 [J]. 地理教育，2009 (2).

112. 杨传英. 想象地图：开启地理学习之门的钥匙 [J]. 地理教育，2009 (3).

113. 王洪洲. 地图——让地理课堂动起来 [J]. 地理教育，2009 (3).

114. 李桂玲. 地理图像在地理教学中的作用 [J]. 地理教育，2009 (4).

115. 邹金伟，花溪. 脑中地图构建刍议 [J]. 地理教育，2009 (5).

116. 赵冠军. 地图：地理教学的第二语言 [J]. 地理教育，2009 (6).

117. 贺信. 狠抓教材理思路　落实基础活应用 [J]. 地理教育，2009 (1).

118. 姜婧华，崔著林等. 乡镇中学乡土地理教学现状调查研究 [J]. 地理教育，2009 (2).

119. 孙海燕，夏艳玲. 高校文化地理课程实施案例式教学探讨 [J]. 地理教育，2009 (2).

120. 南月省，连进元等. 地理新课程对师资培养的需求研究 [J]. 地理教育，2009 (4).

121. 于庆军. 高师地理科学专业课程体系建设研究 [J]. 地理教育，2009 (4).

122. 张勇. 浅谈新时期地理师范生教育实习的转变和发展 [J]. 地理教育，2009 (5).

123. 陈季. 高师地理实践教学体系构建探讨 [J]. 地理教育，2009 (6).

124. 李焱. 我国生态旅游发展对策初探 [J]. 地理教育，2009 (3).

125. 胡可花，陈方. 浅析地理教学中的“语言暴力” [J]. 地理教育，2009 (3).

126. 马镇衍. 地理简笔画技法 [J]. 中学地理教学参考，2009 (9).

127. 李家清，李文田. 中学地理课程改革 30 年回顾与启示 [J]. 中学地理教学参考，2009 (1)；2009 (2).

128. 李文田，李家清. 中学地理教材改革发展 30 年：回顾与思考 [J]. 中学地理教学参考，2009 (3).

129. 李家清，李文田. 30 年中学地理教学改革之回顾与启示 [J]. 中学地理教学参考，2009 (4).

130. 金如委，宫作民. 地理课程资源开发与利用的思考 [J]. 中学地理教学参考，2009 (4).

131. 于蓉，王必亚. 对情感态度与价值观可测量性的商榷 [J]. 中学地理教学参考，2009 (5).

132. 白玲. 地理教师优选有效课型的策略 [J]. 中学地理教学参考，2009 (6).

133. 邹金伟，朱良，闻振平. 乡土地理教学中心理地图的构建方法探讨 [J]. 中学地理教学参考，2009 (7).

134. 白文新. 地理课堂教学“三板”技能应用策略探析 [J]. 中学地理教学参考，2009 (9).

135. 白絮飞，杜卫红. 创设情境. 优化地理课堂作业设计 [J]. 中学地理教学参考，2009 (10).

136. 刘兰，段玉山. 职前教育阶段促进地理教师学科教学知识发展的策略 [J]. 中学地理教学参考，2009 (12).

137. 刘昌明. 发展与环境和谐问题的若干讨论 [J]. 中学地理教学参考，2009 (6).

138. 顾朝林. 当代人文地理学发展的新动向 [J]. 中学地理教学参考，2009 (6).

139. 陈桂珍，朱雪梅，钱丽娟. 地理课堂教学有效性的追问 [J]. 中学地理教学参考，2009 (10).

140. 施建萍. 时代呼唤开放式地理教学 [J]. 中学地理教学参考，2009 (1)；2009 (2).

141. 董瑞杰. 从有效性角度审视地理课堂提问的策略 [J].

中学地理教学参考，2009 (1)；2009 (2).

142. 杨士军，杨玉东. 浅谈陈述性地理知识教学的策略 [J]. 中学地理教学参考，2009 (1)；2009 (2).

143. 周胡建. 关于高中地理课程校本化教学的实践探讨 [J]. 中学地理教学参考，2009 (1)；2009 (2).

144. 李树民，耿素平，姚丹烨. 在地理教学中培养学生思维的策略案例 [J]. 中学地理教学参考，2009 (3).

145. 林元龙. 心理地图的内涵剖析和构建策略 [J]. 中学地理教学参考，2009 (4).

146. 吴春燕. 例谈地理教学设计的思维落点 [J]. 中学地理教学参考，2009 (4).

147. 段海六. 地理实验在中学地理课堂教学中的应用 [J]. 中学地理教学参考，2009 (6).

148. 陈桂珍. "师徒结对"活动中知道青年地理教师的路径 [J]. 中学地理教学参考，2009 (7).

149. 单永. 例谈如何进行具有"生命体征"的地理教学设计 [J]. 中学地理教学参考，2009 (9).

150. 薛东阳. 运用思维导图培养学生的地理思维能力 [J]. 中学地理教学参考，2009 (9).

151. 傅洋. 用概念图打造智能地理课堂 [J]. 中学地理教学参考，2009 (10).

152. 崔姬. 支架式教学原理在地理教学设计中的运用 [J]. 中学地理教学参考，2009 (10).

153. 汤国荣. 信息获取与解读技能在地理课堂教学中的有效训练 [J]. 中学地理教学参考，2009 (11).

154. 胡学发. "问题驱动、学案导学"教学模式的研究与实践 [J]. 中学地理教学参考，2009 (12).

155. 顾筱莉. 地理实验教学设计思路的初步探讨 [J]. 中学地理教学参考，2009 (12).

156. 宋瑛. 灾害地理与网络游戏整合的教学策略 [J]. 中学地理教学参考，2009 (1)；2009 (2).

157. 王刚，李树民. "多媒体地图"的制作和运用 [J]. 中学地理教学参考，2009 (1)；2009 (2).

158. 周慧. 高中地理教学中学生调查能力的培养——以人教版"必修 2"为例 [J]. 中学地理教学参考，2009 (1)；2009 (2).

159. 唐友能. 也谈 PowerPoint 的动画技巧 [J]. 中学地理

教学参考，2009（3）.

160. 高海波，陈建洪．学校地理课程资源库建设的初步实践［J］．中学地理教学参考，2009（10）.

161. 霍志达．澳门基础教育中地理室的发展回顾［J］．中学地理教学参考，2009（9）.

162. 谭达贤．以情意目标为导向的教学反思与建议——澳门地理教育视角［J］．中学地理教学参考，2009（10）.

163. 黄逸恒．澳门地理教师专业发展的回顾与展望［J］．中学地理教学参考，2009（5）.

164. 黄逸恒．澳门中学地理课程的历史发展［J］．中学地理教学参考，2009（7）.

165. 周慧心．浅谈澳门可持续发展教育［J］．中学地理教学参考，2009（3）.

166. 李治．开放式地理课堂教学的探讨［J］．中学地理教学参考，2009（3）.

167. 李宗录．构建自主学习的地理课堂［J］．中学地理教学参考，2009（3）.

168. 冯霞．从图文互译中培养学生的读图能力［J］．中学地理教学参考，2009（3）.

169. 张俊．地理课堂教学中的讲解技能［J］．中学地理教学参考，2009（3）.

170. 周建民．浅谈心理效应在地理课堂中的应用［J］．中学地理教学参考，2009（3）.

171. 龙德象．谈地理课堂教学中的小结形式［J］．中学地理教学参考，2009（3）.

172. 沈小泉．浅析中学地理课堂“三线—四步”教学模式［J］．中学地理教学参考，2009（3）.

173. 刘卫红．浅谈地理课堂有效教学策略——“四环节”教学法的实施［J］．中学地理教学参考，2009（3）.

174. 黄燕梅．初中地名教学“图—名”结构三级循环教学模式探讨［J］．中学地理教学参考，2009（4）.

175. 陈炳飞，陈玉萍．教师结论性语言的负面影响与对策［J］．中学地理教学参考，2009（5）.

176. 杨洋．电影欣赏走入地理课堂的教学模式探讨［J］．中学地理教学参考，2009（5）.

177. 姜家余．谈区域地理的“区域”定位方法［J］．中学地理教学参考，2009（5）.

178. 张雷. 建立模型　提高地理思维能力 [J]. 中学地理教学参考，2009 (5).

179. 张恒会. "五环节"地理课堂教学模式 [J]. 中学地理教学参考，2009 (6).

180. 杨怀志. 地理课堂讨论有效教学的探讨 [J]. 中学地理教学参考，2009 (7).

181. 魏贯通. 浅谈地理微型课教学 [J]. 中学地理教学参考，2009 (7).

182. 辛愿昌. 略谈地理概念教学 [J]. 中学地理教学参考，2009 (8).

183. 阳迪成. 地理课堂发上讲授教学与探究教学的融合 [J]. 中学地理教学参考，2009 (7).

184. 赵瑞远，秦秀芝. 浅谈高中地理教学中数学知识的应用 [J]. 中学地理教学参考，2009 (8).

185. 邓谋雨. 地理学习迁移浅析 [J]. 中学地理教学参考，2009 (8).

186. 张秀梅. "问题解决"式教学模式在地理教学中的应用 [J]. 中学地理教学参考，2009 (9).

187. 刘乐霞. 为学生"自主、合作、创新学习"创建平台 [J]. 中学地理教学参考，2009 (10).

188. 张大田. 试论暴露教学思维与提高教学质量之间的逻辑关系 [J]. 中学地理教学参考，2009 (11).

189. 吴春燕. 关注教学细节. 构建精彩课堂 [J]. 中学地理教学参考，2009 (11).

190. 杨崇广. 教学等待. 提高课堂教学有效性不可或缺的途径 [J]. 中学地理教学参考，2009 (12).

课程与教材研究

1. 曲忠厚. 高中地理新课标教材中的"案例"分析与运用——以人教版高中地理实验教科书（必修）为例 [J]. 课程·教材·教法，2009 (1).

2. 王向东，张立峰. 新课程不同版本初中地理实验教科书中区域选择的比较与内容编制策略研究 [J]. 课程·教材·教法，2009 (5).

3. 韩梅. 中学地理学科的环境伦理教育内容体系构建——兼论中学地理教科书中的环境伦理教育内容 [J]. 课程·教材·教法，2009 (6).

4. 段玉山，陈澄．初中地理教材体系结构设计的新尝试[J]．课程·教材·教法，2009（12）．

5. 杨林仙，邓秀艳，钟作慈．把握及处理高中地理新课程实验教材探讨[J]．地理教育，2008．（5）．

6. 裴春玉．对比四版本高中地理教材引发的思考——以大气热力环流为例[J]．内蒙古师范大学学报（教科版），2008（12）．

7. 裴春玉．高中地理新课程实验教材的有效整合[J]．内蒙古师范大学学报：教育科学版，2009（4）．

8. 林通．理解高中地理实验教科书对学生的作用[J]．地理教育，2009（4）．

9. 张广花，王民．高中地理实验教科书中城市地理内容设计的比较研究——以中图版和鲁教版为例[J]．中学地理教学参考，2008（11）．

10. 马骏．高中地理四种版本教材整合的尝试——以“地表形态对聚落及交通线路分布的影响”为例．地理教学，2009（1）．

11. 丁国庆．湘教版高中地理阅读材料的教学处理[J]．地理教学，2009（6）．

12. 林华，李日永．校本地理课程资源的开发与地理教学[J]．地理教学，2009（7）．

13. 刘坚．新课程：路在何方．地理教育，2009（2）．

14. 黄翔．从课程视角谈基础教育和谐发展[J]．地理教育，2009（4）．

15. 郑雅仪．香港新高中地理课程发展的走向[J]．地理教育，2009（2）．

16. 武彩，程菊．新课改下创设地理问题情境的心理学解释[J]．地理教育，2009（2）．

17. 彭晓萍．论地理新课程理念所倡导的教学形态特征[J]．地理教育，2009（3）．

18. 孙闯．地理教学中迁移能力培养策略初探[J]．地理教育，2009（4）．

19. 钱芸，宫作民．地理课程中有效教学与高效教学的思考[J]．地理教育，2009（4）．

20. 陈德旺．新课程教学如何进行地理实验[J]．地理教育，2009（6）．

21. 高峰，李现军．“城市内部空间结构”剖析[J]．地理教育，2009（1）．

22. 刘西国. 浅析工业区位选择问题 [J]. 地理教育，2009 (1).

23. 尹辅朝. “非洲”教学抓亮点 [J]. 地理教育，2009 (1).

24. 黄晓雯. 如何理解“可持续发展”的三大基本原则 [J]. 地理教育，2009 (2).

25. 梁晓灵. 探究活动突破“协调人地关系的主要途径” [J]. 地理教育，2009 (2).

26. 冯宜立. “城市发展和城市化”问题探究三例 [J]. 地理教育，2009 (2).

27. 郭能读. “认识省级区域”部分问题探讨 [J]. 地理教育，2009 (2).

28. 邵桂雪. “资源的跨区域调配——以南水北调为例”部分疑难解析 [J]. 地理教育，2009 (3).

29. 严龙成. “人类面临的环境问题与可持续发展”逻辑解读 [J]. 地理教育，2009 (3).

30. 于紫艳. 归纳对比“人类活动地域联系的主要方式” [J]. 地理教育，2009 (3).

31. 闫雪燕，舒德全. 易混淆的地理区域概念 [J]. 地理教育，2009 (3).

32. 唐彧. 演示法教学突破“昼夜长短变化”难点 [J]. 地理教育，2009 (4).

33. 张树东. 准确把握正午太阳高度的变化规律 [J]. 地理教育，2009 (4).

34. 邓士木. “区域发展差异”教学策略 [J]. 地理教育，2009 (4).

35. 徐桂. “从世界看中国”教材解析及教学建议 [J]. 地理教育，2009 (4).

36. 曹元. “水圈和水循环”探究活动七例 [J]. 地理教育，2009 (5).

37. 朱浩. 大气圈教学典型误区警示 [J]. 地理教育，2009 (5).

38. 赵守拙，储国方. “区域工业化与城市化”要点解析 [J]. 地理教育，2009 (5).

39. 唐敦浩，吴利民. 模型图的“魔变” [J]. 地理教育，2009 (5).

40. 范学术. 遥感技术及其应用的教学建议 [J]. 地理教育，

2009 (6).

41. 高梅. “我国资源的跨区域调配”重难点分析 [J]. 地理教育，2009 (6).

42. 周霞. 选择长江流域作为案例的几个理由 [J]. 地理教育，2009 (6).

43. 张明. “海洋环境”教学中应讲清的几个问题 [J]. 地理教育，2009 (6).

44. 张丽丽. 新课改下的地理探究性教学 [J]. 地理教育，2009 (2).

45. 黄晓虹. 与时俱进科学备考 [J]. 地理教育，2009 (1).

46. 邹邵林，曹飞跃等. 新课程下湖南省地理中考命题改革的回顾与展望 [J]. 地理教育，2009 (1).

47. 吴福平，彭琰清. 新课程理念下地理学案的编制与应用 [J]. 地理教育，2009 (3).

48. 何亚琼，苏筠等. 中学地理教材活动性课文特点分析 [J]. 地理教育，2009 (5).

49. 姚连凯，邓娴. 内地、香港高中地理教科书“活动”设置比较 [J]. 地理教育，2009 (5).

50. 花溪，邹金伟等. 新中国成立以来我国中学地理课程标准教学目标的变迁 [J]. 地理教育，2009 (6).

51. 周继晟. 新课程教学中的问题与反思 [J]. 地理教育，2009 (1).

52. 孙永珍. 浅析新课改下地理教学中的误区 [J]. 地理教育，2009 (1).

53. 朱良，周盈科等. 中俄地理教科书图像的比较研究 [J]. 地理教育，2009 (3).

54. 姚连凯. 内地、香港地理教科书图像系统比较研究 [J]. 地理教育，2009 (3).

55. 易桂芳. 俄罗斯七年级地理课件的特点 [J]. 地理教育，2009 (6).

56. 胡静，陈实. 中英高中地理教材章节内容比较探析 [J]. 地理教育，2009 (6).

57. 相炜，刘娟. 素质教育形势下高效地理课堂的构建 [J]. 地理教育，2009 (3).

58. 李亮，奇吴晓. 论新课改以来地理教育的发展 [J]. 地理教育，2009 (1).

59. 张广花，胡良民等. 我国城市地理学发展对中学地理课

程改革的影响 [J]. 地理教育，2009 (1).

60. 余映红. 英国中学课本《世界地理案例研究》编写特色探讨 [J]. 地理教育，2009 (1).

61. 张婷婷. 对《地理学导论》教材与课程的分析整合 [J]. 地理教育，2009 (4).

62. 陈文魁. 基于师生交流的地理课堂观察实践 [J]. 地理教育，2009 (5).

63. 薛秋. 高师教育与基础教育改革对接问题研究 [J]. 地理教育，2009 (6).

64. 朱雪梅，程志华. 不同版本教材同一内容的差异与处理——以"人口增长模式"为课例 [J]. 中学地理教学参考，2009 (Z1).

65. 朱雪梅，陈茜. 高中地理课堂教学中乡土化特色的功能实现——以"城市空间结构"为课例 [J]. 中学地理教学参考，2009 (3).

66. 陈桂珍，朱雪梅，李梅. "小组合作学习"的课堂行为与管理——以"农业地域类型"为课例 [J]. 中学地理教学参考，2009 (4).

67. 孙小红，朱雪梅. 用概念图评价课堂学习效能——以"交通运输布局变化的影响"为课例 [J]. 中学地理教学参考，2009 (5).

68. 朱雪梅，朱杰，窦立祥. 地理情感、态度与价值观教学目标的实现——以"可持续发展的基本内涵"为课例 [J]. 中学地理教学参考，2009 (6).

69. 潘竹娟，朱雪梅. 新课程对"生活化"地理课堂的诉求——以"正午太阳高度角的变化"为课例 [J]. 中学地理教学参考，2009 (7).

70. 朱雪梅，唐长林. 职初教师与专家型教师课堂提问的差异性研究——以高中地理"绪论"为课例 [J]. 中学地理教学参考，2009 (8).

71. 薛美云，朱雪梅，李鑫林. 课堂教学中地理比较法的应用策略——以"认识区域"为课例 [J]. 中学地理教学参考，2009 (9).

72. 朱雪梅，吴春燕. 地理案例教学的问题辨析与范式建构——以"资源的跨区域调配"为课例 [J]. 中学地理教学参考，2009 (11).

73. 宋颢. 新课程背景下高中地理课例研究的实践探索——

以“人类面临的主要环境问题”一节为例［J］．中学地理教学参考，2009（11）．

74．张剑平，朱雪梅，周文健．地理思维建模的实践与思考——以“全球气候变化及其对人类活动的影响”为课例［J］．中学地理教学参考，2009（12）．

75．孙小红．追求充满文化趣味的地理课堂——探索“为了每一个学生”可持续发展的课堂教学切入点［J］．中学地理教学参考，2009（1）；2009（2）．

76．徐淑霞．中学地理教学中的词义性学习障碍初探［J］．中学地理教学参考，2009（1）；2009（2）．

77．李晓云，程菊．也谈素质教育下的地理课堂设计——由全国优质课“地域文化与城市发展”说起［J］．中学地理教学参考，2009（1）；2009（2）．

78．肖贤昉．如何高效实施“教学案”一体化教学［J］．中学地理教学参考，2009（1）；2009（2）．

79．马苏楣．新课程背景下初中区域地理学习策略调查分析［J］．中学地理教学参考，2009（1）；2009（2）．

80．王锐．初中地理研究性学习的实践与思考——以南武实验学校八年级学生“地理广州”研究性学习为例［J］．中学地理教学参考，2009（1）；2009（2）．

81．成继龙．新课改理念下“案例教学”的操作方案——以人教版《工业地域的形成与发展》一章为例［J］．中学地理教学参考，2009（4）．

82．杜若杰，肖勇．高中地理讲评课的教学思路［J］．中学地理教学参考，2009（5）．

83．李小妹．新课程背景下地理课堂讨论存在的问题调查分析［J］．中学地理教学参考，2009（5）．

84．杨炜君．整合香港地理教材资源　提高课堂教学效益——谈“气候与人类活动”的教学体会［J］．中学地理教学参考，2009（5）．

85．曾玮，常华锋，温安武．新课程高中地理选修模块实施调查与建议［J］．中学地理教学参考，2009（6）．

86．崔超英．试论高中教材案例在复习备考中的功能与作用［J］．中学地理教学参考，2009（7）．

87．王静．四种新课标教材高中《地理》（必修1）中课文栏目系统的结构与功能研究［J］．中学地理教学参考，2009（8）．

88．鄂傲君．高中地理新课程教学中校本研究的问题诊断与

策略指导 [J]. 中学地理教学参考，2009 (8).

89. 王萃. 高中地理乡土探究教学模式的探索与实践 [J]. 中学地理教学参考，2009 (9).

90. 熊强. 新课程背景下地理备课组建设的新路探索 [J]. 中学地理教学参考，2009 (11).

91. 周慧，桂宁，杨向阳. 高中地理教学中学生实验能力的培养——以人教版必修 1 为例 [J]. 中学地理教学参考，2009 (5).

92. 周慧，桂宁. 高中地理教学中学生获取和解读地理信息能力的培养——以人教版必修 2 为例 [J]. 中学地理教学参考，2009 (6).

93. 周慧，王永航，郁华. 高中地理教学中学生推理能力的培养——以人教版必修 1 为例 [J]. 中学地理教学参考，2009 (7).

94. 周慧，杨向阳. 高中地理教学中学生考察能力的培养——以人教版必修 1 为例 [J]. 中学地理教学参考，2009 (8).

95. 周慧，丘运芳，郁华. 高中地理教学中学生区域分析与综合能力的培养——以人教版必修 3 为例 [J]. 中学地理教学参考，2009 (9).

96. 周慧，杨向阳. 高中地理教学中学生地理观测能力的培养 [J]. 中学地理教学参考，2009 (10).

97. 周慧，周向平，郁华. 如何在高中地理教学中培养学生的空间想象能力——以人教版必修 1 为例 [J]. 中学地理教学参考，2009 (11).

98. 周慧，桂宁. 高中地理教学中学生表述能力的培养——以人教版必修 1 为例 [J]. 中学地理教学参考，2009 (12).

99. 周慧，桂宁. 高中地理教学中学生生存能力的培养——以人教版选修模块五“自然灾害”为例 [J]. 中学地理教学参考，2009 (3).

100. 周惠，郁华，杨向阳. 高中地理教学中学生区域比较与分析能力的培养——以人教版必修 3 为例 [J]. 中学地理教学参考，2009 (4).

101. 单永地理教研室. 高中地理新课程教学辅导（连载）[J]. 中学地理教学参考，2009 (1)；2009 (2).

102. 单永地理工作室. 高中地理新课程教学辅导（连载）[J]. 中学地理教学参考，2009 (3).

103. 单永地理研究室. 高中地理新课程教学辅导（连载）

[J]. 中学地理教学参考，2009 (4).

104. 单永地理研究室. 高中地理新课程教学辅导（连载）——第七单元《人类与地理环境的协调发展》[J]. 中学地理教学参考，2009 (5).

105. 单永地理研究室. 高中地理新课程教学辅导（连载）[J]. 中学地理教学参考，2009 (6).

106. 单永地理研究室. 高中地理新课程教学辅导 [J]. 中学地理教学参考，2009 (7).

107. 单永地理研究室. 高中地理新课程教学辅导 [J]. 中学地理教学参考，2009 (8).

108. 陈颖斐. 受控评价在英国 GCSE 地理课程中的运用 [J]. 中学地理教学参考，2009 (1)；2009 (2).

109. 陈红. 如何发展中学生关于世界的心理地图——一位美国中学地理教师的相关研究 [J]. 中学地理教学参考，2009 (3).

110. 白絮飞，夏志芳. 中俄地理基础教育改革比较研究 [J]. 中学地理教学参考，2009 (5).

111. 王传兵，杨代虎. 美国中学地理教科书的特点与启示 [J]. 中学地理教学参考，2009 (9).

112. 赵亚夫，张方鼎. 日本最新高中地理学习指导要领 [J]. 中学地理教学参考，2009 (12).

113. 黄逸恒. 澳门地理教育回顾、现状与展望（一）[J]. 中学地理教学参考，2009 (1)；(2).

114. 张维堂. 新课程视野下中学地理学案设计的探索 [J]. 中学地理教学参考，2009 (3).

115. 王晔. 新课程理念下中学地理说课评价标准的构建 [J]. 中学地理教学参考，2009 (4).

116. 李春红. 高中乡土地理教学实施的厘定 [J]. 中学地理教学参考，2009 (4).

117. 李丽辉. 新课程背景下的地理作业设计 [J]. 中学地理教学参考，2009 (5).

118. 王阳. 新课程背景下地理课堂板书设计的探讨 [J]. 中学地理教学参考，2009 (11).

119. 刘敬恩. 新课程初中地理命题思想探微 [J]. 中学地理教学参考，2009 (12).

教学实践与教学评价

1. 徐宝芳，白瑞敏，张素芬，陈瑞军. 地理新课程与双动两案教学模式研究［J］．内蒙古师范大学学报（教育科学版），2009（4）．

2. 王丽云，王传武．地理学科几种图表的判读方法［J］．中学政史地，2009（4）．

3. 张秀云．地理空间定位五法［J］．高中生·高考指导，2009（4）．

4. 王文结．高中地理课堂教学有效性初探［J］．教育导刊，2009（9）．

5. 胡继中．中学地理课堂教学的“五个一”模式刍议［J］．中小学教学研究，2009（5）．

6. 唐敦浩．发展学生地理信息加工能力探究［J］．新课程研究（教师教育），2009（18）．

7. 敖道．试论中学地理教学中的实验教学［J］．前沿，2009（3）．

8. 王守民．2009年地理总复习策略与方法［J］．考试：高考文科版，2009（1）．

9. 王树声．信息技术在地理教学中的最优化应用［J］．中小学信息技术教育，2009（2）．

10. 施鲁．有效开展高中地理“活动”教学的探究．上海师范大学学报：基础教育版，2009（2）．

11. 李青霞．基于ARCS模型的地理学习动机设计——以人教版地理相关教学案例为例［J］．内蒙古师范大学学报：教育科学版，2009（6）．

12. 陈东．高效提问策略在初中地理读图教学中的应用［J］．教学月刊：中学版，2009（9）．

13. 曾春霞．新课标下多媒体技术在地理教学中的应用探讨［J］．吉林省教育学院学报，2009（4）．

14. 邓成凤．高中地理教学中的学法指导［J］．地理教学，2009（2）．

15. 彭晓斐．命题研讨法在地理专题复习中的运用［J］．地理教学，2009（3）．

16. 李功爱．中学地理课堂教学评课的几点要求［J］．地理教学，2009（8）．

17. 林培英．伴随高考走到今天的高中地理课程［J］．地理教学，2009（9）．

18. 李艳．信息技术与地理教学整合方法的探讨［J］．地理教育，2009（2）．

19. 王潇. 浅谈地理学习与备考 [J]. 地理教育，2009 (2).

20. 施福荣. 巧妙设计，演绎精彩课堂 [J]. 中学地理教学参考，2009 (1)；2009 (2).

21. 单永. 例谈教师“说课”存在的误区 [J]. 中学地理教学参考，2009 (12).

22. 邵胜新. 文综地理复习中突出“过程与方法”的复习策略 [J]. 中学地理教学参考，2009 (4).

23. 吴跃敏. 浅议提高试题讲评质量的实践与思考 [J]. 中学地理教学参考，2009 (4).

24. 白瑞敏，徐宝芳. 地理比较法在高中地理教学中的应用研究 [J]. 中学历史、地理教与学，2009 (1).

25. 张言顺. “地理头脑”的内涵及其对地理教育改革的启示 [J]. 中学历史、地理教与学，2009 (4).

26. 过晔俊，吴琴琴，李马燕. 高中地理学业评价标准研发 [J]. 地理教学，2009 (1).

27. 张琦. 高中地理“环境保护”模块活动案例研究 [J]. 地理教学，2009 (1).

28. 侯丹丹，裴斐. “城市化过程中的问题及其解决途径”教学设计 [J]. 地理教学，2009 (1).

29. 张逢成. “岩石圈的物质循环”教学设计 [J]. 地理教学，2009 (1).

30. 于慧. 谈高中新课程区域地理的案例教学 [J]. 地理教学，2009 (1).

31. 曹嵘，陆弘德. “埃及”一课课堂提问的设计 [J]. 地理教学，2009 (1).

32. 刘书奇. “世界的语言和宗教”一节教学设计 [J]. 地理教学，2009 (1).

33. 栗宁. 幽默激发兴趣　激活课堂教学 [J]. 地理教学，2009 (1).

34. 熊雪梅. 从“你是怎么想的”说开去 [J]. 地理教学，2009 (1).

35. 张东顺. 学生地理学习习惯的培养 [J]. 地理教学，2009 (1).

36. 石联伟. 地理解题常见的几种错误思维定势及对策 [J]. 地理教学，2009 (1).

37. 曹文，宋宝和. 对新高考地理学科中“探究性问题”的探究 [J]. 地理教学，2009 (1).

38. 潘永成，姜张木. 高考文综地理试题答题分析 [J]. 地理教学，2009 (1).

39. 朱雪梅. 高三地理教师现场命题的研修活动与感悟 [J]. 地理教学，2009 (1).

40. 高晓静. 采用诗歌形式　进行课堂总结 [J]. 地理教学，2009 (1).

41. 孔欣. 只有细心读图　才能准确答题 [J]. 地理教学，2009 (1).

42. 刘丽. 理论联系实际　讲解区位含义 [J]. 地理教学，2009 (1).

43. 梁运斌. 丰富教学内容　增加学习激情 [J]. 地理教学，2009 (1).

44. 成继龙. "工业地域的形成与发展"一章的案例教学 [J]. 地理教学，2009 (2).

45. 孙继虎. "日全食"观测活动的设计与实施 [J]. 地理教学，2009 (2).

46. 许滢倩. "地震"一课教学设计 [J]. 地理教学，2009 (2).

47. 林志胜. "西北地区和青藏地区"一节活动设计 [J]. 地理教学，2009 (2).

48. 相晓东.《地理填充图册》的有效使用 [J]. 地理教学，2009 (2).

49. 于紫艳. 谈高三区域地理复习 [J]. 地理教学，2009 (2).

50. 邵俊峰. 地理高考复习中的减法与加法 [J]. 地理教学，2009 (2).

51. 程乐清，韩德和. 从近三年高考"文综大综合题"看地理复习 [J]. 地理教学，2009 (2).

52. 李兴防. 从人文地理的命题形式探索答题规律与技巧 [J]. 地理教学，2009 (2).

53. 黄雷. 合作探究学习　防止追求形式 [J]. 地理教学，2009 (2).

54. 田根宪. 选择拓展案例　需要仔细推敲 [J]. 地理教学，2009 (2).

55. 刘鹤林. 遇到偶发事件　沉着冷静处理 [J]. 地理教学，2009 (2).

56. 张永. 紧紧抓住"三活"实现"三维目标" [J]. 地理教

学，2009（2）.

57. 高辉. 精心设计教学　实现图文转换［J］. 地理教学，2009（2）.

58. 周静. “资源的跨区域调配”一节的探究学习［J］. 地理教学，2009（3）.

59. 郑霁云. “工业区位”一课的教学设计如何达到有效教学［J］. 地理教学，2009（3）.

60. 陈立新. “城市区位选择”的复习思路［J］. 地理教学，2009（3）.

61. 陈春方. 中学地理教材中的地图分类和应用［J］. 地理教学，2009（3）.

62. 郭能读. “认识省内区域”一章备课参考［J］. 地理教学，2009（3）.

63. 林志胜. “西南边陲的特色旅游区——西双版纳”教学设计［J］. 地理教学，2009（3）.

64. 夏继宏. 由学生“越轨”行为引发的思考［J］. 地理教学，2009（3）.

65. 朱海红. 地理课堂“拓展教学”误区探微［J］. 地理教学，2009（3）.

66. 是明艳. 利用“三化”教学构建探究性地理课堂［J］. 地理教学，2009（3）.

67. 王海荣. “能源问题”考点分析［J］. 地理教学，2009（3）.

68. 王珍. 高三复习地理练习题解析［J］. 地理教学，2009（3）.

69. 金春，胡星荣. 矿产分布繁杂　记忆方法有序［J］. 地理教学，2009（3）.

70. 莫细新. 巧用实物模型　草绘等高等线图［J］. 地理教学，2009（3）.

71. 尹承华. 角色扮演有效　教学难点解决［J］. 地理教学，2009（3）.

72. 孟志三. 学生提出问题　教师认真探讨［J］. 地理教学，2009（3）.

73. 杨永梅. 注重导语设计　拉开教学“序幕”［J］. 地理教学，2009（3）.

74. 方荟蕾. “地理空间分布”知识结构和认知方法［J］. 地理教学，2009（4）.

75. 叶昌华. 高中地理“区域工业化和城市化进程”课例研究 [J]. 地理教学，2009 (4).

76. 廖书庆. 把“备学生”真正落到实处的探讨 [J]. 地理教学，2009 (4).

77. 洪成旗. 地理“活动建议”的教与学 [J]. 地理教学，2009 (4).

78. 张玉强. 地理课堂教学中的问题设计 [J]. 地理教学，2009 (4).

79. 邓士木. “区域产业活动”教学设计 [J]. 地理教学，2009 (4).

80. 张继云. “工业的区位因素与区位选择”教学过程设计 [J]. 地理教学，2009 (4).

81. 王全. 区位因素分析知识梳理 [J]. 地理教学，2009 (4).

82. 王世文. “人口迁移”复习中整合教材的尝试 [J]. 地理教学，2009 (4).

83. 李卫，赵新杰. “西北地区”的教学实践及教学反思 [J]. 地理教学，2009 (4).

84. 陈远志. 初中地理作业设计与评价 [J]. 地理教学，2009 (4).

85. 孙爱丽. 分享旅游收获　丰富地理课堂 [J]. 地理教学，2009 (4).

86. 马建宙. 《旅游地理》教学与爱国主义教育 [J]. 地理教学，2009 (4).

87. 郑云清. 转变学生学习方式　实现地理教学价值 [J]. 地理教学，2009 (4).

88. 李慎中. 高考地理复习测试题 [J]. 地理教学，2009 (4).

89. 夏继宏. 2008 年高考地理试卷中有关“确定季节”的试题剖析 [J]. 地理教学，2009 (4).

90. 过其明. 高考试题的“稳”与“变” [J]. 地理教学，2009 (4).

91. 陆才稳. 辩证分析诗词　加深规律认识 [J]. 地理教学，2009 (4).

92. 赵军. 教师评价延迟　学生思维持续 [J]. 地理教学，2009 (4).

93. 章海峰. 利用自身经历　创设教学情境 [J]. 地理教学，

2009 (4).

94. 高辉. 借用四大名著　活跃地理课堂 [J]. 地理教学, 2009 (4).

95. 林志胜. "巴西"一节教学过程设计 [J]. 地理教学, 2009 (5).

96. 张国. 浅谈南亚季风与东亚季风的几点不同 [J]. 地理教学, 2009 (5).

97. 李道春. "知识串联法"在地理复习中的运用 [J]. 地理教学, 2009 (5).

98. 邹扬. 巧借课堂环境　解决地理难题 [J]. 地理教学, 2009 (5).

99. 陈炳飞. 巧妙运用案例　激活复习教学 [J]. 地理教学, 2009 (5).

100. 凌锋. 地理学习因"问"而精彩 [J]. 地理教学, 2009 (5).

101. 吴照. 地理高考命题改革对高中地理教与学的导向作用 [J]. 地理教学, 2009 (5).

102. 高梅. 高考地理"易错"考点分析 [J]. 地理教学, 2009 (5).

103. 程秀良. 地理备考应关注的热点问题 [J]. 地理教学, 2009 (5).

104. 马兴海. 科学分析试卷　实施有效教学 [J]. 地理教学, 2009 (5).

105. 孙德勤. 高中地理必修三的教学策略 [J]. 地理教学, 2009 (6).

106. 吴建新. 利用正弦曲线图进行"地球公转"的教学 [J]. 地理教学, 2009 (6).

107. 于紫艳. "人类活动地域联系的主要方式"的知识分层 [J]. 地理教学, 2009 (6).

108. 刘书奇. "欧洲西部"一节的活动模块设计 [J]. 地理教学, 2009 (6).

109. 张玉红. 美国的几种特殊天气 [J]. 地理教学, 2009 (6).

110. 滕立洋. 例谈学生地理思维能力的培养 [J]. 地理教学, 2009 (6).

111. 张建春. 新课程地理有效教学的"三思" [J]. 地理教学, 2009 (6).

112. 解胜先，王蕾．刘乐霞．课后作业方式转变的探索［J］．地理教学，2009（6）．

113. 辛永刚．浅议高中地理课堂教学中动态思维的建立［J］．地理教学，2009（6）．

114. 金春．如何规范高考地理综合题的解答语言［J］．地理教学，2009（6）．

115. 黄崇亚．李伶水．运用广告词语　课堂教学生辉［J］．地理教学，2009（6）．

116. 闫雪燕，舒德全．把握提问时空　优化提问效果［J］．地理教学，2009（6）．

117. 曹军．运用地理史实　吸引学生参与［J］．地理教学，2009（6）．

118. 刘长凤．反复推敲“狭”“长”　细辨气候成因［J］．地理教学，2009（6）．

119. 庞甲法．联系生活实际　注重问题设计［J］．地理教学，2009（6）．

120. 牛志杰．重视情感交流　优化课堂气氛［J］．地理教学，2009（6）．

121. 林志胜．“宇宙中的地球”一节教学过程设计［J］．地理教学，2009（7）．

122. 刘伟．关于农业区位选择的探讨［J］．地理教学，2009（7）．

123. 李朋娟．“工业的区位因素与区位选择”一节学案［J］．地理教学，2009（7）．

124. 周雪忠．“中国的气候特点”一课教学设计［J］．地理教学，2009（7）．

125. 黄胜．利用007电影辅助世界地理教学［J］．地理教学，2009（7）．

126. 张芹．“中国的土地资源”一节教学后的思考［J］．地理教学，2009（7）．

127. 徐林建．地理小专题活动的实践与思考［J］．地理教学，2009（7）．

128. 王晓玲．由一堂“脱下盛装”的地理公开课引发的思考［J］．地理教学，2009（7）．

129. 吴同秋．飞机飞行时昼夜长短的变化［J］．地理教学，2009（7）．

130. 2009年普通高等学校招生全国统一考试．文科综合能力测试（地理部分）[J]. 地理教学，2009（7）.

131. 王利霞. 提高中学地理教研活动有效性的几点思考[J]. 地理教学，2009（7）.

132. 张晓虎. 选用地理素材　形象描述讲解 [J]. 地理教学，2009（7）.

133. 奉明茂. 利用网络视频　丰富地理素材 [J]. 地理教学，2009（7）.

134. 丁春山. 设计地理实验　学生动手动脑 [J]. 地理教学，2009（7）.

135. 潘建. 呈现特殊问题　激活探究欲望 [J]. 地理教学，2009（7）.

136. 卢明森. 把握课堂生成　课堂激情飞扬 [J]. 地理教学，2009（7）.

137. 陆维行. 读图填图绘图　形成空间定位 [J]. 地理教学，2009（7）.

138. 孙兴云. "流域综合治理与开发——以田纳西河流域为例"的教学 [J]. 地理教学，2009（8）.

139. 王家鼎，王殿军. 用讲故事的方法上高一地理绪言课[J]. 地理教学，2009（8）.

140. 谭富才. 借助物理知识解决地理难点 [J]. 地理教学，2009（8）.

141. 王明峰. 刍议高中地理案例分析教学 [J]. 地理教学，2009（8）.

142. 袁玉玲. 初中地理的第二堂课的教学 [J]. 地理教学，2009（8）.

143. 郭能读. 七年级地理上册前几章备课参考 [J]. 地理教学，2009（8）.

144. 陈鹏飞. "地球的运动"一节的教学设计 [J]. 地理教学，2009（8）.

145. 何秉睿. 带领学生进行地理学习实践活动 [J]. 地理教学，2009（8）.

146. 卢明森. 构建开放式地理课堂教学 [J]. 地理教学，2009（8）.

147. 肖军华. 运用Google Earth软件突破"地球"教学难点[J]. 地理教学，2009（8）.

148. 郑明进. 基于课例研究的地理区级教研活动 [J]. 地理教学，2009（8）.

149. 王世文. 透过一道高考试题对气温年变化问题的再思考 [J]. 地理教学，2009 (8).

150. 选摘 . 2009 年全国普通高等学校招生统一考试 上海地理试卷 [J]. 地理教学，2009 (8).

151. 刘江荣. 目标设计明确 教学指向清晰 [J]. 地理教学，2009 (8).

152. 唐文红. 师生交往互动 课堂充满活力 [J]. 地理教学，2009 (8).

153. 孙西美. 巧用手边资源 突破教学难点 [J]. 地理教学，2009 (8).

154. 樊利明. 精心设计问题 成就高效课堂 [J]. 地理教学，2009 (8).

155. 张新. 联系其他学科 导入新课有趣 [J]. 地理教学，2009 (8).

156. 叶成福. 借助动口说话 训练学生思维 [J]. 地理教学，2009 (8).

157. 罗士琴，陈实. “板图”在地理课堂教学中应用的问题及对策 [J]. 地理教学，2009 (9).

158. 周文玉. 高中自然地理中的几个问题 [J]. 地理教学，2009 (9).

159. 王耀平. 浅谈如何提高高中自然地理教学的趣味性 [J]. 地理教学，2009 (9).

160. 张伟利. “地球的运动”一节教学分析与反思 [J]. 地理教学，2009 (9).

161. 林志胜. “辽阔的疆域”一节教学过程设计 [J]. 地理教学，2009 (9).

162. 李小妹. “地图 · 国家”一课观摩与思考 [J]. 地理教学，2009 (9).

163. 程益贵. 合脚，才能走得更远 [J]. 地理教学，2009 (9).

164. 饶水平. 地理学习纠错笔记的建立和使用策略 [J]. 地理教学，2009 (9).

165. 徐金云. 生活中处处有地理 [J]. 地理教学，2009 (9).

166. 选摘 . 2009 年普通高等学校招生全国统一考试地理（海南卷）[J]. 地理教学，2009 (9).

167. 鲁爱华. 由一道高考地理试题想到的试题立意问题

[J]. 地理教学，2009（9）.

168. 过其明，2009 年高考安徽文综卷地理试题解析 [J]. 地理教学，2009（9）.

169. 王永民. 从海南高考试题看日出日落时的太阳方位 [J]. 地理教学，2009（9）.

170. 李宗录. 学案导学教学关键在于引导 [J]. 地理教学，2009（9）.

171. 王磊. 编制地理口诀　提高教学效益 [J]. 地理教学，2009（9）.

172. 夏红燕. 注重贴近生活学生积极主动 [J]. 地理教学，2009（9）.

173. 卢钢，柯健. 重视模拟实验突破重点难点 [J]. 地理教学，2009（9）.

174. 江虎成. 计算地理数据凸显三维目标 [J]. 地理教学，2009（9）.

175. 殷育楠. “全球变暖”一节教学设计与反思 [J]. 地理教学，2009（10）.

176. 王科. “湿地资源的开发与保护”一节学案的设计与应用 [J]. 地理教学，2009（10）.

177. 王波儿，何美珑. “因地制宜发展农业”一节教学设计 [J]. 地理教学，2009（10）.

178. 胡春波. “海陆的变迁”一节教学设计 [J]. 地理教学，2009（10）.

179. 郭能读. “中国的自然资源”备课参考 [J]. 地理教学，2009（10）.

180. 樊军志，党喜奎. 谈地理教学案例的处理方法 [J]. 地理教学，2009（10）.

181. 张立. 地理课堂的“味道” [J]. 地理教学，2009（10）.

182. 蒋萍. 关注过程与方法　提升情感态度价值观 [J]. 地理教学，2009（10）.

183. 选摘 . 2009 年普通高等学校招生全国统一考试文科综合能力测试（宁夏卷地理部分）[J]. 地理教学，2009（10）.

184. 左兴俊，卢俊杰. 文科综合能力测试地理试题（山东卷）解析 [J]. 地理教学，2009（10）.

185. 周红星. 利用 QQ 群提升地理教研活动水平 [J]. 地理教学，2009（10）.

186. 黄守仁. 变课文为问题　用地图练能力 [J]. 地理教学，2009 (10).

187. 徐以山. 强化“母图”意识　优化地理教学 [J]. 地理教学，2009 (10).

188. 周建芳. 注重“过程”设计　实现“方法”目标 [J]. 地理教学，2009 (10).

189. 李德桥. 挂图图册配合　有利地理教学 [J]. 地理教学，2009 (10).

190. 梁海斌. 挖掘地理趣事　促进学生乐学 [J]. 地理教学，2009 (10).

191. 常华锋. 如何判断一堂地理好课 [J]. 地理教学，2009 (11).

192. 陈庆军. 乡土地理教学案例的编写 [J]. 地理教学，2009 (11).

193. 徐晓玲. “地震中的自救与互救”的系列活动 [J]. 地理教学，2009 (11).

194. 鲁爱华. “地形影响分析”教学要点剖析 [J]. 地理教学，2009 (11).

195. 成继龙，严乃超. “人口的空间变化”一节的问题设计 [J]. 地理教学，2009 (11).

196. 林志胜. “人类的居住地——聚落”一节教学过程设计 [J]. 地理教学，2009 (11).

197. 陈芸. “面向海洋的开放地区——珠江三角洲”教学设计 [J]. 地理教学，2009 (11).

198. 叶晓平，王晨光. 如何把握地理试题中的关键词 [J]. 地理教学，2009 (11).

199. 王龙. 郑恩才，2009 年高考地理选修模块试题纵览 [J]. 地理教学，2009 (11).

200. 明春. 2009 年江苏高考地理试题特点及高三复习思考 [J]. 地理教学，2009 (11).

201. 杨崇广，梁浩浩. 积累点滴片段　形成精彩课堂 [J]. 地理教学，2009 (11).

202. 黄雷. 解放天然情感　唤醒生命意识 [J]. 地理教学，2009 (11).

203. 孔欣. 要破解光照图　晨昏线是关键 [J]. 地理教学，2009 (11).

204. 张义兵. 学生收集资料　编制文摘卡片 [J]. 地理教

学，2009（11）.

205. 王建明. 深入剖析图意　挖掘知识内涵［J］. 地理教学，2009（11）.

206. 成继龙，严乃超. “农业区位选择”一节学生的“问题生成”［J］. 地理教学，2009（12）.

207. 余晶. “交通运输布局”一节的案例教学［J］. 地理教学，2009（12）.

208. 郭钢岁. 初中地理课堂教学中教师的引导作用［J］. 地理教学，2009（12）.

209. 李云吾. “人口警钟须长鸣”一节的教学［J］. 地理教学，2009（12）.

210. 杨雪娇. 例谈“活用”活动教学［J］. 地理教学，2009（12）.

211. 瞿汉荣，尤玉明. 运用图表要做到一图多“求”［J］. 地理教学，2009（12）.

212. 凌锋. 让地理课堂教学回归有效［J］. 地理教学，2009（12）.

213. 林志胜. 七年级地理上册期末试卷［J］. 地理教学，2009（12）.

214. 鲁爱华，张明. 高考综合题核心问题归类与答题误区分析［J］. 地理教学，2009（12）.

215. 呼晓侠. 有关正午日影朝向与长短的变化规律及应用［J］. 地理教学，2009（12）.

216. 史新强，江晔. 美国教材《地理：地质学、环境与宇宙》评介［J］. 地理教学，2009（12）.

217. 吕新美. 创建学生留言　解答疑难困惑［J］. 地理教学，2009（12）.

218. 黄雷. 体现探究过程　表征探究结构［J］. 地理教学，2009（12）.

219. 耿顺传. 一石可投三鸟　一举能够多得［J］. 地理教学，2009（12）.

220. 王建明. 联系生活实例　突破教材疑难［J］. 地理教学，2009（12）.

221. 潘建. 呈现特殊问题　提升分析能力［J］. 地理教学，2009（12）.

222. 裘腋成. 课堂“管理”探微［J］. 地理教育，2009（5）.

223. 施文杰. 地理教研组组风建设实践 [J]. 地理教育，2009 (6).

224. 朱诚恳. 地理教研组建设的反思 [J]. 地理教育，2009 (6).

225. 王姝. 课堂教学中如何互动 [J]. 地理教育，2009 (1).

226. 顾松明. 如何对课堂教学进行“新”定位 [J]. 地理教育，2009 (4).

227. 廖书庆. 如何发挥地理备课组的功能 [J]. 地理教育，2009 (4).

228. 孙惠敏. 地理教师如何说课 [J]. 地理教育，2009 (6).

229. 陈远兰. “地域文化与城市发展”教学设计 [J]. 地理教育，2009 (1).

230. 胡春波. “逐步完善的交通运输网”教学实录 [J]. 地理教育，2009 (1).

231. 黄雷. “极地地区”教学创新 [J]. 地理教育，2009 (2).

232. 琚艳丽，龚学灿. “中国的可持续发展”案例教学 [J]. 地理教育，2009 (2).

233. 林志胜. “荒漠化的成因与防治”教学案例 [J]. 地理教育，2009 (3).

234. 黄崇亚，李伶水. “古朴秦川——陕西省”教案设计 [J]. 地理教育，2009 (3).

235. 李凤英. “中国三大自然区自然环境的差异”教学构想 [J]. 地理教育，2009 (4).

236. 陈娟. “气温和气温的变化”第一课时教学实录 [J]. 地理教育，2009 (4).

237. 刘娟，相炜. “大气的运动”教学设计 [J]. 地理教育，2009 (5).

238. 段春霞，黄京鸿. “自然资源总量丰富人均不足”教学创新 [J]. 地理教育，2009 (5).

239. 王畅. “地理信息系统及其应用”教学构想 [J]. 地理教育，2009 (6).

240. 郁丽娟，赵锋. “西北地区和青藏地区”课堂实录 [J]. 地理教育，2009 (6).

241. 励明海. 在地理教学中巧抓“质疑点”[J]. 地理教育，

2009 (1).

242. 冯丹. 谈区域可持续发展教材内容的提炼 [J]. 地理教育，2009 (1).

243. 施文杰. 尝试回忆法在地理复习中的科学应用 [J]. 地理教育，2009 (1).

244. 凌锋. 把握复习方法提高教学效率 [J]. 地理教育，2009 (1).

245. 金爱春，陈晔. 建构知识网络优化高三地理复习 [J]. 地理教育，2009 (2).

246. 宋有青 .2009 年高考地理冲刺制胜策略 [J]. 地理教育，2009 (3).

247. 杨耀英. "高中地理必修 2" 复习对策 [J]. 地理教育，2009 (3).

248. 董永盛. 好心态，好状态 [J]. 地理教育，2009 (3).

249. 邵胜新. 文综地理运用 "过程与方法" 的复习策略 [J]. 地理教育，2009 (4).

250. 钟有长. 谈 2010 年地理备考策略 [J]. 地理教育，2009 (5).

251. 王书伦. 浅议高三地理复习策略 [J]. 地理教育，2009 (5).

252. 吴伟，张卫平. 2010 年高考地理备考五大策略 [J]. 地理教育，2009 (6).

253. 曹文. 由高考试题特点谈中学地理备考 [J]. 地理教育，2009 (6).

254. 袁兰. "中国的国土整治与开发" 专题复习构想 [J]. 地理教育，2009 (1).

255. 贾国强. 农业区位分析方法探讨 [J]. 地理教育，2009 (1).

256. 朱佑芳. 如何复习区域地理 [J]. 地理教育，2009 (1).

257. 甘清华. 世界重要国家或地区专题复习策略 [J]. 地理教育，2009 (2).

258. 左东奇. 高考地理热点类试题归纳分析 [J]. 地理教育，2009 (2).

259. 邵梅，陈利清. 浅谈高三地理小专题复习 [J]. 地理教育，2009 (2).

260. 王思鹏. 太阳高度的判读 [J]. 地理教育，2009 (4).

261. 陈新伟. 一个关于极地太阳高度的命题求证及应用[J]. 地理教育，2009（4）.

262. 徐君. 空间概念、空间推理与空间分析[J]. 地理教育，2009（4）.

263. 杨斌，汪萍等. 一题一议[J]. 地理教育，2009（4）.

264. 王宏. 从小区域着手. 突破区域地理复习“瓶颈”[J]. 地理教育，2009（5）.

265. 孟庆亮. 光照图突破“点”[J]. 地理教育，2009（5）.

266. 周晓兰. 太阳的周日视运动[J]. 地理教育，2009（5）.

267. 薛桂领，汪萍等. 一题一议[J]. 地理教育，2009（5）.

268. 李岳樵. 2010年自然地理专题复习点拨[J]. 地理教育，2009（6）.

269. 金柔芳. 借助风向知识巧学锋面气旋图[J]. 地理教育，2009（6）.

270. 王宏，龚声全等. 一题一议[J]. 地理教育，2009（6）.

271. 谢明，王君威等. 综合题撷英[J]. 地理教育，2009（1）.

272. 胡阔伟，肖志蹈等. 一题一议[J]. 地理教育，2009（1）.

273. 洪泽，鲁爱华等. 综合题撷英[J]. 地理教育，2009（2）.

274. 陈朝霞，赵凤玲等. 一题一议[J]. 地理教育，2009（2）.

275. 张志辉，王荫民等. 热点综合试题撷英[J]. 地理教育，2009（3）.

276. 王学刚，王汝华等. 一题一议[J]. 地理教育，2009（3）.

277. 孔欣. 2009年高考地理模拟试题（一）[J]. 地理教育，2009（1）.

278. 罗华明，朱长胜. 2009年高考地理模拟试题（二）[J]. 地理教育，2009（1）.

279. 刘向力，杨小华. 2009年高考地理模拟试题（三）[J]. 地理教育，2009（1）.

280. 邵英. 2009年高考地理模拟试题（四）[J]. 地理教育，

2009 (2).

281. 张文革．2009 年高考地理模拟试题（五）[J]. 地理教育，2009 (2).

282. 陈争一．2009 年高考地理模拟试题（六）[J]. 地理教育，2009 (2).

283. 孟志三．2009 年高考地理模拟试题（七）[J]. 地理教育，2009 (2).

284. 李跃进．2009 年高考地理模拟试题（八）[J]. 地理教育，2009 (3).

285. 吴昭洪．2009 年高考地理模拟试题（九）[J]. 地理教育，2009 (3).

286. 吴俊和，胡龙成．2009 年高考地理模拟试题（十）[J]. 地理教育，2009 (3).

287. 杨爽．“四个学会”巧破题 [J]. 地理教育，2009 (3).

288. 王永民．地理主观性问答题的应试策略 [J]. 地理教育，2009 (3).

289. 姜琳．2009 年高考文综地理试题全国卷Ⅰ评析 [J]. 地理教育，2009 (4).

290. 耿顺传．2009 年高考文综地理试题山东卷评析 [J]. 地理教育，2009 (4).

291. 李晓军．2009 年高考地理试题广东卷简评 [J]. 地理教育，2009 (4).

292. 孟宪起．2009 年高考文综地理试题天津卷简评 [J]. 地理教育，2009 (4).

293. 胡星荣．2009 年高考地理试题江苏卷评析 [J]. 地理教育，2009 (5).

294. 黄志刚．2009 年高考文综地理试题宁夏卷评析 [J]. 地理教育，2009 (5).

295. 叶见林．2009 年高考文综地理试题四川卷评析 [J]. 地理教育，2009 (5).

296. 郑于艺．2009 年高考文综地理试题福建卷简评 [J]. 地理教育，2009 (6).

297. 楼利苗．2009 年高考文综地理试题全国卷Ⅱ评析 [J]. 地理教育，2009 (6).

298. 相炜．自然地理综合复习题（一）[J]. 地理教育，2009 (4).

299. 侯志坚．自然地理综合复习题（二）[J]. 地理教育，

2009 (4).

300. 钟魁，苗思奎等. 自然地理综合复习题（三）[J]. 地理教育，2009 (4).

301. 李慎中. 人文地理综合复习题（一）[J]. 地理教育，2009 (5).

302. 陆建设. 人文地理综合复习题（二）[J]. 地理教育，2009 (5).

303. 金武斌. 人文地理综合复习题（三）[J]. 地理教育，2009 (5).

304. 高新永. 区域地理综合复习题（一）[J]. 地理教育，2009 (6).

305. 李庆安，王妍. 区域地理综合复习题（二）[J]. 地理教育，2009 (6).

306. 王怀福，刘学宗. 区域地理综合复习题（三）[J]. 地理教育，2009 (6).

307. 吴同秋. 记一次地理绘图活动 [J]. 地理教育，2009 (2).

308. 章玲. 一图胜千言 [J]. 地理教育，2009 (4).

309. 阮凌曦. 地图故事趣谈 [J]. 地理教育，2009 (6).

310. 邹玉萍. 等压面上的等高线与等高面上的等压线为什么是一致的 [J]. 地理教育，2009 (1).

311. 张丽萍. 端正地理学习态度之我见 [J]. 地理教育，2009 (1).

312. 李云吾. 做笔记：学习地理的有效方法 [J]. 地理教育，2009 (2).

313. 林启栋，蔡一清. 巧用规律妙解“日期变更题” [J]. 地理教育，2009 (3).

314. 董元贵. 应学会在学习中反思 [J]. 地理教育，2009 (3).

315. 罗振华，汤洪年. 漫谈轻松学好高中地理 [J]. 地理教育，2009 (4).

316. 耿夫相. 思维导图：课堂笔记中的巧应用 [J]. 地理教育，2009 (5).

317. 李自新. 认真学好地理注重“四抓四重” [J]. 地理教育，2009 (5).

318. 夏方才. 谈地理学习中阅读动态生成培养 [J]. 地理教育，2009 (6).

319. 麦艳娴. 谈地理学习感悟 [J]. 地理教育，2009 (1).

320. 蒋荫国. 地理学习经验漫谈 [J]. 地理教育，2009

(2).

321. 黄隽逸. 乐在此爱在此 [J]. 地理教育, 2009 (3).

322. 李潇. 地理情怀 [J]. 地理教育, 2009 (3).

323. 陈红英. 好成绩属于善总结的人 [J]. 地理教育, 2009 (4).

324. 韩潇. 勤奋耕耘收获 [J]. 地理教育, 2009 (4).

325. 张岳嵩. 地理学习之心得体会 [J]. 地理教育, 2009 (5).

326. 刘庆鹏. 你也可以 [J]. 地理教育, 2009 (6).

327. 葛昭. 励志·地理 [J]. 地理教育, 2009 (1).

328. 任洪锋, 陆莉莎等. 学校所在地经度测量方案设计 [J]. 地理教育, 2009 (2).

329. 杨杨, 罗敏慧. 水土流失的成因及治理探究 [J]. 地理教育, 2009 (3).

330. 张倩茹, 张婷. 地转偏向力的实验验证及表现举例 [J]. 地理教育, 2009 (4).

331. 许欣然. 地理——我成长的阶梯 [J]. 地理教育, 2009 (4).

332. 谭妙, 廖尹翔等. 关于长沙市生活垃圾调查及处理的报告 [J]. 地理教育, 2009 (5).

333. 李新莲, 朱良等. 网络辅助下野外实践教学模式探索 [J]. 地理教育, 2009 (6).

334. 毛宇. 自然·历史·精神 [J]. 地理教育, 2009 (2).

335. 王梅. 悠久的历史古老的文化 [J]. 地理教育, 2009 (2).

336. 吴岱峰. 近年高考地理试卷回顾与启示 [J]. 中学地理教学参考, 2009 (6).

337. 相炜地理研究室 . 2009 年高考地理试题分析评价 [J]. 中学地理教学参考, 2009 (7).

338. 选摘 . 2009 年高考地理试题解析精选 (必修部分)[J]. 中学地理教学参考, 2009 (8).

339. 陈欣欣. 中学生天文奥赛及典型题例解答 [J]. 中学地理教学参考, 2009 (10).

340. 秦福来. 谈 Google Earth 在中学地理教学中的应用 [J]. 中学地理教学参考, 2009 (12).

341. 王刚 . 2009 年高考地理试题统计分析 (上)[J]. 中学地理教学参考, 2009 (11).

342. 王刚 . 2009 年高考地理试题统计分析 (下)[J]. 中学地理教学参考, 2009 (12).

343. 崔超英. 怎样设置探究性的地理问题 [J]. 中学地理教学参考，2009 (3).

344. 朱迎春. 浅谈地理教学中的“分层递进教学” [J]. 中学地理教学参考，2009 (3).

345. 田功民. 确定纬度的几种主要方法 [J]. 中学地理教学参考，2009 (3).

346. 王燕萍. 对“山前洪积扇的形成”实验结果的一点看法 [J]. 中学地理教学参考，2009 (3).

347. 李吉龙. 浅谈地理教学中的示错教学 [J]. 中学地理教学参考，2009 (11).

348. 邱俊浩. 播客的特点及其在地理教学中的运用 [J]. 中学地理教学参考，2009 (1)；2009 (2).

349. 王曰枝. 浅析“电子学案”在地理教学中的作用 [J]. 中学地理教学参考，2009 (1)；2009 (2).

350. 于庆军. 魔灯 (Moodle) 在地理教学中的应用分析 [J]. 中学地理教学参考，2009 (5).

351. 李丹，王永立，杨剑. 利用 Mapinfo 绘制空白地图 [J]. 中学地理教学参考，2009 (7).

352. 邝丽华. 浅析运用 Authorware 制作地理课件的技巧 [J]. 中学地理教学参考，2009 (8).

353. 张守月. 设计 Authorware 课件. 提高讲评课效率 [J]. 中学地理教学参考，2009 (8).

354. 张恒会. 如何使 Authorware 课件全屏播放 [J]. 中学地理教学参考，2009 (8).

355. 周群英. 3S 技术在中学地理教学中的应用 [J]. 中学地理教学参考，2009 (9).

356. 王金成，吴霞. 浅谈如何实现 Flash 视频与 PowerPoint 的链接 [J]. 中学地理教学参考，2009 (11).

357. 于庆军. Illustrator 在地理教学中的应用 [J]. 中学地理教学参考，2009 (11).

358. 胥艳. 巧用 BLOG (博客) 促进地理有效教学 [J]. 中学地理教学参考，2009 (12).

359. 林志胜. 新课标教材八年级地理下册 (人教版) 第五章《中国的地理差异》第三节“西北地区和青藏地区”教学设计 [J]. 中学地理教学参考，2009 (1)；2009 (2).

360. 李文利，周莉，王莉等. 新课标教材《地理》(人教版一必修 2) 第二章《城市与城市化》第一节“城市内部空间结构 (第 1 课时)”教学设计 [J]. 中学地理教学参考，2009 (1)；2009 (2).

361. 路国春. 七年级《地理》下册（人教版）第七章《我们邻近的国家和地区》第三节“印度”（第一课时）教学设计［J］. 中学地理教学参考，2009（3）.

362. 梁嘉明. 八年级《地理》下册“特别行政区——香港和澳门”教学设计［J］. 中学地理教学参考，2009（3）.

363. 陈芳. 新课标教材高中《地理》（必修 2—人教版）第二章《城市与城市化》问题研究“从市中心到郊区. 你选择住在哪里”教学设计［J］. 中学地理教学参考，2009（3）.

364. 张虹. 初中地理（人教版·七年级下册）第八章《东半球其他的国家和地区》第二节“欧洲西部”教学设计［J］. 中学地理教学参考，2009（4）.

365. 张留东. 新课标教材高中地理（中图版·必修 2）第三章《生产活动与地域联系》第一节“农业区位因素与地域类型”（第一课时）教学设计［J］. 中学地理教学参考，2009（4）.

366. 朱红. 新课标七年级地理下册（人教版）第九章《西半球的国家》第二节　巴西（第 1 课时）教学设计［J］. 中学地理教学参考，2009（5）.

367. 郭建华. 新课标八年级地理下册（人教版）第七章《认识省内区域》第二节“西南边陲的特色旅游区——西双版纳”教学设计［J］. 中学地理教学参考，2009（5）.

368. 郑浩. 八年级下册《地理》（人教版）第八章《认识跨省区域》第一节“沟壑纵横的特殊地形区——黄土高原”教学设计［J］. 中学地理教学参考，2009（6）.

369. 张建春. 新课标教材《地理》（鲁教版·必修第一册）第一单元《从宇宙看地球》第一节“地球的宇宙环境”教学设计［J］. 中学地理教学参考，2009（8）.

370. 胡春波. 七年级上册《地理》（人教版）第二章《陆地和海洋》第二节“海陆的变迁”教学设计［J］. 中学地理教学参考，2009（9）.

371. 李依. 新课标教材《地理Ⅰ》（湘教版）第三章第三节“自然地理环境的差异性”（第 1 课时）教学设计［J］. 中学地理教学参考，2009（10）.

372. 徐震琳. 八年级上册《地理》（人教版）第三章《中国的自然资源》第二节“土地资源”（第 3 课时）教学设计［J］. 中学地理教学参考，2009（11）.

373. 黄宗楚. 研究性学习教学设计——以“水资源的合理利用”为例［J］. 中学地理教学参考，2009（11）.

374. 蔡长霞. 八年级《地理》（上册·人教版）第四章《中国的经济发展》第二节“因地制宜发展农业”（第 2 课时）教学

设计 [J]. 中学地理教学参考，2009 (12).

375. 刘勇斌. 新课标教材高中《地理》(人教版·必修1)第五章《自然地理环境的整体性与差异性》第一节“自然地理环境的整体性”教学设计 [J]. 中学地理教学参考，2009 (12).

376. 郑海光. 教学评价评价研究新课程初中地理研究性学习有效评价案例研究 [J]. 中学地理教学参考，2009 (1)；(2).

377. 黄莉敏. 运用形成性评价理念进行地理学习过程设计 [J]. 中学地理教学参考，2009 (1)；(2).

378. 李英. 浅谈高中地理学习评价 [J]. 中学地理教学参考，2009 (1)；(2).

379. 倪超. 中考之窗试论“开图考试”——初中地理考试改革初探 [J]. 中学地理教学参考，2009 (1)；(2).

380. 戴资星，谭卫平. 义务教育地理新课程学业考试“创新题”设计 [J]. 中学地理教学参考，2009 (1)；(2).

381. 相炜，李占军. 一份值得品味的新课改地理试题——山东省临沂市2008年中考试卷评析 [J]. 中学地理教学参考，2009 (3).

382. 戴资星，谭卫平. 义务教育地理新课程学业考试“创新题”设计 (连载)[J]. 中学地理教学参考，2009 (3).

383. 戴资星，谭卫平. 义务教育新课程学业考试“创新题”设计 (连载)[J]. 中学地理教学参考，2009 (4).

384. 董瑞杰. “地图和我们的生活”——如何运用研究性学习活动实现有效教学 [J]. 中学地理教学参考，2009 (8).

385. 吴照. 关注现实、注重实践提高环境教育的实效 [J]. 中学地理教学参考，2009 (6).

386. 戴资星，谭卫平. 义务教育地理新课程学业考试“创新题”设计 (连载)[J]. 中学地理教学参考，2009 (5).

387. 陆静. 义务教育初中阶段地理学业水平测试命题的问题与思考 [J]. 中学地理教学参考，2009 (8).

388. 贾国强. “排除法”在地理选择题的应用探讨 [J]. 中学地理教学参考，2009 (1)；(2).

389. 于紫艳. 区域地理复习设计——以北美洲为例 [J]. 中学地理教学参考，2009 (1)；(2).

390. 许桂梅. 新课改背景下的高三地理专题复习——以“河流专题”为例 [J]. 中学地理教学参考，2009 (1)；(2).

391. 《中学地理教学参考》第一研究室. 高考地理专题复习——世界地理 (连载七). 高考地理专题复习——世界地理 (连载八)[J]. 中学地理教学参考，2009 (1)；(2).

392. 《中学地理教学参考》第二研究室暨相炜地理研究室.

细微处看变化，对比中见趋势——2009 年地理高考大纲与考试说明解读 [J]. 中学地理教学参考，2009 (4).

393. 汤国荣. 高考地理热点问题复习策略及试题设计（一）[J]. 中学地理教学参考，2009 (4).

394. 曹文. 谈高考地理备考中的误区 [J]. 中学地理教学参考，2009 (5).

395. 刘艳英. 地理高三“答题模板”教学模式的实践 [J]. 中学地理教学参考，2009 (5).

396. 崔炳忠. 优化讲评模式增强讲评效益 [J]. 中学地理教学参考，2009 (6).

397. 龙泉，魏镇安. 有趣的对称 [J]. 中学地理教学参考，2009 (8).

398. 贾国强. 巧用视角破解日照图 [J]. 中学地理教学参考，2009 (8).

399. 吴济廉，曹飞跃. 运动物体昼夜更替周期初探 [J]. 中学地理教学参考，2009 (8).

400. 彭南根. 地理动态图像的分类解析 [J]. 中学地理教学参考，2009 (9).

401. 季凤军. 起伏地形下的太阳直接辐射 [J]. 中学地理教学参考，2009 (9).

402. 李红勋. 气候类型的考查图式及其解读 [J]. 中学地理教学参考，2009 (10).

403. 汤国荣. 高中生学习区域地理的基本要求与方法 [J]. 中学地理教学参考，2009 (10).

404. 李依铭. 区域化的高三系统地理教学探讨 [J]. 中学地理教学参考，2009 (11).

405. 王邦柱. 谈高三地理复习课有效课堂教学模式的建构 [J]. 中学地理教学参考，2009 (11).

406. 鄂傲君. 高三地理第二轮复习策略与学法指导纲要 [J]. 中学地理教学参考，2009 (12).

407. 周惠娜. 反思低效　营造高效——对高三地理复习课课堂有效教学的思考 [J]. 中学地理教学参考，2009 (12).

408. 728 地理工作室. 固化基础　活化思维　优化表达——原创基础性选择题的设计例举　试题设问有梯度　答案评分分档次——对英国 GCE－A 考试一道地理试题的赏析 [J]. 中学地理教学参考，2009 (1)；2009 (2).

409. 黄飞蓉. 一题一议 [J]. 中学地理教学参考，2009 (1)；2009 (2).

410. 柴兴国. 2008 年日本大学入学考试地理试题 [J]. 中

学地理教学参考，2009（1）；2009（2）.

411. 陈冬梅，曹新富. 高三地理第一轮综合复习试题［J］. 中学地理教学参考，2009（1）；2009（2）.

412. 鲁爱华，于慧，卞文洲等. 能力立意试题设计［J］. 中学地理教学参考，2009（3）.

413. 728 地理工作室. 浅析英国地理教学结合“热点”的问题设计［J］. 中学地理教学参考，2009（3）.

414. 728 地理工作室. 重视绘图技能　着眼 GIS 使用——美国 NAEP 考试中的地理试题例举［J］. 中学地理教学参考，2009（3）.

415. 刘华新，黄婷婷. “必修一”试题选编［J］. 中学地理教学参考，2009（3）.

416. 728 地理工作室. 文科综合能力测试地理测试（一）［J］. 中学地理教学参考，2009（4）.

417. 黄道才 . 2009 年高考地理模拟试卷［J］. 中学地理教学参考，2009（4）.

418. 汤国荣. 高考地理热点问题复习策略及试题设计（二）［J］. 中学地理教学参考，2009（5）.

419. 728 地理工作室. 体现新课程测试要求，设计探究性综合试题［J］. 中学地理教学参考，2009（5）.

420. 728 地理工作室. 文科综合能力模拟测试地理试题（二）［J］. 中学地理教学参考，2009（5）.

421. 728 地理工作室. 文科综合能力模拟测试地理试题（三）［J］. 中学地理教学参考，2009（5）.

422. 728 地理工作室. 地理试题的题型功能与变式举例［J］. 中学地理教学参考，2009（6）.

423. 夏淑川，熊秋林. “人类到达北极点 100 周年”试题设计［J］. 中学地理教学参考，2009（6）.

424. 728 地理工作室. 评说试题——以全国高考文综试卷（I）地理试题为例［J］. 中学地理教学参考，2009（7）.

425. 徐伟，信恒蔚. 例谈实验类探究性试题的设计［J］. 中学地理教学参考，2009（7）.

426. 728 地理工作室. 三稳　三新　三变——2009 年新课程高考天津文综卷地理试题简要评述［J］. 中学地理教学参考，2009（8）.

427. 728 地理工作室. 传达时代新知识，拓展认知视野——地理原创性综合试题设计举例［J］. 中学地理教学参考，2009（9）.

428. 程菊，曹文. 由 2009 年山东高考地理答卷　寻学生学习地理的问题［J］．中学地理教学参考，2009（9）．

429．左祥明，程菊．高考地理简略图题型的命题探究［J］．中学地理教学参考，2009（9）．

430．罗华明．“通用汽车申请破产”试题设计［J］．中学地理教学参考，2009（9）．

431．李慎中．万里逐日月　天涯共此“食”——本世纪最壮观日全食试题设计［J］．中学地理教学参考，2009（10）．

432．728地理工作室．立足基础　抽样体验——高三文科班地理测评试题（上）［J］．中学地理教学参考，2009（10）．

433．728地理工作室．立足基础　抽样体验——高三文科班地理测评试题（下）［J］．中学地理教学参考，2009（11）．

434．728地理工作室．图导思维——例说依托地理图像的例题设计［J］．中学地理教学参考，2009（12）．

435．李丽萍．美国康涅狄格州的地理探究评价［J］．中学地理教学参考，2009（6）．

436．黄莉，敏林通．英国地理技能培养评析［J］．中学地理教学参考，2009（10）．

437．陈丹．弗莱雷“解放教育”思想对地理教学的启示［J］．中学地理教学参考，2009（11）．

438．韦展豪．灾难教育在澳门学校的实践［J］．中学地理教学参考，2009（4）．

439．马凯华．浅谈澳门初中地理教育的第二课堂［J］．中学地理教学参考，2009（8）．

440．程梅绮．环境教育——澳门经验［J］．中学地理教学参考，2009（11）．

441．周慧心．认识“澳门街”——从学生地理报告出发［J］．中学地理教学参考，2009（12）．

442．高梅．如何提高高考地理“第三轮”复习成效［J］．中学地理教学参考，2009（4）．

443．尹家国．基于“学科教室”的地理网络教学体验［J］．中学地理教学参考，2009（4）．

444．钟如意，陈松芳．地理“三六五”课堂教学模式初探［J］．中学地理教学参考，2009（5）．

445．李文彬．地理课堂教学目标管理策略［J］．中学地理教学参考，2009（5）．

446．陈立新．地理说理型简答题的特点分析［J］．中学地理教学参考，2009（6）．

447．汪孟吉．谈“阅读”材料的作用及处理方式［J］．中学地理教学参考，2009（6）．

448. 熊星灿．地理案例教学中值得注意的几个问题［J］．中学地理教学参考，2009（6）．

449. 张洪杰．高三地理复习如何有效回归教材［J］．中学地理教学参考，2009（7）．

450. 许雅敏．高中地理作业设计探究［J］．中学地理教学参考，2009（7）．

451. 肖华兵．谈“课前预习案”的编写［J］．中学地理教学参考，2009（8）．

452. 廖书庆．地理备课组活动的有效性探索［J］．中学地理教学参考，2009（9）．

453. 金霞．编码策略在地理教学中运用［J］．中学地理教学参考，2009（9）．

454. 苏世宽．运用地理“近体性原则”提高地理教学效果［J］．中学地理教学参考，2009（9）．

455. 范学术．高中《地理》（鲁教版·必修第一册）中的“活动”技巧［J］．中学地理教学参考，2009（10）．

456. 何艳玲．高中地理课堂教学中的地理问题设计［J］．中学地理教学参考，2009（10）．

457. 刘海荣．地理课堂教学中难点的突破［J］．中学地理教学参考，2009（10）．

458. 徐亚清．开发并实施地理校本课程的目标与重点［J］．中学地理教学参考，2009（10）．

459. 穆春龙．突破地理综合题“瓶颈”的几点注意［J］．中学地理教学参考，2009（11）．

460. 付振国．如何利用地理术语描述地理事物和现象［J］．中学地理教学参考，2009（11）．

461. 李岳樵．浅谈读图试题的审题能力培养策略［J］．中学地理教学参考，2009（11）．

462. 牟丹．地理专题复习有效教学法［J］．中学地理教学参考，2009（12）．

463. 徐基华．谈高考复习中试卷的选择［J］．中学地理教学参考，2009（12）．

464. 马学明．描述性简答题的答题策略［J］．中学地理教学参考，2009（12）．

465. 赵善民．高中地理必修模块补充内容的思考［J］．中学地理教学参考，2009（12）．

466. 范宝芬．区位因素分析试题的解析［J］．中学地理教学参考，2009（12）．

467. 项春．2009年地理高考高难度系数之启示［J］．中学地理教学参考，2009（12）.

地理教学资源

1. 刘存荣. 城市绿地的新功能［J］. 地理教学，2009（1）.

2. 赵枫. 东北——我国的新“米仓”［J］. 地理教学，2009（1）.

3. 赵玉平，邵明杰. 敦煌莫高窟的“A”字形尼龙防沙网［J］. 地理教学，2009（1）.

4. 张恒会. 华南虎漫话［J］. 地理教学，2009（1）.

5. 胡龙成. 莫斯科见闻［J］. 地理教学，2009（1）.

6. 选摘. 我国研制成功玉米塑料新技术［J］. 地理教学，2009（1）.

7. 选摘. “中国南极昆仑站”建设进入实施阶段［J］. 地理教学，2009（1）.

8. 选摘. 绿色. 北部湾经济区的底色［J］. 地理教学，2009（1）.

9. 选摘. 环评法实施推动节能减排工作［J］. 地理教学，2009（1）.

10. 选摘. 三峡有望形成新的生态平衡［J］. 地理教学，2009（1）.

11. 选摘. 我国GDP从世界第十升至第四［J］. 地理教学，2009（1）.

12. 王兴明. 武汉城市圈“十大关键词”［J］. 地理教学，2009（2）.

13. 胡星荣. 中国第一个南极内陆考察站——昆仑站［J］. 地理教学，2009（2）.

14. 选摘. “气候变暖影响大过加入WTO”［J］. 地理教学，2009（2）.

15. 选摘. 月面高差堪比地球［J］. 地理教学，2009（2）.

16. 郭庆彬. 李玉卿. 三江源、三江并流与三江平原［J］. 地理教学，2009（2）.

17. 选摘. 火星中纬度地带有被埋没的冰川［J］. 地理教学，2009（2）.

18. 选摘. 青藏铁路的贡献［J］. 地理教学，2009（2）.

19. 选摘. 西气东输工程的重要作用［J］. 地理教学，2009（2）.

20. 选摘. 小浪底工程的效益［J］. 地理教学，2009（2）.

21. 选摘. “中国第一幅全月球影像图”精彩亮相［J］. 地理教学，2009（2）.

22. 选摘. 我国水土流失现状摸清 [J]. 地理教学，2009 (2).

23. 选摘. 黑洞先于星系诞生 [J]. 地理教学，2009 (3).

24. 选摘. 新型“绿色塑料”面世 [J]. 地理教学，2009 (3).

25. 选摘. “煤制油”取得重大进展 [J]. 地理教学，2009 (3).

26. 选摘. 日美成功开发台风预测新模型 [J]. 地理教学，2009 (3).

27. 选摘. 气候变化对人类提出两大挑战 [J]. 地理教学，2009 (3).

28. 选摘. 洋山北港区主体建成 [J]. 地理教学，2009 (3).

29. 选摘. 瓦斯发电造福新疆 [J]. 地理教学，2009 (3).

30. 选摘. 唤醒“沉睡”的罗布泊 [J]. 地理教学，2009 (3).

31. 选摘. 恐龙化石群在山东诸城发现 [J]. 地理教学，2009 (3).

32. 选摘. 预防食物中毒　天气预报帮忙 [J]. 地理教学，2009 (3).

33. 选摘. 内蒙古风电装机容量居全国第一 [J]. 地理教学，2009 (3).

34. 选摘. 火星可能曾适合居住 [J]. 地理教学，2009 (3).

35. 选摘. 牛年可睹 3 种日食 [J]. 地理教学，2009 (3).

36. 选摘. 赤峰市境内两大沙地瘦身四成 [J]. 地理教学，2009 (3).

37. 选摘. 人类首次准确预报小行星撞击地球 [J]. 地理教学，2009 (3).

38. 选摘. 我们不知道的地球 [J]. 地理教学，2009 (4).

39. 选摘. 我们可能会被自己产生的垃圾淹没 [J]. 地理教学，2009 (4).

40. 选摘. 世界各地濒临灭绝的牛 [J]. 地理教学，2009 (4).

41. 选摘. 铁路建设拉动万亿产业链 [J]. 地理教学，2009 (4).

42. 选摘. 今年将投入 20 亿元整治长江干线航道 [J]. 地理教学，2009 (4).

43. 选摘. 我国三项铁路工程开工 [J]. 地理教学，2009 (4).

44. 选摘. 贵阳积极发展低碳经济 [J]. 地理教学，2009

(4).

45. 选摘. 国际可再生能源机构在德国成立 [J]. 地理教学, 2009 (4).

46. 选摘. 我天文观测水平迅速提升 [J]. 地理教学, 2009 (4).

47. 选摘. 我国清洁能源加速发展 [J]. 地理教学, 2009 (5).

48. 选摘. "石油海洋"水比油贵 [J]. 地理教学, 2009 (5).

49. 选摘. 东营"三网"绿化黄河三角洲 [J]. 地理教学, 2009 (5).

50. 选摘. 盐尘暴危害大于沙尘暴 [J]. 地理教学, 2009 (5).

51. 选摘. 推进城市森林建设 改善人居环境 [J]. 地理教学, 2009 (5).

52. 选摘. 锡林郭勒盟把资源优势转化为经济优势 [J]. 地理教学, 2009 (5).

53. 选摘. 2008年中国国土绿化成果 [J]. 地理教学, 2009 (5).

54. 选摘. 美发射世界首个搜寻类地行星航天器 [J]. 地理教学, 2009 (5).

55. 选摘. 我国将在2020年前完成对月球的无人探测 [J]. 地理教学, 2009 (5).

56. 选摘. 我国地球科学锁定八大问题 [J]. 地理教学, 2009 (5).

57. 选摘. 长三角气溶胶污染全球高值 [J]. 地理教学, 2009 (5).

58. 选摘. 全球经济规模已接近地球承受极限 [J]. 地理教学, 2009 (5).

59. 选摘. "太阳电"有望与常规电"平价" [J]. 地理教学, 2009 (5).

60. 选摘. 实行最严格的水资源管理制度 [J]. 地理教学, 2009 (5).

61. 选摘. 世界共同关注水资源安全 [J]. 地理教学, 2009 (5).

62. 李蓉, 李金国. 世界八种经济特区 [J]. 地理教学, 2009 (6).

63. 盂志三. 世界著名的四大陆地"岬角" [J]. 地理教学, 2009 (6).

64. 选摘. 中国风电市场全球居前 [J]. 地理教学，2009 (6).

65. 选摘. 我国最大内陆淡水湖——博斯腾湖 [J]. 地理教学，2009 (6).

66. 选摘. 新疆发现储量 30 亿吨煤田 [J]. 地理教学，2009 (6).

67. 选摘. 小浪底工程通过国家验收 [J]. 地理教学，2009 (6).

68. 选摘. 我国最大凝析气田 6 月底投产 [J]. 地理教学，2009 (6).

69. 选摘. 资源节约是一场深刻的变革 [J]. 地理教学，2009 (6).

70. 选摘. 青海将建超大太阳能电站 [J]. 地理教学，2009 (6).

71. 选摘. 我国耕地保护的基本制度及成效 [J]. 地理教学，2009 (6).

72. 选摘. 积极应对全球气候变暖 [J]. 地理教学，2009 (6).

73. 选摘. 调查表明松嫩平原土地肥沃 [J]. 地理教学，2009 (6).

74. 选摘. 水环境退化值得高度警惕 [J]. 地理教学，2009 (6).

75. 选摘. 气候变化引发头痛 [J]. 地理教学，2009 (6).

76. 李功爱，任忠. 我国油菜籽产区和油菜籽加工业的分布特点 [J]. 地理教学，2009 (7).

77. 陈廷杆，栾建勇. 资源枯竭型城市及其转型 [J]. 地理教学，2009 (7).

78. 选摘. 太空旅游发展潜力巨大 [J]. 地理教学，2009 (7).

79. 选摘. “大日食”将现长江中下游 [J]. 地理教学，2009 (7).

80. 选摘. 太空经济的诱人前景 [J]. 地理教学，2009 (7).

81. 选摘. 我国的可再生能源 [J]. 地理教学，2009 (7).

82. 选摘. 北极变暖与气溶胶有关 [J]. 地理教学，2009 (7).

83. 选摘. 石油的两种属性 [J]. 地理教学，2009 (7).

84. 选摘. 南极旅游加剧环境风险 [J]. 地理教学，2009 (7).

85. 选摘. 三峡工程蓄水面临新形势 [J]. 地理教学，2009

(7).
86. 选摘. “一池沼气”改变农民生活 [J]. 地理教学，2009 (7).
87. 选摘. 法国开发出获取氢燃料新技术 [J]. 地理教学，2009 (7).
88. 选摘. 我国5个新核电项目年内开工 [J]. 地理教学，2009 (7).
89. 选摘. 中亚五国共谋成海可持续发展 [J]. 地理教学，2009 (7).
90. 选摘. 辽宁探明20亿吨以上超大铁矿 [J]. 地理教学，2009 (7).
91. 选摘. 本年度黄河来水预计偏枯三成 [J]. 地理教学，2009 (7).
92. 选摘. 什么是国家矿山公园 [J]. 地理教学，2009 (7).
93. 选摘. 走向智能化的节水农业 [J]. 地理教学，2009 (7).
94. 选摘. 膜下滴灌节水又增收 [J]. 地理教学，2009 (7).
95. 陈冰. 褐云覆盖的城市 [J]. 地理教学，2009 (8).
96. 邓明红. 我国的国家级海洋特别保护区 [J]. 地理教学，2009 (8).
97. 选摘. 巴西“绿色塑料”甘蔗造 [J]. 地理教学，2009 (8).
98. 选摘. 全球风力发电发展迅猛 [J]. 地理教学，2009 (8).
99. 选摘. 我国研制成功最大口径望远镜 [J]. 地理教学，2009 (8).
100. 选摘. 北京采取措施应对水荒 [J]. 地理教学，2009 (8).
101. 选摘. 南水北调通水推迟五年以上 [J]. 地理教学，2009 (8).
102. 选摘. 退耕还林十年造林4. 03亿亩 [J]. 地理教学，2009 (8).
103. 选摘. 北方和沿海绿色生态屏障加速构建 [J]. 地理教学，2009 (8).
104. 选摘. 白洋淀核心区水质接近40年前水平 [J]. 地理教学，2009 (8).
105. 选摘. 污水“洗澡”后欢快地流进河道 [J]. 地理教学，2009 (8).
106. 选摘. 哈勃将接受“太空手术” [J]. 地理教学，2009

(8).

107. 选摘. 新加坡出台未来可持续发展蓝图 [J]. 地理教学, 2009 (8).

108. 选摘. 太空“弃儿”到处漂 [J]. 地理教学, 2009 (8).

109. 选摘. 大庆油田一季度产油 987 万吨 [J]. 地理教学, 2009 (8).

110. 选摘. 台风来袭 [J]. 地理教学, 2009 (9).

111. 任荃. 今年“非典型”梅雨留下的疑问 [J]. 地理教学, 2009 (9).

112. 陈继革. 绿色城市规划建设新模式 [J]. 地理教学, 2009 (9).

113. 选摘. 一颗恒星“即将”诞生 [J]. 地理教学, 2009 (9).

114. 选摘. 成海面积不断缩小 [J]. 地理教学, 2009 (9).

115. 选摘. 硅谷没有了“硅” [J]. 地理教学, 2009 (9).

116. 选摘. 三江源区域增水增草增收 [J]. 地理教学, 2009 (9).

117. 选摘. 太平洋上惊现“塑料漩涡” [J]. 地理教学, 2009 (9).

118. 选摘. 北京每年节水逾 1 亿立方米 [J]. 地理教学, 2009 (9).

119. 选摘. 南水北调中线穿黄工程明年初贯通 [J]. 地理教学, 2009 (9).

120. 选摘. 酒泉千万千瓦级风电场建设启动 [J]. 地理教学, 2009 (9).

121. 选摘. 美国消费别国的资源封存自己的资源 [J]. 地理教学, 2009 (9).

122. 选摘. 韩国从海外获取战略资源 [J]. 地理教学, 2009 (9).

123. 选摘. 日本资源储备官民并举 [J]. 地理教学, 2009 (9).

124. 选摘. 福厦铁路主体工程全线贯通 [J]. 地理教学, 2009 (9).

125. 选摘. 日全食观测验证广义相对论 [J]. 地理教学, 2009 (9).

126. 选摘. 数字日全食 [J]. 地理教学, 2009 (9).

127. 选摘. 我国保有基本农田 15. 8 亿亩 [J]. 地理教学, 2009 (10).

128. 选摘. 电闪雷鸣往哪儿躲 [J]. 地理教学，2009 (10).

129. 选摘. 我国第四代核电站预计 2013 年投产 [J]. 地理教学，2009 (10).

130. 张继云. 地域风格各异的中国现代火车站建筑 [J]. 地理教学，2009 (10).

131. 选摘. 黄河源区植被覆盖率超过 55% [J]. 地理教学，2009 (10).

132. 选摘. 南水北调中线郑州段开工 [J]. 地理教学，2009 (10).

133. 选摘. 把黄山的牌子打出去 [J]. 地理教学，2009 (10).

134. 选摘. 有退有进　实现呼伦贝尔美丽与发展双赢 [J]. 地理教学，2009 (10).

135. 选摘. 向大海要淡水 [J]. 地理教学，2009 (10).

136. 选摘. 部分国家园林城市绿化保护不力 [J]. 地理教学，2009 (10).

137. 选摘. 班达农不要瓶装水 [J]. 地理教学，2009 (10).

138. 选摘. 依托优势资源做大风电文章 [J]. 地理教学，2009 (10).

139. 选摘. 什么是生态城市 [J]. 地理教学，2009 (10).

140. 选摘. 沙漠里也能建大棚 [J]. 地理教学，2009 (10).

141. 选摘. 中国最大沙漠淡水湖濒临干涸 [J]. 地理教学，2009 (10).

142. 选摘. 天然气呈现更为广阔的应用空间 [J]. 地理教学，2009 (10).

143. 选摘. 新的三江源头是如何确定的 [J]. 地理教学，2009 (10).

144. 选摘. 德国大型太阳能项目将落户撒哈拉 [J]. 地理教学，2009 (10).

145. 选摘. 长江黄河澜沧江发现新源头 [J]. 地理教学，2009 (10).

146. 选摘. 洋山深水港三期通过国家验收 [J]. 地理教学，2009 (11).

147. 选摘. 生活垃圾“养”出超级萝卜 [J]. 地理教学，2009 (11).

148. 选摘. 值得格外重视的气象经济 [J]. 地理教学，2009 (11).

149. 余凡. 台湾岛海岸的类型及成因 [J]. 地理教学，2009 (11).

150. 孟志三. 地峡、运河与海峡 [J]. 地理教学，2009 (11).

151. 王迪江. 日出方位角的定性与定量分析 [J]. 地理教学，2009 (11).

152. 梁璐，章冠峰. 赤道地区日出日落时的太阳方位 [J]. 地理教学，2009 (11).

153. 张继云. 世界遗产名录的又一新成员——五台山 [J]. 地理教学，2009 (11).

154. 选摘. 甘肃酒泉打造西部陆上“三峡” [J]. 地理教学，2009 (11).

155. 选摘. 上海轨交年内进世界前三 [J]. 地理教学，2009 (11).

156. 选摘. 几种主要生物质能利用技术 [J]. 地理教学，2009 (11).

157. 选摘. 太平洋岛国正遭受气候变化严重威胁 [J]. 地理教学，2009 (11).

158. 选摘. 我国水土流失面积占国土面积37% [J]. 地理教学，2009 (11).

159. 选摘. 内蒙古新发现亿吨级大油田 [J]. 地理教学，2009 (11).

160. 选摘. 北极熊颅骨缩小的警示 [J]. 地理教学，2009 (11).

161. 选摘. 明争暗斗指向“地球最后的宝库” [J]. 地理教学，2009 (11).

162. 周义钦. 澳大利亚的商品化混合农业 [J]. 地理教学，2009 (12).

163. 选摘. 德国屋顶绿化 生态与经济双赢 [J]. 地理教学，2009 (12).

164. 选摘. 海南航天发射场动工 [J]. 地理教学，2009 (12).

165. 选摘. 新发射场缘何选址文昌 [J]. 地理教学，2009 (12).

166. 选摘. 人工增雨缓解旱情 [J]. 地理教学，2009 (12).

167. 选摘. 屋顶绿化三种类型 [J]. 地理教学，2009 (12).

168. 选摘. 硅谷正成为绿色创新的磁石 [J]. 地理教学，2009 (12).

169. 选摘. 我国成为世界第一能源生产大国 [J]. 地理教学，2009 (12).

170. 选摘. 西南铁路开始迈入高速时代 [J]. 地理教学，

2009 (12).

171. 选摘. 中国向世界亮出“低碳路线图”[J]. 地理教学，2009 (12).

172. 选摘. 我国在冻土带钻获“可燃冰”[J]. 地理教学，2009 (12).

173. 选摘. 从“九省通衢”到华中物流中心[J]. 地理教学，2009 (12).

174. 选摘. 中华水塔三江源[J]. 地理教学，2009 (12).

175. 刘昌明. 谈谈“河流健康”[J]. 地理教育，2009 (3).

176. 曲忠厚，田孝东. “数说”我国现代交通运输业发展新高潮[J]. 地理教育，2009 (2).

177. 李婧超，孙根年. 读大自然的“天书”[J]. 地理教育，2009 (5).

178. 刘凯. 土地荒漠化[J]. 地理教育，2009 (1).

179. 陆敬山. 气候环境对建筑风格的影响[J]. 地理教育，2009 (1).

180. 马守知. 中国的轻工制造业城市[J]. 地理教育，2009 (1).

181. 梁东成. 世界各国高速铁路[J]. 地理教育，2009 (1).

182. 田志新. 浅谈水土流失[J]. 地理教育，2009 (2).

183. 栗宁. 漫谈世界五大都市圈[J]. 地理教育，2009 (2).

184. 侯玉娟. 交通运输布局变化的影响[J]. 地理教育，2009 (2).

185. 张俊. 拯救地球的十大环保技术[J]. 地理教育，2009 (2).

186. 杨福宽. 从世界文明发祥地的变迁看环境问题[J]. 地理教育，2009 (3).

187. 丁春山. 我国新“四大工程”[J]. 地理教育，2009 (3).

188. 邓明红. 我国的海洋特别保护区[J]. 地理教育，2009 (3).

189. 孟凡刚，孙彦顺. 地球的圈层结构[J]. 地理教育，2009 (4).

190. 陈强，查良松. 全球气候分布的非地带性表现[J]. 地理教育，2009 (4).

191. 高育红. 地球的肺——湿地[J]. 地理教育，2009 (4).

192. 刘乐霞，解胜先. 我国土地荒漠化的类型、分布及成因[J]. 地理教育，2009 (4).

193. 金建辉. 几种重要的气候效应 [J]. 地理教育，2009 (5).

194. 王永民. 从圈层作用看地理环境内在规律 [J]. 地理教育，2009 (5).

195. 张逸令. 地理环境差异对区域发展的影响 [J]. 地理教育，2009 (5).

196. 陆军. 田纳西河流域的气候 [J]. 地理教育，2009 (5).

197. 张继云. 人类活动对生物的影响 [J]. 地理教育，2009 (6).

198. 高育红. 地球的资源与消耗速度 [J]. 地理教育，2009 (6).

199. 黄礼安. 辩证看待自然灾害 [J]. 地理教育，2009 (6).

200. 于吉海. 全球卫星定位系统简介 [J]. 地理教育，2009 (6).

201. 林卫军. 亚洲地形对气候的影响 [J]. 地理教育，2009 (1).

202. 孟志三. 世界重要海湾拾粹 [J]. 地理教育，2009 (1).

203. 羊重荣. 中国农业的地域性 [J]. 地理教育，2009 (1).

204. 秦玲爱. 十大新天府 [J]. 地理教育，2009 (1).

205. 刘瑞霞. 我国的三个南极考察站 [J]. 地理教育，2009 (2).

206. 张继云. 美国衣、食、住、行文化面面观 [J]. 地理教育，2009 (2).

207. 刘存荣. 台湾旅游资源 [J]. 地理教育，2009 (2).

208. 王治敏. 广西四大城市 [J]. 地理教育，2009 (2).

209. 黄伟. 咖啡王国——巴西 [J]. 地理教育，2009 (3).

210. 杨雪娇. 澳大利亚自然地理特征的“六个大” [J]. 地理教育，2009 (3).

211. 王兴明. 武汉城市圈“十大关键词” [J]. 地理教育，2009 (3).

212. 胡星荣. 全国五个综合保税区 [J]. 地理教育，2009 (3).

213. 王全. 地球运动的证明 [J]. 地理教育，2009 (4).

214. 唐进．奇特的光象［J］．地理教育，2009（4）．

215. 肖春明，刘春荣．英文字母与地貌类型［J］．地理教育，2009（4）．

216. 崔炳忠．世界人种博物馆——印度［J］．地理教育，2009（4）．

217. 孟志三．“北京时间”的发布出自何方［J］．地理教育，2009（5）．

218. 刘永．海洋生物资源的新利用［J］．地理教育，2009（5）．

219. 张继云．蕴涵地域风格的中国现代火车站建筑［J］．地理教育，2009（5）．

220. 葛红霞．世界著名的四大“峡谷”［J］．地理教育，2009（5）．

221. 杨爱红．丁克志．埃及尼罗河上的大型水利工程——阿斯旺大坝［J］，地理教育，2009（6）．

222. 李玉卿．世界瞩目的“金砖四国”［J］．地理教育，2009（6）．

223. 王家鼎，李爱兰．中国南北方地理分界线及其差异［J］．地理教育，2009（6）．

224. 郭军凯．西藏：神秘、祥和的第三极净土［J］．地理教育，2009（6）．

225. 许海燕．影响我国粮食增产的主要因素［J］．地理教育，2009（1）．

226. 沙莉，沈凤莲．不要让红树林“哭泣”［J］．地理教育，2009（1）．

227. 梁干桥．全球变暖——未来北极冲突的隐患［J］．地理教育，2009（2）．

228. 朱凡捷．试论连云港发展钢铁工业的区位优势［J］．地理教育，2009（2）．

229. 李琳．看电视剧《闯关东》谈人口迁移的原因［J］．地理教育，2009（3）．

230. 张恒会．日本防震漫谈［J］．地理教育，2009（3）．

231. 谭辉芳．太空垃圾：人类面临的环保新问题［J］．地理教育，2009（4）．

232. 刘振泉，姚智君．我国粮食安全的重要保障——稳健优质的粮食生产［J］．地理教育，2009（4）．

233. 孙宗宝．影响航天发射及着陆的区位因素剖析［J］．地理教育，2009（5）．

234. 杨蕊嘉．文昌文化旅游开发探讨［J］．地理教育，2009

(5).

235. 黄苑君. 旱灾发生的地理特点与成因分析 [J]. 地理教育，2009 (6).

236. 王芳. 我国绿洲资源组合优势与农业生产基地建设 [J]. 地理教育，2009 (6).

237. 李长春. 新疆的风为什么这么厉害 [J]. 地理教育，2009 (1).

238. 王其权. “专属经济区范围”是200海里吗 [J]. 地理教育，2009 (2).

239. 王晓霞. 热带草原气候的成因 [J]. 地理教育，2009 (4).

240. 相启梅. 被误解的酒泉卫星发射中心 [J]. 地理教育，2009 (6).

241. 黄荣鑫，黄海敏等. 以人力三轮车代替电瓶车游鼓浪屿 [J]. 地理教育，2009 (1).

242. 黄瑾瑶. 对过度包装说“不” [J]. 地理教育，2009 (1).

243. 陈振彩. 关于河的梦 [J]. 地理教育，2009 (2).

244. 徐芳. 人类的警钟已敲响 [J]. 地理教育，2009 (2).

245. 张银子. 节约型校园，我们共建 [J]. 地理教育，2009 (3).

246. 金玉洁. 母亲河在哭泣 [J]. 地理教育，2009 (4).

247. 张恩民. 温室效应的是与非 [J]. 地理教育，2009 (5).

248. 黄凯亮. 蓝色的眼泪 [J]. 地理教育，2009 (5).

249. 李广谦，欧阳杰等. 对安安化妆品公司的调查分析 [J]. 地理教育，2009 (6).

250. 毛帅平. 从楼兰谈起 [J]. 地理教育，2009 (6).

251. 廖星星. 天使原貌怎恢复 [J]. 地理教育，2009 (6).

252. 刘存荣. 漫谈北极航线 [J]. 中学地理教学参考，2009 (1)；(2).

253. 张继云. 趣谈天气预报中的新面孔 [J]. 中学地理教学参考，2009 (1)；(2).

254. 曹宪纲. 瓦罕走廊 [J]. 中学地理教学参考，2009 (5).

255. 张兆明. 浅谈异常梅雨的成因 [J]. 中学地理教学参考，2009 (6).

256. 黑耀光. 从油菜开花日期看地理环境的地域分异规律 [J]. 中学地理教学参考，2009 (10).

257. 崔世林. 我国风能与风能发电［J］. 中学地理教学参考，2009（11）.

258. 邱杨兵. 青海可燃冰——中国能源新希望［J］. 中学地理教学参考，2009（11）.

259. 柏林. 几种热效应及其成因图解［J］. 中学地理教学参考，2009（12）.

260. 王恩涌. 新石器时期的聚落演变与城市出现（一）［J］. 中学地理教学参考，2009（1）；2009（2）.

261. 聂启迪. 一路曲折终圆梦——两岸“三通”扬帆起航［J］. 中学地理教学参考，2009（1）；2009（2）.

262. 金春，胡星荣. 广西崇左——中国“糖都”［J］. 中学地理教学参考，2009（1）；2009（2）.

263. 郭全其，郑恩才. 穿江隧道——破解长江航运之困［J］. 中学地理教学参考，2009（1）；2009（2）.

264. 邓明红. 2008 年开园的国家矿山公园［J］. 中学地理教学参考，2009（1）；2009（2）.

265. 叶岱夫. 岭南文化与地理环境［J］. 中学地理教学参考，2009（3）.

266. 王恩涌. 新石器时期的聚落演变与城市出现（二）［J］. 中学地理教学参考，2009（3）.

267. 王恩涌. 古史中“三皇”“五帝”的传说与文化（一）［J］. 中学地理教学参考，2009（4）.

268. 王恩涌. 古史中“三皇”“五帝”的传说与文化（二）［J］. 中学地理教学参考，2009（5）.

269. 林元龙. 我国救灾物资国家级储备基地的布局［J］. 中学地理教学参考，2009（5）.

270. 牛志英. 关中一面坡聚落景观成因探析［J］. 中学地理教学参考，2009（6）.

271. 王恩涌，张宝秀. 大禹治水传说的地理透视（一）［J］. 中学地理教学参考，2009（6）.

272. 王恩涌，张宝秀. 大禹治水传说的地理透视（二）［J］. 中学地理教学参考，2009（7）.

273. 牛海玲，赵媛. 我国原油管道及原油管道枢纽的空间分布［J］. 中学地理教学参考，2009（7）.

274. 王恩涌，张宝秀. 夏的探索［J］. 中学地理教学参考，2009（8）.

275. 王阳. 城市. 让生活更美好——聚焦 2010 年上海世博会“城市最佳实践区”［J］. 中学地理教学参考，2009（8）.

276. 张伦业. 海洋能的新利用［J］. 中学地理教学参考，

2009 (8).

277. 王恩涌，张宝秀. 商的都城与发展 [J]. 中学地理教学参考，2009 (9).

278. 刘长根. 江南丘陵立体农业开发的典范——千烟洲 [J]. 中学地理教学参考，2009 (9).

279. 王恩涌，张宝秀. 西周的兴起与巩固 (一)[J]. 中学地理教学参考，2009 (10).

280. 林元龙. "低碳经济"视角下的我国能源结构优化策略 [J]. 中学地理教学参考，2009 (10).

281. 张俊. 解读海南文昌航天发射 [J]. 中学地理教学参考，2009 (10).

282. 王恩涌，张宝秀. 西周的兴起与巩固 (二)[J]. 中学地理教学参考，2009 (11).

283. 李禄胜. 中国地理上的重要界山——军事要塞六盘山 [J]. 中学地理教学参考，2009 (11).

284. 王恩涌，张宝秀. 春秋——王室衰微和大国争霸 [J]. 中学地理教学参考，2009 (12).

285. 郭军凯. 全球应对气候变暖的"路线图" [J]. 中学地理教学参考，2009 (12).

286. 陈继革. 科学开发与种植能源作物 [J]. 中学地理教学参考，2009 (12).

287. 2008 年奇特天气汇集 [J]. 中学地理教学参考，2009 (6).

288. 李瑞克. 奇特的秘鲁浮岛：晃晃悠悠六百年 [J]. 中学地理教学参考，2009 (9).

289. 尚力. 万丈峭壁上的城镇 [J]. 中学地理教学参考，2009 (10).

290. 李斌. 世界被埋没的文明奇迹 (一)[J]. 中学地理教学参考，2009 (11).

291. 侯志坚. 漫画——海陆分布 [J]. 中学地理教学参考，2009 (3).

292. 张玉红，胡云，曾雪飞. 地理幽默 [J]. 中学地理教学参考，2009 (5).

293. 罗嘉桢，叶维力，林雅荣等. 地理漫画 [J]. 中学地理教学参考，2009 (5).

294. 苏伟等. 地理漫画：充电、搭窝、钓鱼新招、最后的斧头把 [J]. 中学地理教学参考，2009 (6).

295. 胡云等. 地理幽默：登陆以后、系好钱袋、地理考试 [J]. 中学地理教学参考，2009 (6).

296. 王玉坤，孙旭，雷继华等．地理幽默 [J]．中学地理教学参考，2009 (9).

297. 何影，马镇衍，陈海林等．地理漫画 [J]．中学地理教学参考，2009 (9).

298. 尤玉明，张永昌等．地理幽默 [J]．中学地理教学参考，2009 (10).

299. 杨雷刚，赵乃育，马镇衍．地理漫画 [J]．中学地理教学参考，2009 (10).

300. 张永昌，尤玉明等．地理幽默 [J]．中学地理教学参考，2009 (11).

301. 王建新，陈冈，马黎等．地理漫画 [J]．中学地理教学参考，2009 (11).

302. 金春，胡星荣．浅说中国"盐城"[J]．地理教学，2009 (3).

303. 杨通智．贵州南部山区石漠化及其防治 [J]．地理教学，2009 (4).

304. 郑度．认识地域分异科学整治国土 [J]．地理教育，2009 (5).

305. 肖洪浪，李彩芝．流域科学发展与趋势 [J]．地理教育，2009 (4).

306. 李秀彬．从土地利用看人地关系的演变 [J]．地理教育，2009 (6).

307. 倪普．处处留心皆学问 [J]．地理教育，2009 (2).

308. 张阁江．可持续发展与地理教学 [J]．地理教育，2009 (4).

309. 王滋．人生因专注而精彩 [J]．地理教育，2009 (4).

310. 蔡睿．掌握方法书写精彩 [J]．地理教育，2009 (5).

311. 李骁．广泛联系系统学习 [J]．地理教育，2009 (6).

312. 吴云清．引导式自主学习法在《经济地理学》教学中的作用 [J]．地理教育，2009 (6).

313. 韩艳，房汴文．《气象学与气候学》教学内容改革浅探 [J]．地理教育，2009 (2).

314. 孙呈祥．澳门乡土地理教育的新视角 [J]．中学地理教学参考，2009 (6).

其他

1. 会讯：2008 年学术会暨第 7 届理事会第二次会议在福建南安召开 [J]．地理教学，2009 (1).

2. 赵印庆．《地理教学》与我的教学之路 [J]．地理教学，

2009 (5).

3. 李秋芳.《地理教学》助我梦想成真［J］. 地理教学，2009 (7).

4. 会讯：全国高师地理课程与教学论 2009 年学术研讨会在内蒙古召开［J］. 地理教学，2009 (9).

5. 会讯：《地理教学》创刊 50 周年纪念大会隆重召开［J］. 地理教学，2009 (11).

6. 俞立中. 重建信息时代的中学地理教育——在《地理教学》创刊 50 周年纪念研讨会上的讲话［J］. 地理教学，2009 (11).

7. 卫杰文.《地理教学》忆旧［J］. 地理教学，2009 (11).

8. 吴明华. 一位出版工作者对钱学森的深切缅怀——回忆《论地理科学》《系统研究》的出版过程［J］. 地理教学，2009 (12).

9. 刘华新. “2009 国际天文年”活动综述——兼谈天文科普与中学地理教学［J］. 中学地理教学参考，2009 (11).

10. 冯丹. 跨越心中那道栏　成就地理的梦想——第七届国际地理奥赛的回顾与反思（一）［J］. 中学地理教学参考，2009 (6).

11. 冯丹. 跨越心中那道栏　成就地理的梦想——第七届国际地理奥赛的回顾与反思（二）［J］. 中学地理教学参考，2009 (7).

12. 田雨. 我登上了秦岭主峰太白山——2009 年首届地理野外实践活动侧记［J］. 中学地理教学参考，2009 (8).

13. 孔云. 本刊专稿告别的时刻——追忆孙景沂老师［J］. 中学地理教学参考，2009 (1)；(2).

14. 李承林. 深切缅怀吴传钧大师［J］. 中学地理教学参考，2009 (4).

15. 郎根栋.《中华地学通志》即将付梓［J］. 中学地理教学参考，2009 (4).

16.《地理学与历史学跨越楚河汉界》《宇宙与地球科学》《图解山海经》［J］. 中学地理教学参考，2009 (6).

17. 杜世雄. 中国志书史上的一部扛鼎之作——写在《中华地学通志》即将付梓之际［J］. 中学地理教学参考，2009 (8).

18. 卢文石.《中华地学通志》的开首篇——地学总志［J］. 中学地理教学参考，2009 (9).